科学出版社"十三五"普通高等教育本科规划教材
高等医药院校药学类系列教材

分析化学

主　编　王嗣岑　朱　军
副主编　吴　红　章小丽　任　波
编　委　（按姓氏笔画排序）

王　黎（西安医学院）　王嗣岑（西安交通大学）
朱　军（成都医学院）　任　波（成都中医药大学）
李　乐（石河子大学）　李美红（昆明医科大学）
杨铁虹（第四军医大学）　吴　红（第四军医大学）
何　丹（重庆医科大学）　张东东（西安交通大学）
陈建平（内蒙古医科大学）　赵　燕（第四军医大学）
侯晓芳（西安交通大学）　姚美村（中山大学）
曹文轩（第三军医大学）　章小丽（昆明医科大学）
韩　博（石河子大学）　廖丽云（成都医学院）

科学出版社
北京

内 容 简 介

本教材共分十九章。第一章绪论简要介绍分析化学的任务与作用；第二章介绍了分析化学中的误差与数据处理的基本理论和方法；第三章～第七章为化学分析部分；第八章～第十八章重点介绍仪器分析法等。本教材首次在第十九章——其他分析方法中，介绍生命科学常用的色谱联用技术、酶联免疫吸附测定法及 Western-Blot 法等的基本知识。各章均附有思考题，最后附有中文索引和相关知识的附录，供学习时参考。

本教材主要供药学类专业本科生学习，也可供公共卫生、法医学专业本科生及从事药学、卫生检验和毒物分析的相关研究技术人员学习和参考。

图书在版编目（CIP）数据

分析化学 / 王嗣岑，朱军主编. —北京：科学出版社，2017.1

科学出版社"十三五"普通高等教育本科规划教材·高等医药院校药学类系列教材

ISBN 978-7-03-050691-7

Ⅰ. ①分… Ⅱ. ①王… ②朱… Ⅲ. ①分析化学–高等学校–教材 Ⅳ. ①O65

中国版本图书馆 CIP 数据核字（2016）第 276850 号

责任编辑：王 超 胡治国 / 责任校对：李 影
责任印制：赵 博 / 封面设计：陈 敬

科学出版社出版
北京东黄城根北街 16 号
邮政编码：100717
http://www.sciencep.com
北京中石油彩色印刷有限责任公司印刷
科学出版社发行 各地新华书店经销
*
2017 年 1 月第 一 版 开本：787×1092 1/16
2025 年 1 月第七次印刷 印张：22 1/2
字数：642 000

定价：79.80 元

（如有印装质量问题，我社负责调换）

科学出版社“十三五”普通高等教育本科规划教材
高等医药院校药学类系列教材

专家委员会

前　言

分析化学是研究物质组成、结构和化学品质信息的科学，其研究范围和应用领域非常广泛，在科学技术进步、国民经济发展、国防力量壮大和社会建设等各个领域都发挥着重要的作用。随着科学技术的进步，学科间的交叉与融合，分析化学新理论、新方法和新技术不断产生。本教材在保持分析化学学科自身体系的基础上，着重体现了分析化学在药学专业中的地位与作用，并具有与药学专业的后续课程可达到良好衔接等特点。

本教材共十九章，第一章绪论简要介绍分析化学的任务与作用，回顾分析化学的发展进程和在生命科学中的应用等；第二章介绍了分析化学中的误差与数据处理的基本理论和方法等；第三章～第七章为化学分析部分，重点介绍酸碱滴定法、配位滴定法、氧化还原滴定法、沉淀滴定法等的原理、方法和应用；第八章～第十八章重点介绍仪器分析法中的电位法和永停滴定法、光谱分析法、紫外-可见分光光度法、分子荧光分析法、红外吸收光谱法、核磁共振波谱法、质谱分析法、色谱分析法等。21世纪是生命科学的时代，了解与生命科学相关的分析化学方法，对学生今后的学习有一定的帮助，因此本教材首次在第十九章——其他分析方法中，介绍生命科学常用的色谱联用技术、酶联免疫吸附测定法及Western-Blot法的基本知识和内容。另外，各章均附有思考题，最后附有参考文献、中文索引和相关知识的附录，这些内容使本教材更加完整和具有参考价值。

本教材主要供药学类专业本科生学习，也可供公共卫生、法医学专业本科生及从事药学、卫生检验和毒物分析的相关研究技术人员学习和参考。

在本教材的编写过程中，得到了科学出版社郭兵编辑的指导和帮助，同时得到西安交通大学、成都医学院、第四军医大学、昆明医科大学的相关领导和同仁们的支持，特别是西安交通大学给予了大力支持。西安交通大学副教授张涛、博士研究生贺晓双参与了部分绘图、文字校对和联络服务等工作，编者在此谨致谢意！

由于编者知识和水平有限，教材中不足之处在所难免，恳请广大读者批评、指正。

编　者

2016年10月

目　录

前言
第一章　绪论……1
　第一节　分析化学的任务与作用……1
　第二节　分析方法的分类……1
　第三节　分析过程与步骤……2
　第四节　分析化学的发展……2
　第五节　分析化学在药学中的应用……3
　第六节　分析化学的学习方法……3
第二章　误差和数据分析概述……5
　第一节　误差……5
　第二节　有效数字及其运算……9
　第三节　数据分析概述……10
　本章小结……15
第三章　滴定分析法概论……19
　第一节　滴定分析法和滴定方式……19
　第二节　标准溶液……22
　第三节　滴定分析中的计算……24
　第四节　滴定分析中的化学平衡……28
　本章小结……34
第四章　酸碱滴定法……38
　第一节　酸碱质子理论……38
　第二节　水溶液中溶质各型体的分布和分布系数……40
　第三节　酸碱溶液氢离子浓度计算……43
　第四节　酸碱指示剂……44
　第五节　酸碱滴定法的基本原理……47
　第六节　滴定终点误差……54
　第七节　非水溶液中的滴定分析……56
　本章小结……65
第五章　配位滴定法……68
　第一节　配位滴定法的基本原理……68
　第二节　配位滴定条件的选择……78
　第三节　配位滴定法的应用……83
　本章小结……86
第六章　氧化还原滴定法……89
　第一节　氧化还原平衡……89

第二节　氧化还原滴定的基本原理……97
第三节　常用的氧化还原滴定法……102
本章小结……110
第七章　沉淀滴定法……112
第一节　沉淀滴定法的基本原理……112
第二节　沉淀滴定法的应用……117
本章小结……118
第八章　电位法和永停滴定法……119
第一节　电化学分析法概述……119
第二节　基本术语和概念……120
第三节　电位法……124
第四节　电位滴定法……131
第五节　永停滴定法……133
本章小结……134
第九章　光谱分析法概论……137
第一节　光学分析法的分类……137
第二节　光谱分析仪器……140
本章小结……145
第十章　紫外-可见分光光度法……146
第一节　紫外-可见分光光度法的基本理论和基本概念……146
第二节　紫外-可见分光光度计……155
第三节　紫外-可见分光光度法的应用……160
本章小结……169
第十一章　分子荧光分析法……172
第一节　分子荧光分析法的基本原理和基本概念……172
第二节　荧光分光光度计……179
第三节　分子荧光分析法的应用……181
本章小结……183
第十二章　红外吸收光谱法……185
第一节　基本原理……185
第二节　影响谱带位置的因素……190
第三节　红外吸收光谱与分子结构的关系……193
第四节　红外分光光度计及制样……201
第五节　应用与示例……203
本章小结……205
第十三章　核磁共振波谱法……208
第一节　核磁共振波谱法的基本原理……208
第二节　核磁共振波谱的信息……210
第三节　核磁共振波谱仪……215

第四节　核磁共振碳谱和二维谱简介……216
第五节　核磁共振波谱的应用……217
本章小结……220
第十四章　质谱分析法……222
第一节　质谱法的基本原理……222
第二节　质谱仪……224
第三节　质谱中的主要离子及其裂解类型……236
第四节　质谱分析法的应用……239
本章小结……243
第十五章　色谱分析法概论……246
第一节　色谱法的分类……246
第二节　色谱过程……247
第三节　基本类型色谱方法及其分离机制……252
第四节　色谱法基本理论……256
第五节　色谱法的发展……260
本章小结……261
第十六章　气相色谱法……263
第一节　概述……263
第二节　气相色谱法基本理论……265
第三节　色谱柱与载气……267
第四节　检测器……270
第五节　毛细管气相色谱法……271
第六节　定性定量分析……275
第十七章　高效液相色谱法……278
第一节　液相色谱法的原理……278
第二节　高效液相色谱法的主要类型……284
第三节　高效液相色谱仪……287
本章小结……292
第十八章　平面色谱法……294
第一节　平面色谱法的基本原理和基本概念……294
第二节　平面色谱法的应用……297
本章小结……305
第十九章　其他分析方法……306
第一节　原子吸收分光光度法……306
第二节　生物传感器技术……316
第三节　色谱联用技术……319
第四节　酶联免疫吸附测定法……327
第五节　Western-Blot 法……328

附录一 常用原子量表 …… 332
附录二 常用化合物相对分子质量表 …… 333
附录三 中华人民共和国法定计量单位 …… 334
附录四 国际制（SI）单位与 cgs 单位换算及常用物理化学常数 …… 336
附录五 酸、碱在水中的电离常数 …… 337
附录六 难溶化合物的溶度积（K_{sp}） …… 340
附录七 络合滴定有关常数 …… 341
附录八 标准电极电位表（25℃） …… 344
附录九 标准缓冲溶液于 0～95℃的 pH …… 350

第一章 绪 论

第一节 分析化学的任务与作用

分析化学是关于研究物质组成、结构和化学品质信息的科学，即测量与表征的科学，其主要任务是通过测量待测对象的某种化学、物理、物理化学或生物化学性质等，以达到对测量对象进行定性、定量、结构及形态分析的目的。

分析化学在科学技术进步、国民经济发展、国防力量壮大和社会建设等各个领域都发挥着重要的作用。从工业原料的选择、中间体、成品分析；从土壤、肥料、农药分析到农作物的生长过程的研究；在药学中原料、中间体及成品分析、制剂分析、生物有效性分析、成分检测及分离等无一不依赖于分析化学的配合。分析化学又被称为科学技术的眼睛。在 20 世纪末召开的国际分析科学会议上，大会主席 E. Niki 教授就说过："21 世纪是光明还是黑暗取决于人类在能源与资源科学、信息科学、生命科学与环境科学四大领域的进步，而取得这些领域进步关键问题的解决主要依赖于分析科学"。

第二节 分析方法的分类

根据分析目的、分析对象、测量原理、操作方法及试样检测量等可将分析方法分为化学分析、仪器分析、定性分析、定量分析、常量分析和微量分析等。

一、化学分析和仪器分析

以物质的化学反应为基础的分析方法称为化学分析法。化学分析法历史悠久，是分析化学的基础，又称为经典分析法。其内容包括定性分析和定量分析。主要有重量分析和容量分析。其中容量分析由酸碱滴定分析、配位滴定分析、氧化还原滴定分析和沉淀滴定分析组成。化学分析具有所用仪器简单、相对误差小、应用范围广、灵敏度较低和不能满足快速与在线分析等特点。

以物质的某种物理和物理化学性质与组分之关系所建立的分析方法，可以不经化学反应直接进行定性或定量分析。其内容十分广泛，在测定中通常还需要一些精密、特殊的仪器，故通常称为仪器分析法。仪器分析法起源于 20 世纪 40 年代，除了能完成传统分析化学进行的定性和定量分析外，还能对物质结构、形态、表面微区等进行分析。主要的仪器分析法有光学分析法、电化学分析法、热分析法、分离分析法和放射化学分析法等。仪器分析法不仅是重要的分析方法，还广泛地应用于研究和解决各种化学理论和实际问题，是强有力的科学研究手段，也是分析化学发展的方向。

二、定性分析、定量分析和结构分析

定性分析所需回答的是分析对象是什么，由哪些元素、原子团或化合物所组成；定量分析是回答分析对象中有关成分有多少的问题；而结构分析则是研究分析对象的分子结构

或晶体结构。

三、常量分析、半微量分析、微量分析和超微量分析

根据试样用量的多少及操作规模的不同，又分为常量分析、半微量分析、微量分析和超微量分析。其分类情况见表 1-1。

表 1-1 各种分析方法的试样用量

分析方法	试样用量	试液体积
常量分析	>0.1g	>10ml
半微量分析	0.1～0.01g	10～1ml
微量分析	10～0.1mg	1～0.01ml
超微量分析	<0.1mg	<0.01ml

若待测组分含量分别为质量分数>1%、质量分数 0.01%～1%和质量分数<0.01%，又可分为常量组分、微量组分和痕量组分分析。

第三节 分析过程与步骤

根据所需解决的问题，其分析过程由下列步骤所组成：

（1）分析任务与计划。根据解决的问题，初步拟定研究计划，其中主要包括所采用的检测方法、准确度及精密度的要求、所需实验条件及仪器和试剂等。

（2）取样。分析测定的试样必须要能代表待测对象的整个物质系统。如果所取得试样物不具有代表性，其分析就没有意义。因此，必须采用科学取样法，从分析的总试样或送到实验室的总试样中取出有代表性的试样进行分析。

（3）试样制备。该步骤目的在于使试样适合选定的分析方法。根据其性质，主要包括干燥、粉碎、研磨、溶解、滤过、提取和分离等步骤。

（4）测定。根据测定对象的性质、含量和对分析测定的具体要求，选择合适的检测方法（化学分析和仪器分析）进行测定。其主要内容包括优化实验条件，建立最优化的检测方法和估计其测定结果可能存在的误差等。

（5）分析结果的处理与表达。根据分析过程中有关的关系运用统计学方法对相关信息进行处理并在此基础上完成检测报告。

第四节 分析化学的发展

分析化学的发展同其他学科一样，主要取决于实践的需求。20 世纪以来，分析化学的发展大致经历了三次巨大的变革。

第一次变革发生在 20 世纪初到 20 世纪 30 年代，物理化学中溶液理论的发展，为分析化学提供了理论基础。溶液四大平衡理论的建立，使分析化学从一门技术发展成为一门科学。

第二次变革发生在第二次世界大战前后，物理学和电子学的发展促进了各种仪器分析方法的发展，出现了以光谱分析、极谱分析为代表的简便分析方法，同时建立与丰富了相关的理论体系，改变了分析化学以化学分析为主的局面，发展成以仪器分析为主的现代分析化学。

自20世纪70年代以来，以计算机应用为主要标志的信息时代的到来，促使分析化学的第三次变革发生。期间，由于生命科学、环境科学、材料科学等学科发展的需要，尤其是基因组学、蛋白质组学和代谢组学研究的出现，向分析化学提出了更高的要求。现代分析化学已不能只限于测定物质的组成与含量，而是要对物质的形态、结构和分布等进行分析。这使得微区分析、薄层分析、无损分析、瞬时追踪、在线监测及过程控制成为可能。

分析化学广泛吸收了当代科学技术的最新成就，建立起分析化学的新技术与方法。实现了在线、在体、原位和高灵敏度、高选择性等分析方法，成为当代最富活力的学科之一。现代分析化学已远远超出化学学科的领域，它已发展成为一门多学科性的分析科学。

第五节 分析化学在药学中的应用

分析化学作为“从事科学研究的科学”，在药学领域发挥着重要的作用。

在新药创制过程中，合成的化合物或从天然产物中提取分离的成分经药理筛选、确定有效后，分析工作即可介入。以合成药为例，合成新化合物过程中需有分析数据证实合成方法的可靠性，证明化学结构是否和所设计的目标化合物相符，若为未知物还需通过各种检定手段肯定其结构式。合成规模、合成路线的改变、不同来源的原料可能产生新问题，还需通过分析化学的手段来观察并解决。药物处方设计前及研究过程中要尽早了解因化学或物理因素所造成的稳定性问题等。根据新药评审的要求，需要提供各种与分析有关的该化合物的数据，包括根据化合物理化性质制订鉴别方法，依据生产过程中可能引入的有害杂质拟定检查方法（限度试验、定量试验），制订定量测定方法（含量测定、溶出度、释放度等），并提供药物原料及其制剂的稳定性测试等数据。在此阶段，还要建立分析方法研究药物的代谢动力学，以了解药物在体内的浓度变化及在各脏器的分布情况，这也是新药申报所必需的资料之一。分析化学是药物开发必不可少的重要环节。

在药品生产阶段，需要借助分析化学的理论与技术对原料、成品、辅料、包装材料、加工情况、回收方法和可能存在的相关副产品等进行严格的控制和检验。此外，分析化学还可用于药品制造的某些特定环节。如采用制备型高效液相色谱等分析仪器分离和提纯化合物，以达到生产高质量中间体和原料药的目的；分析检测药物或辅料的粒度，因为其大小、分布和颗粒的形状会影响成品药物的加工性能、产品性能和稳定性。

在药品的使用过程中，各级药监部门会依据《药典》等药品标准开展检测与监督工作。医疗部门还会以体内药物分析技术为基础进行治疗药物监测，通过测定患者体液中的药物浓度来指导临床合理用药。

近年来，在世界医药行业方兴未艾的生物制药向分析化学提出了新的课题。如何对多肽、核酸、蛋白质、多糖、寡糖等生物大分子进行含量、组成、结构、状态等的分析？如何对生物药物的质量控制、体内分布、代谢过程、代谢形态、药效等进行把控？单细胞内神经传递物质等超微量、超痕量生物活性物质应如何分析？怎样进行生物药物的在线临床分析和生物过程控制？上述问题都提示我们，分析化学将在生物制药行业扮演重要的角色。

总之，分析化学是整个药学科学领域中重要的组成部分，其作用就是保证人们用药的安全、合理与有效。

第六节 分析化学的学习方法

本教材包括化学分析和仪器分析两部分内容。其内容涉及化学分析中的定量分析和仪器分析中的光学分析、分离分析和其他分析方法。在学习中要理解各种分析方法的基本原理，掌握基本概念和基本计算。理解“量”与分析信号之间的关系。

分析化学是一门实践性强的学科，因此在学习中除了相关理论知识的学习以外，必须十分重视实验课，严格按基本操作规程进行相关实验，注意实验结果的计算与评价，培养严谨的科学态度。只有在真正掌握了各种分析技术的基本操作技能，才算学好了分析化学。

（朱　军）

第二章　误差和数据分析概述

学习目标

（1）掌握误差的产生原因和表示方法、有效数字修约的原则、显著性检验的方法。

（2）熟悉正态分布、*t*-分布、有效数字的取舍和误差传递规律。

（3）了解相关分析和回归分析的区别和联系。

实验研究依靠符合预期目标的高质量数据，但受到各种因素的影响和条件限制，使得测量结果与真实值之间总有一定的偏差。即使经验丰富的分析人员，采用最先进的仪器和同一种可靠方法，都不能对同一样品的测量取得完全一致的结果，这种测量值与真实值之间的偏差称为误差；而且实验中每个步骤的误差都可能会传递和累加，对最终结果造成或多或少的影响。为提高分析结果的准确性和可靠性，有必要系统分析误差产生的原因及减免误差的方法。

第一节　误　　差

实验研究中受到方法、仪器、试剂等客观因素和操作者主观因素等多方面的影响，其数据与真实结果总有或多或少的不同。即使对同一个样品进行多次测量，也不能得到完全一致的结果，只能使测量结果无限接近真实值。这种测量值与真实值之间的误差是在分析工作中必须要考虑的问题。

在实验研究中，一个完整的实验往往不止一个步骤，很可能包含两个或更多的必要步骤，每个步骤产生的误差在传递和累加后都可能影响到最终结果的准确性。因此，必须根据准确度的要求来安排实验，同时对实验结果的可靠性做出合理的判断，并给予确切的表达。

一、系统误差和偶然误差

误差主要分为系统误差和偶然误差两大类。

1. 系统误差　系统误差（systematic error）是由一些确定原因造成的数据偏差，它一般有固定的方向（正或负），且大小可测，并在重复测量时不断出现。

系统误差可分为方法误差、仪器或试剂误差和操作误差三种。

1）方法误差：方法误差由不适当的实验设计或方法选择引起，对结果影响较大。例如，滴定分析时由于指示剂选择不合适，滴定终点不在滴定突跃范围内；或者色谱分析时由于色谱条件选择不当，被测样品峰与相邻峰未能达到基线分离等。方法误差的方向固定，它使得测定结果总是偏高或偏低。

2）仪器或试剂误差：此类误差由实验仪器提供的数据不正确或所用试剂不合格引起。例如，使用未经校准的测量（或计量）仪器及容量器皿，温度变化对容量器皿容积产生影响，器皿不耐腐蚀，或者所用试剂不纯等，均能产生这种误差。

3）操作误差：操作误差是由实验操作者个人原因引起的误差。例如，操作者对滴定终点颜色的判断有偏差，对分析仪器的指针位置或容量器皿显示溶液体积数值判断上有差异等。

作为系统误差的一部分，以上三种误差在测量中都可能存在，而且往往是定量的或定比例的。误差数值大小定量且与被测物量无关的误差称为恒量误差（constant error），误差数值随被测物量的变化而成比例改变的误差称为比例误差（proportional error）。恒量误差数值的绝对值不变，但随着被测物量的减小，相对误差变大。比例误差的相对值不变，但绝对值随着被测物量的增大而变大。

2. 偶然误差 偶然误差（accidental error）是由偶然因素引起的误差，如实验室温度、湿度、电压、仪器性能等的偶然变化及操作者对平行试样处理时的微小差异等产生的误差。相对于系统误差来说，偶然误差的方向（正或负）和大小都可变，但大误差出现的概率较小，小误差出现的概率较大，而绝对值相同的正、负误差出现的概率则大体相等，从而造成偶然误差的部分抵消。所以适当地增加平行测量次数并取平均值表示测量结果，可以有效地减小偶然误差。

3. 误差的表述

1）绝对误差和相对误差：误差主要有两种表述方法，绝对误差与相对误差。

（1）绝对误差（absolute error）是指测量值（x）与真值（真实值，μ）的差，用δ表示，可表述为

$$\delta = x - \mu \tag{2-1}$$

由于测量值可能大于或小于真值，所以绝对误差可正可负；而且测量值越接近于真值，绝对误差就越小。

（2）绝对误差与真值的比值称为相对误差（relative error），可表述为

$$\frac{\delta}{\mu} = \frac{x-\mu}{\mu} \tag{2-2}$$

相对误差通常以%或‰表示。

（3）由于实际测量值只能逼近而达不到真值，因此可知的真值一般有如下几种情况：

理论真值：此类真值如三角形的内角之和为180°等。

约定真值：此类真值由国际计量大会定义的国际单位及我国的法定计量单位确定，如国际单位制中的长度、质量、时间、电流强度等基本单位。

相对真值：由于没有绝对纯的化学试剂，因此此类真值常用标准参考物质证书上标明的含量作为相对真值。

标准参考物质：标准参考物质是经公认的权威机构鉴定合格的物质。我国通常把标准参考物质称为标准试样、标准品或对照品。

例 2-1 绝对误差和相对误差的计算

某标示量为95.0%的片剂经测定后的结果为93.8%，计算结果的绝对误差和相对误差。

解：绝对误差δ= 93.3%−95.0%= −1.7%

相对误差 $= \frac{93.3\% - 95.0\%}{95.0\%} \times 100\% = -1.8\%$

2）准确度和精密度

（1）准确度（accuracy）表示分析结果与真值接近的程度，用绝对误差或相对误差表示。误差越大，准确度越低；反之，准确度越高。在实验研究中准确度通常用回收率（recovery，%）表示，即样品的测得量与加入量的比值。

（2）精密度（precision）是平行测量的多个测量值之间互相接近的程度。测量值之间越接近，精密度越高。精密度的高低用偏差（deviation）来衡量，数据越分散，偏差就越大，精密度也就越低。偏差有以下几种表示方法：

偏差（deviation，d）：指单个测量值（x_i）与测量平均值（$\bar{x}$）的差，其值可正可负。偏差表示为

$$d = x_i - \bar{x} \tag{2-3}$$

平均偏差（average deviation）：指各单个偏差绝对值的平均值，以 $\bar{d}$ 表示：

$$\bar{d} = \frac{\sum_{i=1}^{n}\left|x_i - \bar{x}\right|}{n} \tag{2-4}$$

式中，n 表示测量次数。由式（2-4）可知，平均偏差均为正值。

相对平均偏差（relative average deviation）：指平均偏差 $\bar{d}$ 与测量平均值 $\bar{x}$ 的比值，可表示为

$$\text{相对平均偏差}(\%) = \frac{\bar{d}}{\bar{x}} \times 100\% = \frac{\sum_{i=1}^{n}\left|x_i - \bar{x}\right| / n}{\bar{x}} \tag{2-5}$$

标准偏差（standard deviation，SD）指测量值在总体上偏离测量平均值（$\bar{x}$）的程度。标准偏差（S）的定义如下：

$$S = \sqrt{\frac{\sum_{i=1}^{n}(x_i - \bar{x})^2}{n-1}} \tag{2-6}$$

相对标准偏差（relative standard deviation，RSD）：指标准偏差 S 与测量平均值 $\bar{x}$ 的比值，也称为变异系数（coefficient of variation，CV），可表示为

$$\text{RSD}(\%) = \frac{S}{\bar{x}} \times 100\% = \frac{\sqrt{\frac{\sum_{i=1}^{n}(x_i - \bar{x})^2}{n-1}}}{\bar{x}} \times 100\% \tag{2-7}$$

在实际工作中常用相对标准偏差 RSD 表示结果的精密度。

（3）准确度与精密度的关系。准确度和精密度均从不同侧面反映了结果的可靠性。准确度表示测量结果的正确性，精密度表示测量结果的重复性或重现性。由于真值很难获得，实验中常根据精密度来衡量测定结果的准确度。如果消除或校正了系统误差，那么精密度高的测量平均值就接近于真值。如果测量值的精密度差，所得结果就不可靠。只有精密度与准确度都高的测量值才可靠。

例 2-2　偏差的计算

某溶液浓度测定后的结果分别为 0.2041mol/L、0.2049mol/L、0.2043mol/L 和 0.2039mol/L。计算测定结果的平均值（$\bar{x}$）、平均偏差（$\bar{d}$）、相对平均偏差（$\bar{d}/\bar{x}$）、标准偏差（S）及相对标准偏差（RSD）。

解：

$$\bar{x} = (0.2041 + 0.2049 + 0.2039 + 0.2043) / 4 = 0.2043(\text{mol/L})$$

$$\bar{d} = (0.0002+0.0006+0.0004+0.0000)/4=0.0003(\text{mol/L})$$

$$\frac{\bar{d}}{\bar{x}}=(0.0003/0.2043)\times 100\%=0.15\%$$

$$S = \sqrt{\frac{(0.0002)^2+(0.0006)^2+(0.0004)^2+(0.0000)^2}{4-1}}=0.0004(\text{mol/L})$$

$$\text{RSD}(\%)=(0.0004/0.2043)\times 100\%=0.2\%$$

二、误差的传递

一个完整实验往往由多个必要步骤组成，在每一个步骤中引入的误差都可能会影响到最终

结果的准确性，这种误差的累加或传递称为误差传递（propagation of error）。系统误差与偶然误差的传递规律有所区别。

1. 系统误差的传递

系统误差的传递规律可概括为两条：①和（差）的绝对误差等于各测量值绝对误差的和（差）；②积（商）的相对误差等于各测量值相对误差的和（差）。

2. 偶然误差的传递 偶然误差的传递可用极值误差法或标准偏差法进行推断和估计。

1）极值误差法：极值误差（extreme error）法是假设各个测量值的误差既是最大的又是叠加的，因此计算出的总误差也是最大的。但由于部分偶然误差可能会相互抵消，因此出现最大极值的情况并不多；只因为最大误差多是已知的，所以用该法可粗略估计误差的最大范围，其值在实际分析中有一定的参考意义。

2）标准偏差法：标准偏差法利用统计学方法估计偶然误差的传递规律。虽然每个测量值的偶然误差无法确定，但它们出现的大小和方向符合统计学规律。该法具体可概括为：和、差标准偏差的平方等于各测量值的相对标准偏差的平方和。在实验研究中，系统误差和偶然误差往往混在一起，标准偏差法是处理偶然误差传递的方法，在用它确定分析结果的可靠性时，须先将系统误差消除后再进行分析。

三、减少误差的方法

虽然误差是实验研究中不可避免的数据偏差，但因为有一定的规律性，因此可以选择适当的方法减小误差，从而提高结果的准确度。

1. 选择合适的分析方法 选择合适的分析方法是减少误差的首要措施。各种分析方法的准确度和灵敏度存在区别，如滴定分析法测定的准确度高但灵敏度低，适合常量分析；仪器分析法具有较高的灵敏度，但准确度相对较低，适用于微量分析或痕量分析。此外，在符合要求的准确度和灵敏度前提下，尽可能选择操作简便快速、选择性好和重现性好的方法。

2. 减小分析过程中的误差

1）减小测量误差：因为仪器和量器的测定误差会传递到最终结果中，为保证分析结果的准确度，必须控制各测量步骤的误差，使测定的准确度与分析方法的准确度相适应。例如，在滴定分析中，滴定管读数有±0.01ml 的误差，一次滴定至少要读取两次数据，相应的绝对误差为±0.02ml。为使读数的相对误差小于 0.1%，滴定时消耗滴定剂的体积要在 20ml 以上；若使用 25ml 的滴定管，则应将消耗的滴定剂体积控制在 18～22ml。

2）减小偶然误差：根据偶然误差的统计学特点，适当地增加平行测定次数，其平均值就越接近于真值。在实际工作中，对同一试样一般平行测定 3～4 次。

3）消除系统误差：与经典方法进行比较，该方法在建立新方法时经常采用。将新方法与公认经典（或法定）方法对同一试样进行分析比较，以判断新方法的可靠性。若新方法不够完善，应进一步优化或测出校正值以消除系统误差。

校准仪器：对常用仪器如天平、移液管、滴定管等进行校准，可以减免仪器误差。

对照试验：该方法是用已知含量的标准试样，按选定的方法，在同样条件下进行分析，求算测定方法的校正值（标准值与测定值的比值），用来评价方法的准确性，或直接对实验中引入的系统误差进行校正。该方法是检查分析过程中有无系统误差的有效方法。

回收试验：该方法是准确度测定的主要方法。在测出试样中某组分含量后，可在几份相同试样（取同一浓度样品 5 份及以上，或三个不同浓度的各 3 份共 9 份试样）中加入适量被测组分的对照品，以相同条件进行测定，计算对照品的回收率。

空白试验：该方法是在不加入待测试样的情况下，按与测定试样相同的条件和步骤进行的实验，所得结果称为空白值。从试样的分析结果中扣除空白值，即可消除由试剂和实验器皿等造成的误差。

第二节　有效数字及其运算

在实验研究中，不但要准确地测量每个实验数据，还要进行正确的记录和计算，才能得到正确的最终结果。由于测量值不仅表示被测组分的含量数据，还反映了分析的准确度。因此，在整个实验过程中，测量值需要保留多少位有效数字不能任意确定，要根据测量仪器和分析方法的准确度而定。

一、概　　述

现代分析仪器的精度越来越高，分析过程中产生的数字也越来越长，但并不是所有的数字都要保留；只有那些能符合分析要求、反映测量精确度及所用方法和仪器准确度的数字才有必要保留，这些数字称为有效数字（significant figure）。有效数字保留的原则是：在记录测量数据时，只允许保留一位可疑数据，即数据的末位数欠准，其误差是末位数的±1 个单位。

一般情况下，有效数字的位数越多，相对误差越小，测定的准确度也就越高。例如，用分析天平称取试样 0.2000g，该数据有 4 位有效数字，称量一次的相对误差为（±0.0001/0.2000）×100%=±0.05%；若用台式天平称取试样 0.2g，该数据有 1 位有效数字，称量一次的相对误差为（±0.1/0.2）×100% = ± 50%。

在有效数字的记录中，0 不同于 1～9，它具有双重意义。0 可以是测得的有效数字，也可以是起定位作用的非有效数字。例如，0.1400g 中前面的一个“0”起定位作用，后面两个“0”都是有效数字；若改用千克（kg）作单位，则表示为 0.0001400kg，这时数字前面的四个“0”都起定位作用，有效数字仍是包含最后两个 0 在内的 4 位，即单位改变时有效数字的位数不变。若需要在数据的末尾加“0”起定位作用时，则采用指数形式表示，如上述数据若用毫克（mg）表示，则应写为 1.400×10^{2}mg；若表示为 140mg，则有效数字仅有三位。

在分析化学中，常遇到的倍数、分数关系和非测量所得数（如π、e）等，可视为具有无限多位有效数字，在实际分析中可根据具体情况确定。对于 pH、lg*K* 等负对数和对数值，其有效数字的位数取决于小数点后数字的位数，因其整数部分只表示该数据的方次。例如，pH=10.06 的有效数字为两位而不是四位，即$[H^{+}]=8.7\times10^{-11}$mol/L。对于 10^{x} 或 e^{x} 等幂指数，其有效数字的位数只与指数 x 的小数点后的位数相同。例如，$10^{0.0035}$ 的有效数字为四位而不是两位，$10^{0.0035}=1.008$；$10^{20.0035}$ 的有效数字为四位而不是六位，$10^{20.0035}=1.008\times10^{20}$。

二、有效数字的修约

由于各测量值有效数字的位数可能不同，为节省计算时间和避免误差累计，在运算时需要按一定的规则进行调整，舍入多余的位数，此操作称为数字修约（rounding off of numerical values）。修约的基本规则如下：

1. “四舍六入五留双”原则　若测量值中被修约数小于或等于 4 时，舍弃；大于或等于 6 时，进位；等于 5 时，若进位后测量值的末尾数变为偶数则进位，末尾数变为奇数则舍弃；若 5 后还有非零数，说明被修约数大于 5，则进位。

例如，若将测量值 2.135、2.125、2.105、2.1251、2.1250 及 2.1349 分别修约为 3 位数，结果分别是 2.14、2.12、2.10（0 视为偶数）、2.13、2.12、2.13。

2. 一次修约原则　只允许对原测量值一次修约至所需位数，不能分次修约。例如，将 2.1349 修约为 3 位数，只能修约成 2.13，而不能先修约成 2.135，再修约为 2.14。

3. 安全数保留原则 在多个数据综合运算时，为防止误差过度累积，对参加运算的所有数据可先多保留一位有效数字（称为安全数）。运算后，再将结果修约成与最大误差数据一致的位数。如计算 2.3527+1.3 + 0.055+3.35 的和，计算结果只应保留一位小数，但在计算过程中可以多保留一位，即 2.35 + 1.3 + 0.06 + 3.35 = 8.06，最后将结果修约为 8.1。

4. 只进不舍原则 与一般数据的修约不同，误差和偏差的修约通常采用"只进不舍"的原则。某标准偏差为 0.213，若取两位有效数字则修约为 0.22，取一位有效数字则修约为 0.3。在做统计检验时，标准偏差可多保留一到两位数字参加运算。

三、有效数字的运算

在测量数据的综合计算时，应根据误差的传递规律，按照有效数字的运算法则进行取舍。有效数字运算时加减法与乘除法的误差传递方式不同。

1. 加减法 加减法中有效数字的保留以各测量值中绝对误差最大（小数点后位数最少）的数据为依据，在多保留一位有效数字的基础上进行加减运算，如前述"安全数"的计算原则和方法。

2. 乘除法 乘除法中有效数字的保留以各测量值中相对误差最大（有效数字位数最少）的数据为依据。

例如，求 0.0121×26.54×1.0275 的乘积，若以±0.0001 为绝对误差计算各自的相对误差，很显然第一个数据 0.0121 的相对误差最大。因此，该乘积的修约应参考此数据进行修约（即保留三位有效数字），在乘除过程中多保留一位有效数字，计算结果则保留为三位有效数字，可表示为 0.0121 × 26.54 × 1.028 = 0.330。

在乘除运算中，如果有效数字最少的数据的首数是"8"或"9"，则有效数字位数可以多取一位。例如，9.0×0.251÷2.53，虽然 9.0 只有两位有效数字，但是它的相对误差约为±1%，与 10.0 等三位有效数字的相对误差接近，所以最后结果可保留三位有效数字，即 9.0×0.251÷2.53 = 0.893。

分析化学中的计算主要有两大类。一类是各种化学平衡中有关浓度计算时要用到平衡常数 K_a、K_b 等，此时以平衡常数的位数作参考来确定结果的有效数字位数，一般是两到三位。另一类是计算测定结果，其有效数字位数与待测组分的相对含量有关。具体要求为：高含量组分（大于 10%）的结果保留四位；中含量组分（1%～10%）的结果保留三位；微量组分（小于 1%）的结果保留两位。因此，采用滴定分析法测定高含量组分时，须使用万分之一的分析天平进行称量，配制的标准溶液浓度应具有四位有效数字，滴定体积应大于 20ml 并计到±0.0*x* ml。

第三节 数据分析概述

在实验研究中获得测量数据后，应采用正确的数据分析方法进行合理的统计和分析，去粗取精、去伪存真，提取出其中有价值的信息。

一、误 差 分 布

实验研究可通过科学的实验设计和规范、正确的实验操作以减少系统误差，但偶然误差的存在仍使得数据中包含或多或少的偏差。偶然误差的出现总体上符合统计学原理，呈现出正态分布的特征，多次平行测量可明显减少偶然误差的影响，这时候的总平均值无限接近于真值。

1. 正态分布 正态分布（normal distribution），是指大样本量（$n \geqslant 30$）的数据表现出的整体特征。标准正态分布的公式为

$$f(x)=\frac{1}{\sqrt{2\pi}}\exp(-\frac{x^2}{2}) \quad (2\text{-}8)$$

将式（2-8）作图，可以得到如图 2-1 所示的标准正态分布曲线：

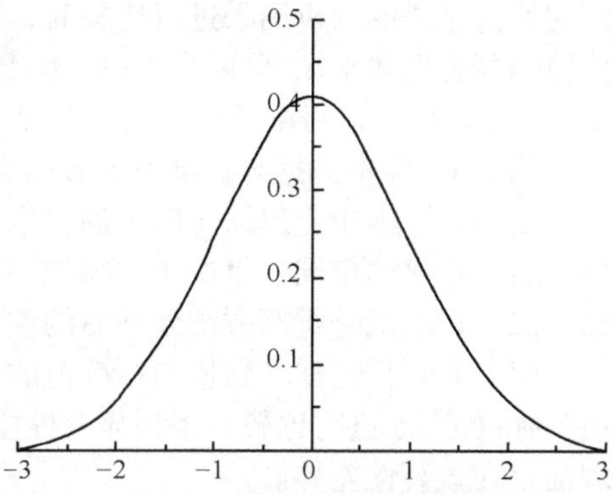

图 2-1　标准正态分布曲线

由图 2-1 可以看出，正态分布中出现小误差的概率大，出现大误差的概率小，正误差和负误差出现的概率相等。所以在多次测量的情况下，正负误差几乎可以相互抵消，不会对实验结果造成明显影响。

正态分布要求测定的样本量足够大（$n \geqslant 30$），但为了节省成本和时间等，现实中仍有很多实验的样本量相对较小（$n<30$）；由于样本量小，数据的分散程度相应增大，导致误差的总体特征不再符合正态分布，此时须使用 t-分布进行数据分析。

2. *t*-分布　与适用于大样本量的正态分布不同，t-分布是对小样本量（$n<30$）数据进行分析的统计学方法。在 t-分布中，用样品标准偏差 S 取代了正态分布的总体标准偏差σ，用 $\bar{x}$ 取代了真值μ。若 t-分布的样本量逐渐增大，那么误差的统计特征就逐渐接近于正态分布。

在 t-分布中有两个重要参数，置信水平 P 和显著性水平α。P 值称为置信水平（confidence level）或置信度（confidence degree），表示某一测定值落在数据可信区间范围内的概率；α表示显著性水平（level of significance）或称为置信系数（confidence coefficient），为某测定值落在数据可信区间范围外的概率（数值等于 $1-P$）。显然，置信度 P 越大（α越小），说明该条件下测试的可信度越大（置信概率越大），反之则可信度越小。

t-分布是对两组样本进行显著性检验——t-检验的基础，但当样本有三组及以上时，继续采用 t-检验将明显增加错误的概率，这时须采用方差分析的方法替代 t-检验。

3. 平均值的精密度和置信区间　为减少偶然误差，对同一样品多采用重复测量后取平均值的方式提高精密度。测量次数越多，结果的精密度越高。但对于其中的任何一次测量来说，数据结果并不总是正确的和可信的，可信的程度要看测量数据距离真值远近的程度。在给定置信水平（P）的条件下，以测定结果的平均值为中心，包括总体平均值在内的可信范围，称为置信区间（confidence interval）。测量值 x 的置信区间可表示为

$$\mu = x \pm u\sigma \quad (2\text{-}9)$$

式中，μ 为真值；u 为横坐标 x 的取值；σ为总体标准偏差；$u\sigma$为置信限。根据此公式，如果使得一次测量的结果置信概率达到 95%，那么该测量值应该落在 $\mu \pm 1.96\sigma$的置信区间内。换言之，单次测量落在 $\mu \pm 1.96\sigma$范围内的概率为 95%。

置信区间分为双侧和单侧置信区间两种。双侧置信区间是指同时存在大于和小于总体平均值的置信范围，即测量值存在于 $X_L \sim X_U$ 范围内，$X_L<\mu<X_U$。单侧置信区间是指 $\mu<X_U$ 或 $\mu>X_L$ 的范围。除了要求计算总体平均值大于或小于某值外，一般都要求计算双侧置信区间。

二、显著性检验

在实际研究中需对不同样本组或多个方法测定结果的平均值与精密度等是否存在差异做出判断，这些问题属于统计检验的内容，称为显著性检验或假设检验。显著性检验的方法很多，在实验研究中最常用的是 t-检验与方差分析，分别用于两组或多组样本数据之间均值的显著性检验。

1. *t*-检验　t-检验以 t-分布为基础，主要用于判断两组小样本（$n<30$）的数据之间，包括

样本平均值与标准值的比较、配对样本测量的平均值，以及随机独立的两组样本均值之间是否存在显著性差异。

1）样本平均值与标准值间的 *t*-检验：当涉及对一组测量数据与用基准物质、标准品或真值的评价方法或分析结果进行比较时，可采用此方法。计算样本的平均值与标准值之间显著性检验的显著性水平α，只要小于设定的数值（如 0.05），就可认为两组之间存在显著性差异（有 95%的可信度），否则就认为不存在显著性差异（有 5%出现错误的可能性）。

例 2-3 样本数据与标准值比较的 *t*-检验

测定某样本中金属铁（Fe）的含量，正常情况下应为 25mg 左右，在使用新的方法进行预处理后，再次测定同一批次 10 个样品后的数据分别为（mg）12、14、16、14、18、19、23、25、22、19。试分析新方法处理后的铁含量与处理前是否有区别。

解：此题目是样本数据与标准值的比较检验。将以上数据采用“单样本 *t*-检验”的分析方法与标准值 25 进行比较，得到显著性检验的结果为 α=0.001＜0.05，可认为新方法处理后与处理前存在显著性差异。

2）配对样本测量平均值的 *t*-检验：同一组样本分别接受两种不同处理或接受某一种处理前后的测量平均值间进行比较时采用的显著性检验方法，简称配对 *t*-检验。

在配对 *t*-检验中，受试对象均为同一组样本，每个样本都执行了两次操作，以两次测量数据间的差值来判断数据是否存在显著性差异。如果计算后差值间检验的显著性水平 α 小于设定的数值（如 0.05），可认为配对样本间的平均值存在显著性差异，否则可认为不存在显著性差异。

例 2-4 配对样本测量平均值的 *t*-检验

某实验中研究 10 名糖尿病患者给药前后的血糖变化情况（表 2-1）。试问患者给药前后血糖变化有无显著性差异（95%置信水平）？

表 2-1 给药前后患者血糖变化情况

患者编号	1	2	3	4	5	6	7	8	9	10
给药前	12.0	11.0	13.6	11.3	11.0	11.0	15.6	11.6	11.0	11.3
给药后	7.0	12.3	9.6	10.0	11.0	9.6	11.6	11.6	11.7	11.3
差值	4.0	−1.3	4.0	1.3	0	1.4	4.0	0	−0.7	0

解：题意为比较糖尿病患者给药前后的血糖变化情况，其中的数据成对出现，这时可以检验两个变量间差值的显著性水平。将给药前后的数据差值采用“配对样本 *t*-检验”的分析方法进行处理，得到显著性检验的结果为 α=0.083＞0.05。可知，患者给药前后的血糖在 95%的置信水平上不存在显著性差异。

3）两组随机独立样本均值比较的 *t*-检验：如果来源于同一总体的两组样本之间具有完全随机和独立的特点，这种情况下的样本均值比较可采用此方法。

在该方法中，由于每组中的样本数较少，首先要用方差齐性检验方法（homogeneity test for variance）检查各组样本内的总体方差是否相等，然后再计算两组样本的均值和标准差，最后比较两组样本均值的显著性检验。如果得到的显著性水平α小于设定的数值（如 0.05），可认为两组之间存在显著性差异，否则认为不存在显著性差异。

例 2-5 两组随机独立样本均值比较的 *t*-检验

一地区测定 11 名健康人与 13 名患者中的某微量元素，数据如表 2-2 所示。试问该地患者与健康人体内的微量元素是否有显著性差异（95%置信水平）？

表 2-2 11 名健康人和 13 名患者体内某微量元素数值（mmol/L）

编号	1	2	3	4	5	6	7	8	9	10	11	12	13
健康人	2.11	1.05	1.20	1.39	1.20	1.67	1.53	1.80	1.87	2.07	0.84		
患者	1.87	0.64	1.57	0.75	0.76	1.35	1.16	1.20	1.34	0.81	1.48	0.64	0.54

解：本题为比较患者与健康人体内微量元素数值的显著性差异，这些数据都是互不干扰的独立样本，不管样本的数量是否相等，都可用随机独立样本均值 *t*-检验方法进行分析。将以上数据采用“独立样本 *t*-检验”方法进行分析，首先进行两组样本的方差齐性检验，检验结果为 α=0.860＞0.05，表明方差齐性检验符合要求；接下来进行两组均值比较的 *t*-检验，显著性检验水平结果为 α=0.019＜0.05。可知，该地区患者与健康人体内某微量元素的数值在 95%的置信水平上存在显著性差异。此外，由于 α=0.019＞0.01，所以两组样本均值在 99%置信水平上没有显著性差异。

2. 方差分析 *t*-检验只适用于两组样本均值间的比较，若进行更多组样本均值之间的两两比较，需采用方差分析（analysis of variation，ANOVA）。

方差分析的基本思想是将总误差分解成若干不同来源的部分，然后计算各部分的误差，再用各部分的组间误差与组内误差进行比较，最后计算出显著性水平 α 值，根据假设检验做出统计推断。在假设检验中，以 H_0 表示各不同样本组的均值相等，H_1 表示各均值不等或不全相等。如果计算结果表明所得 α 值大于预设显著性水平（如 0.05）时，H_0 被接受，说明各样本组均值间没有显著性差异；反之，则拒绝 H_0，接受 H_1，说明各样本组间均值不相等或不全相等。

方差分析的结果可以说明多组样本的均值间是否存在显著性差异。若有显著性差异，应继续进行不同组间均值的比较，找出到底是哪些组间存在差异。目前常采用 Dunnett *t*-检验进行所有样本组与空白组或对照组均值的比较，以及用 *q* 检验（student-newman-keuls，SNK）、LSD 检验（least significant difference）或 Duncan 检验进行任意两组样本均值间的比较。

例 2-6 多组样本均值比较的 Dunnett *t*-检验

统计某公司职工的血糖水平，随机抽取不同部门的女性人员各 10 名作为受试者，测定她们的血糖含量，结果如表 2-3 所示。试问部门 B 和部门 C 与部门 A 的血糖平均含量是否有显著性差异（95%置信水平）？

表 2-3 某企业三个年龄组女性的血糖含量数据

编号	1	2	3	4	5	6	7	8	9	10
部门 A	4.78	5.21	4.93	5.18	4.95	5.00	5.18	4.89	5.07	4.85
部门 B	5.16	5.25	4.89	5.20	4.99	5.14	5.16	4.98	5.12	5.13
部门 C	5.19	5.15	5.23	5.10	5.31	5.23	5.21	4.95	5.26	5.24

解：本题为比较不同部门女性血糖含量之间的差异，这些数据都是互不干扰的独立样本，共三组数据，不适合使用 *t*-检验；且要求比较两组样本与另一组的数据，这时须用多组样本均值比较的 Dunnett *t*-检验法。将以上数据用“单因素方差分析”分析处理，首先进行方差齐性检验，检验结果为 α=0.164＞0.05，表明方差齐性检验符合要求；接下来进行血糖含量的方差分析，检验结果 α=0.008＜0.05，说明三组样本均值不相等，组别变化对于血糖含量有显著影响；最后分别比较部门 B 和部门 C 与部门 A 的均值差异，结果表明部门 B 与部门 A 间均值比较的显著性水平检验为 α=0.143＞0.05，说明两组均值在 95%置信水平上无显著差异；而部门 C 与部门 A 均值比较的显著性检验水平 α=0.004＜0.05，说明两组均值在 95%置信水平上有显著差异，是部门 C 与部门 A 间的差异导致了总体结果的显著差异。

三、可疑数据的取舍

在实验研究中，个别测量数据有时会出现过高或过低的情况，这种数据称为可疑数据。可疑数据不能任意舍弃，应首先寻找产生可疑数据的原因，如数据是否记错，或实验过程中是否有不正常现象发生等；如果发现确为明显过失所致，可舍弃可疑数据；否则要用统计方法判断该数据是否与其他数据来源于同一总体，然后决定取舍。由于 *t*-分布中的样本量较少，任一数据都比较珍贵，因此建议采用能反映整体数据特征的 *G* 检验法对可疑数据进行检验。

G 检验法又称 Grubbs 检验法，该方法首先考虑包括所有数据在内的标准偏差（S）和平均值（$\bar{x}$）来计算可疑数据的 *G* 值；再从表 2-4 中查出 *G* 临界值。若计算出的 *G* 值大于 *G* 临界值，则该可疑值可以舍弃。

$$G = \frac{\left|x_{可疑} - \bar{x}\right|}{S} \tag{2-10}$$

表 2-4　可疑数据 *G* 检验法的 *G* 临界值

置信水平	90%	95%	99%
$n = 3$	1.15	1.15	1.15
4	1.46	1.48	1.50
5	1.67	1.71	1.76
6	1.82	1.89	1.97
7	1.94	2.02	2.14
8	2.03	2.13	2.27
9	2.11	2.21	2.39
10	2.18	2.29	2.48

在进行均值比较的显著性检验之前，应先进行可疑数据的取舍。

四、相关分析和回归分析

在实验研究中，有时需要分析不同变量数据间的相关关系以判断它们的亲疏程度，相关分析和回归分析是常用的两种方法，这两种方法既有密切联系又有本质区别。一般来说，相关分析（correlation analysis）描述的是不同独立变量之间的相关关系，而回归分析（regression analysis）则是研究相互依存变量之间的相关关系。限于篇幅，本部分只简单介绍两个变量之间的相关分析和回归分析方法。

1. 相关分析和相关系数　在进行两个独立变量之间相关关系的分析时，若发现一个变量的数据与另一个变量的数据存在一定的规律性，但不是必然对应的关系，那么这两个变量之间存在着相关关系（correlativity）。根据相关关系的程度，可以分为完全相关、不完全相关和不相关。根据相关关系的形式，可以分为线性相关（linear correlation）和非线性相关（non-linear correlation）。根据相关关系的方向，可以分为正相关（positive correlation）和负相关（negative correlation）等。相关分析就是分析两个变量之间具有以上多种相关关系的方法。

相关系数（correlation coefficient，r）是在相关分析中用于定量描述两个变量间关系亲疏程度的重要参数，它是介于 0 和±1 之间的数值，即$|r| \leqslant 1$。r 越接近±1，表示两个变量的相关性越好；当 $r=+1$ 或-1 时，表示两个变量的所有数据点完全在一条直线上；而当 $r=0$ 时，则表示两个变量的数据点之间不存在相关性。$r>0$ 时，为正相关；$r<0$ 时，为负相关。当 r 较小时，

仅能说明两个变量的线性关系不相符，但还可能存在更高次、对数或指数等其他更复杂的相关关系。

2. 回归分析和回归模型　回归分析（regression analysis）是分析一个变量（常称为因变量，dependent variable，如 Y）随着另一个变量（常称为自变量，independent variable，如 X）变化的确定性关系的方法。与相关分析不同，回归分析可以确切地指出两个变量之间相关关系的具体形式，可以根据回归模型从 X 的变化中精确地估计和预测 Y 的变化趋势和具体数据。

在回归分析中，自变量 X 和因变量 Y 之间的关系是确定性的，可以是线性的，也可以非线性的。在实际分析中，X 和 Y 之间的线性关系最常见，即使是非线性的关系，也可以通过某种变换转为线性关系。

对于 X 和 Y 之间的线性关系，通过回归分析可以得到表达两者之间线性关系的回归模型：$Y=aX+b$，其中，a 为直线的斜率；b 为截距。在实际分析中，通常采用最小二乘法（或回归法）的原理求出斜率 a 和截距 b，a、b 也称为回归系数，表示 X 和 Y 之间确定性的变化关系。如果 a 是正值，那么因变量 Y 将随着自变量 X 的变量呈现出正相关，且 a 值越大，Y 变化的幅度也越大，反之则越小。

3. 相关分析与回归分析的关系　相关分析和回归分析之间关系密切，它们有共同的研究对象，而且互相补充。相关分析需要依靠回归分析中的回归模型来表明变量间数量相关的具体形式，而回归分析则需要依靠相关分析的相关系数来表明变量间数量变化的相关程度。简单地说，相关分析是回归分析的前提和基础，回归分析是相关分析的继续和深入。

现在的统计分析软件都能计算出回归模型的方程式及相关系数等参数，也能计算出整个方程的方差分析结果及对每个参数（如斜率 a 和截距 b）的显著性检验结果，只有那些显著性水平 α 小于预设数值（如 0.05）的回归模型和相关系数才是具有统计意义的结果。

本章小结

一、误　差

1. 基本概念

系统误差：由一些确定原因造成的误差。

偶然误差：由偶然因素引起的误差。

绝对误差：测量值与真实值的差。

相对误差：绝对误差与真实值的比值，通常以%或‰表示。

准确度：分析结果与真实值接近的程度。

精密度：平行测量的多个测量值之间互相接近的程度。

偏差：单个测量值与测量平均值的差。

平均偏差：各单个偏差绝对值的平均值。

相对平均偏差：平均偏差与测量平均值的比值。

标准偏差：测量值在总体上偏离测量平均值的程度。

相对标准偏差：标准偏差与测量平均值的比值，也称为变异系数。

2. 误差的传递

系统误差的传递：和、差的绝对误差等于各测量值绝对误差的和、差；积、商的相对误差等于各测量值相对误差的和、差。

偶然误差的传递：极值误差法和标准偏差法。

3. 减少误差的方法

选择合适的分析方法，减少测量误差，多次测量减少偶然误差，减少系统误差（与经典方法比较、校准仪器、对照试验、回收试验和空白试验等）。

二、有效数字及其运算

1. 概述

有效数字：反映测量精确度及所用方法和仪器准确度的数字。

“0”可以是测定所得的有效数字，也可以是起定位作用的非有效数字。

倍数、分数关系和非测量所得数（如π、e）可视为具有无限多位有效数字。

2. 有效数字的修约

四舍六入五留双：被修约数小于或等于4时舍弃，大于或等于6时进位，等于5时则根据进位后末尾数变为偶数或奇数区别对待。

一次修约原则：对测量值只进行一次修约至所需位数。

安全数保留原则：对参加运算的所有数据先多保留一位有效数字，运算后再将结果修约成与最大误差数据一致的位数。

只进不舍原则：误差和偏差的修约采用只进位的原则。

3. 有效数字的运算

加减法的运算：以各测量值中绝对误差最大的数据为依据，在多保留一位有效数字基础上进行加减运算。

乘除法的运算：以各测量值中相对误差最大（有效数字位数最少）的数据为依据进行运算。

三、数据分析概述

1. 误差分布

正态分布：指大样本量（$n \geq 30$）的数据表现出的整体特征。

t-分布：是对小样本量（$n < 30$）数据进行分析的统计学方法。

置信区间：在给定置信水平（P）的条件下，以测定结果平均值为中心，包括总体平均值在内的可信范围。

2. 显著性检验

t-检验：判断两组小样本（$n < 30$）数据间是否存在显著性差异。

样本与标准值的比较：一组测量数据与标准值进行比较时采用的检验方法。

配对样本 *t*-检验：同一组样本分别接受两种不同处理或接受某一种处理前后的测量平均值间进行比较时采用的检验方法，以两次测量数据间的差值参与计算。

两组独立随机样本的 *t*-检验：用于完全独立随机的两组样本间的检验方法。

方差分析：适用于多组独立随机样本间的显著性水平检验。

3. 可疑数据的取舍

在寻找产生过高或过低数据原因的基础上，采用 G 检验法决定取舍。

4. 相关分析和回归分析

相关分析：描述不同独立变量之间存在一定规律性但不是必然对应关系的分析方法，常用相关系数描述两个变量间的亲疏程度。

回归分析：研究因变量随自变量变化的确定性关系的分析方法，可通过回归模型表述变量间的关系，其中斜率和截距是回归方程最重要的参数。

习　题

1. 指出下列情况是系统误差还是偶然误差？如果是系统误差，请区别方法误差、仪器和试剂误差、操作误差。

（1）天平托盘被腐蚀；（2）量筒未校准；（3）试剂含少量被测组分；（4）化学计量点不在指示剂变色范围内；（5）重量分析中非被测组分发生共沉淀；（6）样品在称量时发生吸湿现象；（7）紫外分光光度计的显示波长与实际测量波长不符；（8）微量移液管读数最后一位数字不准。

2. 用来表示精密度的方法有哪些？为何多用相对标准偏差表示精密度？

3. 某运动员在训练 10 天内进行多次 100 米快速跑的成绩（秒）分别为 11.52、11.63、11.42、12.01、11.50、11.38、11.77、11.70、11.88、11.65。求：（1）平均值；（2）标准偏差和相对标准偏差；（3）平均值在 99%置信水平的置信限。

4. 简述进行多组样本均值比较时方差分析的基本步骤。

5. 相关分析和回归分析有何异同点？

6. 用标定后的 HCl 溶液对样品 NaOH 溶液进行滴定，平行测定 6 次，结果 mol/L 分别为 0.133、0.160、0.135、0.131、0.122 和 0.137，问上述 6 次测定中，在没有其他原因的情况下，数值 0.160mol/L 是否可以舍弃？

7. 用分光光度法与 HPLC 法测定同一批中药中的小檗碱，分光光度法测定的结果（mg/ml）是 12.2、11.4、12.4、13.0、12.7、12.3；HPLC 测定的结果（mg/ml）是 10.4、11.9、12.5、12.8、12.1、12.4。问：（1）两种结果的精密度与平均值是否有显著性差异？（2）该分析中 HPLC 法可否替代分光光度法？

8. 用分光光度法在 245nm 处测定某溶液中维生素 C 的含量，浓度 X 与吸光度 Y 的测定数据如下：

X（μg/ml）	0	5	10	20	40	80
Y（$A=\lg I_0/I$）	0.003	0.011	0.025	0.052	0.098	0.184

试求：（1）吸光度 Y 与浓度 X 的回归方程；（2）相关系数 γ；（3）计算吸光度为 0.088 时维生素 C 的浓度。

常用数据分析工具简介

在分析过程中常产生数据量不等的试验数据，在数据量相对较小时，如计算仅含有 6 个分析点的标准曲线回归方程和相关系数，可用简单的手持式计算器协助完成；但在数据量较大时，须用专业的数据分析工具处理才能得到更全面的计算结果。

目前流行的数据分析工具有多种，既有通用型的软件（如微软的 Excel），也有专业型的软件（如 SPSS 和 SAS 等）。通用型软件的数据分析相对易用，适用领域范围较广，但功能相对简单；专业型软件的功能强大，但往往需要更专业的统计知识和操作技巧才能发挥其强大的数据分析功能。下面简单介绍几种常用的数据分析软件。

1. 通用型数据分析工具 Excel、Numbers 和 WPS

Excel 是美国微软（Microsoft）公司出品的办公套件（Office）中的一个组件。对于分析工作者来说，Excel 能完成实验研究中的大部分数据分析任务，如作图（直方图、饼图和散点图等）、标准曲线的绘制、回归方程和相关系数计算、各种概率分布、抽样与动态模拟、总体均值判断、不同组别均值比较、线性和非线性回归及多元回归分析等。在 Excel 中，一般的数据分析都可以通过鼠标操作和输入少量文字或数据即可完成。

与 Excel 功能相似的数据分析工具，还有美国苹果（Apple）公司出品办公套件中的 Numbers，以及中国金山（Kingsoft）公司的 WPS 办公软件中的表格部分。这几款通用型数据分析软件（或组件）在功能上非常相似，但也各具特点。

2. 专业型统计分析软件 SPSS 和 SAS

SPSS（www.spss.com.cn）是 1968 年在美国被开发出来的专业型统计分析软件包，2010 年被美国 IBM 公司并购。SPSS Statistics 是目前国内科学工作者最常用的专业型数据分析工具之一。与 Excel 等通用型的数据分析工具相比，SPSS Statistics 功能更为强大，不但能完成基本的统计分析功能，而且统计的细节（参数设置）等方面更为专业，可以使得分析结果更为精确和可靠。在操作上，SPSS 完全图形化和模块化的特点使得研究者很方便地完成各种复杂的数据分析工作，且分析的过程和结果能以很直观的方式展现和保存。

SAS 是美国 SAS（www.sas.com）软件公司的主打产品。在商业智能席卷全球的大趋势下，SAS/Stat 仍是必备功能模块之一。与通用型的 Excel 和专业型的 SPSS 等数据分析软件相比，SAS 的统计功能更为强大，特别是其定义灵活和细致严谨的模块化编程语言，使得 SAS 在数据分析过程和结果输出方面能够满足不同研究者的各种需求。

与 SPSS Statistics 和 SAS/Stat 功能相似的分析工具还有美国 OriginLab 公司产品的 Origin 和美国 Minitat 公司的 Minitab 等。这些专业型统计分析软件在功能上相似，界面也都以图形化操作为主，可以根据个人喜好和习惯选择使用。

以上不同类型的数据分析软件都能完成常规的数据分析操作，在功能上有很大的相似性，但又各有特点，如 Excel 的简便易用，SPSS 的专业分析，以及 SAS 的高端应用等。分析工作者可以根据自己的需求购买使用，或者与专业的统计人员合作，以顺利完成数据分析的目的。

（姚美村）

第三章　滴定分析法概论

学习目标

（1）掌握滴定分析法（titrimetric analysis）中的常用术语；基准物质（primary standard）；滴定方式（titration mode）；标准溶液（standard solution）的配制与标定（standardization）方法；分布系数（distribution fraction）；质量平衡；电荷平衡；质子平衡；滴定分析法的基本计算。

（2）熟悉滴定方式及其适用条件。

（3）了解滴定分析的特点及分类。

滴定分析法是化学定量分析中重要的分析方法之一，常用于常量组分测定，即被测组分含量在 1%以上，有时也可用于微量组分测定。滴定分析所需仪器设备简单、便于操作、测定快速、准确度高，故其应用广泛。滴定分析法主要包括酸碱滴定（acid-base titration）法、配位滴定（complex-formation titration）法、氧化还原滴定（oxidation-reduction titration）法和沉淀滴定（precipitation titration）法等。在 2015 版药典中，钟乳石、雄黄、滑石粉、维生素 C 等作为治疗和辅助治疗疾病的药物被广泛应用。这些药物的原料药及各种制剂的含量测定都可采用滴定分析法进行测定。例如，测定 $CaCO_3$ 含量时，可先用过量的盐酸与 $CaCO_3$ 完全反应，再用 NaOH 标准溶液滴定剩余的盐酸。而测定维生素 C，则是在酸性溶液中，用碘作标准溶液，淀粉作为指示剂，采用滴定分析法测定其含量。那么具体如何测定分析呢？本章主要围绕有关滴定分析的基本概念、常用术语、滴定分析法及其基本计算等滴定分析法的共性问题进行讨论。

第一节　滴定分析法和滴定方式

一、滴定分析法及其特点

滴定分析法（titrimetric analysis）是化学定量分析中的重要分析方法。这种方法是通过将已知准确浓度的试剂溶液经由滴定管滴加到被测试样溶液中，直到加入的试剂溶液与被测组分刚好完全反应，然后根据已知试剂溶液的浓度和所消耗的体积来确定被测组分含量。通常将已知准确浓度的试剂溶液称为标准溶液（standard solution）或滴定剂（titrant）；将标准溶液从滴定管滴加到试样溶液中的操作过程称为滴定（titration）。

当滴入标准溶液的量与被测组分的量恰好按一定化学反应所表示的化学计量关系完全作用时称为化学计量点（stoichiometric point），简称计量点，用 sp 表示。在滴定过程中，反应溶液可能没有任何直观的外部特征变化，因此需要有适宜的方法指示化学计量点的到达。故常在试样溶液中加入一种辅助试剂，借助于它的颜色变化作为计量点到达的指示信号，这种试剂称为指示剂（indicator）。在滴定过程中，指示剂正好发生颜色变化而终止滴定之时，称为滴定终点（titration end point），简称终点（end point），用 ep 表示。化学计量点是根据化学计量关系计算得到的理论值。而滴定终点与化学计量点往往不能完全一致，由此造成的误差称为**滴定终点误差**（titration end point error），简称**终点误差**（end point error），又称**滴定误差**（titration error），用 TE 表示，是滴定分析误差的主要来源之一。

滴定分析法主要用于组分含量在 1%以上，取样量大于 0.1g 试样的测定，即常用于常量组分分析和常量分析中，其准确度可达到 99.9%，滴定的相对误差可小于 0.1%；有时也可用于一些含量较低组分的测定，它是分析化学中最基本的方法之一，在生产实践和科学实验中具有很大的实用价值。

二、滴定分析法的分类

滴定分析按标准溶液与被测组分之间所发生的化学反应的类型不同，可分为以下几类。

1. 酸碱滴定法 酸碱滴定法是以质子转移反应为基础的滴定分析方法。一般的酸、碱及能与酸、碱直接或间接发生质子转移的物质都可以用该方法测定。例如，用 NaOH 标准溶液直接测定乙酸，其主要离子反应式如下：

$$OH^- + HAc \rightleftharpoons Ac^- + H_2O$$

2. 沉淀滴定法 沉淀滴定法是以沉淀反应为基础的滴定分析方法。这类方法中银量法应用最广。如用 $AgNO_3$ 标准溶液测定 Cl^- 的含量，其主要离子反应式如下：

$$Ag^+ + Cl^- \rightleftharpoons AgCl\downarrow$$

3. 配位滴定法 配位滴定法是以配位反应为基础的滴定分析方法。常用胺羧配位剂（乙二胺四乙酸，EDTA）作为标准溶液，测定金属离子的含量。例如，用 EDTA 标准溶液测定金属离子 Mg^{2+} 的含量时，其主要离子反应式如下：

$$Mg^{2+} + Y^{4-} \rightleftharpoons MgY^{2-}$$

4. 氧化还原滴定法 氧化还原滴定法是以氧化还原反应为基础的滴定分析方法。利用氧化剂或还原剂作为标准溶液，用于直接测定具有氧化性、还原性的物质或间接测定不具有氧化性、还原性的物质。例如，用 $KMnO_4$ 标准溶液测定金属离子 Fe^{2+} 的含量时，其主要离子反应式如下：

$$MnO_4^- + 5Fe^{2+} + 8H^+ \rightleftharpoons Mn^{2+} + 5Fe^{3+} + 4H_2O$$

上述四种方法是滴定分析的基本方法，它们大多数都在水溶液中进行，但也有在水以外的溶剂中进行的滴定分析，这种滴定分析法称为非水滴定（nonaqueous titration）法。上述滴定分析方法将会在后续各章节中分别介绍。

三、滴定分析对化学反应的要求与滴定方式

滴定分析是以化学反应为基础的滴定分析方法，但并不是所有化学反应都可以用于滴定分析。能直接用于滴定分析的化学反应，必须满足以下条件：

（1）反应具有确定的化学计量关系。在滴定过程中，除主反应外，最好无副反应发生。若有副反应发生，需采取适当的方法进行消除，或保证副反应不影响主反应的正常进行。这是定量计算的基础。例如，$tT + bB \rightleftharpoons cC + dD$，即 t mol 的 T 物质与 b mol 的 B 物质恰能作用完全。

（2）反应必须定量完成。通常要求反应的完全程度达 99.9%以上，这是保证分析准确的前提。例如，当上述反应中 t、b、c、d 均为 1，反应物的浓度均为 c mol/L 时，反应完全时需至少有 99.9%反应物转化为生成物，即 $[T]=[B]\leqslant 0.1\%c$，$[C]=[D]\geqslant 99.9\%c$。

（3）反应速率要快。即要求 T 与 B 的反应能够在瞬间完成，这是保证终点判断是否准确的保障。对于反应速率较慢的化学反应，可采取适当的措施（加热、加入催化剂等方法）来加快反应速率。

（4）有合适的方法确定终点。即有合适的指示剂或其他简便可靠的方法确定终点。

四、滴定方式

滴定方式包括直接滴定、返滴定、置换滴定和间接滴定。

1. 直接滴定（direct titration） 标准溶液与待测物质间的反应满足上述滴定分析对化学反应的要求，就可用标准溶液直接滴定待测物质或组分，这种方式称为直接滴定。直接滴定是滴定分析中最常用和最基本的滴定方式，它的优点是方便快捷、引入误差较小等。如以 HCl 为标准溶液滴定 NaOH，以 $KMnO_4$ 为标准溶液滴定 Fe^{2+} 或 H_2O_2 等，都属于直接滴定。但是，当反应不符合直接滴定的要求时，可考虑采用下述几种滴定方式。

2. 返滴定（back titration） 当试样溶液中待测组分与标准溶液反应速率较慢，或反应物难溶于水或者没有适当的指示剂指示滴定终点时，不能采用直接滴定。可先向待测溶液中加入定量并且过量的 A 标准溶液（$n_{A总}$），使其与试样中被测组分进行反应，待反应完全后，再用另一种适当的标准溶液 T 滴定反应剩余的 A 标准溶液，通过相应的化学计量关系即可求出参与反应的 A，进而求得待测组分的含量，这种滴定的方式称为返滴定，也称剩余滴定（residue titration）或回滴定。

例 3-1 采用滴定分析法如何测定某试样中 $CaCO_3$ 的摩尔分数？

解：由于待测组分 $CaCO_3$ 难溶于水，不能用盐酸标准溶液直接滴定，所以应该采用剩余滴定方式进行测定。即先在 $CaCO_3$ 中加入定量过量的 HCl 标准溶液（$n_{HCl总}$），待 $CaCO_3$ 与 HCl 定量反应完全后，用 NaOH 标准溶液滴定剩余的 HCl，根据（$n_{HCl总}-n_{HCl剩余}$）与 $CaCO_3$ 的反应计量关系，从而求出 $CaCO_3$ 的摩尔分数。其主要的反应如下：

$$CaCO_3+2HCl(定量且过量) = CaCl_2+CO_2\uparrow+H_2O$$

$$HCl(剩余)+NaOH = NaCl+H_2O$$

3. 置换滴定（replacement titration） 对于不能按一定反应方程式进行或伴有副反应发生的反应，不能用直接法测定被测物质。但可先用适当的试剂与待测组分充分反应，使待测组分定量置换为另外一种物质，而这种物质可以用适当的标准溶液直接滴定，通过相应的化学计量关系换算从而求得待测组分的含量，这种滴定方式称为置换滴定。

例 3-2 如何利用 $Na_2S_2O_3$ 标准溶液测定某试样中 $K_2Cr_2O_7$ 的含量？

由于强氧化剂 $K_2Cr_2O_7$ 在酸性溶液中能够将 $S_2O_3^{2-}$ 氧化成 $S_4O_6^{2-}$ 及 SO_4^{2-} 等的混合物，而使 $K_2Cr_2O_7$ 与 $S_2O_3^{2-}$ 之间没有确定的化学计量关系，所以不能采用直接滴定方式进行测定。但是，$K_2Cr_2O_7$ 在酸性溶液中能与 KI 发生定量反应，这样在加入过量的 KI 后（不需要定量），可将待测的 $K_2Cr_2O_7$ 定量地生成 I_2 而被置换，然后用 $Na_2S_2O_3$ 标准溶液直接滴定生成的 I_2，从而计算出 $K_2Cr_2O_7$ 的含量。其主要反应式如下：

$$CaCO_3+2HCl(定量且过量) = CaCl_2+CO_2\uparrow+H_2O$$

$$I_2+2S_2O_3{}^{2-} = 2I^-+S_4O_6{}^{2-}$$

4. 间接滴定（indirect titration） 当待测组分试样不能与标准溶液直接反应或反应不完全时，可通过一定的试剂对试样进行处理，将待测组分转化为用标准溶液直接滴定的形式，这种滴定方式称为间接滴定。

例 3-3 用 $KMnO_4$ 标准溶液如何测定某试样中 Ca^{2+} 的含量？

解：Ca^{2+} 在溶液中没有可变的价态，无法直接与 $KMnO_4$ 标准溶液反应。可先加入过量 $(NH_4)_2C_2O_4$，使 Ca^{2+} 定量沉淀为 CaC_2O_4，然后用 H_2SO_4 溶解，再用 $KMnO_4$ 标准溶液滴定与 Ca^{2+} 结合的 $C_2O_4^{2-}$，从而可间接计算出 Ca^{2+} 的含量。其主要反应如下：

$$Ca^{2+}+C_2O_4^{2-}(过量) = CaC_2O_4\downarrow$$

$$CaC_2O_4+2H^+ = H_2C_2O_4+Ca^{2+}$$

$$2MnO_4^-+5H_2C_2O_4+6H^+ = 2Mn^{2+}+10CO_2\uparrow+8H_2O$$

在滴定分析中由于采用了返滴定、置换滴定、间接滴定等滴定方式，从而解决了不能直接滴定的问题，扩大了滴定分析的应用范围，使滴定分析的应用更加广泛。

第二节 标准溶液

一、基准物质

基准物质（primary standard）是指能用来直接配制标准溶液或标定标准溶液浓度的物质。作为基准物质必须具备下列条件：

（1）纯度高。一般要求纯度在 99.9%以上，且杂质不影响滴定反应的准确度。

（2）组成固定且与化学式完全相符。若含结晶水，如草酸（$H_2C_2O_4·2H_2O$）、硼砂（$Na_2B_4O_7·10H_2O$）等，其结晶水的含量也应与化学式相符。

（3）性质稳定。即不易分解，不易吸收空气中的水分和 CO_2，不易被空气氧化等。在保存或称量过程中其组成与质量应不发生改变。

（4）具有较大的摩尔质量，以减少称量误差。

在滴定分析法中，常用的基准物质有：$Na_2B_4O_7·10H_2O$，$H_2C_2O_4·2H_2O$，$Na_2C_2O_4$，$KHC_8H_4O_4$（邻苯二甲酸氢钾），Na_2CO_3，$K_2Cr_2O_7$，As_2O_3，ZnO，NaCl，$AgNO_3$ 等。基准物质必须以适宜的方法进行干燥处理并妥善保存，常用基准物质及其干燥方法和应用范围见表 3-1。

表 3-1 常用基准物质及其干燥方法和应用范围

基准物质		干燥后的组成	干燥或保存方法	标定对象
名称	化学式			
无水碳酸钠	Na_2CO_3	Na_2CO_3	270～300℃	酸
硼砂	$Na_2B_4O_7·10H_2O$	$Na_2B_4O_7·10H_2O$	有 NaCl 和蔗糖饱和溶液的干燥器中	酸
二水合草酸	$H_2C_2O_4·2H_2O$	$H_2C_2O_4·2H_2O$	室温空气干燥	碱或 $KMnO_4$
邻苯二甲酸氢钾	$KHC_8H_4O_4$	$KHC_8H_4O_4$	105～110℃	碱或 $HClO_4$
草酸钠	$Na_2C_2O_4$	$Na_2C_2O_4$	130℃	氧化剂
三氧化二砷	As_2O_3	As_2O_3	室温（干燥器中保存）	氧化剂
重铬酸钾	$K_2Cr_2O_7$	$K_2Cr_2O_7$	140～150℃	还原剂
溴酸钾	$KBrO_3$	$KBrO_3$	150℃	还原剂
碘酸钾	KIO_3	KIO_3	130℃	还原剂
锌	Zn	Zn	室温（干燥器中保存）	EDTA
氧化锌	ZnO	ZnO	800℃	EDTA
氯化钠	NaCl	NaCl	500～600℃	$AgNO_3$
硝酸银	$AgNO_3$	$AgNO_3$	280～290℃	NaCl

二、标准溶液的配制

1. 试剂的规格 配制标准溶液需要试剂，而化学试剂有不同的级别与规格，只有符合一定级别与规格的试剂才能用于制备标准溶液。试剂的级别与规格是根据试剂自身的纯度及试剂中所含杂质的限量来划分的，现将国产试剂的规格列入表 3-2。

表 3-2　国产试剂的规格

品级	规格	符号	瓶签颜色	用途
一级品	保证试剂（优级纯）	GR	绿色	精密分析工作
二级品	分析试剂（分析纯）	AR	红色	一般分析工作
三级品	化学纯试剂	CP	蓝色	化学实验和合成制备
四级品	实验试剂	LR	棕色	一般化学实验和合成制备

此外，还有色谱纯试剂、光谱纯试剂、生物试剂等，化学试剂的等级划分及有关名词术语在国内外尚未统一。

2. 标准溶液的配制　标准溶液是具有已知准确浓度的试剂溶液，其配制通常有两种方法：直接法和间接法。

1）直接法：准确称取一定量的基准物质，然后用适当溶剂溶解后，转移至容量瓶中定容。根据被称取基准物质的质量和溶液的体积，即可计算出标准溶液的准确浓度。

2）间接法：对于不符合基准物质条件的试剂，如 HCl、NaOH 等，可先配成近似一定浓度的试剂溶液，然后再用基准物质或其他标准溶液来确定出它的准确浓度，这种方法即为间接法。而用基准物质或其他标准溶液来确定某溶液准确浓度的操作过程称为标定（standardization）。

具体标定标准溶液浓度的方法有两种：

（1）用基准物质标定。准确称取一定量的基准物质，溶解后用被标定的溶液进行滴定，然后根据基准物质的质量和待标定溶液所消耗的体积，计算出被标定溶液的准确浓度。

（2）与其他标准溶液进行比较。准确吸取一定量的某标准溶液，用待标定的溶液进行滴定；也可以准确吸取一定量的待标定溶液，用某标准溶液进行滴定。根据两种溶液用去的体积和标准溶液的浓度，即可求出待标定溶液的准确浓度。

注意在标定时，无论采用哪种方法，一般规定要平行测定 3～4 次，并且要求相对平均偏差不大于 0.2%。标定好的标准溶液要妥善保存，对不稳定的溶液还要定期进行标定。例如，对见光易分解的 $AgNO_3$、$KMnO_4$ 等标准溶液应储存在棕色瓶中，并放置在暗处保存；对 NaOH、$Na_2S_2O_3$ 等不稳定的标准溶液在放置 2～3 个月后，应重新标定。

三、标准溶液浓度的表示

1. 物质的量浓度　物质的量浓度（molar concentration）是指单位体积溶液所含溶质 B 的物质的量，又称物质 B 的浓度，用符号 c_B 表示。设 V 为溶液的体积，n_B 为溶液中溶质 B 的物质的量，则 c_B 可由式（3-1）求得

$$c_B = \frac{n_B}{V} \quad (3\text{-}1)$$

若物质 B 的质量为 m_B，其摩尔质量为 M_B，则可得出：

$$n_B = \frac{m_B}{M_B} \quad (3\text{-}2)$$

则可推导出物质的量浓度 c_B 为

$$c_B = \frac{m_B}{M_B V} \quad (3\text{-}3)$$

物质的量浓度常用的单位为 mol/L。质量 m_B 的常用单位为 g；体积 V 的常用单位为 L 或 ml；摩尔质量 M_B 的常用单位为 g/mol。

例 3-4 称取草酸（$H_2C_2O_4·2H_2O$）3.152 g 溶于水并稀释至 250.0ml，求该草酸溶液的浓度（$M_{H_2C_2O_4·2H_2O}=126.07g/mol$）。

解：根据式（3-3）可得

$$c_{H_2C_2O_4·2H_2O}=\frac{m_{H_2C_2O_4·2H_2O}}{M_{H_2C_2O_4·2H_2O}V}=\frac{3.152\times1000}{126.07\times250.0}=0.1000(mol/L)$$

2. 滴定度 滴定度（titer）是指每毫升标准溶液相当于待测组分的质量，用符号 $T_{T/B}$ 表示，单位为 g/ml（或 mg/ml）。下角标中 T 和 B 为标准溶液溶质和被测物质的化学式。

$$T_{T/B}=\frac{m_B}{V_T} \tag{3-4}$$

这种表示方法在常规分析中经常采用，因常需用同一标准溶液测定同一组分的含量，为方便快捷，使用滴定度可以直接得出待测组分的质量和含量。《中国药典》中滴定分析法测定含量均用滴定度表示。

例 3-5 已知 $T_{HCl/CaCO_3}=0.01001g/mL$，$M_{CaCO_3}=100.1g/mol$，求 c_{HCl}。

解：$CaCO_3+2HCl=CaCl_2+CO_2\uparrow+H_2O$

通过反应可知 $CaCO_3$ 相当于 2mol HCl，即有 $n_{HCl}=2n_{CaCO_3}$，根据式（3-4）可得

$$T_{HCl/CaCO_3}=\frac{m_{CaCO_3}}{V_{HCl}}=\frac{n_{HCl}M_{CaCO_3}}{2\times V_{HCl}}=\frac{1}{2}c_{HCl}\times M_{CaCO_3}=0.01001g/mL$$

则有

$$c_{HCl}=\frac{2T_{HCl/CaCO_3}\times1000}{M_{CaCO_3}}=0.2000mol/L$$

例 3-6 某 $KMnO_4$ 标准溶液对 Fe^{2+} 的滴定度为：$T_{KMnO_4/Fe^{2+}}=0.005687g/mL$。若用该 $KMnO_4$ 标准溶液测定某一含铁试样时，已知用去该标准溶液的体积为 22.04 ml，则试样中含铁（Fe^{2+}）的质量应为多少？

解：$T_{KMnO_4/Fe^{2+}}=0.005687g/mL$ 的含义为每毫升 $KMnO_4$ 标准溶液恰好能与 0.005687g Fe^{2+} 完全作用，则 22.04ml 该标准溶液能够恰好完全反应的 Fe^{2+} 质量应为

$$m_{Fe^{2+}}=T_{KMnO_4/Fe^{2+}}V_{KMnO_4}=0.005687\times22.04=0.1253(g)$$

第三节 滴定分析中的计算

滴定分析作为一种基础的分析方法，其涉及一系列的计算，包括如溶液的配制与标定、浓度的换算及分析结果的计算等。

一、滴定分析计算的依据

当滴定剂与待测组分反应完全达到化学计量点时，两者物质的量之间的关系应符合化学反应式的化学计量关系，此即滴定分析计算的依据。

在滴定分析中，滴定剂 T 与待测组分 B 的滴定反应可表示为

$$t\ T+b\ B\rightleftharpoons c\ C+d\ D$$

反应达到化学计量点时，t mol 的滴定剂 T 恰好与 b mol 的待测组分 B 完全作用，生成 c mol 的 C 物质和 d mol 的 D 物质。则化学计量点时，滴定剂 T 与待测组分 B 的物质的量有下列基本关系：

$$n_T : n_B = t : b \quad (3\text{-}5)$$

式中，t∶b 为反应方程式中两物质的计量系数之比，通常称为物质的量比；n_T、n_B 分别表示 T、B 的物质的量。

1. 标准溶液浓度的有关计算

1）直接配制法：基准物质 B 的摩尔质量为 M_B（g/mol），质量为 m_B（g），则物质 B 的物质的量为 $n_B = m_B / M_B$。将其配制成体积为 V（L）的标准溶液，则它的浓度 c_B（mol/L）可以表示为

$$c_B = \frac{m_B}{M_B V} \quad (3\text{-}6)$$

2）标定法：采用基准物质标定标准溶液。以 c_T 表示被标定标准溶液的浓度，单位为 mol/L；V_T 表示滴定所消耗的标准溶液的体积，单位为 L；m_B 为基准物质的质量，单位为 g；M_B 为基准物质的摩尔质量，单位为 g/mol；则被标定的标准溶液的计算式可根据式（3-5）推导得出：

$$c_T = \frac{t}{b} \frac{m_B}{M_B V_T} \quad (3\text{-}7)$$

2. 滴定分析的相关计算公式

1）物质的量的计算

物质 B 的物质的量 n_B 与其物质的量浓度 c_B 及溶液的体积 V 之间存在以下关系：

$$n_B = c_B V \quad (3\text{-}8)$$

若物质 B 的质量为 m_B，摩尔质量为 M_B 时，则：

$$n_B = \frac{m_B}{M_B} \quad (3\text{-}9)$$

若使用滴定度来表示时，物质 B 的物质的量还可以表示为

$$n_B = \frac{T_{T/B} V_T}{M_B} \quad (3\text{-}10)$$

式中，$T_{T/B}$ 为滴定剂对物质 B 的滴定度；V_T 为消耗滴定剂的体积。

2）质量分数（含量）的计算

若试样的质量为 m_S，待测组分 B 物质的质量为 m_B，则待测组分在试样中的质量分数 ω_B 为

$$\omega_B = \frac{m_B}{m_S} \times 100\% \quad (3\text{-}11)$$

由式（3-11）和式（3-7）可得

$$\omega_B = \frac{b}{t} \frac{c_T V_T m_B}{m_S} \times 100\% \quad (3\text{-}12)$$

用百分数表示时，即为质量百分数。

若所取试样为液体，量取的是液体体积 V_S，待测组分 B 物质的质量为 m_B，则待测组分在试样中的含量还可以用其质量浓度 ρ_B 来表示：

$$\rho_B = \frac{m_B}{V_S} \quad (3\text{-}13)$$

"质量分数"是"含量"的一种表示方法，只适用于试样和被测组分都以质量表示的情况，"含量"的应用范围更广。

二、计 算 示 例

例 3-7　已知浓盐酸浓度为 12 mol/L，若配制浓度近似为 0.10 mol/L 的 HCl 溶液 1L，应取

浓盐酸多少毫升?

解：因为$n_{浓}=n_{稀}$，所以$c_{浓}V_{浓}=c_{稀}V_{稀}$，

$$V_{浓}=\frac{c_{稀}V_{稀}}{c_{浓}}=\frac{0.10\times1000}{12}=8.3(\text{ml})$$

例 3-8 标定 NaOH 溶液时，若滴定时用去 0.10mol/L NaOH 溶液约 22ml，问应称取邻苯二甲酸氢钾基准物质多少克（$M_{KHC_8H_4O_4}=204.22\text{g/mol}$）？

解：因为$KHC_8H_4O_4+NaOH = KNaC_8H_4O_4+H_2O$

$$n_{KHC_8H_4O_4}:n_{NaOH}=1:1 \quad 即\ n_{KHC_8H_4O_4}=n_{NaOH}$$

所以

$$\frac{m_{KHC_8H_4O_4}}{M_{KHC_8H_8O_4}}=c_{NaOH}V_{NaOH}$$

$$m_{KHC_8H_4O_4}=c_{NaOH}V_{NaOH}M_{KHC_8H_4O_4}=\frac{0.10\times22\times204.22}{1000}=0.45(\text{g})$$

例 3-9 试计算 0.2500mol/L HCl 溶液对 Na_2CO_3（$M_{Na_2CO_3}$=105.99g/mol）的滴定度（以甲基橙为指示剂）。

解：因为$Na_2CO_3+2HCl = 2NaCl+H_2O+CO_2\uparrow$

所以

$$n_{Na_2CO_3}:n_{HCl}=1:2，即\ n_{HCl}=2n_{Na_2CO_3}；$$

又因为$n_{HCl}=c_{HCl}V_{HCl}$，$n_{Na_2CO_3}=\dfrac{m_{Na_2CO_3}}{M_{Na_2CO_3}}$；

所以$c_{HCl}V_{HCl}=2\times\dfrac{m_{Na_2CO_3}}{M_{Na_2CO_3}}$

$$T_{HCl/Na_2CO_3}=\frac{m_{Na_2CO_3}}{V_{HCl}}=\frac{c_{HCl}M_{Na_2CO_3}}{2\times1000}=0.01325(\text{g/ml})$$

例 3-10 已知用 $AgNO_3$ 标准溶液滴定 NaCl 时的滴定度为$T_{AgNO_3/NaCl}=0.005858\text{g/mL}$，试计算该 $AgNO_3$ 标准溶液的物质的量浓度（$M_{NaCl}=58.489\ \text{g/ml}$）。

解：因为$AgNO_3+NaCl = AgCl\downarrow+NaNO_3$

$n_{AgNO_3}:n_{NaCl}=1:1$，即$n_{AgNO_3}=n_{NaCl}$；

所以$c_{AgNO_3}V_{AgNO_3}=\dfrac{m_{NaCl}}{M_{NaCl}}$

$$c_{AgNO_3}=\frac{m_{NaCl}}{V_{AgNO_3}}\frac{1}{M_{NaCl}}=\frac{T_{AgNO_3/NaCl}}{M_{NaCl}}\times1000=\frac{0.005858}{58.489}\times1000=0.1002(\text{mol/ L})$$

例 3-11 称取碳酸氢钠试样 0.4671g，溶解后，用 0.1870 mol/LHCl 标准溶液滴定，终点时用去 20.36 ml，求试样中 $NaHCO_3$ 的含量（$M_{NaHCO_3}=84.007\text{g/mol}$）。

解：因为$NaHCO_3+HCl = NaCl+H_2O+CO_2\uparrow$

$$n_{NaHCO_3}:n_{HCl}=1:1，即\ n_{NaHCO_3}=n_{HCl}；$$

所以$c_{HCl}V_{HCl}=\dfrac{m_{NaHCO_3}}{M_{NaHCO_3}}$

$$m_{NaHCO_3}=c_{HCl}V_{HCl}M_{NaHCO_3}$$

$$\omega_{NaHCO_3}=\frac{m_{NaHCO_3}}{m_S}\times100\%=\frac{c_{HCl}V_{HCl}M_{NaHCO_3}}{m_S}\times100\%$$

$$=\frac{0.1870\times20.36\times84.007}{1000\times0.4671}\times100\%=68.47\%$$

例 3-12　量取过氧化氢试样 1.00ml，在酸性溶液中用 0.02038mol/L $KMnO_4$ 标准溶液滴定，终点时用去 17.33ml，试求试样中 H_2O_2 的含量（$M_{H_2O_2}=34.015\,g/mol$）。

解：因为 $2MnO_4^-+5H_2O_2+6H^+ = 2Mn^{2+}+5O_2\uparrow+8H_2O$

$$n_{KMnO_4}:n_{H_2O_2}=2:5，即\ n_{H_2O_2}=\frac{5}{2}n_{KMnO_4}；$$

所以 $\frac{m_{H_2O_2}}{M_{H_2O_2}}=\frac{5}{2}c_{KMnO_4}V_{KMnO_4}$ 则 $m_{H_2O_2}=\frac{5\times c_{KMnO_4}V_{KMnO_4}M_{H_2O_2}}{2}$

$$\rho=\frac{m_{H_2O_2}}{V_S}=\frac{5\times c_{KMnO_4}V_{KMnO_4}M_{H_2O_2}}{2\times V_S}=\frac{5\times0.02038\times17.33\times34.015}{2\times1.00\times1000}$$

$$=0.0300(g/mL)=3.00\%\ (g/100ml)$$

例 3-13　称取含铁试样 0.3071g，经处理为 Fe^{2+}后，用 0.01938mol/L 的 $K_2Cr_2O_7$ 标准溶液滴定至终点，用去 20.42ml，求试液中铁（以 Fe_2O_3 计算）的含量（$M_{Fe_2O_3}=159.69\,g/mol$）。

解：因为 $Cr_2O_7^{2-}+6Fe^{2+}+14H^+ = 2Cr^{3+}+6Fe^{3+}+7H_2O$

$n_{K_2Cr_2O_7}:n_{Fe^{2+}}=1:6$，即 $n_{Fe^{2+}}=6n_{K_2Cr_2O_7}$；

由于 $n_{Fe_2O_3}=\frac{n_{Fe^{2+}}}{2}$，故 $n_{Fe_2O_3}=3n_{K_2Cr_2O_7}$；

所以 $\frac{m_{Fe_2O_3}}{M_{Fe_2O_3}}=3\times c_{K_2Cr_2O_7}V_{K_2Cr_2O_7}$

$$m_{Fe_2O_3}=3\times c_{K_2Cr_2O_7}V_{K_2Cr_2O_7}M_{Fe_2O_3}$$

$$\omega_{Fe_2O_3}=\frac{m_{Fe_2O_3}}{m_S}\times100\%=\frac{3\times c_{K_2Cr_2O_7}V_{K_2Cr_2O_7}M_{Fe_2O_3}}{m_S}\times100\%$$

$$=\frac{3\times0.01938\times20.42\times159.69}{1000\times0.3071}\times100\%=61.73\%$$

例 3-14　测定铜盐含量时，称取 $CuSO_4\cdot5H_2O$ 试样 0.5276 g，用适量 1mol/L H_2SO_4 溶液和蒸馏水溶解，加入过量 KI，再用 0.1018mol/L 的 $Na_2S_2O_3$ 标准溶液滴定至终点，消耗 20.41ml，试计算试样中的 $CuSO_4\cdot5H_2O$ 含量（$M_{CuSO_4\cdot5H_2O}=249.69g/mol$）。

解：因为 $2Cu^{2+}+4I^-(过量) = 2CuI\downarrow+I_2$

$$2S_2O_3^{2-}+I_2 = S_4O_6^{2-}+2I^-$$

$$n_{Cu^{2+}}:n_{I_2}=2:1，n_{I_2}:n_{Na_2S_2O_3}=1:2，故\ n_{Cu^{2+}}:n_{Na_2S_2O_3}=1:1；$$

所以 $\frac{m_{CuSO_4\cdot5H_2O}}{M_{CuSO_4\cdot5H_2O}}=c_{Na_2S_2O_3}V_{Na_2S_2O_3}$

$$\omega_{CuSO_4\cdot5H_2O}=\frac{m_{CuSO_4\cdot5H_2O}}{m_S}\times100\%=\frac{c_{Na_2S_2O_3}V_{Na_2S_2O_3}M_{CuSO_4\cdot5H_2O}}{m_S}\times100\%$$

$$=\frac{0.1018\times20.41\times249.69}{1000\times0.5276}\times100\%=98.33\%$$

例 3-15 测定氨肥中 NH_3 的含量。称取试样 1.6160g，溶解后在 250.0ml 容量瓶中定容。称取 25.00ml，加入过量 NaOH 溶液，将产生的 NH_3 导入 40.00ml 浓度为 0.05100mol/L H_2SO_4 标准溶液吸收，剩余的 H_2SO_4 用 0.0960mol/L 的 NaOH 溶液返滴定，消耗 17.00ml 到终点。计算该氮肥试样中 NH_3 的含量。

解：由题意可知：

$$H_2SO_4+2NH_3 = (NH_4)_2SO_4$$

$$H_2SO_4(\text{剩余})+2NaOH = Na_2SO_4+2H_2O$$

在化学计量点时：

$$n_{NH_3}=2(n_{H_2SO_4}-\frac{1}{2}n_{NaOH})$$

$$\omega_{NH_3}=\frac{2(n_{H_2SO_4}-\frac{1}{2}n_{NaOH})\times M_{NH_3}}{m_S\times\frac{25}{250}}\times 100\%$$

$$=\frac{2\times(0.05100\times 40-\frac{1}{2}\times 0.0960\times 17)\times 17.01}{1.6160\times\frac{25}{250}\times 1000}\times 100\%$$

$$=25.76\%$$

第四节 滴定分析中的化学平衡

溶液中的化学平衡是滴定分析的理论基础，通过化学平衡计算可以判断反应是否能用于滴定分析，评价各种副反应对滴定的干扰，选择适当的滴定条件。本节讨论溶质各种型体的分布和溶液中的平衡处理方法。

一、溶液中各型体的分布与分布系数

在酸碱平衡、配位平衡、氧化还原平衡和沉淀平衡体系中，一种溶质往往以多种型体存在于溶液中。平衡浓度是指在溶液中每个型体在平衡状态下的浓度，以符号[ ]表示。分析浓度则是指溶质在溶液中其各种型体平衡浓度的总和，用符号 c 表示，单位为 mol/L。例如，0.10mol/L 的 NaCl 和乙酸（HAc）溶液，它们各自的分析浓度 c_{NaCl} 与 c_{HAc} 均为 0.10 mol/L，但 NaCl 完全离解，故$[Na^+]=[Cl^-]=0.10$mol/L；而乙酸是弱酸，在溶液中部分离解，故溶液中有两种型体存在，即 HAc 和 Ac^-，在平衡状态下，两者的平衡浓度之和即为分析浓度，即 $c_{HAc}=[HAc]+[Ac^-]$。

在滴定分析中，常采用分布系数（distribution fraction）来表示某型体在溶液中的情况。分布系数是指溶液中某种型体的平衡浓度在溶质总浓度中所占的分数，又称分布分数，以 δ_i 表示，其中下标 i 说明它所属型体。即

$$\delta_i=[i]/c \tag{3-14}$$

式中，δ_i 为平衡体系中某型体 i 的分布系数；$[i]$为平衡体系中某型体 i 的平衡浓度；c 为平衡型体中溶质的分析浓度。

分布系数取决于酸或碱或配合物的性质、溶液的酸度或游离配体的浓度等因素，而与总浓度无关。分布系数的大小可以说明溶液中各型体的分布情况，由分布系数可求得溶液中各种型体的平衡浓度，对于滴定分析有着重要的意义。

1. 酸碱平衡体系中溶液各型体的分布系数 以一元弱酸 HA 为例，浓度为 c mol/L 的 HA

在水溶液中达到平衡后，两种存在型体的浓度分别为[HA]和[A⁻]，根据式（3-14）得

$$\delta_{HA}=\frac{[HA]}{c}=\frac{[HA]}{[HA]+[A^-]}=\frac{1}{1+\frac{[A^-]}{[HA]}}$$

由离解平衡常数知：

$$\frac{[A^-]}{[HA]}=\frac{K_a}{[H^+]}$$

则

$$\delta_{HA}=\frac{1}{1+\frac{K_a}{[H^+]}}=\frac{[H^+]}{[H^+]+K_a}$$

同理

$$\delta_{A^-}=\frac{K_a}{[H^+]+K_a}$$

显然

$$\delta_{HA}+\delta_{A^-}=1$$

为了方便，在酸碱溶液中还常用 δ_0、δ_1、δ_2、δ_3、…、δ_n 表示电荷数为 0、1、2、3、…、n 型体的分布系数。根据分析浓度和分布系数，就可以求算出某一酸度溶液中一元弱酸两种存在型体的平衡浓度。

例 3-16　计算 0.10mol/L 乙酸（HAc）溶液在 pH=5.00 条件下各型体的分布系数和平衡浓度。

解：已知 $K_a=1.8\times10^{-5}$，$[H^+]=1.0\times10^{-5}$mol/L

所以

$$\delta_0=\delta_{HAc}=\frac{[H^+]}{[H^+]+K_a}=\frac{1.0\times10^{-5}}{1.0\times10^{-5}+1.8\times10^{-5}}=0.36$$

$$\delta_1=\delta_{Ac^-}=1-\delta_{HAc}=1-0.36=0.64$$

$[HAc]=\delta_0\times c_{HAc}=0.36\times0.10=0.036$（mol/L）

$[Ac^-]=\delta_1\times c_{HAc}=0.64\times0.10=0.64$（mol/L）

根据 pH 的不同，乙酸各型体的分布系数也在发生变化。由图 3-1 乙酸的各型体分布曲线可知：随着溶液 pH 的升高，δ_{HAc} 逐渐减小，而 δ_{Ac^-} 则逐渐增大。溶液的 pH=pK_a(4.74)时，$\delta_{HAc}=\delta_{Ac^-}=0.5$，[HAc]=[Ac⁻]；当 pH＜p$K_a$时，HAc 为主要型体；反之，pH＞p$K_a$时，Ac⁻为主要型体；当 pH＜p$K_a$–2 时，$\delta_{HAc}$ 趋近于 1，δ_{Ac^-} 趋近于 0；而当 pH＞pK_a–2 时，δ_{Ac^-} 趋近于 1。

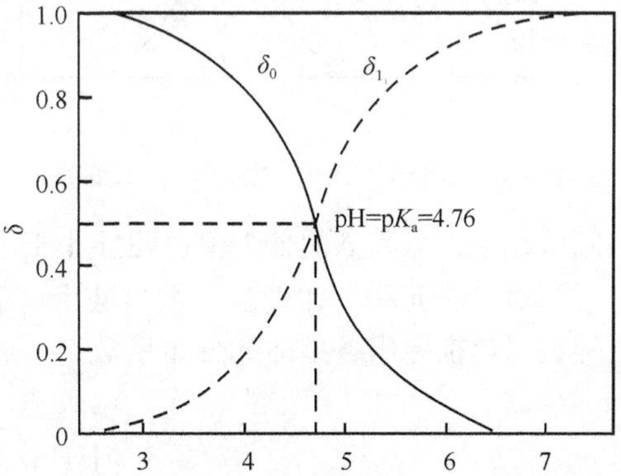

图 3-1　乙酸溶液中各型体的 δ_i-pH 曲线

通过以上分析可以看出，在平衡状态下，一元弱酸各型体的分布系数的大小与酸本身的强弱（K_a 的大小）有关，与溶液中[H⁺]有关。因此，可以通过控制溶液酸度得到所需的型体。同理，一元弱碱中各型体的分布和分布系数可用类似方法求得。

2. 多元弱酸（碱）在溶液中各型体的分布系数　以二元弱酸草酸为例，草酸在水溶液中能以 $H_2C_2O_4$、$HC_2O_4^-$ 和 $C_2O_4^{2-}$ 三种型体存在，其分析浓度为 $c_{H_2C_2O_4}$，因此有

$$c_{H_2C_2O_4}=[H_2C_2O_4]+[HC_2O_4^-]+[C_2O_4^{2-}]$$

$$\delta_{H_2C_2O_4}=\frac{[H_2C_2O_4]}{c_{H_2C_2O_4}}=\frac{1}{1+\frac{[HC_2O_4^-]}{[H_2C_2O_4]}+\frac{[C_2O_4^{2-}]}{[H_2C_2O_4]}}$$

根据相应的离解常数的表达式可得

$$\frac{[HC_2O_4^-]}{[H_2C_2O_4]}=\frac{K_{a_1}}{[H^+]} \qquad \frac{[C_2O_4^{2-}]}{[H_2C_2O_4]}=\frac{K_{a_1}K_{a_2}}{[H^+]^2}$$

代入上式整理后得到：

$$\delta_0=\delta_{H_2C_2O_4}=\frac{[H^+]^2}{[H^+]^2+[H^+]K_{a_1}+K_{a_1}K_{a_2}}$$

同理：

$$\delta_1=\delta_{HC_2O_4^-}=\frac{[H^+]K_{a_1}}{[H^+]^2+[H^+]K_{a_1}+K_{a_1}K_{a_2}}$$

$$\delta_2=\delta_{C_2O_4^{2-}}=\frac{K_{a_1}K_{a_2}}{[H^+]^2+[H^+]K_{a_1}+K_{a_1}K_{a_2}}$$

且有

$$\delta_{H_2C_2O_4}+\delta_{HC_2O_4^-}+\delta_{C_2O_4^{2-}}=1$$

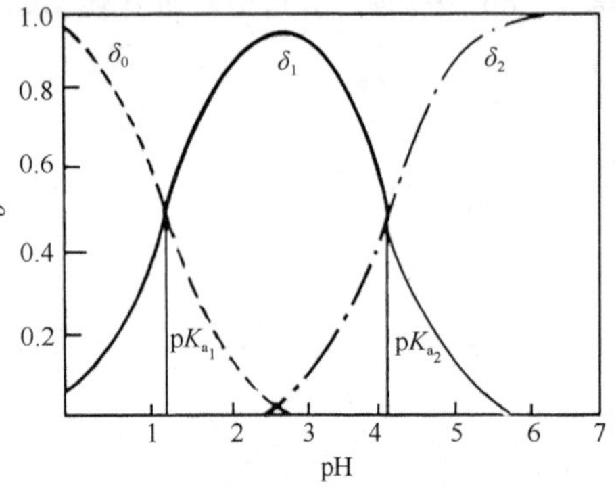

图 3-2 乙酸溶液中各型体的 δ_i-pH 曲线

图 3-2 所示即为草酸的型体分布曲线。其中每一共轭酸碱对分布曲线的交点对应的 pH 分别等于草酸的 pK_{a_1} 和 pK_{a_2}。由图 3-2 可知，pH 在 2.3～3.3 这一酸度范围内有三种型体共存，以 $HC_2O_4^-$ 为主，$H_2C_2O_4$ 和 $C_2O_4^{2-}$ 的浓度低，但不可忽略。这是因为草酸的 pK_{a_1} 和 pK_{a_2} 相差不大的原因。

总之，对于二元弱酸 H_2A，当 pH＜ pK_{a_1} 时，溶液中 H_2A 是主要型体；当 pH＞ pK_{a_2} 时，A^{2-}是主要型体；当 pK_{a_1} ＜pH＜ pK_{a_2} 时，以 HA^-型体为主；而若 pK_{a_1} 和 pK_{a_2} 的值越接近，以 HA^-型体为主的 pH 区间就越窄，且其 δ 的最大值也明显小于 1，在滴定分析时将不能被分别滴定。

对于三元酸，如磷酸，在溶液中可形成四种型体：H_3PO_4，$H_2PO_4^-$，HPO_4^{2-}，PO_4^{3-}。同样也可以推导出各型体的分布系数：

$$\delta_0=\delta_{H_3PO_4}=\frac{[H^+]^3}{[H^+]^3+[H^+]^2K_{a_1}+[H^+]K_{a_1}K_{a_2}+K_{a_1}K_{a_2}K_{a_3}}$$

$$\delta_1=\delta_{H_2PO_4^-}=\frac{[H^+]^2K_{a_1}}{[H^+]^3+[H^+]^2K_{a_1}+[H^+]K_{a_1}K_{a_2}+K_{a_1}K_{a_2}K_{a_3}}$$

$$\delta_2=\delta_{HPO_4^{2-}}=\frac{[H^+]K_{a_1}K_{a_2}}{[H^+]^3+[H^+]^2K_{a_1}+[H^+]K_{a_1}K_{a_2}+K_{a_1}K_{a_2}K_{a_3}}$$

$$\delta_3=\delta_{PO_4^{3-}}=\frac{K_{a_1}K_{a_2}K_{a_3}}{[H^+]^3+[H^+]^2K_{a_1}+[H^+]K_{a_1}K_{a_2}+K_{a_1}K_{a_2}K_{a_3}}$$

磷酸的型体分布曲线如图 3-3 所示。由图分析可知，pH 在 2.16～7.12 时，溶液中以 $H_2PO_4^-$ 为主；在 pH=（$pK_{a_1}+pK_{a_2}$）/2=4. 64 时，$H_2PO_4^-$ 浓度达到最大，其他型体的浓度极小，且 $H_2PO_4^-$ 占优势的区域较宽，因此用 NaOH 滴定时，可将 H_3PO_4 滴定中和至 $H_2PO_4^-$。同样 pH 在 7.12～12.32 时，溶液中以 HPO_4^{2-} 型体为主；在 pH 为 9.72 时，HPO_4^{2-} 浓度达到最大，其他型体的浓度极小，而 HPO_4^{2-} 占优势的区域也较宽，所以 H_3PO_4 也可被滴定中和至 HPO_4^{2-}。$H_2PO_4^-$ 和 HPO_4^{2-} 存在的 pH 范围较宽，这是由于 H_3PO_4 的 pK_{a_1}、pK_{a_2} 和 pK_{a_3} 之间相差很大，同时这也是磷酸分步滴定的基础。

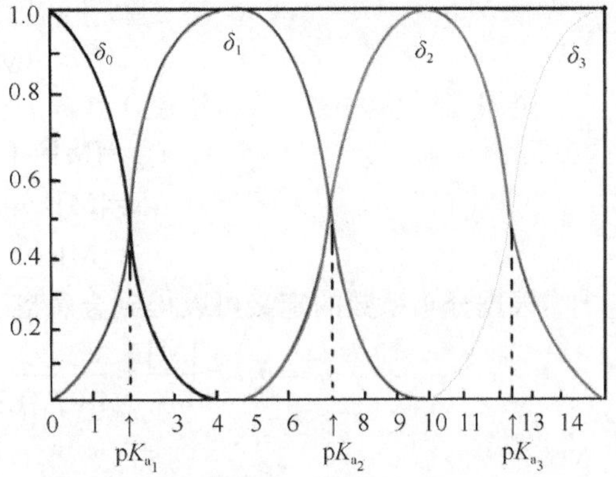

图 3-3　磷酸溶液中各型体的 δ_i-pH 曲线

通过以上讨论分析可以推出，多元弱酸 H_nA 在水溶液中有 n+1 种可能存在的型体，即 H_nA、$H_{(n-1)}A^-$、…、$HA^{(n-1)-}$ 和 A^{n-}，在各型体的计算式中，其分母均为 $[H^+]^n+[H^+]^{n-1}K_{a_1}+\cdots+[H^+]K_{a_1}K_{a_2}\cdots K_{a(n-1)}+K_{a_1}K_{a_2}\cdots K_{a_n}$，而分子依次为分母中对应的各项。

例如，在较低 pH 的溶液中配位滴定剂 EDTA（H_4Y）可以形成六元酸 H_6Y^{2+}，因此，EDTA 有七种存在型体，即 H_6Y^{2+}、H_5Y^+、H_4Y、H_3Y^-、H_2Y^{2-}、HY^{3-}和 Y^{4-}。其中 HY^{3-}的分布系数为

$$\delta_{HY^{3-}}=\frac{[H^+]K_{a_1}K_{a_2}K_{a_3}K_{a_4}K_{a_5}}{[H^+]^6+[H^+]^5K_{a_1}+[H^+]^4K_{a_1}K_{a_2}+\cdots+[H^+]K_{a_1}K_{a_2}K_{a_3}K_{a_4}K_{a_5}+K_{a_1}K_{a_2}K_{a_3}K_{a_4}K_{a_5}K_{a_6}}$$

3. 配体平衡体系中各型体的分布系数　在配位平衡体系中必须考虑配位体浓度对金属离子各级配合物存在形式分布的影响。溶液中金属离子 M 与配位体 L 发生逐级配位反应，逐级配位平衡及其形成常数（稳定常数 stability constant）如下：

$$M+L \rightleftharpoons ML \qquad K_1=\frac{[ML]}{[M][L]}$$

$$ML+L \rightleftharpoons ML_2 \qquad K_2=\frac{[ML_2]}{[ML][L]}$$

$$\cdots \qquad \cdots$$

$$ML_{(n-1)}+L \rightleftharpoons ML_n \qquad K_n=\frac{[ML_n]}{[ML_{n-1}][L]}$$

配位平衡计算中，常用累积稳定常数（cumulative stability constant）β_n 表示：

第一级累积稳定常数　$\beta_1=K_1=\dfrac{[ML]}{[M][L]}$

第二级累积稳定常数　$\beta_2=K_1K_2=\dfrac{[ML_2]}{[M][L]^2}$

…　…

第 n 级累积稳定常数　$\beta_n=K_1K_2\cdots K_n=\dfrac{[ML_n]}{[M][L]^n}$

第 n 级累积稳定常数 β_n 又称为总稳定常数。累积稳定常数将各级配合物的浓度[ML]、

$[ML_2]$、…、$[ML_n]$直接与游离金属离子浓度[M]和配位剂浓度[L]联系起来。

则各级配合物浓度：

$$[ML] = \beta_1[M][L]$$
$$[ML_2] = \beta_2[M][L]^2$$
$$\cdots$$
$$[ML_n] = \beta_n[M][L]^n$$

金属离子总浓度（分析浓度）c_M 与各型体平衡浓度的关系为

$$\begin{aligned} c_M &= [M]+[ML]+[ML_2]+\cdots+[ML_n] \\ &= [M]+\beta_1[M][L]+\beta_2[M][L]^2+\cdots+\beta_n[M][L]^n \\ &= [M]\left(1+\beta_1[L]+\beta_2[L]^2+\cdots+\beta_n[L]^n\right) \end{aligned}$$

根据分布系数的定义可以得到金属离子各型体的分布系数：

$$\delta_0 = \delta_M = \frac{[M]}{c_M} = \frac{1}{1+\beta_1[L]+\beta_2[L]^2+\cdots+\beta_n[L]^n} = \frac{1}{1+\sum_{i=1}^{n}\beta_i[L]^i}$$

$$\delta_1 = \delta_{ML} = \frac{[ML]}{c_M} = \frac{\beta_1[L]}{1+\beta_1[L]+\beta_2[L]^2+\cdots+\beta_n[L]^n} = \frac{\beta_1[L]}{1+\sum_{i=1}^{n}\beta_i[L]^i} = \delta_0\beta_1[L]$$

$$\cdots$$

$$\delta_n = \delta_{ML_n} = \frac{[ML_n]}{c_M} = \frac{\beta_n[L]^n}{1+\beta_1[L]+\beta_2[L]^2+\cdots+\beta_n[L]^n} = \frac{\beta_n[L]^n}{1+\sum_{i=1}^{n}\beta_i[L]^i} = \delta_0\beta_n[L]^n$$

由上述各式可知，δ_i 仅仅是[L]的函数，它的大小与配合物本身的性质（稳定常数）和[L]的大小有关。如果 c_M 和[L]已知，可通过下式求得金属离子 M 各型体的平衡浓度：

$$[ML_i] = \delta_i c_M$$

例 3-17 在铜氨溶液中，当氨的平衡浓度为 1.00×10^{-3}mol/L 时，计算溶液中铜-氨配合物各型体的分布系数。

解：已知铜-氨配合物的 $\lg\beta_1\sim\lg\beta_5$ 分别为 4.31、7.98、11.02、13.32、12.86。

$$\begin{aligned} 1+\sum_{i=1}^{5}\beta_i[L]^i &= 1+10^{4.31}\times10^{-3.00}+10^{7.98}\times10^{-3.00\times2}+10^{11.02}\times10^{-3.00\times3}+10^{13.32}\times10^{-3.00\times4} \\ &\quad +10^{12.86}\times10^{-3.00\times5} \\ &= 1+20.4+95.5+105+20.9+0.0072 \\ &= 242.8 \end{aligned}$$

则有

$$\delta_0 = \delta_{Cu^{2+}} = \frac{1}{242.8} = 0.41\%$$

$$\delta_1 = \delta_{Cu(NH_3)^{2+}} = \frac{20.4}{242.8} = 8.40\%$$

$$\delta_2 = \delta_{Cu(NH_3)_2^{2+}} = \frac{95.5}{242.8} = 39.3\%$$

$$\delta_3 = \delta_{Cu(NH_3)_3^{2+}} = \frac{105}{242.8} = 43.2\%$$

$$\delta_4 = \delta_{Cu(NH_3)_4^{2+}} = \frac{20.9}{242.8} = 8.6\%$$

$$\delta_5 = \delta_{Cu(NH_3)_5^{2+}} = \frac{0.0072}{242.8} = 0.003\%$$

从铜-氨配合物各型体的分布系数可知，当铜的分析浓度一定时，在上述溶液中铜-氨配合物的主要型体是 $Cu(NH_3)_2^{2+}$ 和 $Cu(NH_3)_3^{2+}$。在配位滴定中讨论金属离子配位效应时还会考虑配合物的型体分布。

二、溶液中化学平衡的处理方法

1. 质量平衡　在平衡状态下，某一组分的分析浓度等于该组分各种型体平衡浓度之和，这种关系称为质量平衡（mass balance）或物料平衡（material balance）。它的数学表达式称为质量平衡方程（mass balance equation）。例如，c mol/L Na_2CO_3 溶液的质量平衡方程为

$$[Na^+] = 2c$$

$$[H_2CO_3]+[HCO_3^-]+[CO_3^{2-}] = c$$

质量平衡将分析浓度与各型体平衡浓度联系起来，在溶液化学平衡的相关计算中经常用到。

例 3-18　请写出 2×10^{-3}mol/L $AgNO_3$ 和 0.2mol/L NH_3 的混合溶液的质量平衡方程。

解：由题意可有

$$[NO_3^-] = 2\times10^{-3}\ \text{mol/L}$$

$$[Ag^+]+[Ag(NH_3)^+]+[Ag(NH_3)_2^+] = 2\times10^{-3}\ \text{mol/L}$$

$$[NH_3]+[Ag(NH_3)^+]+2[Ag(NH_3)_2^+] = 0.2\text{mol/L}$$

这里需要注意的是第三式中$[Ag(NH_3)_2^+]$前的系数为 2，表示每个$[Ag(NH_3)_2^+]$中含有两个 NH_3。

2. 电荷平衡　水溶液处于平衡状态时是电中性的，也就是荷正电质点所带正电荷总数等于荷负电质点所带负电荷总数，这种关系称为电荷平衡（charge balance）。例如，c mol/L Na_2CO_3 溶液的电荷平衡方程为

$$[Na^+]+[H^+] = [OH^-]+[HCO_3^-]+2[CO_3^{2-}]$$

或

$$2c+[H^+] = [OH^-]+[HCO_3^-]+2[CO_3^{2-}]$$

需要注意的是，离子平衡浓度前的系数等于它所带电荷数的绝对值，而中性分子不包括在电荷平衡方程中。

3. 质子平衡　在酸碱反应中，当反应达到平衡时，根据酸碱质子理论，酸碱反应的实质是质子的转移，也就是说酸失去的质子数与碱得到的质子数相等，这种关系称为质子平衡（proton balance），其数学表达式为质子平衡式（proton balance equation，PBE）。

由酸碱反应得失质子等量关系可以写出质子条件式，其要点是：

（1）选取质子参考水准（又称零水准），它们是溶液中大量存在并参与质子转移反应的物质。通常选起始酸（或碱）组分和溶剂。

（2）根据质子参考水准判断得失质子的产物及其得失质子的物质的量（包括溶剂的质子自递反应）。

（3）根据得、失质子的量相等原则写出质子条件式。质子条件式中不应包括质子参考水准和与质子转移无关的组分。

例 3-19　写出（NH_4）$_2HPO_4$ 水溶液的质子条件式。

解：选择 NH_4^+、HPO_4^{2-} 和 H_2O 作为零水准，零水准得失质子产物分别为

得质子产物	零水准	失质子产物
$H_2PO_4^-$ ← +1 H^+ H_3PO_4 ← +2 H^+	HPO_4^{2-}	−1 H^+→ PO_4^{3-}
	NH_4^+	−1 H^+→ NH_3
$H^+(H_3O^+)$ ← +1 H^+	H_2O	−1 H^+→ OH^-

则质子条件式为

$$[H^+]+[H_2PO_4^-]+2[H_3PO_4]=[PO_4^{3-}]+[NH_3]+[OH^-]$$

应该注意的是，由于 HPO_4^{2-} 要得到 2 个 H^+ 才形成，所以在 H_3PO_4 前的系数是 2。在平衡状态时，同一体系中质量平衡和电荷平衡的关系同时成立，因此，可先列出该体系的质量平衡和电荷平衡，然后消去非质子转移反应的产物项，即得质子条件式。

例 3-20 写出 c mol/L Na_2CO_3 溶液的质子条件式。

解：质量平衡式 $$[Na^+]=2c \tag{3-15}$$

$$[H_2CO_3]+[HCO_3^-]+[CO_3^{2-}]=c \tag{3-16}$$

电荷平衡式 $$[Na^+]+[H^+]=[OH^-]+[HCO_3^-]+2[CO_3^{2-}] \tag{3-17}$$

将式（3-15）、式（3-16）代入式（3-17）得到质子条件式：

$$[H^+]+2[H_2CO_3]+[HCO_3^-]=[OH^-]$$

例 3-21 写出 c_a mol/L 的 HAc 和 c_b mol/L 的 NaAc 溶液的质子条件式。

解：质量平衡式 $$[HAc]+[Ac^-]=c_a+c_b \tag{3-18}$$

$$[Na^+]=c_b \tag{3-19}$$

电荷平衡式 $$[Na^+]+[H^+]=[OH^-]+[Ac^-] \tag{3-20}$$

由式（3-19）和式（3-20）得质子条件式：

$$c_b+[H^+]=[OH^-]+[Ac^-]$$

或由式（3-18）+式（3-20）得质子条件式：

$$[HAc]+[H^+]=[OH^-]+c_a$$

这两个质子条件式形式不同，但因为$[HAc]+[Ac^-]=c_a+c_b$，所以实质上是一样的。

在处理溶液中酸碱平衡的相关计算时，其依据就是质量平衡、电荷平衡和质子平衡三个平衡方程。其中质子条件式，反映了酸碱平衡体系得失质子的量的关系，因而特别常用。常将其中各项以$[H^+]$、$c_{酸}$（或 $c_{碱}$）和相关平衡常数表示，来推导酸碱溶液中氢离子浓度的计算式。

本章小结

1. 基本概念

（1）化学计量点（stoichiometric point，sp）：当滴入标准溶液的量与被测组分的量恰好按一定化学反应所表示的化学计量关系完全作用时称为化学计量点。

（2）滴定终点（titration end point，ep）：在滴定过程中，指示剂正好发生颜色变化而终止滴定，此时称为滴定终点。

（3）滴定终点误差（titration end point error）：滴定终点与化学计量点往往不能完全一致，由此造成的误差称为滴定终点误差。

（4）滴定度（titer）：指每毫升标准溶液相当于待测组分的质量。

（5）分布系数（distributution fraction）：指溶液中某种型体的平衡浓度在溶质总浓度中所占的分数，又称为分布分数。

（6）质量平衡（mass balance）：在平衡状态下，某一组分的分析浓度等于该组分各种型体平衡浓度之和。

（7）电荷平衡（charge balance）：荷正电质点所带正电荷总数等于荷负电质点所带负电荷总数。

（8）质子平衡（proton balance）：根据酸碱质子理论，当反应达到平衡时，酸失去的质子数与碱得到的质子数相等，这种关系称为质子平衡，其数学表达式为质子平衡式。

2. 主要公式

1）物质的量浓度

$$c_B = \frac{n_B}{V}; \quad c_B = \frac{m_B}{M_B V}$$

2）滴定度

$$T_{T/B} = \frac{m_B}{V_T}$$

3）滴定分析中的计算

（1）计算依据——化学反应计量关系

若滴定剂 T 与待测组分 B 的滴定反应通式为：$t\ T + b\ B \rightleftharpoons c\ C + d\ D$；则化学计量点时，$n_T : n_B = t : b$。

（2）两个基本公式：

a. 求算物质的量公式

固体：$n_B = \frac{m_B}{M_B}$；

液体：$n_B = c_B V$；$n_B = \frac{T_{T/B} V_T}{M_B}$

b. 求算质量分数（含量）公式：

质量分数：$\omega_B = \frac{m_B}{m_S}$；$\omega_B = \frac{b}{t}\frac{c_T V_T m_B}{m_S}$；

质量浓度：$\rho_B = \frac{m_B}{V_S}$。

4）滴定分析中化学平衡相关计算

（1）分布系数的计算：$\delta_i = [i]/c$

式中，$[i]$为平衡体系中某型体 i 的平衡浓度；c 为平衡型体中溶质的分析浓度。

（2）酸碱平衡中的分布系数：

以多元弱酸 H_nA 为例有：$\delta_{H_nA} + \delta_{H_{n-1}A^-} + \cdots + \delta_{HA^{(n-1)-}} + \delta_{A^{n-}} = 1$

在各型体的分布系数计算公式中，其分母均为$[H^+]^n + [H^+]^{n-1} K_{a_1} + \cdots + [H^+] K_{a_1} K_{a_2} \cdots K_{a(n-1)} + K_{a_1} K_{a_2} \cdots K_{a_n}$，而分子依次为分母中对应的各项。

（3）配位平衡中的分布系数：

a. 一级配合物的分布系数

$$\delta_M = \frac{[M]}{c_M} = \frac{1}{1 + \sum_{i=1}^{n} \beta_i [L]^i}$$

n 级配合物的分布系数

$$\delta_{ML_n} = \frac{[ML_n]}{c_M} = \delta_M \beta_n [L]^n$$

式中，β_n 为第 n 级累积稳定常数；$[L]$为配位剂的浓度。

b. 金属离子 M 各型体的平衡浓度

$$[ML_i] = \delta_i c_M$$

式中，c_M 为金属离子 M 的总浓度。

3. 要点与难点

（1）滴定终点误差产生的原因：在滴定分析中，由于指示剂变色不恰好在化学计量点，而使化学计量点与滴定终点不相符合所产生的相对误差。滴定终点误差是滴定分析主要误差来源之一。

（2）作为基准物质必须符合的要求：组成与化学式完全相符；纯度足够高；性质稳定；有较大的摩尔质量。

（3）滴定度是每毫升标准溶液相当于被测物质的质量，采用滴定度表示标准溶液的浓度，可以使计算简便快速。

（4）某型体的分布系数取决于酸或碱或配合物的性质，溶液的酸度或游离配体的浓度，而与总浓度无关。分布系数的大小能定量说明溶液中各型体的分布情况，由分布系数可求得溶液中各种型体的平衡浓度。

习 题

1. 能用于直接滴定的化学反应必须具备哪些条件？基准物质应具备哪些条件？

2. 在滴定分析中，化学计量点和滴定终点的关系是什么？

3. 在酸碱平衡中，水溶液中溶质各型体的分布系数之间的关系是什么？

4. 下列物质中哪些可用直接法配制其标准溶液？哪些只能用间接法配制？为什么？

$NaOH$、H_2SO_4、HCl、$KMnO_4$、$K_2Cr_2O_7$、$AgNO_3$、$NaCl$、$Na_2S_2O_3$、$Na_2C_2O_4$、$Na_2B_4O_7 \cdot 10H_2O$。

5. 写出下列各体系的质子条件式。

（1）$NH_4H_2PO_4$；（2）$H_2SO_4(c_1)+HCOOH(c_2)$；(3) $NaOH(c_1)+NH_3(c_2)$；

（4）$HAc(c_1)+NaAc(c_2)$；(5) $HCN(c_1)+NaOH(c_2)$。

6. 写出下列水溶液的电荷平衡式。

（1）H_3AsO_4；（2）$MgBr_2$。

7. 已知浓硫酸的相对密度为 1.84（g/ml），其中含 H_2SO_4（$M_{H_2SO_4}=98.080\,g/mol$）为 96%，试计算其物质的量浓度。现预配制浓度约为 0.5mol/L 的 H_2SO_4 溶液 1L，应取此浓硫酸多少毫升？

（18mol/L，27.8ml）

8. 用硼砂 $Na_2B_4O_7 \cdot 10H_2O$（$M_{Na_2B_4O_7 \cdot 10H_2O}=381.37\,g/mol$）标定 HCl 溶液时，称取基准物质硼砂 0.4568g，完全溶解后用 HCl 溶液滴定，达到终点时消耗 HCl 溶液体积 22.64ml，试计算 HCl 溶液的浓度。

（0.1058mol/L）

9. 已知 1ml 某 HCl 标准溶液中含氯化氢 0.004374g/ml，试计算：（1）该 HCl 溶液对 NaOH 的滴定度；（2）该 HCl 溶液对 CaO 的滴定度。

（0.004799g/ml，0.003365g/ml）

10. 称取某含铝试样 0.2465g，将其完全溶解后加入 0.05106mol/L 的 EDTA 标准溶液 50.00ml，控制条件使 Al^{3+} 与 EDTA 反应完全。然后再用 0.02082mol/L $ZnSO_4$ 标准溶液对剩余的 EDTA 进行返滴定，消耗 $ZnSO_4$ 标准溶液 26.24ml，试计算试样中 Al_2O_3（$M_{Al_2O_3}=101.96\,g/mol$）的含量。

（41.36%）

（曹文轩）

第四章　酸碱滴定法

学习目标

（1）掌握酸碱质子理论、酸碱的强度与共轭酸碱对的关系；酸碱分布系数及影响因素；酸碱溶液中 pH 的计算；各类型酸、碱能否被准确滴定，多元酸、碱能否分步滴定的判别条件；酸碱指示剂变色的原理、变色范围及影响因素；酸碱滴定过程的有关计算、滴定突跃、突跃范围及影响因素；弱酸（碱）准确滴定的可行性判据；滴定误差的计算；非水溶剂的均化效应和区分效应；非水滴定中溶剂及滴定剂的选择。

（2）熟悉滴定曲线的绘制及影响因素；几种常用指示剂的变色范围及终点颜色变化情况；非水溶剂的性质及特点；滴定分析法的应用。

（3）了解酸碱标准溶液的配制与标定。

酸碱滴定法（acid-base titration）是以质子转移反应为基础的滴定分析方法。它是滴定分析的重要方法之一。一般的酸碱及能与酸碱直接或间接发生质子转移的物质都可以用酸碱滴定法测定。由于配位平衡、氧化还原平衡和沉淀平衡均受到溶液酸度的影响，因此酸碱平衡是四大平衡的基础，掌握其原理及基本处理方法不仅是本章也是学习后续滴定分析方法的必备基础。

第一节　酸碱质子理论

一、基 本 概 念

酸碱质子理论（proton theory）是在 1923 年由布朗斯台德（BrΦnested J N）提出的。根据质子理论，凡是能给出质子的物质是酸；凡是能接受质子的物质是碱，它们之间的关系可用下式表示：

$$\text{HA(酸)} \rightleftharpoons H^+ + A^-\text{(碱)}$$

上述反应称为酸碱半反应。反应中或是 HA 失去质子生成其共轭碱 A^-；或是碱 A^-得到一个质子转变成其共轭酸 HA。HA 和 A^-称为共轭酸碱对，共轭酸碱彼此只相差一个质子。

酸碱的定义是广义的，可以是中性分子，也可以是阳离子或阴离子。酸或碱又是相对的，与本身和溶剂的性质有关。例如：

$$\text{酸} \rightleftharpoons \text{碱}$$

$$HAc \rightleftharpoons H^+ + Ac^-$$

$$NH_4^+ \rightleftharpoons H^+ + NH_3$$

$$H_2PO_4^- \rightleftharpoons H^+ + HPO_4^{2-}$$

$$HPO_4^{2-} \rightleftharpoons H^+ + PO_4^{3-}$$

$$^+H_3N{-}R{-}NH_3^+ \rightleftharpoons H^+ + {}^+H_3N{-}R{-}NH_2$$

$$Fe(H_2O)_6^{3+} \rightleftharpoons H^+ + Fe(H_2O)_5(OH)^{2+}$$

从上述半反应可知：①质子理论的酸碱概念较电子理论的概念具有更为广泛的含义；②质子理论的酸碱含义具有相对性。如 HPO_4^{2-} 在 $H_2PO_4^- - HPO_4^{2-}$ 共轭酸碱对体系中为碱，而在 $HPO_4^{2-} - PO_4^{3-}$ 体系中则为酸，这类物质称为两性物质。所以说，同一物质在不同环境中，常会发生酸碱性的改变。

二、酸 碱 反 应

酸碱反应的实质是两对共轭酸碱对之间的质子转移反应，因此它是由两个酸碱半反应组成，即酸碱半反应是不能单独存在的。例如，HCl 在水溶液中的解离：

$$HCl + H_2O \rightleftharpoons H_3O^+ + Cl^-$$

酸 1　碱 2　　酸 2　碱 1

为了书写方便，通常将 H_3O^+ 简写成 H^+，上述反应式就简化为

$$HCl \rightleftharpoons H^+ + Cl^-$$

但它代表的仍然是完整的酸碱反应。

又如，HCl 与 NH_3 的反应：

$$HCl + H_2O \rightleftharpoons H_3O^+ + Cl^-$$

$$NH_3 + H_3O^+ \rightleftharpoons NH_4^+ + H_2O$$

$$HCl + NH_3 \rightleftharpoons NH_4^+ + Cl^-$$

酸 1　碱 2　　酸 2　碱 1

在上述反应中，质子的转移是通过水合质子 H_3O^+ 的媒介作用完成的。水分子既有接受质子的能力，又有给出质子的能力，因此它也是两性物质。

发生在溶剂水分子之间的转移作用称为水的质子自递反应，实质也是酸碱反应：

$$H_2O + H_2O \rightleftharpoons H_3O^+ + OH^- \tag{4-1}$$

酸 1　碱 2　　酸 2　碱 1

参与以上反应的两个共轭酸碱对是 H_3O^+ 与 H_2O、H_2O 与 OH^-。

盐的水解反应也是质子转移反应：

$$A^- + H_2O \rightleftharpoons HA + OH^- \tag{4-2}$$

$$HB^+ + H_2O \rightleftharpoons B + H_3O^+ \tag{4-3}$$

$$Ac^- + H_2O \rightleftharpoons HAc + OH^-$$

$$NH_4^+ + H_2O \rightleftharpoons NH_3 + H_3O^+$$

可以看出，反应式（4-1）～反应式（4-3）实质是强酸与强碱、强碱与弱酸、强酸与弱碱中和反应的逆反应。

第二节　水溶液中溶质各型体的分布和分布系数

在酸碱平衡、配位平衡、氧化还原平衡和沉淀平衡体系中，一种溶质往往以多种型体存在于溶液中。其分析浓度（analytical concentration）是溶液中该溶质各种平衡浓度的总和，用符号 c 表示，单位为mol/L。平衡浓度（equilibrium molarity）或型体浓度（species molarity）是在平衡状态时溶液中溶质各型体的浓度，以符号[ ]表示。例如，0.10mol/L 的 NaCl 和乙酸（HAc）溶液，它们各自的总浓度即分析浓度 c_{NaCl} 和 c_{HAc} 均为 0.10mol/L。但 NaCl 完全离解，故 $[Cl^-]=[Na^+]=0.10$mol/L；而乙酸是弱酸，因部分解离，溶液中有两种型体存在，即 HAc 和 Ac^-，在平衡状态下，平衡浓度分别为[HAc]和$[Ac^-]$，两者之和为分析浓度，即 $c_{HAc}=[HAc]+[Ac^-]$。

又如，c mol/L 的 Zn^{2+}在 NH_3-NH_4Cl 缓冲溶液中，逐级生成四种配合物，因此，Zn^{2+}在此溶液中有五种型体存在，它们的平衡浓度分别为 $[Zn^{2+}]$、$[Zn(NH_3)^{2+}]$、$[Zn(NH_3)_2^{2+}]$、$[Zn(NH_3)_3^{2+}]$、$[Zn(NH_3)_4^{2+}]$。

$$c_{Zn^{2+}}=[Zn^{2+}]+[Zn(NH_3)^{2+}]+[Zn(NH_3)_2^{2+}]+[Zn(NH_3)_3^{2+}]+[Zn(NH_3)_4^{2+}]$$

分布系数（distribution fraction）是溶液中某型体的平衡浓度在溶质总浓度中所占的分数，又称为分布分数，以 δ_i 表示，并用下标 i 说明它所属型体。即 $\delta_i=\dfrac{[i]}{c}$。某型体的分布系数取决于酸或碱或配合物的性质、溶液的酸度或游离配体的浓度，而与总浓度无关。分布系数的大小能定量说明各型体的平衡浓度，这在分析化学中有着重要的意义。

一、一元弱酸（碱）在溶液中各型体的分布系数

设一元弱酸HA的浓度为 c mol/L，在水溶液中达到平衡后，两种存在型体的浓度分别为[HA]和$[A^-]$，根据分布系数的定义和离解常数 K_a 的表达式得

$$\delta_{HA}=\frac{[HA]}{c}=\frac{[HA]}{[HA]+[A^-]}=\frac{1}{1+K_a/[H^+]}=\frac{[H^+]}{[H^+]+K_a} \qquad (4\text{-}4)$$

同理

$$\delta_{A^-}=\frac{K_a}{[H^+]+K_a} \qquad (4\text{-}5)$$

显然

$$\delta_{HA}+\delta_{A^-}=1 \qquad (4\text{-}6)$$

根据分析浓度和分布系数，可算出在某一酸度的溶液中一元弱酸两种存在型体的平衡浓度。同样的，已知某一型体的平衡浓度及分布系数，也可求出分析浓度。

为了方便，在酸碱溶液还常用 δ_0、δ_1、δ_2、δ_n 表示电荷数为 0、1、2、…、n 的型体分布系数。

例 4-1　计算 pH=5.00 时，0.10mol/L HAc 溶液中各型体的分布系数和平衡浓度。

解：$K_a=1.8\times10^{-5}$，$[H^+]=1.0\times10^{-5}$mol/L

所以

$$\delta_0=\delta_{HAc}=\frac{[H^+]}{[H^+]+K_a}=\frac{1.0\times10^{-5}}{1.0\times10^{-5}+1.8\times10^{-5}}=0.36$$

$$\delta_1=\delta_{Ac^-}=1-\delta_{HAc}=1-0.36=0.64$$

$$[HAc]=\delta_{HAc}c_{HAc}=0.36\times0.10=0.036(mol/L)$$

$$[Ac^-]=\delta_{Ac^-}c_{HAc}=0.64\times0.10=0.064(mol/L)$$

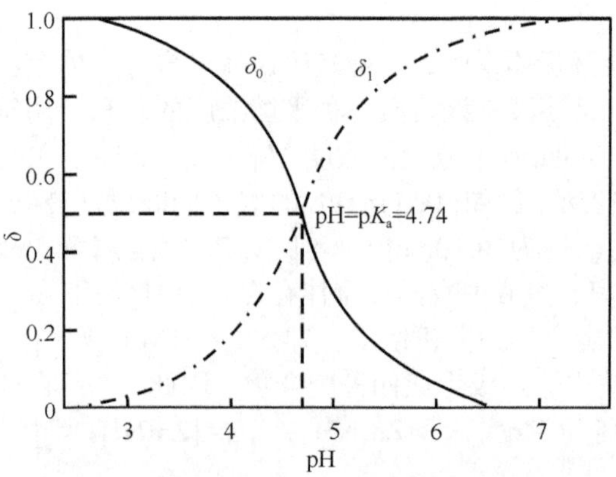

图 4-1 乙酸溶液中各型体的 δ_i-pH 曲线

按照类似的方法，计算出不同 pH 溶液的 δ_{Ac^-} 和 δ_{HAc} 值，可绘出如图 4-1 所示乙酸的型体分布图（δ_i-pH 曲线）。由图 4-1 可知，随着溶液 pH 的升高，δ_{HAc} 渐渐减小，而 δ_{Ac^-} 则渐渐增大。在两条曲线的交点处，即 $\delta_{Ac^-}=\delta_{HAc}=0.5$ 时，$[HAc]=[Ac^-]$，溶液的 $pH=pK_a$（4.74）。当 $pH<pK_a$ 时，溶液中 HAc 为主要存在型体；反之，当 $pH>pK_a$ 时，Ac^-为主要存在型体。$pH<pK_a-2$ 时，δ_{HAc} 趋近于 1，δ_{Ac^-} 趋近于 0；而当 $pH>pK_a+2$ 时，δ_{Ac^-} 趋近于 1。因此，可以通过控制溶液 pH 得到所需的型体。

由式（4-4）和式（4-5）可知，在平衡状态下，一元弱酸各型体的分布系数的大小与酸本身的强弱 K_a 的大小有关；同时，对于某酸而言，分布系数是溶液中$[H^+]$的函数。一元弱碱溶液中的型体分布及其分布系数可用类似的方法求得。

二、多元弱酸（碱）在溶液中各型体的分布系数

以二元弱酸草酸为例，其分析浓度为 $c_{H_2C_2O_4}$ 草酸在水溶液中能以 $H_2C_2O_4$、$HC_2O_4^-$ 和 $C_2O_4^{2-}$ 三种型体存在。因此：

$$c_{H_2C_2O_4}=[H_2C_2O_4]+[HC_2O_4^-]+[C_2O_4^{2-}]$$

$$\delta_{H_2C_2O_4}=\frac{[H_2C_2O_4]}{c_{H_2C_2O_4}}=\frac{1}{1+\dfrac{[HC_2O_4^-]}{[H_2C_2O_4]}+\dfrac{[C_2O_4^{2-}]}{[H_2C_2O_4]}}$$

根据相应的离解常数的表达式：

$$\frac{[HC_2O_4^-]}{[H_2C_2O_4]}=\frac{K_{a_1}}{[H^+]}\qquad\qquad \frac{[C_2O_4^{2-}]}{H_2C_2O_4}=\frac{K_{a_1}K_{a_2}}{[H^+]^2}$$

代入上式经整理后得到：

$$\delta_0=\delta_{H_2C_2O_4}=\frac{[H^+]^2}{[H^+]^2+[H^+]K_{a_1}+K_{a_1}K_{a_2}} \tag{4-7}$$

同理

$$\delta_1=\delta_{HC_2O_4^-}=\frac{[H^+]K_{a_1}}{[H^+]^2+[H^+]K_{a_1}+K_{a_1}K_{a_2}} \tag{4-8}$$

$$\delta_2=\delta_{C_2O_4^{2-}}=\frac{K_{a_1}K_{a_2}}{[H^+]^2+[H^+]K_{a_1}+K_{a_1}K_{a_2}} \tag{4-9}$$

且有

$$\delta_{H_2C_2O_4}+\delta_{HC_2O_4^-}+\delta_{C_2O_4^{2-}}=1 \tag{4-10}$$

草酸的型体分布曲线如图 4-2 所示。其中每一共轭酸碱对分布曲线的交点对应的 pH 分别

等于草酸的 pK_{a_1} 和 pK_{a_2}。由图可知，pH=2.3～3.3 这一酸度范围内有三种型体共存，以 $HC_2O_4^-$ 为主，$H_2C_2O_4$ 和 $C_2O_4^{2-}$ 的浓度很低，但不可忽略。这是因为草酸的 pK_{a_1} 和 pK_{a_2} 相差不大的缘故。对于二元弱酸，当 pH＜pK_{a_1} 时，溶液中 H_2A 是主要型体；pH＞pK_{a_2} 时，A^{2-} 型体占优势；当 pK_{a_1}＜pH＜pK_{a_2} 时，HA^- 型体为主。而且 pK_{a_1} 与 pK_{a_2} 的值越接近，以 HA^- 型体为主的 pH 范围就越窄，且其分配系数 δ_1 的最大值也明显小于 1。

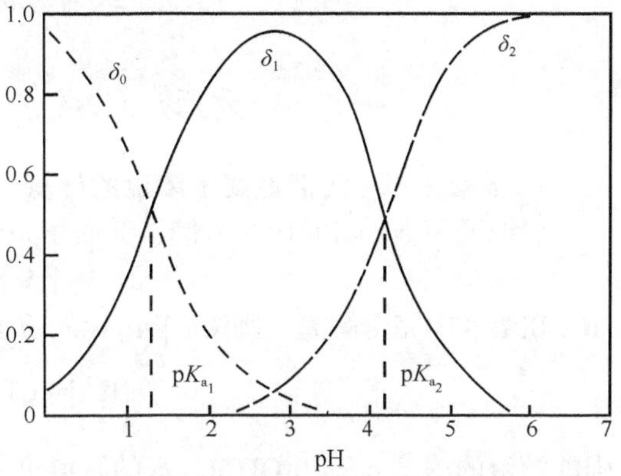

图 4-2 草酸溶液中各型体的 δ_i-pH 曲线

磷酸为三元酸，在溶液中可形成四种型体：H_3PO_4、$H_2PO_4^-$、HPO_4^{2-}、PO_4^{3-}。同样可推导出各型体的分布系数如下：

$$\delta_0 = \delta_{H_3PO_4} = \frac{[H^+]^3}{[H^+]^3 + [H^+]^2 K_{a_1} + [H^+]K_{a_1}K_{a_2} + K_{a_1}K_{a_2}K_{a_3}}$$

$$\delta_1 = \delta_{H_2PO_4^-} = \frac{[H^+]^2 K_{a_1}}{[H^+]^3 + [H^+]^2 K_{a_1} + [H^+]K_{a_1}K_{a_2} + K_{a_1}K_{a_2}K_{a_3}}$$

$$\delta_2 = \delta_{HPO_4^{2-}} = \frac{[H^+]K_{a_1}K_{a_2}}{[H^+]^3 + [H^+]^2 K_{a_1} + [H^+]K_{a_1}K_{a_2} + K_{a_1}K_{a_2}K_{a_3}}$$

$$\delta_3 = \delta_{PO_4^{3-}} = \frac{K_{a_1}K_{a_2}K_{a_3}}{[H^+]^3 + [H^+]^2 K_{a_1} + [H^+]K_{a_1}K_{a_2} + K_{a_1}K_{a_2}K_{a_3}}$$

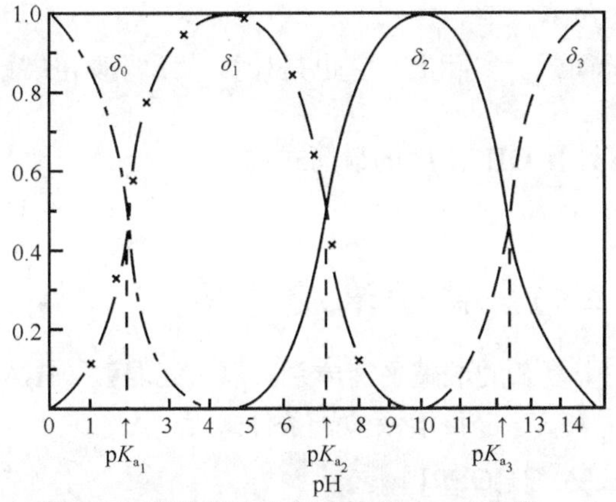

图 4-3 磷酸溶液中各型体的 δ_i-pH 曲线

磷酸的 δ_i-pH 曲线如图 4-3 所示。由图可见，在 pH 为 2.12～7.20，溶液以 $H_2PO_4^-$ 为主，在 pH=$\frac{1}{2}(pK_{a_1}+pK_{a_2})$=4.66 时，$H_2PO_4^-$ 浓度达到最大，其他型体的浓度极小，而且 $H_2PO_4^-$ 占优势的区域也宽，因此用 NaOH 滴定时，就可以将 H_3PO_4 中和到 $H_2PO_4^-$。同样在 pH 为 7.20～12.36，溶液中以 HPO_4^{2-} 为主；在 pH 为 9.78 时，HPO_4^{2-} 浓度达到最大，其他型体的浓度极小，HPO_4^{2-} 占优势的区域也宽，所以 H_3PO_4 也可以被中和到 HPO_4^{2-}。$H_2PO_4^{2-}$ 和 $H_2PO_4^-$ 存在的 pH 范围较宽，是由于 H_3PO_4 的 pK_{a_1}（2.12）、pK_{a_2}（7.20）、pK_{a_3}（12.36）之间相差很大的缘故，这是磷酸分布滴定的基础。

由上述讨论可知，多元弱酸 H_nA 在水溶液中有 n+1 种可能存在的型体，即 H_nA、$H_{n-1}A^-$、…、$HA^{(n-1)-}$ 和 A^{n-}，计算各型体分布系数的计算公式中，分母均为 $[H^+]^n+[H^+]^{n-1}K_{a_1}+\cdots+[H^+]K_{a_1}K_{a_2}\cdots K_{a_{n-1}}+K_{a_1}K_{a_2}\cdots K_{a_n}$，而分子依次为分母中相应的各项。

第三节 酸碱溶液氢离子浓度计算

一、一元酸（碱）溶液氢离子浓度的计算

1. 强酸（碱）溶液氢离子浓度的计算

以浓度为 c_a mol/L HCl 为例，其质子条件式为

$$[H^+]=[Cl^-]+[OH^-]$$

HCl 在溶液中完全解离，则$[Cl^-]=c_a$代入质子条件式得

$$[H^+]=[Cl^-]+[OH^-]=c_a+\frac{K_w}{[H^+]}$$

强酸溶液的浓度 $c_a \geqslant 20[OH^-]$，水的解离可以忽略，则有

$$[H^+]=[Cl^-]+[OH^-]\approx[Cl^-]=c_a$$

$$pH=-\lg c_a \quad (4\text{-}11)$$

同理，对于一元强碱也可以采用同样的方法处理，可得

$$[OH^-]=c_b \quad pOH=-\lg c_b \quad (4\text{-}12)$$

2. 弱酸（碱）溶液氢离子浓度的计算

一元弱酸 HA（设浓度为 c_a mol/L）的质子条件式为

$$[H^+]=[A^-]+[OH^-]$$

上式说明一元弱酸中的$[H^+]$来自两部分，即来自弱酸的解离和水的质子自递反应。

当 $c_aK_a \geqslant 20K_w$，且 $c_a/K_a>500$ 时，弱酸解离的$[H^+]$远远小于弱酸的总浓度 c_a，水的影响也很小，因此可将二者影响忽略，可得

$$[H^+]=\sqrt{c_aK_a} \quad (4\text{-}13)$$

式（4-13）是计算一元弱酸溶液 H^+浓度的最简式。实际上，它也是计算一元弱酸 pH 最常用的公式。

同理，一元弱碱可采用类似的方法处理，得计算 OH^-浓度的最简式：

$$[OH^-]=\sqrt{c_bK_b} \quad (4\text{-}14)$$

二、多元酸（碱）溶液的氢离子浓度计算

多元酸（碱）在溶液中逐级解离，溶液是一个复杂的酸碱平衡体系。以二元弱酸（H_2A）为例，设其浓度为 c_a mol/L，解离常数分别为 K_{a_1} 和 K_{a_2}。该溶液质子条件式为

$$[H^+]=[HA^-]+2[A^{2-}]+[OH^-]$$

与一元弱酸相似，当 $c_a/K_a \geqslant 500$ 时，则 $c_a-[H^+]\approx c_a$，得计算二元弱酸溶液中 H^+浓度的最简式：

$$[H^+]=\sqrt{K_{a_1}c_a} \quad (4\text{-}15)$$

同理，多元碱也用类似的方法处理，可得

$$[OH^-]=\sqrt{K_{b_1}c_b} \quad (4\text{-}16)$$

三、两性物质溶液氢离子浓度的计算

两性物质（amphoteric substance）如 $NaHCO_3$、K_2HPO_4 及邻苯二甲酸氢钾等在水溶液中，

既可给出质子，显示酸性；也可接受质子，显示碱性。因此其酸碱平衡较为复杂，但在计算$[H^+]$时仍可以从具体情况出发，做合理简化的处理，以便于运算。

以 c mol/L 的 NaHA 为例，其溶液中质子条件式为

$$[H_2A]+[H^+]=[A^{2-}]+[OH^-]$$

当$c \geqslant 20K_{a_1}$时，$K_{a_1}+c \approx c$，可得两性物质溶液的最简式：

$$[H^+]=\sqrt{K_{a_1}K_{a_2}} \tag{4-17}$$

或

$$pH=\frac{1}{2}(pK_{a_1}+pK_{a_2}) \tag{4-18}$$

四、弱酸弱碱混合溶液氢离子浓度的计算

弱酸弱碱混合溶液中H^+浓度计算式类似于两性物质溶液。

若溶液中同时有弱酸（NH_4Cl）与弱碱（NaAc）的混合溶液时，在水中的质子条件式为

$$[H^+]+[HAc]=[NH_3]+[OH^-]$$

当$c_{Ac^-} \approx c_{NH_4^+}$，则弱酸弱碱混合溶液$H^+$浓度的计算可简化为

$$[H^+]=\sqrt{K_aK_a'} \tag{4-19}$$

五、缓冲溶液的氢离子浓度计算

弱酸（设 HA 浓度为 c_a mol/L）与其共轭碱（设A^-浓度为 c_b mol/L）组成的缓冲溶液。溶液中$[A^-]$来自两部分：弱酸（HA）的解离和共轭碱（A^-）本身，由于溶液中的A^-并未提供质子，因此质子条件式为

$$[H^+]=[OH^-]+([A^-]-c_b)$$

当酸、碱分析浓度较大，若$c_a \geqslant 20[H^+]$，$c_b \geqslant 20[H^+]$时，得 Henderson 缓冲公式：

$$[H^+]=K_a\frac{c_a}{c_b} \tag{4-20}$$

或

$$pH=pK_a+\lg\frac{c_b}{c_a} \tag{4-21}$$

同理，当溶液呈碱性（pH＞8）时可忽略$[H^+]$；若$c_a \geqslant 20[OH^-]$，$c_b \geqslant 20[OH^-]$时，也可得到式（4-20）。

第四节　酸碱指示剂

一、酸碱指示剂的变色原理

酸碱滴定过程中，用以指示滴定终点的试剂称为酸碱指示剂（acid-base indicator）。常用的酸碱指示剂（表 4-1）一般是一类有机弱酸或弱碱，或是有机酸碱两性物质，它们的共轭酸碱对具有不同结构，因而呈现不同的颜色。当溶液的 pH 改变时，由于解离平衡的移动，指示剂得到或失去质子，其结构发生变化，从而引起颜色的变化。

表 4-1 常用的酸碱指示剂

指示剂	变色范围 pH	颜色		pK_{In}	浓度（溶剂）	用量
		酸式色	碱式色			滴/10ml
百里酚酞	1.2～2.8	红	黄	1.65	0.1%（20%乙醇）	1～2
甲基黄	2.9～4.0	红	黄	3.25	0.1%（90%乙醇）	1
甲基橙	3.1～4.4	红	黄	3.45	0.05%（水）	1
溴酚蓝	3.0～4.6	黄	紫	4.1	0.1%（20%乙醇或其钠盐水）	1
溴甲酚绿	3.8～5.4	黄	蓝	4.9	0.1%（乙醇）	1
甲基红	4.2～6.3	红	黄	5.1	0.05%（钠盐水）	1
溴百里酚蓝	6.2～7.6	黄	蓝	7.3	0.1%（20%乙醇或其钠盐水）	1
中性红	6.8～8.0	红	黄橙	7.4	0.5%水	1
酚红	6.7～8.4	黄	红	8.0	0.1%乙醇	1
酚酞	8.0～10.0	无	红	9.1	0.5%（90%乙醇）	1～3
百里酚酞	9.4～10.6	无	蓝	10.0	0.1%（90%乙醇）	1～2

二、指示剂的变色范围及影响因素

对于酸碱滴定，重要的是要了解指示剂在什么 pH 条件下发生颜色变化。因此，讨论指示剂变色与溶液 pH 的关系尤为重要。

1. 指示剂的变色范围 指示剂由一种型体颜色转变为另一种型体颜色溶液中参数变化的范围称为指示剂的变色范围（color change interval of indicator）。

现以弱酸型指示剂 HIn 为例进行讨论。HIn 表示指示剂的酸式型体，其产生的颜色称为酸式色，In^-表示指示剂的碱式型体，其产生的颜色为碱式色。指示剂在溶液中存在下列平衡：

$$HIn \rightleftharpoons H^+ + In^-$$

其解离平衡常数（又称指示剂常数）为 $K_{HIn}=\dfrac{[H^+][In^-]}{[HIn]}$ 或 $\dfrac{K_{HIn}}{[H^+]}=\dfrac{[In^-]}{[HIn]}$。

由于指示剂的酸式色和碱式色同时存在，溶液的颜色由二者的比值（$[In^-]/[HIn]$）来决定。由式可知，$[In^-]/[HIn]$值取决于 K_{HIn} 和溶液的 H^+浓度。而对于某种指示剂来说，在一定实验条件下，K_{HIn} 为常数，因此$[In^-]/[HIn]$的比值取决于溶液的 H^+浓度。

当溶液 pH 改变时，$[In^-]/[HIn]$值随之改变，溶液的颜色也就相应地发生改变。由于人眼对颜色辨别的能力有一定限度，当某种颜色占有一定的浓度优势后，就无法观察到溶液颜色的变化。指示剂呈现的颜色与溶液中$[In^-]/[HIn]$的比值及 pH 三者的关系为：

（1）当$[In^-]/[HIn]\geqslant 10$ 时，看到的是$[In^-]$颜色，即指示剂的碱式色，如甲基橙为黄色，酚酞为红色。

（2）当$[In^-]/[HIn]\leqslant 1/10$ 时，看到的是[HIn]的颜色，即指示剂为酸式色，如甲基橙为红色，酚酞为无色。

（3）当$[In^-]/[HIn]$在 10～1/10，即 pH 在 $pK_{HIn}+1$～$pK_{HIn}-1$ 时，看到的是两种颜色的混合色。

pH 由 $pK_{HIn}+1$ 变化到 $pK_{HIn}-1$ 时，指示剂的颜色就由碱式色转化为酸式色；同理，当溶液的 pH 由 $pK_{HIn}-1$ 变到 $pK_{HIn}+1$ 时，指示剂的颜色由酸式色变为碱式色。

由此可见，酸碱指示剂的变色 pH 范围为

$$pH=pK_{HIn}\pm 1$$

指示剂的 pK_{HIn} 值不同，其变色范围也不同。当指示剂的$[In^-]=[HIn]$时，指示剂的酸式色与碱式色各占一半，溶液呈现指示剂的过渡颜色，此时 $pH=pK_{HIn}$，是指示剂变色的灵敏点，称为指示剂的理论变色点。

指示剂的变色范围越窄越好，这样在化学计量点时，pH 稍有改变，指示剂即可由一种颜色变成另外一种颜色，有利于提高滴定分析的准确度。

2. 影响指示剂变色范围的因素

1）指示剂的用量：指示剂的用量（或浓度）是影响指示剂变色敏锐的一个重要因素。对单色指示剂（如酚酞等）而言，指示剂的用量对变色范围有较大的影响。例如，在 50～100ml 溶液中加入 0.1%酚酞指示剂 2～3 滴，pH≈9 时出现微红色；而在同样条件下加入 10～15 滴酚酞，则在 pH≈8 时显现微红色。因此，在使用单色指示剂进行滴定时，需要严格控制指示剂的用量。但对于双色指示剂，如甲基橙，溶液颜色取决于$[In^-]/[HIn]$的比值，指示剂的浓度不会影响指示剂的变色范围。但如果指示剂用量过多，色调变化不明显。同时指示剂本身也要消耗一定的滴定剂，产生误差。

2）温度：当温度改变时，指示剂的解离常数 K_{HIn} 和水的自递常数 K_w 都有变化，因而指示剂的变化范围也随之改变（表 4-2）。例如，甲基橙指示剂在 18℃时，变色范围为 3.1～4.3，而在 100℃时，则为 2.5～3.7。因此，滴定宜在室温下进行。如必须加热，应将溶液冷却至室温后再进行滴定。

表 4-2　温度对指示剂变色范围的影响

指示剂	变色范围（pH）		指示剂	变色范围（pH）	
	18℃	100℃		18℃	100℃
百里酚蓝	1.2～2.8	1.2～2.6	甲基红	4.2～6.3	4.0～6.0
甲基橙	3.1～4.4	2.5～3.7	酚红	6.4～8.0	6.6～8.2
溴酚蓝	3.0～4.6	3.0～4.5	酚酞	8.0～10.0	8.0～9.2

3）中性电解质：电解质的存在，一方面增加了溶液中离子的强度，使指示剂的表观解离常数发生变化，进而使指示剂的变色范围发生变化；另一方面，由于盐类具有吸收不同波长光的性质，也会影响指示剂的颜色和色调及变色的灵敏度，所以在滴定溶液中不宜有大量的中性盐类存在。

4）溶剂：指示剂的 K_{HIn} 与溶剂的介电常数有关，溶剂不同 K_{HIn} 值也不同。例如，甲基橙在水中，pK_{HIn} 为 3.4；在甲醇中，pK_{HIn} 则为 3.8。因此指示剂的变色范围也不同。

5）滴定程序：由于人眼辨别色调变化的灵敏度不同，深色较浅色易于观察，所以当溶液由浅色变成深色时，人眼容易辨别出来。例如，在酸滴定碱时，若以甲基橙为指示剂，终点的颜色由黄变橙，较易辨别，但若以碱滴定酸时，则由红色变橙色，不易辨别。同理，当用碱滴定酸时，一般采用酚酞为指示剂，因为终点由无色变为红色，比较敏锐。

三、混合指示剂

混合指示剂（mixed indicator）是利用颜色之间的互补作用，使其具有变色范围较窄、颜色变化较为敏锐的特点。

混合指示剂可以分为两类，一类是在某种指示剂中加入一种惰性染料，后者不是酸碱指示剂，颜色不随 pH 变化，因颜色互补使变色敏锐，而变色范围不变。另一类是由两种酸碱指示剂混合而成，由于颜色互补的原理使变色范围变窄，颜色变化更敏锐（表 4-3）。

表 4-3 常见的酸碱混合指示剂

混合指示剂的组成	变色点 pH	变色情况		备注
		酸色	碱色	
一份 0.1%甲基黄乙醇溶液； 一份 0.1%次甲基蓝乙醇溶液	3.25	蓝紫	绿	pH=3.4 绿色； pH=3.2 蓝紫色
一份 0.1%甲基橙水溶液； 一份 0.25%靛蓝二磺酸钠水溶液	4.1	紫	黄绿	pH=4.1 灰色
三份 0.1%溴甲酚绿乙醇溶液； 一份 0.2%甲基红乙醇溶液	5.1	酒红	绿	颜色无显著变化
一份 0.1%溴甲酚绿钠盐水溶液； 一份 0.1%氯酚红钠盐水溶液	6.1	黄绿	蓝紫	pH=5.4 蓝绿色；pH=5.8 蓝色 pH=6.0 蓝带紫；pH=6.2 蓝紫色
一份 0.1%中性红乙醇溶液； 一份 0.1%次甲基蓝乙醇溶液	7.0	蓝紫	绿	pH=7.0 紫蓝色
一份 0.1%甲酚红钠盐水溶液； 三份 0.1%百里酚蓝钠盐水溶液	8.3	黄	紫	pH=8.2 玫瑰色 pH=8.4 紫色
一份 0.1%百里酚蓝 50%乙醇溶液； 三份 0.1%酚酞 50%乙醇溶液	9.0	黄	紫	pH=9.0 绿色
二份 0.1%百里酚酞乙醇溶液； 一份 0.1%茜素黄乙醇溶液	10.2	黄	紫	

第五节 酸碱滴定法的基本原理

一、强酸（碱）的滴定

滴定常数（titration constant）是滴定反应的平衡常数，它反映滴定反应进行的完全程度，以 K_t 表示。

酸碱滴定中的滴定剂一般为强酸或强碱。其滴定反应为

$$H^+ + OH^- \rightleftharpoons H_2O$$

滴定常数

$$K_t = \frac{1}{[H^+][OH^-]} = \frac{1}{K_w} = 1.0 \times 10^{14} (25℃)$$

此类滴定反应的滴定常数（平衡常数）相当大，说明反应进行得十分完全。事实上，强酸强碱之间的滴定是水溶液中反应程度最高且具有最大 K_t 的酸碱反应。

1. 滴定曲线 以强碱 NaOH 滴定强酸 HCl 为例，来讨论滴定过程中溶液 pH 的变化。设 HCl 的浓度为 c_a（0.1000mol/L），体积为 V_a（20.00ml）；NaOH 的浓度为 c_b（0.1000mol/L），滴定时加入的体积为 V_b（ml），整个滴定过程可分为四个阶段：

1）滴定开始前：滴定开始前溶液的组成为 HCl（0.1000mol/L，20.00ml），此时（V_b=0），溶液 pH 取决于 HCl 的浓度 c_a，即

$$[H^+] = c_a = 0.1000\text{mol/L} \qquad pH = 1.00$$

2）滴定开始至化学计量点前：溶液的组成为 HCl+NaCl（$V_a > V_b$），溶液 pH 取决于剩余的 HCl 的量和溶液的总体积，即

$$[H^+]=c_a\frac{V_a-V_b}{V_a+V_b}$$

例如，滴加 NaOH 19.98ml（化学计量点前 0.1%）时，

$$[H^+]=\frac{20.00-19.98}{20.00+19.98}\times0.1000=5.00\times10^{-5}(mol/L)\qquad pH=4.30$$

3）化学计量点时：溶液的组成为 NaCl，此时（V_a=V_b），NaOH 和 HCl 恰好完全中和，溶液呈中性。

$$[H^+]=[OH^-]=1.00\times10^{-7}\,mol/L\qquad pH=7.00$$

4）化学计量点后：溶液的组成为 NaOH+NaCl，此时（V_b＞V_a），溶液的 pH 取决于过量的 NaOH 的量和溶液的总体积。

例如，滴加 NaOH 20.02ml（化学计量点后 0.1%）时，

$$[OH^-]=\frac{20.02-20.00}{20.02+20.00}\times0.1000=5.00\times10^{-5}(mol/L)$$

$$pOH=4.30\qquad pH=9.70$$

按照上述方法逐一计算滴定过程中各点的 pH 列于表 4-4。以 NaOH 加入量为横坐标，以溶液 pH 为纵坐标，绘制滴定曲线（pH-V 曲线），如图 4-4 所示。

表 4-4　用 NaOH（0.1000mol/L）滴定 20.00ml HCl（0.1000mol/L）溶液的 pH 变化（室温）

加入的 NaOH		剩余的 HCl		$[H^+]$	pH	
%	ml	%	ml			
0	0	100	20.00	1.00×10^{-1}	1.00	
90.0	18.00	10	2.00	5.00×10^{-3}	2.30	
99.0	19.80	1	0.20	5.00×10^{-4}	3.30	
99.9	19.98	0.1	0.02	5.00×10^{-5}	4.30	突跃范围
100.0	20.00	0	0	1.00×10^{-7}	7.00	
		过量的 NaOH		$[OH^-]$		
100.1	20.02	0.1	0.02	5.00×10^{-5}	9.70	
101.0	20.20	1.0	0.20	5.00×10^{-4}	10.70	

从表 4-4 中的数据和滴定曲线（titration curve）可以看出：

（1）从滴定开始至加入 NaOH 溶液 19.98ml 时（99.9% HCl 被滴定），溶液的 pH 仅改变了 3.30 个 pH 单位，即 pH 变化缓慢；

（2）NaOH 溶液从 19.98ml（0.1% HCl 未被滴定）至 20.02 ml（0.1% NaOH 过量），NaOH 加入量仅 0.04ml（约为 1 滴溶液），即在化学计量点±0.1%的范围内，溶液的 pH 由 4.30 变为 9.70，增大了 5.40 个单位，溶液由酸性突变为碱性。这种溶液 pH 的突变称为滴定突跃（titration jump），突跃所在的 pH 范围称为滴定突跃范围。

（3）此后继续加入 NaOH，溶液的 pH 变化逐渐变缓，曲线又趋于平缓。

滴定突跃有着重要的实际意义，它是选择指示剂的依据。凡是变色范围全部或部分区域落在滴定突跃范围内的指示剂都可以用来指示滴定终点。例如，图 4-4 中滴定突跃范围为 pH=4.30～9.70，可选酚酞、甲基红、甲基橙等作为指示剂。

2. 影响滴定突跃范围的因素　对于强酸、强碱滴定，滴定突跃范围大小取决于酸、碱的浓度。酸、碱的浓度各增加 10 倍，突跃范围就增加 2 个 pH 单位，如图 4-5 所示。

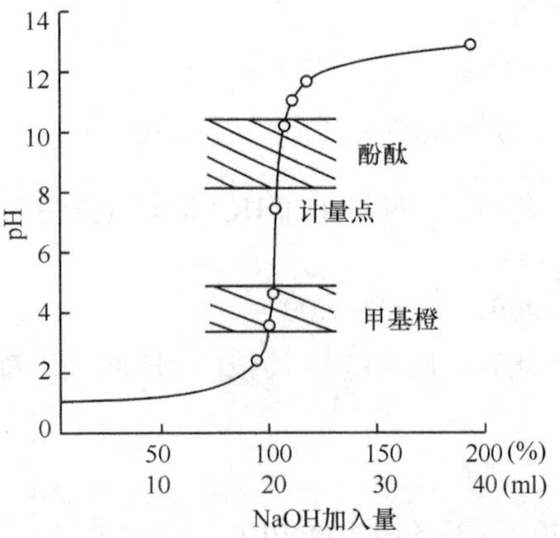

图 4-4 NaOH（0.1000mol/L）滴定 HCl（0.1000mol/L）20.00ml 的滴定曲线

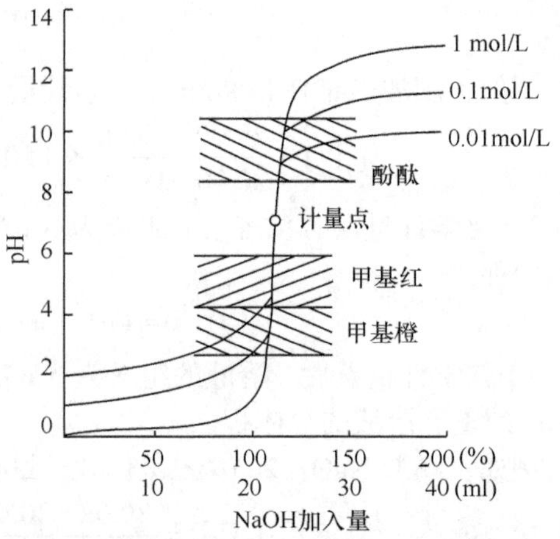

图 4-5 不同浓度 NaOH 对不同浓度 HCl 的滴定曲线

由图 4-5 可见，溶液浓度越大，突跃范围越大，可供选择的指示剂越多。HCl（1mol/L）滴定同浓度 NaOH，pH 突跃范围为 3.30～10.70；而浓度为 0.01mol/L 时，pH 突跃范围为 5.30～8.70，就不可以用甲基橙作为指示剂了。但溶液的浓度太高，计量点附近加入 1 滴溶液的物质的量较大，引入的误差也较大。故在酸碱滴定中一般不采用高于 1mol/L 和低于 0.01mol/L 的溶液。另外，酸碱溶液的浓度也应相近。当然，也可以根据对分析结果准确度的不同要求选择适宜的指示剂。

如果用强酸滴定强碱，则滴定曲线与图 4-4 的曲线对称，pH 变化方向相反。

二、一元弱酸（碱）的滴定

弱酸、弱碱滴定反应及滴定常数分别为

$$HA+OH^- \rightleftharpoons A^- +H_2O \quad K_t = K_a / K_w$$

$$B+H^+ \rightleftharpoons HB^+ \qquad K_t = K_b / K_w$$

滴定常数是由弱酸、碱的解离常数与水的自递常数之比决定的。弱酸（碱）的滴定常数 K_t 比强酸（碱）滴定的 K_t 小，说明反应的完全程度较低。被滴定酸的 K_a 值或碱的 K_b 值越大，即酸（碱）越强，则 K_t 越大，反应越完全。酸（碱）越弱，则滴定反应越不完全，到一定限度时，就不可以准确滴定了。

1. 滴定曲线 现以强碱 NaOH 滴定弱酸 HAc 为例讨论滴定曲线。设 HAc 浓度为 c_a（0.1000mol/L），体积为 V_a（20.00 ml），NaOH 的浓度为 c_b（0.1000mol/L），加入的体积为 V_b（ml）。

1）滴定开始前：溶液组成为 HAc（0.1000mol/L，20.00ml），此时（V_b=0），溶液的 H^+ 主要来自 HAc 的解离，由于 $c_aK_a > 20K_w$，$c_a / K_a > 500$，可用最简式计算：

$$[H^+] = \sqrt{c_aK_a} = \sqrt{1.8\times10^{-5}\times0.1000} = 1.3\times10^{-3}\text{mol/L} \qquad \text{pH}=2.89$$

2）滴定开始至化学计量点前：溶液组成为 HAc+NaAc，此时（$V_a > V_b$），溶液为 HAc-NaAc 缓冲体系，其 pH 按缓冲溶液计算：

$$\text{pH} = \text{p}K_a + \lg\frac{c_{Ac^-}}{c_{HAc}}$$

例如，滴加 NaOH 19.98 ml（99.9%的 HAc 被滴定，即化学计量点前 0.1%）时，

$$c_{Ac^-}=\frac{c_b\times V_b}{V_a+V_b}=\frac{0.1000\times 19.98}{20.00+19.98}=5.0\times 10^{-2}(\text{mol/L})$$

$$c_{HAc}=\frac{c_aV_a-c_aV_b}{V_a+V_b}=\frac{0.1000\times(20.00-19.98)}{20.00+19.98}=5.0\times 10^{-5}(\text{mol/L})$$

$$\text{pH}=4.74+\lg\frac{5.0\times 10^{-2}}{5.0\times 10^{-5}}=7.74$$

3）化学计量点时：溶液组成为 NaAc，此时（$V_a=V_b$），HAc 全部与 NaOH 反应。溶液的 pH 取决于 Ac^-的碱性，由于溶液的体积增大一倍，故

c_b=0.1000/2=0.05000（mol/L）。

$c_bK_b>20K_w$，$c_b/K_b>500$，故可用最简式计算：

$$[\text{OH}^-]=\sqrt{K_bc_b}=\sqrt{\frac{K_w}{K_a}c_b}=\sqrt{\frac{1.0\times 10^{-14}}{1.8\times 10^{-5}}\times 5.00\times 10^{-2}}=5.3\times 10^{-6}(\text{mol/L})$$

pOH=5.27　　　　　　pH=8.73

4）化学计量点后：溶液组成为 NaAc+NaOH，此时（$V_b>V_a$），溶液的 pH 取决于过量的 NaOH，计算方法与强碱滴定强酸相同。

例如，滴入 NaOH 20.02ml（化学计量点后 0.1%）时，

pOH=4.30　　　　　pH=9.70

如此逐一计算，结果见表 4-5，滴定曲线如图 4-6 所示。

表 4-5　用 NaOH（0.1000mol/L）滴定 20.00ml HAc（0.1000mol/L）溶液的 pH 变化（室温）

加入的 NaOH		剩余的 HAc		计算式	pH	
%	ml	%	ml			
0	0	100	20.00	$[\text{H}^+]=\sqrt{K_ac_a}$	2.89	
50	10.00	50	10.00	$[\text{H}^+]=K_a\frac{[\text{HAc}]}{[\text{Ac}^-]}$	4.70	
90	18.00	10	2.00		5.70	
99	19.80	1	0.200	$[\text{OH}^-]=\sqrt{\frac{K_w}{K_a}c_b}$	6.74	
99.9	19.98	0.1	0.0200		7.74	突跃范围
100.0	20.00	0	0		8.72	
		过量的 NaOH			计量点	
100.1	20.02	0.1	0.0200		9.70	
101.0	20.20	1.0	0.200		10.70	

从表 4-5 和图 4-6 可以看出强碱滴定弱酸有如下特点：

（1）曲线的起点高：由于 HAc 是弱酸，部分离解，滴定曲线的起点 pH 为 2.89，比强酸 HCl 溶液高约 2 个 pH 单位。

（2）pH 的变化速率不同：滴定开始时，由于生成少量 Ac^-，抑制了 HAc 的解离，$[H^+]$降低较快，曲线斜率较大。随着滴定的继续进行，HAc 浓度不断降低，Ac^-的浓度逐渐增大，HAc-Ac^-的缓冲作用使溶液 pH 的增加速度减慢。10%～90%的 HAc 被滴定，pH 从 3.80 增加到 5.70 只改变了 2 个 pH 单位，曲线斜率很小。接近化学计量点时 HAc 浓度越来越低，缓冲作用逐渐减弱，溶液碱性增强，pH 又增加较快，曲线斜率又迅速增大。

（3）突跃范围小：从 99.9% HAc 被滴定到 0.1% NaOH 过量，pH 从 7.74 到 9.70，这比强碱滴定强酸的滴定突跃（4.30 到 9.70）小得多。由于滴定产物 NaAc 为弱碱，使化学计量点处于碱性区域（pH=8.72）。显然在酸性区域变色的指示剂如甲基橙、甲基红等都不能用。而应选

用在碱性区域内变色的指示剂，如酚酞（$pK_{HIn}=9.1$）或百里酚酞（$pK_{HIn}=10.0$）来指示滴定终点。

2. 影响滴定突跃范围的因素

1）弱酸（碱）的强度：用 NaOH（0.1000mol/L）滴定不同强度的一元酸（0.1000mol/L）的滴定曲线见图 4-7。由图可见，当溶液浓度一定时被滴定的酸越弱（K_a 越小），其共轭碱的碱性越强，则滴定到化学计量点时溶液的 pH 越大，滴定反应进行得越不完全，滴定突跃越小。酸的浓度为 0.1000mol/L，$K_a=10^{-7}$ 时，滴定突跃只有 0.3 个 pH 单位。此时用指示剂确定滴定终点已经很困难了。当 $K_a<10^{-9}$ 时，即使弱酸的浓度为 1mol/L，也无明显的突跃。

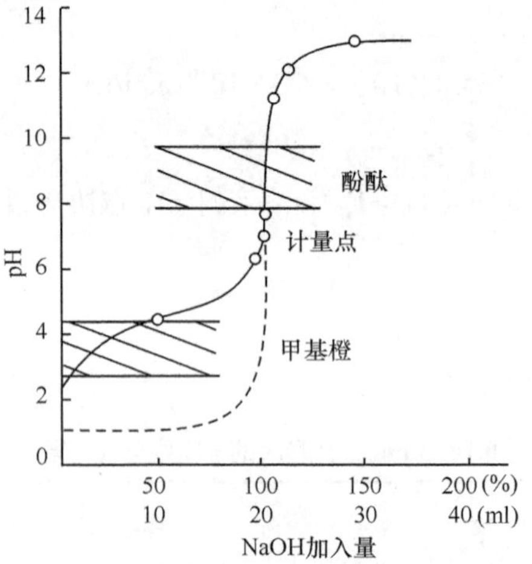

图 4-6　0.1000mol/L NaOH 滴定 20.00 ml 0.1000mol/L HAc 的滴定曲线

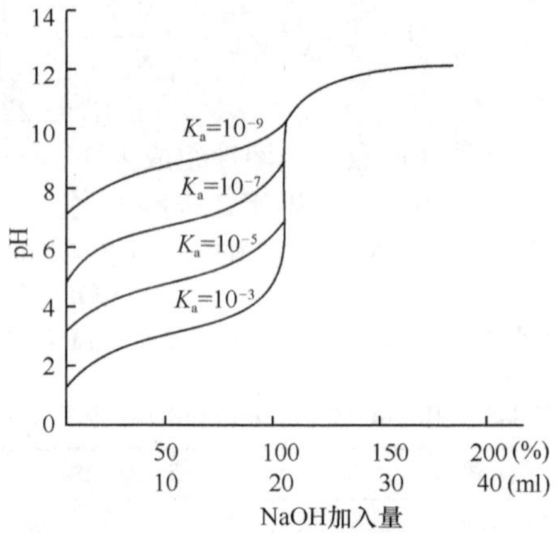

图 4-7　NaOH（0.1000mol/L）滴定不同强度的一元酸（0.1000mol/L）的滴定曲线

2）溶液的浓度：当酸的 K_a 值一定时，溶液的浓度对滴定突跃的影响与强碱滴定强酸相同。浓度（c_a）越大，滴定突跃范围也越大，终点较明显。反之则小。

3.一元弱酸（碱）准确滴定的可行性判据　判断弱酸能否准确滴定需要综合考虑。除了酸的强度和浓度，还与检测终点的方法和准确度要求有关。用强碱滴定一元弱酸，采用指示剂目测终点（当 $\Delta pH=\pm0.2$ 时，要求滴定突跃不得小于 0.4 个 pH 单位，欲使 TE%≤0.1%，则需 $cK_t\geqslant10^6$，由于 $K_t=K_a/K_w$，故需要 $cK_a\geqslant10^{-8}$），通常以 $c_aK_a\geqslant10^{-8}$ 作为判断弱酸能否被准确滴定的依据。如果提高检测终点方法的灵敏度（用仪器检测终点），则可测出更小的 ΔpH；或降低对准确度的要求（允许误差为±0.2%～±0.5%），则 c_aK_a 值可稍小于 10^{-8} 也能滴定。

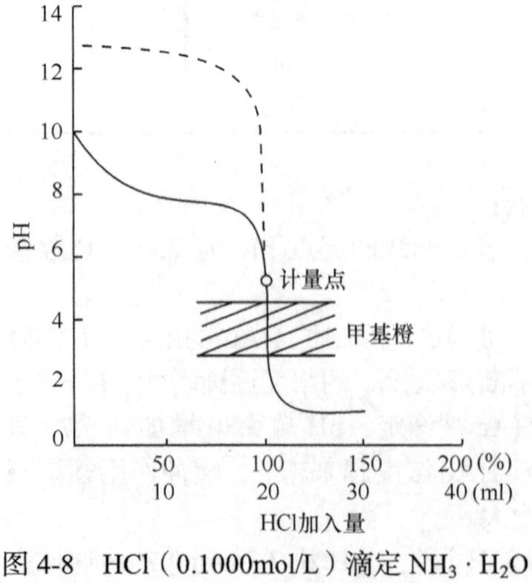

图 4-8　HCl（0.1000mol/L）滴定 $NH_3\cdot H_2O$（0.1000mol/L）20ml 的滴定曲线

与此同时，用强酸（HCl）滴定一元弱碱（如 $NH_3\cdot H_2O$）时，pH 的变化与强碱滴定弱酸比较，仅 pH 的变化方向相反。由于滴定产物是 NH_4Cl，化学计量点与滴定突跃范围都在酸性区域内（pH=6.25～4.30）。故应选用酸性区域变色的指示剂，如甲基橙、甲基红等指示终点。滴定曲线见图 4-8。和强碱滴定弱酸相似，突跃范围大小取决于碱的强度及其浓度。只有弱碱的 $c_bK_b \geqslant 10^{-8}$，才能用强酸准确滴定。

三、多元酸（碱）的滴定

常见多元酸（碱）多数是弱酸或弱碱，它们在水溶液中分步解离。那么在酸碱滴定中是否每一级（或者哪几级）解离的 H^+或 OH^-都能被准确滴定，滴定能否分步进行，如何选择指示剂，这些都是滴定多元酸碱时需要讨论的问题。

1. 多元酸的滴定 对于多元酸的滴定，可根据下列条件进行判断：

（1）首先用 $c_aK_a \geqslant 10^{-8}$ 判断解离的 H^+能否准确滴定。

（2）再根据相邻两级 K_a 的比值 K_{a_1}/K_{a_2} 是否 $\geqslant 10^4$（用指示剂目测终点，$\Delta pH = \pm 0.2$，若 $K_{a_1}/K_{a_2} > 10^4$，则误差 TE%＜1%；若要求 TE%＜0.3%，则 $K_{a_1}/K_{a_2} > 10^5$；若要求 TE%＜0.1%，则 $K_{a_1}/K_{a_2} > 10^6$，此结论均可用林邦公式得到。有许多教科书中，以 $K_{a_1}/K_{a_2} > 10^5$ 作为标准），判断第二级解离的 H^+是否对第一级 H^+的滴定产生干扰，即能否分步滴定。若 $K_{a_1}/K_{a_2} \geqslant 10^4$，而 $cK_{a_1} \geqslant 10^{-8}$，则第一级解离的 H^+先被滴定，形成第一个突跃，第二级解离的 H^+后被滴定，是否有第二个突跃，则取决于 cK_{a_2} 是否 $\geqslant 10^{-8}$。

例如，用 NaOH（0.1000mol/L）滴定草酸（0.1000mol/L）。草酸的 $K_{a_1} = 5.9 \times 10^{-2}$，$K_{a_2} = 6.4 \times 10^{-5}$。因 $c_aK_{a_1} > 10^{-8}$，$c_aK_{a_2} > 10^{-8}$，但 $K_{a_1}/K_{a_2} < 10^4$，因此第一、二级解离 H^+都能被 NaOH 准确滴定，但第一级解离的 H^+还未滴定完全，第二级解离的 H^+已经开始与碱作用，不可以分步滴定。即 $H_2C_2O_4$ 被一步滴定到 $C_2O_4^{2-}$。从滴定曲线图 4-9 可以看出，在第一化学计量点时没有突跃，在第二化学计量点附近有较大的突跃。可选酚酞作指示剂。

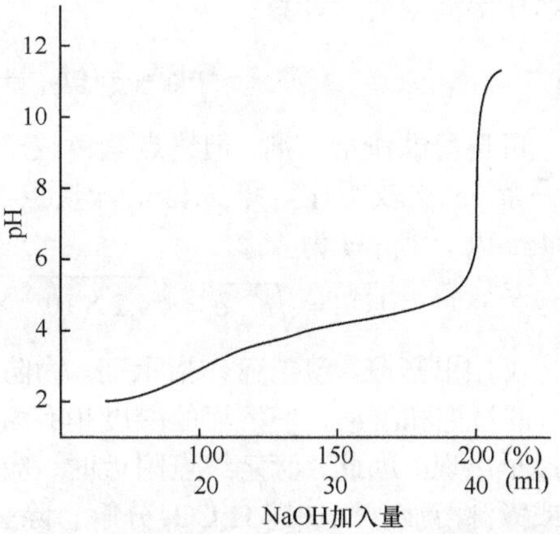

图 4-9 NaOH 溶液（0.1000mol/L）滴定草酸（0.1000 mol/L）20.00 ml 的滴定曲线

又如，NaOH（0.1000mol/L）滴定 H_3PO_4（$K_{a_1} = 7.6 \times 10^{-3}$；$K_{a_2} = 6.3 \times 10^{-8}$；$K_{a_3} = 4.4 \times 10^{-13}$）。因 $c_aK_{a_1} > 10^{-8}$，$K_{a_1}/K_{a_2} > 10^4$，所以第一级解离的 H^+能被准确滴定，在第一化学计量点时有滴定突跃。又 $c_aK_{a_2} \approx 10^{-8}$，且 $K_{a_2}/K_{a_3} > 10^4$，因此也可认为第二级解离的 H^+能被准确滴定，第三级解离的 H^+不产生干扰，但突跃较小。因为 $c_aK_{a_3}$ 远小于 10^{-8}，所以第三级解离的 H^+不能被准确滴定。因此，用 NaOH 滴定 H_3PO_4 只有两个突跃。

在实际工作中，通常根据化学计量点的 pH 来选择指示剂，NaOH 滴定 H_3PO_4 的第一化学计量点产物为 NaH_2PO_4，pH 用两性物质溶液最简式计算：

$$[H^+] = \sqrt{K_{a_1}K_{a_2}}$$

$$pH = \frac{1}{2}(pK_{a_1} + pK_{a_2}) = \frac{1}{2}(2.12 + 7.20) = 4.66$$

可选用百里酚酞（无色→浅蓝色）作指示剂。也可选用酚酞与百里酚酞的混合指示剂，变色点 pH=9.9，溶液由无色变为紫色，终点变色较明显。

多元酸滴定曲线的计算比较复杂，而化学计量点附近滴定突跃较小，可用 pH 计记录滴定过程中 pH 变化，绘制的 H_3PO_4 滴定曲线见图 4-10。

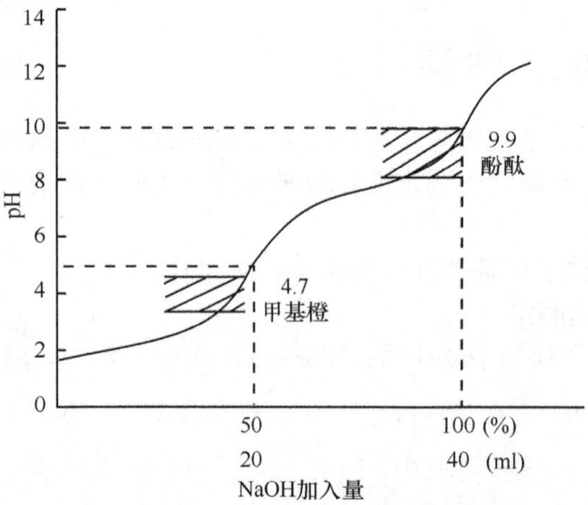

图 4-10　NaOH（0.1000mol/L）滴定 H_3PO_4（0.1000mol/L）的滴定曲线

2. 多元碱的滴定　以 HCl 滴定 Na_2CO_3 为例。Na_2CO_3 为二元弱碱，在水溶液中分两步解离，其

$$K_{b_1}=\frac{K_w}{K_{a_2}}=\frac{1.0\times10^{-14}}{5.6\times10^{-11}}=1.7\times10^{-4}$$

$$K_{b_2}=\frac{K_w}{K_{a_1}}=\frac{1.0\times10^{-14}}{4.2\times10^{-7}}=2.4\times10^{-8}$$ 滴定反应为

$$CO_3^{2-}+H^+ \rightleftharpoons HCO_3^-$$

$$HCO_3^-+H^+ \rightleftharpoons H_2CO_3$$

因 $c_b K_{b_1} > 10^{-8}$，$c_b K_{b_2} \approx 10^{-8}$，但 $K_{b_1}/K_{b_2} \approx 10^4$，两步滴定反应之间有一定的交叉，分步滴定的准确性不如 NaOH 滴定 H_3PO_4 高。

第一化学计量点产物为 $NaHCO_3$，pH 用两性物质溶液最简式计算：

$$pH=\frac{1}{2}(pK_{a_1}+pK_{a_2})=\frac{1}{2}(6.38+10.25)=8.32$$

可选酚酞作指示剂，但终点颜色较难判断（红→微红），采用甲基红与酚酞混合指示剂（粉红→紫），比较明显。第二化学计量点产物为 H_2CO_3（CO_2+H_2O），它的饱和溶液的浓度为 0.04mol/L，则 pH 为

$$[H^+]=\sqrt{K_{a_1}c}=\sqrt{4.2\times10^{-7}\times4\times10^{-2}}=1.30\times10^{-4}\,(mol/L) \qquad pH=3.89$$

可用甲基橙、溴酚蓝作指示剂。为防止形成 CO_2 的过饱和溶液，使溶液的酸度稍有增大，终点过早出现。因此，滴定终点附近时，应剧烈摇动或煮沸溶液，以加速 H_2CO_3 分解，除去 CO_2，使终点明显。滴定曲线见图 4-11。

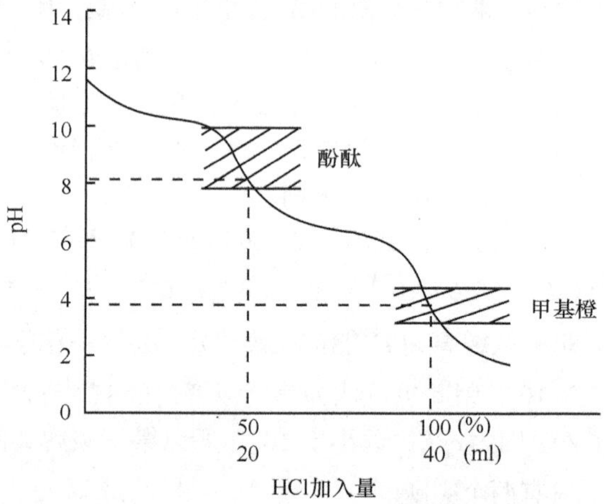

图 4-11　HCl 滴定 Na_2CO_3 溶液的滴定曲线

四、酸碱标准溶液的配制与标定

酸碱滴定中最常用的标准溶液是 HCl 和 NaOH，也可用 H_2SO_4、HNO_3、KOH 等其他强酸、强碱。浓度一般在 0.01～1mol/L，最常用的浓度是 0.1mol/L。通常采用间接法配制。

1. 酸标准溶液　HCl 标准溶液一般用浓 HCl 间接法配制。先配成大致所需浓度的溶液，然后用基准物质标定其浓度。常用的基准物质是无水碳酸钠和硼砂，《中国药典》（2015 年版）采用无水碳酸钠。

无水碳酸钠（Na_2CO_3）易制得纯品，价格便宜，但吸湿性强，用前应在 270～300℃干燥至恒重，置干燥器中保存备用。用 Na_2CO_3 标定 HCl 溶液，标定反应如下：

$$Na_2CO_3+2HCl \rightleftharpoons 2NaCl+H_2O+CO_2\uparrow$$

可选用甲基橙或甲基红作指示剂，滴定时应注意 CO_2 的影响，临近终点时，应将溶液煮沸或剧烈振摇，以减少 CO_2 的影响。

硼砂（$Na_2B_4O_7 \cdot 10H_2O$）有较大的摩尔质量，称量误差小，无吸湿性，也易制得纯品，其缺点是在空气中易风化失去结晶水，因此应保存在相对湿度为60%的密闭容器中备用。

硼砂标定 HCl 的反应如下：

$$Na_2B_4O_7+2HCl+5H_2O \rightleftharpoons 4H_3BO_3+2NaCl$$

化学计量点时，溶液 pH 约为 5.1，可选用甲基红作指示剂。

2. 碱标准溶液　碱标准溶液一般用 NaOH 配制。NaOH 易吸潮，也易吸收空气中的 CO_2 生成 Na_2CO_3，因此只能用间接法配制。为了配制不含 CO_3^{2-} 的碱标准溶液，可采用浓碱法，先配成 NaOH 的饱和溶液，在此溶液中 Na_2CO_3 溶解度很小，待 Na_2CO_3 沉淀后，取上清液稀释成所需浓度，再加以标定。标定 NaOH 常用的基准物质有邻苯二甲酸氢钾（$KHC_8H_4O_4$，简写为 KHP）、草酸等。《中国药典》（2015 年版）采用邻苯二甲酸氢钾作基准物质。

邻苯二甲酸氢钾易获得纯品，不吸潮，摩尔质量大，其标定反应如下：

化学计量点时，溶液 pH 约为 9.1，标定时可选用酚酞作指示剂。

二水合草酸相当稳定，在相对湿度 5%～95%时不会风化而失水，可保存在密闭容器中备用，其标定反应如下：

$$H_2C_2O_4+2NaOH \rightleftharpoons Na_2C_2O_4+2H_2O$$

计量点时，溶液的 pH 约为 8.4，宜选用酚酞作指示剂。

标定好的 NaOH 标准溶液必须注意保存，防止溶液吸收空气中的 CO_2 生成 Na_2CO_3，使溶液的浓度发生变化。

第六节　滴定终点误差

滴定终点误差（titration end point error）是由于滴定终点（titration end point）和化学计量点（stoichiometric point）不相符引起的相对误差，属于方法误差，用 TE%表示。可用林邦误差公式计算。本节以更直观的方式讨论酸碱滴定的终点误差。误差的大小与被滴定溶液中剩余的酸（碱）或是过量的滴定剂有关，可表示为

$$TE\%=\frac{\text{滴定剂过量或不足的物质的量}}{\text{被测物质的物质的量}}\times 100\%$$

一、强酸（碱）的滴定终点误差

以强碱（NaOH）滴定强酸（HCl）为例，滴定误差为

$$TE\%=\frac{(c_{NaOH}-c_{HCl})V_{ep}}{c_{sp}V_{sp}}\times 100\%$$

式中，c_{sp}、V_{sp} 为化学计量点时被测酸的浓度和体积；V_{ep} 为滴定终点时溶液的体积，因 $V_{sp} \approx V_{ep}$，代入上式得

$$TE\%=\frac{c_{NaOH}-c_{HCl}}{c_{sp}}\times 100\%$$

滴定中溶液的质子条件式为

$$[H^+]+c_{NaOH}=[OH^-]+c_{HCl}$$

即

$$c_{NaOH} - c_{HCl} = [OH^-] - [H^+]$$

所以，滴定终点误差公式为

$$TE\% = \frac{[OH^-]_{ep} - [H^+]_{ep}}{c_{sp}} \times 100\% \qquad (4\text{-}22)$$

若滴定终点在化学计量点处，则$[OH^-]_{sp} = [H^+]_{sp}$，$TE\% = 0$。若指示剂在化学计量点后变色，NaOH 过量，$[OH^-]_{ep} > [H^+]_{ep}$，$TE\% > 0$，终点误差为正值；反之，NaOH 用量不足，$[OH^-]_{ep} < [H^+]_{ep}$，$TE\% < 0$，终点误差为负值。滴定至终点时，溶液的体积增加近一倍，$c_{sp} \approx c/2$。

同理，强酸滴定强碱时的终点误差可由下式计算

$$TE\% = \frac{[H^+]_{ep} - [OH^-]_{ep}}{c_{sp}} \times 100\% \qquad (4\text{-}23)$$

例 4-2 计算 NaOH 溶液（0.1000mol/L）滴定 HCl 溶液（0.1000mol/L）至 pH=4.0（甲基橙指示剂）和 pH=9.0（酚酞指示剂）的滴定终点误差。

解：（1）甲基橙变色 pH=4.0，则

$$[H^+]=10^{-4.0}\text{mol/L} \quad [OH^-]=10^{-10.0}\text{mol/L} \quad c_{HCl} = \frac{0.1000}{2}\text{mol/L}$$

$$TE\% = \frac{10^{-10.0} - 10^{-4.0}}{0.05000} \times 100\% = -0.2\%$$

（2）酚酞变色 pH=9.0，则

$$[H^+]=10^{-9.0}\text{mol/L} \quad [OH^-]=10^{-5.0}\text{mol/L}$$

$$TE\% = \frac{10^{-5.0} - 10^{-9.0}}{0.05000} \times 100\% = 0.02\%$$

例 4-3 计算 HCl 溶液（0.01000mol/L）滴定 NaOH 溶液（0.01000mol/L）至 pH=4.0 和 pH=9.0 时的滴定终点误差。

解：（1）已知 c_{sp}=0.005000mol/L，$[H^+]=10^{-4.0}$mol/L，$[OH^-]=10^{-10.0}$mol/L

$$TE\% = \frac{10^{-4.0} - 10^{-10.0}}{0.005000} \times 100\% = 2\%$$

（2）pH=9.0 时，$[H^+]=10^{-9.0}$mol/L，$[OH^-]=10^{-5.0}$mol/L

$$TE\% = \frac{10^{-9.0} - 10^{-5.0}}{0.005000} \times 100\% = -0.2\%$$

例 4-2 和例 4-3 的计算表明，由于溶液稀释 10 倍，滴定到同一 pH 时的滴定终点误差增大了 10 倍，且由于稀溶液的滴定突跃减小，甲基橙已经不再适用于 0.01mol/L 的强酸（碱）的滴定了。

二、弱酸（碱）的滴定终点误差

以强碱 NaOH 滴定一元弱酸 HA 为例，其滴定误差为

$$TE\% = \frac{c_{NaOH} - c_{HA}}{c_{sp}} \times 100\%$$

根据滴定终点时溶液的质子条件式：

$$[H^+] + c_{NaOH} = [A^-] + [OH^-]$$

由于$[A^-] = c_{HA} - [HA]$，代入上式得$[H^+] + c_{NaOH} = c_{HA} - [HA] + [OH^-]$。

强碱滴定弱酸，终点附近溶液呈碱性，即$[OH^-]_{ep} \gg [H^+]$，因而$[H^+]$可以忽略，即$c_{NaOH}-c_{HA}=[OH^-]-[HA]$，于是

$$TE\% = \frac{[OH^-]-[HA]}{c_{sp}} \times 100\%$$

终点时[HA]可用分布系数表示，得一元弱酸的滴定误差公式为

$$TE\% = \{\frac{[OH^-]}{c_{sp}} - \delta_{HA}\} \times 100\% \tag{4-24}$$

式中，

$$\delta_{HA} = \frac{[HA]_{ep}}{c_{sp}} = \frac{[H^+]}{[H^+]+K_a}$$

同理，一元弱碱（B）的滴定终点误差用类似方法处理得到：

$$TE\% = \{\frac{[H^+]}{c_{sp}} - \delta_B\} \times 100\% \tag{4-25}$$

例 4-4 NaOH 溶液（0.1000mol/L）滴定 HAc 溶液（0.1000mol/L），若滴定至①pH=9.20；②pH=8.20，分别计算滴定终点误差。

解：（1）$[H^+]=6.3\times10^{-10}$mol/L，$[OH^-]=1.6\times10^{-5}$mol/L，

$$c_{sp} = \frac{0.1000}{2} = 0.05000\text{mol/L}$$

$$TE\% = \left\{\frac{1.6\times10^{-5}}{0.05000} - \frac{6.3\times10^{-10}}{6.3\times10^{-10}+1.8\times10^{-5}}\right\} \times 100\% = 0.03\%$$

（2）$[OH^-]=1.6\times10^{-6}$mol/L，$[H^+]=6.3\times10^{-9}$mol/L

$$TE\% = \left\{\frac{1.6\times10^{-6}}{0.05000} - \frac{6.3\times10^{-9}}{6.3\times10^{-9}+1.8\times10^{-5}}\right\} \times 100\% = -0.03\%$$

第七节 非水溶液中的滴定分析

酸碱滴定一般是在水溶液中进行的。水是最常用的溶剂，且安全、价廉。但是以水为滴定介质也有一定的局限性。例如，许多弱酸或弱碱的c_aK_a或c_bK_b小于10^{-8}，不能直接滴定；有些有机酸或有机碱在水中溶解度很小，直接滴定难以进行；还有些多元酸或碱、混合酸或碱的K_a或K_b较接近，不能分步或分别滴定。

采用非水溶剂作为介质，常常可以克服这些困难，从而扩大酸碱滴定的应用范围。这种在非水溶剂中进行的滴定分析方法称为非水滴定法（nonaqueous titration）。非水滴定法除溶剂较为特殊以外，具有一般滴定分析所具有的优点，如准确、快速、无须特殊设备等，因此已为各国药典和其他常规分析所采用。非水滴定法可用于酸碱滴定、氧化还原滴定、配位滴定及沉淀滴定等，而在药物分析中，以非水酸碱滴定法应用最为广泛，故这里主要讨论非水溶液中的酸碱滴定。

一、基本原理

1. 溶剂的分类 根据酸碱质子理论，非水滴定中的常用溶剂可分为以下几类。

1）质子性溶剂：能给出质子或接受质子的溶剂，称为质子性溶剂（protonic solvent）。根

据其接受质子能力的大小，又可分为酸性溶剂（acid solvent）、碱性溶剂（basic solvent）和两性溶剂（amphoteric solvent）。

酸性溶剂　给出质子能力较强的溶剂称为酸性溶剂，如冰醋酸、丙酸等是常用的酸性溶剂。酸性溶剂适于作为滴定弱碱性物质的介质。

碱性溶剂　接受质子能力较强的溶剂称为碱性溶剂，如乙二胺、液氨、乙醇胺等是常用的碱性溶剂。碱性溶剂适于作为滴定弱酸性物质的介质。

两性溶剂　既易接受质子又易给出质子的溶剂称为两性溶剂。当溶质是较强的酸时，这种溶剂显碱性；当溶质是较强的碱时，这种溶剂显酸性。醇类一般属于两性溶剂，如甲醇、乙醇、异丙醇、乙二醇等。两性溶剂适于作为滴定不太弱的酸、碱的介质。

2）非质子性溶剂：分子中无转移性质子的溶剂称为非质子性溶剂（aprotic solvent）。这类溶剂可分为偶极亲质子性溶剂和惰性溶剂。

偶极亲质子性溶剂　分子中无转移性质子，与水比较几乎无酸性，也无两性特征，但却有较弱的接受质子的倾向和程度不同的成氢键能力，如酰胺类、酮类、腈类、二甲亚砜、吡啶等。其中，二甲基甲酰胺、吡啶等碱性较明显，成氢键的能力也较强。这类溶剂适于作弱酸或某些混合物的滴定介质。

惰性溶剂　溶剂分子不参与酸碱反应，也无形成氢键的能力，这种溶剂称为惰性溶剂，常用的有苯、氯仿、二氧六环等。惰性溶剂常与质子性溶剂混合使用，以改善样品的溶解性能，增大滴定突跃范围。

2. 溶剂的性质　当溶质溶于给定的溶剂中，其酸碱性都将受到溶剂的离解程度、溶剂的酸碱性及溶剂的极性等因素的影响。因此，了解溶剂的性质有利于选择适当的溶剂，达到增大滴定突跃范围和区分酸碱强度的目的。

1）溶剂的离解性常用的非水溶剂中，只有惰性溶剂不能离解，其他溶剂均有不同程度的离解。在这类具有离解性的溶剂中，有下列平衡存在：

$$SH \rightleftharpoons H^+ + S^- \qquad K_a^{SH} = \frac{[H^+][S^-]}{[SH]} \tag{4-26}$$

$$SH + H^+ \rightleftharpoons SH_2^+ \qquad K_b^{SH} = \frac{[SH_2^+]}{[H^+][SH]} \tag{4-27}$$

式中，K_a^{SH}为固有酸度常数，反映溶剂给出质子的能力；K_b^{SH}为固有碱度常数，反映溶剂接受质子的能力。

合并式（4-26）与式（4-27），得到溶剂自身质子转移反应：

$$2SH \rightleftharpoons SH_2^+ + S^-$$

因此，在离解性溶剂中，实际上同时存在两个平衡，其中一种溶剂起酸的作用，另一种溶剂起碱的作用，溶剂质子自递反应形成了溶剂合质子（SH_2^+）和溶剂阴离子（S^-）。合并K_a^{SH}与K_b^{SH}即为

$$K_a^{SH} K_b^{SH} = \frac{[SH_2^+][S^-]}{[SH]^2}$$

由于溶剂自身离解很微弱，[SH]可看成定值，

$$K_s = [SH_2^+][S^-] = K_a^{SH} K_b^{SH} [SH]^2 \tag{4-28}$$

式中，K_s为溶剂的质子自递常数或称离子积。

例如，乙醇的质子自递反应为

$$2C_2H_5OH \rightleftharpoons C_2H_5OH_2^+ + C_2H_5O^-$$

则质子自递常数 $K_s = [C_2H_5OH_2^+][C_2H_5O^-] = 7.9 \times 10^{-20}$。

水的质子自递常数 $K_s=[H_3O^+][OH^-]$，即为水的离子积常数 $K_w=K_s=1\times10^{-14}$。

在一定温度下，不同溶剂因其离解程度不同而具有不同的质子自递常数。几种常用溶剂的 K_s 列于表 4-6 中。

溶剂质子自递常数 K_s 的大小对滴定突跃的范围具有一定的影响。现以水和乙醇两种溶剂进行比较。

表 4-6　常用溶剂的质子自递反应及质子自递常数（25℃）

溶剂	离解平衡	K_s
甲醇	$2CH_3OH \rightleftharpoons CH_3OH_2^+ + CH_3O^-$	2×10^{-17}
乙醇	$2C_2H_5OH \rightleftharpoons C_2H_5OH_2^+ + C_2H_5O^-$	7.9×10^{-20}
甲酸	$2HCOOH \rightleftharpoons HCOOH_2^+ + HCOO^-$	6×10^{-7}
冰醋酸	$2HAc \rightleftharpoons H_2Ac^+ + Ac^-$	3.6×10^{-15}
乙酸酐	$2(CH_3CO)_2O \rightleftharpoons (CH_3CO)_3O^+ + CH_3COO^-$	3×10^{-15}
乙二胺	$2NH_2CH_2CH_2NH_2 \rightleftharpoons NH_2CH_2CH_2NH_3^+ + NH_2CH_2CH_2NH^-$	5×10^{-16}
二甲基甲酰胺	$2(CH_3)_2NCOH \rightleftharpoons (CH_3)_2NCOH_2^+ + (CH_3)_2NCO^-$	$<1\times10^{-21}$
乙腈	$2CH_2=C=NH \rightleftharpoons CH_2C-NH_2^+ + CH_2=C=N^-$	3×10^{-27}

在水溶液中，若以 0.1mol/L NaOH 滴定酸，当滴定到化学计量点前溶剂中 $[H_3O^+]=1\times10^{-4}$mol/L 时，pH=4，继续滴定到 NaOH 标准溶液过量，$[OH^-]=1\times10^{-4}$mol/L，pOH=4，此时 pH=14–4=10，即滴定突跃的 pH 变化范围为 4～10，有 6 个 pH 单位的变化。

在乙醇中，$C_2H_5OH_2^+$ 相当于水中 H_3O^+，而 $C_2H_5O^-$则相当于 OH^-，若以 0.1mol/L C_2H_5ONa 标准溶液滴定酸，当滴定到尚有 10^{-4}mol/L 的 $C_2H_5OH_2^+$ 时，即 pH*=4，这里 pH*代表 $pC_2H_5OH_2$，与水溶液的 pH 意义相当；滴定到溶液中有过量 10^{-4}mol/L C_2H_5ONa 时，$[C_2H_5O^-]=10^{-4}$mol/L，即 $pC_2H_5O=4.0$。

因为

$$pC_2H_5OH_2+pC_2H_5O=19.1$$

则此时

$$pC_2H_5OH_2=19.1-4.0=15.1$$

所以，在乙醇介质中 pH*的变化范围为 4.0～15.1，有 11.1 个 pH*单位的变化，比水为介质的溶液中突跃范围大 5.1 个 pH*单位。由此可见，溶剂的自身离解常数越小，突跃范围越大，表明滴定终点越敏锐。因此，原来在水中不能滴定的酸碱，在乙醇中有可能被滴定。

表 4-6 中的乙酸酐虽然能够离解，但并不产生溶剂合质子。离解生成的乙酸酐合乙酰阳离子具有比冰醋酸合质子还强的酸性，因此在冰醋酸中显极弱碱性的化合物在乙酸酐中仍可能被滴定。

2）溶剂的酸碱性：溶剂的酸碱强度可根据平衡关系来衡量。现以 HA 代表酸，B 代表碱，根据酸碱质子理论有下列平衡存在：

$$HA \rightleftharpoons H^+ + A^- \quad K_a^{HA}=\frac{[H^+][A^-]}{[HA]} \tag{4-29}$$

$$B+H^+ \rightleftharpoons BH^+ \quad K_b^{B}=\frac{[BH^+]}{[H^+][B^-]} \tag{4-30}$$

若将酸 HA 溶于质子性溶剂 SH 中，则发生下列质子转移反应：

$$HA \rightleftharpoons H^+ + A^-$$

$$SH + H^+ \rightleftharpoons SH_2^+$$

$$总式\ HA+SH \rightleftharpoons SH_2^+ + A^-$$

反应的平衡常数，即 HA 在溶剂 SH 中的表观离解常数 K_{HA} 按下式计算：

$$K_{HA} = \frac{[SH_2^+][A^-]}{[HA][SH]}$$

即
$$K_{HA} = \frac{[H^+][A^-][SH_2^+]}{[HA][H^+][SH]} = K_a^{HA} K_b^{SH} \quad (4\text{-}31)$$

式（4-31）表明，酸 HA 在溶剂 SH 中的表观酸强度取决于 HA 的酸度和溶剂 SH 的碱度，即取决于酸给出质子的能力和溶剂接受质子的能力。

同理，碱 B 溶于溶剂 SH 中的平衡为

$$B+SH \rightleftharpoons BH^+ + S^-$$

反应平衡常数 K_B 为

$$K_B = \frac{[BH^+][S^-]}{[B][SH]} = K_b^B K_a^{SH} \quad (4\text{-}32)$$

因此，碱 B 在溶剂 SH 中的表观碱强度取决于 B 的碱度和溶剂 SH 的酸度，即取决于碱接受质子的能力和溶剂给出质子的能力。

例如，假设某酸 HA 的 $K_a^{HA}=10^{-3}$，并设 SH（$K_b^{SH}=10^{-1}$）和 SH*（$K_b^{SH}=10^2$）两种不同的溶剂，则在 SH 溶剂中，

$$K_{HA}=K_a^{HA}K_b^{SH}=10^{-3}\times10^{-1}=10^{-4}$$

在 SH*溶剂中，

$$K_{HA}=K_a^{HA}K_b^{SH*}=10^{-3}\times10^{2}=10^{-1}$$

故 HA 在碱度小的 SH 溶剂中显弱酸性，而在碱度大的 SH*溶剂中则显较强的酸性。

可见，酸、碱的强度不仅与酸、碱本身接受质子的能力大小有关，而且与溶剂接受质子的能力大小有关。在非水滴定中，对于弱酸性物质，应选择碱性溶剂，使物质的酸性增加；对于弱碱性物质，应选择酸性溶剂，使物质的碱性增加。

3）介电常数：根据库仑定律，溶液中两个带相反电荷的离子间的静电吸引力 f 与溶剂的介电常数成反比，即

$$f = \frac{e_+ e_-}{\varepsilon r^2} \quad (4\text{-}33)$$

式中，e_+、e_-分别为正、负电荷；r 为两电荷中心之间的距离。

所以，溶质在介电常数大的溶剂中离解所需要的能量小，有利于离子对的离解，增强了酸的强度。极性强的溶剂介电常数大，因此溶质在这些溶剂中较易离解；极性弱的溶剂介电常数小，溶质就较难离解，多形成离子对。

在介电常数较小的非水溶剂中，溶质分子本身的离解分为电离和离解两个步骤：

$$HA+SH \xrightleftharpoons{电离} [SH_2^+ \cdot A^-] \xrightleftharpoons{离解} SH_2^+ + A^- \quad (4\text{-}34)$$

离子对分子电离产生正、负离子，借静电引力形成离子对，离子对再部分离解，才形成溶剂合质子和溶质阴离子。

由此，可以根据溶剂介电常数的大小判断溶质在不同溶剂中的离解程度。

常用溶剂的介电常数见表 4-7。例如，冰醋酸溶于水和乙醇两个碱度约相等的溶剂中，在高介电常数的水（ε=78.5）中，由于冰醋酸分子的电离和离解，形成溶剂合质子（H_3O^+）与冰醋酸根离子（Ac^-），而在低介电常数的乙醇（ε=24.30）中，则很少的冰醋酸分子离解成离

子，故在水中冰醋酸的酸度比在乙醇中的大。

表 4-7 常用溶剂的介电常数（25℃）

溶剂	ε	温度/℃	溶剂	ε	温度/℃
水	78.5	25	甲基乙基酮	18.975	15
二氧六环	2.235	20	正丁酮	19.2	30
苯	2.285	20	乙酸酐	20.5	20
丙酸	3.44	40	丙酮	20.70	20
乙醚	4.34	—	乙醇	24.30	25
氯仿	4.81	20	甲醇	32.63	25
冰醋酸	6.15	20	乙腈	36	20
吡啶	12.01	20	乙醇胺	37.72	—
甲基异丁酮	13.11	20	二甲基甲酰胺	38.3	20
乙二胺	16.0	18	二甲亚砜	46.7	25
异丙醇	18.3	25	甲酸	58.5	15

4）均化效应和区分效应：常见矿酸在水中都是强酸，存在下列酸碱平衡反应：

$$HClO_4+H_2O \rightleftharpoons H_3O^+ + ClO_4^-$$

$$HCl+H_2O \rightleftharpoons H_3O^+ + Cl^-$$

$$H_2SO_4+H_2O \rightleftharpoons H_3O^+ + HSO_4^-$$

按酸碱质子理论，以上反应中水为碱，水分子接受了矿酸的质子形成其共轭酸——水合质子 H_3O^+，而酸分子失去了质子成为其共扼碱（ClO_4^-、Cl^-、HSO_4^-等）。以上反应进行得十分完全，高氯酸和盐酸都被均化到 H_3O^+的强度水平，结果使它们的酸强度水平都相等。这种效应称为均化效应（levelling effect）。如果一种比 H_3O^+强的酸溶解在水溶液里，水分子接受质子成为 H_3O^+，而如果一种比 OH^-离子强的碱溶解在水里，则使水分子失去质子生成 OH^-。因此，水能调平高氯酸和盐酸，水溶液中 $HClO_4$ 和 HCl 强度相同。具有均化效应的溶剂称为均化性溶剂，水是各种矿酸的均化性溶剂。水中能够存在的最强酸是 H_3O^+，最强碱是 OH^-。

但是在冰醋酸溶液中，酸碱平衡反应为：

$$HClO_4 + HAc \rightleftharpoons H_2Ac^+ + ClO_4^- \qquad K=1.3\times10^{-5}$$

$$HCl + HAc \rightleftharpoons H_2Ac^+ + Cl^- \qquad K=2.8\times10^{-9}$$

即由于冰醋酸碱性比 H_2O 弱，$HClO_4$ 和 HCl 不能被均化到相同的强度，K 显示 $HClO_4$ 是比 HCl 更强的酸。这种效应称为区分效应（differentiating effect），具有区分效应的溶剂称为区分性溶剂（differentiating solvent）。所以冰醋酸是 $HClO_4$ 和 HCl 的区分性溶剂。

同样，水是盐酸和冰醋酸的区分性溶剂，若改用比水的碱性更强的液氨作为溶剂，盐酸和冰醋酸都被均化到 NH_4^+的强度水平，所以液氨是盐酸和冰醋酸的均化性溶剂。

在均化性溶剂中，溶剂合质子 SH_2^+（如 H_3O^+、H_2Ac^+、NH_4^+等）是溶液中能存在的最强酸，即共存酸都被均化到溶剂合质子的强度水平。同理，共存碱在强酸性溶剂中都被均化到溶剂阴离子的强度水平，溶剂阴离子 S^-（如 OH^-、NH_2^-、Ac^-等）是溶液中的最强碱。

设有某弱碱 B 在水溶液中，$c_bK_b<10^{-8}$，则在水中不能被 $HClO_4$ 滴定，这是由于其质子反应进行得很不完全，溶剂 H_2O 不能对 B 起均化作用，

$$B + H_2O \rightleftharpoons BH^+ + OH^-$$

若更换溶剂为冰醋酸，则其质子转移反应向右可进行得很完全，

$$B + HAc \longrightarrow BH^+ + Ac^-$$

因此，碱强度被均化到溶剂阴离子（Ac^-）的水平。

用高氯酸滴定 B 的反应有

$$HClO_4 + HAc \longrightarrow H_2Ac^+ + ClO_4^-$$

冰醋酸合质子和冰醋酸阴离子发生以下反应：

$$H_2Ac^+ + Ac^- \longrightarrow 2HAc$$

溶剂（HAc）只起传递质子的作用，其本身未发生变化。整个滴定反应为

$$B + HClO_4 \longrightarrow BH^+ + ClO_4^-$$

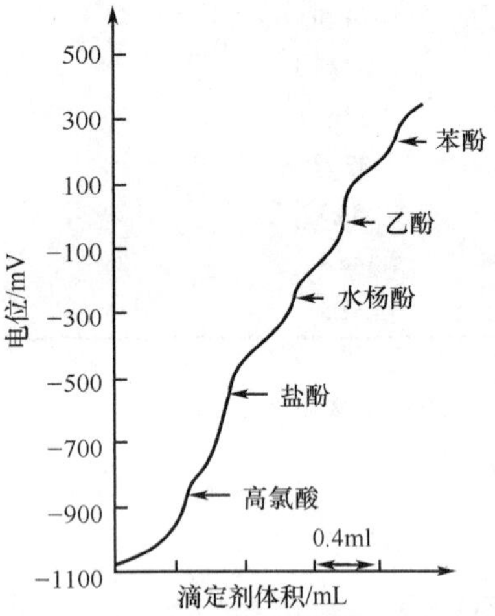

图 4-12 5 种混合酸的区分滴定曲线

因此，酸性溶剂是碱的均化性溶剂，对于在水中不能滴定的某些弱碱，选用酸性溶剂（如冰醋酸），使其碱性均化到溶剂阴离子（如 Ac^-）的强度水平后，可用标准酸溶液（如高氯酸）进行滴定。同样，碱性溶剂是酸的均化性溶剂，对于在水中不能滴定的某些弱酸，可选用碱性溶剂（如乙二胺），使其酸度均化到溶剂合质子（$NH_2CH_2CH_2NH_3^+$）的强度水平，便可用标准碱溶液进行滴定。

区分不同强度的多组分混合酸时，还经常使用某些非离解性溶剂，如甲基异丁酮。图 4-12 显示了 5 种不同强度的酸的混合液在甲基异丁酮中用四丁基氢氧化铵滴定所得的滴定曲线。从图 4-12 中可以观察到 $HClO_4$ 是比 HCl 更强的酸，5 种酸的混合物，包括最强的高氯酸和极弱的苯酚（K_a=1.1×10^{-10}），都能明显地被区分滴定。

二、碱的滴定

1. 溶剂 滴定弱碱应选择酸性溶剂，使弱碱的强度调平到溶剂阴离子水平，即增强弱碱的强度，使滴定突跃更加明显。

冰醋酸是最常用的酸性溶剂。市售冰醋酸含有少量水分，为避免水分存在对滴定的影响，一般需要加入一定量的乙酸酐，使其与水反应转变成冰醋酸，

$$(CH_3CO)_2O + H_2O \longrightarrow 2CH_3COOH$$

从以上反应式可知，水与乙酸酐反应的物质的量比为 1∶1。若一级冰醋酸含水量为 0.2%，相对密度为 1.05，则除去 1000ml 冰醋酸中的水应加相对密度 1.08、含量为 97.0%的乙酸酐的体积为

$$V = \frac{102.1\times1000\times1.05\times0.2\%}{18.02\times1.08\times97.0\%} = 11(\text{ml})$$

2. 标准溶液与基准物质 滴定碱的标准溶液常采用高氯酸的冰醋酸溶液。这是因为高氯酸在冰醋酸中有较强的酸性，且绝大多数有机碱的高氯酸盐易溶于有机溶剂，对滴定反应有利。

市售高氯酸为含 $HClO_4$ 70.0%～72.0%的水溶液，故需要加入计算量的乙酸酐除去水分。如果配制高氯酸(0.1mol/L)溶液 1000ml，需要含 $HClO_4$ 70.0%、相对密度为 1.75 的高氯酸 8.5ml，则为除去 8.5ml 高氯酸中的水分应加入相对密度为 1.08、含量为 97.0%的乙酸酐的体积为

$$V = \frac{102.1\times8.5\times1.75\times(1-70\%)}{18.02\times1.08\times97.0\%} = 24(\text{ml})$$

高氯酸与有机物接触、遇热，极易引起爆炸，与乙酸酐混合时易发生剧烈反应放出大量的

热。因此，在配制时应先用冰醋酸将高氯酸稀释后再在不断搅拌下缓缓滴加适量的乙酸酐。测定一般样品时乙酸酐的量可多于计算量，不影响测定结果。

由于冰醋酸在室温低于16℃时会结冰而影响使用，对不容易乙酰化的样品可采用冰醋酸–乙酸酐（9∶1）的混合溶剂配制高氯酸标准溶液，不仅能防止结冰，且吸湿性小。有时也可在冰醋酸中加入10%～15%丙酸防冻。

但对容易乙酰化的样品如芳香伯胺或仲胺，所加乙酸酐不宜过量，否则过量的乙酸酐将使测定结果偏低。

标定高氯酸标准溶液浓度常用邻苯二甲酸氢钾为基准物质，结晶紫为指示剂，其滴定反应如下：

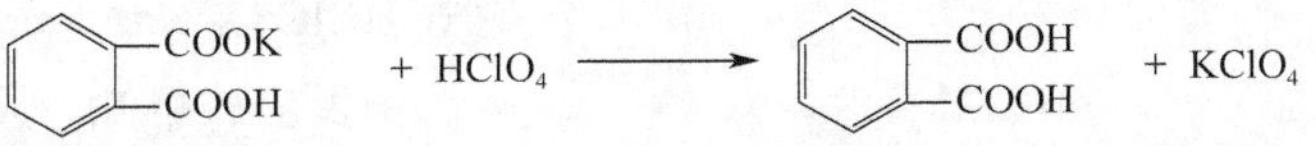

水的膨胀系数较小（0.21×10^{-3}/℃）。一般酸碱标准溶液的浓度受室温改变的影响不大。多数有机溶剂的体膨胀系数较大，如冰醋酸的体膨胀系数为 1.1×10^{-3}/℃，是水的5倍，即温度改变1℃，体积就有0.11%的变化。所以，高氯酸冰醋酸标准溶液滴定样品时，若温度和标定时有显著差别，应重新标定或按式（4-35）加以校正。

$$c_1 = \frac{c_0}{1+0.0011(t_1-t_0)} \tag{4-35}$$

式中，0.0011为冰醋酸的体膨胀系数；t_0为标定时的温度；t_1为测定时的温度；c_0为标定时的浓度；c_1为测定时的浓度。

3. 指示剂

1）结晶紫：结晶紫（crystal violet）是以冰醋酸作滴定介质，高氯酸为滴定剂滴定碱时最常用的指示剂。结晶紫分子中的氮原子能键合多个质子而表现为多元碱，在滴定中，随着溶液酸度的增加，结晶紫由碱式色（紫色）变至蓝紫、蓝、蓝绿、绿、黄绿，最后转变为酸式色（黄色）。

在滴定不同强度的碱时，其终点颜色变化不同。滴定较强碱时应以蓝色或蓝绿色为终点，滴定极弱碱则应以蓝绿色或绿色为终点，最好以电位滴定法作对照，以确定终点的颜色，并做空白实验以减少滴定终点误差。

2）α-萘酚苯甲醇：α-萘酚苯甲醇（a-napHthalpHenol benzyl alcohol）适于在冰醋酸–四氯化碳、乙酸酐等溶剂中使用，常用0.5%冰醋酸溶液，其酸式色为绿色，碱式色为黄色。

3）喹哪啶红：喹哪啶红（quinaldine red）适用于在冰醋酸中滴定大多数胺类化合物，常用0.1%甲醇溶液，其酸式色为无色，碱式色为红色。

4. 应用与示例 具有碱性基团的化合物，如胺类、氨基酸类、含氮杂环化合物、某些有机碱的盐及弱酸盐等，大多可用高氯酸标准溶液进行滴定。各国药典中应用高氯酸冰醋酸非水滴定法测定的有机弱碱、有机酸的碱金属盐、有机碱的氢卤酸盐及有机碱的有机酸盐等。

1）有机弱碱：有机弱碱如胺类、生物碱类等，只要其在水溶液中的 $K_b>10^{-10}$，都能在冰醋酸介质中用高氯酸标准溶液进行定量测定。对 $K_b<10^{-12}$ 的极弱碱，需使用冰醋酸–乙酸酐的混合溶液作介质，且随着乙酸酐用量的增加，滴定范围显著增大。图4-13中，咖啡因（$K_b=4.0\times10^{-14}$）的滴定突跃随冰醋酸–乙酸酐（HAc-Ac_2O）溶剂中乙酸酐的量增加而加大。这是因为，乙酸酐离解生成的乙酸酐合乙酰阳离子 $(CH_3CO)_2^+O$ 比冰醋酸中的冰醋酸合质子 $CH_3COOH_2^+$ 的酸性更强，因而在乙酸酐中有更明显的滴定突跃。

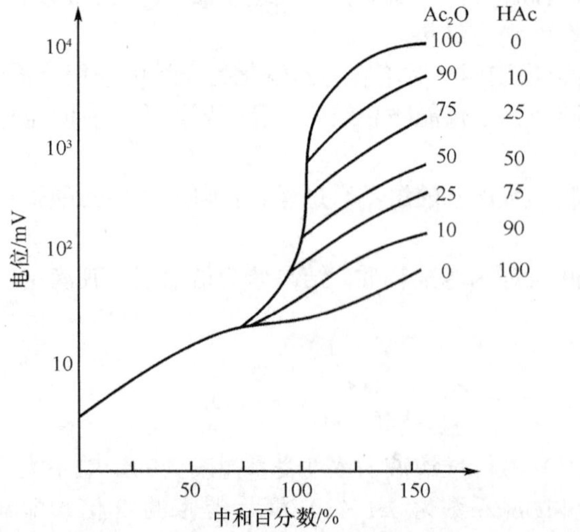

图 4-13 咖啡因在不同比例冰醋酸–乙酸酐中的滴定曲线

2）有机酸的碱金属盐：由于有机酸的酸性较弱，其共轭碱–有机酸根在冰醋酸中显较强的碱性，故可用高氯酸的冰醋酸溶液滴定。若以 NaA 代表有机酸的碱金属盐，其滴定反应可表示如下：

$$HClO_4 + HAc \rightleftharpoons H_2Ac^+ + ClO_4^-$$

$$NaA + HAc \rightleftharpoons HA + Ac^- + Na^+$$

$$H_2Ac^+ + Ac^- \rightleftharpoons 2HAc$$

总式 $HClO_4 + NaA \rightleftharpoons HA + ClO_4^- + Na^+$

由反应式可知，只要生成的酸 HA 比冰醋酸合质子 H_2Ac^+的酸性弱，反应就能进行，二者酸强度相差越大，反应进行得越完全。在冰醋酸中以高氯酸标准溶液直接滴定的有机碱金属盐有邻苯二甲酸氢钾、水杨酸钠、乳酸钠、枸橼酸钠（钾）等。

3）有机碱的氢卤酸盐：大多数有机碱常使用其氢卤酸盐作药用，其通式为 $B \cdot HX$。由于氢卤酸的酸性较强，用高氯酸滴定时，先加入过量乙酸汞溶液，使其形成难电离的卤化汞，将氢卤酸盐转化成冰醋酸盐滴定，反应式如下：

$$2B \cdot HX + Hg(Ac)_2 \rightleftharpoons 2B \cdot HAc + HgX_2$$

$$B \cdot HAc + HClO_4 \rightleftharpoons B \cdot HClO_4 + HAc$$

4）有机碱的有机酸盐：马来酸氯苯那敏、重酒石酸去甲肾上腺素、枸橼酸喷托维林等常见药物都属于有机碱的有机酸盐，其通式为 $B \cdot HA$。冰醋酸或冰醋酸-酸酐的混合溶剂能增强有机碱的有机酸盐的碱性，因此可以用结晶紫为指示剂，用高氯酸冰醋酸溶液。滴定反应如下：

$$B \cdot HA + HClO_4 \rightleftharpoons B \cdot HClO_4 + HA$$

三、酸的滴定

1. 溶剂 如上所述，当酸性样品的 $pK_a > 8$ 时，不能用氢氧化钠标准溶液进行直接滴定。滴定不太弱的羧酸时，可用醇类作溶剂；对弱酸和极弱酸的滴定则碱性溶剂乙二胺或偶极亲质子性溶剂二甲基甲酰胺较为常用；混合酸的区分滴定以甲基异丁酮为区分性溶剂。另外，混合溶剂甲醇-苯、甲醇-丙酮也经常使用。

2. 标准溶液与基准物质 常用的滴定剂为甲醇钠的苯-甲醇溶液。甲醇钠由甲醇与金属钠反应制得，反应式为

$$2CH_3OH + 2Na \longrightarrow 2CH_3ONa + H_2 \uparrow$$

氢氧化四丁基铵用碘化四丁基铵和氧化银反应制成，其反应式为

$$2(C_4H_9)_4NI + Ag_2O + CH_3OH \longrightarrow (C_4H_9)_4NOH + 2AgI \downarrow + (C_4H_9)_4NOCH_3$$

标定碱标准溶液常用的基准物质为苯甲酸。以标定甲醇钠溶液为例，其反应式为

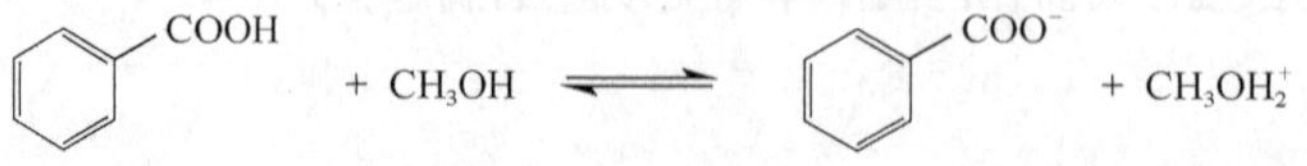

$$CH_3ONa \rightleftharpoons CH_3O^- + Na^+$$

$$CH_3O^- + CH_3OH_2^+ \rightleftharpoons 2CH_3OH$$

总式 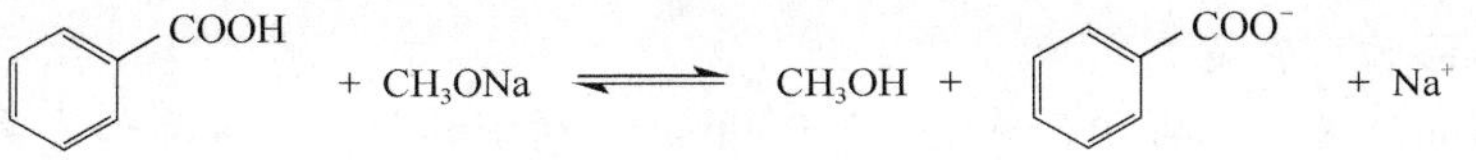

3. 指示剂

1）百里酚蓝：百里酚蓝（thymol blue）适宜于在苯、丁胺、二甲基甲酰胺、吡啶、叔丁醇中滴定中等强度酸，变色敏锐，终点清楚，其碱式色为蓝色，酸式色为黄色。

2）偶氮紫：偶氮紫（azo violet）适宜于在碱性溶剂或偶极亲质子性溶剂中滴定较弱的酸，其碱式色为蓝色，酸式色为红色。

3）溴酚蓝：溴酚蓝（bromopHenol blue）用于在甲醇、苯、氯仿等溶剂中滴定羧酸、磺胺类、巴比妥类等样品，其碱式色为蓝色，酸式色为红色。

4. 应用与示例

1）羧酸类：羧酸在水中的 pK_a 为 4～5 时，在水溶液中用 NaOH 标准溶液滴定即可。对较弱的酸可在醇中以酚酞作指示剂，用氢氧化钾滴定。对更弱的羧酸可以用二甲基甲酰胺为溶剂，以百里酚蓝为指示剂，用甲醇钠标准溶液滴定。滴定反应如下：

$$RCOOH + CH_3OH \rightleftharpoons CH_3OH_2^+ + RCOO^-$$

$$CH_3ONa \rightleftharpoons CH_3O^- + Na^+$$

$$CH_3OH_2^+ + CH_3O^- \rightleftharpoons 2CH_3OH$$

$$\text{总式}\quad RCOOH + CH_3ONa \rightleftharpoons CH_3OH + RCOONa$$

2）酚类：酚的酸性比羧酸弱，如苯甲酸的 pK_a 为 4.2，而苯酚的 pK_a 为 9.96。若以水为溶剂，二者的滴定曲线如图 4-14 所示。由图 4-14 可见，酚无明显的滴定突跃。若以乙二胺为溶剂，酚在乙二胺中可强烈地进行质子转移，形成能被强碱滴定的离子对。

在乙二胺中用氨基乙醇钠（$NH_2CH_2CH_2ONa$）作滴定剂，可获得明显的滴定突跃，如图 4-15 所示。从图 4-15 中可以看出，苯甲酸和苯酚的滴定突跃均明显增大，苯甲酸的滴定突跃和水中强碱滴定强酸时相似，苯酚也有明显的滴定突跃，可用于定量测定。当酚的邻位或对位有—NO_2、—CHO、—Cl、—Br 等取代基时，酸的强度有所增大，可在二甲基甲酰胺中以偶氮紫作指示剂，用甲醇钠滴定。

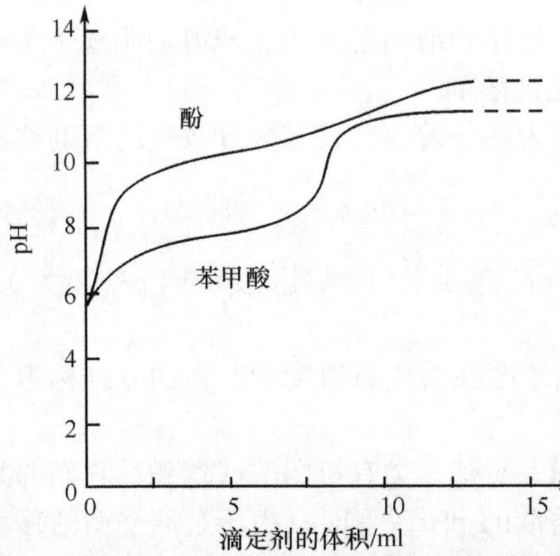

图 4-14　在水中以 NaOH 滴定苯甲酸及酚的滴定曲线

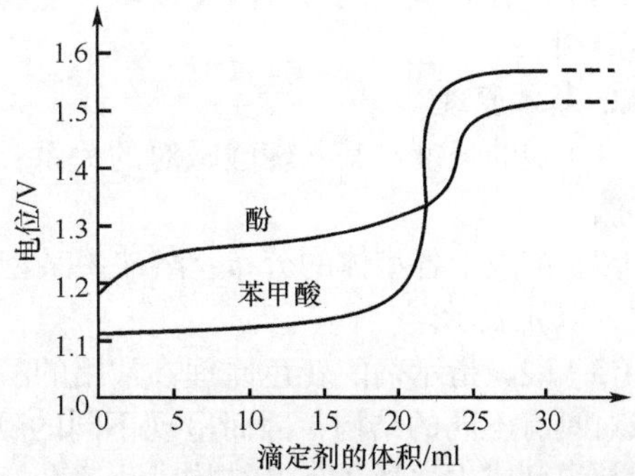

图 4-15　在乙二胺中以氨基乙醇钠滴定苯甲酸及酚的滴定曲线

【案例分析】

氮测定法　本法系依据含氮有机物经硫酸消化后，生成的硫酸铵被氢氧化钠分解释放出氨，后者借水蒸气被蒸馏到硼酸液中生成硼酸盐，最后用强酸滴定，依据强酸消耗量可计算出供试品的氮含量。

取供试品适量（相当于含氮量 25～30mg），精密称量，供试品如为固体或半固体，可用滤纸称取，并连同滤纸置于干燥的 500ml 凯氏烧瓶中；然后依次加入 10g 硫酸钾（或无水硫酸钠）和 0.5g 硫酸铜粉末，再沿瓶壁缓缓加 20ml 硫酸，在凯氏烧瓶口放一小漏斗并使凯氏烧瓶成 45°斜置，用直火缓缓加热，使溶液的温度保持在沸点以下，等泡沸停止，强热至沸腾，待溶液呈澄明的绿色后，除另有规定外，继续加热 30min，放冷。沿瓶壁缓缓加 250ml 水，振摇使混合，放冷后，加 75 ml 40%氢氧化钠溶液，注意使其沿瓶壁流至瓶底，自成一液层，加锌粒数粒，用氮气球将凯氏烧瓶与冷凝管连接；另取 2%硼酸溶液 50ml，置 500ml 锥形瓶中，加甲基红-溴甲酚绿混合指示液 10 滴；将冷凝管的下端插入硼酸溶液的液面下，轻轻摆动凯氏烧瓶，使溶液混合均匀，加热蒸馏至接收液的总体积约为 250ml 时，将冷凝管尖端提出液面，使蒸气冲洗约 1min，用水淋洗尖端后停止蒸馏；馏出液用硫酸滴定液（0.05mol/L）滴定至溶液由蓝绿色变为灰紫色，并将滴定的结果用空白实验校正。每 1ml 硫酸滴定液（0.05mol/L）相当于 1.401mg 的 N。

本章小结

1. 基本概念

（1）混合指示剂：是利用颜色之间的互补作用，使其具有变色范围较窄、颜色变化较为敏锐的特点。

（2）滴定常数（K_t）：是滴定反应的平衡常数，它反映滴定反应进行的完全程度。强碱（酸）滴定强酸（碱）：$K_t = 1/K_W = 1.0\times10^{14}$；弱碱（酸）滴定弱酸（碱）：$K_t = K_{a(b)}/K_W$。$K_t$ 值越大，该滴定反应进行得越完全，滴定突跃范围越大。

（3）滴定突跃：化学计量点±0.1%范围内，溶液 pH 的突变称为滴定突跃。

（4）滴定误差：是由于滴定终点和化学计量点不相符引起的相对误差，属于方法误差，用 TE%表示。

（5）均化效应：能将各种不同强度的酸（或碱）均化到溶剂合质子（或溶剂阴离子）水平的效应称为均化效应。具有均化效应的溶剂称为均化性溶剂。

（6）区分效应：能区分酸（或碱）强弱的效应称为区分效应。具有区分效应的溶剂称为区分性溶剂。

2. 基本原理

（1）酸的强度与其共轭酸碱对的关系：酸越强（pK_a 越小），其共轭碱越弱（pK_b 越大），反之亦然。

（2）溶液中各型体的分布：溶液中某型体的平衡浓度在溶质总浓度中所占的分数称为分布分数，以 δ_i 表示。

（3）酸碱指示剂的变色原理：常用的酸碱指示剂一般是一类有机弱酸或弱碱，它们的共轭酸碱对具有不同的结构，因而呈现不同的颜色。当溶液的 pH 改变时，由于解离平衡的移动，指示剂得到或失去质子，其结构发生变化，从而引起颜色的变化。

酸碱指示剂的变色范围：pH=pK_{HIn}±1；理论变色点：pH=pK_{HIn}

（4）选择指示剂的依据：指示剂变色的 pH 范围全部或部分落在滴定突跃范围内，均可用于指示终点。

（5）影响滴定突跃范围的因素：①强酸碱滴定：酸（碱）的浓度，$c_{a(b)}$越大，滴定突跃范围越大；②强碱（酸）滴定弱酸（碱）：还与$K_{a(b)}$的大小有关，$K_{a(b)}$越大，滴定突跃范围越大。

（6）酸碱滴定的可行性判据：强碱（酸）滴定一元弱酸（碱）：$c_{a(b)}K_{a(b)} \geqslant 10^{-8}$，此酸碱可被准确滴定。多元酸（碱）：$c_{a(b)}K_{a_1(b_1)} \geqslant 10^{-8}$，$c_{a(b)}K_{a_2(b_2)} \geqslant 10^{-8}$，则两级解离的 H^+（OH^-）均可被准确滴定；若$K_{a_1(b_1)} / K_{a_2(b_2)} \geqslant 10^4$，则可分步滴定，形成两个突跃。若$K_{a_1(b_1)} / K_{a_2(b_2)} < 10^4$，则两级解离的 H^+（OH^-）被同时滴定，只出现一个滴定突跃。若 $c_{a(b)}K_{a_1(b_1)} \geqslant 10^{-8}$，$c_{a(b)}K_{a_2(b_2)} < 10^{-8}$，则只能滴定第一步解离的 H^+（OH^-）。

（7）溶剂的性质（酸碱性、离解性和极性）对滴定产生的影响，溶剂的碱性越强，酸性物质在该溶剂中显示的酸性就越强；反之，溶剂的酸性越强，碱性物质在溶剂中显示的碱性越强。质子溶剂存在质子自递反应，溶剂的 pK_s越大，滴定突跃范围就越大，滴定终点越敏锐。溶质在溶剂中的离解与溶剂的极性有关。极性强的溶剂介电常数大，溶质在这种溶剂中容易离解，酸（碱）的强度增大。

常利用均化效应来测定混合酸（碱）的总量，利用区分效应来测定混合酸（碱）中各组分的含量。

（8）非水溶液中滴定弱碱，通常选择对碱有均化效应的冰醋酸作溶剂，高氯酸的冰醋酸溶液作标准溶液，滴定终点的确定常采用电位滴定法，或者以结晶紫为指示剂。测定不太弱的羧酸类，常以醇类作溶剂；弱酸和极弱酸的滴定，则以乙二胺、二甲基甲酰胺等碱性溶剂为宜；甲基异丁基酮不发生自身离解，是良好的区分性溶剂，适用于混合酸的区分滴定；常用的碱标准溶液为甲醇钠的苯-甲醇溶液，常用的指示剂是百里酚蓝。

3. 基本计算

（1）一元强酸（碱）溶液$[H^+]$的计算：

$$c_a \geqslant 10^{-6}\text{mol/L},\ [H^+]=c_a;\ c_b \geqslant 10^{-6}\text{mol/L},\ [OH^-]=c_b$$

（2）一元弱酸（碱）溶液$[H^+]$的计算：

当 $c_aK_a \geqslant 20K_w$，且 $c_a/K_a \geqslant 500$ 时，$[H^+]=\sqrt{c_aK_a}$

（3）多元弱酸（碱）溶液$[H^+]$的计算：

当$cK_{a_1(b_1)} > 20K_w$，$c_a / K_{a_1(b_1)} \geqslant 500$，用最简式：$[H^+]=\sqrt{c_aK_{a_1}}$，$[OH^-]=\sqrt{c_bK_{b_1}}$

（4）两性物质溶液$[H^+]$的计算：

当$c \geqslant 20K_{a_1}$，$cK_{a_2} \geqslant 20K_w$ 时，$[H^+]=\sqrt{K_{a_1}K_{a_2}}$

（5）弱酸弱碱盐$[H^+]$的计算：

当$c_{NH_4^+}K'_a \gg K_w$，$c_{HAc} / K_a \gg 1$，$c_{Ac^-} \approx c_{NH_4^+}$，用最简式$[H^+]=\sqrt{K_aK'_a}$

（6）缓冲溶液$[H^+]$的计算：

若$c_a \geqslant 20[OH^-]$，$c_b \geqslant 20[OH^-]$时，$pH = pK_a + \lg\dfrac{c_b}{c_a}$

（7）终点误差的计算：

强碱滴定强酸时的终点误差：$TE\% = \dfrac{[OH^-]_{ep} - [H^+]_{ep}}{c_{sp}} \times 100\%$

强酸滴定强碱时的终点误差：$TE\% = \dfrac{[H^+]_{ep} - [OH^-]_{ep}}{c_{sp}} \times 100\%$

一元弱酸的滴定误差公式为：$TE\% = \{\frac{[OH^-]}{c_{sp}} - \delta_{HA}\} \times 100\%$

一元弱碱的滴定误差公式为：$TE\% = \{\frac{[H^+]}{c_{sp}} - \delta_{B}\} \times 100\%$

习　题

1. NaOH 标准溶液吸收了空气中的 CO_2，当用于滴定（1）强酸；（2）弱酸时，对滴定的准确度各有何影响？

2. 标定 HCl 溶液时，若用（1）部分风化的 $Na_2B_4O_7 \cdot 10H_2O$；（2）部分吸湿的 Na_2CO_3；（3）110℃烘过的 Na_2CO_3，则标定所得的浓度偏低、偏高，还是准确？为什么？

3. 为什么用盐酸可滴定硼砂而不能直接滴定乙酸钠？又为什么用氢氧化钠可滴定乙酸而不能直接滴定硼酸？

4. 酸碱指示剂的变色原理是什么？什么是变色范围？选择指示剂的原则是什么？

5.（1）在下列何种溶剂中冰醋酸、苯甲酸、盐酸及高氯酸的酸强度都相同？

a. 纯水　　b. 浓硫酸　　c. 液氨　　d. 甲基异丁酮

（2）若要对苯酚、HAc、水杨酸、HCl、$HClO_4$ 进行区分滴定，应选用何种溶剂、滴定剂？

6. 计算：（1）pH=8.0 时，0.1000mol/L KCN 溶液中 CN^- 的平衡浓度；（2）pH=7.0 时，0.1000mol/L $H_2C_2O_4$ 溶液中 $HC_2O_4^-$ 的平衡浓度。

（1.56×10^{-4}mol/L）

7. 计算 0.1mol/L NH_4Cl 和 0.2mol/L NH_3 缓冲溶液 pH。

（pH=9.55）

8. 取某一元弱酸（HA）纯品 1.250g，制成 50ml 水溶液。用 NaOH 溶液（0.0900mol/L）滴定至化学计量点，消耗 41.20ml。在滴定过程中，当滴定剂加到 8.24ml 时，溶液的 pH 值为 4.30。计算：（1）HA 的摩尔质量；（2）HA 的 K_a 值；（3）化学计量点的 pH。

（337.1g/mol；1.26×10^{-5}；pH=8.76）

9. 粗铵盐 1.000g 加过量 NaOH 溶液，产生的氨经蒸馏吸收在 50.00ml（0.5000mol/L）的盐酸中，过量的盐酸用 NaOH 溶液（0.5000mol/L）回滴，消耗 1.56ml，计算试样中 NH_3 的百分含量。

（41.25%）

10. 已知水的离子积常数 $K_s=10^{-14}$（即 $K_w=K_s=10^{-14}$），乙醇的离子积常数 $K_s=10^{-19.1}$ 求：

（1）纯水的 pH 和乙醇的 $pC_2H_5OH_2$；

（2）0.0100mol/L $HClO_4$ 的水溶液和乙醇溶液的 pH、$pC_2H_5OH_2$ 及 pOH、pC_2H_5O（假设 $HClO_4$ 全部离解）。

（7.00，9.55；2.00，12.00，17.10）

（陈建平）

第五章　配位滴定法

学习目标

（1）掌握配位滴定法的基本概念和基本原理；滴定条件的选择和控制；滴定误差的计算。

（2）熟悉配位滴定曲线及影响滴定突跃的因素；常用的标准溶液及其标定；常用的金属指示剂及其变色原理。

（3）了解配位滴定的滴定方式；配位滴定的应用。

配位滴定法是以配位反应为基础的滴定分析法。配位反应在分析化学中具有广泛的应用，除用于滴定分析外，许多显色、萃取、沉淀、掩蔽反应等都是配位反应。金属离子在溶液中大多以不同形式的配位化合物存在，人体中的许多必需微量元素也是以配合物的形式存在并发挥其生理作用。但是，金属离子与无机配位剂形成的配位化合物大多不太稳定，因此除个别反应（如 Ag^+与 CN^-、Hg^{2+}与 Cl^-等反应）外，大多数不能用于滴定分析。

20 世纪中叶，以氨羧配位剂为代表的有机配位剂应用于滴定分析，使配位滴定法得到迅速发展，成为广泛使用的分析方法之一。氨羧配位剂是以氨基二乙酸[—$N(CH_2COOH)_2$]为活性基团的配位剂，以 N、O 为配位原子，可与金属离子形成具有环状结构的螯合物。目前最常用的氨羧配位剂是乙二胺四乙酸（ethylene diamine tetraacetic acid，EDTA）。每一个 EDTA 分子中有 2 个 N 原子和 4 个 O 原子可提供孤对电子和金属离子形成配位键，因此 EDTA 是一个六齿配体，与金属离子发生配位反应时，可以形成具有多个五元环的螯合物。金属离子 EDTA 螯合物的立体构型见图 5-1。

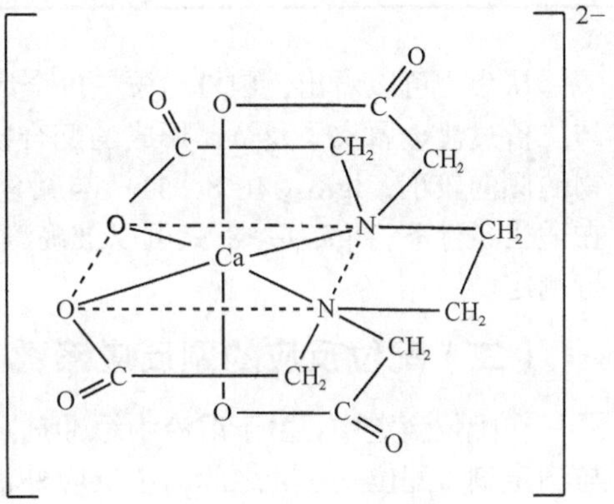

图 5-1　CaY^{2-}的结构

由于形成这种环状结构的螯合物，绝大多数金属 EDTA 配合物非常稳定。因此，可用 EDTA 标准溶液直接、间接测定几十种金属离子。而且，EDTA 除用作配位滴定的标准溶液外，还被广泛用作掩蔽剂。

在配位反应中，大多数金属离子与 EDTA 的配位比均为 1∶1。通常 EDTA 与无色的金属离子生成无色的配合物，与有色的金属离子一般则生成颜色更深的配合物。例如，

CaY^{2-}	MgY^{2-}	NiY^{2-}	CuY^{2-}	MnY^{2-}	CrY^-	FeY^-
无色	无色	蓝绿	深蓝	紫红	深紫	黄

第一节　配位滴定法的基本原理

一、配位平衡

（一）EDTA 配合物的稳定常数

EDTA 与金属离子的配位反应可用通式表示为（为方便讨论，后面均省去电荷）

$$M + Y \rightleftharpoons MY$$

反应达到平衡时，反应的平衡常数即配合物的稳定常数 K_{MY} 可表示为

$$K_{MY} = \frac{[MY]}{[M][Y]} \quad (5\text{-}1)$$

K_{MY} 为一定温度时金属 EDTA 配合物的稳定常数（stability constant）。K_{MY} 越大，配合物越稳定。部分金属离子与 EDTA 形成的配合物的 $\lg K_{MY}$ 见表 5-1。

表 5-1　常见金属离子 EDTA 配合物的 $\lg K_{MY}$（20℃，离子强度 0.1mol/L）

金属离子	$\lg K_{MY}$	金属离子	$\lg K_{MY}$	金属离子	$\lg K_{MY}$
Na^+	1.66	Fe^{2+}	14.32	Ti^{3+}	21.3
Li^+	2.79	Ce^{3+}	15.98	Hg^{2+}	21.7
Ag^+	7.32	Al^{3+}	16.30	Sn^{2+}	22.11
Ba^{2+}	7.86	Co^{2+}	16.31	Th^{4+}	23.2
Sr^{2+}	8.73	Cd^{2+}	16.46	Cr^{3+}	23.4
Mg^{2+}	8.79	Zn^{2+}	16.50	Fe^{3+}	25.10
Be^{2+}	9.20	Pb^{2+}	18.04	Bi^{3+}	27.94
Ca^{2+}	10.69	Ni^{2+}	18.62	Sn^{4+}	34.5
Mn^{2+}	13.87	Cu^{2+}	18.80	Co^{3+}	36.0

从表中可以看出，EDTA 与三价金属离子及 Hg^{2+}、Sn^{2+}形成的配合物很稳定，$\lg K_{MY}>20$；与二价过渡金属离子及 Al^{3+}形成的配合物较稳定，$\lg K_{MY}$ 在 14～19；与碱土金属离子形成配合物的倾向较小，$\lg K_{MY}$ 在 8～11；与碱金属离子及 Ag^+ 形成的配合物稳定性较差，$\lg K_{MY}<8$。在适当条件下，$\lg K_{MY}>8$ 就可以准确滴定，因此碱土金属离子也可以用 EDTA 配位滴定法进行测定。

（二）配位反应的副反应系数

在配位滴定中，由于溶液中缓冲剂、掩蔽剂及其他金属离子的存在，除了被测金属离子 M 与滴定剂（配位剂）Y 之间的主反应外，还可能存在各种副反应。总的平衡关系可用通式表示如下：

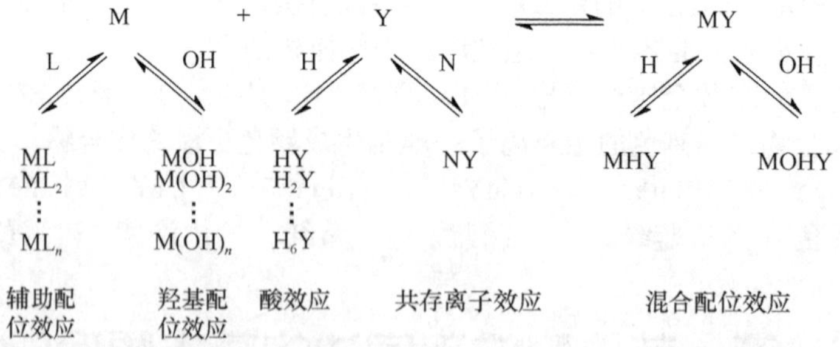

显然，这些副反应的发生都将对主反应产生影响，反应物 M、Y 发生副反应不利于主反应的进行，而生成物 MY 发生副反应则有利于主反应的进行。在一定条件下，各副反应发生的程度大小，可定量地用各副反应的副反应系数 α（side reaction coefficient）来反映。下面分别讨论 Y、M 和 MY 的副反应系数。

1. 配位剂 Y 的副反应系数　配位剂的副反应系数以 α_Y 来表示：

$$\alpha_{Y}=\frac{[Y']}{[Y]} \tag{5-2}$$

式中，[Y]表示溶液中游离 EDTA 的平衡浓度；[Y′] 表示未与 M 配位的 EDTA 的各种型体的总浓度。配位剂 Y 的副反应主要有酸效应和共存离子效应。

1）酸效应系数$\alpha_{Y(H)}$：在 M 与 Y 进行配位反应时，H^+会与 Y 结合，形成 HY、H_2Y、…、H_6Y 等。这种由于 H^+与配位剂 Y 发生副反应，使配位剂 Y 参与主反应能力降低的现象称为酸效应（acid effect）。酸效应的大小用酸效应系数$\alpha_{Y(H)}$来衡量。若只考虑酸效应的影响，可得

$$\alpha_{Y(H)}=\frac{[Y']}{[Y]}=\frac{[H_6Y]+[H_5Y]+[H_4Y]+[H_3Y]+[H_2Y]+[HY]+[Y]}{[Y]} \tag{5-3}$$

EDTA 是四元酸，常用 H_4Y 表示，其分子中两个羧基上的 H 原子可以转移到 N 原子上，形成双偶极离子，结构如下：

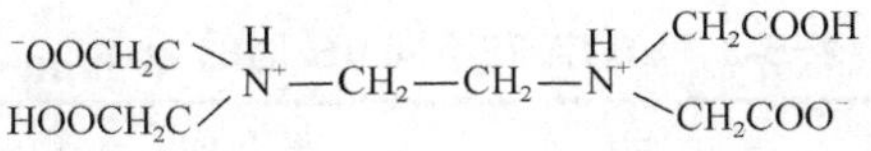

当溶液酸度较高时，EDTA 的两个羧酸根可以再接受两个 H^+，形成 H_6Y^{2+}，因此 EDTA 相当于一个六元酸，有六级解离平衡常数。

$$H_6Y^{2+} \rightleftharpoons H^+ + H_5Y^+ \qquad K_{a_1}=\frac{[H^+][H_5Y^+]}{[H_6Y^{2+}]} \qquad pK_{a_1}=0.90$$

$$H_5Y^+ \rightleftharpoons H^+ + H_4Y \qquad K_{a_2}=\frac{[H^+][H_4Y]}{[H_5Y^+]} \qquad pK_{a_2}=1.60$$

$$H_4Y \rightleftharpoons H^+ + H_3Y^- \qquad K_{a_3}=\frac{[H^+][H_3Y^-]}{[H_4Y]} \qquad pK_{a_3}=2.00$$

$$H_3Y^- \rightleftharpoons H^+ + H_2Y^{2-} \qquad K_{a_4}=\frac{[H^+][H_2Y^{2-}]}{[H_3Y^-]} \qquad pK_{a_4}=2.67$$

$$H_2Y^{2-} \rightleftharpoons H^+ + HY^{3-} \qquad K_{a_5}=\frac{[H^+][HY^{3-}]}{[H_2Y^{2-}]} \qquad pK_{a_5}=6.16$$

$$HY^{3-} \rightleftharpoons H^+ + Y^{4-} \qquad K_{a_6}=\frac{[H^+][Y^{4-}]}{[HY^{3-}]} \qquad pK_{a_6}=10.26$$

在水溶液中，EDTA 以 H_6Y^{2+}、H_5Y^+、H_4Y、H_3Y^-、H_2Y^{2-}、HY^{3-}和 Y^{4-}这 7 种型体存在。真正能与金属离子配位的是 Y^{4-}（为简化，以下式中均省去电荷）。在水溶液中，Y^{4-}的分布系数 δ_Y 可由下式计算：

$$\delta_Y=\frac{[Y]}{[H_6Y]+[H_5Y]+[H_4Y]+[H_3Y]+[H_2Y]+[HY]+[Y]}$$

$$=\frac{K_{a_1}K_{a_2}K_{a_3}K_{a_4}K_{a_5}K_{a_6}}{[H^+]^6+[H^+]^5K_{a_1}+[H^+]^4K_{a_1}K_{a_2}+\cdots+K_{a_1}K_{a_2}K_{a_3}K_{a_4}K_{a_5}K_{a_6}}$$

从式（5-3）可以看出，酸效应系数$\alpha_{Y(H)}$实际上是在此条件下 Y 型体的分布系数δ_Y的倒数，即

$$\alpha_{Y(H)}=\frac{1}{\delta_Y}=\frac{[H^+]^6+[H^+]^5K_{a_1}+[H^+]^4K_{a_1}K_{a_2}+\cdots+K_{a_1}K_{a_2}K_{a_3}K_{a_4}K_{a_5}K_{a_6}}{K_{a_1}K_{a_2}K_{a_3}K_{a_4}K_{a_5}K_{a_6}}$$

$$=1+\frac{[H^+]}{K_{a_6}}+\frac{[H^+]^2}{K_{a_5}K_{a_6}}+\frac{[H^+]^3}{K_{a_4}K_{a_5}K_{a_6}}+\frac{[H^+]^4}{K_{a_3}K_{a_4}K_{a_5}K_{a_6}}$$

$$+\frac{[H^+]^5}{K_{a_2}K_{a_3}K_{a_4}K_{a_5}K_{a_6}}+\frac{[H^+]^6}{K_{a_1}K_{a_2}K_{a_3}K_{a_4}K_{a_5}K_{a_6}} \quad (5\text{-}4)$$

$\alpha_{Y(H)}=1$ 时，表示 EDTA 未发生副反应，全部以 Y^{4-}形式存在。$\alpha_{Y(H)}$ 越大，说明副反应越严重。从式（5-4）可知，在一定温度时，因为 EDTA 的 K_a 是常数，所以 $\alpha_{Y(H)}$ 是$[H^+]$的函数，其数值随着$[H^+]$的增大而增大。$[H^+]$一定时，可由式（5-4）计算出 $\alpha_{Y(H)}$。

例 5-1 计算 pH = 5.0 时，EDTA 的酸效应系数。

解：pH = 5.0 时，$[H^+] = 1\times10^{-5}$ mol/L

$$\alpha_{Y(H)}=1+\frac{10^{-5}}{10^{-10.26}}+\frac{10^{-10}}{10^{-16.42}}+\frac{10^{-15}}{10^{-19.09}}+\frac{10^{-20}}{10^{-21.09}}+\frac{10^{-25}}{10^{-22.69}}+\frac{10^{-30}}{10^{-23.59}}=10^{6.45}$$

为便于使用，现将 EDTA 在各种 pH 时的酸效应系数列于表 5-2。

表 5-2 EDTA 在不同 pH 时的 $\lg\alpha_{Y(H)}$

pH	$\lg\alpha_{Y(H)}$	pH	$\lg\alpha_{Y(H)}$	pH	$\lg\alpha_{Y(H)}$
0.0	23.64	4.5	7.44	9.0	1.28
0.5	20.75	5.0	6.45	9.5	0.83
1.0	18.01	5.5	5.51	10.0	0.45
1.5	15.55	6.0	4.65	10.5	0.20
2.0	13.51	6.5	3.92	11.0	0.07
2.5	11.90	7.0	3.32	11.5	0.02
3.0	10.63	7.5	2.78	12.0	0.01
3.5	9.48	8.0	2.27	13.0	0.0008
4.0	8.44	8.5	1.77	13.9	0.0001

2）共存离子效应系数 $\alpha_{Y(N)}$：滴定金属离子 M 时，若溶液中存在其他金属离子 N，Y 与 N 形成配合物发生副反应，从而使得 Y 参加主反应的能力降低，这种现象称为共存离子效应，其影响程度用共存离子效应系数 $\alpha_{Y(N)}$ 来衡量。若只考虑共存离子 N 带来的影响，可得

$$\alpha_{Y(N)}=\frac{[Y']}{[Y]}=\frac{[Y]+[NY]}{[Y]} \quad (5\text{-}5)$$

根据副反应 $N+Y \rightleftharpoons NY$，$K_{NY}=\frac{[NY]}{[N][Y]}$，得$[NY]=K_{NY}[N][Y]$，代入式（5-5），可得

$$\alpha_{Y(N)}=\frac{[Y']}{[Y]}=\frac{[Y]+[NY]}{[Y]}=\frac{[Y]+K_{NY}[N][Y]}{[Y]}=1+K_{NY}[N] \quad (5\text{-}6)$$

由式（5-6）可知，共存离子效应系数 $\alpha_{Y(N)}$ 取决于干扰离子 N 的浓度和干扰离子 N 与 EDTA 所形成配合物的稳定常数 K_{NY}。

在 EDTA 滴定金属离子 M 时，若既有共存离子 N，又有酸效应的影响，需同时考虑 Y 与 H^+和 N 的副反应。因此，$[Y']=[H_6Y]+[H_5Y]+\cdots+[HY]+[Y]+[NY]$，根据式（5-2），此时 Y 的总的副反应系数 α_Y 为

$$\alpha_Y=\frac{[Y']}{[Y]}=\frac{[H_6Y]+[H_5Y]+\cdots+[HY]+[Y]+[NY]}{[Y]}$$

$$=\frac{[H_6Y]+[H_5Y]+\cdots+[HY]+[Y]+[NY]+[Y]-[Y]}{[Y]}$$

$$=\alpha_{Y(H)}+\alpha_{Y(N)}-1 \quad (5\text{-}7)$$

2. 金属离子 M 的副反应系数　在 EDTA 滴定金属离子 M 时，若存在其他配位剂 L 并与 M 发生副反应，将使金属离子 M 与 EDTA 进行配位反应的能力降低，这种现象称为配位效应（complex effect），其影响程度用金属离子副反应系数 α_M 来衡量。因其主要反映的是溶液中除 EDTA 以外的其他配位剂和羟基的影响，且羟基也可视为一种配位剂，因此常称为配位效应系数，用 $\alpha_{M(L)}$ 表示。

$$\alpha_{M(L)} = \frac{[M']}{[M]} = \frac{[M]+[ML]+[ML_2]+\cdots+[ML_n]}{[M]} \qquad (5\text{-}8)$$

其中[M]表示溶液中游离金属离子 M 的浓度；[M′]表示未与 Y 配位的金属离子各种型体的总浓度。

根据 M 与其他配位剂 L 的逐级配位反应及稳定常数（详见第三章），可得：

$[ML]=\beta_1[M][L]$，$[ML_2]=\beta_2[M][L]^2$，…，$[ML_n]=\beta_n[M][L]^n$，代入式（5-8），可得

$$\alpha_{M(L)} = 1+\beta_1[L]+\beta_2[L]^2+\cdots+\beta_n[L]^n \qquad (5\text{-}9)$$

在实际滴定中，常加入缓冲液、掩蔽剂等，因此金属离子可能同时发生多种配位效应。若溶液中有 P 个配位剂与金属离子 M 发生配位副反应，则金属离子总的副反应系数可用下式进行计算：

$$\alpha_M = \alpha_{M(L_1)}+\alpha_{M(L_2)}+\cdots+\alpha_{M(L_n)}+(1-P) \qquad (5\text{-}10)$$

例 5-2　计算 pH = 11.0，$[NH_3]$ = 0.10 mol/L 时 Cu^{2+} 的 α_{Cu}。

解：据题意，此时 Cu^{2+}会同时与 NH_3 和 OH^-发生配位反应。

从附录可查表得到，$Cu(NH_3)_4^{2+}$ 的 $\lg\beta_1$～$\lg\beta_4$ 分别是 4.13、7.61、10.48、12.59；

$$\begin{aligned}\alpha_{Cu(NH_3)} &= 1+\beta_1[NH_3]+\beta_2[NH_3]^2+\beta_3[NH_3]^3+\beta_4[NH_3]^4\\ &=1+10^{4.13}\times0.10+10^{7.61}\times0.10^2+10^{10.48}\times0.10^3+10^{12.59}\times0.10^4\\ &=10^{8.62}\end{aligned}$$

从附录查表还可得到，pH = 11.0 时，$\lg\alpha_{Cu(OH)} = 2.7$，因此 $\alpha_{Cu(OH)} = 10^{2.7}$。

$$\alpha_{Cu} = \alpha_{Cu(NH_3)}+\alpha_{Cu(OH)}-1 = 10^{8.62}+10^{2.7}-1 \approx 10^{8.62}$$

3. 配合物 MY 的副反应系数　配合物的副反应主要与溶液的酸度有关。当溶液酸度较高时，MY 能与 H^+发生副反应，生成酸式配合物 MHY；当溶液酸度较低，pH 较高时，MY 能与 OH^-发生副反应，生成碱式配合物 MOHY。若以 K_{MHY} 和 K_{MOHY} 分别表示 MHY 和 MOHY 的稳定常数，则副反应系数可用下式加以计算：

$$\alpha_{MY(H)} = 1+K_{MHY}[H^+]$$

$$\alpha_{MY(OH)} = 1+K_{MOHY}[OH^-]$$

但酸式配合物 MHY 和碱式配合物 MOHY 大多不太稳定，因此一般计算时可忽略不计。

（三）配合物的条件稳定常数

在没有副反应发生时，金属离子 M 与配位剂 EDTA 的反应进行程度可用配合物的稳定常数 K_{MY} 来表示。温度一定时，K_{MY} 越大，配合物 MY 越稳定。但在实际滴定中，必须考虑各种副反应对主反应配位平衡的影响。因此，平衡时未参与主反应的金属离子除了游离金属离子 M 外，还有 ML、ML_2、…、ML_n 等，应使用这些型体的总浓度[M′]来表示未与 EDTA 发生配位反应的金属离子浓度。同理，未参与主反应的 EDTA 的浓度和所形成配合物的浓度也应当考虑副反应的影响，分别用[Y′]和[MY′]表示。所以，在有副反应发生时，配合物的稳定常数应表示为

$$K'_{MY} = \frac{[MY']}{[M'][Y']} \qquad (5\text{-}11)$$

K'_{MY} 称为条件稳定常数（conditional stability coefficient），表示在一定条件下，有副反应发生时主反应进行的程度。

由于$[M']=\alpha_M[M]$，$[Y']=\alpha_Y[Y]$，$[MY']=\alpha_{MY}[MY]$，所以，

$$K'_{MY}=\frac{\alpha_{MY}[MY]}{\alpha_M[M]\alpha_Y[Y]}=K_{MY}\frac{\alpha_{MY}}{\alpha_M\alpha_Y}$$

等式两边取对数，得

$$\lg K'_{MY}=\lg K_{MY}-\lg\alpha_M-\lg\alpha_Y+\lg\alpha_{MY} \qquad (5\text{-}12)$$

在一定条件下，α_M、α_Y和α_{MY}均为定值；条件改变时，α_M、α_Y和α_{MY}相应改变，K'_{MY}也随之发生变化。可见，K'_{MY}是用副反应系数校正后的实际稳定常数。只有不发生副反应时，α均为1，此时$K'_{MY}=K_{MY}$。

通常，配合物MY的副反应可忽略，即认为$\alpha_{MY}=1$，式（5-12）可写为

$$\lg K'_{MY}=\lg K_{MY}-\lg\alpha_M-\lg\alpha_Y \qquad (5\text{-}13)$$

实际工作中，可根据配位反应的实际条件计算出副反应系数α，从而算出条件稳定常数K'_{MY}。

例 5-3 计算 pH = 10.0，$[NH_3]$ = 0.10mol/L 时，Zn^{2+}与 EDTA 所形成配合物的条件稳定常数K'_{ZnY}。

解：查表 $\lg K_{ZnY}=16.50$，据题意，Zn^{2+}与 EDTA 形成配合物时，会同时与NH_3和OH^-发生副反应。

查表可得，$Zn(NH_3)_4^{2+}$的$\lg\beta_1$～$\lg\beta_4$分别是 2.27、4.61、7.01、9.06；

$$\begin{aligned}\alpha_{Zn(NH_3)}&=1+\beta_1[NH_3]+\beta_2[NH_3]^2+\beta_3[NH_3]^3+\beta_4[NH_3]^4\\&=1+10^{2.27}\times0.10+10^{4.61}\times0.10^2+10^{7.01}\times0.10^3+10^{9.06}\times0.10^4\\&=10^{5.10}\end{aligned}$$

从附录查表还可得到，pH = 10.0 时，$\lg\alpha_{Zn(OH)}=2.4$，因此$\alpha_{Zn(OH)}=10^{2.4}$。所以，

$$\alpha_{Zn}=\alpha_{Zn(NH_3)}+\alpha_{Zn(OH)}-1=10^{5.10}+10^{2.4}-1\approx10^{5.1}，\lg\alpha_{Zn}=5.10$$

查表 5-2，pH = 10.0 时，$\lg\alpha_{Y(H)}=0.45$，

$$\lg K'_{ZnY}=\lg K_{ZnY}-\lg\alpha_{Zn}-\lg\alpha_Y=16.50-5.10-0.45=10.95$$

计算结果表明，pH = 10.0 时，EDTA 的酸效应较弱，虽然Zn^{2+}与NH_3和OH^-发生了副反应，但K'_{ZnY}仍然可达到 10.95，所以在此条件下仍可用 EDTA 滴定Zn^{2+}。

二、配位滴定曲线

配位滴定中，以 EDTA 作为标准溶液滴定金属离子 M，金属离子 M 的浓度将随着滴定剂 EDTA 的逐渐加入而不断减小。在化学计量点附近，溶液的 pM'（$-\lg[M']$）发生急剧变化，产生滴定突跃。以 pM' 为纵坐标、滴定百分数为横坐标作图，可得到配位滴定曲线。

（一）滴定曲线

设待测金属离子 M 的初始浓度为c_M，体积为V_M，用浓度为c_Y的标准溶液滴定，在滴定过程中加入 EDTA 溶液的体积为V_Y。在此条件下滴定，溶液中 M 及 Y 的总浓度有如下关系：

$$[M']+[MY']=\frac{V_M}{V_M+V_Y}c_M$$

$$[Y']+[MY']=\frac{V_Y}{V_M+V_Y}c_Y$$

$$K'_{MY} = \frac{[MY']}{[M'][Y']}$$

整理可得

$$K'_{MY}[M']^2 + (\frac{c_Y V_Y - c_M V_M}{V_M + V_Y} K'_{MY} + 1)[M'] - \frac{V_M}{V_M + V_Y} c_M = 0$$

上式为配位滴定曲线方程。在滴定的任一阶段，K'_{MY}、c_M、c_Y、V_M、V_Y 都是已知的，故可通过配位滴定曲线方程算出 [M′]，从而求得 pM′。根据计算结果，以 pM′ 为纵坐标，滴定百分数为横坐标作图，即可得到滴定曲线。图 5-2 和图 5-3 分别为不同 K'_{MY} 和不同 c_M 时的滴定曲线。

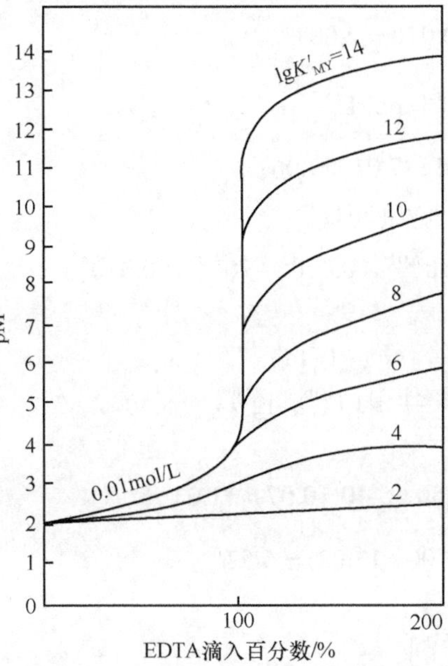

图 5-2 不同 lg K'_{MY} 时的滴定曲线

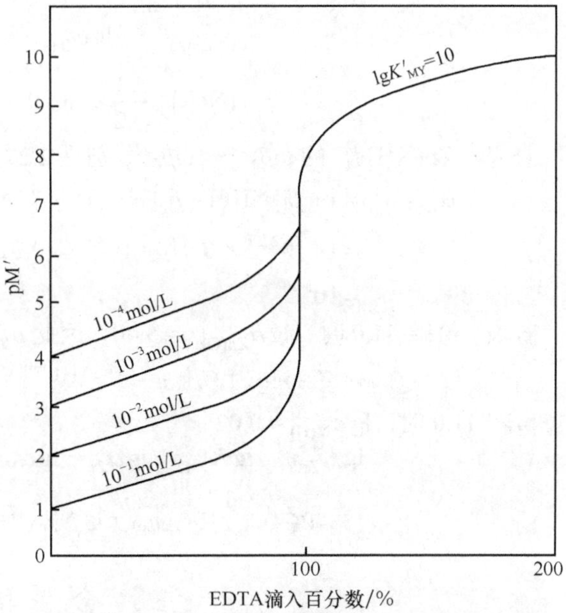

图 5-3 EDTA 滴定不同浓度金属离子的滴定曲线

由图 5-2 和图 5-3 可知，影响配位滴定的滴定突跃大小的因素主要有两个：条件稳定常数 K'_{MY} 和被滴定金属离子的浓度 c_M。在浓度一定的条件下，K'_{MY} 越大，滴定突跃越大；在 K'_{MY} 一定的条件下，金属离子的浓度越低，滴定曲线的起点越高，滴定突跃越小。

（二）化学计量点 pM′ 的计算

配位滴定中，化学计量点的 pM′ 是选择指示剂和计算终点误差的主要依据，其计算方法可推导如下：

如前所述，配合物 MY 的副反应可忽略，其副反应系数近似为 1，因此 [MY′] = [MY]；化学计量点时，[M′] = [Y′]；若形成的配合物 MY 比较稳定，$[MY] = c_{M(sp)} - [M'] \approx c_{M(sp)}$。根据配合物 MY 的条件稳定常数 K'_{MY}，可得

$$K'_{MY} = \frac{[MY']}{[M'][Y']} = \frac{[MY]}{[M']^2} = \frac{c_{M(sp)}}{[M']^2}$$

则

$$[M'] = \sqrt{\frac{c_{M(sp)}}{K'_{MY}}}$$

等式两边取负对数，

$$pM' = \frac{1}{2}(pc_{M(sp)} + \lg K'_{MY}) \quad (5\text{-}14)$$

式中，$c_{M(sp)}$ 表示化学计量点时金属离子的总浓度。若滴定剂 Y 与被测金属离子 M 浓度相等，则 $c_{M(sp)}$ 为金属离子原始浓度一半，即 $c_{M(sp)} = \frac{1}{2}c_M$。

例 5-4 在 pH = 11.0，$[NH_3]$ = 0.020mol/L 的条件下，用 0.020mol/L EDTA 溶液滴定相同浓度的 Zn^{2+}，计算达到化学计量点时的 pZn′。

解：达到化学计量点时，

$$c_{Zn(sp)} = \frac{1}{2}c_{Zn} = \frac{1}{2} \times 0.020 = 0.010(\text{mol/L})$$

$$pc_{Zn(sp)} = -\lg c_{Zn(sp)} = -\lg 0.010 = 2.00$$

$$[NH_3]_{sp} = \frac{1}{2} \times 0.020 = 0.010\ (\text{mol/L})$$

查表，$Zn(NH_3)_4^{2+}$ 的 $\lg\beta_1$ ～ $\lg\beta_4$ 分别是 2.27、4.61、7.01、9.06；

$$\begin{aligned}\alpha_{Zn(NH_3)} &= 1+\beta_1[NH_3]+\beta_2[NH_3]^2+\beta_3[NH_3]^3+\beta_4[NH_3]^4 \\ &= 1+10^{2.27}\times 0.010+10^{4.61}\times 0.010^2+10^{7.01}\times 0.010^3+10^{9.06}\times 0.010^4 \\ &= 10^{1.46}\end{aligned}$$

查表，pH = 11.0 时，$\lg\alpha_{Zn(OH)} = 5.40$，因此 $\alpha_{Zn(OH)} = 10^{5.4}$。所以，

$$\alpha_{Zn} = \alpha_{Zn(NH_3)} + \alpha_{Zn(OH)} - 1 = 10^{1.46} + 10^{5.40} - 1 \approx 10^{5.40},\ \lg\alpha_{Zn} = 5.40$$

pH = 11.0 时，$\lg\alpha_{Y(H)} = 0.07$

$$\lg K'_{ZnY} = \lg K_{ZnY} - \lg\alpha_{Zn} - \lg\alpha_Y = 16.50 - 5.40 - 0.07 = 11.03$$

$$pZn' = \frac{1}{2}(pc_{Zn(sp)} + \lg K'_{ZnY}) = \frac{1}{2}(2.00 + 11.03) = 6.52$$

三、金属指示剂

在配位滴定法中，通常利用能与金属离子生成有色配合物的有机染料显色剂来指示滴定终点，这种显色剂称为金属离子指示剂，简称金属指示剂（metal ion indicator）。

（一）金属指示剂作用原理

金属指示剂（In）本身是一种配位剂，在一定条件下能与被滴定金属离子 M 发生配位反应，形成一种与指示剂本身颜色不同的配合物。配位滴定中，滴定前在金属离子溶液中加入金属指示剂，发生如下反应，形成指示剂配合物 MIn：

$$\underset{}{M} + \underset{A色}{In} \rightleftharpoons \underset{B色}{MIn}$$

滴定过程中，EDTA 首先与溶液中游离的金属离子发生配位反应形成 EDTA 配合物，随着 EDTA 的不断加入，溶液中游离的金属离子越来越少，在化学计量点附近，加入的 EDTA 夺取指示剂配合物 MIn 中的金属离子，将指示剂从其配合物中置换出来，使溶液颜色发生变化，由指示剂配合物的颜色（B 色）转变为游离指示剂的颜色（A 色），从而指示滴定终点的到达。

$$\underset{B色}{MIn} + Y \rightleftharpoons MY + \underset{A色}{In}$$

例如，常用的金属指示剂铬黑 T（eriochrome black T；EBT），是一种偶氮类染料，在水溶液中存在以下平衡：

$$\underset{\text{紫红}}{H_2In^-} \xrightleftharpoons{pK_{a_1}=6.3} \underset{\text{蓝色}}{HIn^{2-}} \xrightleftharpoons{pK_{a_2}=11.6} \underset{\text{橙色}}{In^{3-}}$$

当 pH<6.3 时，EBT 呈紫红色；pH>11.6 时，EBT 呈橙色；当 pH 处于 6.3～11.6，EBT 呈蓝色。由于 EBT 与金属离子形成的配合物是红色的，在 pH<6.3 或 pH>11.6 的溶液中，颜色变化不明显，不宜用 EBT 作指示剂。为使终点颜色变化明显，使用 EBT 的适宜酸度为 pH 为 6.3～11.6。

作为金属指示剂必须具备以下条件：

（1）指示剂与金属离子生成的配合物颜色与指示剂本身的颜色应有明显区别。金属指示剂大多是有机弱酸，颜色随 pH 变化，因此应注意控制适宜的 pH 范围。

（2）金属离子与指示剂形成的配合物（MIn）的稳定性应比金属 EDTA 配合物（MY）的稳定性低。通常要求 $K'_{MY}/K'_{MIn}>10^2$，这样临近终点时 EDTA 才能夺取 MIn 中的金属离子 M，使指示剂游离出来而变色。

有时滴定到达化学计量点时，虽滴入足量的 EDTA，也不能从指示剂配合物 MIn 中将指示剂置换出来，因而出现指示剂不变色，或变色不敏锐，使终点推迟。这种情况称为指示剂的封闭现象。指示剂出现封闭的原因，一是因为金属离子指示剂配合物（MIn）比金属离子 EDTA 配合物（MY）更稳定；二是由于某些指示剂配合物（MIn）的颜色变化不可逆引起的，即虽然 $K'_{MIn}<K'_{MY}$，但因这些配合物的离解速度很慢，指示剂不能被很快置换出来。例如，EBT 与 Fe^{3+}、Al^{3+}、Cu^{2+}、Co^{2+}、Ni^{2+}生成的配合物非常稳定，用 EDTA 滴定这些金属离子时，即使过量较多的 EDTA 也不能把 EBT 从指示剂配合物中置换出来。因此，滴定这些离子时不能用 EBT 作为指示剂。此外，在测定其他离子时，如果有这些离子（封闭离子）存在，同样会对指示剂产生封闭作用。为了消除这些干扰离子产生的封闭现象，常加入某种试剂，使之与封闭离子生成更稳定的配合物，而不能再与指示剂配位，以达到消除干扰的目的。这种试剂被称为掩蔽剂。例如，用 EDTA 测定水中 Ca^{2+}、Mg^{2+}时，Fe^{3+}、Al^{3+}常有干扰，可加入三乙醇胺作为掩蔽剂，使之与 Fe^{3+}、Al^{3+}生成更稳定的配合物，从而消除干扰。

（二）金属指示剂颜色转变点 pM_t 的计算

金属指示剂多为有机弱酸碱，在溶液中存在酸效应。若忽略其他副反应，只考虑指示剂的酸效应，金属离子与指示剂在溶液中存在下列平衡：

$$M + In \rightleftharpoons MIn$$

$$In \xrightleftharpoons{H^+} HIn \xrightleftharpoons{H^+} H_2In\cdots$$

$$K'_{MIn}=\frac{[MIn]}{[M][In']}=\frac{[MIn]}{[M]\alpha_{In(H)}[In]}=\frac{K_{MIn}}{\alpha_{In(H)}}$$

取对数，得

$$\lg K'_{MIn}=pM+\lg\frac{[MIn]}{[In']}=\lg K_{MIn}-\lg\alpha_{In(H)}$$

当$[MIn]=[In']$时，溶液呈现混合色，是指示剂的变色点。此时，$\lg\frac{[MIn]}{[In']}=0$，pM 用 pM_t 表示，得

$$pM_t=\lg K_{MIn}-\lg\alpha_{In(H)} \tag{5-15}$$

pM_t 即为指示剂颜色转变点的 pM 值，随 K_{MIn} 的不同和溶液 pH 的改变而变化。因此，只要知道金属离子指示剂配合物的稳定常数 K_{MIn}，再计算出一定 pH 时指示剂的酸效应系数 $\alpha_{In(H)}$，就可以求出 pM_t。应注意的是，若金属离子 M 有副反应，pM_t 的计算还需减去

$\lg\alpha_M$。

例 5-5 EBT 与 Zn^{2+}配合物的 $\lg K_{ZnIn}$ 为 12.9，EBT 作为弱酸的两级解离平衡常数分别为 $K_{a_1}=10^{-6.3}$，$K_{a_2}=10^{-11.6}$，计算：（1）pH = 8.0 时的 pZn_t；（2）在 pH = 10.0 的氨性缓冲溶液中，游离氨浓度为 0.10 mol/L 时的 pZn_t。

解：（1）

$$\alpha_{In(H)}=1+\frac{[H^+]}{K_{a_2}}+\frac{[H^+]^2}{K_{a_1}K_{a_2}}$$

$$=1+\frac{10^{-8.0}}{10^{-11.6}}+\frac{(10^{-8.0})^2}{10^{-6.3}\times10^{-11.6}}\approx10^{3.6}$$

$$pZn_t=\lg K_{ZnIn}-\lg\alpha_{In(H)}=12.9-3.6=9.3$$

（2）在 pH = 10.0 的氨性缓冲溶液中

查表可得，$Zn(NH_3)_4^{2+}$ 的 $\lg\beta_1\sim\lg\beta_4$ 分别是 2.27、4.61、7.01、9.06；

$$\alpha_{Zn(NH_3)}=1+\beta_1[NH_3]+\beta_2[NH_3]^2+\beta_3[NH_3]^3+\beta_4[NH_3]^4$$

$$=1+10^{2.27}\times0.10+10^{4.61}\times0.10^2+10^{7.01}\times0.10^3+10^{9.06}\times0.10^4$$

$$=10^{5.10}$$

从附录查表还可得到，pH = 10.0 时，$\lg\alpha_{Zn(OH)}=2.4$，因此 $\alpha_{Zn(OH)}=10^{2.4}$。所以，

$$\alpha_{Zn}=\alpha_{Zn(NH_3)}+\alpha_{Zn(OH)}-1=10^{5.10}+10^{2.4}-1\approx10^{5.10}，\lg\alpha_{Zn}=5.10$$

指示剂变色点的 $pZn_t=\lg K_{ZnIn}-\lg\alpha_{In(H)}$，由于 Zn^{2+}和 NH_3 发生了副反应，因此 pZn_t 的计算还需减去 $\lg\alpha_{Zn}$，即

$$pZn_t'=\lg K_{ZnIn}-\lg\alpha_{In(H)}-\lg\alpha_{Zn}=12.9-1.6-5.10=6.2$$

（三）常用金属指示剂

配位滴定法中常用的金属指示剂有铬黑 T（EBT）、二甲酚橙（XO）、1-（2-吡啶-偶氮）-2-萘酚（PAN）和钙指示剂（NN）等，具体情况如表 5-3 所示。

表 5-3 常用的金属指示剂

指示剂	pH 范围	颜色变化		直接滴定离子	封闭离子	掩蔽剂
		In	MIn			
EBT	7～10	蓝	红	Mg^{2+}、Zn^{2+}、Cd^{2+}、Pb^{2+}、Mn^{2+}、稀土	Al^{3+}、Fe^{3+}、Cu^{2+}、Co^{2+}、Ni^{2+}	三乙醇胺 NH_4F
XO	＜6	亮黄	红紫	pH＜1 ZrO^{2+}	Fe^{3+}	NH_4F
				pH 为 1～3 Bi^{3+}、Th^{4+}	Al^{3+}	返滴定法
				pH 为 5～6 Zn^{2+}、Pb^{2+}、Cd^{2+}、Hg^{2+} 稀土	Cu^{2+}、Co^{2+}、Ni^{2+}	邻二氮菲
PAN	2～12	黄	红	pH 为 2～3 Bi^{3+}、Th^{4+}		
				pH 为 4～5 Cu^{2+}、Ni^{2+}、		
NN	10～13	纯蓝	酒红	Ca^{2+}		与 EBT 相似

第二节　配位滴定条件的选择

一、配位滴定的滴定终点误差

如滴定分析概论一章所述，由于滴定终点与化学计量点不一致引起的误差称为滴定终点误差或滴定误差（titration error；TE）。配位滴定法中，终点误差以下式表示：

$$TE\% = \frac{[Y']_{ep} - [M']_{ep}}{c_{M(sp)}} \times 100\% \qquad (5\text{-}16)$$

设滴定终点与化学计量点的 pM 值之差为 $\Delta pM'$，即 $\Delta pM' = pM'_{ep} - pM'_{sp}$，

则

$$-\Delta pM' = -pM'_{ep} + pM'_{sp} = -(-\lg[M']_{ep}) - \lg[M']_{sp} = \lg\frac{[M']_{ep}}{[M']_{sp}}$$

所以

$$[M']_{ep} = [M']_{sp} \times 10^{-\Delta pM'}$$

同理

$$[Y']_{ep} = [Y']_{sp} \times 10^{-\Delta pY'}$$

则

$$TE\% = \frac{[Y']_{sp} \times 10^{-\Delta pY'} - [M']_{sp} \times 10^{-\Delta pM'}}{c_{M(sp)}} \times 100\% \qquad (5\text{-}17)$$

化学计量点时，

$$K'_{MY} = \frac{[MY]_{sp}}{[M']_{sp}[Y']_{sp}}$$

滴定终点时，

$$K'_{MY} = \frac{[MY]_{ep}}{[M']_{ep}[Y']_{ep}}$$

取对数后分别为

$$pM'_{sp} + pY'_{sp} = \lg K'_{MY} - \lg[MY]_{sp}$$

$$pM'_{ep} + pY'_{ep} = \lg K'_{MY} - \lg[MY]_{ep}$$

当终点接近化学计量点时，$[MY]_{ep} \approx [MY]_{sp}$。将上面两式相减，得

$$\Delta pM' + \Delta pY' = 0$$

即

$$\Delta pM' = -\Delta pY' \qquad (5\text{-}18)$$

化学计量点时，$K'_{MY} = \dfrac{[MY]_{sp}}{[M']_{sp}[Y']_{sp}}$，$[MY]_{sp} \approx c_{M(sp)}$

所以

$$[M']_{sp} = [Y']_{sp} = \sqrt{\frac{c_{M(sp)}}{K'_{MY}}} \qquad (5\text{-}19)$$

将式（5-18）和式（5-19）代入式（5-17）中，整理后可得

$$TE\% = \frac{10^{\Delta pM'} - 10^{-\Delta pM'}}{\sqrt{c_{M(sp)}K'_{MY}}} \times 100\% \qquad (5\text{-}20)$$

由式（5-20）可知，终点误差与 K'_{MY} 和 $c_{M(sp)}$ 有关，K'_{MY} 和 $c_{M(sp)}$ 越大，终点误差越小。此外，终点误差还与 $\Delta pM'$ 有关，$\Delta pM'$ 越大，说明终点离化学计量点越远，终点误差也越大。

在配位滴定法中，通常采用指示剂指示滴定终点，化学计量点与指示剂的变色点不可能完全一致。即使二者相近，但由于人眼判断颜色的局限性，仍然可能使 $\Delta pM'$ 有 ± 0.2 ～ ± 0.5 的误差。假设 $\Delta pM' = \pm 0.2$，用浓度为 c 的 EDTA 滴定等浓度的金属离子 M，当终点误差分别为 0.01%、0.1%和 1%时，对应的 $\lg cK'_{MY}$ 分别为 8、6、4。由此可知，当 $\lg cK'_{MY} \geqslant 6$ 或 $cK'_{MY} \geqslant 10^6$ 时，终点误差在 0.1%左右，这在滴定分析中是允许的。当 c_M 在 10^{-2} mol/L 左右时，则需 $K'_{MY} \geqslant 10^8$ 才能保证终点误差在 0.1%左右。因此，通常将 $\lg cK'_{MY} \geqslant 6$ 或 $\lg K'_{MY} \geqslant 8$ 作为判断配位滴定能否准确进行的条件。

应当注意的是，对终点误差的要求不同时，判别式的条件也不同。在实际工作中，可根据对误差大小的具体要求，利用终点误差的计算公式得到具体的判断条件。

二、配位滴定中酸度的选择和控制

在配位滴定中，为了实现目标金属离子的准确滴定，必须充分考虑金属离子 M、配位剂 EDTA 可能发生的各种副反应及其影响，选择合适的滴定条件，使配合物的条件稳定常数 K'_{MY} 符合准确滴定的要求。由于酸度对金属离子、EDTA 和指示剂都可能产生影响，所以酸度的选择和控制在配位滴定法中十分重要。

（一）单一离子滴定的最高酸度和最低酸度

假设配位反应中除 EDTA 的酸效应外，没有其他副反应，根据准确滴定的条件，应满足 $\lg K'_{MY} = \lg K_{MY} - \lg \alpha_{Y(H)} \geqslant 8$。温度一定时，$\lg K_{MY}$ 是一个常数，$\lg \alpha_{Y(H)}$ 的大小随溶液酸度的增加而增加。因此，酸度应有一个最高限度，超过这一酸度将使 $\lg K'_{MY} < 8$，从而不能准确滴定。这一最高允许酸度称为"最高酸度"。计算最高酸度的方法如下：

根据

$$\lg K'_{MY} = \lg K_{MY} - \lg \alpha_{Y(H)} \geqslant 8$$

可得

$$\lg \alpha_{Y(H)} \leqslant \lg K_{MY} - 8$$

利用上式计算出 $\lg \alpha_{Y(H)}$ 的最大值，查 pH-$\lg \alpha_{Y(H)}$ 表（表 5-2），其对应的 pH 就是滴定某一金属离子的最低 pH，即最高酸度。

不同金属离子的 $\lg K_{MY}$ 不同，所以滴定不同金属离子的最低 pH 也各不相同。

例 5-6 计算 1.0×10^{-2} mol/L EDTA 溶液滴定同浓度的 Zn^{2+} 溶液的最高酸度。

解：查表 $\lg K_{ZnY} = 16.50$

根据 $\lg K'_{ZnY} = \lg K_{ZnY} - \lg \alpha_{Y(H)} \geqslant 8$ 的要求，

$$\lg \alpha_{Y(H)} \leqslant \lg K_{ZnY} - 8 = 16.50 - 8 = 8.5$$

查表 5-2，$\lg \alpha_{Y(H)} = 8.5$，与之最接近的 $\lg \alpha_{Y(H)} = 8.44$，对应的 pH 为 4.0，故最高酸度应控制在 pH = 4.0。

在上例中，pH = 4.0 时，$\alpha_{Zn(OH)} \approx 1$，因此可忽略 Zn^{2+} 的水解。但如果酸度太低，酸效应的影响减小，但金属离子的水解带来的影响却不容忽视。因此，配位滴定中，必须控制一个最低允许酸度，低于此酸度时，金属离子会发生水解形成羟基配合物甚至析出沉淀 $M(OH)_n$。这一最低允许酸度称为"最低酸度"，可根据 $M(OH)_n$ 的溶度积求得。如果 $M(OH)_n$ 的溶度积为

K_{sp}，为了防止滴定开始时形成 $M(OH)_n$ 沉淀，必须使 $[OH^-] \leqslant \sqrt[n]{K_{sp}/c_M}$，据此求出最低酸度（最高允许 pH）。

例 5-7 计算 2.0×10^{-2} mol/L EDTA 溶液滴定 2.0×10^{-2} mol/L Cu^{2+}溶液的适宜酸度范围。

解：查表 $\lg K_{CuY} = 18.80$

根据 $\lg K'_{CuY} = \lg K_{CuY} - \lg\alpha_{Y(H)} \geqslant 8$ 的要求，

$$\lg\alpha_{Y(H)} \leqslant \lg K_{CuY} - 8 = 18.80 - 8 = 10.8$$

查表 5-2，$\lg\alpha_{Y(H)} \leqslant 10.8$，对应的 pH 为 3.0，故最高酸度（最低 pH）应控制在 pH = 3.0。

为了防止滴定开始时形成 $Cu(OH)_2$ 沉淀，必须使 $[OH^-] \leqslant \sqrt{K_{sp}/c_{Cu^{2+}}}$，即

$$[OH^-] \leqslant \sqrt{\frac{K_{sp}}{c_{Cu^{2+}}}} = \sqrt{\frac{4.8\times10^{-20}}{2.0\times10^{-2}}} = 10^{-8.8}$$

$$pOH = 8.8, \quad pH = 5.2$$

即滴定 Cu^{2+}溶液的适宜酸度范围为 pH = 3.0～5.2。

（二）指示剂使用时的最佳酸度

从指示剂角度考虑，由于指示剂也存在酸效应，

$$pM_t = \lg K_{MIn} - \lg\alpha_{In(H)}$$

指示剂颜色转变点的 pM_t 与酸度有关。选择指示剂时，希望 pM_t 与 pM_{sp} 基本一致，也需要选择一个合适的酸度，这时的酸度即为用指示剂确定终点时滴定的最佳酸度。

最佳酸度在最高酸度和最低酸度之间，可先根据估计的 pH 范围，给出一些 pH，由终点误差公式求出每一 pH 时的 *TE*%，*TE*%最小时的 pH 即为最佳 pH。

例 5-8 用 1.0×10^{-2} mol/L EDTA 溶液滴定 1.0×10^{-2} mol/L Mg^{2+}溶液，以 EBT 为指示剂，在 pH 为 9.0～10.5 的缓冲溶液中进行滴定，试通过计算确定最佳酸度。

解：查表得 $\lg K_{MgY} = 8.64$，$\lg K_{MgIn} = 7.0$

EBT 的 $pK_{a_1} = 6.3$，$pK_{a_2} = 11.6$

根据终点误差公式，计算出 pH 为 9.0～10.5 范围内的误差，列于下表：

pH	pMg_{sp}	pMg_t	ΔpMg	TE/%
9.0	4.71	4.4	−0.31	−0.30
9.5	5.09	4.9	−0.19	−0.15
9.7	5.17	5.09	−0.08	−0.05
9.8	5.21	5.19	−0.02	−0.01
9.9	5.24	5.29	+0.05	+0.03
10.0	5.28	5.39	+0.11	+0.05
10.5	5.38	5.82	+0.44	+0.2

从计算结果可知，最佳酸度为 9.8，此时 *TE*%最小，仅为−0.01%。控制酸度在 pH 在 9.7～10.0，*TE*%就能控制在±0.05%以内。

（三）选择合适的缓冲溶液控制酸度

如前所述，滴定不同的金属离子有各自适宜的酸度范围，不同的指示剂也有其使用的最佳酸度。因此，在配位滴定中酸度的控制尤为重要。同时，滴定中发生下列反应：

$$M + H_2Y \rightleftharpoons MY + 2H^+$$

随着滴定的进行，不断释放出 H^+，使溶液酸度不断增高。溶液 pH 的改变，可能导致酸效

应，影响主反应的进程；金属指示剂的颜色变化也会受到溶液酸度变化带来的影响，因此配位滴定中常需加入缓冲溶液来调节和控制溶液的酸度。通常，若需控制溶液在弱酸性范围（如 pH 为 5～6 时），可用乙酸-乙酸盐缓冲溶液；若需控制溶液在弱碱性范围（如 pH 为 9～10 时），可用氨性缓冲溶液等。但缓冲溶液又有引起金属离子及配位剂发生副反应的可能。因此，在选择缓冲系时，除了考虑其有效缓冲范围外，还应考虑是否会引起副反应等。

三、提高配位滴定选择性的方法

EDTA 能与多种金属离子生成稳定性高的配合物，当溶液中同时存在几种金属离子时，就有可能同时被滴定。因此，在实际工作中常需解决能否分别进行滴定的问题。

假设溶液中同时含有 M、N 两种金属离子，并且它们在化学计量点的分析浓度分别为 c_M 和 c_N。若要在此条件下，准确地选择性地滴定 M 而不受 N 干扰，考虑到混合离子选择滴定时允许误差较大，所以设 $\Delta pM' = 0.2$，TE% = 0.3%，依据林邦终点误差公式可得准确滴定 M 的条件为

$$\lg c_M K'_{MY} \geqslant 5 \qquad (5\text{-}21)$$

其中，$\lg K'_{MY} = \lg K_{MY} - \lg\alpha_M - \lg\alpha_Y$。若金属离子 M 无副反应，$\alpha_M \approx 1$，则 $\lg K'_{MY} = \lg K_{MY} - \lg\alpha_Y$

因此，

$$\lg c_M K'_{MY} = \lg c_M + \lg K_{MY} - \lg\alpha_Y = \lg c_M K_{MY} - \lg(\alpha_{Y(H)} + \alpha_{Y(N)})$$

若酸度条件合适，$\alpha_{Y(H)}$ 的大小不会对滴定产生明显的影响，只有 $\alpha_{Y(N)} \gg \alpha_{Y(H)}$ 时，N 才会有明显干扰，因此，$\alpha_{Y(H)} + \alpha_{Y(N)} \approx \alpha_{Y(N)}$，且 $\alpha_{Y(N)} = 1 + K_{NY}[N] \approx c_N K_{NY}$，则有

$$\lg c_M K'_{MY} = \lg c_M K_{MY} - \lg\alpha_Y = \lg c_M K_{MY} - \lg c_N K_{NY} \qquad (5\text{-}22)$$

综合式（5-21）和式（5-22），可得

$$\lg c_M K_{MY} - \lg c_N K_{NY} = \Delta\lg cK \geqslant 5 \qquad (5\text{-}23)$$

若 M、N 离子浓度相等，则有

$$\lg K_{MY} - \lg K_{NY} = \Delta\lg K \geqslant 5 \qquad (5\text{-}24)$$

因此，当溶液中有 M、N 两种离子共存时，可采用式（5-23）或式（5-24）来判断能否选择滴定 M 离子。

总之，能否在 M、N 离子共存时进行选择性滴定，可根据具体情况采用控制酸度的方法或掩蔽法。若 K_{MY} 和 K_{NY} 相差较大，满足 $\Delta\lg K \geqslant 5$，则可通过控制酸度条件（使 $\alpha_{Y(H)}$ 小到可以忽略）实现分步滴定。若 K_{MY} 和 K_{NY} 较为接近，此时应采用掩蔽法，通过掩蔽作用降低 c_N 以满足 $\Delta\lg cK \geqslant 5$，从而选择性滴定 M 离子。

（一）控制酸度进行分步滴定

当溶液中同时存在两种或两种以上的离子时，如果满足 $\Delta\lg K \geqslant 5$，则可用控制酸度的方法进行分步滴定。在同一体系中，EDTA 受到酸度的影响是一样的，其酸效应系数 $\alpha_{Y(H)}$ 相同。所以，若溶液中无其他配位剂，只需考虑酸效应的影响，此时 pH 的控制范围以单独滴定 M 离子时的 pH 范围为依据。

例 5-9 某待测溶液中含有浓度均为 1.0×10^{-2} mol/L 的 Zn^{2+}和 Mg^{2+}。现拟用 1.0×10^{-2} mol/L EDTA 标准溶液进行滴定。问：（1）能否用控制酸度的办法选择滴定 Zn^{2+}？（2）若能，酸度应控制在什么范围？

解：查表得 $\lg K_{ZnY} = 16.50$，$\lg K_{MgY} = 8.69$

（1）判断能否选择滴定 Zn^{2+}，

$$\Delta \lg K = \lg K_{ZnY} - \lg K_{MgY} = 16.50 - 8.69 = 7.81 > 5$$

所以可用控制酸度的办法选择滴定 Zn^{2+}。

（2）根据 $\lg K'_{ZnY} = \lg K_{ZnY} - \lg \alpha_{Y(H)} \geqslant 8$ 的要求，

$$\lg \alpha_{Y(H)} \leqslant \lg K_{ZnY} - 8 = 16.50 - 8 = 8.50$$

查表 5-2，$\lg \alpha_{Y(H)} \leqslant 8.50$，对应的 pH 为 4.0，故最高酸度（最低 pH）应控制在 pH = 4.0。

为了防止滴定时形成 $Zn(OH)_2$ 沉淀，必须使 $[OH^-] \leqslant \sqrt{K_{sp} / c_{Zn^{2+}}}$，即

$$[OH^-] \leqslant \sqrt{\frac{K_{sp}}{c_{Zn^{2+}}}} = \sqrt{\frac{3.0 \times 10^{-16}}{1.0 \times 10^{-2}}} \approx 10^{-6.8}$$

$$pOH = 6.8，pH = 7.2$$

因此通过将溶液 pH 控制在 4.0～7.2，即可在 Mg^{2+}存在下选择性滴定 Zn^{2+}。

（二）利用掩蔽法提高选择性

当溶液中干扰离子的浓度 c_N 和稳定常数 K_{NY} 较大时，则可能出现 $\Delta \lg cK = \lg c_M K_{MY} - \lg c_N K_{NY} < 5$，这说明无法用控制酸度的方法实现选择性滴定。这种情况可先加入适当试剂与 N 反应，使 N 的浓度降低，达到 $\Delta \lg cK \geqslant 5$ 的条件，即可选择性滴定 M 离子。

这种加入适当试剂降低干扰离子浓度，以提高测定选择性的方法称为掩蔽，所加入与干扰离子发生反应的试剂称为掩蔽剂。根据掩蔽反应的类型，掩蔽法分为配位掩蔽法、沉淀掩蔽法和氧化还原掩蔽法，其中以配位掩蔽法应用最多。

1. 配位掩蔽法 加入某种配位剂与干扰离子 N 形成更稳定的配合物，从而降低溶液中干扰离子的浓度，以达到选择性滴定 M 的目的，这种方法称为配位掩蔽法。例如，在 Al^{3+}和 Zn^{2+}共存的溶液中，若需选择性滴定 Zn^{2+}，可加入适量 NH_4F 使 Al^{3+}与之生成稳定的 AlF_6^{3-} 配离子而不再干扰 Zn^{2+}的测定。表 5-4 列出了常用的配位掩蔽剂及其所掩蔽的离子，以及使用的 pH 范围。

表 5-4 常用的配位掩蔽剂及使用范围

名称	使用 pH 范围	被掩蔽的离子	备注
KCN	>8	Co^{2+}、Ni^{2+}、Cu^{2+}、Zn^{2+}、Hg^{2+}、Ag^+、Ti^{3+}及铂族元素	剧毒！须在碱性溶液中使用
NH_4F	4 ～ 6	Al^{3+}、Ti^{4+}、Sn^{4+}、Zr^{4+}、W^{6+}等	用 NH_4F 比 NaF 好，因为 NH_4F 加入 pH 变化不大
	10	Al^{3+}、Mg^{2+}、Ca^{2+}、Sr^{2+}、Ba^{2+}及稀土元素	
三乙醇胺	10	Al^{3+}、Sn^{4+}、Ti^{4+}、Fe^{3+}	与 KCN 并用，可提高掩蔽效果
	11 ～ 12	Fe^{3+}、Al^{3+}及少量 Mn^{2+}	
酒石酸	1.2	Sb^{3+}、Sn^{4+}、Fe^{3+}及 5mg 以下的 Cu^{2+}	在维生素 C 存在下
	2	Fe^{3+}、Sn^{4+}、Mn^{2+}	
	5.5	Fe^{3+}、Al^{3+}、Sn^{4+}、Ca^{2+}	
	6 ～ 7.5	Mg^{2+}、Cu^{2+}、Fe^{3+}、Al^{3+}、Mo^{4+}、Sb^{3+}、W^{6+}	
	10	Al^{3+}、Sn^{4+}	

例 5-10 某待测溶液中含有浓度均为 0.020mol/L 的 Al^{3+}和 Zn^{2+}。现拟用同浓度 EDTA 标准溶液进行滴定，加入 NH_4F 以掩蔽 Al^{3+}，假设终点时游离 F^-浓度为 0.2 mol/L，问：（1）能否掩蔽 Al^{3+}而选择性滴定 Zn^{2+}？（2）若能，如以二甲酚橙为指示剂，在 pH 为 5.5 的条件下滴定，终点误差为多少？

解：（1）查表得 $\lg K_{ZnY}=16.50$，$\lg K_{AlY}=16.30$

$$\Delta\lg K=\lg K_{ZnY}-\lg K_{AlY}=16.50-16.30=0.20<5$$

因此需加入 NH_4F 以掩蔽 Al^{3+}。掩蔽剂 F^- 与 Al^{3+} 的反应可看作是 Al^{3+} 与 EDTA 反应的副反应，副反应系数为

$$\begin{aligned}\alpha_{Al(F)}&=1+\beta_1[F^-]+\beta_2[F^-]^2+\beta_3[F^-]^3+\beta_4[F^-]^4+\beta_5[F^-]^5+\beta_6[F^-]^6\\&=1+10^{6.1}\times0.2+10^{11.15}\times0.2^2+10^{15.0}\times0.2^3+10^{17.7}\times0.2^4\\&\quad+10^{19.4}\times0.2^5+10^{19.7}\times0.2^6=10^{16.20}\end{aligned}$$

达到化学计量点时，$c_{Al(sp)}=\frac{1}{2}\times0.020=0.010(\text{mol/L})$

掩蔽后溶液中 Al^{3+} 的游离浓度为

$$[Al^{3+}]=\frac{c_{Al(sp)}}{\alpha_{Al(F)}}=\frac{0.010}{10^{16.20}}=10^{-18.20}(\text{mol/L})$$

可见加入 NH_4F 掩蔽后 $[Al^{3+}]$ 已降得很低，此时

$$\Delta\lg cK=\lg c_{zn}K_{ZnY}-\lg c_{Al}K_{AlY}=\lg(0.010\times10^{16.50})-\lg(10^{-18.20}\times10^{16.30})=16.40\gg5$$

因此可选择性滴定 Zn^{2+}。

（2）Al^{3+} 的干扰基本消除后，主要考虑酸效应。

查表可知 pH 为 5.5 时，因 OH^- 和 F^- 对 Zn^{2+} 的副反应很小，$\alpha_{Zn}\approx1$；$\lg\alpha_{Y(H)}=5.51$。

$$\lg K'_{ZnY}=\lg K_{ZnY}-\lg\alpha_{Zn}-\lg\alpha_{Y(H)}=16.50-0-5.51=10.99$$

化学计量点时，$c_{Zn(sp)}=\frac{1}{2}\times0.020=0.010(\text{mol/L})$，$pc_{Zn(sp)}=2.00$

$$pZn'=\frac{1}{2}(pc_{Zn(sp)}+\lg K'_{ZnY})=\frac{1}{2}\times(2.00+10.99)=6.50$$

以二甲酚橙为指示剂，在 pH 为 5.5 时，指示剂变色点的 $pZn_t=\lg K_{ZnIn}-\lg\alpha_{In(H)}=5.7$，所以

$$\Delta pZn'=5.7-6.50=-0.8$$

$$TE\%=\frac{10^{\Delta pZn'}-10^{-\Delta pZn'}}{\sqrt{c_{Zn(sp)}K'_{ZnY}}}\times100\%=\frac{10^{-0.8}-10^{0.8}}{\sqrt{0.010\times10^{10.99}}}\times100\%=-0.02\%$$

2. 沉淀掩蔽法 通过加入某种沉淀剂，使干扰离子 N 生成沉淀，从而达到降低 N 离子浓度的目的，这种方法称为沉淀掩蔽法。例如，在 Ca^{2+}、Mg^{2+} 共存的溶液中，可先加入强碱 NaOH 溶液使 pH＞12，让 Mg^{2+} 形成 $Mg(OH)_2$ 沉淀，消除 Mg^{2+} 的干扰后，再用 EDTA 滴定 Ca^{2+}。

3. 氧化还原掩蔽法 加入某种氧化剂或还原剂，与干扰离子发生氧化还原反应，通过改变干扰离子的价态以达到降低 N 离子浓度的目的，这种方法称为氧化还原掩蔽法。例如，Fe^{3+} 存在时，对 Bi^{3+}、ZrO^{2+}、Th^{4+} 等离子的测定有干扰，可加入抗坏血酸或盐酸羟胺等还原剂，将 Fe^{3+} 还原成 Fe^{2+}，以消除干扰。

第三节 配位滴定法的应用

一、标准溶液的配制和标定

（一）EDTA 标准溶液的配制和标定

EDTA 在水中溶解度小，22℃时为 0.02g/100ml，因此常用其二钠盐（22℃时溶解度为

11.1g/100ml）配制标准溶液，也称 EDTA 溶液。通常使用的 EDTA 标准溶液，其浓度为 0.01～0.05mol/L。配制的标准溶液应储存于聚乙烯瓶或硬质玻璃瓶中，待准确标定后使用。

标定 EDTA 标准溶液可用的基准物有金属锌、铜、铋及 ZnO、$CaCO_3$、$MgSO_4 \cdot 7H_2O$、$ZnSO_4 \cdot 7H_2O$ 等。通常以 ZnO 或金属 Zn 为基准物，用 EBT 或二甲酚橙作指示剂。现以 0.05 mol/L EDTA 标准溶液的标定为例进行介绍。

1）以 ZnO 为基准物：精密称取在 800℃灼烧至恒重的 ZnO 约 0.12g，加 3ml 稀盐酸使其溶解，加 25ml 蒸馏水及 1 滴甲基红指示剂，滴加氨试液至溶液呈微黄色，再加 25ml 蒸馏水、10ml NH_4Cl-NH_3 缓冲溶液和数滴 EBT 指示剂，用 EDTA 溶液滴定至溶液由紫红色变为纯蓝色即为终点。若以二甲酚橙为指示剂，则当 ZnO 在盐酸中溶解后加 50ml 蒸馏水、2～3 滴 0.5%二甲酚橙指示剂，然后滴加 20%六亚甲基四胺溶液至紫红色，再多加 3ml，用 EDTA 溶液滴定至溶液由紫红色变为亮黄色即为终点。

2）以金属 Zn 为基准物：先用稀盐酸洗去纯金属锌粒表面的氧化物，然后用水洗去 HCl，再用丙酮漂洗一下，沥干后于 110℃烘 5min 备用。精密称取前述处理过的锌粒约 0.1g，加 5ml 稀盐酸，置水浴上温热溶解，其余步骤与上述方法相同。

（二）锌标准溶液的配制和标定

以 0.05mol/L 锌标准溶液为例进行介绍。精密称取新制备的纯锌粒 3.269g，加 5ml 蒸馏水及 10ml 稀盐酸，置水浴上温热使之溶解，冷却后转移至 1L 容量瓶，加水稀释至刻度即得。也可取分析纯 $ZnSO_4$ 约 15g，加稀盐酸 10ml 与适量蒸馏水溶解，然后稀释至 1L，摇匀，待标定后使用。

标定时，精密量取锌溶液 25ml，加 1 滴甲基红指示剂，滴加氨试液至溶液呈微黄色，再加 25ml 蒸馏水、10ml NH_4Cl-NH_3 缓冲溶液和数滴 EBT 指示剂，用 EDTA 溶液滴定至溶液由紫红色变为纯蓝色即为终点。

也可用二甲酚橙为指示剂，标定方法同上所述。

二、配位滴定方式

配位滴定方式有直接滴定、返滴定、置换滴定和间接滴定等。多种滴定方式的应用，不但扩大了配位滴定的应用范围，使之可以滴定几乎所有的金属离子和一部分非金属离子，而且也提高了配位滴定的选择性。

（一）直接滴定法

直接滴定法是指用 EDTA 标准溶液直接滴定被测离子，是配位滴定中常用的滴定方式。直接滴定法具有快速、方便、引入误差较小的优点，在实际中应用广泛。只要配位反应能符合滴定分析的要求，有合适的指示剂指示终点，应当尽量采用直接滴定法。

例如，水的硬度测定，水的硬度是指溶解在水中的钙盐和镁盐含量，通常用 Ca^{2+}、Mg^{2+} 总量表示水的总硬度。国际标准及我国国家标准等指定用配位滴定法测定生活饮用水、锅炉用水、地下水等的总硬度。测定时取一定量水样，用氨性缓冲溶液调节溶液 pH 为 10，以 EBT 为指示剂，用 EDTA 标准溶液滴定，根据 EDTA 标准溶液的浓度和所消耗的体积即可测得 Ca^{2+}、Mg^{2+}总量。如需分别测定 Ca^{2+}、Mg^{2+}含量，可平行另取一份试液，加入 NaOH 至 pH＞12，此时 Mg^{2+}生成 $Mg(OH)_2$ 沉淀被掩蔽，然后加入钙指示剂，用 EDTA 标准溶液滴定 Ca^{2+}。前后两次消耗 EDTA 标准溶液体积之差，即为滴定 Mg^{2+}所需 EDTA 体积，从而求得 Mg^{2+}的含量。

（二）返滴定法

返滴定法是在待测溶液中先加入定量且过量的EDTA标准溶液，使待测离子和EDTA完全反应后，再用其他金属离子标准溶液回滴剩余的EDTA。根据两种标准溶液的浓度和用量，计算出被测物质的含量。

返滴定法主要用于以下几种情况：直接滴定时缺少变色敏锐的指示剂；待测离子对指示剂有封闭作用；待测离子与EDTA的反应速率很慢，本身又易水解。例如，使用配位滴定法测定Al^{3+}时，因Al^{3+}对二甲酚橙有封闭作用，与EDTA反应缓慢，在酸度不高时易水解等，因此不能直接滴定而采用返滴定法。通常先在试液中加入定量且过量的EDTA标准溶液，煮沸10min使反应完全，冷却后，用Cu^{2+}或Zn^{2+}标准溶液返滴定过量的EDTA。

通常要求返滴定剂和EDTA所生成的配合物应有足够的稳定性，但不宜超过待测离子配合物的稳定性太多。否则在返滴定时，返滴定剂会置换出待测离子，从而引起误差，而且也会使终点不敏锐。

（三）间接滴定法

某些不与EDTA配位或与EDTA生成的配合物不稳定的金属或非金属离子，可以采用间接滴定法进行测定。通常是加入过量的能与EDTA形成稳定配合物的金属离子作为沉淀剂，与待测离子形成沉淀，过量的沉淀剂用EDTA滴定。或将沉淀分离、溶解后，再用EDTA滴定其中的金属离子。例如，$C_2O_4^{2-}$不与EDTA反应，可先加入过量的Ca^{2+}，使$C_2O_4^{2-}$沉淀完全，然后将CaC_2O_4沉淀过滤、洗涤、溶解，调节溶液pH，用EDTA滴定Ca^{2+}，由此测得$C_2O_4^{2-}$含量。

（四）置换滴定法

置换滴定法是指利用置换反应，置换出等物质的量的另一金属离子或EDTA，然后再进行滴定。

1. 置换出金属离子 如果被测金属离子M与EDTA反应不完全或形成的配合物不稳定，可让M置换出另一配合物NL中等物质的量的N，同EDTA滴定N，然后求出M的含量。例如，Ag^+与EDTA形成的配合物很不稳定（$\lg K_{AgY}=7.32$），不能用EDTA直接滴定，可将含Ag^+的待测溶液加入过量的$[Ni(CN)_4]^{2-}$溶液中，反应如下：

$$2Ag^+ + [Ni(CN)_4]^{2-} \rightleftharpoons 2[Ag(CN)_2]^- + Ni^{2+}$$

然后在pH=10的氨性缓冲溶液中，以紫脲氨酸作指示剂，用EDTA滴定置换出的Ni^{2+}，即可求得Ag^+含量。

2. 置换出EDTA 首先将被测离子M与干扰离子全部用EDTA配合，然后加入高选择性的配位剂L以夺取M，并释放出与M等物质的量的EDTA：

$$MY + L \rightleftharpoons ML + Y$$

再用金属盐类标准溶液滴定释放出的EDTA，即可求得M的含量。

例如，测定Al^{3+}时，若同时含有Cu^{2+}、Zn^{2+}，可先加入过量的EDTA，使Al^{3+}、Cu^{2+}、Zn^{2+}与EDTA形成稳定配合物，然后用Zn^{2+}标准溶液回滴过量的EDTA，再加入NH_4F，F^-将AlY中的Al^{3+}夺取出来，形成更稳定的AlF_6^{3-}，释放出与Al^{3+}等物质的量的EDTA，再用Zn^{2+}标准溶液滴定，即可求得Al^{3+}的含量。

还可以利用置换滴定法的原理改善指示剂变色的敏锐性。例如，EBT指示剂与Ca^{2+}显色的灵敏度较差，但与Mg^{2+}显色很敏锐。在pH = 10的氨性缓冲溶液中，以EBT作指示剂滴定Ca^{2+}时，可先加入少量MgY，发生如下置换反应：

$$MgY + Ca^{2+} \rightleftharpoons CaY + Mg^{2+}$$

置换出来的 Mg^{2+} 与 EBT 生成深红色的 EBT 配合物。滴定时，EDTA 先与 Ca^{2+} 反应，达到滴定终点时，EDTA 夺取 MgEBT 配合物中的 Mg^{2+}，形成 MgY，释放出游离的指示剂而呈纯蓝色，终点颜色变化很明显。

【案例分析】

（一）葡萄糖酸钙含量的测定

葡萄糖酸钙（分子式为 $C_{12}H_{22}O_{14}Ca \cdot H_2O$）是一种常用的补钙剂，在一定 pH 条件下，药剂中所含 Ca^{2+} 能与 EDTA 定量反应生成稳定的 EDTA 配合物。药典规定用配位滴定法测定含钙药物如葡萄糖酸钙、氯化钙、乳酸钙等的含量。测定时，可准确称取一定质量试样，加入蒸馏水或去离子水使之溶解后，加入适量 NH_4Cl-NH_3 缓冲溶液调节溶液 pH = 10，以 EBT 为指示剂，用 EDTA 标准溶液滴定其中的 Ca^{2+}，可求得葡萄糖酸钙的含量。

（二）胃舒平片剂中铝和镁的测定

“胃舒平”即复方氢氧化铝，其主要成分是氢氧化铝、三硅酸镁，少量中药颠茄流浸膏等。主要作用是中和胃酸、减少胃液分泌和解痉止疼作用。用于治疗胃酸过多、胃溃疡及胃痛等。在胃舒平中，铝是该药物的有效成分，但又不能过量摄入。因为铝是一种慢性神经性毒性物质，过多地摄入会诱发老年性痴呆、肌萎缩性侧索硬化症等疾病。因此，胃舒平片剂中铝含量的测定具有重要的现实意义。

具体测定步骤可参照药典方法：取本品 20 片，精密称量，研细，精密称取适量（约相当于 1 /4 片），加 2ml 盐酸与 50ml 水，煮沸，放冷，滤过，残渣用水洗涤；合并滤液与洗液，滴加氨试液至恰好析出沉淀，再滴加稀盐酸使沉淀恰好溶解，加 10mlHAc-NH_4Ac 缓冲液（pH=6.0），准确量取 25ml EDTA 标准溶液（0.05mol/L），煮沸 10min，放冷，加 1ml 二甲酚橙指示剂溶液，用锌标准溶液（0.05 mol/L）滴定至溶液由黄色变为红色，并将滴定的结果用空白实验校正，可测定 $Al(OH)_3$ 含量。

精密称取上述细粉适量（约相当于 1 片），加 5ml 盐酸与 50ml 水，加热煮沸，加 1 滴甲基红指示剂，滴加氨试液使溶液由红色变为黄色，再继续煮沸 5min，趁热滤过，滤渣用 30ml2% 氯化铵溶液洗涤，合并滤液与洗液，放冷，加 10ml 氨试液与 5ml 三乙醇胺溶液（50%），再加铬黑 T 指示剂少量，用 EDTA 标准溶液（0.05 mol/L）滴定至溶液显纯蓝色，可求得 MgO 的含量。

本章小结

1. 基本概念

（1）副反应系数 α（side reaction coefficient）：定量地反映一定条件下各副反应发生程度大小的量。

（2）酸效应（acid effect）：由于 H^+ 与配位剂 Y 发生副反应，使配位剂 Y 参与主反应能力降低的现象。

（3）配位效应（complex effect）：在 EDTA 滴定金属离子 M 时，若存在其他配位剂 L 并与 M 发生副反应，使金属离子 M 与 EDTA 进行配位反应的能力降低的现象。

（4）条件稳定常数 K'_{MY}（conditional stability coefficient）：有副反应发生时配合物的稳定常数，表示在一定条件下，有副反应发生时主反应进行的程度。

（5）金属指示剂（metal ion indicator）：在配位滴定法中，用来指示滴定终点的能与金属离子生成有色配合物的有机染料显色剂。

（6）滴定误差（titration error，TE）：由于滴定终点与化学计量点不一致引起的误差。

2. 基本公式

（1）酸效应系数$\alpha_{Y(H)}$：$\alpha_{Y(H)}=\frac{[Y']}{[Y]}=\frac{1}{\delta_Y}$

$$=1+\frac{[H^+]}{K_{a_6}}+\frac{[H^+]^2}{K_{a_5}K_{a_6}}+\frac{[H^+]^3}{K_{a_4}K_{a_5}K_{a_6}}+\frac{[H^+]^4}{K_{a_3}K_{a_4}K_{a_5}K_{a_6}}+\frac{[H^+]^5}{K_{a_2}K_{a_3}K_{a_4}K_{a_5}K_{a_6}}+\frac{[H^+]^6}{K_{a_1}K_{a_2}K_{a_3}K_{a_4}K_{a_5}K_{a_6}}$$

（2）共存离子效应系数$\alpha_{Y(N)}$：$\alpha_{Y(N)}=1+K_{NY}[N]$

（3）Y 的总副反应系数α_Y：$\alpha_Y=\alpha_{Y(H)}+\alpha_{Y(N)}-1$

（4）金属离子 M 的副反应系数α_M：$\alpha_M=\alpha_{M(L_1)}+\alpha_{M(L_2)}+\cdots+\alpha_{M(L_n)}+(1-P)$

其中，$\alpha_{M(L)}=1+\beta_1[L]+\beta_2[L]^2+\cdots+\beta_n[L]^n$

（5）配合物的条件稳定常数K'_{MY}：$\lg K'_{MY}=\lg K_{MY}-\lg\alpha_M-\lg\alpha_Y$（忽略 MY 的副反应）

（6）化学计量点 pM′：$pM'=\frac{1}{2}(pc_{M(sp)}+\lg K'_{MY})$

（7）金属指示剂颜色转变点 pM_t：$pM_t=\lg K_{MIn}-\lg\alpha_{In(H)}-\lg\alpha_M$

（8）滴定终点误差 TE：$TE\%=\frac{10^{\Delta pM'}-10^{-\Delta pM'}}{\sqrt{c_{M(sp)}K'_{MY}}}\times 100\%$

3. 要点与难点

（1）在一定条件下，有副反应发生时，应采用条件稳定常数K'_{MY}来表示主反应进行的程度。

（2）影响配位滴定突跃大小的因素主要有两个：条件稳定常数K'_{MY}和被滴定金属离子的浓度c_M。在浓度一定的条件下，K'_{MY}越大，滴定突跃越大；在K'_{MY}一定的条件下，金属离子的浓度越低，滴定曲线的起点越高，滴定突跃越小。

（3）金属指示剂的作用原理和使用条件。应注意，金属指示剂与金属离子所生成配合物的颜色与指示剂本身的颜色应有明显区别；金属离子与指示剂所形成配合物（MIn）的稳定性应比金属 EDTA 配合物（MY）的稳定性低。

（4）$\Delta pM'=\pm 0.2$，TE%= 0.1% 时，通常将$\lg cK'_{MY}\geqslant 6$或$\lg K'_{MY}\geqslant 8$作为判断配位滴定能否准确进行的条件。

（5）酸度的选择和控制在配位滴定法中十分重要。滴定单一离子时，根据准确滴定的条件，计算出$\lg\alpha_{Y(H)}$的最大值，查 pH-$\lg\alpha_{Y(H)}$表，其对应的 pH 就是滴定某一金属离子的最低 pH，即最高酸度；根据金属离子发生水解形成羟基配合物甚至析出沉淀 $M(OH)_n$ 的溶度积 K_{sp}，为防止滴定开始时形成 $M(OH)_n$ 沉淀，必须使$[OH^-]\leqslant\sqrt[n]{K_{sp}/c_M}$，据此求出最低酸度（最高允许 pH）。

（6）提高配位滴定选择性的两种方法：控制酸度法和掩蔽法。

（7）配位滴定法中常用的 EDTA 标准溶液和锌标准溶液的配制和标定方法。

（8）配位滴定的主要方式有直接滴定、返滴定、置换滴定和间接滴定等，广泛应用于药物分析等实际分析工作中。

习 题

1. EDTA 与金属离子的配位反应有何特点？

2. EDTA 与金属离子配合物的条件稳定常数与稳定常数有何不同？影响条件稳定常数的因素有哪些？

3. 如何提高配位滴定的选择性？通常有哪些途径？

4. 在 pH = 6.0 的 0.10mol/L Al^{3+} 溶液中，加入 NaF，使游离 F^- 的浓度为 0.010mol/L，计算此时的条件稳定常数 K'_{AlY}。

（$K'_{AlY} = 10^{1.7}$）

5. 计算用 2.0×10^{-2}mol/L EDTA 溶液滴定同浓度 Fe^{3+} 溶液的适宜酸度范围。

（pH=1.2～1.6）

6. 某待测溶液中含有浓度均为 2.0×10^{-2}mol/L 的 Pb^{2+} 和 Ca^{2+}。现欲以 2.0×10^{-2}mol/L EDTA 标准溶液滴定混合溶液中的 Pb^{2+}。问：（1）能否用控制酸度的办法选择性滴定 Pb^{2+}？（2）若能，酸度应控制在什么范围？

（（1）能；（2）pH=3.2～7.39）

7. 在 pH=10.0 的氨性缓冲溶液中，游离氨浓度为 0.10mol/L，用 0.020mol/LEDTA 滴定同浓度 Cu^{2+}，若用 PAN 为指示剂，计算滴定终点误差。

（TE% = 0.0028%）

8. 称取葡萄糖酸钙试样 5.6000g，溶解后，用容量瓶配制成 250ml 溶液，吸取 25.00ml，在 pH = 10 的氨性缓冲溶液中，以铬黑 T 为指示剂，用 0.04895mol/L 的 EDTA 标准溶液滴定至终点，消耗 EDTA 标准溶液 24.50ml。计算试样中葡萄糖酸钙（分子式为 $C_{12}H_{22}O_{14}Ca\cdot H_2O$）的质量分数。已知：$M_{C_{12}H_{22}O_{14}Ca\cdot H_2O} = 448.4$ g/mol。

（0.9603）

9. 称取干燥 $Al(OH)_3$ 凝胶 0.3986g，用容量瓶配成 250.0ml 溶液，吸取 25.00ml，精确加取 0.05140mol/L EDTA 标准溶液 25.00ml，过量的 EDTA 用 0.04998 mol/L 锌标准溶液回滴，用去 15.02ml。求试样中 Al_2O_3 的质量分数。

（0.6834）

（章小丽）

第六章　氧化还原滴定法

学 习 目 标

（1）掌握氧化还原滴定法的基本原理，对称电对的氧化还原滴定过程中电极电位的计算，影响氧化还原滴定突跃大小的因素；各种常见氧化还原滴定法的基本原理、测定条件、方法特点和应用。

（2）熟悉影响氧化还原反应进行的程度、速度的因素；氧化还原滴定法中常用的指示剂，氧化还原指示剂的变色原理、变色范围。

（3）了解条件电位的概念及其影响因素。

氧化还原滴定法（redox titration）是以氧化还原反应为基础的滴定分析方法。其应用非常广泛，可直接测定很多本身具有氧化性或还原性的物质，也可间接测定一些能与氧化剂、还原剂定量发生反应的物质。氧化还原反应涉及的机理较复杂，副反应多，有些反应不具有确定的化学计量关系，有的反应虽从热力学角度上看完全程度很高，但反应速率很慢，因此氧化还原滴定中控制反应的条件显得尤为重要。通常根据所用滴定剂的不同，将氧化还原滴定法分为碘量法、高锰酸钾法、亚硝酸钠法、重铬酸钾法等，各种方法都有其特点和应用范围，需予以重视。

第一节　氧化还原平衡

一、概　　述

氧化还原电对常可粗略地分为可逆电对与不可逆电对两类。可逆电对（如 Fe^{3+}/Fe^{2+}，$I_2/2I^-$ 等）指在氧化还原反应的任一瞬间，都能迅速建立氧化还原平衡，其实际电位基本符合用能斯特公式计算的理论电位。

不可逆电对（如 MnO_4^-/Mn^{2+}、$Cr_2O_7^{2-}/Cr^{3+}$、O_2/H_2O_2 等）发生的氧化还原反应不能在任一瞬间建立起符合能斯特公式的平衡，以能斯特公式计算所得的理论电位与实际电位相差较大，仅能做初步判断。

在处理氧化还原平衡时，把电对中氧化态与还原态系数相同的电对称为对称电对，反之，称为不对称电对。如 Fe^{3+}/Fe^{2+} ($Fe^{3+}+e^- \rightleftharpoons Fe^{2+}$) 及 MnO_4^-/Mn^{2+}（$MnO_4^-+8H^++5e^- \rightleftharpoons Mn^{2+}+4H_2O$）为对称电对，$I_2/2I^-$ ($I_2+2e^- \rightleftharpoons 2I^-$) 及 $Cr_2O_7^{2-}/Cr^{3+}$（$Cr_2O_7^{2-}+14H^++6e^- \rightleftharpoons 2Cr^{3+}+7H_2O$) 为不对称电对。凡涉及不对称电对的有关计算时，情况会稍复杂。

二、条件电极电位

（一）标准电极电位

不同氧化剂的氧化能力和还原剂的还原能力各不相同，其氧化还原能力的大小可以用电极电位来衡量。

对于任何一个可逆氧化还原电对，其电极反应为

$$a\text{Ox}+ne^- \rightleftharpoons b\text{Red}$$

当达到平衡时，其电极电位与氧化态、还原态之间的关系遵循能斯特方程：

$$\varphi_{\text{Ox/Red}} = \varphi^{\ominus} + \frac{2.303RT}{nF}\lg\frac{a_{\text{Ox}}^{a}}{a_{\text{Red}}^{b}} \qquad (6\text{-}1)$$

式中，$\varphi_{\text{Ox/Red}}^{\ominus}$为电对 Ox/Red 的标准电极电位；$a_{\text{Ox}}$和$a_{\text{Red}}$分别为电对氧化态和还原态的活度；$R$为摩尔气体常量[8.314J/（K·mol）]；$T$为绝对温度（K）；$F$为法拉第常量（96485C/mol）；$n$为电极反应中电子转移的数目。将以上常数代入式（6-1），并取常用对数，于 298.15K 时得：

$$\varphi_{\text{Ox/Red}} = \varphi^{\ominus} + \frac{0.059}{n}\lg\frac{a_{\text{Ox}}^{a}}{a_{\text{Red}}^{b}} \qquad (6\text{-}2)$$

电对的电极电位值越高，其氧化态的氧化能力越强；电对的电极电位值越低，其还原态的还原能力越强。高电极电位电对的氧化态氧化低电极电位电对的还原态，生成新的还原态和氧化态。若体系中几种还原剂同时存在时，氧化剂首先氧化最强的还原剂；同理，若体系中几种氧化剂同时存在时，还原剂首先还原最强的氧化剂。也就是说，氧化剂和还原剂的电极电位差值越大，反应越优先进行。

（二）条件电极电位

为了讨论方便，将电极反应式中各物质的系数视为 1：$\text{Ox}+ne^- \rightleftharpoons \text{Red}$

实际工作中，通常已知的是物质的浓度，而不是活度。当溶液离子强度较大时，用浓度代替活度进行计算，将引起较大的误差。因此，若以浓度代替活度，应引入相应的活度系数γ_{Ox}及γ_{Red}，即$a_{\text{Ox}}=\gamma_{\text{Ox}}[\text{Ox}]$，$a_{\text{Red}}=\gamma_{\text{Red}}[\text{Red}]$。

此外，当溶液所处的介质不同时，氧化态、还原态还会发生某些副反应，如酸效应、沉淀反应、配位效应等副反应的发生均会影响电极电位。考虑到副反应的发生，还必须引入相应的副反应系数α_{Ox}、α_{Red}。

根据副反应系数的定义：$\alpha_{\text{Ox}}=\gamma_{\text{Ox}}[\text{Ox}]=\gamma_{\text{Ox}}\dfrac{c_{\text{Ox}}}{\alpha_{\text{Ox}}}$；$\alpha_{\text{Red}}=\gamma_{\text{Red}}[\text{Red}]=\gamma_{\text{Red}}\dfrac{c_{\text{Red}}}{\alpha_{\text{Red}}}$

将上述关系代入能斯特方程式，得

$$\varphi_{\text{Ox/Red}} = \varphi_{\text{Ox/Red}}^{\ominus} + \frac{0.059}{n}\lg\frac{\gamma_{\text{Ox}}\alpha_{\text{Red}}c_{\text{Ox}}}{\gamma_{\text{Red}}\alpha_{\text{Ox}}c_{\text{Red}}}$$

当$c_{\text{Ox}}/c_{\text{Red}}=1$时，

$$\varphi_{\text{Ox/Red}}^{\ominus'} = \varphi_{\text{Ox/Red}}^{\ominus} + \frac{0.059}{n}\lg\frac{\gamma_{\text{Ox}}\alpha_{\text{Red}}}{\gamma_{\text{Red}}\alpha_{\text{Ox}}} \qquad (6\text{-}3)$$

$\varphi_{\text{Ox/Red}}^{\ominus'}$称为条件电极电位（conditional potential），简称条件电位。它是指在一定条件下，当氧化态和还原态的浓度均为 1mol/L（或$c_{\text{Ox}}/c_{\text{Red}}=1$）时的实际电极电位，它反映了离子强度和其他各种副反应的综合影响。条件电位与溶液中电解质的组成和浓度，特别是能与电对中氧化态和还原态发生副反应的物质的组成及浓度有关，只有在离子强度和副反应系数等条件不变的情况下才为常数。显然，用条件电位来处理问题既简便又比较符合实际情况。

在进行氧化还原平衡计算时，应采用与给定介质条件一致时的条件电位。若缺乏相同条件的$\varphi_{\text{Ox/Red}}^{\ominus'}$数值，可采用与介质条件相近的条件电位数据。例如，未查到 1.5mol/L H_2SO_4溶液中Fe^{3+}/Fe^{2+}的条件电位，可用 1.0mol/L H_2SO_4溶液中该电对的条件电位（0.68V）代替。对于没有相应条件电位数据的氧化还原电对，则采用标准电极电位。

例 6-1　写出某 HCl 溶液中Fe^{3+}/Fe^{2+}的条件电位的计算公式。

解：HCl 溶液中，除了Fe^{3+}、Fe^{2+}外，还存在$FeOH^{2+}$、$FeCl^{2+}$、$FeCl_2^{+}$、$FeCl_2$等副反应产物。

由 $[Fe^{3+}]=\frac{c_{Fe^{3+}}}{\alpha_{Fe(Ⅲ)}}$，$[Fe^{2+}]=\frac{c_{Fe^{2+}}}{\alpha_{Fe(Ⅱ)}}$

又有 $a_{Fe^{3+}}=\gamma_{Fe^{3+}}[Fe^{3+}]$，$a_{Fe^{2+}}=\gamma_{Fe^{2+}}[Fe^{2+}]$

代入式（6-2）得

$$\varphi_{Fe^{3+}/Fe^{2+}}=\varphi^{\ominus}_{Fe^{3+}/Fe^{2+}}+0.059\lg\frac{\gamma_{Fe^{3+}}\alpha_{Fe(Ⅱ)}c_{Fe^{3+}}}{\gamma_{Fe^{2+}}\alpha_{Fe(Ⅲ)}c_{Fe^{2+}}}$$

$$\varphi_{Fe^{3+}/Fe^{2+}}=\varphi^{\ominus}_{Fe^{3+}/Fe^{2+}}+0.059\lg\frac{\gamma_{Fe^{3+}}\alpha_{Fe(Ⅱ)}}{\gamma_{Fe^{2+}}\alpha_{Fe(Ⅲ)}}+0.0591\lg\frac{c_{Fe^{3+}}}{c_{Fe^{2+}}}$$

当 $c_{Fe^{3+}}=c_{Fe^{2+}}=1mol/L$ 时

$$\varphi_{Fe^{3+}/Fe^{2+}}=\varphi^{\ominus}_{Fe^{3+}Fe^{2+}}+0.059\lg\frac{\gamma_{Fe^{3+}}\alpha_{Fe(Ⅱ)}}{\gamma_{Fe^{2+}}\alpha_{Fe(Ⅲ)}}=\varphi^{\ominus'}_{Fe^{3+}/Fe^{2+}}$$

从理论上说，只要已知有关组分的活度系数和副反应系数，就可由电对的标准电极电位 $\varphi^{\ominus}$ 计算条件电位 $\varphi^{\ominus'}$。实际工作中，可能同时会发生多种副反应，且涉及的有关常数也尚不齐全，因此求副反应系数值也较麻烦；溶液的离子强度较大，活度系数也不易求得，因此 $\varphi^{\ominus'}$ 计算困难，一般可通过实验测定得到。

查阅相关化学手册可获得部分氧化还原电对在不同介质中的条件电位，引入条件电位后，能斯特方程式可表示为

$$\varphi_{Ox/Red}=\varphi^{\ominus'}_{Ox/Red}+\frac{0.059}{n}\lg\frac{c_{Ox}}{c_{Red}} \quad (6-4)$$

例 6-2 在 1mol/L HCl 溶液中，计算用固体亚铁盐将 0.100mol/L $K_2Cr_2O_7$ 溶液还原至一半时的电位（已知该条件下，$\varphi^{\ominus'}_{Cr_2O_7^{2-}/Cr^{3+}}=1.00V$）。

解：$Cr_2O_7^{2-}+6Fe^{2+}+14H^+ \rightleftharpoons 2Cr^{3+}+6Fe^{3+}+7H_2O$

由题意，0.100mol/L $K_2Cr_2O_7$ 还原至一半时，$c_{Cr_2O_7^{2-}}$=0.0500mol/L，

$c_{Cr^{3+}}$=2×(0.100–0.0500)=0.100（mol/L）

$$\varphi_{Cr_2O_7^{2-}/Cr^{3+}}=\varphi^{\ominus'}_{Cr_2O_7^{2-}/Cr^{3+}}+\frac{0.059}{6}\lg\frac{c_{Cr_2O_7^{2-}}}{c^2_{Cr^{3+}}}=1.00+\frac{0.059}{6}\lg\frac{0.0500}{(0.100)^2}=1.01(V)$$

三、影响条件电位的因素

从条件电位的定义不难看出，影响电对条件电位的主要因素为离子强度和各种副反应（包括在溶液中可能发生的配位、沉淀、酸效应等）。

（一）离子强度的影响

在氧化还原反应中，溶液的离子强度一般较大，氧化态和还原态的价态通常较高，因而活度系数小于 1。但由于各种副反应对电极电位的影响远大于离子强度的影响，且活度系数精确值的计算比较困难，因此估算条件电位时一般可忽略离子强度的影响（假定离子的活度系数 γ=1）。此时有

$$\varphi^{\ominus'}=\varphi^{\ominus}+\frac{0.059}{n}\lg\frac{\alpha_{Red}}{\alpha_{Ox}}$$

（二）生成沉淀的影响

在氧化还原反应中，当加入一种可与氧化态或还原态生成沉淀的沉淀剂时，就会改变电对

的条件电位。氧化态生成沉淀使电对的条件电位降低；反之，还原态生成沉淀则使电对的条件电位升高。

例如，用间接碘量法测定 Cu^{2+}的含量，正是基于如下反应：

$$2Cu^{2+}+4I^- \rightleftharpoons 2CuI\downarrow+I_2$$

$$I_2+2S_2O_3^{2-} \rightleftharpoons 2I^-+S_4O_6^{2-}$$

已知：$\varphi^{\ominus}_{Cu^{2+}/Cu^+}=+0.159V$；$\varphi^{\ominus}_{I_2/2I^-}=+0.5345V$。

从 $\varphi^{\ominus}$ 看，Cu^{2+}不能氧化 I^-。但事实上，可利用过量的 I^-与 Cu^+生成溶解度很小的 CuI 沉淀，导致 Cu^{2+}/Cu^+电对的条件电位显著升高。此时，Cu^{2+}的氧化能力显著增强，Cu^{2+}氧化 I^-的反应能进行得很完全。

例 6-3 计算 25℃时，$[I^-]$=1mol/L 时的 Cu^{2+}/Cu^+的条件电极电位（忽略离子强度的影响）。

解：已知 $\varphi^{\ominus}_{Cu^{2+}/Cu^+}=+0.159V$；$K_{sp}(CuI)=1.27\times10^{-12}$

根据式（6-2）得

$$\varphi_{Cu^{2+}/Cu^+}=\varphi^{\ominus}_{Cu^{2+}/Cu^+}+0.059\lg\frac{[Cu^{2+}]}{[Cu^+]}=\varphi^{\ominus}_{Cu^{2+}/Cu^+}+0.059\lg\frac{[Cu^{2+}][I^-]}{K_{sp}}$$

$$\varphi_{Cu^{2+}/Cu^+}=\varphi^{\ominus}_{Cu^{2+}/Cu^+}+0.059\lg\frac{c_{Cu^{2+}}[I^-]}{\alpha_{Cu^{2+}}K_{sp}}$$

$$=\varphi^{\ominus}_{Cu^{2+}/Cu^+}+0.059\lg\frac{[I^-]}{\alpha_{Cu^{2+}}K_{sp}}+0.059\lg c_{Cu^{2+}}$$

$$=\varphi^{\ominus\prime}_{Cu^{2+}/Cu^+}+0.059\lg c_{Cu^{2+}}$$

$$\varphi^{\ominus\prime}_{Cu^{2+}/Cu^+}=\varphi^{\ominus}_{Cu^{2+}/Cu^+}+0.059\lg\frac{[I^-]}{\alpha_{Cu^{2+}}K_{sp}}$$

因为在实验条件下，Cu^{2+}不发生明显的副反应，认为 $\alpha_{Cu^{2+}}\approx1$，若$[I^-]$=1mol/L，代入相关数据求得 $\varphi^{\ominus\prime}_{Cu^{2+}/Cu^+}=0.86V$。

可见，由于生成了 CuI 沉淀，使溶液中 Cu^+浓度大幅度降低，Cu^{2+}/Cu^+电对的条件电位增高至 0.86V，大于 $I_2/2I^-$的电极电位，所以此条件下 Cu^{2+}可以氧化 I^-。

（三）形成配合物的影响

溶液中常存在多种阴离子，它们往往能与氧化态或还原态形成具有不同稳定性的配合物，从而引起条件电位的改变。若只有氧化态形成稳定的配合物，或生成的氧化态配合物比还原态配合物更稳定，条件电位降低；反之，若只有还原态形成稳定的配合物，或生成的还原态配合物比氧化态配合物更稳定，条件电位升高。例如，用间接碘量法测定 Cu^{2+}的含量时，若试样中有 Fe^{3+}存在，它将氧化 I^-，从而干扰 Cu^{2+}的测定。如果向试液中加入 F^-，F^-与 Fe^{3+}形成稳定的 FeF_3 配合物，此时降低了铁电对的电极电位，Fe^{3+}不能再氧化 I^-，干扰就被消除了。

例 6-4 计算 25℃时，$[F^-]$=1mol/L 的溶液中电对 Fe^{3+}/Fe^{2+}的条件电位值（忽略离子强度的影响）。此条件下，采用间接碘量法测定 Cu^{2+}的含量时，Fe^{3+}是否干扰 Cu^{2+}的测定？

解：$\varphi^{\ominus}_{Fe^{3+}/Fe^{2+}}=+0.771V$，$\varphi^{\ominus}_{I_2/2I^-}=+0.5345V$，

由于 $\varphi^{\ominus}_{Fe^{3+}/Fe^{2+}}>\varphi^{\ominus}_{I_2/2I^-}$，所以 Fe^{3+}能氧化 I^-。

$$\varphi_{Fe^{3+}/Fe^{2+}}=\varphi^{\ominus}_{Fe^{3+}/Fe^{2+}}+0.059\lg\frac{[Fe^{3+}]}{[Fe^{2+}]}$$

$$= \varphi^{\ominus}_{Fe^{3+}/Fe^{2+}} + 0.059\lg\frac{c_{Fe^{3+}}/\alpha_{Fe^{3+}}}{c_{Fe^{2+}}/\alpha_{Fe^{2+}}}$$

$$= \varphi^{\ominus}_{Fe^{3+}/Fe^{2+}} + 0.059\lg\frac{\alpha_{Fe^{2+}}}{\alpha_{Fe^{3+}}} + 0.059\lg\frac{c_{Fe^{3+}}}{c_{Fe^{2+}}}$$

$$\varphi^{\ominus'}_{Fe^{3+}/Fe^{2+}} = \varphi^{\ominus}_{Fe^{3+}/Fe^{2+}} + 0.059\lg\frac{\alpha_{Fe^{2+}}}{\alpha_{Fe^{3+}}}$$

查表得 FeF_3 配合物的 β_1、β_2、β_3 分别为 $10^{5.2}$、$10^{9.2}$、$10^{11.9}$，代入下式，得

$$\alpha_{Fe^{3+}(F)} = 1+\beta_1[F^-]+\beta_2[F^-]^2+\beta_3[F^-]^3$$

$$=1+10^{5.2}\times 1+10^{9.2}\times 1^2+10^{11.9}\times 1^3\approx 10^{11.9}$$

$$\alpha_{Fe^{2+}(F)} \approx 1$$

$$\varphi^{\ominus'}_{Fe^{3+}/Fe^{2+}} = \varphi^{\ominus}_{Fe^{3+}/Fe^{2+}} + 0.059\lg\frac{\alpha_{Fe^{2+}}}{\alpha_{Fe^{3+}}}$$

$$\varphi^{\ominus'}_{Fe^{3+}/Fe^{2+}} = \varphi^{\ominus}_{Fe^{3+}/Fe^{2+}} + 0.059\lg\frac{1}{10^{11.9}} = 0.0689\text{V} < 0.5345\text{V}$$

计算结果说明，加入 F^- 后，Fe^{3+} 与 F^- 形成了稳定的配合物，导致 Fe^{3+}/Fe^{2+} 的条件电位明显降低，这样 Fe^{3+} 就不能氧化 I^-，从而消除了 Fe^{3+} 的干扰。

（四）溶液的酸度对条件电位的影响

许多有 H^+ 或 OH^- 参加的氧化还原反应，溶液的酸度变化将直接影响电对的条件电位；氧化态或还原态是弱酸或弱碱时，酸度的变化直接影响其存在形式，从而引起条件电位的改变。

例 6-5 计算 25℃时，当 $[H^+]$=5mol/L 及 $[H^+]=10^{-8}$mol/L 时，电对 $H_3AsO_4/HAsO_2$ 的条件电位。

已知：$H_3AsO_4+2H^++2e^- \rightleftharpoons HAsO_2+2H_2O \quad \varphi^{\ominus}_{H_3AsO_4/HAsO_2} = 0.559\text{V}$

$$I_2+2e^- \rightleftharpoons 2I^- \quad \varphi^{\ominus}_{I_2/2I^-} = 0.5345\text{V}$$

解：$\varphi_{H_3AsO_4/HAsO_2} = \varphi^{\ominus}_{H_3AsO_4/HAsO_2} + \dfrac{0.059}{2}\lg\dfrac{[H_3AsO_4][H^+]^2}{[HAsO_2]}$

$$= \varphi^{\ominus}_{H_3AsO_4/HAsO_2} + \frac{0.059}{2}\lg\frac{c_{H_3AsO_4}\alpha_{HAsO_2}[H^+]^2}{c_{HAsO_2}\alpha_{H_3AsO_4}}$$

$$= \varphi^{\ominus'}_{H_3AsO_4/HAsO_2} + \frac{0.059}{2}\lg\frac{c_{H_3AsO_4}}{c_{HAsO_2}}$$

$$\varphi^{\ominus'}_{H_3AsO_4/HAsO_2} = \varphi^{\ominus}_{H_3AsO_4/HAsO_2} + \frac{0.059}{2}\lg\frac{\alpha_{HAsO_2}[H^+]^2}{\alpha_{H_3AsO_4}}$$

$$\alpha_{HAsO_2} = \frac{[H^+]+K_a}{[H^+]}$$

查表，$HAsO_2$ 的 pK_a=9.29；H_3AsO_4 的 $pK_{a_1}=2.26$，$pK_{a_2}=6.76$，$pK_{a_3}=11.29$。

所以，当 $[H^+]$=5mol/L 时，$\alpha_{HAsO_2}\approx 1$，$\alpha_{H_3AsO_4}\approx 1$，$\varphi^{\ominus'}_{H_3AsO_4/HAsO_2} = 0.60\text{V}$

此时，$\varphi^{\ominus'}_{I_2/2I^-} \approx \varphi^{\ominus}_{I_2/2I^-} < \varphi^{\ominus'}_{H_3AsO_4/HAsO_2}$，说明在强酸性溶液中发生的反应为

$$H_3AsO_4+2H^++2I^- \rightleftharpoons HAsO_2+I_2+2H_2O$$

据此反应，可用间接碘量法测定 H_3AsO_4 的含量。

同理，当$[H^+]=10^{-8}$mol/L 时，$\alpha_{HAsO_2} \approx 1$，$\alpha_{H_3AsO_4} \approx 1\times10^7$，$\varphi^{\ominus'}_{H_3AsO_4/HAsO_2} = -0.12V$

此时，$\varphi^{\ominus'}_{I_2/2I^-} \approx \varphi^{\ominus}_{I_2/2I^-} > \varphi^{\ominus'}_{H_3AsO_4/HAsO_2}$，说明在 pH=8 的溶液中发生的反应为

$$HAsO_2+I_2+2H_2O \rightleftharpoons H_3AsO_4+2H^++2I^-$$

据此反应，可用 As_2O_3 在弱碱性溶液中标定 I_2 标准溶液。

四、氧化还原反应进行的程度

氧化还原反应进行的程度可由反应的平衡常数来衡量，根据平衡常数的定义：

$$K = \frac{a^b_{Ox_2}\,a^a_{Red_1}}{a^a_{Ox_1}\,a^b_{Red_2}}$$

一定条件下，若考虑到溶液中各种副反应的影响，相应的活度应以总浓度代替，所得平衡常数称为条件平衡常数 K'，用 K' 更能说明氧化还原反应进行的程度：

$$K' = \frac{c^b_{Ox_2}\,c^a_{Red_1}}{c^a_{Ox_1}\,c^b_{Red_2}}$$

氧化还原反应的平衡常数可用有关电对的标准电位或条件电位求得，如氧化还原反应：$a\text{Ox}_1+b\text{Red}_2 = a\text{Red}_1+b\text{Ox}_2$

两电对对应的半反应分别为：$\text{Ox}_1 + n_1\text{e} \rightleftharpoons \text{Red}_1$

$$\text{Ox}_2 + n_2\text{e} \rightleftharpoons \text{Red}_2$$

在配平氧化还原反应时，容易获得 $n = an_1 = bn_2$，n 为氧化还原反应中转移的电子总数。两电对的电极电位分别为：

$$\varphi_1 = \varphi_1^{\ominus'} + \frac{0.059}{n_1}\lg\frac{c_{Ox_1}}{c_{Red_1}}$$

$$\varphi_2 = \varphi_2^{\ominus'} + \frac{0.059}{n_2}\lg\frac{c_{Ox_2}}{c_{Red_2}}$$

当反应达到平衡时，两电对的电极电位相等，即 $\varphi_1 = \varphi_2$。可通过任一半反应来求平衡电位。

$$\varphi_1^{\ominus'} + \frac{0.059}{n_1}\lg\frac{c_{Ox_1}}{c_{Red_1}} = \varphi_2^{\ominus'} + \frac{0.059}{n_2}\lg\frac{c_{Ox_2}}{c_{Red_2}}$$

等式两边同乘 n_1 与 n_2 的最小公倍数 n，整理后得

$$\lg K' = \frac{n(\varphi_1^{\ominus'} - \varphi_2^{\ominus'})}{0.059} = \frac{n\Delta\varphi^{\ominus'}}{0.059} \qquad (6\text{-}5)$$

$\Delta\varphi^{\ominus'}$ 称为条件电位差。两电对的条件电位相差 $\Delta\varphi^{\ominus'}$ 越大，氧化还原反应的平衡常数 K' 就越大，反应进行得也越完全。对于特定的氧化还原滴定反应，要使化学计量点时反应的完全程度达到 99.9%以上，需满足什么条件呢?

当 $n_1=n_2$ 时，$a=b=1$ 的对称电对的氧化还原滴定反应：

$$\text{Ox}_1+\text{Red}_2 \rightleftharpoons \text{Red}_1+\text{Ox}_2$$

若化学计量点时反应的完全程度达到 99.9%以上，则应该有 99.9%的反应物转化为产物。

化学计量点时，反应产物的浓度≥99.9%，即c_{Ox_2}≥99.9%；c_{Red_1}≥99.9%；而剩余反应物的浓度≤0.1%，即c_{Ox_1}≤0.1%；c_{Red_2}≤0.1%，得

$$\lg K' \geqslant \lg \frac{c_{Ox_2} c_{Red_1}}{c_{Ox_1} c_{Red_2}} = \lg \frac{99.9\% \times 99.9\%}{0.1\% \times 0.1\%} = 6 \qquad (6\text{-}6)$$

所以，当一个氧化还原反应的$\lg K' \geqslant 6$时，才能满足分析误差≤0.1%的要求；根据式(6-5)，不难推导出$\Delta\varphi^{\ominus'} \geqslant \frac{0.059}{n} \times 6\text{V}$就能满足定量分析的要求。

具体来看，若氧化还原反应中两电对的电子转移数相等，$n_1=n_2=1$时，应满足$\lg K' \geqslant 6$或$\Delta\varphi^{\ominus'} \geqslant \frac{0.059}{1} \times 6 = 0.35(\text{V})$；$n_1=n_2=2$时，应满足$\lg K' \geqslant 6$或$\Delta\varphi^{\ominus'} \geqslant \frac{0.059}{2} \times 6 = 0.18(\text{V})$；$n_1=n_2=3$时，应满足$\lg K' \geqslant 6$或$\Delta\varphi^{\ominus'} \geqslant \frac{0.059}{3} \times 6 = 0.12(\text{V})$，这样该反应就能满足定量分析的要求。

类似地，对于$n_1 \neq n_2$的对称电对的氧化还原反应：

$$a\text{Ox}_1 + b\text{Red}_2 \rightleftharpoons a\text{Red}_1 + b\text{Ox}_2$$

$$\lg K' = \lg \frac{c_{Ox_2}^{b} c_{Red_1}^{a}}{c_{Ox_1}^{a} c_{Red_2}^{b}} \geqslant \lg(10^{3a} \times 10^{3b})$$

得

$$\lg K' \geqslant 3(a+b) \qquad (6\text{-}7)$$

根据式（6-5），推导出要使反应的完全程度达到99.9%以上，对$\Delta\varphi^{\ominus'}$的要求：

$$\Delta\varphi^{\ominus'} \geqslant 3(a+b)\frac{0.059}{n} \qquad (6\text{-}8)$$

例 6-6 若参与氧化还原反应的两电对的电子转移数分别为$n_1=1$，$n_2=2$；$n_1=5$，$n_2=1$；$n_1=2$，$n_2=3$时，试通过计算说明，要满足定量分析的要求，此氧化还原反应的条件平衡常数K'至少应为多少？$\Delta\varphi^{\ominus'}$又至少应为多少？

解：由式（6-7）及式（6-8）要满足定量分析的要求，只需满足以下条件：

$n_1=1$，$n_2=2$时，$\lg K' \geqslant 3(a+b) = 9$，$\Delta\varphi^{\ominus'} \geqslant 3 \times (2+1) \times \frac{0.059}{2} = 0.27(\text{V})$

$n_1=5$，$n_2=1$时，$\lg K' \geqslant 18$，$\Delta\varphi^{\ominus'} \geqslant 3 \times (1+5) \times \frac{0.059}{2} = 0.21(\text{V})$

$n_1=2$，$n_2=3$时，$\lg K' \geqslant 15$，$\Delta\varphi^{\ominus'} \geqslant 3 \times (3+2) \times \frac{0.059}{2} = 0.15(\text{V})$

可见，氧化还原反应的类型不同时，要满足定量分析的要求，对平衡常数的要求也不同，实际运用中应根据反应平衡常数K或条件平衡常数K'来进行判断；也可根据$\Delta\varphi^{\ominus'}$的大小来进行判断。氧化还原滴定中，一般而言，不论什么类型的反应，只要两电对的$\Delta\varphi^{\ominus'}$大于0.4V，即认为反应能定量进行。氧化还原滴定中一般可通过选择强氧化剂作滴定剂或控制介质改变相关电对的条件电位来满足这个条件。

例 6-7 计算1mol/L HCl介质中，Fe^{3+}与Sn^{2+}反应的条件平衡常数，并判断反应能否定量进行？

解：Fe^{3+}与Sn^{2+}的反应式为：$2Fe^{3+} + Sn^{2+} \rightleftharpoons Sn^{4+} + 2Fe^{2+}$

查表可知，1mol/L HCl介质中，两电对的条件电位值分别为：

$$Fe^{3+} + e^- \rightleftharpoons Fe^{2+} \qquad \varphi^{\ominus'}_{Fe^{3+}/Fe^{2+}} = 0.70\text{V};$$

$$Sn^{4+}+2e^- \rightleftharpoons Sn^{2+} \qquad \varphi^{\ominus'}_{Sn^{4+}/Sn^{2+}}=0.14V\ ;$$

由题意 $n_1=1$，$n_2=2$，得 $a=2$，$b=1$。

由于 $n_1 \neq n_2$，根据式（6-7）$\lg K' \geqslant 3(a+b)$ 得 $\lg K' \geqslant 9$

根据式（6-5），反应的条件平衡常数为：

$$\lg K' = \frac{n(\varphi_1^{\ominus'}-\varphi_2^{\ominus'})}{0.059} = \frac{2\times(0.70-0.14)}{0.059} = 18.98 \geqslant 9$$

仅从条件平衡常数考虑，上述反应进行较完全，符合滴定分析要求。当然，也能根据另一个判据，即 $\Delta\varphi^{\ominus'}$ 的大小来进行判断，$\Delta\varphi^{\ominus'}=0.70-0.14=0.56$（V），此时只需 $\Delta\varphi^{\ominus'} \geqslant 0.27V$，即能满足滴定分析的要求。

五、影响氧化还原反应速率的因素

仅从有关电对的条件电位来判断氧化还原反应的方向和完全程度，只能说明氧化还原反应发生的可能性，却无法说明该反应的速率。在滴定分析中，总是希望滴定反应能快速进行，若反应速率慢，反应就不能直接用于滴定。如 Ce^{4+} 与 H_3AsO_3 在 0.5mol/L H_2SO_4 中的反应：

$$2Ce^{4+}+H_3AsO_3+2H_2O \rightleftharpoons 2Ce^{3+}+H_3AsO_4+2H^+$$

$$\varphi^{\ominus'}_{As^{5+}/As^{3+}}=0.56V \qquad \varphi^{\ominus'}_{Ce^{4+}/Ce^{3+}}=1.46V$$

通过计算得该反应的条件平衡常数 $K' \approx 10^{30}$。若仅考虑反应进行的程度，平衡常数的数值很大，说明反应进行得很完全。实际上此反应速率极慢，若不加催化剂，反应无法实现。因此在氧化还原滴定中，反应的速率也是非常关键的问题。影响氧化还原反应速度的因素主要有以下几方面。

（一）氧化剂与还原剂的性质

不同性质的氧化剂和还原剂，其反应速率相差极大，这与它们的原子结构、反应历程等诸多因素有关，情况较复杂，这里不做深入讨论。

（二）反应物浓度

许多氧化还原反应的机理比较复杂，常分步进行，整个反应速率由最慢的一步决定。因此不能从总的氧化还原反应方程式来判断反应物浓度对反应速率的影响。但一般来说，增加反应物的浓度能加快反应的速率。例如，$Cr_2O_7^{2-}$ 与 I^- 的反应：

$$Cr_2O_7^{2-}+6I^-+14H^+ \rightleftharpoons 2Cr^{3+}+3I_2+7H_2O$$

此反应速率慢，但增大 I^- 的浓度或提高溶液酸度都可加速反应。实验证明，在 H^+ 浓度为 0.4mol/L 时，KI 过量约 5 倍，放置 5min，反应即可进行完全。

（三）温度对反应速率的影响

对大多数反应来说，升高溶液的温度可以加快反应速率。这是由于升高溶液的温度能够增加反应物之间的碰撞概率，增加活化分子或活化离子的数目，促使反应速率加快。通常溶液温度每增高 10℃，反应速率可增大 2～3 倍。例如，在酸性溶液中 MnO_4^- 和 $C_2O_4^{2-}$ 的反应：

$$2MnO_4^-+5C_2O_4^{2-}+16H^+ \rightleftharpoons 2Mn^{2+}+10CO_2+8H_2O$$

在室温下，反应速率缓慢，如果将溶液加热至 75～85℃，反应速率就大大加快，滴定便可顺利进行。但并非所有反应都允许用升高溶液温度的办法来加快反应速率。$K_2Cr_2O_7$ 与 KI 的反应，就不能用加热的方法来加快反应速率，否则生成的 I_2 会挥发而引起损失。又如草酸溶液，若加热的温度过高，时间过长，将导致草酸分解，引起的误差也会增大。另外，有些还原性物质如 Fe^{2+}、Sn^{2+}等加热时更容易被空气中的 O_2 氧化。因此，对那些加热会挥发，或加热易被空气中 O_2 氧化的反应，不能用提高温度的办法来加速，而只能寻求其他方法。

（四）催化反应对反应速率的影响

分析化学中常利用催化剂来改变反应速率。催化剂对反应速率有很大的影响。例如，在酸性介质中，用过二硫酸铵氧化 Mn^{2+}的反应必须有 Ag^{+}作催化剂反应才能迅速进行：

$$2Mn^{2+} + 5S_2O_8^{2-} + 8H_2O \rightleftharpoons 2MnO_4^- + 10SO_4^{2-} + 16H^+$$

MnO_4^- 与 $C_2O_4^{2-}$ 的反应速率慢，但若加入 Mn^{2+}就能催化反应迅速进行。如果不加入 Mn^{2+}，而是利用 MnO_4^- 与 $C_2O_4^{2-}$ 发生反应后生成的微量 Mn^{2+}作催化剂，反应也可较快进行。这种生成物本身起催化作用的反应称为自动催化反应（self-catalyzed reaction）。这类反应有一个特点，就是开始时的反应速率较慢（称为诱导期）；随着生成物逐渐增多，反应速率逐渐加快；经一个最高点后，由于反应物的浓度越来越低，反应速率又逐渐降低。

催化剂分为正催化剂和负催化剂，正催化剂加快反应速率，负催化剂减慢反应速率。分析化学中，也会用到负催化剂。例如，加入多元醇可以减慢 $SnCl_2$ 与溶液中的氧作用。

综上所述，为了使氧化还原反应能按所需方向定量、迅速地进行，选择和控制适当的反应条件（包括温度、酸度和添加某些试剂等）是至关重要的。

第二节　氧化还原滴定的基本原理

一、氧化还原滴定曲线

氧化还原滴定过程中，反应物和生成物的浓度总是在不断改变，有关电对的电极电位也随之不断发生变化，这种电位的改变情况可用滴定曲线来描述。以滴定剂加入的体积或百分数为横坐标，相关电对的电位为纵坐标作图，所得曲线称为氧化还原滴定曲线。

滴定过程中各点的电位一般可通过实验方法进行测量，对于可逆氧化还原体系，也可以根据能斯特公式进行计算。

（一）滴定过程电对电位的计算及滴定曲线的绘制

1. 化学计量点时的电位计算

对于对称电对发生的氧化还原反应：$a\mathrm{Ox}_1+b\mathrm{Red}_2 \rightleftharpoons b\mathrm{Ox}_2+a\mathrm{Red}_1$

两个半反应对应的电位值分别为：

$$\mathrm{Ox}_1+n_1\mathrm{e} \rightleftharpoons \mathrm{Red}_1 \qquad \varphi_1=\varphi_1^{\ominus'}+\frac{0.059}{n_1}\lg\frac{c_{\mathrm{Ox}_1}}{c_{\mathrm{Red}_1}}$$

$$\mathrm{Ox}_2+n_2\mathrm{e} \rightleftharpoons \mathrm{Red}_2 \qquad \varphi_2=\varphi_2^{\ominus'}+\frac{0.059}{n_2}\lg\frac{c_{\mathrm{Ox}_2}}{c_{\mathrm{Red}_2}}$$

达到化学计量点时，$\varphi_{sp}=\varphi_1=\varphi_2$，将以上两式通分后相加，整理后得

$$(n_1+n_2)\varphi_{sp}=n_1\varphi_1^{\ominus'}+n_2\varphi_2^{\ominus'}+0.059\lg\frac{c_{\mathrm{Ox}_1}c_{\mathrm{Ox}_2}}{c_{\mathrm{Red}_1}c_{\mathrm{Red}_2}}$$

化学计量点时：$c_{\mathrm{Ox}_1}/c_{\mathrm{Red}_2}=a/b$，$c_{\mathrm{Ox}_2}/c_{\mathrm{Red}_1}=b/a$，

则

$$\lg\frac{c_{Ox_1}c_{Ox_2}}{c_{Red_1}c_{Red_2}}=0$$

所以，

$$\varphi_{sp}=\frac{n_1\varphi_1^{\ominus'}+n_2\varphi_2^{\ominus'}}{n_1+n_2} \tag{6-9}$$

式（6-9）是对称电对的氧化还原滴定化学计量点时电位的计算公式。

若 $n_1=n_2=1$，则 $\varphi_{sp}=\dfrac{\varphi_1^{\ominus'}+\varphi_2^{\ominus'}}{2}$。

2. 化学计量点前后电位值的计算　对于对称电对的氧化还原反应，化学计量点前后的电位值可用能斯特方程式计算。

（1）化学计量点前的电位。通常采用被测物电对的电位进行计算。若被测物为 Red_2，则

$$\varphi_{-0.1\%}=\varphi_{Ox_2/Red_2}=\varphi_{Ox_2/Red_2}^{\ominus'}+\frac{0.059}{n_1}\lg\frac{c_{Ox_2}}{c_{Red_2}} \tag{6-10}$$

（2）化学计量点后的电位。采用滴定剂电对的电位来计算，若滴定剂为 Ox_1，则

$$\varphi_{+0.1\%}=\varphi_{Ox_1/Red_1}=\varphi_{Ox_1/Red_1}^{\ominus'}+\frac{0.059}{n_1}\lg\frac{c_{Ox_1}}{c_{Red_1}} \tag{6-11}$$

3. 具体实例　在 1.0mol/L H_2SO_4 溶液中，用 0.1000mol/L $Ce(SO_4)_2$ 溶液滴定 20.00ml 0.1000mol/L $FeSO_4$ 溶液，其滴定反应为：$Ce^{4+}+Fe^{2+} \rightleftharpoons Ce^{3+}+Fe^{3+}$

滴定过程中溶液的组成发生如下变化：

滴定过程	溶液组成
滴定前	Fe^{2+}（极少量的被空气和介质氧化生产的 Fe^{3+}）
化学计量点前	Fe^{2+}、Fe^{3+}、Ce^{3+}（反应完全，$C_{Ce^{4+}}$ 很小）
化学计量点后	Fe^{3+}、Ce^{3+} 、Ce^{4+}（$c_{Fe^{2+}}$ 很小）

（1）化学计量点前。因为加入的 Ce^{4+}几乎全部被 Fe^{2+}还原为 Ce^{3+}，到达平衡时 $c_{Ce^{4+}}$ 很小，电位值不易直接求得。但如果知道了滴定的百分数，就可求得 $c_{Fe^{3+}}/c_{Fe^{2+}}$，进而计算出电位值。假设 Fe^{2+}被滴定了 a%，则按式（6-10）有

$$\varphi_{Fe^{3+}/Fe^{2+}}=\varphi_{Fe^{3+}/Fe^{2+}}^{\ominus'}+0.059\lg\frac{a}{100-a}$$

当 a%=99.9%时，即化学计量点前 0.1%：

$$\varphi=\varphi_2^{\ominus'}+\frac{0.059}{n_2}\lg\frac{99.9}{0.1}=\varphi_2^{\ominus'}+\frac{0.059}{n_2}\times 3 \tag{6-12}$$

（2）化学计量点后。Fe^{2+}几乎全部被 Ce^{4+}氧化为 Fe^{3+}，溶液中 $c_{Fe^{2+}}$ 很小，不易直接求得，但只要知道加入过量的 Ce^{4+}的百分数，就可以用 $c_{Ce^{4+}}/c_{Ce^{3+}}$ 按式（6-11）计算电位值。设加入了 b% Ce^{4+}，则过量的 Ce^{4+}为（b–100）%，得

$$\varphi_{Ce^{4+}/Ce^{3+}}=\varphi_{Ce^{4+}/Ce^{3+}}^{\ominus'}+0.059\lg\frac{b-100}{100}$$

当 b%=100.1%时，即化学计量点后 0.1%：

$$\varphi = \varphi_1^{\ominus'} + \frac{0.059}{n_1}\lg\frac{0.1}{100} = \varphi_1^{\ominus'} - \frac{0.059}{n_1}\times 3 \qquad (6\text{-}13)$$

（3）化学计量点时。Ce^{4+}和 Fe^{2+}分别定量地转变为 Ce^{3+}和 Fe^{3+}，未反应的 $c_{Ce^{4+}}$ 和 $c_{Fe^{2+}}$ 很小，不能直接求得，可从式（6-9）求得

$$\varphi_{sp} = \frac{\varphi^{\ominus'}_{Fe^{3+}/Fe^{2+}} + \varphi^{\ominus'}_{Ce^{4+}/Ce^{3+}}}{2} = \frac{1.44+0.68}{2} = 1.06(\text{V})$$

计算结果列表如下：

加入 Ce^{4+}溶液体积 V/ml	Fe^{2+}被滴定的百分率 a/%	电位 φ/V	
1.00	5.0	0.60	
2.00	10.0	0.62	
4.00	20.0	0.64	
8.00	40.0	0.67	
10.00	50.0	0.68	
12.00	60.0	0.69	
18.00	90.0	0.74	
19.80	99.0	0.80	
19.98	99.9	0.86	突跃范围
20.00	100.0	1.06	
20.02	100.1	1.26	
22.00	110.0	1.38	
30.00	150.0	1.42	
40.00	200.0	1.44	

4. 滴定曲线 以滴定剂加入的百分数（滴定分数）为横坐标，电对的电位值为纵坐标作图，可得到如图 6-1 所示的滴定曲线。

由图可知，滴定分数为 50%处的电位，等于被测物电对的条件电位值；滴定分数为 200%处的电位，等于滴定剂电对的条件电位值。

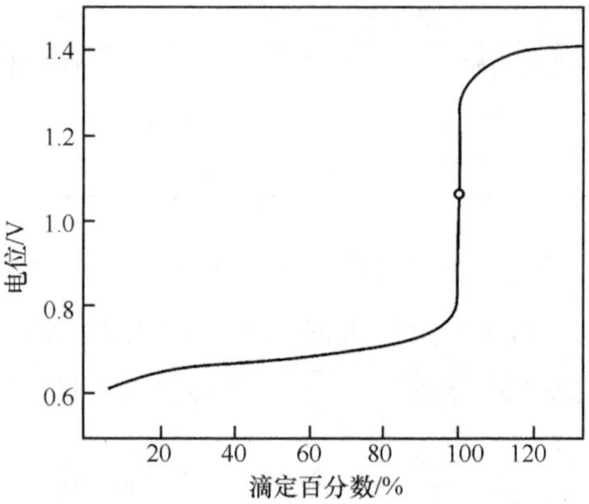

图 6-1 0.1000mol/L $Ce(SO_4)_2$溶液滴定 20.00ml 0.1000mol/L $FeSO_4$溶液的滴定曲线

（二）滴定突跃

化学计量点前后 0.1%，溶液的电位值有一个突变，称为滴定突跃。根据前面的计算可看出，化学计量点附近电位突跃的大小取决于两个电对的电子转移数和条件电位差 $\Delta\varphi^{\ominus'}$。对于特定的一个氧化还原反应，电子转移数是固定的，两个电对 $\Delta\varphi^{\ominus'}$ 越大，滴定突跃就越大。滴定突跃与氧化剂或还原剂的浓度无关，根据滴定突跃的大小可选择合适的指示剂。

对于 $n_1=n_2=1$ 的对称电对参与的氧化还原反应，化学计量点恰好处于滴定突跃的中间，在化学计量点附近滴定曲线是对称的；对于 $n_1 \neq n_2$ 的对称电对参与的氧化还原反应，化学计量点不在滴定突跃的中心，而是偏向电子得失数较多的电对一方。

由图 6-2 可以清楚地看到，氧化还原滴定曲线常因滴定介质的不同而改变其位置和突跃的大小。这主要是由于在不同介质条件下，相关电对的条件电位发生了改变。如用 $KMnO_4$ 溶液在不同介质中滴定 Fe^{2+}时，化学计量点前电位主要由 Fe^{3+}/Fe^{2+}控制，其条件电位随介质条件的改变而发生变化，所以滴定曲线的位置也有差异；此外，当氧化还原体系中涉及不可逆电对参

加反应时，实测的滴定曲线与理论计算所得的滴定曲线常有差别。例如，在 $HClO_4$ 溶液中用 $KMnO_4$ 滴定 Fe^{2+}，MnO_4^- /Mn^{2+}为不可逆电对，Fe^{3+}/Fe^{2+}为可逆电对。化学计量点前，电位主要由 Fe^{3+}/Fe^{2+}控制，所以实测滴定曲线与理论滴定曲线无明显差别。但是，化学计量点后，电位主要由 MnO_4^-/Mn^{2+}控制，此时，它们二者无论在形状及数值上均有较明显的差异。

需要说明的是，以上讨论的结果只适用于对称电对参与的氧化还原滴定反应。若为不对称电对参与的氧化还原反应，其 φ_{sp} 不仅与条件电位及电子转移数有关，还与反应前后有关电对的物质的浓度有关。

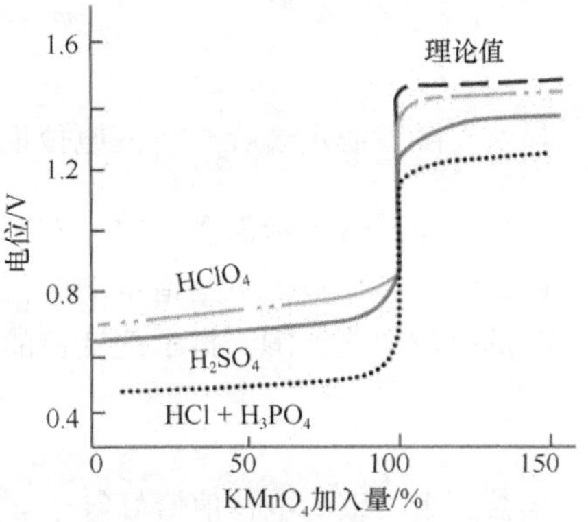

图 6-2 用 $KMnO_4$ 溶液在不同介质中的滴定 Fe^{2+}的滴定曲线

二、氧化还原指示剂

氧化还原滴定中常用的指示剂有以下几类。

（一）自身指示剂

有些滴定剂本身有很深的颜色，而滴定产物为无色或颜色很浅。在这种情况下，滴定时可不必另加指示剂。例如，$KMnO_4$ 本身显紫红色，用它来滴定 Fe^{2+}、$C_2O_4^{2-}$ 时，反应产物 Mn^{2+}、Fe^{3+}等颜色很浅或是无色，化学计量点后，只要 $KMnO_4$ 稍微过量就能使溶液呈现粉红色，指示滴定终点的到达。实验证明，过量的 MnO_4^- 浓度只要达到 2×10^{-6}mol/L 时，就可使溶液呈粉红色，指示终点的到达。

（二）特殊指示剂

这种指示剂本身并不具有氧化还原性质，但能与滴定剂或被测定物质发生显色反应，而且显色反应是可逆的，因而可以指示滴定终点。这类指示剂中最常用的为淀粉，可溶性淀粉与碘溶液反应生成深蓝色的吸附化合物，当 I_2 被还原为 I^-时，蓝色就突然褪去。因此，在碘量法中，多用淀粉溶液作指示剂，根据蓝色的出现或消失判断终点，有时也称淀粉为碘量法的专属指示剂。用淀粉指示液可以检出约 10^{-5}mol/L 的碘溶液，但淀粉指示液与 I_2 的显色灵敏度与淀粉的性质和加入时间、温度及反应介质等条件有关。

此外，Fe^{3+}溶液滴定 Sn^{2+}时，可用 KSCN 为指示剂，当溶液出现红色（Fe^{3+}与 SCN^-形成的配合物的颜色），即指示终点到达。

（三）氧化还原指示剂

这类指示剂本身是氧化剂或还原剂，与酸碱指示剂的变色情况相似，它的氧化态和还原态具有不同的颜色。在滴定过程中，指示剂由氧化态转变为还原态，或由还原态转变为氧化态时，溶液颜色随之发生变化，从而指示滴定终点。例如，用 $K_2Cr_2O_7$ 滴定 Fe^{2+}时，常用二苯胺磺酸钠为指示剂。二苯胺磺酸钠的还原态为无色，当滴定至化学计量点时，稍过量的 $K_2Cr_2O_7$ 使二苯胺磺酸钠由还原态转变为氧化态，溶液显紫红色，因而指示滴定终点的到达。若以 In_{Ox} 和 In_{Red} 分别代表指示剂的氧化态和还原态，滴定过程中，指示剂的电极反应可用式（6-14）表示：

$$In_{Ox}+ne \rightleftharpoons In_{Red}$$

$$\varphi = \varphi^{\ominus'}_{In_{Ox}/In_{Red}} + \frac{0.059}{n}\lg\frac{c_{In_{Ox}}}{c_{In_{Red}}} \tag{6-14}$$

显然，随着滴定过程中溶液电位值 φ 的改变，$\frac{c_{In_{Ox}}}{c_{In_{Red}}}$ 的比值也在改变，因而溶液的颜色也发生变化。与酸碱指示剂在一定 pH 范围内发生颜色转变一样，只能在一定电位范围内看到这种颜色变化，这个范围就是指示剂变色的电位范围，它相当于两种形式浓度比值从 1/10 变到 10/1 时的电位变化范围。指示剂变色的电位范围为

$$\varphi^{\ominus'}_{In_{Ox}/In_{Red}} \pm \frac{0.059}{n}\,\text{V} \tag{6-15}$$

当被滴定溶液的电位值恰好等于 $\varphi^{\ominus'}_{In_{Ox}/In_{Red}}$ 时，指示剂呈现中间颜色，称为指示剂的变色点。若指示剂的一种形式的颜色比另一种形式深得多，则变色点电位将偏离 $\varphi^{\ominus'}_{In_{Ox}/In_{Red}}$ 值。

氧化还原指示剂（表 6-1）是氧化还原滴定的通用指示剂，应用范围比较广泛。选择这类指示剂的原则是：指示剂变色的电位范围应在滴定的电位突跃范围之内，并使指示剂的条件电位尽量与化学计量点的电位一致，以减少终点误差。例如，在 1mol/L H_2SO_4 溶液中，用 Ce^{4+} 滴定 Fe^{2+}，φ_{sp} =1.06V，电位突跃范围是 0.86～1.26V。显然，选择邻苯氨基苯甲酸和邻二氮菲-亚铁是合适的。若选二苯胺磺酸钠，终点会提前，终点误差将会大于允许误差。

表 6-1　常用的氧化还原指示剂及条件电位、颜色变化

指示剂	$\varphi^{\ominus'}$ /V	颜色变化	
	$[H^+]$=1mol/L	氧化态	还原态
靛蓝-磺酸盐	0.25	蓝	无色
二苯胺	0.76	紫	无色
二苯胺磺酸钠	0.84	紫红	无色
亚甲蓝	0.36	绿蓝	无色
邻二氮菲-亚铁	1.06	浅蓝	红
羊毛罂红	1.00	红色	绿色
5-硝基邻二氮菲亚铁	1.25	浅蓝	紫红

应该指出，指示剂本身会消耗滴定剂。例如，0.1ml 0.2%二苯胺磺酸钠会消耗 0.1ml 0.017mol/L 的 $K_2Cr_2O_7$ 溶液，因此，若 $K_2Cr_2O_7$ 溶液的浓度是 0.01mol/L 或更稀，则应作指示剂的空白校正。

三、氧化还原滴定前的预处理

氧化还原滴定之前，常需进行一些预处理，以使待测组分处于适合滴定的某一价态，然后才能找到合适的方法进行滴定。这种滴定前将待测组分转变为适当价态的步骤称为预氧化或预还原。例如，测定铁矿中总铁量时，将 Fe^{3+} 预还原为 Fe^{2+}，然后用氧化剂 $K_2Cr_2O_7$ 滴定生成的 Fe^{2+}。

预处理所选用的预氧化剂或预还原剂必须符合以下条件：①能将待测组分全部氧化或还原为指定价态，反应速率较快；②氧化或还原反应的选择性要好，以避免试样中其他组分的干扰；③过量的预氧化剂或预还原剂应易于除去。

除去预氧化剂或预还原剂的方法有以下几种：

（1）加热分解。例如，$(NH_4)_2S_2O_8$、H_2O_2、Cl_2 等易分解或易挥发的物质可采取加热煮沸

分解除去。

（2）过滤。如 $NaBiO_3$、Zn 等难溶于水的物质，可过滤除去。

（3）利用化学反应。如用 $HgCl_2$ 除去过量 $SnCl_2$。

$$2HgCl_2+SnCl_2 \rightleftharpoons SnCl_4+Hg_2Cl_2\downarrow$$

预处理时常用的预氧化剂和预还原剂很多，具体见表 6-2 和表 6-3。

表 6-2　部分常用的预氧化剂

氧化剂	用途	使用条件	过量氧化剂除去的方法
$(NH_4)_2S_2O_8$	$Mn^{2+}\rightarrow MnO_4^-$ $Cr^{3+}\rightarrow Cr_2O_7^{2-}$	酸性溶液并有催化剂银盐存在	加热煮沸分解除去
$NaBiO_3$	$Mn^{2+}\rightarrow MnO_4^-$ $Cr^{3+}\rightarrow Cr_2O_7^{2-}$ $Ce^{3+}\rightarrow Ce^{4+}$	在硝酸溶液中	$NaBiO_3$ 微溶于水，过量时可过滤除去
KIO_4	$Ce^{3+}\rightarrow Ce^{4+}$ $VO^{2+}\rightarrow VO^{3+}$ $Cr^{3+}\rightarrow Cr_2O_7^{2-}$	在酸性介质中加热	加入 Hg^{2+} 与过量的 KIO_4 作用生成 $Hg(IO_4)_2$ 沉淀，过滤除去
Cl_2 或 Br_2	$I^-\rightarrow IO_3^-$	酸性或中性	煮沸或通空气流
H_2O_2	$Cr^{3+}\rightarrow Cr_2O_4^{2-}$	碱性介质	碱性溶液中煮沸

表 6-3　常见的预还原剂

还原剂	用途	使用条件	过量还原剂除去的办法
SO_2	$Fe^{3+}\rightarrow Fe^{2+}$ $AsO_4^{3-}\rightarrow AsO_3^{3-}$ $Sb^{5+}\rightarrow Sb^{3+}$ $V^{5+}\rightarrow V^{4+}$ $Cu^{2+}\rightarrow Cu^+$	H_2SO_4 溶液 SCN^- 催化	煮沸或通 CO_2 气流
联胺	$As^{5+}\rightarrow As^{3+}$ $Sb^{5+}\rightarrow Sb^{3+}$		浓 H_2SO_4 中煮沸
Al	$Sn^{4+}\rightarrow Sn^{2+}$ $Ti^{4+}\rightarrow Ti^{3+}$	HCl 溶液	
H_2S	$Fe^{3+}\rightarrow Fe^{2+}$ $MnO_4^-\rightarrow Mn^{2+}$ $Ce^{4+}\rightarrow Ce^{3+}$ $Cr_2O_7^{2-}\rightarrow Cr^{3+}$	强酸性溶液	煮沸

第三节　常用的氧化还原滴定法

氧化还原滴定法是应用范围很广的一种滴定分析方法。它可用于许多无机物和有机物的直接或间接测定。氧化还原滴定法可以根据待测物的性质来选择合适的滴定剂，并常根据所选用滴定剂的名称来命名，如常用的有碘量法、高锰酸钾法、重铬酸钾法、铈量法、溴酸钾法、亚硝酸钠法等。每种方法都有其各自的特点和应用范围，应根据实际情况正确选用。下面简要介绍几种常用的氧化还原滴定法。

一、碘量法（iodimetric and iodometric method）

（一）方法概述

碘量法是利用 I_2 的氧化性和 I^- 的还原性来进行滴定的方法。固体 I_2 在水中溶解度很小

（1.33×10^{-3}mol/L，20℃）且易挥发，故通常将 I_2 溶解于 KI 溶液中形成 I_3^- 配离子（为方便起见，一般简写为 I_2），其半反应为

$$I_3^- + 2e \rightleftharpoons 3I^- \qquad \varphi^{\ominus}_{I_3^-/I^-} = 0.545V$$

从 $\varphi^{\ominus}$ 值可以看出，I_2 是较弱的氧化剂，能与较强的还原剂作用；I^- 是中等强度的还原剂，能与许多氧化剂作用，因此碘量法可以分为直接碘量法和间接碘量法两种滴定方式。

碘量法既可测定氧化剂，又可测定还原剂。$I_2/2I^-$ 电对的反应可逆性好，副反应少，又有灵敏的淀粉指示剂指示终点，因此碘量法的应用范围很广。

1. 直接碘量法 I_2 标准溶液可以直接测定电位值比 $\varphi^{\ominus}_{I_2/2I^-}$ 小的还原性物质，如 S^{2-}、SO_3^{2-}、Sn^{2+}、$S_2O_3^{2-}$、As（Ⅲ）、维生素 C 等，这种碘量法称为直接碘量法，又称碘滴定法。

例如，钢铁中硫的测定，将试样在 1300℃的燃烧管中通 O_2 燃烧，使硫转化为 SO_2 后，再用 I_2 标准溶液滴定：

$$I_2 + SO_2 + 2H_2O \rightleftharpoons 2I^- + SO_4^{2-} + 4H^+$$

直接碘量法的应用受溶液中 H^+ 浓度的影响较大，例如，在较强的碱性溶液中就不能用 I_2 溶液滴定，因为当 pH 较高时，会发生如下副反应：

$$3I_2 + 6OH^- \rightleftharpoons IO_3^- + 5I^- + 3H_2O$$

这样就会给测定带来误差。在酸性溶液中，由于 I_2 的氧化能力不强，只有少数还原能力强、不受 H^+ 浓度影响的物质才能发生定量反应，所以直接碘量法的应用受到一定的限制。

2. 间接碘量法 间接碘量法又称滴定碘法，根据滴定方式的不同可分为置换碘量法和剩余碘量法。

电位值比 $\varphi^{\ominus}_{I_2/2I^-}$ 高的氧化性物质（如 MnO_4^-、$Cr_2O_7^{2-}$、IO_3^-、BrO_3^-、AsO_4^{3-}、ClO^-、NO_2^-、H_2O_2 和 Fe^{3+} 等），可在一定的条件下，用 I^- 还原，定量置换出的 I_2 用 $Na_2S_2O_3$ 标准溶液滴定，此法称为置换碘量法。其原理简单表述如下：

$$\text{氧化性物质} + KI（\text{过量}） \rightleftharpoons I_2$$

$$I_2 + 2S_2O_3^{2-} \rightleftharpoons 2I^- + S_4O_6^{2-}$$

有些还原性物质，若与 I_2 的反应速率较慢或可溶性差（如蛋氨酸、焦亚硫酸钠、甲醛、葡萄糖等），或与 I_2 能定量生成沉淀（如咖啡因），或能与 I_2 发生取代反应（如安替比林等）。上述情况中，均不能采用直接法进行滴定，可将待测物与过量的 I_2 标准溶液反应，待反应完全后，剩余的 I_2 用 $Na_2S_2O_3$ 标准溶液滴定，此方法称为剩余碘量法或回滴碘量法。

置换碘量法与剩余碘量法统称间接碘量法。间接碘量法多在中性或弱酸性溶液中进行，因为在碱性溶液中 I_2 与 $S_2O_3^{2-}$ 将发生如下副反应：

$$S_2O_3^{2-} + 4I_2 + 10OH^- \rightleftharpoons 2SO_4^{2-} + 8I^- + 5H_2O$$

再者，I_2 在碱性溶液中还会发生歧化反应。而在强酸性溶液中，$Na_2S_2O_3$ 溶液易发生分解反应：

$$S_2O_3^{2-} + 2H^+ \rightleftharpoons SO_2 + S\downarrow + H_2O$$

同时，I^- 在酸性溶液中易被空气中的 O_2 氧化：

$$4I^- + 4H^+ + O_2 \rightleftharpoons 2I_2 + 2H_2O$$

3. 碘量法指示剂 I_2 与淀粉呈现蓝色，其显色灵敏度除与 I_2 的浓度有关以外，还与淀粉的性质、加入的时间、温度及反应介质等条件有关。因此在使用淀粉指示剂指示终点时要注意以下几点：

（1）淀粉指示剂必须是采用可溶性直链淀粉新鲜配制，若放置过久，与 I_2 形成的配合物不

呈蓝色而呈紫色或红色。这种红紫色配合物在用 $Na_2S_2O_3$ 滴定时褪色慢，终点不敏锐。

（2）I_3^- 与淀粉形成的蓝色在热溶液中会消失，因此，不能在热溶液中进行滴定。

（3）要注意反应介质的条件，淀粉在弱酸性溶液中灵敏度很高，显蓝色；当 pH＜2 时，淀粉会水解成糊精，与 I_2 作用显红色；若 pH＞9 时，I_2 转变为 IO_3^- 与淀粉不显色。

（4）直接碘量法采用淀粉指示剂指示终点时，应在滴定前加入。终点时，溶液由无色突变为蓝色；间接碘量法用淀粉指示终点时，应等滴至 I_2 的黄色很浅时（即近终点时）再加入淀粉指示液（若过早加入淀粉，它与 I_2 形成的蓝色配合物会包裹部分 I_2 使终点提前且不明显）。

（5）淀粉指示液的用量一般为 2～5ml（5g/L 淀粉指示液）。

4. 碘量法的误差来源和防止措施　碘量法的误差主要来源于两个方面：一是 I_2 的挥发带来的误差；二是在酸性溶液中 I^- 易被空气中的 O_2 氧化而带来的误差。为了防止 I_2 挥发和空气中的 O_2 氧化 I^-，测定时一般要加入过量的 KI，使 I_2 生成 I_3^-，增大 I_2 的溶解度，减少 I_2 的挥发；析出 I_2 的反应要使用碘量瓶，滴定时勿剧烈摇动，以减少 I_2 的挥发；由于 I^- 被空气氧化的反应随光照及酸度增高而加快，因此在反应时，应将碘量瓶置于暗处；滴定前调节好酸度，析出 I_2 后立即进行滴定；此外，Cu^{2+}、NO_2^- 等离子催化空气中的 O_2 对 I^- 的氧化，应设法消除干扰。

（二）碘量法标准溶液的配制和标定

碘量法中经常使用的为 $Na_2S_2O_3$ 和 I_2 两种标准溶液，下面分别介绍这两种溶液的配制和标定方法。

1. $Na_2S_2O_3$ 标准溶液的配制和标定　市售硫代硫酸钠（$Na_2S_2O_3·5H_2O$）一般都含有少量杂质，因此配制 $Na_2S_2O_3$ 标准溶液不能用直接法，只能用间接法配制。配制好的 $Na_2S_2O_3$ 溶液在空气中不稳定，容易分解，这是由于在水中的微生物、CO_2、空气中 O_2 作用下，发生下列反应：

$$Na_2S_2O_3 \xrightarrow{\text{微生物}} Na_2SO_3+S\downarrow$$

$$Na_2S_2O_3+CO_2+H_2O \rightleftharpoons NaHSO_3+NaHCO_3+S\downarrow$$

$$2Na_2S_2O_3+O_2 \rightleftharpoons 2Na_2SO_4+2S\downarrow$$

此外，水中微量的 Cu^{2+} 或 Fe^{3+} 等也能促进 $Na_2S_2O_3$ 溶液分解。

因此配制 $Na_2S_2O_3$ 溶液时，应使用新煮沸并冷却的蒸馏水，并加入少量 Na_2CO_3，使溶液呈弱碱性，以抑制细菌生长。配制好的 $Na_2S_2O_3$ 溶液应储于棕色瓶中，于暗处放置 2 周后，过滤去除沉淀后再标定。标定后的 $Na_2S_2O_3$ 溶液在储存过程中若发现溶液变混浊，应重新标定或弃之重配。

标定 $Na_2S_2O_3$ 溶液的基准物质有 $K_2Cr_2O_7$、KIO_3、$KBrO_3$ 及升华 I_2 等。除 I_2 外，其他物质都需在酸性溶液中与 KI 作用析出 I_2 后，再用配制的 $Na_2S_2O_3$ 溶液滴定。若以 $K_2Cr_2O_7$ 作基准物为例，则 $K_2Cr_2O_7$ 在酸性溶液中与 I^- 发生如下反应：

$$Cr_2O_7^{2-}+6I^-+14H^+ \rightleftharpoons 2Cr^{3+}+3I_2+7H_2O$$

反应析出的 I_2 以淀粉为指示剂用待标定的 $Na_2S_2O_3$ 溶液滴定：

$$I_2+2S_2O_3^{2-} \rightleftharpoons 2I^-+S_4O_6^{2-}$$

用 $K_2Cr_2O_7$ 标定 $Na_2S_2O_3$ 溶液时应注意：$Cr_2O_7^{2-}$ 与 I^- 反应较慢，为加速反应，需加入过量的 KI 并提高酸度，不过酸度过高会加速空气氧化 I^-。因此，一般应控制酸度为 0.2～0.4 mol/L，并在暗处放置 10min，以保证反应顺利完成。

2. I_2 标准溶液的制备

（1）I_2 标准溶液配制。用升华法制得的纯碘，可直接配制成标准溶液。但通常是用市售的碘先配成近似浓度的碘溶液，然后用基准试剂或已知准确浓度的 $Na_2S_2O_3$ 标准溶液来标定碘溶液的准确浓度。由于 I_2 难溶于水，易溶于 KI 溶液，故配制时应将 I_2、KI 与少量水一起研磨后再用水稀释，并保存在棕色试剂瓶中。应避免 I_2 溶液与橡胶等有机物接触，也要防止 I_2 溶液见光分解，否则浓度将发生变化。

（2）I_2 标准溶液的标定。可用已标定好的 $Na_2S_2O_3$ 溶液来标定 I_2 溶液，也可用 As_2O_3 基准物来标定。As_2O_3 难溶于水，多用 NaOH 溶解，使之生成亚砷酸钠，再用 I_2 溶液滴定 AsO_3^{3-}。

$$As_2O_3+6OH^- \rightleftharpoons 2AsO_3^{3-}+3H_2O$$

$$AsO_3^{3-}+I_2+H_2O \rightleftharpoons AsO_4^{3-}+2I^-+2H^+$$

此反应为可逆反应，为使反应快速定量地向右进行，可加 $NaHCO_3$，以保持溶液 pH≈8。由于 As_2O_3 为剧毒物，一般常用已知浓度的 $Na_2S_2O_3$ 标准滴定溶液标定 I_2 溶液。

（三）碘量法应用实例

1. 直接碘量法示例：维生素 C 的测定 维生素 C 又称抗坏血酸，其分子中的烯二醇基具有较强的还原性，所以它能被 I_2 定量地氧化成二酮，其反应为：

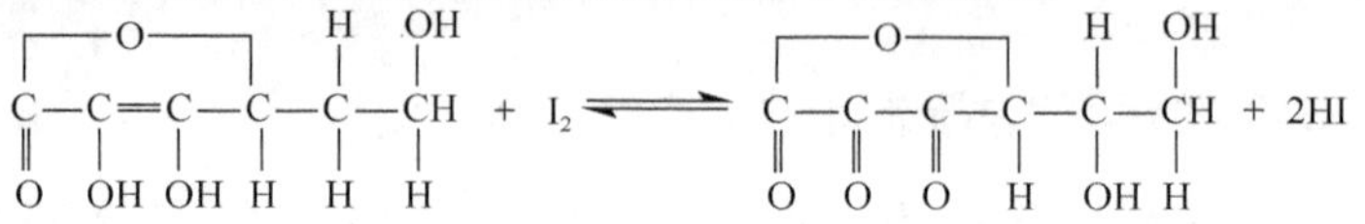

维生素 C 电对的半反应式为

$$C_6H_6O_6+2H^++2e \rightleftharpoons C_6H_8O_6 \qquad \varphi^{\ominus}_{C_6H_6O_6/C_6H_8O_6}=+0.18V$$

由于维生素 C 的还原性很强，在空气中极易被氧化，尤其在碱性介质中更甚，测定时应加入 HAc 使溶液呈现弱酸性，且酸化后应立即滴定，以减少维生素 C 的副反应。

维生素 C 含量的测定方法是：准确称取含维生素 C 试样，溶解在新煮沸且冷却的蒸馏水中，以 HAc 酸化，加入淀粉指示剂，迅速用 I_2 标准溶液滴定至溶液呈现蓝色并在 30s 内不褪色。

2. 置换碘量法示例：漂白粉中有效氯的测定 漂白粉的主要成分为 CaCl（OCl）和 $CaCl_2$ 的混合物，前者遇酸反应放出的 Cl_2 具有漂白、杀菌和消毒的作用，故称为有效氯。有效氯的含量是漂白粉质量高低的重要衡量标准。在漂白粉试样的酸性溶液中，加入过量的 KI，然后用 $Na_2S_2O_3$ 标准溶液滴定生成 I_2，从而计算出有效氯的含量。

相关的反应式如下：

$$CaCl(OCl)+2H^+ \rightleftharpoons Ca^{2+}+Cl_2+H_2O$$

$$Cl_2+2I^- \rightleftharpoons I_2+2Cl^-$$

$$I_2+2S_2O_3^{2-} \rightleftharpoons 2I^-+S_4O_6^{2-}$$

3. 剩余碘量法示例：葡萄糖含量的测定 葡萄糖分子中的醛基能在碱性条件下被过量 I_2 氧化成羧基：

$$I_2+2OH^- \rightleftharpoons IO^-+I^-+H_2O$$

$$CH_2OH(CHOH)_4CHO+IO^-+OH^- \rightleftharpoons CH_2OH(CHOH)_4COO^-+I^-+H_2O$$

剩余的 IO^- 在碱性溶液中歧化成 IO_3^- 和 I^-：

$$3IO^- \rightleftharpoons IO_3^-+2I^-$$

溶液经酸化后又析出 I_2：

$$IO_3^-+5I^-+6H^+ \rightleftharpoons 3I_2+3H_2O$$

最后以 $Na_2S_2O_3$ 标准溶液滴定析出的 I_2。

二、高锰酸钾滴定法（potassium permanganate titration）

（一）方法概述

$KMnO_4$ 是一种强氧化剂，它的氧化能力、还原产物包括半反应中转移的电子数均与溶液的酸度密切相关。强酸性溶液中，$KMnO_4$ 与还原剂作用被还原为 Mn^{2+}：

$$MnO_4^- + 8H^+ + 5e \rightleftharpoons Mn^{2+} + 4H_2O \qquad \varphi^{\ominus}_{MnO_4^-/Mn^{2+}} = 1.51V$$

在强酸性溶液中 $KMnO_4$ 有较强的氧化性，因此高锰酸钾滴定法一般多在 0.5～1.0mol/L 的 H_2SO_4 介质中使用。酸度过高会引起 $KMnO_4$ 分解。调节酸度时一般不宜使用盐酸，这是因为 HCl 具有还原性，能诱发一些副反应而干扰滴定。HNO_3 由于具有氧化性，容易干扰测定也很少采用。

在弱酸性、中性或碱性溶液中，$KMnO_4$ 被还原为 MnO_2：

$$MnO_4^- + 2H_2O + 3e \rightleftharpoons MnO_2\downarrow + 4OH^- \qquad \varphi^{\ominus}_{MnO_4^-/MnO_2} = 0.593V$$

由于反应产物为棕褐色的 MnO_2 沉淀，妨碍终点观察，所以很少使用。

由于在强碱性（大于 2mol/L NaOH）条件下 $KMnO_4$ 与有机物的反应速率比在酸性条件下更快，所以常利用 $KMnO_4$ 在强碱性溶液中与有机物的反应来测定一些有机物。

$$MnO_4^- + e \rightleftharpoons MnO_4^{2-} \qquad \varphi^{\ominus}_{MnO_4^-/MnO_4^{2-}} = 0.564V$$

$KMnO_4$ 法有如下特点：

（1）$KMnO_4$ 氧化能力强，应用广泛，可直接或间接地测定多种无机物和有机物。如可直接滴定许多还原性物质如 Fe^{2+}、As（Ⅲ）、Sb（Ⅲ）、W（Ⅴ）、U（Ⅳ）、H_2O_2、$C_2O_4^{2-}$、NO_2^- 等；返滴定时可测 MnO_2、PbO_2 等物质；也可以通过 MnO_4^- 与 $C_2O_4^{2-}$ 反应间接测定一些非氧化还原物质如 Ca^{2+}、Th^{4+} 等。

（2）$KMnO_4$ 溶液呈紫红色，当试液为无色或颜色很浅时，滴定时不必加入其他指示剂，利用 $KMnO_4$ 自身紫红色指示终点；但当 $KMnO_4$ 溶液浓度较低时（如 0.002mol/L），最好采用二苯胺磺酸钠、邻二氮菲-亚铁等适当的氧化还原指示剂来确定滴定终点。

（3）由于 $KMnO_4$ 氧化能力强，因此方法的选择性欠佳，而且 $KMnO_4$ 与还原性物质的反应历程比较复杂，易发生副反应。

（二）高锰酸钾标准溶液的配制

市售高锰酸钾试剂常含有少量的 MnO_2 及其他杂质，使用的蒸馏水中也含有尘埃、有机物等微量还原性物质。这些物质都能使 $KMnO_4$ 还原析出沉淀，这些生成物及热、光、酸、碱等外界条件的改变均会促使 $KMnO_4$ 的进一步分解。因此 $KMnO_4$ 溶液不稳定，特别是配制初期浓度易发生改变。$KMnO_4$ 标准溶液不能采用直接法配制，一般称取稍多于理论量的 $KMnO_4$，溶解于规定体积的蒸馏水中。将配制好的 $KMnO_4$ 溶液加热至沸，并保持微沸约 1h，放置 2～3 天后用微孔玻璃漏斗滤去沉淀（过滤不能用滤纸，因其可还原 $KMnO_4$），储存于棕色试剂瓶中，存放于暗处，以待标定。标定好的 $KMnO_4$ 溶液在放置一段时间后，若发现有沉淀析出，应重新过滤并标定。

标定 $KMnO_4$ 溶液的基准物很多，如 $Na_2C_2O_4$、$H_2C_2O_4 \cdot 2H_2O$、$(NH_4)_2Fe(SO_4)_2 \cdot 6H_2O$ 和纯铁丝等。其中最为常用的是 $Na_2C_2O_4$，因为它易提纯且性质稳定，不含结晶水，在 105～110℃ 烘约 2h，冷却后即可使用。MnO_4^- 与 $C_2O_4^{2-}$ 的标定反应如下：

$$2MnO_4^- + 5C_2O_4^{2-} + 16H^+ \rightleftharpoons 2Mn^{2+} + 10CO_2\uparrow + 8H_2O$$

为了使标定反应能定量地较快进行，标定时应注意以下滴定条件。

1. 温度 室温下，此反应进行的速率缓慢。因此常常将 $Na_2C_2O_4$ 溶液加热至 75～85℃再进行滴定。温度不能超过 90℃，否则 $H_2C_2O_4$ 分解，导致标定结果偏高。

$$H_2C_2O_4 \rightleftharpoons H_2O + CO_2\uparrow + CO\uparrow$$

2. 酸度 酸度不足，易生成 MnO_2 沉淀；酸度过高又会使 $H_2C_2O_4$ 及 $KMnO_4$ 分解。

3. 滴定速率 滴定速率应始终和反应速率相匹配。开始时，MnO_4^- 与 $C_2O_4^{2-}$ 的反应速率很慢，此时滴定速率不宜太快。随着滴定产物 Mn^{2+}的生成，由于自身催化剂的作用，反应速率逐渐加快，滴定速率可相应加快，但也不能过快，否则加入的 $KMnO_4$ 溶液还未与 $C_2O_4^{2-}$ 反应，就在热的酸性溶液中分解，导致标定结果偏低。

$$4MnO_4^- + 12H^+ \rightleftharpoons 4Mn^{2+} + 6H_2O + 5O_2\uparrow$$

也可在滴定前就加入少量的 $MnSO_4$ 作为催化剂，就能保证滴定的最初阶段滴定反应就以较快的速率进行。

4. 滴定终点 用 $KMnO_4$ 溶液滴定至溶液呈粉红色且维持 0.5～1min 不褪色即为终点。放置时间过长，空气中存在的还原性气体和灰尘也能使 $KMnO_4$ 还原而褪色。

（三）$KMnO_4$ 法的应用示例

1. 直接滴定法测定 H_2O_2 在酸性溶液中 H_2O_2 被 MnO_4^- 定量地氧化：

$$2MnO_4^- + 5H_2O_2 + 6H^+ \rightleftharpoons 2Mn^{2+} + 5O_2 + 8H_2O$$

H_2O_2 加热时易分解，因此反应在室温下进行。滴定开始时反应较慢，反应开始速率较慢，但随着反应进行，由于生成的 Mn^{2+}催化了反应，使反应速率加快。也可先加入少量 Mn^{2+}为催化剂。

H_2O_2 不稳定，工业用 H_2O_2 中常加入某些有机化合物（如乙酰苯胺等）作为稳定剂，这些有机化合物大多能与 MnO_4^- 反应而干扰测定，此时最好采用碘量法测定 H_2O_2。生物化学中，过氧化氢酶能使 H_2O_2 分解。故可用过量的、已知量的 H_2O_2 与过氧化氢酶作用，剩余的 H_2O_2 在酸性条件下用 $KMnO_4$ 标准溶液回滴，从而间接测定过氧化氢酶的含量。

2. 间接滴定法测定 Ca^{2+} Ca^{2+}、Th^{4+}等在溶液中没有可变价态，可与 $C_2O_4^{2-}$ 生成草酸盐沉淀，然后用高锰酸钾法间接测定。以 Ca^{2+}的测定为例，先将 Ca^{2+}沉淀为 CaC_2O_4，接着经过滤、洗涤将沉淀溶于热的稀 H_2SO_4 溶液中，最后用 $KMnO_4$ 标准溶液滴定 $H_2C_2O_4$。根据消耗的 $KMnO_4$ 的量，间接求得 Ca^{2+}的含量。

3. 返滴定法测定软锰矿中 MnO_2 软锰矿中 MnO_2 的测定是利用 MnO_2 与 $C_2O_4^{2-}$ 在酸性溶液中的反应，其反应式如下：

$$MnO_2 + C_2O_4^{2-} + 4H^+ \rightleftharpoons Mn^{2+} + 2CO_2 + 2H_2O$$

加入定过量的 $Na_2C_2O_4$ 于磨细的矿样中，加入 H_2SO_4 并加热，当样品中无棕黑色颗粒存在时，表示试样已分解完全。用 $KMnO_4$ 标准溶液趁热返滴定剩余的草酸。由 $Na_2C_2O_4$ 的加入量和 $KMnO_4$ 溶液消耗量之差求出 MnO_2 的含量。

4. 测定某些有机化合物 在强碱性溶液中，$KMnO_4$ 与某些有机物反应后，被还原为绿色的 MnO_4^{2-}。利用这一反应，可用高锰酸钾法测定某些有机化合物。

例如，测定甘油时，加入一定量过量的 $KMnO_4$ 标准溶液到含有试样的 2mol/L NaOH 溶液中，放置片刻，溶液中发生如下反应：

$$C_3H_8O_3 + 14MnO_4^- + 20OH^- \rightleftharpoons 3CO_3^{2-} + 14MnO_4^{2-} + 14H_2O$$

待反应完全后将溶液酸化，此时 MnO_4^{2-} 歧化成 MnO_4^- 和 MnO_2：

$$3\,MnO_4^{2-}+4H^+ \rightleftharpoons 2\,MnO_4^-+MnO_2+2H_2O$$

准确加入过量的 $FeSO_4$ 标准溶液，将所有高价锰离子还原为 Mn^{2+}。再以 $KMnO_4$ 标准溶液滴定过量的 $FeSO_4$。由两次加入的 $KMnO_4$ 的量和 $FeSO_4$ 的量计算甘油的含量。甲醛、甲酸、酒石酸、柠檬酸、苯酚、葡萄糖等都可按此法测定。

三、重铬酸钾法（dichromate titration）

（一）方法概述

$K_2Cr_2O_7$ 是一种常用的氧化剂之一，它具有较强的氧化性，在酸性介质中 $Cr_2O_7^{2-}$ 被还原为 Cr^{3+}，其电极反应如下：

$$Cr_2O_7^{2-}+14H^++6e \rightleftharpoons 2Cr^{3+}+7H_2O \qquad \varphi^{\ominus}_{Cr_2O_7^{2-}/Cr^{3+}}=1.33V$$

$K_2Cr_2O_7$ 的氧化能力不如 $KMnO_4$ 强，因此 $K_2Cr_2O_7$ 可以测定的物质不如 $KMnO_4$ 广泛，但与 $KMnO_4$ 法相比，$K_2Cr_2O_7$ 有自己的优点：

（1）$K_2Cr_2O_7$ 易提纯，可直接称量配制标准溶液。$K_2Cr_2O_7$ 的标准溶液非常稳定，保存在密闭容器中，浓度可长期保持不变。

（2）室温下，当 HCl 溶液浓度低于 3mol/L 时，$Cr_2O_7^{2-}$ 不会氧化 Cl^-，因此，$K_2Cr_2O_7$ 法可在 HCl 介质中进行滴定 Fe^{2+}。

（3）$Cr_2O_7^{2-}$ 的还原产物 Cr^{3+} 呈绿色，且 $K_2Cr_2O_7$ 本身颜色不是很深，所以滴定时须用指示剂指示滴定终点。常用的指示剂为二苯胺磺酸钠等。

（二）重铬酸钾法的应用实例

1. 铁矿石中全铁量的测定　重铬酸钾法是测定矿石中全铁量的标准方法。根据预处理方法的不同分为 $SnCl_2$-$HgCl_2$ 法和 $SnCl_2$-$TiCl_3$（无汞测定法）。

2. 利用 $Cr_2O_7^{2-}$-Fe^{2+} 的反应测定其他物质　$Cr_2O_7^{2-}$ 与 Fe^{2+} 的反应可逆性强，反应速率快，计量关系好，无副反应发生，指示剂变色明显。通过 $Cr_2O_7^{2-}$ 与 Fe^{2+} 的反应不仅可用于测铁的含量，还可利用它间接地测定其他具有氧化性的物质（如 NO_3^- 或 ClO_3^-）或还原性的物质（如钢中铬的测定）。

四、其他氧化还原滴定法简介

（一）亚硝酸钠法（sodium nitrite method）

1. 基本原理　以亚硝酸钠为标准溶液的氧化还原滴定法。主要用于测定一些能与亚硝酸钠发生反应的有机胺类化合物。根据亚硝酸钠与不同类型有机胺类化合物的反应类型不同，常可分为重氮化滴定法和亚硝基化滴定法。

2. 重氮化滴定法（滴定芳伯胺类）　芳伯胺类化合物在酸性介质中，与亚硝酸钠发生重氮化反应生成芳伯胺的重氮盐：

$$ArNH_2+NaNO_2+2HCl \rightleftharpoons [Ar{-}N^+{\equiv}N]Cl^-+NaCl+2H_2O$$

重氮化滴定应注意以下反应条件：

1）酸的种类和浓度：重氮化反应速率与介质中酸的种类有关，重氮化反应速率在 HBr 中最快，但 HBr 价格较贵；在 HCl 次之，且生成的重氮化的芳伯胺类盐酸盐有较大的溶解度；在硝酸或硫酸中重氮化反应速度较慢，所以通常加入 HCl，且酸度控制在 1～2mol/L 为宜。若酸度过高，会阻碍芳伯胺的游离，影响重氮化反应的速率；若酸度过低，则发生如下副反应生成重氮胺基化合物，使测定结果偏低。

$$[Ar—N^+ \equiv N]Cl^- + Ar—NH_2 \rightleftharpoons Ar—N{=}N—NHAr + HCl$$

2）反应温度与滴定速率：一般来说，重氮化反应的速率随温度的升高而加快，但是生成的重氮盐随温度升高会发生分解，同时温度过高也会促使 HNO_2 的分解和逸出，带来测定误差。一般温度应在 15℃以下；在 10～30℃的室温条件下，采用“快速滴定法”进行滴定也可获得满意的结果。具体方法为开始时将滴定管尖端插入液面下，在搅拌下迅速加入亚硝酸钠溶液，避免 HNO_2 损失。近终点时将滴定管提出液面，淋洗，再缓慢滴定。

3）苯环上取代基团的影响：在苯胺环上连有吸电子基团取代，如—NO_2、—SO_3H、—COOH 等使反应加速；有斥电子基团（—OH、—OR）会使反应减慢。必要时可加入适量 KBr 作催化剂。

4）滴定终点的确定：可采用外指示剂法确定滴定终点，一般使用含氯化锌（起防腐作用）的 KI-淀粉糊或 KI-淀粉试纸。近终点时，蘸少许溶液，在外面与指示剂作用。试纸显蓝色为终点。

$$2NO_2^- + 2I^- + 4H^+ \rightleftharpoons I_2 + 2NO + 2H_2O$$

使用此方法确定终点，操作麻烦，终点不易掌握，且又消耗滴定剂，影响分析结果的准确性，药典多用永停滴定法来指示终点。

3. 亚硝基化滴定法（滴定芳仲胺类） 在酸性介质中，芳仲胺类化合物也能与亚硝酸钠发生如下反应：

$$ArNHR + NaNO_2 + HCl \rightleftharpoons Ar—N—R + NaCl + H_2O$$

此反应称为亚硝基化反应，所以习惯上把这种测定方法称为亚硝基化滴定法。亚硝酸钠法在药学领域应用广泛，重氮化法主要用于芳伯胺类药物的测定（如磺胺类药物、盐酸普鲁卡因、苯佐卡因等）；亚硝基化法可测定芳仲胺类药物（如磷酸伯氨喹、盐酸丁卡因等）。

4. 亚硝酸钠标准溶液的配制与标定

1）配制方法：亚硝酸钠标准溶液常采用间接法配制，亚硝酸钠溶液不稳定，放置过程中溶液的浓度会逐渐下降。所以配制时加入少量 Na_2CO_3 作稳定剂，亚硝酸钠溶液遇光易分解，应置于棕色试剂瓶中，密闭保存。

2）标定：标定亚硝酸钠常用的基准物质是对氨基苯磺酸（$C_6H_7NO_3S$）。

（二）硫酸铈法（cerium sulphate method）

1. 方法原理 $Ce(SO_4)_2$ 是强氧化剂，其氧化性与 $KMnO_4$ 差不多，凡 $KMnO_4$ 能够测定的物质几乎都能用硫酸铈法（简称铈量法）测定。在酸性溶液中，Ce^{4+} 与还原剂作用被还原为 Ce^{3+}。其半反应为

$$Ce^{4+} + e \rightleftharpoons Ce^{3+} \qquad \varphi^{\ominus}_{Ce^{4+}/Ce^{3+}} = 1.61V$$

Ce^{4+}/Ce^{3+} 电对的电极电位值与酸性介质的种类和浓度有关。由于在 $HClO_4$ 中不会形成配合物，同时在 $HClO_4$ 介质中，Ce^{4+}/Ce^{3+} 的电极电位值最高，因此应用也较多。

2. 方法特点

（1）$Ce(SO_4)_2$ 标准溶液可以用硫酸铈 $Ce(SO_4)_2$、硫酸铈铵 $(NH_4)_2CeSO_4 \cdot 2H_2O$ 配制，不必进行标定，溶液很稳定，放置较长时间或加热煮沸也不分解。

（2）$Ce(SO_4)_2$ 不会使 HCl 氧化，可在 HCl 溶液中直接用 Ce^{4+} 标准溶液滴定还原剂。

（3）Ce^{4+} 还原为 Ce^{3+} 时，没有中间价态的产物，反应简单，副反应少。

（4）$Ce(SO_4)_2$ 溶液为橙黄色，而 Ce^{3+} 无色，一般采用邻二氮菲亚铁作指示剂，终点变色敏锐。

（5）Ce^{4+}在酸度较低的溶液中易水解，所以 Ce^{4+}不适宜在碱性或中性溶液中滴定。

3. 硫酸铈法的应用　可用硫酸铈滴定法测定的物质有 $Fe(CN_6)^{4-}$、NO_2^-、Sn 等离子。由于铈盐价格高，实际工作中应用不多。

（三）溴酸钾法（potassium bromate method）

$KBrO_3$是一种强氧化剂，在酸性溶液中，其电对的半反应式为

$$BrO_3^- + 6H^+ + 6e \rightleftharpoons Br^- + 3H_2O \qquad \varphi^{\ominus}_{BrO_3^-/Br^-} = 1.44V$$

$KBrO_3$容易提纯，在 180℃烘干后，可以直接配制成标准溶液，在酸性溶液中，直接滴定一些还原性物质，如 As（Ⅲ）、Sb（Ⅲ）、Sn^{2+}、联氨（N_2H_4）等。

$KBrO_3$本身与还原剂反应速率慢，实际操作时常采用在 $KBrO_3$标准溶液中加入过量 KBr，当溶液酸化时，BrO_3^- 即氧化 Br^-析出 Br_2。

$$BrO_3^- + 5Br^- + 6H^+ + 6e \rightleftharpoons 3Br_2 + 3H_2O$$

定量析出的 Br_2 与待测还原性物质反应，反应达化学计量点后，稍过量的 Br_2 可使指示剂（如甲基橙或甲基红）变色，从而指示终点。

溴酸钾法常与碘量法配合使用，即在酸性溶液中，加入一定量过量的 $KBrO_3$-KBr 标准溶液，与被测物反应完全后，过量的 Br_2 与加入的 KI 反应，析出 I_2，再以淀粉为指示剂，用 $Na_2S_2O_3$ 标准溶液滴定之。

$$Br_2（过量）+ 2I^- \rightleftharpoons 2Br^- + I_2$$

$$I_2 + S_2O_3^{2-} \rightleftharpoons 2I^- + S_4O_6^{2-}$$

这种间接溴酸钾法在有机物分析中应用较多。特别是利用 Br_2 的取代反应可测定许多芳香化合物，如苯酚的测定就是利用苯酚与 Br_2 的反应：

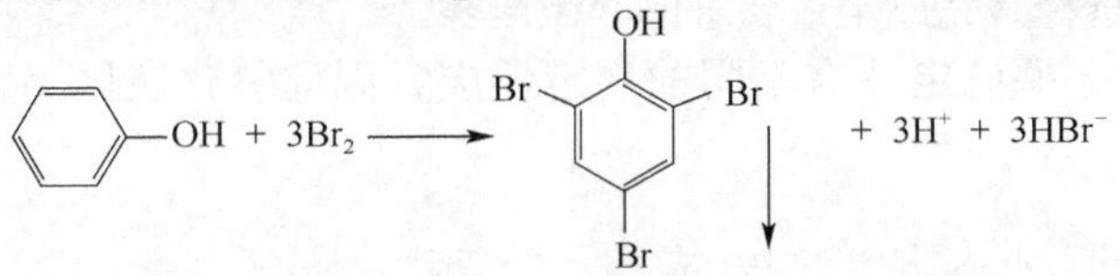

待反应完全后，使剩余的 Br_2 与过量的 KI 作用，析出相当量的 I_2，再用 $Na_2S_2O_3$ 标准溶液进行滴定。从加入的 $KBrO_3$-KBr 标准溶液的量中减去剩余量，即可计算出试样中的苯酚含量。应用相同的方法还可测定甲酚、间苯二酚及苯胺等。

本章小结

1. 基本概念

（1）条件电位及影响条件电位的因素：指在一定条件下，当氧化态和还原态的浓度均为 1mol/L（或 $c_{Ox}/c_{Red} = 1$）时的实际电极电位，它反映了离子强度和其他各种副反应的综合影响。影响条件电位的因素主要包括离子强度的影响，生成沉淀的影响，形成配合物的影响及溶液的酸度对条件电位的影响。实际中，常常忽略盐效应，则

$$\varphi^{\ominus'}_{Ox/Red} = \varphi^{\ominus}_{Ox/Red} + \frac{0.059}{n}\lg\frac{\alpha_{Red}}{\alpha_{Ox}}$$

（2）条件平衡常数：一定条件下，考虑到溶液中各种副反应的影响，相应的活度应以总浓度代替，所得平衡常数称为条件平衡常数 K'，K'更能说明氧化还原反应进行的程度。

（3）一些常用的氧化还原滴定分析方法有碘量法、高锰酸钾法、重铬酸钾法、亚硝酸钠法、铈量法、溴酸钾法等，每种方法都有其特点、应用范围及使用条件。

2. 基本公式

（1）条件电位：$\varphi^{\ominus'}_{Ox/Red}=\varphi^{\ominus}_{Ox/Red}+\dfrac{0.059}{n}\lg\dfrac{\gamma_{Ox}\alpha_{Red}}{\gamma_{Red}\alpha_{Ox}}$

（2）条件平衡常数：$\lg K'=\dfrac{n\Delta\varphi^{\ominus'}}{0.059}$

（3）氧化还原反应能否定量完成的判据：

$$\lg K'\geqslant 3（a+b）\text{或}\Delta\varphi^{\ominus'}\geqslant 3(a+b)\frac{0.059}{n}$$

（4）氧化还原滴定过程中电极电位值的计算：

$$\varphi_{-0.1\%}=\varphi_{Ox_2/Red_2}=\varphi^{\ominus'}_{Ox_2/Red_2}+\frac{0.059}{n_2}\lg\frac{c_{Ox_2}}{c_{Red_2}}；\quad \varphi_{+0.1\%}=\varphi_{Ox_1/Red_1}=\varphi^{\ominus'}_{Ox_1/Red_1}+\frac{0.059}{n_1}\lg\frac{c_{Ox_1}}{c_{Red_1}}$$

$$\varphi_{sp}=\frac{n_1\varphi_1^{\ominus'}+n_2\varphi_2^{\ominus'}}{n_1+n_2}$$

滴定突跃的通式：$\varphi_2^{\ominus'}+\dfrac{0.059}{n_2}\times 3\sim\varphi_1^{\ominus'}-\dfrac{0.059}{n_1}\times 3$

3. 要点与难点

（1）条件电位是氧化还原滴定的理论基础。

（2）氧化还原反应的完全性和反应速率是定量要求的关键。

（3）滴定过程中电极电位的计算及滴定突跃的计算是绘制滴定曲线和选择指示剂的基础。

（4）滴定条件的选择是完成定量要求的必须步骤。

（5）不同的氧化还原滴定法有不同的滴定反应，因此氧化还原滴定分析结果的计算也不相同。

习　　题

1. 为什么银还原器（金属银浸于 1mol/L HCl 溶液中）只能还原 Fe^{3+}而不能还原 Ti（Ⅳ）？试由条件电位的大小加以说明（已知 $\varphi^{\ominus'}_{Fe^{3+}/Fe^{2+}}=0.68V$，$\varphi^{\ominus'}_{Ti^{4+}/Ti^{3+}}=-0.04V$，$\varphi^{\ominus}_{Ag^+/Ag}=0.7995V$，AgCl 的 $K_{sp}=1.56\times10^{-10}$）。

2. 计算 pH=10.0，[NH^{4+}]+[NH_3]=0.20mol/L 时 Zn^{2+}/Zn 电对的条件电位。若 $c_{Zn（Ⅱ）}$=0.020mol/L，体系的电位是多少？（已知：$\varphi^{\ominus}_{Zn^{2+}/Zn}=0.763V$，$NH_3$的 $K_b=1.8\times10^{-5}$，$Zn(NH_3)_4$的 $\lg\beta_1\sim\lg\beta_4$分别为 2.27、4.61、7.01、9.06）

3. 分别计算[H^+]=2.0mol/L 和 pH=2.00 时 MnO_4^-/Mn^{2+}电对的条件电位。

4. 在 1mol/L $HClO_4$介质中，用 $KMnO_4$滴定 Fe^{2+}，假设滴定过程中，H^+浓度基本不变，

（1）求 K' 值并判断该滴定反应能否符合滴定分析的完全程度大于 99.9%的要求？

（2）试计算滴定分数 a 分别为 0.50、1.00、2.00 时体系的电位。

（已知在此条件下，$\varphi^{\ominus'}_{MnO_4^-/Mn^{2+}}=1.45V$ $\varphi^{\ominus'}_{Fe^{3+}/Fe^{2+}}=0.767V$）

5. 在 1mol/L HCl 溶液中用 Fe^{3+}溶液滴定 Sn^{2+}时，计算：（1）此氧化还原反应的平衡常数及化学计量点时反应进行的程度；（2）滴定的电位突跃范围。在此滴定中应该选用什么指示剂？（已知 $\varphi^{\ominus'}_{Fe^{3+}/Fe^{2+}}=0.68V$，$\varphi^{\ominus'}_{Sn^{4+}/Sn^{2+}}=0.14V$）

6. 采用间接碘量法测定血液中的钙时，常加入过量的 $C_2O_4^{2-}$ 将钙以 CaC_2O_4 的形式沉淀，接着经过滤、洗涤将沉淀溶于热的稀 H_2SO_4 溶液中，最后用 $KMnO_4$ 标准溶液滴定 $H_2C_2O_4$。现将 5.00ml 血液稀释至 25.00ml，取此溶液 10.00ml 进行上述处理后，用浓度为 0.001700mol/L 的 $KMnO_4$ 溶液滴定至终点时用去 $KMnO_4$ 溶液 1.20ml，求 100ml 血液中钙的毫克数。

7. 称取软锰矿试样 0.5000g，在酸性溶液中将试样与 0.6700g 纯 $Na_2C_2O_4$ 充分反应，最后以 0.02000mol/L $KMnO_4$ 溶液滴定剩余的 $Na_2C_2O_4$，至终点时消耗 30.00ml。计算试样中 MnO_2 的质量分数。

8. 用碘量法测定葡萄糖的含量。准确称取 10.00g 试样溶解后，定容于 250.00ml 容量瓶中，移取 50.00ml 试液于碘量瓶中，加入 0.05000mol/L I_2 溶液 30.00ml（过量的），在搅拌下加入 40ml 0.1mol/L NaOH 溶液，摇匀后，放置暗处 20mins。然后加入 0.5mol/L HCl 8ml，析出的 I_2 用 0.1000mol/L $Na_2S_2O_3$ 溶液滴定至终点，消耗 9.96ml。计算试样中葡萄糖的质量分数。反应式如下：

$$C_6H_{12}O_6+I_2\text{（过量的）}+2NaOH \rightleftharpoons C_6H_{12}O_7+2NaI+H_2O$$

$$I_2\text{（剩余的）}+2OH^- \rightleftharpoons OI^-+I^-+H_2O$$

剩余的 OI^- 在碱性条件下发生歧化反应：$3OI^- \rightleftharpoons IO_3^-+2I^-$

经酸化后又析出 I_2：$IO_3^-+5I^-+6H^+ \rightleftharpoons 3I_2+3H_2O$

最后用 $Na_2S_2O_3$ 溶液滴定析出的 I_2：$I_2+2S_2O_3^{2-} \rightleftharpoons 2I^-+S_4O_6^{2-}$

9. 设计一个分别测定混合溶液中 AsO_3^{3-} 和 AsO_4^{3-} 的分析方案（原理、简单步骤和计算公式）。

（李美红）

第七章 沉淀滴定法

学习目标

（1）掌握三种终点指示法指示终点的原理和条件。

（2）熟悉银量法的基本原理。

（3）了解沉淀滴定法对沉淀的要求。

沉淀滴定法（precipitation titration）是以沉淀反应为基础的滴定分析法。沉淀反应很多，但不是所有沉淀反应都能用于沉淀滴定。能用于沉淀滴定的反应必须符合以下条件：①沉淀反应必须定量进行，沉淀的溶解度必须很小；②沉淀反应必须迅速；③必须有适宜的指示剂来确定滴定终点。

受上述条件所限，目前应用较广的沉淀反应是生成难溶性银盐的反应，如：

$$Ag^{+} + Cl^{-} \longrightarrow AgCl\downarrow（白色）$$

$$Ag^{+} + SCN^{-} \longrightarrow AgSCN\downarrow（白色）$$

以生成难溶性银盐反应为基础的沉淀滴定法称为银量法（argentimetry）。本法可用来测定含Cl^{-}、Br^{-}、I^{-}、SCN^{-}及Ag^{+}等离子化合物的含量，也可测定经处理能定量转化为上述离子的有机物。银量法按所用的指示剂不同，又分为铬酸钾指示剂法、铁铵矾指示剂法、吸附指示剂法。

第一节 沉淀滴定法的基本原理

一、银量法的基本原理

滴定曲线：沉淀滴定过程中的溶液离子浓度变化与酸碱滴定相似，也可以用滴定曲线表示，以 pAg（或 pX）为纵坐标，以滴定体积或滴定百分数为横坐标。

$$Ag^{+} + Cl^{-} \rightleftharpoons AgCl\downarrow (pK_{sp} = 9.74)$$

以$AgNO_3$溶液（0.100mol/L）滴定 20.00 ml NaCl 溶液（0.100mol/L）为例，随着$AgNO_3$溶液的滴入，Cl^{-}浓度不断变化。从滴定开始到化学计量点前，Cl^{-}的浓度由溶液中剩余的 Cl^{-}计算。例如，加入$AgNO_3$溶液 18.00ml 时，溶液中氯离子浓度为

$$[Cl^{-}] = \frac{0.1000 \times 20.00 - 0.1000 \times 18.00}{20.00 + 18.00} = 5.26 \times 10^{-3} (mol/L)$$

$$pCl=2.28$$

$$pCl = pK_{sp} - pAg = 9.74 - 2.28 = 7.46$$

化学计量点时，溶液中银离子浓度与氯离子浓度相同，pCl = pAg = 4.87。

化学计量点后，溶液中 Ag^{+}过量时，溶液中 Ag^{+}浓度由过量的 $AgNO_3$ 浓度决定，氯离子浓度则由过量的Ag^{+}和K_{sp}计算。例如，当加入$AgNO_3$溶液 20.02ml 时，

$$[Ag^{+}] = \frac{0.02 \times 0.1000}{20.00 + 20.02} = 5.0 \times 10^{-5} (mol/L)$$

$$pAg = 4.30 \qquad pCl = pK_{sp} - pAg = 9.74 - 4.30 = 5.44$$

滴定过程中离子浓度的变化曲线如图 7-1 所示。

与酸碱滴定相似，沉淀滴定开始时溶液中 Cl^-浓度较大，滴入 Ag^+所引起的 Cl^-浓度改变不大，曲线比较平坦；在接近化学计量点时，溶液中 Cl^-浓度已经很小，再滴入少量的 Ag^+即引起 Cl^-浓度发生很大的变化而形成突跃。

沉淀滴定突跃范围的大小，取决于溶液的浓度和沉淀的溶度积常数 K_{sp}。溶液浓度越大，则突跃范围越大；沉淀的 K_{sp}越小，突跃范围越大。例如，相同浓度的 Cl^-、Br^-、I^-与 Ag^+的沉淀滴定，由于 $K_{sp(AgI)}<K_{sp(AgBr)}<K_{sp(AgCl)}$，所以其滴定曲线如图 7-2 所示。当溶液同时含有 Cl^-、Br^-、I^-时，由于与 Ag^+形成的沉淀溶度积差别较大，可利用分步沉淀的原理，用 $AgNO_3$连续滴定，形成三个突跃，分别测定其含量。

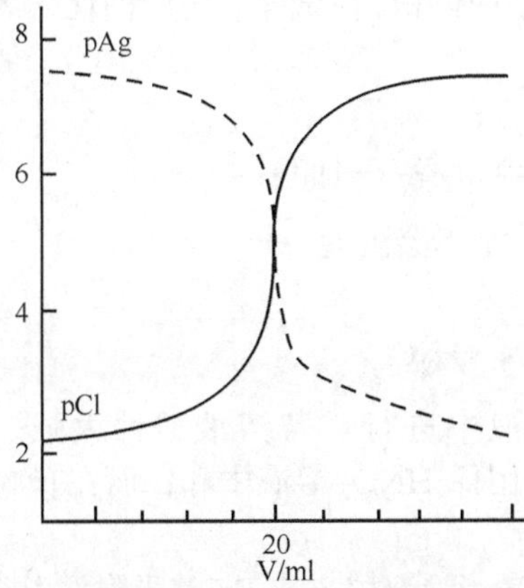

图 7-1　$AgNO_3$ 溶液滴定 NaCl 溶液的滴定曲线

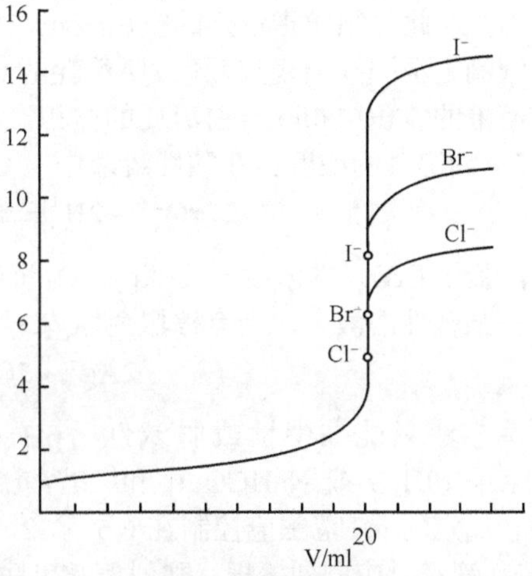

图 7-2　$AgNO_3$ 溶液滴定卤素混合物（Cl^-、Br^-、I^-）的滴定曲线

二、确定终点的方法

根据确定滴定终点采用的指示剂不同，银量法可分为莫尔法（Mohr method）、福尔哈德法（Volhard method）和法扬司法（Fajans method）。

（一）莫尔法——铬酸钾作指示剂法

莫尔法是以 K_2CrO_4 为指示剂，在中性或弱碱性介质中用 $AgNO_3$ 标准溶液测定卤素混合物含量的一种银量法。

1. 原理　以测定 Cl^-为例，K_2CrO_4 作指示剂，用 $AgNO_3$ 标准溶液滴定，其反应为

$$Ag^+ + Cl^- \rightleftharpoons AgCl\downarrow \text{ (白色)}$$

$$2Ag^+ + CrO_4^{2-} \rightleftharpoons Ag_2CrO_4\downarrow \text{ (砖红色)}$$

该方法的依据是多级沉淀原理，由于 AgCl 的溶解度比 Ag_2CrO_4 的溶解度小，因此在用 $AgNO_3$ 标准溶液滴定时，AgCl 先析出沉淀；当滴定剂 Ag^+与 Cl^-达到化学计量点时，微过量的 Ag^+与 CrO_4^{2-} 反应析出砖红色的 Ag_2CrO_4 沉淀，可用于指示滴定终点的到达。

2. 滴定条件

1）指示剂的用量：用 $AgNO_3$ 标准溶液滴定 Cl^-、指示剂 K_2CrO_4 的用量对于终点指示有较大的影响，CrO_4^{2-} 浓度过高或过低，Ag_2CrO_4 沉淀的析出就会过早或过迟，导致产生一定的终点误差。因此要求 Ag_2CrO_4 沉淀应该恰好在滴定反应的化学计量点时出现。化学计量点时[Ag^+]为

$$[Ag^+]=[Cl^-]=\sqrt{K_{sp,AgCl}}=\sqrt{1.8\times10^{-10}}\ mol/L=1.3\times10^{-5}\ mol/L$$

若此时恰有 Ag_2CrO_4 沉淀，则

$$[CrO_4^{2-}]=\frac{K_{sp,Ag_2CrO_4}}{[Ag^+]^2}=\frac{1.2\times10^{-12}}{(1.3\times10^{-5})^2}\ mol/L=7.1\times10^{-3}\ mol/L$$

在滴定时，由于 K_2CrO_4 显黄色，当其浓度较高时颜色较深，不易判断砖红色的出现。为了能观察到明显的终点，指示剂的浓度以略低一些为好。实际滴定时，一般是在总体积为 50～100ml 的溶液中加入 5%铬酸钾指示剂 1～2ml，此时滴定溶液中 K_2CrO_4 的浓度为 2.6×10^{-3}～5×10^{-3}mol/L。

当标准溶液体积消耗太小或标准溶液浓度过低，终点时滴定剂的过量使得测定结果的相对误差增大，此时须做指示剂的空白校正。校正方法是取 50ml 水，加 1ml 指示剂，用 $AgNO_3$ 标准溶液滴定至同样的终点颜色，所消耗的 $AgNO_3$ 体积为空白体积，在试样滴定所消耗的 $AgNO_3$ 标准溶液的体积中扣除空白消耗的体积。

2）滴定时的酸度：在酸性溶液中，CrO_4^{2-} 有如下反应：

$$2CrO_4^{2-}+2H^+ \rightleftharpoons 2HCrO_4^- \rightleftharpoons Cr_2O_7^{2-}+H_2O$$

降低了 CrO_4^{2-} 的浓度，使 Ag_2CrO_4 沉淀出现过迟，甚至不会沉淀。

在强碱性溶液中，会有棕黑色 Ag_2O 沉淀析出：

$$2Ag^+ +2OH^- \rightleftharpoons Ag_2O\downarrow +H_2O$$

莫尔法只能在中性或弱碱性（pH=6.5～10.5）溶液中进行。若溶液酸性太强，可用 $Na_2B_4O_7\cdot10H_2O$ 或 $NaHCO_3$ 中和；若溶液碱性太强，可用稀 HNO_3 溶液中和；而在有 NH_4^+ 存在时，滴定的 pH 范围应控制在 6.5～7.2。

3）滴定时应剧烈振摇：剧烈振摇可防止 AgCl 或 AgBr 沉淀对 Cl^- 或 Br^- 的吸附而引起终点提前。

3. 注意事项

（1）莫尔法不能在含有氨或其他能与 Ag^+ 生成络合物的物质存在下滴定，否则会增大 AgCl 和 Ag_2CrO_4 的溶解度，影响测定结果。若试液中有 NH_3 存在，应当先用 HNO_3 中和。

（2）莫尔法能测定 Cl^-、Br^-，但不能测定 I^- 和 SCN^-。因为 AgI 或 AgSCN 沉淀强烈吸附 I^- 或 SCN^-，使终点过早出现，且终点变化不明显。

（3）莫尔法的选择性较差，凡能与 CrO_4^{2-} 或 Ag^+ 生成沉淀的阳、阴离子均干扰滴定。前者如 Ba^{2+}、Pb^{2+}、Hg^{2+} 等，后者如 SO_3^{2-}、PO_4^{3-}、AsO_4^{3-}、S^{2-}、$C_2O_4^{2-}$ 等。若试样含有以上离子，应预先分离。

（二）福尔哈德法——铁铵矾作指示剂

福尔哈德法是在酸性介质中，以铁铵矾[$NH_4Fe(SO_4)_2\cdot12H_2O$]作指示剂来确定滴定终点的一种银量法。根据滴定方式的不同，福尔哈德法分为直接滴定法和返滴定法两种。

1. 直接滴定法测定 Ag^+ 在含有 Ag^+ 的 HNO_3 介质中，以铁铵矾作指示剂，用 NH_4SCN 标准溶液直接滴定，当滴定到化学计量点时，微过量的 SCN^- 与 Fe^{3+} 结合生成红色的 $[FeSCN]^{2+}$ 即为滴定终点。其反应是

$$Ag^+ +SCN^- \rightleftharpoons AgSCN\downarrow\ (白色)\quad K_{sp,AgSCN}=1.1\times10^{-12}$$

$$Fe^{3+}+SCN^- \rightleftharpoons [FeSCN]^{2+}\quad (红色)\quad K=200$$

由于指示剂中的 Fe^{3+} 在中性或碱性溶液中将形成 $Fe(OH)_2^+$、$Fe(OH)_2^+$ 等深色配合物，碱度再大，还会产生 $Fe(OH)_3$ 沉淀，因此滴定应在 0.1～1mol/L HNO_3 溶液中进行。

用 NH_4SCN 溶液滴定 Ag^+ 溶液时，生成的 AgSCN 沉淀能吸附溶液中的 Ag^+，使 Ag^+ 浓度降低，以致红色的出现略早于化学计量点。因此在滴定过程中需剧烈摇动，使被吸附的 Ag^+ 释放出来。

此法的优点在于可用来直接测定 Ag^+，并可在酸性溶液中进行滴定。

2. 返滴定法测定卤素离子　福尔哈德法测定卤素离子（如 Cl^-、Br^-、I^-和 SCN^-）时采用返滴定法。即在酸性（HNO_3介质）待测溶液中，先加入已知过量的 $AgNO_3$标准溶液，再用铁铵矾作指示剂，用 NH_4SCN 标准溶液回滴剩余的 Ag^+（HNO_3介质）。反应如下：

$$Ag^+ + Cl^- \rightleftharpoons AgCl\downarrow(白色)$$

(定量、过量)

$$Ag^+ + SCN^- \rightleftharpoons AgSCN\downarrow(白色)$$

(剩余量)

终点指示反应：

$$Fe^{3+} + SCN^- \rightleftharpoons [FeSCN]^{2+}(红色)$$

福尔哈德法测定 Cl^-，滴定到临近终点时，经摇动后形成的红色会褪去，因为 AgSCN 的溶解度小于 AgCl 的溶解度，加入的 NH_4SCN 将与 AgCl 发生沉淀转化反应

$$AgCl + SCN^- = AgSCN\downarrow + Cl^-$$

沉淀的转化速率较慢，滴加 NH_4SCN 形成的红色随着溶液的摇动而消失。这种转化作用将继续进行到 Cl^-与 SCN^-浓度之间建立一定的平衡关系，才会出现持久的红色，无疑已多消耗了 NH_4SCN 标准滴定溶液。

3. 滴定条件　为了避免上述现象的发生，通常采用以下措施：

（1）试液中加入定量、过量的 $AgNO_3$标准溶液之后，将溶液煮沸，使 AgCl 沉淀凝聚，以减少 AgCl 沉淀对 Ag^+的吸附。滤去沉淀，并用稀 HNO_3充分洗涤沉淀，然后用 NH_4SCN 标准滴定溶液回滴滤液中的过量 Ag^+。

（2）在滴入 NH_4SCN 标准溶液之前，加入有机溶剂硝基苯或邻苯二甲酸二丁酯或 1，2-二氯乙烷。用力摇动后，有机溶剂将 AgCl 沉淀包住，使 AgCl 沉淀与外部溶液隔离，阻止 AgCl 沉淀与 NH_4SCN 发生转化反应。

（3）提高 Fe^{3+}的浓度以减小终点时 SCN^-的浓度，从而减小上述误差，实验证明，一般溶液中 $c_{Fe^{3+}} = 0.2mol/L$ 时，终点误差将小于 0.1%。

4. 注意事项

（1）为防止 Fe^{3+}的水解，应在 0.1～1mol/L HNO_3溶液中进行滴定，在酸性溶液中，Al^{3+}、Zn^{2+}、Ba^{2+}及 CO_3^{2-} 等离子的存在也不干扰。与铬酸钾指示剂法相比，这是此法的最大优点。

（2）为避免由于沉淀吸附 Ag^+过早到达终点，在用硝基苯包裹 AgCl 沉淀时，临近终点应轻轻旋摇，以免沉淀转化，直到溶液出现稳定的淡棕红色为止。

（3）此法测定 I^-和 Br^-时，由于 AgI 和 AgBr 的溶解度都小于 AgCl 的溶解度，不存在沉淀转化问题，不需加入有机溶剂或滤去沉淀，滴定终点明显确切。

（4）滴定不宜在较高温度下进行，否则红色络合物褪色。

福尔哈德法在测定 Br^-、I^-和 SCN^-时，滴定终点十分明显，不会发生沉淀转化，因此不必采取上述措施。但是在测定碘化物时，须加入过量的 $AgNO_3$ 溶液之后再加入铁铵矾指示剂，以免 I^-对 Fe^{3+}的还原作用而造成误差。强氧化剂和氮的氧化物及铜盐、汞盐都与 SCN^-作用，因而干扰测定，必须预先除去。

（三）法扬司法——吸附指示剂法

法扬司法是以吸附指示剂（adsorption indicator）确定滴定终点的一种银量法。

1. 原理　吸附指示剂是一类有机染料，它的阴离子在溶液中易被带正电荷的胶状沉淀吸附，吸附后结构改变，引起颜色的变化，从而指示滴定终点的到达。

现以 $AgNO_3$ 标准溶液滴定 Cl^- 为例，说明指示剂荧光黄的作用原理。

荧光黄是一种有机弱酸，用 HFI 表示，在水溶液中可离解为荧光黄阴离子 FI^-，呈黄绿色：

$$HFI \rightleftharpoons FI^- + H^+$$

在化学计量点前，生成的 AgCl 沉淀在过量的 Cl^- 溶液中，AgCl 沉淀吸附 Cl^- 而带负电荷，形成的（AgCl）·Cl^- 不吸附指示剂阴离子 FI^-，溶液呈黄绿色。达化学计量点时，微过量的 $AgNO_3$ 可使 AgCl 沉淀吸附 Ag^+ 形成（AgCl）·Ag^+ 而带正电荷，带正电荷的（AgCl）·Ag^+ 吸附荧光黄阴离子 FI^-，结构发生变化呈现粉红色，使整个溶液由黄绿色变成粉红色，指示终点的到达。

$$\underset{\text{黄绿色}}{(AgCl)\cdot Ag^+ + FI^-} \xrightarrow{\text{吸附}} \underset{\text{粉红色}}{(AgCl)\cdot Ag\cdot FI}$$

2. 注意事项

（1）由于吸附指示剂的颜色变化发生在沉淀微粒表面上，因此，应尽可能地使卤化银沉淀呈胶体状态，此时具有较大的表面积。在滴定前应将溶液稀释，并加糊精或淀粉等高分子化合物作为保护剂，以防止卤化银沉淀凝聚。

（2）常用的吸附指示剂大多是有机弱酸，而起指示剂作用的是它们的阴离子。酸度大时，H^+ 与指示剂阴离子结合成不被吸附的指示剂分子，无法指示终点。酸度的大小与指示剂的离解常数有关，离解常数大，酸度可以大些。例如，荧光黄其 $pK_a \approx 7$，适用于 pH 为 7～10 的条件下进行滴定，若 pH<7，荧光黄主要以 HFI 形式存在，不被吸附。

（3）卤化银沉淀对光敏感，易分解析出银使沉淀变为灰黑色，影响滴定终点的观察，因此在滴定过程中应避免强光照射。

（4）沉淀胶体微粒对指示剂离子的吸附能力，应略小于对待测离子的吸附能力，否则指示剂将在化学计量点前变色。但也不能太小，否则终点出现过迟。卤化银对卤化物和几种吸附指示剂的吸附能力的次序如下：

$$I^- > SCN^- > Br^- > \text{曙红} > Cl^- > \text{荧光黄}$$

因此，滴定 Cl^- 不能选曙红，而应选荧光黄。表 7-1 中列出了几种常用的吸附指示剂及其应用。

表 7-1　常用吸附指示剂

指示剂	被测离子	滴定剂	滴定条件	终点颜色变化
荧光黄	Cl^-、Br^-、I^-	$AgNO_3$	pH=7～10	黄绿→粉红
二氯荧光黄	Cl^-、Br^-、I^-	$AgNO_3$	pH=4～10	黄绿→红
曙红	Br^-、SCN^-、I^-	$AgNO_3$	pH=2～10	橙黄→红紫
溴酚蓝	生物碱盐类	$AgNO_3$	弱酸性	黄绿→灰紫
甲基紫	Ag^+	NaCl	酸性溶液	黄红→红紫

三、标准溶液

（一）基准物质

$AgNO_3$、NaCl。

（二）标准溶液

1. $AgNO_3$ 标准溶液

1）直接配制法：精密称取在 110℃干燥至恒重的基准物质 $AgNO_3$ 固体约 4.3g，用少量蒸馏水溶解，定量转移至 250ml 的棕色容量瓶中，加水稀释至刻度线，摇匀。

2）间接配置法：用托盘天平称取 4.3g $AgNO_3$ 至于烧杯中，加蒸馏水溶解并稀释至 250ml 后，转入棕色试剂瓶中，摇匀，置于暗处，待标定。

2. NH_4SCN 标准溶液　NH_4SCN 易吸湿，常含有杂质，一般采用标定法。配制近似浓度的溶液，用 $AgNO_3$ 标准溶液按铁铵矾指示剂法进行标定。

3. 标准溶液的标定　0.1 mol/L $AgNO_3$ 溶液的标定：精密称取干燥至恒重的基准 NaCl 约 0.15g，置于锥形瓶中加 50ml 蒸馏水使其溶解，再加入 50g/L 的 K_2CrO_4 指示剂 1ml，在不断振摇下，用 0.1mol/L　$AgNO_3$ 滴定液滴定至出现砖红色沉淀即为终点。做空白实验，计算 $AgNO_3$ 的浓度。$AgNO_3$ 见光易分解，应储于棕色试剂瓶，避光保存。若放置时间较长，应重新标定。标定时因 $AgNO_3$ 具有腐蚀性，须将 $AgNO_3$ 盛放在酸式滴定管中。为了减少方法误差，其标定方法应与测定样品的方法相同。

第二节　沉淀滴定法的应用

莫尔法主要用于测定 Cl^-、Br^- 和 Ag^+，如氯化物、溴化物纯度测定及天然水中氯含量的测定。当试样中 Cl^- 和 Br^- 共存时，测得的结果是它们的总量。若测定 Ag^+，应采用返滴定法，即向 Ag^+ 的试液中加入过量的 NaCl 标准溶液，然后再用 $AgNO_3$ 标准溶液滴定剩余的 Cl^-。

铁铵矾指示剂法直接滴定法可测定 Ag^+，返滴定法可测定 Cl^-、Br^-、I^- 和 SCN^- 等离子。

法扬司法可用于测定 Cl^-、Br^-、I^- 和 SCN^- 及生物碱盐类等。测定 Cl^- 常用荧光黄或二氯荧光黄作指示剂，而测定 Br^-、I^- 和 SCN^- 常用曙红作指示剂。此法终点明显，方法简便，但反应条件要求较严，应注意溶液的酸度、浓度及胶体的保护等。

一、可溶性氯化物中氯的测定

测定可溶性氯化物中的氯，可按照用 NaCl 标定 $AgNO_3$ 溶液的各种方法进行。

当采用莫尔法测定时，必须注意控制溶液的 pH 在 6.5～10.5。若试样中含有 PO_4^{3-}、AsO_4^{3-} 等离子时，在中性或微碱性条件下，也能和 Ag^+ 生成沉淀，干扰测定。因此，只能采用福尔哈德法进行测定，在酸性条件下，这些阴离子都不会与 Ag^+ 生成沉淀，从而避免干扰。测定结果可由试样的质量及滴定用去标准溶液的体积来计算试样中氯的百分含量。

二、银合金中银的测定

将银合金溶于 HNO_3 中，制成溶液

$$Ag + NO_3^- + 2H^+ = Ag^+ + NO_2\uparrow + H_2O$$

在溶解试样时，必须煮沸以除去氮的低价氧化物，因为它能与 SCN^- 作用生成红色化合物，而影响终点的观察：

$$HNO_2 + H^+ + SCN^- = \underset{\text{红色}}{NOSCN} + H_2O$$

试样溶解之后，加入铁铵矾指示剂，用标准 NH_4SCN 溶液滴定。根据试样的质量、滴定用去 NH_4SCN 标准溶液的体积，计算银的百分含量。

三、形成不溶性银盐的有机化合物的测定

巴比妥类化合物分子结构中含有丙二酰脲或亚胺基团，在碳酸钠溶液中，生成钠盐而溶解，再与硝酸银溶液反应，首先生成可溶性的一银盐，加入过量的硝酸银溶液，则生成难溶性的二银盐白色沉淀，利用这一性质可对巴比妥类药物进行含量测定。

四、《中国药典》(2015年版)氯化钾注射液的含量测定

精密量取本品 10ml，置于 100ml 量瓶中，加水至刻度，摇匀，精密量取 10ml，加 40ml 水、5ml2%糊精溶液、2ml2.5%硼砂溶液与 5～8 滴荧光黄指示液，用硝酸银滴定液（0.1mol/L）滴定。每 1 ml 硝酸银滴定液（0.1mol/L）相当于 7.455mg 的 KCl。

五、《中国药典》(2015年版)泛影酸的含量测定

取本品约 0.4g，精密称量，加 30ml 氢氧化钠试液与 1.0g 锌粉，加热回流 30min，放冷，冷凝管用少量水洗涤，过滤，烧瓶与滤器用水洗涤 3 次，每次 15ml，合并洗液与滤液，加 5ml 冰醋酸与 5 滴曙红钠指示液，用硝酸银滴定液(0.1mol/L)滴定。每 1ml 硝酸银滴定液(0.1mol/L)相当于 20.46mg 的 $C_{11}H_9I_3N_2O_4$。

本章小结

	莫尔法	福尔哈德法	法扬司法
指示剂	K_2CrO_4	Fe^{3+}	吸附指示剂
滴定剂	$AgNO_3$	SCN^-	Cl^-或 $AgNO_3$，SCN^-
滴定反应	$Ag^+ + Cl^- = AgCl$	$SCN^- + Ag^+ = AgSCN$	$Cl^- + Ag^+ = AgCl$
指示反应	$2Ag^+ + CrO_4^{2-} = Ag_2CrO_4$（砖红色）	$SCN^- + Fe^{3+} = FeSCN^{2+}$（红色）	$AgClAg^+ + FIn^-$（黄绿色）$= AgCl \cdot Ag \cdot FIn$（粉红色）
酸度	pH=6.5～10.5	0.1～1 mol/L HNO_3 介质	与指示剂的 K_a 大小有关，使其以 FIn^- 型体存在
滴定对象	Cl^-，CN^-，Br^-	直接滴定法测 Ag^+；返滴定法测 Cl^-，Br^-，I^-，SCN^-，PO_4^{3-} 和 AsO_4^{3-} 等	Cl^-、Br^-、SCN^-、SO_4^{2-} 和 Ag^+等

习　　题

1. 什么是沉淀滴定法？沉淀滴定法所用的沉淀反应必须具备哪些条件？

2. 写出莫尔法、福尔哈德法和法扬斯法三种银量法测定 Cl^-的主要反应，并指出各种方法选用的指示剂和酸度条件。

3. 为了使终点颜色变化明显，使用吸附指示剂银量法时应注意哪些问题?

4. 称取 NaCl 基准试剂 0.1173g，溶解后加入 30.00ml $AgNO_3$ 标准溶液，过量的 Ag^+需要 3.20ml NH_4SCN 标准溶液滴定至终点。已知 20.00ml $AgNO_3$ 标准溶液与 21.00ml NH_4SCN 标准溶液能完全作用，计算 $AgNO_3$ 和 NH_4SCN 溶液的浓度各为多少？

（0.07447mol/L；0.07092mol/L）

5. 称取银合金试样 0.3000g，溶解后加入铁铵矾指示剂，用 0.1000mol/L NH_4SCN 标准溶液滴定，用去 23.80ml，计算银的质量分数。

（85.56%）

（何　丹）

第八章　电位法和永停滴定法

学习目标

（1）掌握电极的分类及响应机理；能斯特方程；pH 玻璃电极的构造、特性、响应机理及测量方法；离子选择电极的选择性系数；电位滴定法原理及滴定终点的确定；永停滴定法原理及滴定终点的确定。

（2）熟悉原电池和电解池的结构与原理；离子选择电极的响应机理及性能；离子选择电极的测量方法及测量误差；电位滴定及永停滴定装置。

（3）了解电化学分析法的分类；双电层、电极电位、相界电位、液接电位、盐桥、膜电位、不对称电位；离子选择电极的分类。

电位（滴定）法和永停滴定法是较早的分析方法之一，20 世纪 60 年代我国就有商品化的电位滴定仪，且一般的 pH 计上都有电位测定功能，可用于电位滴定分析，所以使用比较广泛。70 年代后又出现了自动电位滴定仪，滴定到达终点时，由于电极电位的急剧变化，通过仪器的放大驱动，而使滴定自动停止。永停滴定法在药物分析中有着重要的应用，中国药典主要用于重氮化法和水分测定的终点指示，它是采用两支相同的铂电极，在两电极间加上低电压，化学计量点前，两电极间无电流产生，电流计指针停在接近于零位不动；终点后，电路中有电流通过，电流计指针偏转并不再回零位。永停滴定法装置简单，准确度高，确定终点方便，快捷。

第一节　电化学分析法概述

电化学分析（electrochemical analysis）是仪器分析的一个重要组成部分。它是基于物质在溶液中的电化学性质及其变化规律来进行分析的一类分析方法，以电位、电流、电量和电导等电化学参数与被测物质含量之间的关系作为计量的基础。

根据所测量的电化学参数不同，电化学分析方法可分为以下四类：

（1）电位分析法（potentiometric analysis）是基于溶液中某种离子活度（或浓度）和其指示电极组成原电池的电极电位之间关系建立的分析方法，包括电位法和电位滴定法。电位法（potentiometry）是通过测量溶液中某种离子与其指示电极组成原电池的电动势直接求算该离子活（浓）度的方法，最初用于溶液 pH 的测定；电位滴定法（potentiometric titration）是通过测量滴定过程中原电池电动势的变化来确定滴定终点的滴定分析方法，它适用于各种滴定分析法，特别是对没有合适指示剂、深色或浑浊溶液等难于用指示剂判断终点的滴定分析法。

（2）电解分析法（electrolytic analysis）是基于溶液中某种离子和其指示电极组成电解池的电解原理建立的分析方法，包括电重量法、库仑法及库仑滴定法。电重量法（electrogravimetry）是利用外加电源电解试样溶液，使被测组分析出沉积在电极表面，根据称量沉积物的质量来确定待测组分含量的分析方法，它只能用来测定高含量的物质；库仑法（coulometry）是根据被测物完全电解时消耗的电量来确定被测组分含量的分析方法，它可用于痕量物质的分析；库仑滴定法（coulometric titration）是以电极反应生成物作为滴定剂，与溶液中待测组分作用，根据滴定终点消耗的电量来确定待测组分含量的分析方法。电解分析法在分析中除作为测定方法外，也用于物质的分离。

（3）电导分析法（conductometric analysis）是基于测量溶液的电导为基础的分析方法，包括电导法和电导滴定法。电导法（conductometry）是通过测量被测组分的电导值确定其含量的分析方法；电导滴定法（conductometric titration）是根据滴定过程中溶液电导的变化来确定滴定终点的分析方法。电导分析法虽然灵敏度高，但因选择性差，目前应用较少。

（4）伏安法（voltammetry）是以研究电解过程中电流和电位变化关系的曲线（伏安曲线）为基础的分析方法，包括极谱法、溶出法及电流滴定法。极谱法（polarography）是以滴汞电极为指示电极的伏安法；溶出法（stripping analysis）是在某一恒定电压下进行电解，使被测物在电极上富集，再用适当的方法使富集物溶解，根据溶出时的电流-电位或电流-时间曲线进行分析的方法；电流滴定法（amperometric titration）是在固定电压下，根据滴定过程中电流的变化确定滴定终点的分析方法。

电化学分析是仪器分析的一个重要组成部分，具有仪器设备简单、便于操作、易于微型化和自动化，分析速度快、灵敏度高、选择性好等优点。随着纳米技术、表面技术、超分子体系及新材料合成等新技术、新材料的发展和应用，电化学分析将向微量分析、单细胞水平检测、实时动态分析、无损分析及超高灵敏和超高选择方向迈进。近年来，电化学分析的新方法不断涌现，在生命科学、医药卫生、环境科学、材料科学、能源科学等领域中有着广阔的应用前景。

本章主要介绍电位法、电位滴定法及永停滴定法。电化学分析法都是通过化学电池的电化学反应来实现的，因此，必须对化学电池的电化学基本原理、基本术语和概念有一定的了解。

第二节　基本术语和概念

一、化 学 电 池

化学电池（electrochemical cell）是实现化学反应能与电能相互转换的装置，由两个电极、电解质溶液和外电路组成。化学电池根据电极反应是否可自发进行分为原电池和电解池。

（一）原电池和电解池

原电池（galvanic cell）是将化学能转变为电能的装置[图 8-1（a）]，其电极反应可自发进行。电解池（electrolytic cell）是将电能转变为化学能的装置[图 8-1（b）]，只在有外加电压的情况下，电极反应才能进行。同一结构的电池通过改变实验条件可相互转化。

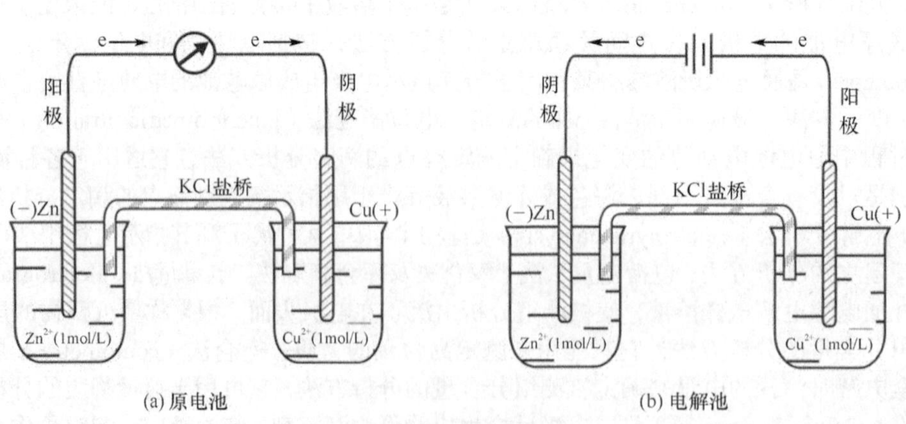

图 8-1　化学电池示意图

例如，丹尼尔（Daniell）电池（铜-锌原电池）是将锌棒插入 $ZnSO_4$ 溶液（1mol/L）中，构成一个半电池；铜棒插入 $CuSO_4$ 溶液（1mol/L）中，构成另一个半电池；两溶液间用饱和 KCl 盐桥连接，两电极之间用导线连接并接一个灵敏电流计，这样就构成了铜-锌原电池。原电池中，锌电极失去电子转变成 Zn^{2+}进入溶液，发生氧化反应，为阳极；铜电极上 Cu^{2+}得到电子析出金属铜，发生还原反应，为阴极；电子从锌电极经外电路传递到铜电极上，在铜电极和锌电极表面分别由氧化还原反应完成从电子导电到离子导电的转换，在导线中电子定向移动产生电流，在溶液中离子的定向移动也有电流流动；电流的方向与电子流动的方向相反，而电流总是从高电位的正极流向低电位的负极，因此，铜电极为正极，锌电极为负极。上述电极表面发生的氧化还原反应分别称为半反应。

电极半反应为：

$$\text{锌极}\quad Zn \rightleftharpoons Zn^{2+} + 2e\ （\text{氧化反应、阳极、负极}）$$

$$\text{铜极}\quad Cu^{2+} + 2e \rightleftharpoons Cu\ （\text{还原反应、阴极、正极}）$$

电池总反应为：

$$Zn + Cu^{2+} \rightleftharpoons Zn^{2+} + Cu$$

丹尼尔原电池用图解表示为：

$$Zn\,|\,ZnSO_4(1mol/L)\,\|\,CuSO_4(1mol/L)\,|\,Cu$$

电池图解表达式的一般规定：发生氧化反应的电极（阳极）写在左边，发生还原反应的电极（阴极）写在右边；电池组成的两相界面或不相混溶的两溶液之间的界面，用单竖线“|”表示；两种溶液通过盐桥连接时，用双竖线“‖”表示；电解质溶液位于两电极之间，并应注明浓（活）度；若有气体，则应注明压力、温度，若不注明，系指 25℃及 101325Pa。

在零电流条件下，丹尼尔原电池电动势（electromotive force）为

$$E = \varphi_{(+)} - \varphi_{(-)} = \varphi^{\ominus}_{Cu^{2+}/Cu} - \varphi^{\ominus}_{Zn^{2+}/Zn} = (+0.337V) - (-0.763V) = +1.100V$$

当用外电源在原电池的两个电极上施加一个与其电动势反方向的电压，若外加电压大于丹尼尔原电池的电动势（1.100V），则原电池就转化成电解池。

电极半反应为：

$$\text{锌极}\quad Zn^{2+} + 2e \rightleftharpoons Zn\ （\text{还原反应、阴极、负极}）$$

$$\text{铜极}\quad Cu \rightleftharpoons Cu^{2+} + 2e\ （\text{氧化反应、阳极、正极}）$$

电池总反应为：

$$Zn^{2+} + Cu \rightleftharpoons Zn + Cu^{2+}$$

丹尼尔电解池用图解表示为：

$$Cu\,|\,CuSO_4(1mol/L)\,\|\,ZnSO_4(1mol/L)\,|\,Zn$$

（二）双电层和电极电位

当作为电极的金属导体浸入含有该金属离子的电解质溶液中将呈现一定的电极电位。对于铜-锌原电池，由于铜电极的电位比锌电极的高，因而促使电流经外电路从铜电极向锌电极流动。那么电极电位是怎样产生的？这是由于在金属与溶液交界面发生了电荷交换的结果。在金属与该金属离子溶液两相界面，金属有失去电子被氧化为金属离子进入溶液中的倾向，同时，溶液中的金属离子有从金属上获得电子被还原形成金属沉积在金属表面的倾向。如果金属的氧化（失去电子）能力大于其离子的还原（获得电子）能力，金属离子越过界面向溶液迁移，两相界面金属表面带负电，溶液带正电（图 8-2）；如果金属离子的还原能力大于其金属的氧化能

力，金属离子越过界面向金属迁移，金属表面带正电，溶液带负电。当金属离子进入溶液的速率等于金属离子沉积到金属表面的速率时达到动态平衡，在金属与溶液界面上形成了稳定的双电层（electrical double layer）而产生电位差，这个电位差就是电极电位（electrode potential）。

电池都是由至少两个电极组成的，根据它们的电极电位，可以计算出电池的电动势。但是目前还无法测量单个电极的绝对电位值，而只能测量整个电池的电动势。因此可以选择一个标准电极（如标准氢电极，简写为 NHE）作为标准，将它与被测电极组成电池，并人为地规定它的电极电位为零，这样测得的电动势即为被测电极的电极电位。因此，目前采用的标准电极电位值都是相对标准氢电极的电极电位而言的，并不是绝对值。

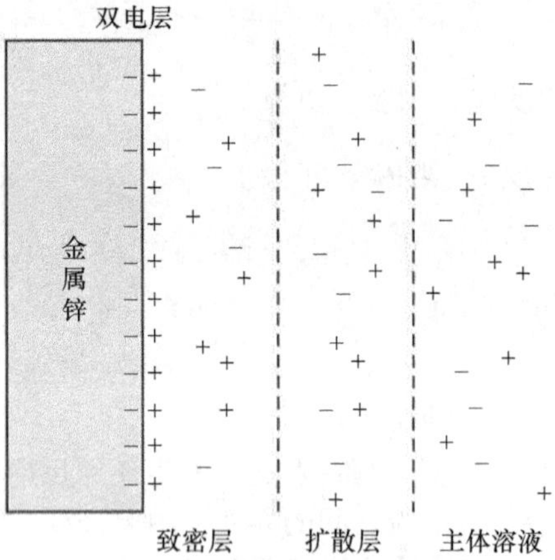

图 8-2　双电层结构示意图

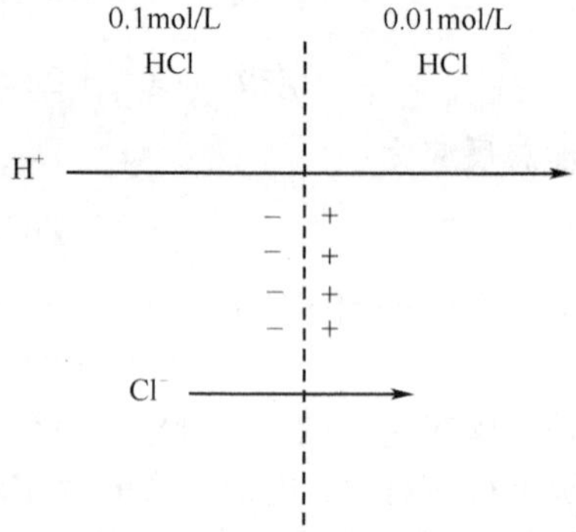

图 8-3　液接电位产生示意图

（三）液接电位和盐桥

在组成不同或组成相同而浓度不同的两个电解质溶液接触界面所产生的电位差称为液接电位（liquid junction potential）。液接电位是由于离子在通过相界面时扩散速率不同而引起的，故又称扩散电位。例如，0.1mol/L HCl 和 0.01mol/L HCl，在两种溶液的接触界面，H^+和 Cl^-均由高浓度向低浓度扩散（图 8-3）。但由于 H^+的扩散速率（长箭头表示）大于 Cl^-的扩散速率（短箭头表示），单位时间内越过相界面的 H^+比 Cl^-多，使低浓度界面 H^+过量，带正电荷；高浓度界面 Cl^-过量，带负电荷。在液接界面上形成了双电层，双电层的形成对 H^+的进一步扩散起抑制作用，对 Cl^-的进一步扩散起促进作用，最终两种离子在界面上的扩散达到动态平衡，在溶液的界面上形成了一个稳定的微小电位差，即液接电位。

在电化学分析中，由于经常使用有液接界面的参比电极，所以液接电位是一个普遍存在的现象。但实际的液接电位是难以准确计算和单独测量的，为了减小液接电位的影响，在实际工作中常使用盐桥将两溶液相连，以降低或消除液接电位。盐桥（salt bridge）是一个盛满饱和 KCl 溶液和 3%琼脂的 U 形管。当使用盐桥将两溶液连接时，高浓度的 K^+和 Cl^-向外扩散成为两端液接界面上离子扩散的主要部分。由于 K^+和 Cl^-的扩散速率几乎相等，所以在两个液接界面上只会产生两个数值很小且几乎相等、方向相反的液接电位。因此，盐桥是连通两个半电池、消除液接电位、保持其电荷平衡、使反应顺利进行的一种装置。

二、电极的分类

（一）组成体系及作用机理

根据组成体系及作用机理不同，电极可分为以下四类：

1. 金属-金属离子电极 由金属浸入该金属离子溶液中组成的电极，用 M | M^+表示。这类电极只有一个相界面，故又称为第一类电极。其电极电位取决于金属离子的活度。

$$M^{n+} + ne \rightleftharpoons M$$

$$\varphi = \varphi^{\ominus}_{M^{n+}/M} + \frac{RT}{nF}\ln a_{M^{n+}}$$

这类电极包括铜、锌、银、汞、铬和铅等。

2. 金属-金属难溶盐电极 由表面覆盖了同一种金属难溶盐的金属浸入该难溶盐的阴离子溶液中组成的电极，用 M | M_mX_n | X^{m-}表示。这类电极有两个相界面，故又称为第二类电极。其电极电位取决于与该金属离子生成难溶盐的阴离子的活度。例如，将表面氯化（覆盖了 AgCl）的银丝浸入 Cl^-溶液中组成银/氯化银电极。

$$AgCl + e \rightleftharpoons Ag + Cl^-$$

$$\varphi = \varphi^{\ominus}_{AgCl/Ag} - \frac{RT}{F}\ln a_{Cl^-}$$

这类电极中常用的有银/氯化银电极和甘汞（Hg/Hg_2Cl_2）电极，只要难溶盐阴离子的浓度一定，其电极电位值就一定，故常用来制备参比电极。

3. 惰性导体电极 由惰性导电材料（如铂、金、碳等）浸入同一元素的两种不同氧化态离子溶液中组成的电极，用 Pt | M^{m+}，M^{n+}表示。惰性导体本身不参与电极反应，仅起传递电子的作用，又称为零类电极。其电极电位取决于溶液中氧化态和还原态活（浓）度的比值。例如，将铂片插入含有 Fe^{3+}和 Fe^{2+}的溶液中组成铂电极（Pt | Fe^{3+}，Fe^{2+}）。

$$Fe^{3+} + e^- \rightleftharpoons Fe^{2+}$$

$$\varphi = \varphi^{\ominus}_{Fe^{3+}/Fe^{2+}} + \frac{RT}{F}\ln\frac{a_{Fe^{3+}}}{a_{Fe^{2+}}}$$

4. 膜电极 具有敏感膜且能产生膜电位的电极称为膜电极（membrane electrode），它对被测溶液中某特定离子可产生选择性响应，又称离子选择电极（ion selective electrode，ISE）。响应机理主要是基于离子在敏感膜上进行交换和扩散形成膜电位，并不发生电子的传递与转移。其电极电位与溶液中特定响应离子的活（浓）度符合能斯特方程式。

除上述四类电极外，电化学分析中常用的电极还包括旋转圆盘电极、微电极和修饰电极等。

（二）所起作用

根据所起的作用不同，电极可分为以下三类：

1. 指示电极和工作电极 在电化学测试过程中，溶液本体浓度不发生明显变化的电极称为指示电极（indicator electrode）；如果有较大的电流通过，溶液本体浓度发生显著改变的电极称为工作电极（working electrode）。在电位分析法中的离子选择电极为指示电极，在电解分析和库仑分析中使用的铂电极为工作电极。

2. 参比电极 在电化学测试过程中，其电位基本不发生变化的电极称为参比电极（reference electrode）。饱和甘汞电极和银/氯化银电极是电化学分析中最常用的参比电极，它们克服了标准氢电极中使用氢气的不便，同时也比较容易制备。

饱和甘汞电极（saturated calomel electrode，SCE）属于金属-金属难溶盐电极，一般由金属汞、甘汞（Hg_2Cl_2）和饱和 KCl 溶液组成[图 8-4（a）]。电极由内、外两个玻璃套管组成，内管上端封接一根铂丝，铂丝上部与电极引线相连，铂丝下部插入汞层中（汞层厚 0.5～1cm）。汞层下部是汞和甘汞的糊状物，内玻璃管下端用纤维或石棉类多孔物堵塞。外玻璃管内充饱和 KCl 溶液，最下端用多孔陶瓷微孔物质封紧，既可将电极内外溶液隔开，又可提供内外溶液离子通道，起到盐桥的作用。

$$Hg_2Cl_2 + 2e \rightleftharpoons 2Hg + 2Cl^-$$

$$\varphi = \varphi^{\ominus}_{Hg_2Cl_2/Hg} - \frac{RT}{F}\ln a_{Cl^-}$$

由上式可见，当温度一定时，其电极电位与 KCl 溶液浓度有关，当 KCl 溶液浓度一定时，甘汞电极的电位是一定值，其中饱和甘汞电极是最常用的一种参比电极。

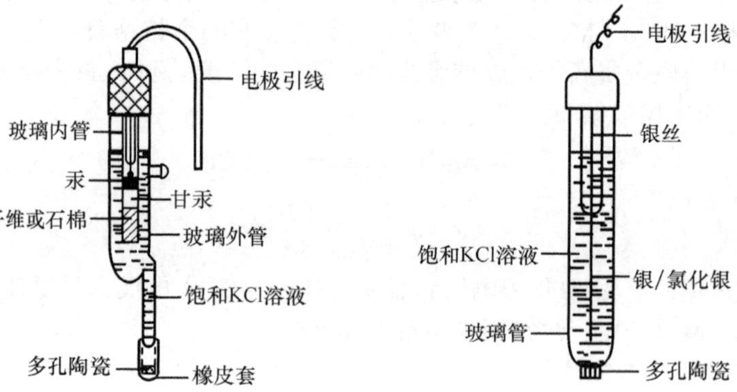

(a) 饱和甘汞电极　　(b) 银/氯化银电极

图 8-4　参比电极结构示意图

银/氯化银电极（silver/silver chloride electrode）属于金属-金属难溶盐电极，结构如图 8-4（b）所示。同样，当 KCl 溶液浓度一定时，其电极电位也是一定值。由于银/氯化银电极结构简单、体积小，常作为各种离子选择电极的内参比电极。

3. 辅助电极或对电极　在电化学测试过程中，当通过的电流很小时，一般直接由工作电极和参比电极组成电池，构成两电极体系；但是，当通过的电流较大时，参比电极将不能负荷，其电位不再稳定不变，或体系的 IR 降太大，难以克服。此时需再引入一个辅助电极（auxiliary electrode）来构成三电极体系，由辅助电极与工作电极组成电池，形成通路，但辅助电极上进行的电化学反应并非实验中所需研究或测试的。在不用参比电极的两电极体系中（如电解分析），与工作电极配对的电极称为对电极（counter electrode）。但有时辅助电极也称为对电极，两者常不严格区分。

第三节　电　位　法

电位法（potentiometry）是电化学分析方法的重要分支，它是在通过电路的电流接近于零的条件下，以测定电池的电动势或电极电位为基础的电化学分析方法。由能斯特方程可知，电极电位与溶液中所对应的离子活度有确定的关系：

$$\varphi = \varphi^{\ominus} + \frac{RT}{nF}\ln\frac{a_{氧化态}}{a_{还原态}}$$

因此，选择合适的指示电极与参比电极，浸入被测溶液中组成原电池，通过测定原电池的电动势，根据能斯特方程可以直接求出被测组分活（浓）度，这是电位法的理论依据。电位法中使用最为广泛的指示电极是基于离子交换的膜电极，即各种离子选择电极。

一、离子选择电极分类

化学敏感膜是离子选择电极对某一特定离子具有选择性测定的基础。根据敏感膜的性质和材料及响应机理的不同，离子选择电极有以下分类。

- 离子选择电极
  - 原电极
    - 晶体膜电极
      - 均相膜
        - 单晶：如LaF_3，制成氟电极
        - 混晶：如$AgCl$-Ag_2S，制成氯电极
      - 非均相膜：如Ag_2S掺入硅橡胶中制成硫电极
    - 非晶体膜电极
      - 硬质电极：如pH玻璃电极
      - 流动载体电极
        - 正电荷载体电极：如硝酸银电极
        - 负电荷载体电极：如钙电极
        - 中性载体电极：如钾电极
  - 敏化电极
    - 气敏电极：如氨电极
    - 酶电极：如尿素电极

（一）pH 玻璃电极

1. 电极的构造　玻璃电极（glass electrode）是最早出现，也是应用最为广泛的离子选择电极。它的核心部分是玻璃膜，这种膜是在 SiO_2 基质中加入 Na_2O 和少量 CaO 烧制而成，膜厚约 0.5mm，呈球泡形。球泡内盛有 0.10mol/L HCl 溶液作为内参比溶液，再插入一根 Ag/AgCl 电极作为内参比电极。目前应用较为广泛的是复合 pH 电极（combination pH electrode），它是将玻璃电极和甘汞电极或 Ag/AgCl 参比电极结合在一起，组成单一电极体，由内外两个同心管构成。内管是常规的玻璃电极，外管是复合的参比电极（图 8-5）。相比常规的 pH 玻璃电极，复合 pH 电极具有使用方便、体积小、利于小体积试液测定等优点。

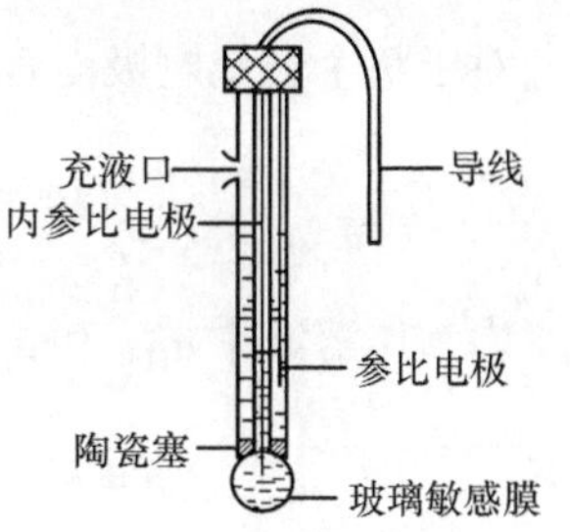

图 8-5　复合 pH 电极结构示意图

2. 响应机理　实验证明，玻璃膜的化学组成对电极的性能影响很大，纯 SiO_2 制成的石英玻璃并不具有响应氢离子的功能。这是因为石英玻璃中的 Si 和 O 以共价键结合，没有可供离子交换的电荷质点（点位），不能完成传导电荷的任务。但是，如果在石英玻璃中加入碱金属的氧化物（如 Na_2O），将引起 Si—O 键断裂形成荷负电的硅酸晶格（Gl^-）。硅酸晶格中的 Na^+可以自由移动，溶液中的 H^+可进入晶格占据 Na^+点位，但其他高价阳离子和阴离子都不能进入晶格。当玻璃膜浸入被测溶液中时，溶液中的 H^+可进入玻璃膜与 Na^+进行交换，交换反应如下：

$$\underset{\text{溶液}}{H^+} + \underset{\text{玻璃膜}}{Na^+Gl^-} \rightleftharpoons \underset{\text{玻璃膜}}{H^+Gl^-} + \underset{\text{溶液}}{Na^+}$$

由于硅酸晶格与 H^+的键合强度远大于其与 Na^+的键合强度（约为 10^{14}），因此上述交换反应的平衡常数很大，在中性或酸性溶液中向右进行得很完全。当玻璃膜在水中充分浸泡时，H^+可向玻璃膜内渗透并使交换反应达到平衡，在玻璃膜表面形成水化层。在水化层的外表面 Na^+的点位几乎全被 H^+占据，越深入水化层内部，H^+的数目越少，Na^+数目越多。在玻璃膜的中间部分，因无 H^+和 Na^+的交换反应，其点位全部被 Na^+占据，称为干玻璃层。

当充分浸泡的玻璃电极置于待测试液中时，由于待测液中的 H^+活（浓）度与水化层中 H^+活（浓）度不同，H^+将产生浓差扩散，结果使玻璃膜外表面与试液间两相界面原来的电荷分布

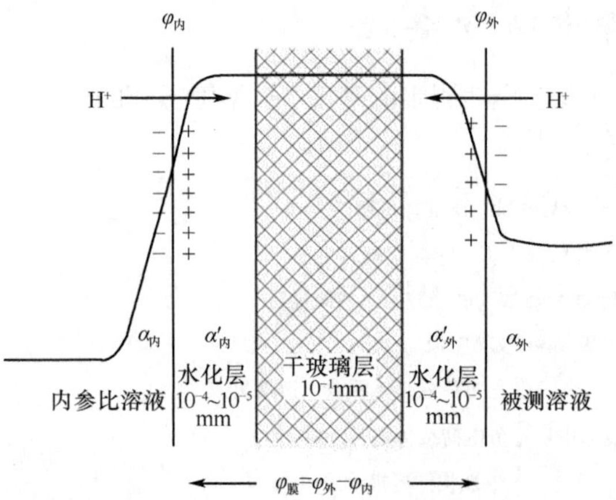

图 8-6　玻璃电极敏感膜分层及膜电位产生示意图

发生改变，形成双电层，产生电位差，称为外相界电位 $\varphi_外$；同理，在玻璃膜内表面与内参比溶液间也产生电位差，称为内相界电位 $\varphi_内$（图 8-6）。

相界电位的大小与两相间的 H^+活（浓）度有关，其关系均符合能斯特方程：

$$\varphi_外 = K_外 + \frac{RT}{F}\ln\frac{a_{H^+_外}}{a'_{H^+_外}}$$

$$\varphi_内 = K_内 + \frac{RT}{F}\ln\frac{a_{H^+_内}}{a'_{H^+_内}}$$

式中，$a_外$、$a_内$ 分别为被测溶液和内参比溶液中 H^+的活度；$a'_外$、$a'_内$ 分别为玻璃膜外、内水化层中 H^+的活度；$K_外$、$K_内$ 分别为外、内水化层的结构参数。

对于同一支玻璃电极，玻璃膜内外水化层结构相似，且膜内外水化层中可被 H^+交换的点位数相同，即

$$K_外 = K_内，\quad a'_{H^+_外} = a'_{H^+_内}$$

因此，玻璃膜内外产生的膜电位差为

$$\varphi_膜 = \varphi_外 - \varphi_内 = \frac{RT}{F}\ln\frac{a_{H^+_外}}{a_{H^+_内}}$$

对于整个玻璃电极而言，其电极电位 φ 应为

$$\varphi = \varphi_{内参} + \varphi_膜 = (\varphi^{\ominus}_{Ag/AgCl} - \frac{RT}{F}\ln a_{Cl^-}) + \frac{RT}{F}\ln\frac{a_{H^+_外}}{a_{H^+_内}}$$

内参比溶液中 $a_{H^+_内}$ 和 a_{Cl^-} 均为常数，所以上式可简化为

$$\varphi = K + \frac{RT}{F}\ln a_{H^+_外} = K + \frac{2.303RT}{F}\lg a_{H^+_外} = K - \frac{2.303RT}{F}\text{pH}$$

即在 25℃时，

$$\varphi = K - 0.059\text{V pH}$$

式中，K 为电极常数，与玻璃电极性能有关。上式表明：在一定温度下，玻璃电极的电位 φ 与被测溶液的 pH 呈线性关系，被测溶液的 pH 每改变 1 个单位，电极电位变化 59mV，这是玻璃电极测定溶液 pH 的理论依据。

3. 玻璃电极的特性

1）不对称电位：理论上如果玻璃膜两侧溶液的 pH 相同，则膜电位应等于零。但由于玻璃膜内外结构和性质上的略微差异，实际上仍有微小的电位差存在（1～3mV），这个电位差称为不对称电位（asymmetry potential），用 φ_{as} 表示。干玻璃电极的 φ_{as} 较大且不稳定，在水中充分浸泡（至少 24h）可使 φ_{as} 降低且趋于稳定。因此，玻璃电极在使用前必须在水中充分浸泡一定时间（活化），并通过标准缓冲溶液予以校正。

2）碱差：也称为钠差，是指用玻璃电极测定 pH＞9 的溶液或 Na^+浓度较高的溶液时，pH 的测定值低于真实值，产生负误差的现象。碱差是由于在水化层与被测溶液界面之间的离子交换过程中，溶液中的 Na^+也进入玻璃膜的水化层占据了一些点位，使 H^+的表观活（浓）度高

于真实值，即 pH 读数低于真实值。

3）酸差：指用玻璃电极测定 pH＜1 的强酸性溶液时，pH 测定值高于真实值，产生正误差的现象。酸差是由于在强酸溶液中水分子活度减小，而 H^+是以 H_3O^+传递的，使到达玻璃膜水化层发生离子交换的 H^+减少，使 H^+的表观活（浓）度低于真实值，即 pH 读数高于真实值。

4. pH 的测定　电位法测定溶液 pH，常用玻璃电极作为指示电极，饱和甘汞电极作为参比电极（或直接用复合 pH 电极），浸入被测溶液中组成原电池：

Ag | AgCl，0.1mol/L HCl | 玻璃膜 | 被测溶液 || KCl（饱和），Hg_2Cl_2 | Hg

此原电池的电动势为

$$E = \varphi_{Hg_2Cl_2/Hg} - \varphi_{玻璃电极}$$

即

$$E = \varphi_{Hg_2Cl_2/Hg} - (K - \frac{2.303RT}{F}pH)$$

在一定条件，$\varphi_{Hg_2Cl_2/Hg}$ 是常数，因此，

$$E = K' + \frac{2.303RT}{F}pH$$

由上式可知，通过测定原电池的电动势 E，就可求出溶液的 pH。但由于式中的 K'无法测定，在实际测定中常采用“两次测量法”，未知溶液的 pH_x 是通过与标准缓冲溶液的 pH_s 相比较而确定的。

首先测定已知 pH 标准缓冲溶液的电动势：

$$E_s = K' + \frac{2.303RT}{F}pH_s$$

在相同条件下，测定被测溶液的电动势：

$$E_x = K' + \frac{2.303RT}{F}pH_x$$

则两式相减得

$$pH_x = pH_s + \frac{E_x - E_s}{2.303RT/F}$$

即在 25℃时，

$$pH_x = pH_s + \frac{E_x - E_s}{0.059V}$$

上式称为溶液 pH 的操作定义，也称为 pH 标度。因此，用电位法测定溶液的 pH 时，先用已知 pH 的标准缓冲溶液校正，然后可直接在 pH 计上读出被测溶液的 pH。这样便于实际操作，且可消除 K'的不确定性对测定结果引入的误差。另外，在两次测量中，参比电极在标准缓冲溶液和被测溶液中可能产生不相等的液接电位，两者的差值称为残余液接电位（residual liquid junction potential），其值很小，很难准确测定。因此，在实际测定中所选择的标准缓冲溶液的 pH_s 应尽量与被测溶液的 pH_x 接近，这样就可以减小残余液接电位引入的误差。

使用 pH 玻璃电极测定溶液 pH 时应注意：①普通 pH 玻璃电极适用范围为 1～9，pH＞9 的溶液应使用锂玻璃电极；②所选标准缓冲溶液的 pH_s 应尽量与待测溶液的 pH_x 接近；③玻璃电极使用前需在蒸馏水中浸泡 24h 以上，测定后用蒸馏水充分清洗，不用时宜浸在蒸馏水或缓冲溶液中保存；④玻璃电极应在 0～50℃范围内使用，且标准缓冲溶液与被测溶液的温度必须相同并尽量保持恒定；⑤标准缓冲溶液的配制、使用、保存应严格按规定进行；⑥玻璃膜易损坏，不宜用于 F^-含量高的溶液测定。

（二）原电极

原电极（primary electrode）也称基本电极，是指直接测定有关离子活（浓）度的离子选择

电极，包括晶体膜电极和非晶体膜电极。

1. 晶体膜电极 晶体膜电极（crystalline membrane electrode）是指由难溶盐单晶、多晶或混晶化合物均匀混合制成的膜电极。这类晶体敏感膜具有离子导电的功能。如氟离子选择电极，简称氟电极，由 LaF_3 单晶敏感膜、Ag/AgCl 内参比电极及 NaCl-NaF 内参比溶液组成。其电极电位为

$$\varphi_{F^-} = K - \frac{RT}{F}\ln a_{F^-_{外}} = K - \frac{2.303RT}{F}\lg a_{F^-_{外}}$$

氟电极对 F^-有良好的选择性，除 OH^-外，一般阴离子均不干扰电极对 F^-的测定；但当溶液中存在能与 F^-生成难溶化合物或稳定配合物的离子（如 Ca^{2+}、Mg^{2+}、Fe^{3+}、Al^{3+}等）时，应加入掩蔽剂消除干扰；在较高酸性条件下，由于 HF 和 HF_2^- 的生成，使 F^-活度降低，所以在使用氟电极时，被测溶液的 pH 应控制在 5～6。

2. 非晶体膜电极 非晶体膜电极（noncrystalline membrane electrode）是指由非晶体活性化合物均匀分布在惰性支持体上制成的膜电极，包括硬质电极和流动载体电极。硬质电极（rigid matrix electrode）是指由不同组成玻璃吹制成敏感膜的电极。如 Na^+、K^+、Ag^+、Li^+等各种阳离子玻璃电极，由于玻璃电极的玻璃膜组成不同，对不同金属阳离子产生选择性响应。

流动载体电极（electrodes with a mobile carrier）也称液膜电极，是指由浸有液体离子交换剂（与响应离子有选择性作用的配位剂作为载体溶于有机溶剂中组成）的惰性微孔支持体（纤维素、聚氯乙烯、醋酸纤维素等）制成敏感膜的电极。敏感膜将被测溶液与内充液分开，载体只能在膜相中流动，不能离开电极膜，但离子却可以自由地穿过膜。被测离子穿过膜与膜中的液体离子交换剂结合，并在膜内移动；而溶液中与待测离子电荷相反的离子不能进入膜内，导致相界面两边电荷分布不均匀，形成双电层，产生膜电位。例如，Ca^{2+}电极是用二癸基磷酸根离子 $(RO)_2PO_2^-$ 作为载体，它与 Ca^{2+}作用生成二癸基磷酸钙[（RO）$_2$POO]$_2$Ca。当其溶于癸醇或苯基磷酸二辛酯等有机溶液中，即得离子缔合型的液态活性物质，以此可制得对 Ca^{2+}有选择性响应的液态敏感膜。Ca^{2+}电极的液体离子交换剂是带负电荷的载体，属带负电荷载体电极。此外，还有带正电荷载体的 NO_3^- 电极和中性载体的 K^+、Na^+电极等。

（三）敏化电极

敏化离子选择电极（sensitized ion-selective electrode）是由原电极和敏化层组成，通过界面上气敏或酶促反应，将试液中的被测物质转变为原电极响应的离子，间接测定有关物质活（浓）度的一类离子选择电极。

1. 气敏电极 气敏电极（gas sensing electrode）是对某些气体敏感的电极，由气体渗透性膜（也称透气膜）与离子选择电极组成的复合电极，是一种气体传感器，用于测定溶液或其他介质中某种气体的含量。在透气膜与原电极之间充有一定组成的溶液，称为中介液。测量时，向被测溶液中加入一定的化学试剂，使待测物转变成一定的气体物质，该气体透过透气膜进入中介液，由于发生化学反应使中介液的组成发生变化，产生原电极响应的离子或改变响应离子的活（浓）度，从而求得待测物的量。例如，氨气敏电极可用于测量溶液中的 NH_4^+，它的原电极就是 pH 玻璃电极。测量时将一定量的 NaOH 溶液加入待测液中，使 NH_4^+ 转变成 NH_3 并透过透气膜进入中介液（为 0.1mol/L NH_4Cl 溶液）中，NH_3 的进入改变了溶液的 pH。所以用 pH 电极测定中介液 pH 的改变值，就可以间接测得 NH_3 的含量。除氨气敏电极外，还有 CO_2、SO_2、NO_2、O_2、H_2S、HCN 和 HF 等气敏电极。

2. 酶电极 酶电极（enzyme electrode）是将生物酶修饰在离子选择电极的敏感膜上，通过酶催化作用使被测物质产生相应离子，间接测定该物质的复膜电极。例如，把脲酶溶于丙烯胺溶液中，涂布在胺电极上，再包上微孔尼龙网使之固定，就制备成一支可测定脲的酶电极。若把此电极插入含脲溶液中，脲酶催化脲分解产生铵离子：

$$CO(NH_2)_2 + H_2O \xrightarrow{\text{脲酶}} 2NH_3 + CO_2$$

或

$$CO(NH_2)_2 + H_3O^+ + H_2O \xrightarrow{\text{脲酶}} 2NH_4^+ + HCO_3^-$$

可用氨气敏电极或铵离子选择电极检测生成的氨或铵离子，测得脲的含量。

由于酶的催化作用具有很高的选择性，所以制得的酶电极具有很好的选择性。如一些酶电极能分别对葡萄糖、脲、乳酸、胆固醇、青霉素及L-谷氨酸等进行选择性检测。

二、离子选择电极的响应机理和性能参数

（一）离子选择电极的基本结构和响应机理

离子选择电极一般包括电极膜（敏感膜）、电极管、内充溶液和内参比电极四个部分。电极膜是离子选择电极最重要的组成部分，膜材料和内参比溶液中均含有与待测离子相同的离子。当电极浸入被测溶液后，在电极膜和溶液界面间形成双电层，产生了稳定的膜电位。离子选择电极的电位只与被测溶液中响应离子的活（浓）度有关：

$$\varphi = K \pm \frac{RT}{nF}\ln a_i = K \pm \frac{2.303RT}{nF}\lg a_i$$

式中，K 为常数项，包括内参比电极的电位与膜内的相界电位；n 为响应离子的电荷数，响应离子为阳离子取“+”号，为阴离子取“–”号。

（二）离子选择电极的性能参数

1. 选择性系数　选择性系数（selectivity coefficient）是指在相同条件下，同一电极对X（被测离子）和Y（干扰离子）离子响应能力之比，即提供相同电位响应的X离子和Y离子的活度比，表示为

$$K_{X,Y} = \frac{a_X}{(a_Y)^{n_X/n_Y}}$$

式中，n_X、n_Y 分别为待测离子和干扰离子的电荷数。$K_{X,Y}$ 值越小，电极对X离子响应的选择性越高，Y离子的干扰作用越小。例如，一个pH玻璃电极对钠离子的选择系数为 $K_{H^+,Na^+}=10^{-7}$，说明该玻璃电极对 H^+ 的响应比对 Na^+ 的响应灵敏 10^7 倍。$K_{X,Y}$ 值是一个实验值，与溶液的组成及实验条件等有关，只能用来估算共存离子的干扰程度，不能用于校正干扰。

若考虑共存干扰离子Y对电极电位的贡献时，则可由扩展的能斯特公式描述：

$$\varphi = K \pm \frac{2.303RT}{nF}\lg[a_X + K_{X,Y}(a_Y)^{n_X/n_Y}]$$

2. 线性范围和检测限　以离子选择电极的电位 E 对响应离子活度的负对数 pa 作图，所得的曲线称为校准曲线，如图8-7所示。与此校准曲线的直线部分（AB 段）所对应的离子活度范围称为离子选择电极响应的线性范围。直线 AB 部分的斜率即为离子选择电极的响应斜率，当斜率接近理论值时，则称电极在给定的活度范围内具有能斯特响应。测定时，待测离子的浓度应在电极的能斯特响应范围内。

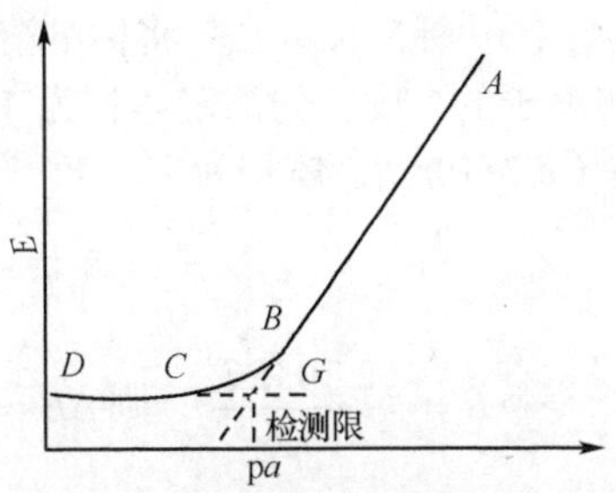

图8-7　离子选择电极标准曲线及检测限示意图

检测限是指离子选择电极能够检测出待测离子的最低活度（浓度）。在实际应用中检测限可由校准曲线确定。当活度降低时，电极响应偏离能斯特响应，曲线逐渐弯曲（图8-7中 CD 段）。AB 与 CD 延长线的交点 G 所对应的活度即

为检测限。

3. 有效 pH 范围和响应时间 离子选择电极都有一定的 pH 使用范围，超出该有效 pH 使用范围，会产生较大的误差。响应时间是指离子选择电极与参比电极同时浸入被测溶液后，电池电动势达到稳定所需的时间，响应时间越短越好。

三、离子选择电极的测量方法和测量误差

（一）离子活度（浓度）的测量方法

1. 电池电动势与离子浓度的关系 以待测离子 i 的选择电极为指示电极，饱和甘汞电极为参比电极，浸入被测溶液中组成原电池，通过对电池电动势的测量，进而求出待测离子的浓度。电池表示为：

离子选择电极 | 被测溶液 ‖ KCl（饱和），Hg_2Cl_2 | Hg

此原电池的电动势为：

$$E = \varphi_{Hg_2Cl_2/Hg} - \varphi_{离子选择电极}$$

即

$$E = \varphi_{Hg_2Cl_2/Hg} - (K' \pm \frac{2.303RT}{nF}\lg c_i) = K \mp \frac{2.303RT}{nF}\lg c_i$$

使用上式计算响应离子浓度，要求溶液中的离子强度足够大且稳定，以保证 K' 为常数。在电位分析中，必须加入大量的支持电解质，同时为使测量体系维持在一定 pH 下和消除干扰离子的需要，还必须加入缓冲溶液和掩蔽剂。在实际工作中，往往将支持电解质、缓冲溶液和掩蔽剂的混合溶液称为总离子强度调节剂（total ion strength adjustment buffer，TISAB）。可见，TISAB 是一种不含被测离子、不与被测离子反应、不污染或损害电极膜的浓电解质溶液。例如，测定溶液中氟离子含量时，可用 NaCl、枸橼酸钠、HAc-NaAc 缓冲溶液混合体系作为 TISAB。

2. 常用测量方法

（1）直接比较法：又称两次测量法或标准对照测量法。在相同的测试条件下，用同一对电极分别测定标准溶液（c_s）和待测溶液（c_x），测量的电动势分别为 E_s 和 E_x，则它们的电动势差值为：

$$E_x - E_s = \mp\frac{2.303RT}{nF}(\lg c_x - \lg c_s)$$

注意：阳离子取“–”号，阴离子取“+”号；选择标准溶液的浓度应与被测离子浓度相近。

（2）标准曲线法：用待测离子的对照品配制一系列浓度不同的标准系列溶液（基质应与被测溶液相同）。然后，在相同的测试条件下，用选定的指示电极和参比电极按浓度从低到高分别测量出相应的电动势，绘制 E_s-lgc_s（或 E_s-pc_s）标准曲线。用同样的方法测量被测溶液的电动势 E_x，从标准曲线上可求出被测离子的浓度 c_x。这种方法适用于大批量样品分析。

（3）标准加入法：将标准溶液加入被测溶液中，根据电池电动势的变化计算被测溶液中待测离子的浓度。先测定体积为 V_x、浓度为 c_x 的被测溶液电动势 E_x，然后向试液中加入浓度为 c_s（$c_s > 10c_x$），体积为 V_s（$V_s < V_x/10$）的待测离子标准溶液，测得电动势为 E，则

$$E_x = K \mp \frac{2.303RT}{nF}\lg c_x, \quad E = K \mp \frac{2.303RT}{nF}\lg\frac{c_xV_x + c_sV_s}{V_x + V_s}$$

令 $S = \mp\frac{2.303RT}{nF}$，则 $\Delta E = E - E_x = S\lg\frac{c_xV_x + c_sV_s}{(V_x + V_s)c_x}$，整理后得

$$c_x = \frac{c_sV_s}{V_x + V_s}(10^{\Delta E/S} - \frac{V_x}{V_x + V_s})^{-1}$$

当 $V_x \gg V_s$ 时，（V_x+V_s）≈ V_x，上式可简化为

$$c_x = \frac{c_s V_s}{V_x}(10^{\Delta E/S} - 1)^{-1}$$

式中，S 为离子选择电极的能斯特响应线性关系斜率（能斯特斜率）。该方法不必添加 TISAB，无需绘制标准曲线，操作简单、快速，适用于组成较复杂及份数不多的样品分析。

（二）离子选择电极的测量误差

1. 电极选择性误差　设待测离子活度为 a_X，干扰离子活度为 a_Y，测定时，Y 离子在 X 离子选择电极上产生一定的响应，使 X 离子测定浓度增加了 $K_{X,Y}(a_Y)^{n_X/n_Y}$（Δc）。因此，引起的测量误差为

$$\frac{\Delta c}{c}(\%) = \frac{K_{X,Y}(a_Y)^{n_X/n_Y}}{a_X} \times 100\%$$

2. 电动势测量误差　由于离子选择电极、参比电极、测量体系、温度及响应时间等诸多因素的影响，使测定的电动势（电位）产生误差 ΔE，引起浓度误差 Δc，则

$$\Delta E = \pm \frac{RT}{nF}\frac{\Delta c}{c}$$

25℃时可表示为

$$\Delta E = \frac{0.0257}{n}\frac{\Delta c}{c}$$

因此，

$$相对误差 = \frac{\Delta c}{c} \times 100\% = (3900\, n\, \Delta E)\ \%$$

由上式可知：当电动势测量误差 $\Delta E = \pm 1\text{mV}$ 时，对于一价离子浓度的测量误差为 ±3.9%，对于二价离子为 ±7.8%。

第四节　电位滴定法

一、电位滴定法的原理和特点

电位滴定法（potentiometric titration）是根据在滴定过程中电池电动势的变化来确定滴定终点的一类滴定分析方法。

电位滴定的仪器装置如图 8-8 所示。进行电位滴定时，在被测溶液中插入被测离子的指示电极和参比电极组成原电池，将它们连接在电位仪上，测定并记录电池的电动势。在不断搅拌下，用滴定管加入滴定剂，被测离子与滴定剂发生化学反应，使被测离子浓度不断变化，指示电极的电位随着发生变化。当接近化学计量点时，被测离子浓度发生突变，指示电极的电位发生相应的突跃。因此，通过测量电池电动势的变化即可确定滴定终点。

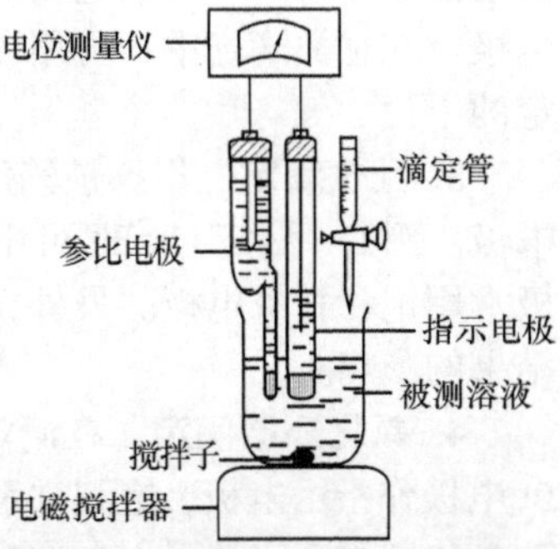

图 8-8　电位滴定装置示意图

电位滴定法与经典指示剂滴定法相比，具有下列特点：①终点确定不存在主观误差，准确度更高；②可用于有色液、混浊液及无合适指示剂样品溶液的滴定；③易实现连续、自动化及微量滴定；④可用于弱酸

（碱）的离解常数、配合物稳定常数等热力学常数的测定；⑤操作麻烦，数据处理费时。

二、滴定终点的确定

以指示电极的电位 E 对滴定剂的体积 V 作图，得到 E-V 滴定曲线，如图 8-9（a）所示。曲线突跃的转折点（拐点）即为滴定终点，所对应的体积 V_e 即为滴定终点的体积。

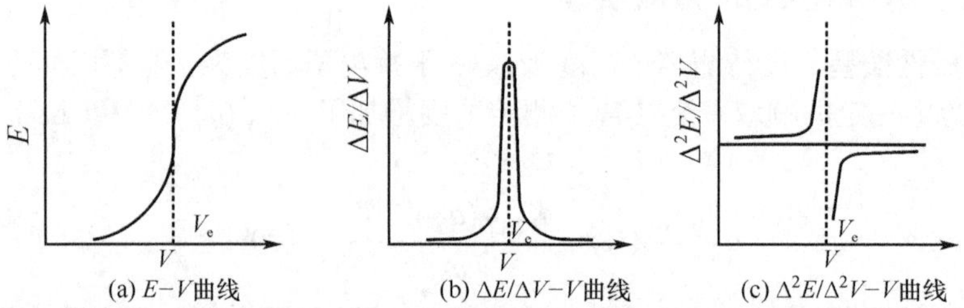

图 8-9　电位滴定曲线

若滴定曲线的突跃不明显，通常采用如图 8-9（b）所示的 $\Delta E/\Delta V$-V 的一阶微商滴定曲线，曲线上将出现极大值，极大值指示的即为滴定终点。也可绘制 Δ^2E/Δ^2V-V 的二阶微商曲线，$\Delta^2E/\Delta^2V=0$ 处即为滴定终点，如图 8-9（c）所示。

在实际应用中，上述确定滴定终点的方法比较费时，随着电子技术的发展，人们提出了"滴定终点自动控制"的方法。自动电位滴定有三种类型：一种是自动控制滴定终点，当到达终点时，自动关闭滴定装置，并显示滴定剂的体积；一种是自动记录滴定曲线，经自动运算后显示终点滴定剂的体积；另一种是记录滴定过程中的 Δ^2E/Δ^2V 值，当此值为零时即为滴定终点。

三、电位滴定类型

电位滴定的类型与容量分析完全相同。需要注意的是：在滴定时，应根据不同的反应类型选择合适的指示电极。

1. 酸碱滴定　滴定过程中溶液的氢离子浓度发生变化，可采用 pH 玻璃电极作为指示电极，饱和甘汞电极为参比电极。在非水溶液的酸碱滴定中，为了避免由甘汞电极漏出的水溶液影响测定结果，必须用饱和氯化钾无水乙醇溶液代替电极中的饱和氯化钾水溶液。在滴定生物碱或有机碱的氢卤酸盐时，可采用适当的盐桥隔开甘汞电极与滴定溶液，避免漏出的氯化物干扰测定。

2. 沉淀滴定　根据不同的沉淀反应，选择不同的指示电极。例如，以 $AgNO_3$ 标准溶液滴定卤素离子（X^-）时，可用 Ag 电极（纯银丝）或相应的 X^- 选择电极作指示电极；以硝酸汞标准溶液滴定时，可用汞电极（铂丝上镀汞，或汞池，或把金电极浸入汞中做成金汞齐）作指示电极。在这类滴定中，可用 KNO_3 盐桥将试液与甘汞电极隔开，防止甘汞电极漏出的 Cl^- 对测定的干扰。

3. 配位滴定　根据被滴定金属离子不同，选择相应的金属离子选择电极或 Pt 电极作指示电极。例如，滴定 Ca^{2+} 时可用 Ca^{2+} 选择电极；滴定 Fe^{3+} 时可用 Pt 电极（应加 Fe^{2+}）等。参比电极常用饱和甘汞电极。另外，还应注意溶液的 pH、温度、干扰离子的掩蔽等滴定条件对滴定结果的影响。

4. 氧化还原滴定　在滴定过程中，溶液中的氧化态和还原态的浓度比值发生变化，可采用 Pt 电极作指示电极，饱和甘汞电极作参比电极。由于氧化还原反应的本质是电子得失，因此多数氧化还原滴定都可用电位滴定法确定滴定终点。

第五节　永停滴定法

一、永停滴定法的原理和特点

永停滴定法（dead-stop titration），又称双电流或双安培滴定法，是根据滴定过程中电流的变化确定滴定终点的方法，属于电流滴定法。

永停滴定的仪器装置如图 8-10 所示。进行永停滴定时，在被测溶液中插入两个相同的铂电极组成电解池，在两电极间外加一个小电压（10～200mV），并串联一个灵敏的检流计 G。在不断搅拌下，用滴定管加入滴定剂，观察滴定过程中电流计的指针变化，指针突变点，即为滴定终点。也可通过记录加入滴定剂的体积 V 和相应的电流 I，绘制 I-V 滴定曲线，从中找出滴定终点。永停滴定法装置简单，准确度高，确定终点方便、快捷，已成为《中国药典》亚硝酸钠滴定法及卡氏（Karl Fischer）水分测定确定终点的法定方法。

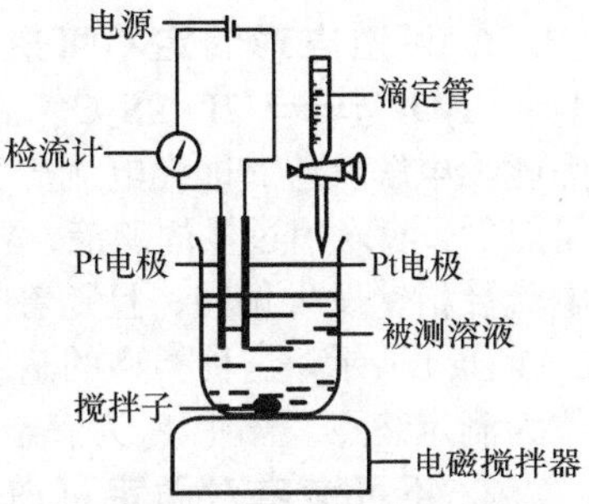

图 8-10　永停滴定装置示意图

如果溶液中同时存在某电对的氧化态与还原态物质，如 I_2 和 I^-，当插入一支 Pt 电极，按照能斯特方程式有

$$\varphi_{I_2/I^-}=\varphi^{\ominus}{}_{I_2/I^-}+\frac{RT}{2F}\ln\frac{[I_2]}{[I^-]^2}$$

当溶液中同时插入两支相同的 Pt 电极，则因两个电极的电位相同，电极间电位差为零，无电流通过电池。此时，若在两个电极之间外加一小电压，那么，接正端的 Pt 电极上将发生氧化反应：$2I^- \rightleftharpoons I_2+2e^-$，接负端的 Pt 电极上同时发生还原反应：$I_2+2e^- \rightleftharpoons 2I^-$。因两个电极上同时发生氧化还原反应，它们之间就有电流通过。此类在外加电压下发生的电极反应称为电解反应，电解反应产生的电流称为电解电流。当溶液中氧化还原电对氧化态和还原态的浓度相等时，电解电流最大；若氧化态和还原态的浓度不等时，电解电流大小则由浓度小的氧化态或还原态的浓度决定。

如果溶液中存在 $S_4O_6^{2-}/S_2O_3^{2-}$ 氧化还原电对，同样插入两支相同的 Pt 电极，并外加一小电压。此时，接正端的 Pt 电极上将发生氧化反应：$2S_2O_3^{2-} \rightleftharpoons S_4O_6^{2-}+2e^-$，而接负端的 Pt 电极上并不发生还原反应，则电极上不发生电解反应，无电解电流产生。

因此，氧化还原电对可分为可逆电对和不可逆电对两种。可逆电对是指其溶液与双铂电极组成电池，当外加一个很小的电压就能发生电解反应，产生电解电流。在氧化还原反应的任一瞬间都能建立起氧化还原平衡，且表现出与能斯特方程理论电位值相符合的实际电极电位，如 Fe^{3+}/Fe^{2+}、Ce^{4+}/Ce^{3+}、I_2/I^- 等电对。不可逆电对是指其溶液与双铂电极组成电池，当外加一个很小的电压不能发生电解反应，并不产生电解电流。在氧化还原反应的任一瞬间不能真正建立氧化还原平衡，而实际电位与能斯特方程理论电位值相差颇大，如 $Cr_2O_7^{2-}/Cr^{3+}$、MnO_4^-/Mn^{2+}、$S_4O_6^{2-}/S_2O_3^{2-}$ 等电对。

二、永停滴定类型和滴定终点的确定

以电流计的电流 I 对滴定剂的体积 V 作图，得到 I-V 滴定曲线，如图 8-11 所示。永停滴定法是依据在外加小电压下，溶液中有可逆电对就有电流产生、无可逆电对就无电流的现象，来确定滴定终点。根据滴定剂和被测物的氧化还原电对是否可逆分为以下三类：

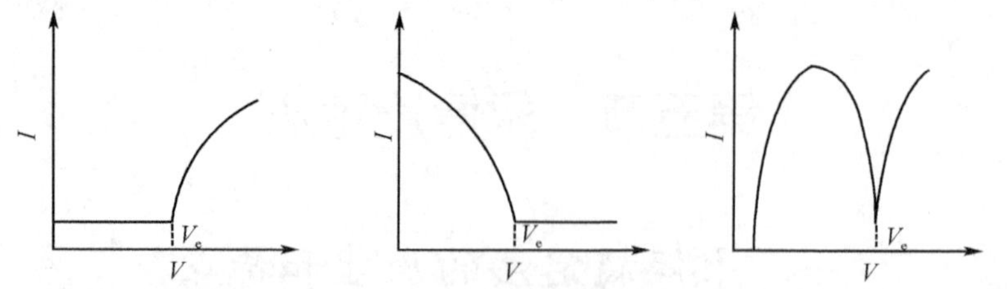

(a) 可逆电对滴定不可逆电对 (b) 不可逆电对滴定可逆电对 (c) 可逆电对滴定可逆电对

图 8-11 永停滴定 I-V 曲线

1. 可逆电对滴定不可逆电对 例如，碘液滴定硫代硫酸钠液，氧化还原反应为：$I_2 + 2S_2O_3^{2-} \rightleftharpoons 2I^- + S_4O_6^{2-}$。化学计量点前，溶液中只有$I^-$和不可逆电对$S_4O_6^{2-}/S_2O_3^{2-}$存在，因此无电解反应，即无电流产生。此时电流计的指针一直停在接近零电流的位置不动。化学计量点后，滴入稍过量的碘液，溶液中便有了I_2/I^-可逆电对，电极上发生电解反应并有电流产生，电流计指针发生偏转，且随着过量I_2的滴入，电流会不断增大。滴定过程中 *I-V* 滴定曲线如图 8-11（a）所示。这种类型的滴定，是以电流计的指针从停在零位附近到发生偏转并不再回至零位为滴定终点。图中V_e为滴定终点时I_2标准溶液的滴定体积。

2. 不可逆电对滴定可逆电对 例如，硫代硫酸钠液滴定碘液，氧化还原反应为：$2S_2O_3^{2-} + I_2 \rightleftharpoons S_4O_6^{2-} + 2I^-$。化学计量点前，溶液中有$I_2/I^-$可逆电对存在，因此有电解电流，随着滴定的进行，$I_2$浓度逐渐变小，电流也逐渐变小；计量点时，降至零电流；计量点后，溶液中仅有$S_4O_6^{2-}/S_2O_3^{2-}$不可逆电对和I^-，无电解反应发生，电流停滞在零电流附近不再变化。滴定过程中 *I-V* 滴定曲线如图 8-11（b）所示。这种类型的滴定，是以电流计的指针突然下降至零并保持不变为滴定终点，永停滴定法由此得名。

3. 可逆电对滴定可逆电对 例如，Ce^{4+}滴定 Fe^{2+}，氧化还原反应为：$Ce^{4+} + Fe^{2+} \rightleftharpoons Ce^{3+} + Fe^{3+}$。滴定前，溶液中仅有$Fe^{2+}$而无$Fe^{3+}$，无电解反应，无电流；滴定开始后，随着$Ce^{4+}$的滴入，$Fe^{3+}$逐渐生成，溶液中有$Fe^{3+}/Fe^{2+}$可逆电对存在，产生电流，而且随着$Fe^{3+}$浓度的增加，电流越来越大；当$c_{Fe^{3+}} = c_{Fe^{2+}}$时，电流最大；继续滴入$Ce^{4+}$，$Fe^{2+}$浓度逐渐下降，电流逐渐变小；化学计量点时，溶液中几乎无Fe^{2+}，电流降至最低点；计量点后，Ce^{4+}的滴入略过量，溶液中有Ce^{4+}/Ce^{3+}可逆电对，电流又开始上升。滴定过程中 *I-V* 滴定曲线如图 8-11（c）所示。

永停滴定法在药物分析中有着重要的应用。如《中国药典》使用永停滴定法来确定重氮化滴定的终点。以 $NaNO_2$ 为标准溶液，在盐酸酸性条件下滴定芳伯胺类化合物的含量。滴定终点前，溶液中无可逆电对，无电流产生，电流计指针停在接近于零位不动；终点后，略过量的$NaNO_2$在酸性条件下反应生成 NO，使溶液中有HNO_2/NO可逆电对存在，电路中有电流通过，电流计指针偏转并不再回零位。两个电极上的电极反应分别如下：

$$\text{阳极：} NO + H_2O \longrightarrow HNO_2 + H^+ + e$$

$$\text{阴极：} HNO_2 + H^+ + e \longrightarrow NO + H_2O$$

采用永停滴定法确定重氮化滴定的终点，比用外指示剂法或内指示剂法准确度均高。

本章小结

本章介绍了化学电池的电化学基本原理、基本术语和概念，讨论了膜电极的构造、响应机理及应用等问题。

（1）根据所测量的电化学参数不同，电化学分析方法可分为电位分析法、电解分析法、电导分析法和伏安法。

（2）化学电池根据电极反应是否可自发进行分为原电池和电解池。原电池和电解池之间电极的性质和名称是不同的。阳极和阴极是根据电极反应的性质来区分的，而正极和负极是根据电位的高低来区分的。

（3）任何两个不同的物相接触都会因电荷分离而在两相间存在过剩电荷，电量相等，符号相反，产生稳定的电位差，形成双电层。

（4）根据各类电极所起的作用把电极分为指示电极、工作电极、参比电极、辅助电极。

（5）能斯特方程揭示电极电位与溶液中所对应的离子活度有确定的关系：$\varphi = \varphi^{\ominus} + \dfrac{RT}{nF}\ln \dfrac{a_{氧化态}}{a_{还原态}}$，这是电位法的理论依据。

（6）离子选择电极的电位与响应离子活（浓）度之间的关系为：$\varphi = K \pm \dfrac{RT}{nF}\ln a_i = K \pm \dfrac{2.303RT}{nF}\lg a_i$，式中 n 为响应离子的电荷数，响应离子为阳离子取“+”号，为阴离子取“–”号。

（7）离子选择系数表示某一离子选择电极对各种不同离子的响应能力，它虽为常数，但无严格的定量关系，可通过固定干扰离子的方法进行测定。

（8）由于液接电位和不对称电位的存在，在电位法中，不能直接根据电池电动势来计算被测离子浓度，其浓度需要通过直读法、标准曲线法或标准加入法来确定。

（9）应用离子选择电极进行电位分析时，由于试样组成差异较大，需要在标准溶液和被测溶液中加入总离子强度调节缓冲溶液。其作用是：使标准溶液和被测溶液有相同的总离子强度和活度系数；控制溶液的 pH；掩蔽干扰离子。

（10）电位滴定法是电位分析法中的另一定量分析方法。该方法装置简单、终点确定准确度高、方便、快捷，可用于有色液、混浊液及无合适指示剂样品溶液的滴定。需要注意的是，在滴定时，应根据不同的反应类型选择合适的指示电极。

习　题

1. 化学电池的阳极和阴极，正极和负极是怎样定义的？
2. 什么是指示电极、工作电极、参比电极和辅助电极？
3. 以 pH 玻璃电极为例简述膜电位的形成机理。
4. 写出下列电池的半反应及总反应，计算其电动势，并标明电极的正负。

$Zn|ZnSO_4$（0.10mol/L）‖ $AgNO_3$（0.01mol/L）|Ag（$\varphi^{\ominus}_{Zn^{2+}/Zn}$=–0.762V，$\varphi^{\ominus}_{Ag^+/Ag}$=+0.80V）

（1.474V）

5. 已知（–）Cu| Cu^{2+}（0.10mol/L）‖ ClO_3^-（2.0mol/L），H^+（5.0mol/L），Cl^-（1.0mol/L）| Pt（+），（1）写出原电池反应；（2）计算 298K 时，电池电动势 E，判断反应方向。（$\varphi^{\ominus}_{Cu^{2+}/Cu}$ = 0.3417V，$\varphi^{\ominus}_{ClO_3^-/Cl^-}$ = 1.45V）

（$ClO_3^- + 3Cu + 6H^+ \rightleftharpoons Cl^- + 3Cu^{2+} + 3H_2O$；$E>0$，反应向正反应方向进行）

6. 用 pH 玻璃电极测定 pH=5 的溶液，其电极电位为+0.0435V，测定另一未知溶液时，电极电位为+0.0145V。电极的响应斜率为 58.0mV/pH，计算未知液的 pH。

（5.5）

7. 用玻璃电极作指示电极，以 0.2mol/L 氢氧化钠溶液电位滴定 0.02mol/L 苯甲酸溶液。从滴定曲线上求得终点时溶液的 pH 为 8.22，二分之一终点时溶液的 pH 为 4.18，试计算苯甲酸的解离常数。

（6.6×10^{-5}）

8. 用氟离子选择电极测定水样中的氟。取水样 25.00ml，加离子强度调节缓冲液 25ml，测得其电位值为+0.1372V（vs. SCE）；再加入 1.00×10^{-3}mol/L 标准氟溶液 1.00ml，测得其电位值为+0.1170V（vs. SCE），氟电极的响应斜率为 58.0mV/pF。考虑稀释效应的影响，精确计算水样中氟离子的浓度。

（3.14×10^{-5}mol/L）

9. 用标准甘汞电极作正极，氢电极作负极与待测的 HCl 溶液组成电池。在 25℃时，测得 $E = 0.342$V。当待测液为 NaOH 溶液时，测得 $E = 1.050$V。取此 NaOH 溶液 20.0ml，用上述 HCl 溶液中和完全，需用 HCl 溶液多少毫升（$\varphi_{NCE} = 0.2828$V）？

（20.0ml）

10. 在 60ml 溶解有 2mmol Sn^{2+}溶液中插入铂电极（+）和 SCE（−），用 0.10mol/L 的 Ce^{4+}溶液进行滴定，当加入 20.0ml 滴定剂时，电池电动势的理论值应是多少？

（−0.0938V）

（张东东）

第九章　光谱分析法概论

学习目标

（1）掌握电磁辐射和电磁波谱的基本概念；光谱法与非光谱法的区别；发射光谱与吸收光谱、原子光谱与分子光谱的特点和区别。

（2）熟悉电磁波谱的分区；光谱分析仪器的主要部件及各类光源、单色器、检测器。

（3）了解光谱分析法的发展概况。

光学分析法（optical analysis）是基于物质发射的电磁辐射（electromagnetic radiation）或物质与辐射相互作用后产生的辐射信号或发生的信号变化来测定物质的性质、含量和结构的一类仪器分析方法，包括光谱分析法和非光谱分析法。随着光学、电子学、数学和计算机等技术的发展，光学分析法尤其光谱分析法广泛应用于物理、化学和生命科学等各个领域，特别是在研究物质组成、结构表征、表面分析等方面具有其他方法不可替代的地位。光学分析法是仪器分析方法的重要组成部分，本章主要介绍光学（光谱）分析法的分类、光谱分析仪器的主要部件和各部件的主要类型。

第一节　光学分析法的分类

光学分析法是根据物质发射的电磁辐射（electromagnetic radiation）或电磁辐射与物质相互作用后产生的辐射信号或发生的信号变化来测定物质的性质、含量及结构的一类仪器分析方法。光学分析法均包含三个主要过程：①光源提供能量；②能量与被测物质相互作用（包括发射、吸收、反射、折射、散射、干涉、衍射等）；③产生被检测讯号。光学分析法是仪器分析的重要组成部分，为了更好地认识光学分析法的本质，下面将从电磁辐射的基本性质及其与物质的相互作用探讨光学分析法的分类。

一、电磁辐射和电磁波谱

电磁辐射是一种以巨大速度通过空间而不需要任何物质作为传播媒介的光子流，具有波粒二象性（wave-particle duality）。电磁辐射的波动性表现为它的波长（λ）、频率（ν）与光速 c 之间有如下关系：

$$\nu = \frac{c}{\lambda} \tag{9-1}$$

光的传播，如光的折射、衍射、偏振和干扰等现象可以用光的波动性来解释。所有的电磁辐射在真空中传播的速度相同，其数值为 2.9979×10^{10}cm/s。

电磁辐射的粒子性表现为每个光子的能量与它的频率成正比，与波长成反比，而与光的强度无关，即普朗克方程：

$$E = h\nu = \frac{hc}{\lambda} = hc\sigma \tag{9-2}$$

式中，σ为波数（wave number），等于以厘米为单位的真空中波长的倒数，单位为 cm^{-1}；h 为普朗克常量（Planck constant），数值为 $6.6262\times10^{-34}J\cdot s$，能量单位常用电子伏特（eV）、焦耳（J）表示。电子伏特常用作高能量光量子的能量单位，其定义为：一个电子在真空中通过 1V 电压降所获得的能量，$1eV=1.602\times10^{-19}J$。

光是电磁辐射，具有波粒二象性，既具有波动性又具有粒子性。光电效应、光的发射和吸收等光学现象，只能用光的粒子性才能满意地解释。光是由带有能量的微粒组成的，这种微粒称为光子或光量子。

所有的电磁辐射在本质上是完全相同的，它们之间的区别仅在于波长或频率不同。若把电磁辐射按照波长（频率或能量）大小的顺序排列就得到电磁波谱。一般可将电磁波谱分成表 9-1 所示的若干区域，不同的波长对应着物质不同类型的能级跃迁。根据能量的高低，电磁波谱可分为三个区域：高能区包括 γ 射线区和 X 射线区，高能辐射的粒子性比较突出；中能辐射区包括紫外光区、可见光区和红外光区，由于对这部分辐射的研究和应用要使用一些共同的光学实验技术，故又称此光谱区为光学光谱区；低能辐射区包括微波区和射频区，通常称为波谱区。

表 9-1　电磁波谱分区表

波谱区名称	波长范围	光子能量/eV	能级跃迁类型
γ 射线区	＜0.005nm	＞2.5×10^5	原子核能级
X 射线区	10^{-3}～10nm	1.2×10^6～1.2×10^2	内层电子能级
远紫外区	10～200nm	1.2×10^2～6.2	
近紫外区	200～400 nm	6.2～3.1	原子的价电子能级或分子的成键电子能级
可见光区	400～780nm	3.1～1.7	
近红外区	0.78～2.5μm	1.7～0.5	分子振动能级
中红外区	2.5～50μm	0.5～0.025	
远红外区	50～1000μm	2.5×10^{-2}～1.2×10^{-4}	分子转动能级
微波区	0.1～100cm	1.2×10^{-4}～1.2×10^{-4}	
射频区	1～100m	1.2×10^{-6}～1.2×10^{-9}	电子自旋能级或核自旋能级

二、光谱法和非光谱法

当物质与电磁辐射相互作用时，有两种可能：若物质内部发生能级跃迁，记录由能级跃迁所产生的辐射能强度随波长（或相应单位）的变化所得的图谱称为光谱（spectrum），利用物质的光谱进行定性、定量和结构分析的方法称光谱分析法（spectroscopic analysis）；如果物质与辐射能相互作用时没有发生能级之间的跃迁，电磁辐射只改变了传播方向、速度或某些物理性质，仅通过测定电磁辐射的某些基本性质（反射、折射、干涉、衍射和偏振）的变化的分析方法称为非光谱分析法。非光谱法不以光的波长为特征信号，如利用其折射、反射、散射、衍射、偏振等现象建立起来的折射法、偏振法、光散射法、干涉法、衍射法、旋光法等光学分析法。

综上所述，根据电磁辐射与物质相互作用时，物质内部是否发生能级跃迁，光学分析法可分为光谱法和非光谱法两大类。光谱法种类很多，吸收光谱和发射光谱是其基本类型，应用广泛，是现代仪器分析的重要组成部分。下面重点介绍一下光谱分析法的分类。

三、原子光谱法和分子光谱法

根据被辐射作用物质对象的微粒不同，光谱法可分为原子光谱法（atomic spectroscopy）与分子光谱法（molecular spectroscopy）。

原子光谱法是以测定气态原子（或离子）外层或内层电子能级跃迁所产生的原子光谱为基础的分析方法，为线状光谱（图 9-1）。处于稀薄气体状态的原子，因相互间的作用力小，故它们处于一些由量子力学所描述的不连续的能级。当它们的外层电子在这些能级之间跃迁时无振动能级和转动能级，能发射或吸收一些波长不连续的辐射，所以原子光谱是由一条条明锐的彼此分立的谱线组成的线状光谱，每一条线状光谱对应于一定的波长，这种线状光谱只与原子或离子的性质有关，而与原子或离子来源的分子状态无关。因此利用原子光谱可以确定被测样品中物质的元素组成及含量，而不能提供物质分子的结构信息。原子光谱法包括原子发射光谱法（atomic emission spectroscopy，AES）、原子吸收光谱法（atomic absorption spectroscopy，AAS）、原子荧光光谱法（atomic fluorescence spectroscopy，AFS）及 X 射线荧光光谱法（X-ray fluorescence spectroscopy，XFS）等。

图 9-1　铁的原子光谱

分子光谱法是以测定分子转动能级、分子中原子的振动能级（包括分子转动能级）和分子电子能级（包括振-转能级）跃迁所产生的分子光谱为基础的定性、定量和物质结构分析方法，为带状光谱。分子光谱比原子光谱复杂得多，这是因为在分子中，除了电子能级（n）跃迁，还有组成分子的各原子之间的振动能级（v）跃迁和分子作为整体的转动能级（J）跃迁，这三种不同的能级都是量子化的，即使同一电子能级上还有许多间隔较小的振动能级和间隔更小的转动能级（图 9-2），因此对于一种分子可以观察到相当于许多不同电子能级跃迁的许多个光谱带系，许多光谱线密集在一起而形成分子光谱，即分子光谱实际上是电子-振动-转动光谱。

一般在气态或者非极性溶剂（如正己烷）中，用高分辨仪器能观察到其光谱的振动与转动跃迁的精细结构。但是改为极性溶剂后，由于溶剂与溶质分子的相互作用增强，使谱带的精细结构变得模糊或消失，成为平滑的吸收谱带。例如，苯酚在正庚烷溶液中显示振动与转动跃迁的精细结构，而在乙醇溶液中，苯酚的吸收带几乎变成平滑的曲线（图 9-3）。

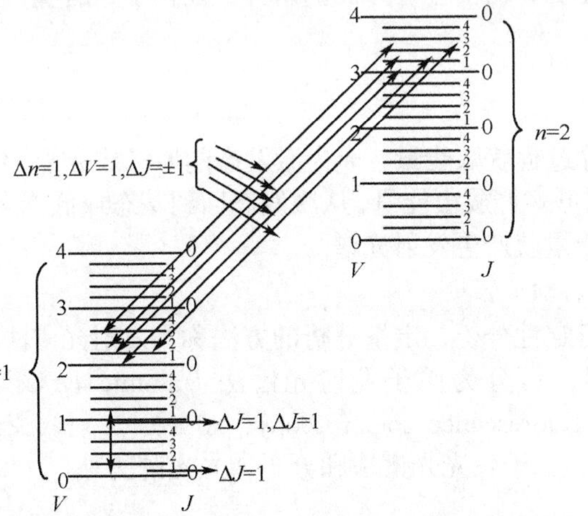

图 9-2　分子能级跃迁示意图

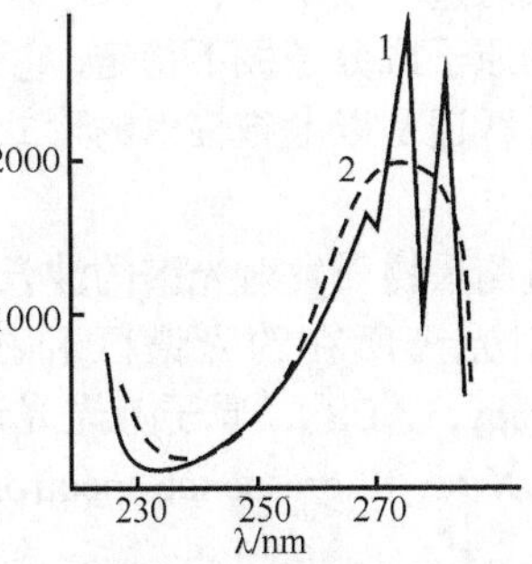

图 9-3　苯酚的 B 带吸收光谱

1. 正庚烷；2. 乙醇

常见的分子光谱有紫外-可见吸收光谱法（ultraviolet and visible spectrophotometry，UV-vis）、红外吸收光谱法（infrared spectrophotometry，IR）、分子荧光光谱法（molecular fluorescence spectroscopy，MFS）和分子磷光光谱法（molecular phosphorescence spectroscopy，MPS）等。

四、吸收光谱法和发射光谱法

按物质与辐射能的能级跃迁方向可分为吸收光谱法（absorption spectroscopy）和发射光谱法（emission spectroscopy）两大类。

（一）吸收光谱法

吸收光谱是物质吸收相应的辐射能而产生的光谱。其实质在于辐射使物质粒子发生由低能级（一般为基态）向高能级（激发态）的能级跃迁，被选择性吸收的辐射光子能量应为跃迁后与跃迁前两个能级间的能量差。吸收光谱产生的必要条件是所提供的辐射能量恰好能满足该吸收物质两能级间跃迁所需的能量，即$\Delta E = h\nu$，物质（M）吸收能量后就变为激发态的原子或分子（M^*）。

$$M + h\nu \longrightarrow M^*$$

利用物质的吸收光谱进行定性、定量及结构分析的方法，称为吸收光谱法。根据电磁辐射区域与作用对象，吸收光谱法有以下几种分析方法：

（1）紫外-可见分光光度法（ultraviolet and visible spectrophotometry，UV-vis）。利用溶液中分子或基团对紫外光或可见光的吸收，产生分子外层电子能级跃迁所形成的吸收光谱，可用于定性分析、定量分析及部分官能团的判断。

（2）红外吸收分光光度法（infrared absorption spectrophotometry，IR）。利用分子或基团吸收红外光，产生基团中化学键的振动能级跃迁或分子的转动能级跃迁所形成的吸收光谱，可用于物质的定性鉴别、纯度检查、结构分析和反应进程判断等。

（3）原子吸收分光光度法（atomic absorption spectrophotometry，AAS）。利用待测元素气态基态原子对共振线吸收，导致原子的外层电子发生能级跃迁所形成的吸收光谱。主要用于定量分析，可用于药物中微量及大量元素的含量测定。

（4）核磁共振波谱法（nuclear magnetic resonance，NMR）。在外磁场作用下，自旋核的核磁矩与外磁场相互作用分裂为能量不同的核磁能级，产生自旋能级差。在无线电波的照射下，吸收能量发生核自旋能级跃迁所形成的吸收光谱。利用该吸收光谱可以对有机化合物的结构进行解析，可用于分子的动态效应、氢键形成及互变异构反应等方面的研究，在化学、药学、生物、地质、医疗及材料等学科有广泛的应用。

（二）发射光谱法

物质通过电致激发、热致激发或光致激发等过程获取能量，成为激发态的原子或分子M^*，激发态的原子或分子极不稳定，它们可能以不同形式释放出能量，从激发态回到基态或低能态，如果这种跃迁是以电磁辐射的形式释放多余的能量就产生发射光谱。

$$M^* \longrightarrow M + h\nu$$

通过测量物质发射光谱的波长和强度来进行定性分析、定量分析的方法称为发射光谱法。根据发射光谱所在的光谱区和激发方法不同，可分为原子发射光谱法（atomic emission spectroscopy，AES）、原子荧光光谱法（atomic fluorescence spectroscopy，AFS）、X射线荧光光谱法（X-ray fluorescence spectroscopy，XFS）、分子荧光光谱法和分子磷光光谱法等。

第二节　光谱分析仪器

半个多世纪以来，光谱分析一直是分析化学中最有活力的领域。在各种分析方法中，光谱分析法是研究最多和最广的分析技术之一。

分光光度计（spectrophotometer），又称光谱仪，是研究吸收或发射的电磁辐射强度和波长关系的仪器。通常包括三个最基本的组成：辐射源，即光源（source）；把光源分解为“单色”组分的单色器（monochromator）；检测器和显示装置。常用的波长范围为：①200～380nm 的紫外光区，②380～780nm 的可见光区，③2.5～25μm（按波数计为 4000～400cm^{-1}）的红外光区。所用仪器为紫外分光光度计、可见光分光光度计、红外分光光度计或原子吸收分光光度计等。

不同的光源都有其特有的发射光谱，因此可采用不同的发光体作为仪器的光源。

一、光　源

光谱测定使用的光源应该是稳定的并具有一定的强度，因此，对辐射源最主要的要求是必须有足够的输出功率和稳定性。在光学分析中，既采用连续光源（continuous source），也采用线光源（line source），分子吸收光谱常采用连续光源，而荧光光谱和原子吸收光谱通常采用线光源。发射光谱采用电弧、火花、等离子体光源。

（一）连续光源

连续光源是指在较宽的波长范围内发射强度平稳的具有连续光谱的光源（图 9-4）。主要包括：

（1）紫外光源。以产生紫外辐射为主要目的的非照明用电光源，主要采用氢灯或氘灯。氢灯发射 150～400nm 的连续光谱，氘灯产生的光谱强度比氢灯大 3～5 倍，而且寿命也比氢灯长。

（2）可见光源。通常采用钨灯和氙灯。钨灯的光源范围为 320～2500nm。钨灯光源所发出的 380～800nm 波长的光通过三棱镜折射后，可得到由红、橙、黄、绿、蓝、靛、紫组成的连续光谱带，该光谱可作为可见光分光光度计的光源。氙灯的光谱强度比钨灯大，使用范围为 200～700nm。

（3）红外光源。波长大于红色光波长的一定范围的电磁辐射（波长 0.78～1000μm），分为近红外、中红外、远红外 3 个波段，常用硅碳棒及能斯特灯。是将一种惰性固体，通过电加热的方式来产生连续光源。在 1500～2000K 的温度范围内，所产生的最大辐射强度的波数范围为 6000～200cm^{-1}，其中能斯特灯发光强度大，硅碳棒使用寿命长。

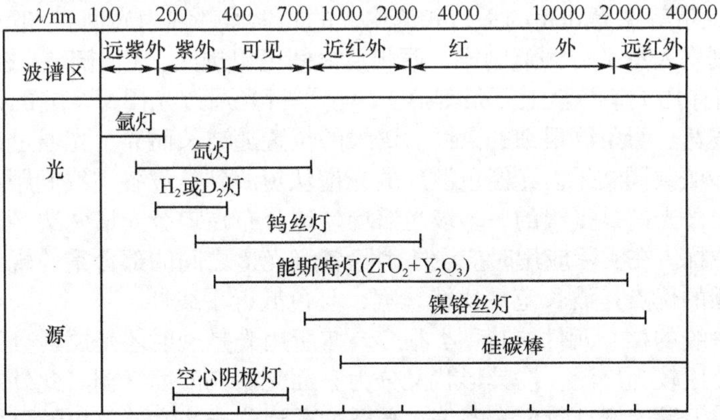

图 9-4　不同波谱区所用的光源

（二）线光源

线光源是提供特定波长的光源，能够发出连续的可见光的点状发光源，其发出的光在空间中只向一个方向呈线性传播。主要包括：金属蒸气灯和空心阴极灯（原子吸收光谱通常采用），前者常用汞和钠蒸气灯。汞灯的光谱范围为 254～734nm，钠蒸气灯的一对线光谱的波长为 589.0nm 和 589.6nm。

二、分光系统

分光系统（monochromator，wavelength selector）的作用是将复合光分解成单色光或有一定波长范围的谱带。分光系统又分为单色器（monochromator）和滤光器（filter）。单色器由入射狭缝、准直镜、成像物镜、色散元件和出射狭缝等组成（图 9-5）。色散元件用来分光，是分光系统的心脏，有棱镜（prism）或光栅（grating）。入射狭缝起着限制杂散光进入的作用，一般处在准直镜的焦点上。准直镜将从入射狭缝射进来的复合光变成平行光，投射于色散元件。分光系统有三个作用：①分光，把从入射狭缝进来、投射到光栅上的复合光分成单色光；②转向，把从准直镜射过来的平行光改变方向，投射到物镜上；③能量传递，把从准直镜射过来的平行光改变方向后传递到物镜，出射狭缝起限制光谱带宽的作用。

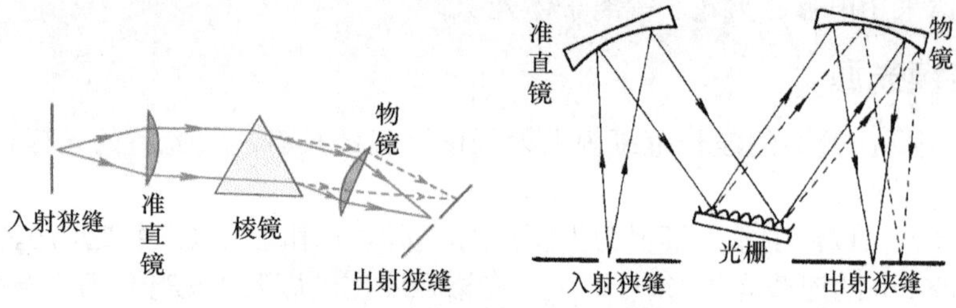

图 9-5　分光系统光路示意图

理想的单色光是不可能得到的，单色器分离出的某种波长的单色光总是包含某一狭窄的光谱区间 $\Delta\lambda$。由于此区间的波长范围很小，因此被认为是单色光。单色光有效带宽越小，分析的灵敏度越高、选择性越好，分析物浓度与光学响应信号的线性相关性也越好。单色器主要技术指标包括：①工作波长范围；②波长准确度（±0.5nm 左右）；③波长重复性；④光谱带宽；⑤杂散光；⑥波长扫描速度；⑦有些单色器还给出物镜的相对孔径、物镜的视场角、分光元件的色散率、单色器的类型等。

下面分别讨论分光系统的各个部件。

1. 光栅　由大量等宽等间距的平行狭缝构成的光学器件称为光栅。一般常用的光栅是在高度抛光的表面上刻出大量平行刻痕制成，两刻痕之间可以透光，相当于一狭缝。精制的光栅，在 1cm 宽度内刻有几千条乃至上万条刻痕。单色平行光通过光栅每个缝的衍射和各缝间的干涉，形成暗条纹很宽、明条纹很细的谱线。谱线的位置随波长而异，光通过光栅形成光谱是单缝衍射和多缝干涉的共同结果。光栅色散后的光谱从短波到长波各谱线间距离相等，是均匀分布的连续光谱。光栅光谱是多级的，多级光谱均匀地分布在零级光谱两边，但会出现光谱线的叠加，从而产生干扰。在实际应用时应设法消除各级光谱之间的部分重叠现象，如用滤光片滤去高级光谱。光栅的优点是波长范围比棱镜宽，且色散近乎线性。

光栅是分光系统的核心元件，其种类很多。按所用光是透射还是反射分为透射光栅、反射光栅。反射光栅使用较为广泛，按其形状又分为平面光栅和凹面光栅。此外还有全息光栅、正交光栅、相光栅、闪耀光栅、阶梯光栅等。光栅关系到分光光度计整机的质量好坏，是一个非常重要的光学元件。

2. 棱镜　棱镜的色散作用是基于棱镜材料对不同波长的光有不同的折射率，因此可将混合光中所包含的各个波长从长波到短波依次分散成为一个连续光谱。常用的棱镜有 Cornu（考纽）棱镜和 Littrow（立特鲁）棱镜，前者是顶角为 60°的棱镜；为了防止生成双像，Littrow 棱镜是由两个 30°棱镜组成，一边为左旋石英，另一边为右旋石英，左旋、右旋石英做成 30°棱镜。棱镜分光得到的光谱与光栅不同，按波长排列是疏密不均的，长波长区密，短波长区疏，即光距与各波长是非线性的。棱镜材料有石英和玻璃两种，玻璃棱镜比石英棱镜色散率大，但玻璃吸收紫外光，故只可用于可见光区；石英棱镜可用于紫外光区及可见光区。

3. 准直镜 准直镜的作用是将从入射狭缝射进来的、发散的复合光变成平行光。准直镜和入射狭缝之间的相对位置非常重要（即入射狭缝要严格处在准直镜的焦点上），它会直接影响平行光的平行度，从而影响单色器的单色性。准直镜又用作聚光镜，将色散后的平行单色光聚集于出口狭缝。

4. 滤光器 能滤掉复合光中其他波长的光，而仅透过所需波长范围的光的光学器件。滤光片为常用的滤光器，按光谱特性分为通带滤光片和截止滤光片；光谱分析中分为吸收滤光片和干涉滤光片。它主要用作辅助色散，如在光栅光谱仪中用作谱级分离器，消除低级次的光谱重叠。单色仪利用干涉滤光片可分离出极窄波段范围的光。

5. 狭缝 狭缝（slit）是光谱仪的主要部件之一，为光的进出口。由两片经过精密加工且具有锐利边缘的金属片组成，其两边必须保持相互平行，并处于同一平面。狭缝是一条宽度可调、狭窄细长的缝孔。有固定狭缝，单边可调的非对称式狭缝和双边可调的对称狭缝。光辐射经光谱仪色散分光后的每条谱线，都是入射狭缝的像。进入单色器或从单色器出射的辐射能量，均由狭缝宽度调节。狭缝过宽，单色光不纯，将使吸光度改变；过窄，则光通量变小，将降低灵敏度。现代光谱仪中狭缝与光栅的转动耦合在一起，可自动调节。狭缝宽度的单位为 μm，最大宽度为 2mm。摄谱仪仅有入射狭缝，单色仪有入射、出射两个狭缝，多色仪有数个出射狭缝。

三、检 测 器

检测器将光能转变为电信号，然后通过计算机输出打印或用记录仪、表头、显示屏等显示。这种检测器在一定宽度的波长范围内，必须具有对光能响应快、灵敏度高、稳定性好等性能。

在现代光谱仪器中，对电磁辐射的检测多采用光电转换器。光电转换器是光电光谱仪接收系统的核心部分，主要是利用光电效应将不同波长的辐射能转化成光电流的信号。光电转换器一般分为两类，一类是量子化检测器即光子检测器，包括单道光子检测器和多道光子检测器。单道光子检测器如光电池、光电管、光电倍增管等；多道光子检测器如光二极管阵列（PDA）检测器和电荷转移元件阵列（CTD）检测器等。另一类是热检测器，如真空热电偶、热电检测器等。真空热电偶是利用两种不同金属导体构成闭路时的温差现象，使温差转变为电位差的一种装置。热电检测器是利用热电材料的热敏极化性质把光辐射的热能转换为电信号的一类检测器。例如，红外区辐射的能量比较低，很难引起光电子反应，采用热检测器可根据辐射吸收引起的热效应来测定入射辐射的功率。

四、光谱分析法的发展概况

光谱分析在现代分析化学中占有非常重要的地位，是现代分析化学的重要组成部分。1859 年基尔霍夫、本生研制了第一台用于光谱分析的分光镜，实现了光谱检验；1900 年普朗克提出了“量子化”概念；1905 年爱因斯坦提出了光量子假说并于 1921 年因“光的波粒二象性”这一成就获得诺贝尔物理学奖，他们的理论为光谱分析的发展奠定了坚实的理论基础。20 世纪 40 年代中期，电子学中光电倍增管的出现，推动了紫外-可见吸收光谱、红外吸收光谱、原子发射光谱及 X 射线荧光光谱等一系列光谱法的发展。同时，圆二色光谱仪进入实验室，圆二色性和旋光性均可表征光学活性物质，圆二色反映光与物质间能量的交换，旋光性则与分子中电子的运动有关。20 世纪 60 年代以后原子发射光谱得到迅速发展，期间主要应用火焰、电弧及电火花等激发光源，在发现新元素、促进原子结构理论的发展及其在各种无机材料定性分析中发挥了重要作用。

随着激光、微电子学、微波、半导体、自动化、化学计量学等科学技术和各种新材料的应用，光学分析仪器的性能指标、自动化智能化程度等方面有了很大的改进，进一步推动了光谱分析法的发展。例如，取代光电倍增管的电荷耦合阵列检测器，具有光谱范围宽、量子效率高、线性范围宽、多道同时数据采集、三维图谱等优势；光二极激光器代替空心阴极灯，使原子吸收可进行多元素同时测定；超导、高频率的核磁共振仪（目前已有 1000MHz 的仪器）的不断更新，使核间高级偶合的复杂光谱可以变为一级偶合的简单光谱，加上二维核磁共振技术（H-H 相关与 C-H 相关谱等）使核磁共振图谱的解析及分子结构的测定更加容易、更加迅速。随着 NMR 谱在生物大分子结构分析中的应用，NMR 技术所提供的结构信息的数量和复杂性呈几何级数增加，也促进了三维核磁共振技术的发展。

分析化学的发展方向是高灵敏度、高选择性（复杂体系）、快速、自动、简便、经济，不同分析方法的联用是当前分析化学的研究趋势之一。特别是分离仪器和检测器的联用，如色谱仪（气相色谱、液相色谱或超临界流体色谱仪及多维色谱仪）和各种分析仪器（质谱、核磁共振波谱、傅里叶红外光谱、原子吸收光谱和原子发射光谱）的联用，使前者的分离功能和后者的识别功能很好地结合，从而改善分析性能。常用的联用技术有色谱-质谱、毛细管电泳-质谱、质谱-质谱联用（串联质谱）等。其中，气相色谱-质谱（gas chromatography/mass spectrometry，GC/MS）和液相色谱-质谱（liquid chromatography/mass spectrometry，LC/MS）在药物代谢、天然产物分析、生命科学研究、临床诊断、法医鉴定方面有着广泛的应用。传统的分光光度法与色谱、毛细管电泳的联用和与仿生学、化学计量学、动力学和流动分析的结合将是光谱分析中最具发展前景的研究方向。化学计量学（chemometrics）能协助分析工作者将光谱分析原始数据转化为有用的信息和知识，使分析化学成为名副其实的信息科学。如近红外光谱法的应用就得益于化学计量学的发展。随着计算机技术及其应用的发展，作为化学计量学核心策略的主成分分析（PCA）方法在实际仪器分析中的应用越来越广泛。

【案例分析】

近年来，一些不法分子收集餐馆潲水中的油脂，经过过滤、脱色和脱臭处理后得到“地沟油”，低价出售给餐馆和炼油坊以获取暴利。当这些地沟油返回我们的餐桌时，已经过一定的处理，与一些食用植物油一样具有清澈、透明的特点，同时有着相似的色泽和气味而难以分辨。地沟油主要成分是甘油三酯，比真正的食用油多了许多致病、致癌的毒性物质，如铅、砷及黄曲霉素等，对人们的身体健康和生命安全造成极大的威胁。采用紫外光谱、红外光谱、近红外光谱、核磁共振谱及高光谱聚类分析法，利用地沟油和食用植物油之间的光谱差异，可以有效地鉴别出地沟油。

以近红外光谱法为例，通过对食用植物油和地沟油近红外光谱的分析（图 9-6），发现可以利用光谱峰值强度比及有无明显波峰和波谷区分这两类油。

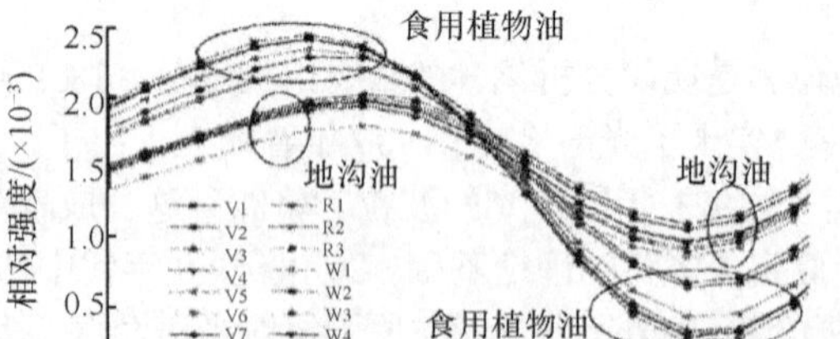

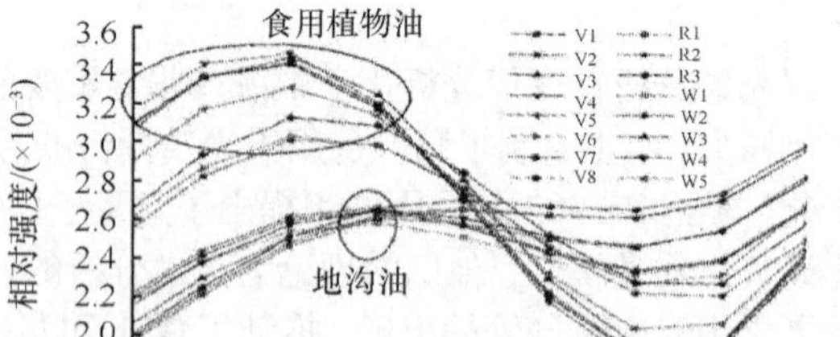

图 9-6 样品在不同波长范围的光谱图

本 章 小 结

1. 基本概念

（1）电磁辐射（electromagnetic radiation）：一种以巨大速度通过空间而不需要任何物质作为传播媒介的光子流（能量），具有波粒二象性。所有的电磁辐射在本质上是完全相同的，它们之间的区别仅在于波长或频率不同。

（2）电磁波谱：电磁辐射按照波长（频率或能量）大小的顺序排列就得到电磁波谱。根据能量的高低，电磁波谱可分为三个区域：高能区包括 γ 射线区和 X 射线区；中能辐射区包括紫外光区、可见光区和红外光区，又称此光谱区为光学光谱区；低能辐射区包括微波区和射频区，通常称为波谱区。

（3）光谱：物质与辐射能相互作用时，物质内部发生能级跃迁，记录由能级跃迁所产生的辐射能强度随波长（或相应单位）的变化，所得的图谱称为光谱。

（4）光谱分析法（spectroscopic analysis）：基于电磁辐射与物质相互作用时，通过测量由物质内部发生量子化的能级之间而产生的反射、吸收或散射辐射的波长和强度的变化而建立起来的分析方法。

（5）吸收光谱（absorption spectroscopy）：物质吸收相应的辐射能而产生的光谱，其产生的必要条件是所提供的辐射能量恰好满足该吸收物质两能级间跃迁所需的能量。

（6）发射光谱（emission spectroscopy）：发射光谱是指构成物质的原子、离子或分子受到辐射能、热能、电能或化学能的激发跃迁到激发态后，由激发态回到基态时以辐射的方式释放能量，而产生的光谱。

2. 基本公式

（1）$v=\dfrac{c}{\lambda}$

（2）$E=hv=\dfrac{hc}{\lambda}=hc\sigma$

3. 要点与难点

（1）光谱法与非光谱法的区别：以物质与辐射相互作用时是否发生能级之间的跃迁来判断。非光谱法是通过测量辐射线照射物质时产生的辐射在传播方向上和物理性质上的变化进行分析，不以光的波长为特征信号。光谱法是物质内部发生量子化的能级跃迁而产生的反射、吸收或散射辐射的波长和强度的变化而建立起来的分析方法。

（2）吸收光谱与发射光谱的区别：二者能级跃迁的方向不同。吸收光谱是物质吸收相应的辐射能而产生的光谱；而发射光谱是指构成物质的原子、离子或分子受到辐射能、热能、电能或化学能的激发跃迁到激发态后，由激发态回到基态时以辐射的方式释放能量，而产生的光谱。

习　题

1. 光学分析法有哪些类型？
2. 吸收光谱和发射光谱有何异同？原子光谱与分子光谱为何形状不同？
3. 简述光学仪器三个最基本的组成及其作用。
4. 计算波长为 200nm 的电磁辐射的能量，分别用焦耳（J）和电子伏特（eV）表示。

（9.9×10^{-19}J，6.19eV）

（吴　红）

第十章　紫外-可见分光光度法

学习目标

（1）掌握紫外吸收光谱的特征，电子跃迁类型、吸收带类型、特点及影响因素；吸收带与分子结构的关系及影响吸收带的因素；朗伯-比尔定律的物理意义、成立条件、影响因素及有关计算；紫外-可见分光光度法用于单组分和多组分定量的各种方法。

（2）熟悉紫外-可见分光光度计的基本部件、工作原理；紫外-可见分光光度计的几种光路类型；紫外-可见分光光度法定性及纯度检查的各种方法；紫外吸收光谱与有机化合物分子结构的关系。

紫外-可见分光光度法（ultraviolet-visible spectroscopy，UV-vis），又称紫外-可见分子吸收光谱法（ultraviolet-visible molecular absorption spectrometry），是研究物质在紫外-可见光区（200～800nm）分子吸收光谱的分析方法。紫外-可见吸收光谱产生于分子价电子在电子能级间的跃迁，是研究物质电子光谱的方法。由于电子光谱的强度大，故紫外-可见分光光度法灵敏度较高，一般可以达到 10^{-4}～10^{-6}g/ml，部分甚至可以达到 10^{-7}g/ml，采用该法一般准确度可以达到 0.5%。可用于推断化合物结构，进行单组分及混合组分的含量测定等。

第一节　紫外-可见分光光度法的基本理论和基本概念

一、电子跃迁类型

紫外-可见吸收光谱是分子的价电子在不同的分子轨道之间跃迁而产生的。分子中的价电子包括形成单键的 σ 电子、双键的 π 电子和非成键的 n 电子。电子围绕分子或原子运动的概率分布称为轨道。轨道不同，电子所具备的能量也不同。当两个原子结合成分子时，二者的原子轨道以线性组合生成两个分子轨道，其中一个分子轨道具有较低能量称为成键轨道，另一个分子轨道具有较高能量称为反键轨道。分子中 n 电子的能级，基本上保持原来原子状态的能级，称非键轨道。比成键轨道所处能级高，比反键轨道能级低。由上所述，分子中不同轨道的价电子具有不同能量，处于低能级的价电子吸收一定能量后，就会跃迁到较高能级（图 10-1）。

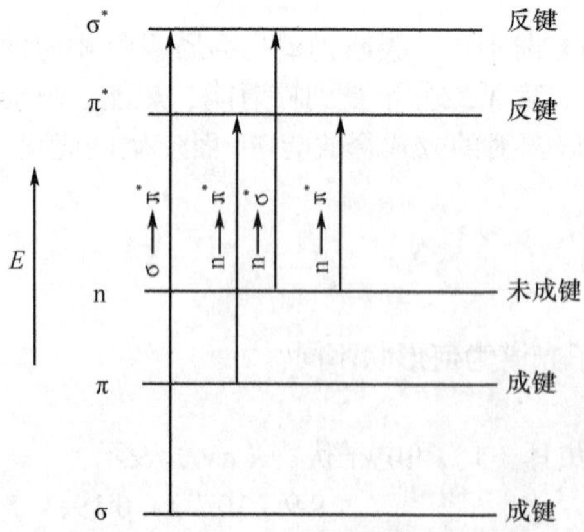

图 10-1　分子中价电子能级及跃迁类型

在紫外-可见光区，有机化合物的吸收光谱主要有 $\sigma\rightarrow\sigma^*$、$\pi\rightarrow\pi^*$、$n\rightarrow\sigma^*$、$n\rightarrow\pi^*$，电荷迁移跃迁及配位场跃迁产生。电子跃迁类型不同，实现跃迁所需能量也不同，其中，$\sigma\rightarrow\sigma^*$跃迁所需能量最大，$n\rightarrow\pi^*$跃迁所需能量最小。

1. $\sigma \to \sigma^*$跃迁　由于分子中σ键较为牢固，故处于σ成键轨道上的电子吸收光能后跃迁到σ^*反键轨道所需能量大。因此，$\sigma \to \sigma^*$ 跃迁吸收峰在远紫外区，吸收峰波长一般小于 150nm。饱和烃类的 C—C 键是这类跃迁的典型例子，如乙烷的 λ_{max} 在 135nm。

2. $\pi \to \pi^*$跃迁　此类跃迁是由处于π成键轨道上的电子跃迁到π^*反键轨道上形成的，跃迁所需能量比$\sigma \to \sigma^*$跃迁所需能量小，产生在有不饱和键的有机化合物中。$\pi \to \pi^*$跃迁一般发生在波长 200nm 左右，吸光系数 ε 较大（10^3～10^4），为强吸收。例如，乙烯的 λ_{max} 在 165nm，ε 为 10^4。具有共轭双键的化合物，$\pi \to \pi^*$跃迁所需能量较低，吸收较强，且共轭键越长所需能量越低，吸收越强，如丁二烯的 λ_{max} 在 217nm（ε 为 21000）。

3. $n \to \pi^*$跃迁　产生 $n \to \pi^*$跃迁的多为含有杂原子的不饱和基团（如 >C═O、>C═S、—N═N—等）的化合物。其特点是吸收峰一般在紫外区（200～400nm），谱带强度弱，吸光系数小，一般小于 10^2，如丙酮的 λ_{max} =279nm，ε 为 10～30。

4. $n \to \sigma^*$跃迁　$n \to \sigma^*$跃迁发生在含有杂原子饱和基团（如—OH、—NH_2、—X、—S 等）的化合物中。可由 150～250nm 区域内的辐射引起，但吸收峰大多出现在低于 250nm 处。如 CH_3OH 和 CH_3NH_2 的 $n \to \sigma^*$跃迁波长分别为 183nm 和 213nm。

5. 电荷迁移跃迁　电荷迁移跃迁是指化合物受到电磁辐射照射时，电子由子体向与接受体相联系的轨道跃迁的过程。因此，电荷迁移跃迁实际上是一个内氧化还原过程，而相应的吸收光谱称为电荷迁移吸收光谱。某些取代芳烃可产生这种分子内电荷迁移跃迁吸收带。此类跃迁的特点是谱带较宽，吸收强度大，ε 一般大于 10^4。

6. 配位场跃迁　配位场跃迁包括 f-f 跃迁和 d-d 跃迁。元素周期表中第四、五周期的过渡金属元素分别含有 3d 和 4d 轨道，镧系和锕系元素分别含有 4f 和 5f 轨道。在配体的存在下，过渡元素五个能量相等的 d 轨道及镧系和锕系元素七个能量相等的 f 轨道分别分裂成几组能量不等的 d 轨道及 f 轨道。当它们的离子吸收光能后，低能态的 d 电子或 f 电子分别跃迁至高能态的 d 轨道或 f 轨道。这两类跃迁分别称为 d-d 跃迁和 f-f 跃迁。由于这两类跃迁必须在配体的配位场作用下才有可能产生，因此又称为配位场跃迁。

与电荷迁移跃迁比较，由于选择规则的限制，配位场跃迁吸收谱带的 ε 一般小于 10^2。这类光谱一般位于可见光区。配位场跃迁可用于研究配合物的结构，并为无机配合物键合理论的建立，提供重要信息。

（1）f-f 跃迁。大多数镧系和锕系元素的离子都在紫外-可见光区有吸收，它们的光谱由一些很窄的吸收峰组成。在镧系元素中，引起吸收的跃迁一般只涉及 4f 电子的各能级，而锕系则是 5f 电子。由于 f 轨道被具有较高量子数的外层轨道所屏蔽，因此其谱带较窄，且不易受外层电子有关的键合性质影响。

（2）d-d 跃迁。一些第一、第二过渡元素中尚未充满电子的 d 轨道的吸收光谱，主要是由 d-d 跃迁产生的。但是与镧系及锕系不同，其吸收带往往较宽，且受环境因素的影响较大。例如，水和铜离子（Ⅱ）是浅蓝色的，而它的氨配合物却是深蓝色的。

二、紫外-可见吸收光谱的有关概念

吸收光谱（absorption spectrum）又称吸收曲线，是以波长 λ（nm）为横坐标，吸光度（absorbance，A）或透光率（transmittance，T）为纵坐标所描绘的曲线，如图 10-2 所示。

吸收峰（absorption peak）：吸收曲线上吸光度最大的地方，其对应的波长称为最大吸收波长 λ_{max}。

谷（valley）：吸收峰与吸收峰之间吸光度最小的部位。

肩峰（shoulder peak）：在一个吸收峰旁产生的一个曲折。

末端吸收（end absorption）：只在图谱短波端呈现强吸收而不成峰形的部分。

生色团（chromophore）：是有机化合物分子结构中含有能产生 $\pi \rightarrow \pi^*$ 跃迁或 $n \rightarrow \pi^*$ 跃迁的基团，即能在紫外-可见光范围内产生吸收的原子基团，如 >C=C<、>C=O、>C=S、—N=N—等。

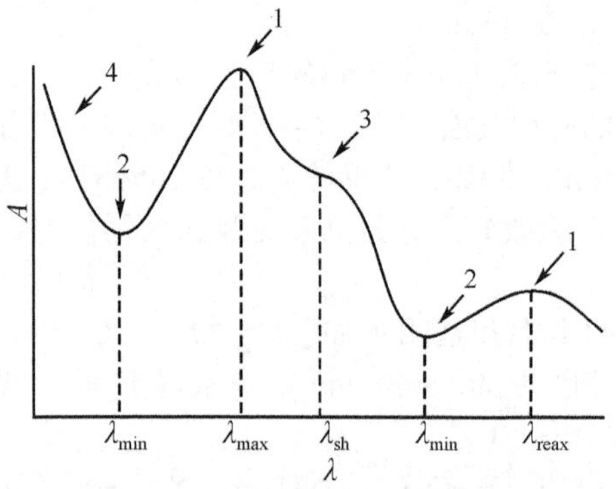

图 10-2　吸收谱示意图

1. 吸收峰；2. 谷；3. 肩峰；4. 末端吸收

助色团（auxochrome）：指含有非键电子的杂原子饱和基团，当其与生色团或饱和烃相连时，能使该生色团或饱和烃的吸收峰向长波方向移动，并使吸收强度增加，如—OH、$—NH_2$、—OR、—SH、—SR、—Cl、—Br、—I 等。

红移（red shift）和蓝（紫）移（blue shift）：在有机化合物中，因取代基或溶剂的改变，使其吸收带的最大吸收波长 λ_{max} 向长波方向移动的称为红移，也称长移（bathochromic shift）；向短波方向移动的称为紫移，也称短移（hypsochromic shift）。

增色效应或减色效应：由于化合物结构改变或其他原因，使吸收强度增加称增色效应（hyperchromic effect）；使吸收强度减弱称减色效应（hypochromic effect）。

强带和弱带（strong band and weak band）：化合物的紫外-可见吸收光谱中，摩尔吸光系数大于 10^4 的吸收峰称为强带；小于 10^2 的吸收峰称为弱带。

三、吸收带及其与分子结构的关系

吸收带可用来描述吸收峰在紫外-可见光谱中的位置。根据电子和轨道种类，可把吸收带分为六类，分别是 R 带、K 带、B 带、E 带、电荷转移吸收带及配位体场吸收带。

1. R 带　R 带是由 $n \rightarrow \pi^*$ 跃迁引起的吸收带，是杂原子不饱和基团（如 >C=O、—N=N—、—NO、$—NO_2$ 等）的特征吸收带。其特点是处于较长波长范围（约 300nm），ε 一般在 100 以内，吸收弱。若溶剂极性增强，R 带将短移。此外，当有强吸收峰在附近时，R 带有时出现长移，有时被掩盖。

2. K 带　K 带是由共轭双键中 $\pi \rightarrow \pi^*$ 跃迁所产生的吸收带，其特点是 ε 一般大于 10^4，为强带。苯环上若有发色团取代，并形成共轭，也会出现 K 带。

3. B 带　B 带是芳香族化合物的特征吸收带。苯蒸气在 230～270nm 处出现精细结构的吸收光谱，此为苯的多重吸收带。由于在蒸气状态下分子间彼此作用小，可反映出孤立分子振动、转动能级跃迁；在苯的异丙烷溶液中，因分子间作用加大，转动消失仅出现部分振动跃迁，因此谱带较宽（图 10-3）；在极性溶剂中溶剂和溶质间相互作用更大，振动光谱表现不出来，因此精细结构消失，B 带出现一个宽峰，其重心在 256nm 附近，ε 在 200 左右。

4. E 带　同样是芳香族化合物特征吸收带，是由苯环结构中三个乙烯的环状共轭体系的 $\pi \rightarrow \pi^*$ 跃迁所产生，分为 E_1 带和 E_2 带（图 10-3）。E_1 带的吸收峰约在 180nm，ε 为 4.7×10^4；E_2 带的吸收峰在 200nm，ε 为 7000 左右，均属强吸收带。

5. 电荷转移吸收带　是由许多无机物（如碱金属卤化物）与某些有机物混合而得的分子配合物，在外界辐射激发下强烈吸收紫外光或可见光，从而获得的紫外或可见吸收带。

6. 配位体场吸收带　指过渡金属水合离子与显色剂（通常是有机化合物）所形成的配合物，吸收适当波长的可见光（或紫外光），从而获得的吸收带。

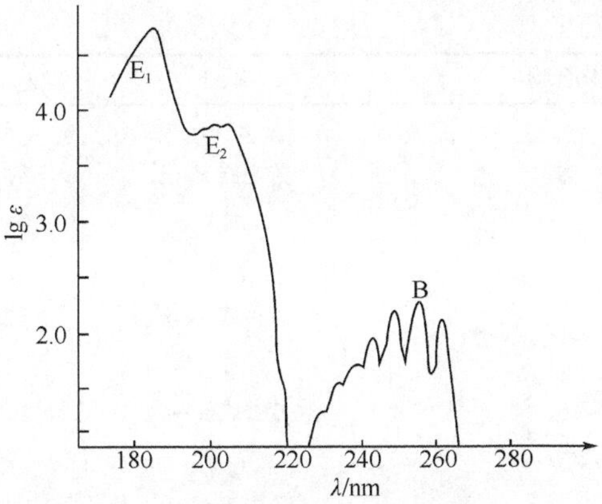

图 10-3 苯异丙烷溶液的紫外吸收光谱

六种主要吸收带在光谱区中的位置和大致强度如图 10-4。常见化合物的电子结构、跃迁类型和吸收带见表 10-1。

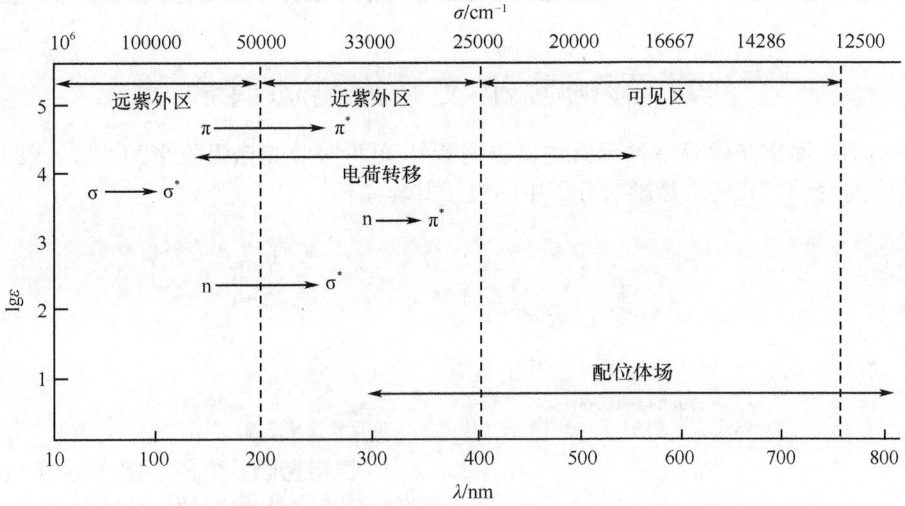

图 10-4 六种常见的紫外光与可见光吸收光谱的位置

表 10-1 一些化合物的电子结构、跃迁和吸收带

电子结构	化合物	跃迁	λ_{max}/nm	ε_{max}	吸收带
σ	乙烷	$\sigma\to\sigma^*$	135	10000	
n	1-己硫醇	$n\to\sigma^*$	224	120	
	碘丁烷	$n\to\sigma^*$	257	486	
π	乙烯	$\pi\to\pi^*$	165	10000	
	乙炔	$\pi\to\pi^*$	173	6000	
π 和 n	丙酮	$\pi\to\pi^*$	约 160	16000	
		$n\to\sigma^*$	194	9000	
		$n\to\pi^*$	279	15	R
π-π	$CH_2=CH-CH=CH_2$	$\pi\to\pi^*$	217	21000	K
	$CH_2=CH-CH=CH-CH=CH_2$	$\pi\to\pi^*$	258	35000	K
π-π 和 n	$CH_2=CH-CHO$	$\pi\to\pi^*$	210	11500	K

续表

电子结构	化合物	跃迁	λ_{max}/nm	ε_{max}	吸收带
		n→π*	315	14	R
芳香族 π	苯	芳香族 π→π*	约 180	60000	E_1
		同上	约 200	8000	E_2
		同上	255	215	B
芳香族 π-π	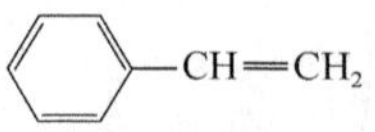	芳香族 π→π*	244	12000	K
		同上	282	450	B
芳香族 π-σ	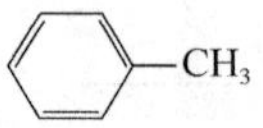	芳香族 π→π*	208	2460	E_2
		同上	262	174	B
芳香族 π-π，n	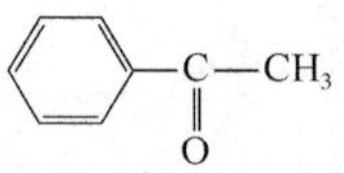	芳香族 π→π*	240	13000	K
		同上	278	1110	B
		n→π*	319	50	R
芳香族 π，n	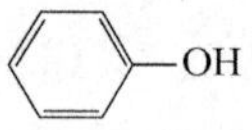	芳香族 π→π*	210	6200	E_2
		同上	270	1450	B

四、影响紫外-可见光谱的因素

分子结构、测定条件等多种因素均可影响紫外-可见吸收光谱吸收带的位置，使其在较宽的波长范围内变动，其实质是影响分子中的电子共轭结构。

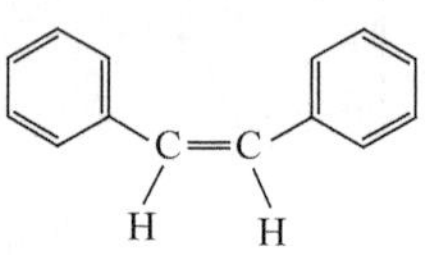

λ_{max}=280nm(ε=10500)
顺式二苯乙烯

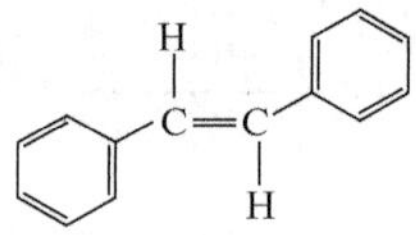

λ_{max}=295.5nm(ε=29000)
反式二苯乙烯

1. 位阻影响 空间位阻（steric hindrance）是指妨碍分子内共轭的生色团处于同一平面，使共轭效应减小甚至消失，从而影响吸收带波长的位置。例如，二苯乙烯，因为顺式结构有立体阻碍，苯环不能与乙烯双键在同一平面上，不易产生共轭，因此，反式结构的 K 带 λ_{max} 比顺式明显长移，且吸光系数也增加，如图 10-5 所示。

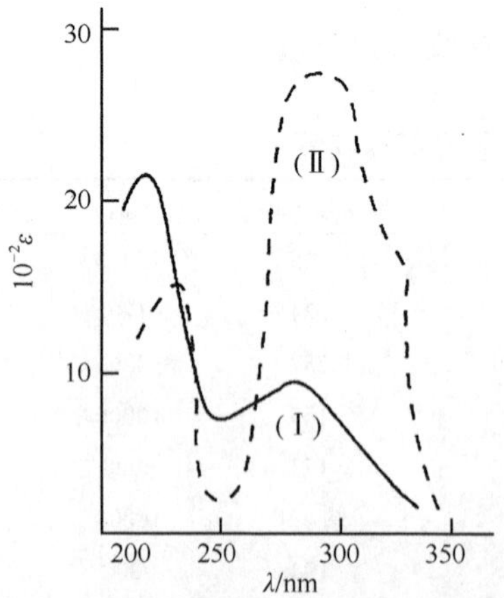

图 10-5　二苯乙烯顺反异构体的紫外吸收光谱
（Ⅰ）顺式；（Ⅱ）反式

2. 跨环效应（cross-ring effect） 指两生色团虽不共轭，但由于空间排列，使两者的电子云仍能相互影响，从而改变 λ_{max} 和 ε_{max}。例如，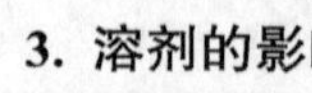在 214nm 处出现一中等强度吸收带，且在 284nm 处出现 R 带。

3. 溶剂的影响 溶剂可影响吸收峰位置、吸收强度及光谱形状，因此，应注明所用溶剂。极性溶剂不但使光谱精细结构全部消失，且使 π→π* 跃迁吸收峰向长波方向移动，使 n→π* 跃迁吸收峰向短波方向移动，且后者移动程度一般比前者大。异丙叉丙酮的溶剂效应见表 10-2。

表 10-2 溶剂极性对异丙叉丙酮两种跃迁吸收峰的影响

跃迁类型	正己烷	三氯甲烷	甲醇	水	迁移
$\pi \rightarrow \pi^*$	230nm	238nm	237nm	243nm	长移
$n \rightarrow \pi^*$	329nm	315nm	309nm	305nm	短移

在 $\pi \rightarrow \pi^*$ 跃迁中，激发态的极性比基态大，激发态与极性溶剂之间相互作用所降低的能量大，造成跃迁所需能量变小，使吸收峰长移。而在 $n \rightarrow \pi^*$ 跃迁中，基态极性大，非键电子与极性溶剂之间能形成较强的氢键，使基态能量降低大于反键轨道与极性溶剂间相互作用所降低的能量，因而跃迁所需能量变大，使吸收峰短移，如图 10-6 所示。

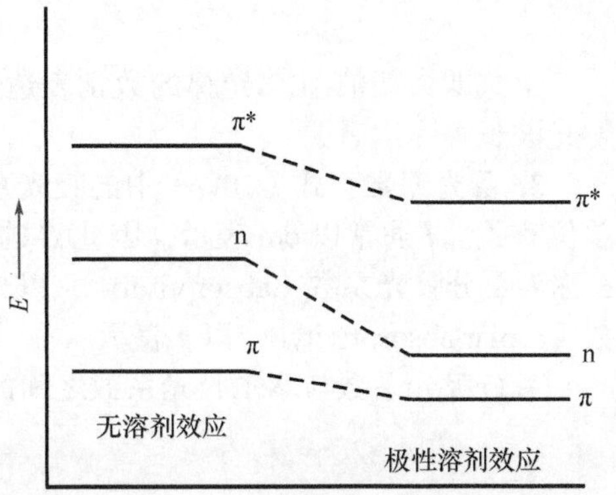

图 10-6 极性溶剂对两种跃迁能级差的影响

4. 体系 pH 的影响 体系的 pH 对酸性、碱性或中性物质的紫外吸收光谱都有明显的影响。由于体系的 pH 不同，导致其解离情况发生变化，从而产生不同的吸收光谱。

五、朗伯-比尔定律

1. 透光率与吸光度 当一束平行单色光通过均匀的液体介质时，一部分光被吸收，另一部分透过溶液，还有一部分被吸收池表面反射。设入射光强度为 I_0，吸收光强度为 I_a，透射光强度为 I，反射光强度为 I_r，则

$$I_0=I_a+I+I_r \quad (10\text{-}1)$$

在紫外-可见分光光度法中，被测溶液和参比溶液分别置于同样材料和厚度的吸收池中，让强度为 I_0 的单色光分别通过两个吸收池，再测量透射光的强度，即可抵消反射光的影响，因此，上式可简化为

$$I_0=I_a+I \quad (10\text{-}2)$$

透射光的强度（I）与入射光强度（I_0）之比称为透光率，用 T 表示，则

$$T=\frac{I}{I_0} \quad (10\text{-}3)$$

透光率多以百分数表示，称为百分透光率（$T\%$）。

溶液的透光率越大，表明对光的吸收越小；反之，透光率越小，表明对光的吸收越大。也可用吸光度来表示物质对光的吸收程度，其表达式为

$$A=-\lg\frac{I}{I_0} \quad (10\text{-}4)$$

吸光度越大，表明物质对光的吸收能力越大。

透光率和吸光度均表示物质对光的吸收程度，两者可由式（10-4）相互换算。

2. 朗伯-比尔定律 朗伯-比尔定律（Lambert-Beer's Law）的物理意义是当入射光波长一定时，溶液的吸光度 A 与待测溶液浓度和液层厚度呈正比关系，这是紫外-可见分光光度法的依据和基础。Lambert 和 Beer 分别于 1760 年和 1852 年研究了溶液的吸光度与液层厚度和溶液浓度之间的关系。

当用适当波长的单色光照射一固定浓度的溶液时，其吸光度与液层厚度呈正比，此即 Lambert 定律，其数学表达式为

$$A=E'l \quad (10\text{-}5)$$

式中，E'为比例系数；l为液层厚度（即样品的光程长度）。Lambert 定律适用于任何非散射的均匀介质，但不能阐明吸光度与溶液浓度的关系。

Beer 定律描述了溶液浓度与吸光度之间的关系，当用一适当波长的单色光照射厚度一定的均匀溶液时，吸光度与溶液浓度成正比，即

$$A = E''c \tag{10-6}$$

式中，E''为比例系数，c为溶液浓度。

当溶液的浓度（c）和液层厚度（l）均可变时，它们都会影响吸光度的数值。合并式（10-5）和式（10-6），得到

$$A = Ecl \tag{10-7}$$

上式即为朗伯-比尔定律的数学表达式，式中，E为吸光系数，它与溶液的性质、温度及入射光波长等因素有关。

3. 吸光系数　式（10-7）中的吸光系数E的值及单位与待测液浓度c和液层厚度l采用的单位有关。l通常以 cm 表示，因此E的单位主要取决于c的单位。当c以 g/100ml 为单位时，E称为百分吸光系数（absorptivity），以$E_{1cm}^{1\%}$表示。当c以 mol/L 为单位时，E称为摩尔吸光系数（molar absorptivity），以ε表示。

百分吸光系数与摩尔吸光系数之间的关系是：

$$\varepsilon = \frac{M}{10} E_{1cm}^{1\%} \tag{10-8}$$

式中，M是吸光物质的摩尔质量。

当溶液中存在多种吸光物质，且各组分间不存在相互作用时，则该溶液对某一波长光的总吸光度$A_{总}$等于溶液中每一成分吸光度的和，即吸光度具有加和性。可用下式表示：

$$A_{总}=A_1+A_2+A_3+A_4+\cdots \tag{10-9}$$

六、偏离朗伯-比尔定律的因素

按照朗伯-比尔定律，吸光度A与浓度c之间的关系应是一条通过原点的直线。但实际工作中却常出现偏离直线现象（一般以负偏离的情况居多），从而影响了测定的准确度。导致偏离的因素主要有化学因素和光学因素。

1. 化学因素　通常只有浓度小于 0.01mol/L 的稀溶液中朗伯-比尔定律才能成立。随着溶液浓度的升高，其中的吸光物质可发生解离、缔合、溶剂化、生成配合物等变化，使吸光物质的存在形式发生变化，影响物质对光的吸收，导致偏离朗伯-比尔定律现象的发生。

例如，重铬酸钾的水溶液有以下平衡：

$$Cr_2O_7^{2-}+H_2O \rightleftharpoons 2H^++2CrO_4^{2-}$$

若溶液稀释 2 倍，受稀释影响，平衡向右移动程度增加，使得$Cr_2O_7^{2-}$浓度的减少多于 2 倍，导致结果偏离朗伯-比尔定律而产生误差。但是若在强酸性溶液中测定$Cr_2O_7^{2-}$或在强碱性溶液中测定CrO_4^{2-}则可避免偏离现象的发生。因此，由化学因素引起的偏离，有时可通过控制实验条件避免。

2. 光学因素

1）非单色光：朗伯-比尔定律的一个重要前提是入射光为单色光，但事实上真正的单色光是难以得到的。当光源为连续光谱时，采用单色器分离出的光同时包含了所需波长及附近波长的光，即具有一定波长范围的光，仍是复合光，由于物质对不同波长的光有不同的吸光系数，可以使吸光度发生变化而偏离朗伯-比尔定律。

2）杂散光（stray light）：由单色器得到的单色光中，还有一些不在谱带范围内，且与所需波长相隔甚远的光，称为杂散光。是由仪器光学系统的缺陷或光学元件受灰尘、霉蚀的影响而

引起的。特别是在透光率很弱的情况下，杂散光会产生较大影响。随着仪器制造工艺的提高，绝大部分波长内杂散光的影响可忽略不计，但在接近紫外末端处，杂散光的比例相对较大，因而会干扰测定，有时还会出现假峰。

3）散射光和反射光：吸光质点对入射光有散射作用，吸收池内外界面之间入射光通过时又有反射现象。散射光和反射光均由入射光谱带宽度内的光产生，将对透射光强度有直接影响。散射和反射作用致使透射光强度减弱。真溶液散射作用较弱，可用空白进行补偿。混浊溶液散射作用较强，一般不易制备相同的空白溶液，常使测得的吸光度偏离直线。

4）非平行光：通过吸收池的光一般不是真正的平行光，倾斜光通过吸收池的实际光程将比垂直照射的平行光的光程长，使液层厚度增大而影响测量值。这是同一物质用不同仪器测定吸光系数时，产生差异的主要原因之一。

七、分析条件的选择

选择适当的仪器测量条件、反应条件、参比溶液等，是使分析方法有较高灵敏度和准确度的重要前提。

1. 仪器测量条件　应当选择适宜的吸光度范围，以使测量结果的误差尽量减小。根据朗伯-比尔定律

$$A = -\lg T = Ecl$$

微分后，得

$$\mathrm{d}\lg T = 0.434\frac{\mathrm{d}T}{T} = -El\mathrm{d}c$$

或

$$0.434\frac{\Delta T}{T} = -El\Delta c$$

将上式代入朗伯-比尔定律，则测定结果的相对误差为

$$\frac{\Delta c}{c} = \frac{0.434\Delta T}{T\lg T} \tag{10-10}$$

要使测定结果的相对误差（$\frac{\Delta c}{c}$）最小，对 T 求导数应有一极小值，即

$$\frac{\mathrm{d}}{\mathrm{d}T}\left[\frac{0.434\Delta T}{T\lg T}\right] = \frac{0.434\Delta T(\lg T + 0.434)}{(T\lg T)^2} = 0 \tag{10-11}$$

解得 $\lg T=-0.434$ 或 $T=36.8\%$，即当吸光度 $A=0.434$ 时，吸光度测量误差最小。上述结果可用图 10-7 表示，即图中曲线最低点测量误差最小。但在实际工作中不必寻找这一最小误差点，只要测量在最适宜范围（A 为 0.2～0.7）之内进行即可。

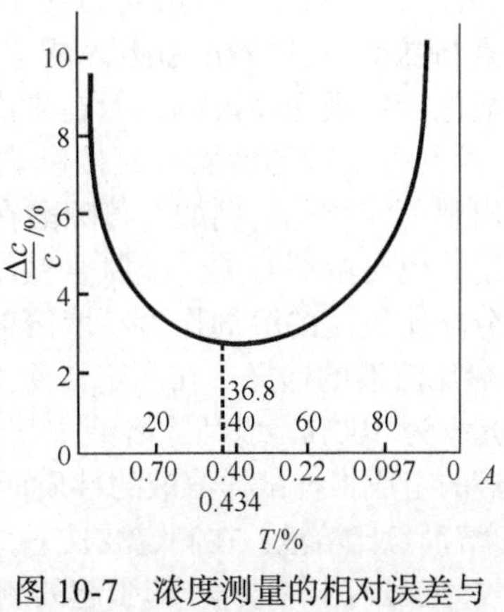

图 10-7　浓度测量的相对误差与透光率（T）或吸光度（A）的关系

2. 显色反应　对在紫外-可见光区没有吸收的物质进行测定时，常利用显色反应将待测组分转变为在可见光区有较强吸收的有色物质。这种将待测组分转变为有色物质的反应，称为显色反应；与待测组分形成有色化合物的试剂，称为显色剂。

显色反应需满足以下要求：①有确定的计量关系；②选择性要好，干扰少；③灵敏度要

高，摩尔吸光系数较大；④反应生成物的组成要恒定并具有足够的稳定性；⑤显色剂最好在测定波长处无吸收，若有吸收，一般要求有色物质和显色剂的最大吸收波长之差大于 60nm。

显色反应条件的选择：

1）显色剂用量：为了使显色反应进行完全，常需加入过量的显色剂，但显色剂的用量并不是越多越好，需通过实验进行确定。方法是将被测组分浓度及其他条件固定后，加入不同量的显色剂，测定其吸光度，绘制吸光度（A）-显色剂体积（V）曲线。常见的曲线形式如图 10-8 所示。

图 10-8（a）表明，在 $a \sim b$ 范围内，曲线平坦，吸光度不随显色剂用量改变，可在这段范围内确定显色剂的用量。图 10-8（b）表明，必须严格控制显色剂的用量在 $a \sim b$ 这一较窄的范围内时，才能进行被测组分的测定。图 10-8（c）与前两种情况完全不同，当显色剂的用量不断增大时，吸光度不断增大。对于这种情况，只有特别严格控制显色剂的用量，才能得到良好的结果，这种情况一般用于定性，不适用于定量。

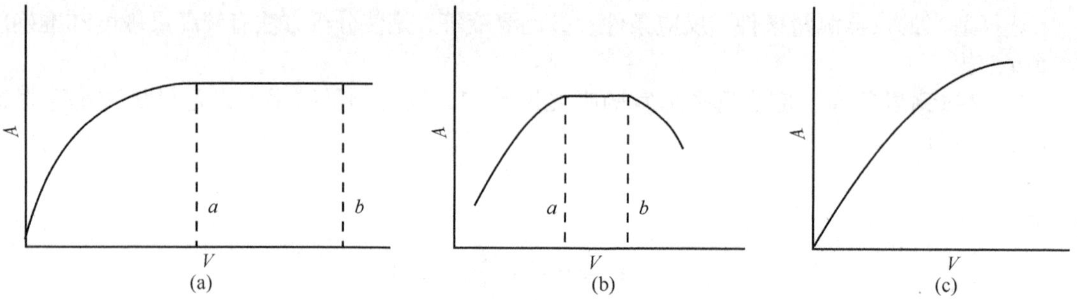

图 10-8　吸光度与显色剂加入量关系曲线

2）溶液酸度：很多显色剂是有机弱酸或弱碱，因此，溶液的浓度会直接影响显色剂的存在形式和有色化合物的浓度，以致改变溶液的颜色。溶液的酸碱性对氧化还原反应、缩合反应等也有重要的影响，常常需要用缓冲溶液保持溶液在一定 pH 下进行显色反应。合适的 pH 可以通过绘制吸光度-溶液 pH 曲线来确定。

3）显色时间：由于各种显色反应的反应速率不同，所以完成反应所需要的时间会有较大差异。显色产物在放置过程中也会发生变化，有些反应产物的颜色能保持较长时间，有的颜色会逐渐减退或加深，因此，必须在一定条件下进行实验，作出吸光度-时间关系曲线，才能确定适宜的显色时间和测定时间。

4）温度：一般显色反应可以在室温下进行，也有的显色反应与温度有很大关系。例如，原花青素与盐酸亚铁铵在硫酸-丙酮溶剂中的显色反应在室温和煮沸状态下就有很大不同。在室温时显色产物吸光度极低，但在煮沸状态下显色产物颜色明显。

5）溶剂：溶剂的性质可直接影响被测物对光的吸收，相同的物质溶解于不同的溶剂中，有时会出现不同颜色。例如，苦味酸在水溶液中呈黄色，而在三氯甲烷中呈无色。显色反应产物的稳定性也与溶剂有关，硫氰合铁红色配合物在丁醇中比在水溶液中稳定。在萃取比色中，应选用分配比较高的溶剂作为萃取溶剂。

3. 参比溶液的选择　在测定待测溶液的吸光度时，首先要用参比溶液（又称为空白溶液）调节透光率为 100%，以消除溶液中其他成分及吸收池和溶剂对光的反射和吸收所带来的误差。参比溶液的组成根据试样溶液的性质而定，合理地选择参比溶液对提高准确度起着重要的作用。

1）溶剂参比溶液：在测定波长下，溶液中只有被测组分对光有吸收，而显色剂或其他组分对光无吸收，或虽有少许吸收，但引起的测定误差在允许范围内，在此情况下可用溶剂作为空白溶液。

2）试剂参比溶液：与测定试样相同条件下只是不加试样溶液，依次加入各种试剂和溶剂所得到的溶液称为试剂参比溶液。适用于在测定条件下，显色剂或其他试剂、溶剂等对待测组分的测定有干扰的情况。

3）试样参比溶液：与显色反应同样的条件取同量试样溶液，不加显色剂所制备的溶液称为试样参比溶液。适用于试样基体有色并在测定条件下有吸收，而显色剂溶液无干扰吸收，也不与试样基体显色的情况。

4. 干扰及消除方法　待测溶液中存在的干扰物质的影响有以下几种情况：①干扰物质本身有颜色或与显色剂形成有色化合物，在测定波长下有吸收；②在显色条件下，干扰物质水解，析出沉淀使溶液浑浊，使吸光度的测定无法进行；③与待测离子或显色剂形成更稳定的配合物，使显色反应不能进行完全。

在实际测定中可采用以下方法消除上述干扰：

1）控制酸度：根据生成配合物稳定性的不同，利用控制酸度的方法提高反应的选择性，以保证主反应进行完全。例如，双硫腙能与 Hg^{2+}、Pb^{2+}、Cu^{2+}、Ni^{2+}、Cd^{2+}等十多种金属离子形成有色配合物，其中与 Hg^{2+}生成的配合物最稳定，在 0.5mol/L H_2SO_4 介质中仍能定量进行，而上述其他离子在此条件下不发生反应。

2）选择适当的掩蔽剂：使用掩蔽剂是消除干扰最常用的方法，选择掩蔽剂的条件是其不与待测离子发生作用，掩蔽剂及其与干扰物质形成的配合物的颜色不应干扰待测物质的测定。

3）选择适当的测定波长：例如，在 $K_2Cr_2O_7$存在下测定 $KMnO_4$时，不应选 λ_{max}（525nm），而应选 545nm，在此波长下测定 $KMnO_4$溶液的吸光度，$K_2Cr_2O_7$就不干扰了。

4）分离：若上述方法均不宜采用时，应使用预先分离的方法，如沉淀、萃取、离子交换、蒸发、蒸馏及色谱分离法等。

此外，还可以利用计算分光光度法，将测量物与干扰物的响应信号分离，实现单组分测定或多组分同时测定。

第二节　紫外-可见分光光度计

一、主 要 部 件

紫外-可见分光光度计（ultraviolet-visible spectrophotometer）是可在紫外-可见光区选定波长的光测定吸光度的仪器。商品仪器种类繁多，性能差别悬殊，但其基本原理相似。一般是由光源、单色器、吸收池、检测器、信号处理与显示器五部分组成，其基本结构用方框图表示如图 10-9 所示。

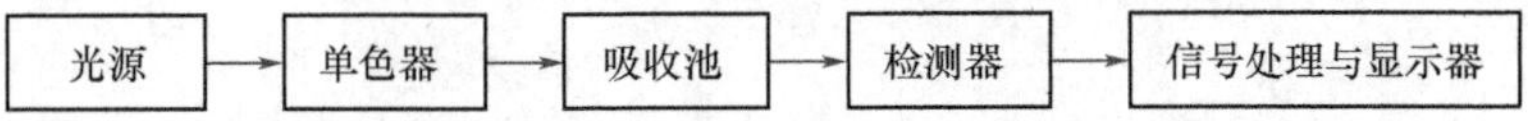

图 10-9　紫外-可见分光光度计基本结构示意图

（一）光源

光源是提供入射光的装置，其基本要求是在仪器操作所需的光谱区域内，发射出连续光谱并有足够强度和稳定的辐射，且使用寿命长。在紫外-可见分光光度计中通常有热辐射光源和气体放电光源两类。热辐射光源用于可见光区，如钨灯和卤钨灯；气体放电光源用于紫外光区，如氢灯和氘灯。

1. 钨灯和卤钨灯　钨灯是固体炽热发光的光源，又称白炽灯。发射光谱的波长覆盖较宽，但紫外区很弱。通常取其波长大于 350nm 的光作为可见光区光源。卤钨灯的发光强度比钨灯高，灯泡内含碘和溴的低压蒸气，可延长钨丝的寿命，而且发光效率比钨灯高。由于白炽灯的发光强度与供电电压的 3～4 次方成正比，所以供电电压要稳定。

2. 氢灯和氘灯 氢灯是一种气体放电发光的光源，发射自150nm至约400nm的连续光谱。氘灯比氢灯昂贵，但发光强度和灯的寿命比氢灯增加2～3倍，因此，现在仪器多用氘灯。气体放电发光需先激发，同时应控制稳定的电流，所以都有专用的电源装置。

（二）单色器

单色器的作用是将来自光源的连续光谱按波长顺序色散，并提供测量分离出所需要单色光的装置，是分光光度计的关键部位。其主要由进光狭缝、准直镜、出光狭缝、色散元件组成，如图10-10所示。进光狭缝用于限制杂散光进入单色器，准直镜将入射光束变为平行光束进入色散元件。后者将复合光分解为单色光，再经与准直镜相同的聚光镜色散后的平行光聚集于出光狭缝上，形成按波长依序排列的光谱。转动色散元件或准直镜方位即可任意选择所需波长的光从出光狭缝分出。

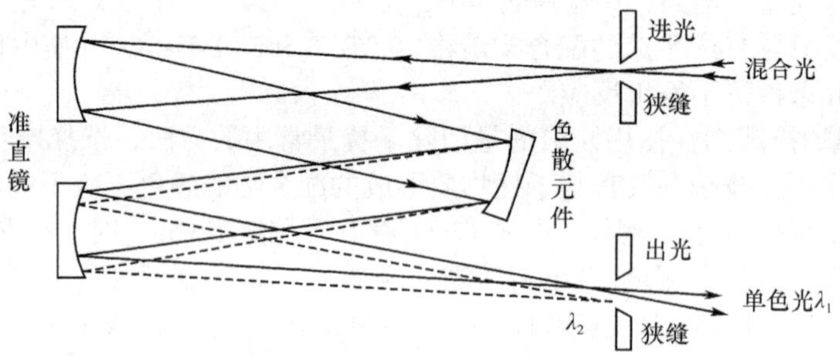

图10-10 单色器光路示意图

1. 色散元件 在单色器的装置中，最重要的是色散元件。最常用的色散元件有棱镜和光栅。

1）棱镜：棱镜的色散作用是由于棱镜材料对不同的光有不同的折射率，因此可将复合光由长波到短波色散为一个连续光谱。折射率差别越大，色散作用越大。棱镜分光得到的光谱按波长排列是疏密不均的，长波长区密，短波长区疏，棱镜材料有玻璃和石英，因玻璃吸收紫外光，故紫外光区用石英材料的棱镜，可见光区用玻璃棱镜。

2）光栅：现代分光光度计多采用光栅作为色散元件。光栅是利用光的衍射与干涉作用制成的，在整个波长区有良好的、几乎均匀一致的分辨能力，具有色散波长范围广、分辨率高、成本低等优点。缺点是各级光谱会重叠而产生干扰。实用的光栅是一种称为闪耀光栅的反射光栅，其刻痕是有一定角度（闪耀角β）的斜面，刻痕的间距d称为光栅常数，d越小色散率越大，但d不能小于辐射的波长。这种闪耀光栅可使特定波长的有效光强度集中于一级的衍射光谱上。用于紫外区的光栅以铝作反射面，在平滑玻璃表面上，每毫米刻槽一般为600～1200条（图10-11）。

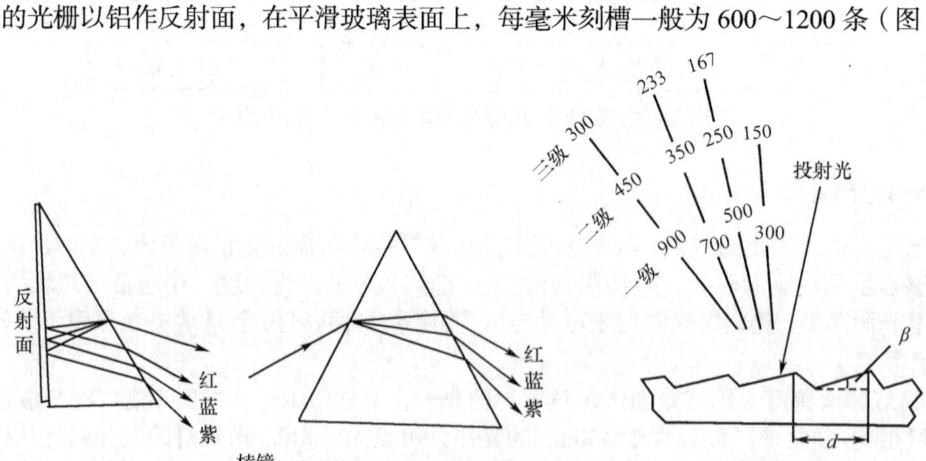

图10-11 棱镜色散与光栅色散

2. 准直镜 准直镜是以狭缝为焦点的聚光镜。可将进入单色器的发散光转化为平行光，又用作聚光镜，将把色散后的平行单色光聚集于出光狭缝上。

3. 入射狭缝 光源发出的光经反射镜投向入射狭缝后成为一个细条光束，这条细光束投射到准直镜上变成平行光。入射光狭缝的作用是限制杂散光进入。

4. 出射狭缝 出射狭缝的作用是将额定波长的光波射出单色器。狭缝越小，射出光波的谱带也越窄，但同时光的强度也越小。不能为了取得纯粹的单色光而把狭缝调到极小，光强减小影响测量的灵敏度，所以狭缝宽度要适当。

（三）吸收池

在紫外-可见分光光度法中，通常测定液体试样，试样放在光束通过的液体池中，此池称为吸收池，又称比色皿或比色杯。吸收池的材料有石英和玻璃两种，玻璃吸收池只能用于可见光区。而用熔融石英（氧化硅）制成的吸收池，既适用于紫外光区，也可用于可见光区。

为减小反射光的损失，吸收池的窗口应完全垂直于光束。典型的可见光和紫外光吸收池的光程长度一般为 1cm，但变化范围可由几十毫米到 10cm 甚至更长。由于测得的吸光度数据主要取决于吸收池的匹配情况和被污染的程度，因此在测定时应注意以下几点：①参比池和样品池应是一对经校正的匹配吸收池；②在使用前后都应将吸收池洗净，测量时不能用手接触窗门；③已匹配好的吸收池不能用炉子或火焰干燥，以免引起光程长度上的改变。

（四）检测器

紫外-可见光区常用光电效应检测器，可将接收到的光信号转变为电信号，常用的有光电池、光电管、光电倍增管。近几年来采用了光多道检测器，在光谱检测技术中，出现了重大革新。

1. 光电池 光电池是一种光敏半导体元件，光照产生的光电流，在一定范围内与照射强度成正比，可直接用微电流计测量。常用的光电池有硒光电池和硅光电池，硒光电池只适用于可见光区，硅光电池可同时适用于紫外光区和可见光区。光电池对光的响应速度较慢，不适用于测量弱光，且光电池内阻小，产生的电流不易放大，所以只适用于低级仪器，作为谱带较宽的透过光的检测器。此外，光电池受强光照射或连续使用时会产生疲劳，灵敏度降低，所以使用时应注意勿使强光长时间照射。

2. 光电管 光电管的结构是以一弯成半圆柱形的金属片为阴极，阴极的内表面镀有碱金属或碱金属氧化物等光敏层，在圆柱形的中心置一金属丝为阳极，接受阴极释放出的电子。两电极密封于玻璃管或石英管内并抽成真空。目前国产光电管有紫敏光电管，为铯阴极，适用于 220～625nm；红敏光电管为银氧化铯阴极，适用于 625～1000nm。

3. 光电倍增管 光电倍增管的原理和光电管相似，结构上的差别是光敏金属的阴极和阳极之间还有几个倍增级（一般是九个），各倍增级的电压依次增高 90V，如图 10-12 所示。阴极遇光发射电子，此电子被高于阴极 90V 的第一倍增级加速吸引，当电子打击此倍增级时，每个电子使倍增极发射，然后电子再被电压高于第一倍增极 90V 的第二倍增极加速吸引，每个电子又使此倍增极发射出多个新的电子。这个过程一直重复到第九个倍增极，发射出的电子已比第一倍增极放射出的电子数大大增加，然后被阳极收集，产生较强的电流，此电流可以进一步放大，提高了仪器测量的灵敏度。光电倍增管响应时间短，能检测弱光，灵敏度比光电管高得多，但不能用来测定强光。

4. 光二极管阵列检测器 光二极管阵列检测器（photodiode array detector）属光学多道检测器，可在极短的时间获得吸收光谱。光二极管阵列是在晶体硅上紧密排列一系列光二极管检测器。如 HP8453 型分光光度计的光二极管阵列检测器，由 1024 个二极管组成。当光透过晶体硅时，二极管输出的电讯号强度与光强度成正比。每一个二极管相当于一个单色器的出光狭缝，两个二极管中心距离的波长单位称为采样间隔，因此光二极管阵列分光光度计中，二极管数目越多，分辨率越高。HP8453 型紫外分光光度计可在 0.1s 内获得 190～820nm 范围内的全光光谱。

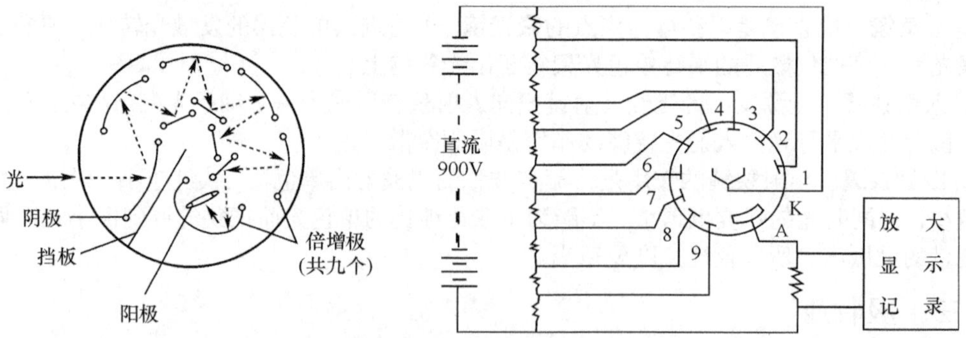

图 10-12 光电倍增管示意图

(五)信号处理与显示器

光电管输出的电讯号很弱，需经过放大才能以某种方式将测量结果显示出来，讯号处理过程也包含一些数学运算，如对数函数、浓度因素等运算乃至微分积分等处理。常用的显示器可由电表指示、数字指示、荧光屏显示、结果打印及曲线扫描等。显示方式一般有透光率与吸光度两种，有的还可转换成浓度、吸光系数等。

二、紫外-可见分光光度计的类型

(一)单光束分光光度计(single beam spectrophotometer)

单光束分光光度计是指经单色器分光后的一束平行光，轮流通过参比溶液和试样溶液进行测量。这种简易型分光光度计结构简单，操作方便，维修容易，适用于常规分析。单光束分光光度计的缺点是测量结果受电源波动影响大，容易给定量结果带来较大误差，因此要求光源和检测系统稳定度高。此外，单光束分光光度计特别适用于只在一个波长处作吸收测量的定量分析。

(二)双光束分光光度计(double beam spectrophotometer)

双光束分光光度计是指经单色器分光后经反射镜(M_1)分解为强度相等的两束光，一束通过参比池，一束通过样品池，如图 10-13 所示。光度计能自动比较两束光强的比值，即试样的透射比，将其转换成吸光度并作为波长的函数记录下来。由于两束光同时分别通过参比池和样品池，还能自动消除由光源强度变化所引起的误差。

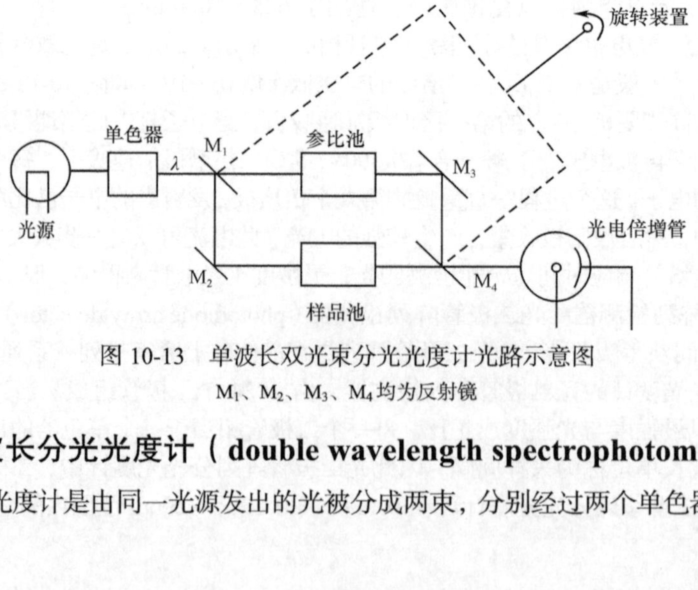

图 10-13 单波长双光束分光光度计光路示意图

M_1、M_2、M_3、M_4 均为反射镜

(三)双波长分光光度计(double wavelength spectrophotometer)

双波长分光光度计是由同一光源发出的光被分成两束，分别经过两个单色器，从而可以得到

两个不同波长（λ_1和λ_2）的单色光。它们交替照射同一溶液，然后通过光电倍增管和电子控制系统，得到两波长处吸光度之差ΔA（$\Delta A = A_{\lambda_1} - A_{\lambda_2}$），双波长分光光度计原理如图 10-14 所示。

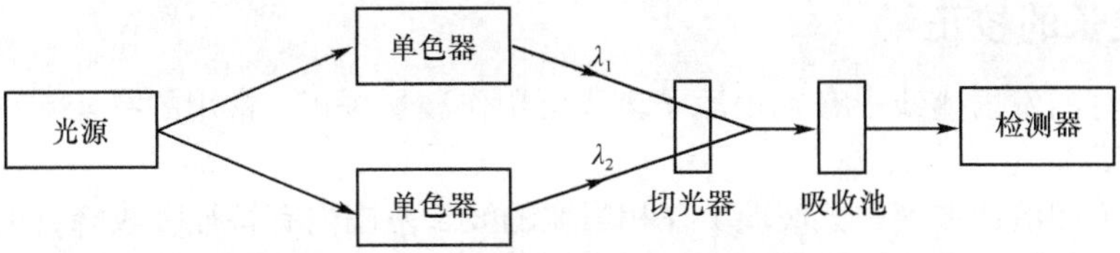

图 10-14　双波长分光光度计光路示意图

双波长分光光度计不仅可用来测定高浓度试样，多组分混合试样，而且还可测定浑浊试样。双波长法测定相互干扰的混合试样时，不仅操作比单波长法简单，而且精确度高。用双波长法测量时，两个波长的光通过同一吸收池可以消除由吸收池的参数、位置、污垢及参比溶液所造成的误差，使测量准确度显著提高。此外，双波长分光光度计是由同一光源得到的两束单色光，因此可降低因光源电压变化产生的影响，得到高灵敏度和低噪声的信号。

（四）多道分光光度计（multichannel spectrophotometer）

由光源发出的复合光通过样品池后再经全息光栅色散，色散得到的单色光由光二极管阵列中的光二极管接收，能同时检测 190～900nm 波长范围，因此能在极短的时间内给出整个光谱的全部信息，如图 10-15 所示。这种光度计特别适用于进行快速反应动力学研究和多组分混合物的分析，已被用作高效液相色谱和毛细管电泳仪的检测器。

（五）光导纤维探头式分光光度计（optical fiber probe-type spectrophotometer）

探头由两根相互隔离的光导纤维组成，钨灯发射的光由其中一根光纤传导至试样溶液，再经反射镜反射到另一根光纤，通过干涉滤光片后由光电二极管接收转变为电信号。这类光度计不需要吸收池，直接将探头插入样品溶液中进行原位检测，不受外界光线影响，如图 10-16 所示。

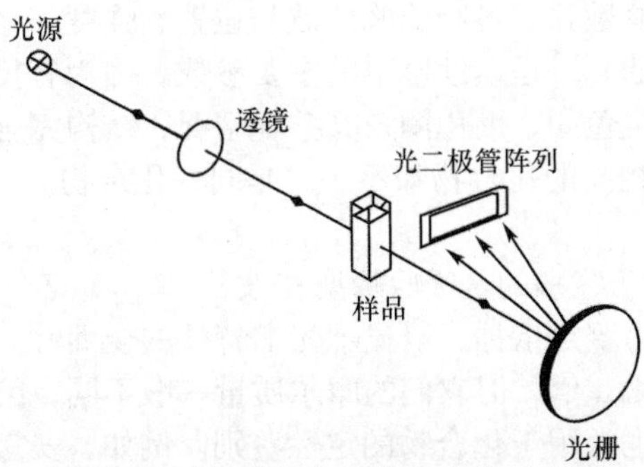

图 10-15　多道分光光度计光路示意图

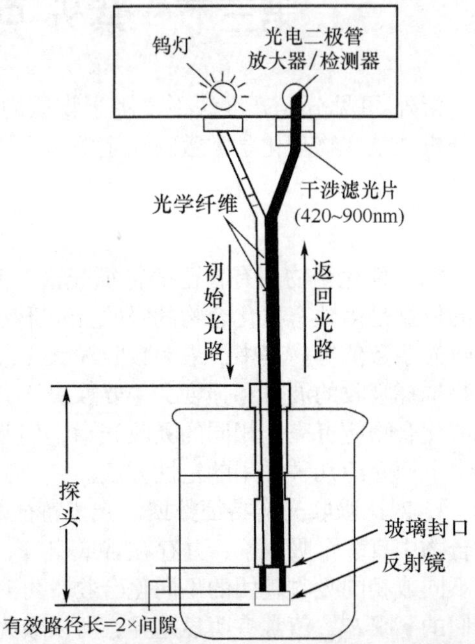

图 10-16　光导纤维探头式分光光度计光路示意图

三、分光光度计的校正

（一）波长的校正

氢灯或氘灯的发射谱线中有几根原子谱线可用作波长校正，常用的有 486.13nm（F 线）和 656.28nm（C 线）。

稀土玻璃（如镨钕玻璃、钬玻璃）在相当宽的波长范围内有特征吸收峰，可以用来检查和校正分光光度计的波长读数。某些元素辐射产生的强谱线也可以用于检查和校正波长，如汞灯的 546.1nm 是强绿色谱线，钾的 776.5nm，铷的 780.0nm，以及铯的 852.1nm 都可应用。在可见光区校正波长的最简便方法是绘制镨钕玻璃的吸收光谱。

苯蒸气在紫外光区有特征吸收峰，可用它来校正波长。只要在吸收池内滴一滴液体苯，盖上吸收池盖，待苯蒸气充满整个吸收池后，即可测绘苯蒸气的吸收光谱。

（二）吸光度的校正

硫酸铜、硫酸钴铵、铬酸钾等的标准溶液，可用来检查或校正分光光度计的吸光度标度。其中以选用铬酸钾溶液最普遍，《中国药典》（2015 年版）附录采用的则是重铬酸钾的硫酸溶液（0.005mol/L）。

（三）吸收池的校正（配对）

在吸收池 A 内装入试样溶液，吸收池 B 内装入参比溶液，测量试液的吸光度，然后倾出吸收池内的溶液，洗净吸收池。再分别在吸收池 A 内装入参比液，在吸收池 B 内装入试样溶液，测量吸光度。要求前后两次测得的吸光度差值应小于 1%。在校正吸收池时，应选择多个波长测量吸光度，得到的校正值可供以后实验使用。

第三节　紫外-可见分光光度法的应用

紫外-可见分光光度法不仅用于物质的定量测量，还用于物质的定性分析、纯度鉴定、结构分析及某些物理化学常数的测定等。

一、定性分析

每一种化合物都有自己的特征光谱。利用紫外-可见分光光度法对有机化合物进行定性鉴别的依据是多数有机化合物的吸收光谱形状、吸收峰数目、各吸收峰的波长位置、强度和相应的吸光系数值等。其中，最大吸收波长 λ_{max} 及相应的 ε_{max} 是定性鉴定的主要参数。因为有机化合物选择吸收的波长和强度，主要取决于分子中的生色团、助色团及其共轭情况，结构完全相同的化合物应有完全相同的吸收光谱，但吸收光谱相同的化合物却不一定是同一化合物。

下面介绍几种常用的定性方法。

1. 对比吸收光谱特征数据　光谱特征数据常用于鉴别的是吸收峰所在波长（λ_{max}）。若一个化合物中有多个吸收峰，并存在谷或肩峰，均应作为鉴定依据，以显示光谱特征的全面性。具有不同或相同吸收基团的不同化合物，可有相同的 λ_{max} 值，但它们的摩尔质量一般不同，因此它们的 ε 或 $E_{1cm}^{1\%}$ 值常有明显差异，所以吸光系数值也常用于化合物的定性鉴别。例如，安宫黄体酮和炔诺酮，分子中均存在 α，β-不饱和羰基的特征吸收结构，最大吸收波长相同，但吸收系数存在差别。

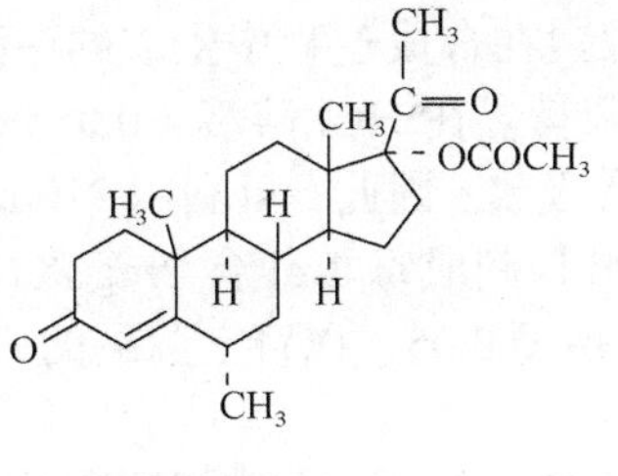

安宫黄体酮(M=386.53)

λ_{max}=(240±1)nm，$E_{1cm}^{1\%}$=408

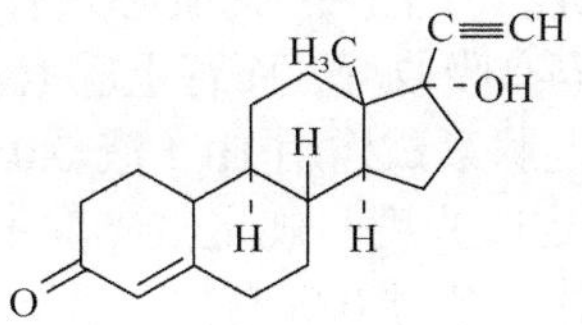

炔诺酮（M=298.43）

λ_{max}=(240±1)nm，$E_{1cm}^{1\%}$=571

2. 对比吸光度（或吸光系数）的比值　不止一个吸收峰的化合物，可用不同吸收峰（或峰与谷）处测得的吸光度的比值作为鉴别的依据，因为用的是同一浓度的溶液和同一厚度的吸收池，取吸光度比值也就是吸光系数比值可消去浓度与厚度的影响。

$$\frac{A_1}{A_2}=\frac{E_1cl}{E_2cl}=\frac{E_1}{E_2} \tag{10-12}$$

例如，《中国药典》（2015 年版二部）对维生素 B_{12} 注射液采用下述方法鉴别：将本品按规定方法配成 25μg/ml 的溶液，在 361nm 和 550nm 处有最大吸收，361nm 波长处的吸光度与 550nm 波长处的吸光度比值应为 3.15～3.45。

3. 对比吸收光谱的一致性　用上述方法进行鉴别，有时不能发现吸收光谱曲线中其他部分的差异。必要时，需将试样与已知标准品配制成相同浓度的溶液，在同一条件下分别描绘吸收光谱，核对其一致性，也可利用文献所载的标准图谱进行核对。只有在光谱曲线完全一致的情况下才有可能是同一物质。若光谱曲线有差异，则一定不是同一物质。例如，醋酸可的松、醋酸氢化可的松与醋酸泼尼松的 λ_{max}（240nm）、ε（1.57×10^4）与 $E_{1cm}^{1\%}$（390），几乎完全相同，但由其吸收曲线（图 10-17）中可以看出其中的一些差别，据此可以得到鉴别。

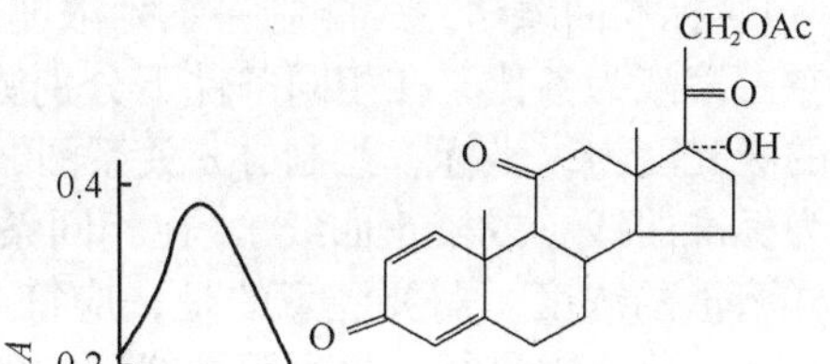

图 10-17　三种甾体激素的紫外吸收光谱（10μg/ml 甲醇溶液）

二、纯 度 检 查

1. 杂质检查　若化合物在紫外-可见光区无明显吸收，而所含杂质有较强吸收，那么含有少量杂质即可检查出来。例如，乙醇和环己烷中若含少量杂质苯，苯在 256nm 处有吸收峰，而乙醇和环己烷在此波长处无吸收，因此，即使乙醇中含苯量低达 0.001% 也可由光谱检查出来。

若化合物有较强的吸收峰，而所含杂质在此波长无吸收或吸收很弱，杂质的存在将使化合物的吸光系数降低。若杂质在此波长有比化合物更强的吸收，则将使吸光系数增大；有吸收的杂质也将使化合物的吸收光谱变形，这些均可作为检查杂质是否存在的方法。

2. 杂质限量检查　药物中的杂质常需制订一个允许其存在的限度，杂质的限量一般以两种方式表示。

1）以某一波长的吸光度值表示：如肾上腺素在合成过程中生成的中间体肾上腺酮可影响肾上腺素疗效，因此，肾上腺酮的量必须有一限量。在 HCl 溶液（0.05mol/L）中于 310nm 处测定，发现肾上腺酮有吸收峰，而肾上腺素没有吸收。因此，可利用 310nm 检测肾上腺酮的混入量。方法是将肾上腺素试样用 HCl 液 0.05mol/L 制成每 1ml 含 2mg 的溶液，在 1cm 吸收池中，于 310nm 处测定吸光度。规定吸光度不得超过 0.05，以肾上腺酮的 $E_{1cm}^{1\%}$ 值（435）计算，相当于含肾上腺酮体不超过 0.06%。

2）以峰谷吸光度的比值表示：如碘解磷定有很多杂质，在碘解磷定的最大吸收波长 294nm 处，这些杂质几乎没有吸收，但在碘解磷定的吸收谷 262nm 处有吸收，因此可利用碘解磷定的峰谷吸光度之比作为杂质的限量检查指标。已知纯品碘解磷定的 A_{294}/A_{262}=3.39，若含杂质，则 262nm 处吸光度增加，使峰谷吸光度之比小于 3.39。为了限制杂质的含量，可规定一个峰谷吸光度比的最小允许值。

三、定 量 分 析

根据朗伯-比尔定律，物质在一定波长下的吸光度与浓度呈线性关系。因此，只要选择一定波长测定溶液的吸光度，即可求出浓度。通常选被测物质吸收光谱中的吸收峰处，以提高灵敏度并减少测量误差。若被测物有多个吸收峰，应选无其他物质干扰且较高的吸收峰，一般不选末端吸收峰。许多溶剂本身在紫外光区有吸收，所以选用的溶剂应不干扰被测组分的测定。

1. 单组分定量方法

1）标准曲线法：先配制一系列浓度不同的标准溶液（或称对照品溶液），以不含被测组分的空白溶液为参比，在相同条件下分别测定其吸光度，然后以标准溶液的浓度为横坐标，以对应的吸光度为纵坐标，绘制 A-c 关系图，若符合朗伯-比尔定律，可获得一条通过原点的直线，称为标准曲线（或校正曲线）。在相同条件下测出试样溶液的吸光度，就可由标准曲线中查出试样溶液的浓度。需要注意的是，应符合朗伯-比尔定律的浓度范围，即线性范围，定量测定应在线性范围内进行。也可用直线回归的方法，求出回归直线方程，再根据样品溶液所测得的吸光度，由回归方程求得样品溶液的浓度。

2）吸光系数法：根据朗伯-比尔定律 $A = Ecl$，若 l 和吸光系数 ε 或 $E_{1cm}^{1\%}$ 已知，即可根据测得的 A 求出被测物的浓度，通常 ε 和 $E_{1cm}^{1\%}$ 可以从手册或文献中查到。

$$c = \frac{A}{El} \tag{10-13}$$

若用 $E_{1cm}^{1\%}$ 进行计算，则计算结果是每 100ml 溶液中所含溶质的克数；若用 ε 计算，则是每升溶液中所含溶质的物质的量。

3）对照法：在相同条件下配制标准溶液和待测溶液，在选定波长处，分别测定吸光度 A_s 和 A_x，由标准溶液的浓度 c_s 可计算出试样中被测物的浓度 c_x。

根据朗伯-比尔定律：

$$A_s = Ec_s l$$
$$A_x = Ec_x l$$

因为是用同种物质、同台仪器及同一波长测定，故 l 和 E 相等，所以：

$$\frac{A_s}{A_x} = \frac{c_s}{c_x}$$

即

$$c_x = \frac{A_x}{A_s} c_s \tag{10-14}$$

这种方法只有在测定的浓度范围内溶液完全符合朗伯-比尔定律，并且 c_s 和 c_x 很接近时，才能得到较为准确的结果。

2. 多组分定量方法　在同一试样中若有两种或多种组分共存时，应根据各组分吸收光谱相互重叠的程度分别考虑测定方法。

最理想的情况是各组分的吸收峰所在波长处，其他组分没有吸收，如图 10-18（a）所示，则可按单组分的测定方法分别在 λ_1 处测定 a 组分的浓度，在 λ_2 处测定 b 组分的浓度。

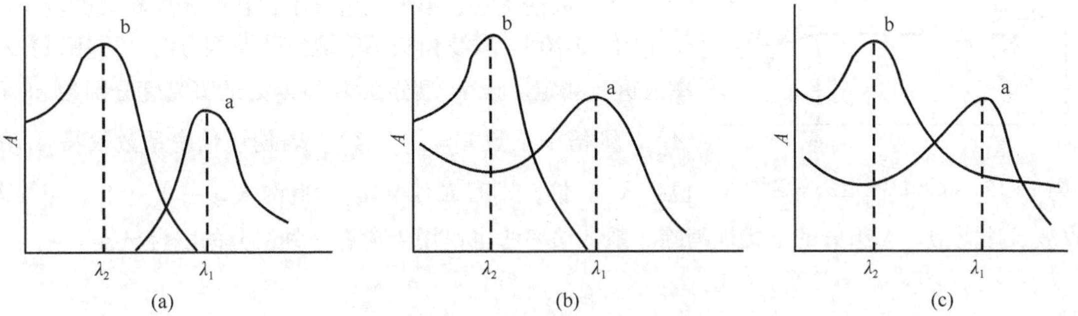

图 10-18　多组分的吸收光谱

若 a、b 两组分的吸收光谱有部分重叠，如图 10-18（b）所示，在 a 组分的吸收峰 λ_1 处 b 组分没有吸收，而在 b 的吸收峰 λ_2 处 a 组分却有吸收，则可先在 λ_1 处按照单组分定量方法测定混合物溶液中 a 组分的浓度 c_a，再在 λ_2 处测定混合物溶液的吸光度 A_2^{a+b}，即可根据吸光度的加和性计算出 b 组分的浓度 c_b。

由 $A_2^{a+b} = A_2^a + A_2^b = E_2^a \times c_a l + E_2^b \times c_b l$ 可得

$$c_b = \frac{(A_2^{a+b} - E_2^a c_a l)}{E_2^b l} \tag{10-15}$$

但在混合物测定中各组分的吸收光谱相互干扰是常遇到的情况，如图 10-18（c）所示，两组分在最大吸收波长处互相有吸收。这时可根据测定目的和光谱重叠的不同情况，采取以下方法：

1）解线性方程法：若先测得 λ_1 与 λ_2 处两组分各自的吸光系数 E 之值，并在两波长处测得混合溶液吸光度 A，当 l=1cm 时，则

$$A_1^{a+b} = A_1^a + A_1^b = E_1^a c_a + E_1^b c_b$$

$$A_2^{a+b} = A_2^a + A_2^b = E_2^a c_a + E_2^b c_b$$

解上述方程组，可求出两组分的浓度：

$$c_a = \frac{A_1^{a+b} E_2^b - A_2^{a+b} E_1^b}{E_1^a E_2^b - E_2^a E_1^b} \tag{10-16}$$

$$c_b = \frac{A_1^{a+b} E_1^a - A_2^{a+b} E_2^a}{E_1^a E_2^b - E_2^a E_1^b} \tag{10-17}$$

2）双波长消去法：吸收光谱重叠的 a、b 两组分混合物中，若要消除 b 的干扰以测定 a，可在 b 的吸收光谱上选择两个吸光度相等的波长 λ_1 和 λ_2，测定混合物的吸光度差值，然后根据 ΔA 值来计算 a 的含量。选择波长的原则：①干扰组分 b 在这两个波长应具有相同的吸光度；②被测组分在这两个波长处的吸光度差值应足够大。

如图 10-19 所示，组分 b 的干扰可通过选择 b 组分等吸收的两个波长 λ_1 和 λ_2 加以消除。可选择 a 的吸收峰处所对应的波长作为测定波长 λ_1，选择与 b 组分在 λ_1 处具有相等吸光度的波长 λ_2 作为参比波长，对混合物溶液进行测定，可得到如下方程：

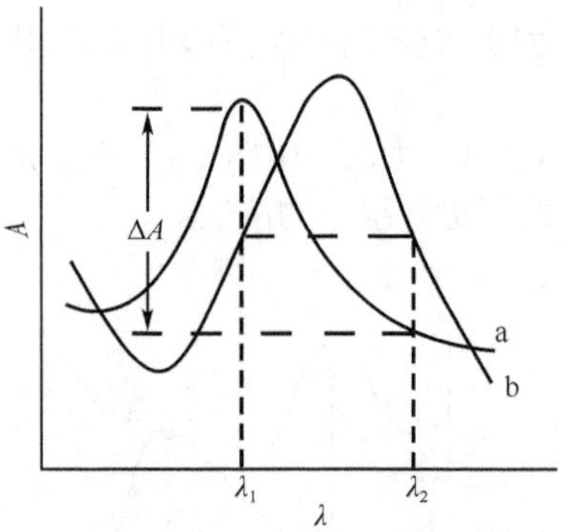

图 10-19　双波长测定法示意图

$$A_1 = A_1^a + A_1^b \qquad A_2 = A_2^a + A_2^b \qquad A_2^b = A_1^b$$

$$\Delta A = A_1 - A_2 = A_1^a - A_2^a = (E_1^a - E_2^a)c_a l \tag{10-18}$$

被测组分 a 在两波长处的吸光度差值 ΔA 越大，越有利于测定。同样方法可消除 a 组分的干扰，测定 b 组分的含量。

3）系数倍率法：当干扰组分不存在吸光度相等的两个波长（图 10-20），双波长法不能测定待测组分时，可用系数倍率法进行测定。设 A 组分在 λ_1 和 λ_2 处的吸光度分别为 $A_{\lambda_1}^A$ 和 $A_{\lambda_2}^A$，则倍率系数 $K = A_{\lambda_2}^A / A_{\lambda_1}^A$。若使用倍率系数仪将 $A_{\lambda_1}^A$ 的值扩大 K 倍，则有 $KA_{\lambda_1}^A = A_{\lambda_2}^A$，此时 $KA_{\lambda_1}^A - A_{\lambda_2}^A = 0$，与等吸收波长法类似，A 组分的干扰被消除。系数倍率法也可用于含有三种组分的混合试样。

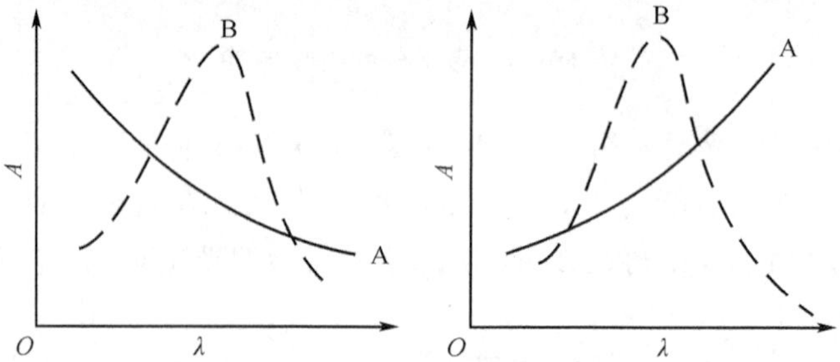

图 10-20　系数倍率法示意图

3. 示差分光光度法（differential spectrophotometry）　示差分光光度法有四种类型，即高吸光度示差法、低吸光度示差法、最精密示差测量法和全示差光度测量法。其中高吸光度示差法应用较广，多用于测定高含量组分，下面将着重讨论。

高吸光度示差法是采用浓度比试样含量稍低的已知浓度的标准溶液作为参比溶液。设标准溶液浓度为 c_s，待测试样浓度为 c_x，且 $c_x > c_s$。根据朗伯-比尔定律：

$$A_x = Elc_x$$

$$A_s = Elc_s$$

$$A = \Delta A = A_x - A_s = El(c_x - c_s) = El\Delta c \tag{10-19}$$

测定时先用比试样浓度稍小的标准溶液，加入各种试剂后作为参比，调节其透光率为 100%，然后测量试样溶液的吸光度。这时的吸光度实际上是两者之差 ΔA，它与两者浓度差 Δc 成正比。以 ΔA 与 Δc 作标准曲线，根据测得的 ΔA 查得相应的 Δc，则 $c_x = c_s + \Delta c$。

4. 导数分光光度法（derivative spectrophotometry）　导数分光光度法是解决干扰物质与被测物质吸收光谱重叠，消除胶体和悬浮物散射影响及背景吸收，提高光谱分辨率的一种方法。

如果把一个吸收光谱写成一个波长的函数：

$$A = cE = cf(\lambda)$$

对波长 λ 进行 n 次求导可得

$$\frac{d^n A_\lambda}{d\lambda^n} = \frac{d^n E_\lambda}{d\lambda^n} lc \tag{10-20}$$

由上式可知，经 n 次求导后，吸收光谱的导数值仍与试样中被测组分的浓度成正比，这是导数光谱定量分析的理论依据。导函数的图像就是导数光谱，自然也就有一阶、二阶、三阶等各阶导数的导数光谱。图 10-21 为物质的吸收光谱（零阶导数光谱）和它的一到四阶导数光谱图。由图可见，随着导数的阶次增加，谱带变得更加尖锐，分辨率提高。

运用导数光谱进行定量分析时，需要对导数光谱进行测量以获得导数值。常用的测量方法有 3 种（图 10-22）。

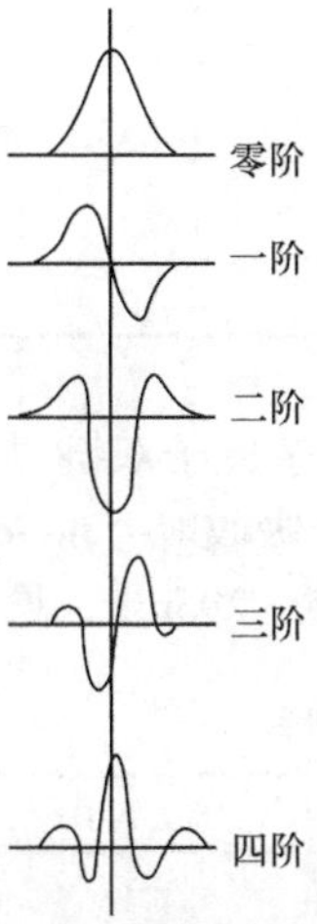

图 10-21　物质的吸收光谱及其一到四阶导数光谱

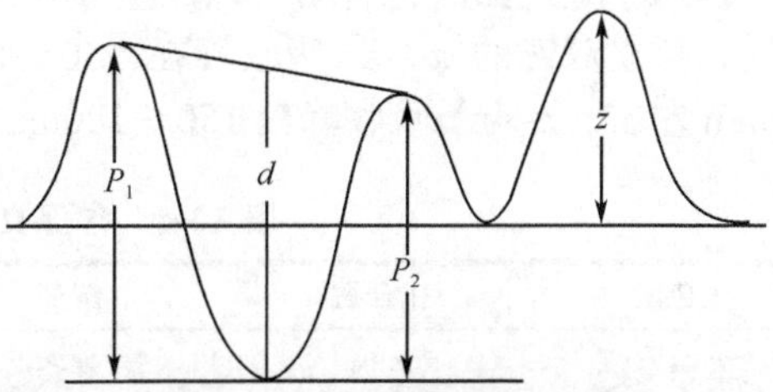

图 10-22　导数光谱的求导

p. 峰-谷法；*d*. 正切法；*z*. 峰-零法

1）峰-谷法：在多组分的定量分析中常采用两个相邻极值（极大或极小）间的距离（图 10-22 中的 P_1 和 P_2）作为导数值。

2）正切法：画一条直线正切于两个临近的极大或极小，然后测量中间极值至切线的距离 *d*。这种方法可用于有线性背景干扰的试样测定。

3）峰-零法：极值到零线之间的垂直距离 *z* 也可以作为导数值。这种方法适用于信号对称于横坐标的较高阶导数的求导。

由于导数光谱具有灵敏度高、重现性好、噪声低、分辨率高等优点，一些物质（如核糖核酸酶 A、过氧化氢酶、纤维朊原，细胞色素 c 等）的高阶导数光谱可显示出其精细结构，称为“指纹”光谱，可用于这些物质的鉴定和纯度检查。

四、结 构 分 析

1. 有机化合物的紫外吸收光谱特征　紫外吸收光谱可用于推定分子骨架、判断生色团之间的共轭关系并估计共轭体系中取代基的种类、位置及数目。

1）饱和碳氢化合物：饱和碳氢化合物只有 σ 电子，只能产生 $\sigma\rightarrow\sigma^*$ 跃迁，所需能量大，且吸收峰在真空紫外区，在 200～400nm 无吸收，因此，在紫外-可见分光光度法中常被用作溶剂。

2）含孤立助色团和生色团的饱和有机化合物：饱和碳氢化合物上的氢被 O、N、S、X 等杂原子取代，分子内除 σ 电子外还有 n 电子，存在 $n\rightarrow\sigma^*$ 跃迁。$n\rightarrow\sigma^*$ 跃迁所需能量比 $\sigma\rightarrow\sigma^*$ 小，因此吸收峰长移。杂原子的电负性小，离子半径大，故其 n 电子能级高，$n\rightarrow\sigma^*$ 跃迁所需能量小，吸收峰波长较长，见表 10-3。

表 10-3 含杂原子的饱和化合物的吸收峰

助色团	化合物	溶剂	跃迁	λ_{max}/nm	ε_{max}
—	CH_4	气态	$n\to\sigma^*$	<150	—
—Cl	CH_3Cl	正己烷	$n\to\sigma^*$	173	200
—Br	$CH_3CH_2CH_2Br$	正己烷	$n\to\sigma^*$	208	300
—I	CH_3I	正己烷	$n\to\sigma^*$	259	400
—OH	CH_3OH	正己烷	$n\to\sigma^*$	177	200
—SH	CH_3SH	乙醇	$n\to\sigma^*$	195	1400
$—NH_2$	CH_3NH_2	乙醇	$n\to\sigma^*$	215	600

含孤立生色团的化合物可以产生 $n\to\sigma^*$ 和 $n\to\pi^*$ 跃迁，因含杂原子双键，故还会产生 $\pi\to\pi^*$ 跃迁，孤立双键的 $\pi\to\pi^*$ 吸收峰在 150～180nm。酮和醛有三个吸收峰：$n\to\sigma^*$ 跃迁吸收峰在 190nm 左右；$\pi\to\pi^*$ 吸收峰在 150～180nm；$n\to\pi^*$ 吸收峰在 275～295nm，见表 10-4。

表 10-4 含孤立生色团的化合物的吸收峰

生色团	化合物	溶剂	跃迁	λ_{max}/nm	ε_{max}
>C=C<	乙烯	气态	$\pi\to\pi^*$	171	10000
—C≡C—	乙炔	气态	$\pi\to\pi^*$	173	6000
>C=O	乙醛	气态	$n\to\pi^*$	289	12.5
			$\pi\to\pi^*$	150	20000
			$n\to\sigma^*$	182	10000
	丙酮	正己烷	$n\to\sigma^*$	194	9000
		气态	$\pi\to\pi^*$	156	15000
		正己烷	$n\to\pi^*$	279	15
—COOH	乙酸	水	$n\to\pi^*$	204	40
—COOR	乙酸乙酯	水	$n\to\pi^*$	204	60
$—CONH_2$	乙酰胺	甲醇	$n\to\pi^*$	205	150
—COCl	乙酰氯	庚烷	$n\to\pi^*$	240	34
>C=N—	丙酮肟	水	$n\to\sigma^*$	190	5000
—N=N—	偶氮甲烷	二氧六环	$n\to\pi^*$	347	4.5
—N=O	亚硝基丁烷	乙醚	$n\to\pi^*$	300	100
$—NO_2$	硝基甲烷	乙醇	$n\to\pi^*$	271	18.6

3）共轭烯烃：在同一分子中有两个双键，其间有两个以上亚甲基隔开，则它们的吸收峰位置与只含一个双键的吸收峰位置相同，只是吸收强度约增加 1 倍。若分子中两个双键间只隔一个单键则成为共轭系统，生成大 π 键，使 π 与 π^* 间能级距离变小，吸收峰长移，吸收增强。随着共轭体系增加，$\pi\to\pi^*$ 跃迁所需能量减小，吸收峰长移增加，ε 增大，化合物可由无色逐渐变为有色。

4）α, β-不饱和酮、醛、酸和酯：若双键和羰基未形成共轭化合物，其紫外光谱分别呈现 C=C 和 C=O 双键的 $\pi\to\pi^*$ 跃迁，约在 200nm 附近有两个强吸收峰，另外在约 280nm 处有羰基的 $n\to\pi^*$ 吸收峰。但在 α, β-不饱和醛、酮中，由于 C=C 和 C=O 共轭，使 $\pi\to\pi^*$ 长移至 200～260nm，ε 约为 10000。而 $n\to\pi^*$ 跃迁长移到 310～350nm，ε<100。溶剂对不饱和酮、醛有显著影响，一般溶剂极性增加使 $\pi\to\pi^*$ 跃迁红移，而使 $n\to\pi^*$ 蓝移。羧酸和酯都含有羰基，有 $\pi\to\pi^*$ 和 $n\to\pi^*$ 跃迁。但它们羰基上的碳原子直接连有含未共用电子对的助色团（—OH、—OR）。

这些助色团上的 n 电子与羰基双键的 π 电子产生共轭，使成键的 π 轨道和反键的 π^*轨道的能级都提高，而成键的 π 轨道提高得更大些，这样使 $\pi\rightarrow\pi^*$距离变小，跃迁吸收峰长移。而未共用电子对的 n 轨道的能量未变，但 π^*轨道能级已提高，所以 $n\rightarrow\pi^*$ 跃迁所需能量增大，$n\rightarrow\pi^*$ 跃迁吸收峰短移。因此，羧酸和酯的 $\pi\rightarrow\pi^*$ 跃迁吸收峰比相应的酮、醛的吸收峰波长较长，而 $n\rightarrow\pi^*$ 跃迁吸收峰比相应的酮、醛的吸收峰波长较短。

5）芳香族化合物

（1）苯和取代苯：苯是最简单的芳香族化合物，它具有环状共轭体系，在紫外区有 E_1、E_2 和 B 带三个吸收带，这些带都是 $\pi\rightarrow\pi^*$跃迁产生的。B 带是芳香化合物的特征，对鉴定芳香化合物很有作用。B 带的精细结构在极性溶剂中消失。

当苯环上有取代基时，苯的三个带均长移，ε 值也增大，B 带的精细结构因取代基而变得简单化。取代苯中，因 E_1 带在远紫外区，研究较少，而 E_2 带和 B 带研究最为广泛。取代基的性质不同，红移效应不同，各种取代基的红移效应强弱次序大致如下：

供电子取代基：$—CH_3<—Cl<—Br<—OH<—OCH_3<—NH_2<—O<—NHCOCH_3<—NCH_3$

吸电子取代基：$—NH_3^+<—SO_2NH_2<—COO^-\leqslant CN^-<—COOH<—CHO<—NO_2$

助色团取代：烷基取代对苯的光谱形状影响不大，仍保持 B 带的精细结构，只是每个吸收带略向长移，吸收强度也略有增加，当苯环上具有孤对电子杂原子取代基时，由于产生 $n\rightarrow\pi^*$ 共轭，E_2 带和 B 带明显长移，ε 值也显著增大。苯环上助色团取代时，随着溶剂极性不同，其精细结构变得简单甚至消失，如图 10-23 所示。例如，把苯酚变为酚盐时，由于孤对电子的增加，使 $n\rightarrow\pi^*$ 共轭加强、E_2 和 B 带长移，ε 值加大。利用中性溶液和碱性溶液的紫外光谱进行比较，可推测苯酚结构的存在与否。又如，把苯胺变成苯胺盐，由于失去孤对电子，$n\rightarrow\pi^*$ 共轭消失，吸收带与苯相似，这也是用以判断苯胺结构存在与否的依据。

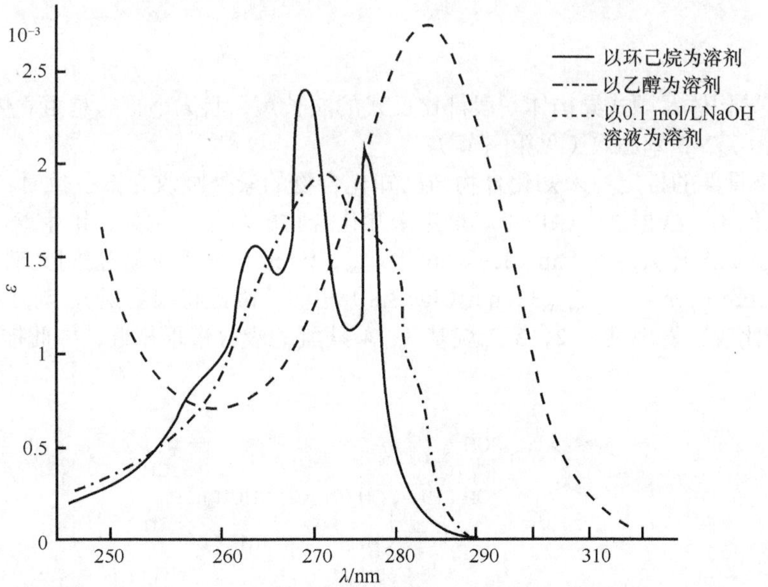

图 10-23　不同溶剂对苯酚吸收光谱的影响

生色团取代：生色团取代时，在 200～250nm 处出现 K 带，$\varepsilon>10^4$，B 带长移也大。有的化合物如苯甲醛和乙酰苯等有 K 带、B 带还有 R 带。有些化合物的 B 带可被 K 带掩盖。含羰基的化合物，在极性溶液中测定，R 带有时被 B 带掩盖。

（2）芳杂环化合物：饱和的五元和六元化合物的吸收峰波长都低于200nm，而芳杂环化合物才有紫外吸收。五元不饱和杂环化合物，如呋喃、噻吩和吡咯等，相当于环戊二烯的 CH_2 被杂原子取代，但其分子中杂原子上的n电子参加了芳环共轭所需的6个π电子，这类化合物不显现 $n\rightarrow\pi^*$ 跃迁吸收带，因此它们的紫外光谱也与环戊二烯相似。

六元氮芳杂环的光谱和相应的芳烃相似，但B带强度增大，精细结构简化甚至消失，并增加一个 $n\rightarrow\pi^*$ 跃迁，但其吸收带常被掩盖。苯和吡啶、萘和喹啉、蒽和吖啶，它们的光谱非常相似。

2. 有机化合物结构的研究

1）由吸收光谱初步推断基团：如果化合物在220～800nm范围内无吸收（$\varepsilon<1$），则可能是脂肪族饱和碳氢化合物、胺、腈、醇、醚、氯代烃和氟代烃，不含直链或环状共轭体系，没有醛、酮等基团。如果在210～250nm有吸收带，可能含有两个共轭单元；在260～300nm有强吸收带，可能含有3～5个共轭单元；250～300nm有弱吸收带表示羰基的存在；在250～300nm有中等强度吸收带，且含有振动结构，表示有苯环存在；若化合物有颜色，分子中一般含有5个以上的共轭生色团。

2）异构体的推定

（1）结构异构体：许多结构异构体之间可利用其双键的位置不同，应用紫外吸收光谱推定结构。例如，松香酸（Ⅰ）和左旋松香酸（Ⅱ）的 λ_{max} 分别为238nm和273nm，相应 ε 值分别为15100和7100。这是因为Ⅱ为同环双烯，共轭体系的共平面性好，因此Ⅱ的 λ_{max} 比Ⅰ的 λ_{max} 长；对于共轭体系而言，Ⅱ的立体障碍更严重，因此Ⅰ型的 ε 比Ⅱ型的 ε 大得多。

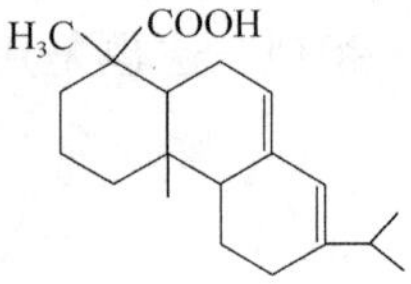

（Ⅰ）

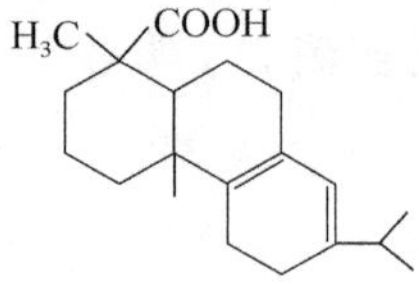

（Ⅱ）

（2）顺反异构体：顺式异构体一般都比反式的波长短，且 ε 小，这是由立体障碍造成的。如顺式和反式1，2-二苯乙烯（见第一节）。

3）化合物骨架的推定：未知化合物与已知化合物的紫外吸收光谱一致时，可以认为两者具有同样的生色团，根据这个原理可以推定未知化合物的骨架。例如，维生素 K_1 有吸收带：λ_{max}249nm（$\lg\varepsilon$ 4.28）、λ_{max} 260nm（$\lg\varepsilon$ 4.26）、λ_{max} 325nm（$\lg\varepsilon$ 3.28）。查阅文献与1，4-萘醌的吸收带 λ_{max}250nm（$\lg\varepsilon$ 4.6）、λ_{max}330nm（$\lg\varepsilon$ 3.8）相似，因此将维生素 K_1 与几种已知1，4-萘醌的光谱进行比较，发现其与2，3-二烷基-1，4萘醌的吸收带很相近，由此推定了维生素 K_1 的骨架。

维生素K_1

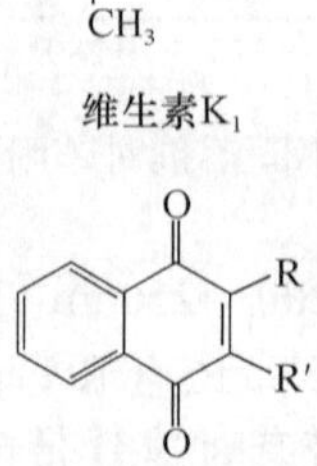

2,3二烷基-1,4萘醌

案例分析

1. 乙胺嘧啶片的含量测定　取本品 20 片，精密称定，研细，精密称取适量（约相当于乙胺嘧啶 25mg），置 100ml 量瓶中，加 0.1mol/L 盐酸溶液 70ml，微温并时振摇使乙胺嘧啶溶解，放冷，用 0.1mol/L 盐酸溶液稀释至刻度，摇匀，滤过，精密量取续滤液 5ml，置另一 100ml 量瓶中，用 0.1mol/L 盐酸溶液稀释至刻度，摇匀，照紫外-可见分光光度法（通则 0401），在 272nm 的波长处测定吸光度，按 $C_{12}H_{13}C_1N_4$ 的吸收系数（$E_{1cm}^{1\%}$=319）计算，即得。

2. 二氟尼柳胶囊检查溶出度　取本品，照溶出度与释放度测定法（通则 0931 第二法），以 0.1mol/L 三羟甲基氨基甲烷缓冲液，称取三羟甲基氨基甲烷 121g，加水溶解并稀释至 9000ml，用 25%枸橼酸溶液调节 pH 至 7.2，并用水稀释至 10000ml 为溶出介质，转速为每分钟 50 转，依法操作，经 30min 时，取溶液 10ml，滤过，精密量取续滤液适量，用溶出介质稀释制成每 1ml 中约含 30μg 的溶液作为供试品溶液；另取二氟尼柳对照品适量，精密称定。加溶出介质溶解并定量稀释制成每 1ml 中约含 30μg 的溶液作为对照品溶液。取上述两种溶液，照紫外-可见分光光度法（通则 0401）在 306nm 的波长处分别测定吸光度，计算每粒的溶出量。限度为标示量的 80%，应符合规定。

3. 贝诺酯片溶出度　取本品，照溶出度与释放度测定法（通则 0931 第二法），以 1%十二烷基硫酸钠溶液 1000ml 为溶出介质，转速为每分钟 100 转，依法操作，经 45min 时，取溶液适量，滤过，精密量取续滤液 lml（0.2g 规格 2ml），置 50ml 量瓶中，用水稀释至刻度，摇匀，作为供试品溶液；另取贝诺酯对照品约 20mg，精密称定，置 50ml 量瓶中，加无水乙醇溶解并稀释至刻度，摇匀，精密量取 2ml，置 100ml 量瓶中，用 0.02%十二烷基硫酸钠溶液（0.2g 规格用 0.04%十二烷基硫酸钠溶液）稀释至刻度，摇匀，作为对照品溶液。取上述两种溶液，照紫外-可见分光光度法（通则 0401），在 240nm 的波长处分别测定吸光度，计算每片的溶出量。限度为标示量的 70%，应符合规定。

本章小结

1. 基本概念

（1）透光率（T）：透射光的强度（I）与入射光强度（I_0）之比称为透光率，用 T 表示，则

$$T=\frac{I}{I_0}$$

（2）吸光度（A）：吸光度表示物质对光的吸收程度，其表达式为

$$A=-\lg T=-\lg\frac{I}{I_0}$$

（3）吸光系数（E）：E 的值及单位与待测液浓度 c 和液层厚度 l 采用的单位有关。l 通常以 cm 表示，因此 E 的单位主要取决于 c 的单位。当 c 以 g/100ml 为单位时，E 称为百分吸光系数，以 $E_{1cm}^{1\%}$ 表示。当 c 以 mol/L 为单位时，E 称为摩尔吸光系数，以 ε 表示。

（4）电子类型跃迁：

σ→σ* 跃迁：处于 σ 成键轨道上的电子吸收光能后跃迁到 σ* 反键轨道。饱和烃中电子跃迁均为此种类型，吸收波长小于 150nm。

π→π*跃迁：处于 π 成键轨道上的电子跃迁到 π* 反键轨道上形成的，跃迁所需能量比 σ→σ* 跃迁少。π→π* 跃迁一般发生在波长 200nm 左右，吸光系数 ε 较大（10^3～10^4），为强吸收。具有共轭双键的化合物，π→π* 跃迁所需能量较低。

$n \to \pi^*$ 跃迁：含有杂原子不饱和基团，其非键轨道中的孤对电子吸收能量后向 π^* 反键轨道跃迁，吸收峰一般在紫外区（200～400nm），强度小。

$n \to \sigma^*$ 跃迁：含孤对电子的取代基，其杂原子中孤对电子吸收能量后向 σ^* 反键轨道跃迁，吸收峰大多出现在低于 250nm 处。

电荷迁移跃迁：化合物受到电磁辐射照射时，电子由子体向与接受体相联系的轨道跃迁的过程。谱带较宽，吸收强度大，ε 一般大于 10^4。

配位场跃迁：配位场跃迁包括 f-f 跃迁和 d-d 跃迁，由低能态的 d 电子或 f 电子分别跃迁至高能态的 d 轨道或 f 轨道形成的。

（5）生色团：是有机化合物分子结构中含有能产生 $\pi \to \pi^*$ 跃迁或 $n \to \pi^*$ 跃迁的基团，以及能在紫外-可见光范围内产生吸收的原子基团。

（6）助色团：指含有非键电子的杂原子饱和基团，当其与生色团或饱和烃相连时，能使该生色团或饱和烃的吸收峰向长波方向移动，并使吸收强度增加。

（7）红移和蓝（紫）移：因取代基或溶剂的改变，使其吸收带的最大吸收波长 λ_{max} 向长波方向移动的称为红移，也称长移；向短波方向移动的称为紫移，也称短移。

（8）增色效应或减色效应：由于化合物结构改变或其他原因，使吸收强度增加称增色效应；使吸收强度减弱称减色效应。

（9）强带和弱带：化合物的紫外-可见吸收光谱中，摩尔吸光系数大于 10^4 的吸收峰称为强带；小于 10^2 的吸收峰称为弱带。

吸收带及其特点见下表：

吸收带符号	跃迁类型	波长/nm	吸收强度（ε_{max}）	其他特征
R	$n \to \pi^*$	250～500	＜100	溶剂极性↑，λ_{max}↓
K	$\pi \to \pi^*$	210～250	＞10^4	共轭双键↑，λ_{max}↑，强度↑
B	芳香族 C═C 骨架振动及环内 $\pi \to \pi^*$	230～270	～200	蒸气状态出现精细结构
E	苯环内 $\pi \to \pi^*$共轭	～180（E_1） E_2=200	～10^4 ～10^3	助色团取代 λ_{max}↑，生色团取代，与 K 带合并

2. 基本理论

（1）朗伯-比尔定律：当入射光波长一定时，溶液的吸光度 A 与待测溶液浓度和液层厚度呈正比关系，这是紫外-可见分光光度法的依据和基础。

（2）吸光度的加和原理：当溶液中存在多种吸光物质，且各组分间不存在相互作用时，则该溶液对某一波长光的总吸光度 A 总等于溶液中每一成分吸光度的和，即吸光度具有加和性。

3. 基本计算

（1）朗伯-比尔定律，数学表达式为 $A=Ecl$。

（2）百分吸光系数与摩尔吸光系数之间的关系是：$\varepsilon = \dfrac{M}{10} E_{1cm}^{1\%}$。

（3）单组分定量方法：

标准曲线法

吸光系数法 $c = \dfrac{A}{El}$

对照法 $c_x = \dfrac{A_x}{A_s} c_s$

多组分定量方法

解线性方程法

$$c_a = \frac{A_1^{a+b}E_2^b - A_2^{a+b}E_1^b}{E_1^a E_2^b - E_2^a E_1^b} \qquad c_b = \frac{A_1^{a+b}E_1^a - A_2^{a+b}E_2^a}{E_1^a E_2^b - E_2^a E_2^b}$$

双波长消去法　$\Delta A = A_1 - A_2 = A_1^a - A_2^a = (E_1^a - E_2^a)c_a l$

系数倍率法 $\Delta A = (KE_{x2} - E_{x1})c_x l = Kc_x l$

示差分光光度法 $A=\Delta A = A_x - A_s = El(c_x - c_s) = El\Delta c$

习　　题

1. 名词解释：吸光度、透光率、摩尔吸光系数、百分吸光系数、生色团、助色团、红移、蓝移。

2. 紫外-可见分光光度计的主要部件、类型及分类。

3. 朗伯-比尔定律的物理意义是什么？

4. 电子跃迁有哪些类型？各种跃迁需要能量大小顺序？

5. 某化合物的 λ_{max}（已烷）=305nm，其中 λ_{max}（乙醇）=307nm，该吸收是由 n→π*还是 π→π*跃迁引起？

6. 取 1.000g 钢样溶解于 HNO_3 中，其中的 Mn 用 KIO_3 氧化成 $KMnO_4$ 并稀释至 100ml，用 1cm 吸收池在波长 545nm 测得此溶液的吸光度为 0.700。用 1.52×10^{-4}mol/L $KMnO_4$ 作为标准，在同样条件下测得的吸光度为 0.350，计算钢样中 Mn 的百分含量。

（0.1670%）

7. 一化合物在醇溶液中的 λ_{max} 为 240nm，其 ε 为 1.70×10^{-4}，摩尔质量为 314.47，试计算配制多少浓度（g/100ml）来测定含量最合适。

（8.03×10^{-4}g/100ml）

8. A 和 B 两化合物混合溶液，已知 A 在波长 282 nm 和 238 nm 处的吸光系数 $E_{1cm}^{1\%}$ 值分别为 720 和 270；而 B 在上述两波长处吸光度相等。现把 A 和 B 混合液盛于 1.0cm 吸收池中，测得 λ_{max}=282nm 处的吸光度为 0.442；在 λ_{max}=238nm 处的吸光度为 0.278，求 A 化合物的浓度（mg/100ml）。

（0.364mg/100ml）

9. 含有 Fe^{3+} 的某药物溶解后，加入显色剂 KSN 溶液，生成红色配合物，用 1.00cm 吸收池在分光光度计 420nm 波长处测定，已知该配合物在上述条件下 ε 值为 1.8×10^4，如该药含 Fe^{3+} 约 0.5%，现欲配制 50ml 试液，为使测定相对误差最小，应称取该药多少克？

（0.0135g）

（陈建平）

第十一章　分子荧光分析法

学习目标

（1）掌握荧光分析法的基本原理，激发光谱和发射光谱，荧光光谱的特征，荧光与分子结构的关系，荧光定量分析方法。

（2）熟悉物质分子荧光的产生，荧光寿命与荧光效率，荧光分光光度计的工作原理。

（3）了解影响荧光强度的因素，荧光分析法在药学专业中的应用。

本章主要介绍分子荧光分析法的原理、应用及荧光分光光度计的构造。荧光分析技术主要用于解决药学、临床、生物医学、环境、食品等领域中荧光物质的定量分析问题。通过学习，应掌握分子荧光产生的基本原理、激发光谱和发射光谱及其特征、荧光与分子结构的关系、荧光定量分析方法和荧光分光光度计的工作原理。

有些物质接受光照射后，不仅能吸收某种特定波长的光产生吸收光谱，还能发射出比原来所吸收光的波长更长的光，当停止光照，物质所发射的光也很快随之消失，这种现象称为光致发光，最常见的光致发光现象是荧光（fluorescence）和磷光（phosphorescence）。荧光是物质分子接受光子能量被激发后，从激发态的最低振动能级返回基态时发射出的光。荧光分析法（fluorometry）是根据物质的荧光谱线位置及其强度进行物质鉴定和含量测定的方法。根据激发光的波长范围的不同，可分为紫外-可见荧光、红外荧光和 X 射线荧光；根据待测物质的不同可分为分子荧光和原子荧光，本章仅介绍分子荧光分析法（molecular fluorometry）。

荧光分析法的主要优点是灵敏度高、选择性好，其检测限达 10^{-10}g/ml，甚至可达 10^{-12}g/ml，比紫外-可见分光光度法低 3 个数量级以上。试样用量小，操作简便，工作曲线的线性范围宽。由于荧光分析法具有以上优点，因此被广泛应用于药学、临床、环境、食品及生命科学研究等领域，成为这些领域重要的分析方法之一。

第一节　分子荧光分析法的基本原理和基本概念

一、分子荧光的产生

（一）分子的激发过程

每个分子中都具有一系列严格分立相隔的能级，称为电子能级，而每个电子能级中又包含一系列的振动能级和转动能级。在室温时，大多数分子处在电子基态的最低振动能级。当物质的分子吸收了光能而被激发时，会发生能级之间的跃迁，分子从基态最低振动能级跃迁到较高的电子能态，成为激发态分子，这个过程是物质分子的激发过程。激发态分子不稳定，会通过辐射跃迁或无辐射跃迁释放能量返回基态。

分子中电子的运动状态除了电子所处的能级外，还包含电子的多重态，用 $M=2S+1$ 表示，S 为各电子自旋量子数的代数和，其数值为 0 或 1。根据 Pauli 不相容原理，分子中同一轨道所占据的两个电子必须具有相反的自旋方向，即自旋量子数分别为 1/2 和−1/2，其总自旋量子数

S =1/2+（−1/2）=0，即基态时电子没有净自旋，分子的多重性 M =1。此时分子所处的电子能态称为单重态（singlet state），用符号 S 表示。如果分子中两个电子自旋方向相同，S = 1/2+1/2 = 1，分子的多重性 M =3，此时分子所处的电子能态称为三重态（triplet state），用符号 T 表示。

当基态的一个电子吸收光辐射被激发而跃迁至较高的电子能态时，通常电子不发生自旋方向的改变，即两个电子的自旋方向仍相反，总自旋量子数 S 仍等于 0，这时分子处于激发单重态。在某些情况下，电子在跃迁过程中还伴随着自旋方向的改变，这时分子的两个电子的自旋方向相同，自旋量子数都为 1/2，总自旋量子数 S 等于 1，这时分子处于激发三重态。电子自旋方向的改变使能级稍低。因为单重基态 S_0 至三重态 T 是一种禁阻跃迁，所以发生的概率很小。处于分立轨道上的非成对电子，自旋平行要比自旋配对更稳定些（洪特规则），因此在同一激发态中，三重态能级总是比单重态能级略低。分子的基态、激发单重态和激发三重态的电子分布如图 11-1 所示。

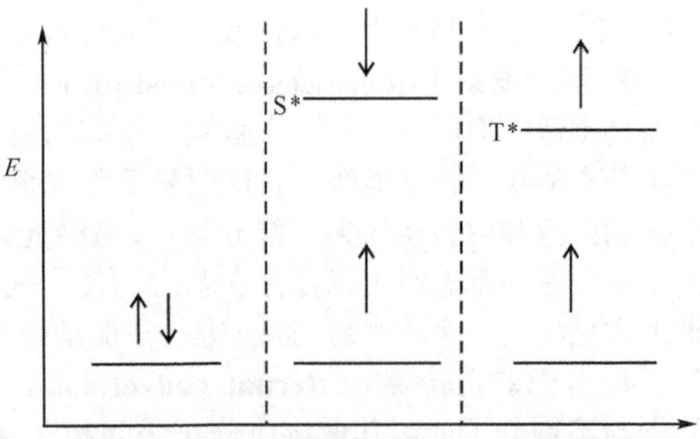

图 11-1　单重态及三重态的激发示意图

（二）荧光的产生

根据玻尔兹曼（Boltzmann）分布，分子在室温时基本上处于电子能级的基态。当吸收了紫外-可见光后，基态分子中的电子只能跃迁到激发单重态的各个不同振动-转动能级，根据自旋禁阻选律，不能直接跃迁到激发三重态的各个振动-转动能级。

处于激发态的分子是不稳定的，通常以辐射跃迁和无辐射跃迁等方式释放多余的能量而返回至基态，发射荧光是其中的一条途径。这些过程叙述如下，相应的示意图如图 11-2 所示，图中 S_0、S_1^* 和 S_2^* 分别表示分子的基态、第一和第二电子激发的单重态，T_1^*、T_2^* 表示第一和第二电子激发的三重态。

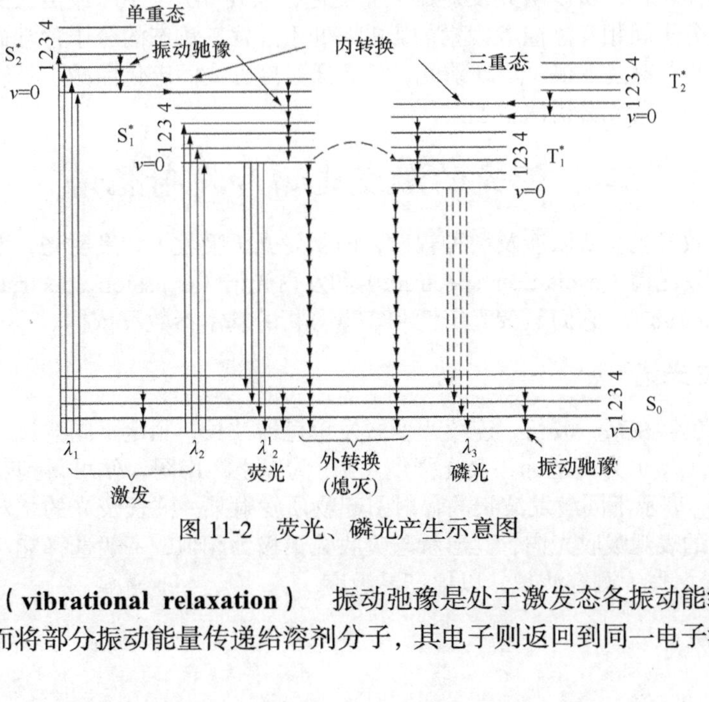

图 11-2　荧光、磷光产生示意图

1. 振动弛豫（vibrational relaxation）　振动弛豫是处于激发态各振动能级的分子通过与溶剂分子的碰撞而将部分振动能量传递给溶剂分子，其电子则返回到同一电子激发态的最低振动能级的过程。由于能量不是以光辐射的形式放出，故振动弛豫属于无辐射跃迁。振动弛豫只能在同一电子能级内进行，发生振动弛豫的时间约为 10^{-12}s 数量级。

2. 内部能量转换（internal conversion） 内部能量转换简称内转换，是当两个电子激发态之间的能量相差较小以致其振动能级有重叠时，受激分子常由高电子能级以无辐射方式转移至低电子能级的过程。S_1^* 的较高振动能级与 S_2^* 的较低振动能级的势能非常接近，内转换过程（$S_1^* \rightarrow S_2^*$）很容易发生。内转换过程同样也发生在激发三重态的电子能级间。

3. 荧光发射（fluorescence emission） 无论分子最初处于哪个激发单重态，通过内转换及振动弛豫，均可返回到第一激发单重态的最低振动能级，然后再以辐射形式发射光量子而返回至基态的任一振动能级上，这时发射的光量子称为荧光。发射荧光的过程为 10^{-9}～10^{-7}s。由于振动弛豫和内转换损失了部分能量，故荧光辐射的能量比激发光小，波长比激发光波长要长。由于电子返回基态时可以停留在基态的任一振动能级上，因此得到的荧光为复合光，在荧光光谱上常只出现一个荧光带。通过进一步振动弛豫，这些电子都很快地回到基态的最低振动能级。

4. 外部能量转换（external conversion） 外部能量转换简称外转换，是溶液中的激发态分子与溶剂分子或与其他溶质分子之间相互碰撞而失去能量，并以热能的形式释放能量的过程。外转换常发生在第一激发单重态或激发三重态的最低振动能级向基态转换的过程中。外转换会降低荧光强度。

5. 体系间跨越（intersystem crossing） 体系间跨越是处于激发态分子的电子发生自旋反转而使分子的多重性发生变化的过程。如图 11-2 所示：S_1^* 的最低振动能级同 T_1^* 的最高振动能级重叠，则有可能发生体系间跨越（$S_1^* \rightarrow T_1^*$）。分子由激发单重态跨越到激发三重态后，荧光强度减弱甚至熄灭。含有重原子如碘、溴等的分子时，体系间跨越最为常见，原因是在高原子序数的原子中，电子的自旋与轨道运动之间的相互作用较大，有利于电子自旋反转的发生。另外，在溶液中存在氧分子等顺磁性物质也容易发生体系间跨越，从而使荧光减弱。

6. 磷光发射（phosphorescence emission） 经过体系间跨越的分子再通过振动弛豫降至激发三重态的最低振动能级，分子在激发三重态的最低振动能级可以存活一段时间，然后返回至基态的各个振动能级而发出光辐射，这种光辐射称为磷光。由于激发三重态的能级比激发单重态的最低振动能级能量低，所以磷光辐射的能量比荧光更小，波长比荧光更长。因为分子在激发三重态的寿命较长，所以磷光发射比荧光更迟，需要 10^{-3}～10s 或更长的时间。由于荧光物质分子与溶剂分子间相互碰撞等因素的影响，处于激发三重态的分子常常通过无辐射过程失活回到基态，因此在室温下很少呈现磷光，只有通过冷冻或固定化而减少外转换才能检测到磷光，所以磷光法不如荧光分析法普遍。

二、荧光的激发光谱和发射光谱

荧光属于光致发光，所以涉及两种辐射，即激发光（吸收）和发射光，因而也都具有两种特征光谱，即激发光谱（excitation spectrum）和发射光谱（emission spectrum）或称荧光光谱（fluorescence spectrum），它们是荧光定性和定量分析的基本参数及依据。

（一）激发光谱

固定发射单色器在某一波长，连续改变激发单色器波长，测定不同波长入射光下的荧光强度，以激发波长（λ_{ex}）为横坐标，荧光强度（F）为纵坐标作图，便可得到荧光物质的激发光谱（F-λ_{ex} 曲线）。表示不同激发波长的辐射引起物质发射某一波长荧光的相对效率。激发光谱相当于荧光物质的表观吸收光谱，其形状与吸收光谱极为相似，一般选择能产生最强荧光强度的激发波长 $\lambda_{ex(max)}$ 作为测定波长，以提高灵敏度。

（二）荧光光谱

同一个荧光物质，固定激发光波长和强度，测定不同荧光波长下的荧光强度，以荧光的波长（λ_{em}）为横坐标，荧光强度（F）为纵坐标作图，便可得到荧光物质的荧光光谱（F-λ_{em}曲线）。一般选择最强荧光强度的荧光波长 $\lambda_{em(max)}$ 作为测定波长，以提高灵敏度。图 11-3 是萘的激发光谱、荧光（磷光）光谱曲线。

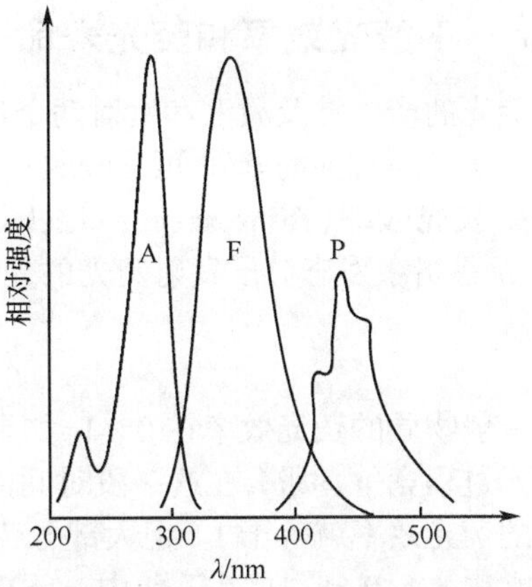

图 11-3　萘的激发光谱、荧光和磷光光谱曲线

（三）荧光激发光谱和发射光谱的特征

激发光谱和荧光光谱是荧光物质的特征光谱，通常用来鉴别荧光物质，而且是选择测定波长的依据。具有以下特征：

（1）斯托克斯位移（Stokes shift）。在溶液荧光光谱中，所观察到的荧光发射波长总是大于激发波长，$\lambda_{em}>\lambda_{ex}$。Stokes 于 1852 年首次发现这种波长位移现象，故称 Stokes 位移。

斯托克斯位移说明了在激发与发射之间存在着一定的能量损失。激发态分子由于振动弛豫、内转换的无辐射跃迁而迅速衰变到 S_1^* 电子激发态的最低振动能级，这是产生其位移的主要原因；其次，荧光发射时，激发态的分子跃迁到基态的各振动能级，此时，不同振动能级也发生振动弛豫至最低振动能级，也造成能量的损失；第三，溶剂效应和激发态分子可能发生的某些反应，也会加大斯托克斯位移。

（2）荧光光谱的形状与激发波长无关。由于荧光发射是激发态的分子由第一激发单重态的最低振动能级跃迁回基态的各振动能级所产生的，所以无论电子被激发到哪一激发态的各个振动能级，最终都将迅速经过振动弛豫、内转换损失部分能量后下降至 S_1^* 的最低振动能级，然后发射荧光，所以荧光发射光谱只含有一个发射带，且发射光谱的形状与激发波长无关。

（3）荧光光谱与激发光谱成镜像关系。物质的分子只有对光有吸收，才会被激发，所以，从理论上说，某化合物的荧光激发光谱的形状，应与它的吸收光谱的形状完全相同。然而实际并非如此，由于存在着测量仪器的因素或测量环境的某些影响，绝大多数情况下，“表观”激发光谱与吸收光谱两者的形状有所差别。只有在校正仪器因素后，两者才非常近似，而如果也校正了环境因素后，两者的形状才相同。

如果把某物质的荧光发射光谱和它的吸收光谱相比较，便会发现两者之间存在着“镜像对称”关系。图 11-4 是蒽的激发光谱、荧光光谱及能级跃迁图。

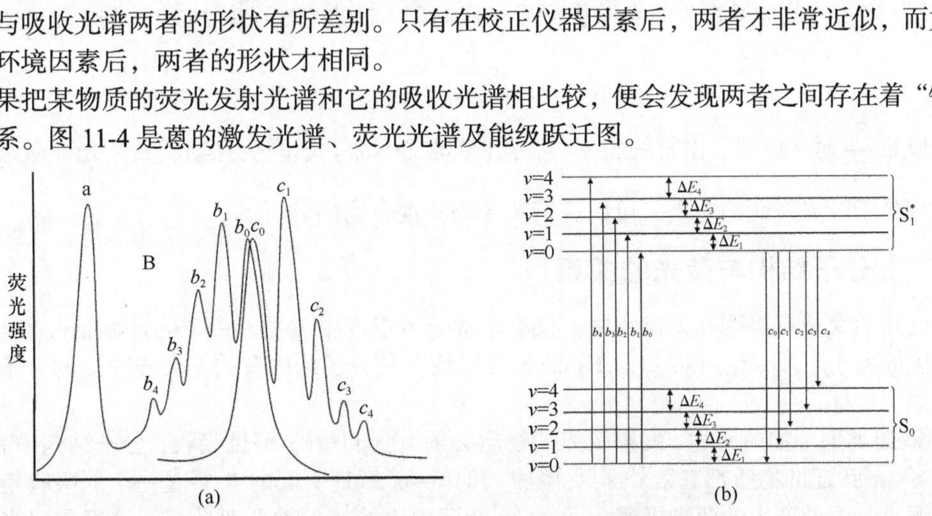

图 11-4　蒽的激发光谱、荧光光谱（a）及能级跃迁图（b）

三、荧光与分子结构的关系

（一）荧光效率和荧光寿命

荧光的产生涉及激发和发射两个过程，因此，物质产生荧光必须同时具备两个条件：一是物质分子必须有强的紫外-可见吸收；二是必须具备较高的荧光效率。

1. 荧光效率（fluorescence efficiency） 荧光效率又称荧光量子产率（fluorescence quantum yield），是指激发态分子发射荧光的光子数与基态分子吸收激发光的光子数之比，常用 φ_f 表示：

$$\varphi_f = \frac{\text{发射荧光的光子数}}{\text{吸收激发光的光子数}} \qquad (11\text{-}1)$$

一般物质的荧光效率在 0～1。如果在受激分子回到基态的过程中没有其他去活化过程与发射荧光过程竞争，那么在这一段时间内所有激发态分子都将以发射荧光的方式回到基态，这一体系的荧光效率就等于 1。但大部分荧光物质的 $\varphi_f < 1$。例如，荧光素钠在水中 $\varphi_f = 0.92$；荧光素在水中 $\varphi_f = 0.65$；蒽在乙醇中 $\varphi_f = 0.30$；菲在乙醇中 $\varphi_f = 0.10$。荧光效率低的物质虽然有较强的紫外吸收，但所吸收的能量都以无辐射跃迁形式释放，内转换和外转换的速度很快，所以没有荧光发射。

2. 荧光寿命（fluorescence life time） 荧光寿命是当除去激发光源后，分子的荧光强度降低到最大荧光强度的 l/e 所需的时间（t），常用 τ_f 表示。荧光强度的衰减可用式（11-2）表示：

$$F_t = F_0 e^{-Kt} \qquad (11\text{-}2)$$

式中，F_0 和 F_t 分别是在激发时 $t=0$ 和激发后时间 t 时的荧光强度；K 是衰减常数。假定在时间 $t=\tau_f$ 时测得的 F_t 为 F_0 的 l/e，即 $F_t = (1/e)F_0$，则根据式（11-2）：

$$\frac{1}{e}F_0 = F_0 e^{-K\tau_f}$$

即

$$e^{-K\tau_f} = \frac{1}{e}, \quad K\tau_f = 1, \quad K = \frac{1}{\tau_f}$$

于是式（11-2）可写成 $\dfrac{F_0}{F_t} = e^{Kt}$，即 $\dfrac{F_0}{F_t} = e^{\frac{t}{\tau_f}}$

所以，当荧光物质受激发时和除去激发光后时间 t 时的荧光强度 F_0 和 F_t 与 t 和 τ_f 的关系为

$$\ln\frac{F_0}{F_t} = \frac{t}{\tau_f} \qquad (11\text{-}3)$$

若以 $\ln\dfrac{F_0}{F_t}$ 对 t 作图，由直线斜率 $\dfrac{1}{\tau_f}$ 可计算荧光寿命。不同荧光物质其荧光寿命是不相同的，利用分子荧光寿命的差别，可以进行荧光物质混合物的分析。

（二）分子结构与荧光的关系

在已知的大量有机物和无机物中，仅有小部分可以产生荧光。一个化合物能否产生荧光，荧光强度的大小，$\lambda_{em(max)}$ 和 $\lambda_{ex(max)}$ 的波长位置均与其分子结构有关。荧光物质的分子结构一般具备如下特征。

1. 跃迁类型 如前所述，发射荧光的物质必须有强的紫外-可见吸收，分子结构中有 $\pi\rightarrow\pi^*$ 跃迁或 $n\rightarrow\pi^*$ 跃迁的物质都有紫外-可见吸收。但 $n\rightarrow\pi^*$ 跃迁引起的 R 带是一个弱吸收带，电子跃迁概率小，由此产生的荧光极弱。而 $\pi\rightarrow\pi^*$ 跃迁引起的 K 带是强吸收带，其摩尔吸光系数比 $n\rightarrow\pi^*$ 跃迁的大 100～1000 倍，它的激发单重态与三重态间的能量差别比 $n\rightarrow\pi^*$ 的大得多，电子

不易形成自旋反转，体系间跨越概率很小，更有利于荧光的发射，因此能够发生 $\pi\to\pi^*$跃迁的分子，荧光效率高，荧光强度大。

2. 长共轭结构　发射荧光的物质，其分子都含有 $\pi\to\pi^*$跃迁，共轭体系越长，荧光强度（荧光效率）越大，而荧光波长也长移。绝大多数能产生荧光的物质都含有芳香环或杂环，因为芳香环和杂环分子具有长共轭的 $\pi\to\pi^*$跃迁，其 $\lambda_{em(max)}$和 $\lambda_{ex(max)}$移向长波方向，且荧光强度增强。例如，苯、萘、蒽三个化合物的结构与荧光的关系如下：

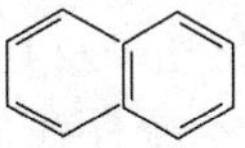
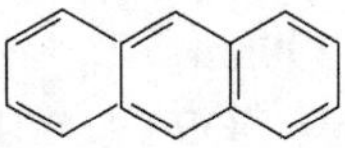

	苯	萘	蒽
λ_{ex}(max)	205nm	286nm	356nm
λ_{em}(max)	278nm	321nm	404nm
φ_f	0.11	0.29	0.36

除芳香烃外，含有长共轭双键的脂肪烃也可能有荧光，但这一类化合物的数目不多。

3. 刚性平面结构　荧光物质分子共轭程度相同时，分子的刚性和共平面性越大，荧光效率越高，并且荧光波长产生长移。例如，在相似的测定条件下，联苯和芴的荧光效率分别为 0.2 和 1.0，二者的结构差别在于芴的分子中加入亚甲基成桥，限制了两个苯环的自由旋转，成为刚性分子，结果共轭 π 电子的共平面性增加，荧光效率增高。

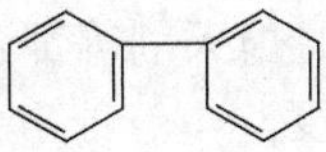

联苯(φ_f=0.2)

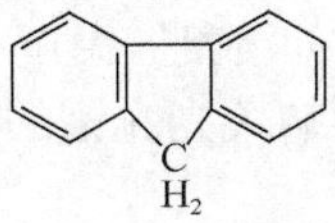

芴(φ_f=1.0)

分子有了刚性后，减少了分子的振动，也减少了分子和溶剂分子及其他溶质分子的相互作用，因此，减少了无辐射去激发的可能性，使荧光效率增加。

如果原来结构中共平面性较好，但由于位阻效应使分子共平面性下降后，则荧光减弱。例如，1-二甲氨基萘-7-磺酸钠的 $\varphi_f=0.75$，1-二甲氨基萘-8-磺酸钠的 $\varphi_f=0.03$，这是因为后者的二甲氨基与磺酸盐之间的位阻效应，使分子发生了扭转，两个环共平面性降低，因而使荧光大大减弱。

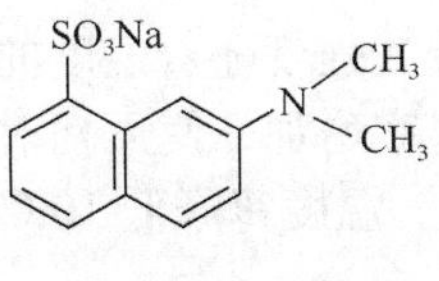

1-二甲氨基萘-7-磺酸钠

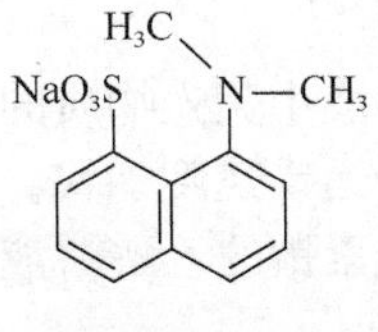

1-二甲氨基萘-8-磺酸钠

立体异构现象对荧光强度有显著的影响，对于顺反异构体，顺式分子的两个基团在同一侧，由于位阻效应使分子不能共平面而没有荧光。例如，1,2-二苯乙烯的反式异构体是强荧光物质，而其顺式异构体没有荧光。

4. 取代基　荧光物质分子上的各种取代基对分子的荧光光谱和荧光强度也有一定影响。取代基可分为三类：第一类取代基能增加分子的 π 电子共轭程度，常使荧光效率提高，荧光波长长移，如—NH_2、—OH、—OCH_3、—NHR、—NR_2、—CN 等，常为给电子取代基。第二类基团减弱分子的 π 电子共轭程度，使荧光减弱甚至熄灭，如—COOH、—NO_2、—C═O、—NO、

—SH、—NHCOCH$_3$、—F、—Cl、—Br、—I 等，常为吸收电子取代基。第三类取代基对 π 电子共轭体系作用较小，如—R、—SO$_3$H、— NH_3^+ 等，对荧光的影响也不明显。

（三）荧光试剂

为了提高测定的灵敏度和选择性，常使弱荧光物质与某些荧光试剂作用，以得到强荧光性产物，扩大荧光分析法的应用范围。荧光试剂的种类很多，以下是几个重要的荧光试剂：

1. 荧光胺（fluorescamine） 其能与脂肪族和芳香族伯胺形成高度荧光衍生物，荧光条件为：λ_{ex}=275nm、390nm，λ_{em}=480nm。荧光胺及其水解产物均不显荧光。

2. 邻苯二甲醛（OPA） 在 2-巯基乙醇存在下，pH=9～10 的缓冲溶液中，OPA 能与伯胺类、特别是半胱氨酸、脯氨酸及羟脯氨酸外的 *α*-氨基酸生成灵敏的荧光产物。荧光条件为：λ_{ex}=340nm，λ_{em}=455nm。

3. 1-二甲氨基-5-氯化磺酰萘（Dansyl-Cl，丹酰氯） 其能与伯、仲胺及酚基的生物碱反应生成荧光产物。与丹酰氯类似的试剂丹酰肼（Dansyl-NHNH$_2$），它能与可的松等的羰基缩合，产生强烈荧光。荧光条件为：λ_{ex}=365nm，λ_{em}=500nm 左右。

4. 测定无机离子的荧光试剂 无机离子一般不显荧光，然而很多无机离子能与具有 π 电子共轭结构的有机化合物形成荧光的配合物，故可用荧光法测定。还有一些无机阴离子如 CN^-、F^-等，能与 Al、Zr 等离子强烈配合而使原有的荧光配合物的荧光减弱或熄灭，从而可测定 CN^-、F^-等离子的浓度。

四、影响荧光强度的外部因素

分子所处的外界环境，如溶剂、温度、pH、荧光熄灭剂等都会影响荧光效率，甚至影响分子结构及立体构象，从而影响荧光光谱的形状和强度。

（一）溶剂的影响

同一物质在不同溶剂中，其荧光光谱的形状和强度都有差别。一般情况下，荧光波长随着溶剂极性的增强而长移，荧光强度也增强。在极性溶剂中，$\pi\rightarrow\pi^*$跃迁的能量差 ΔE 小，从而使紫外吸收波长和荧光波长均长移。此外跃迁概率也增加，故强度也增强。

溶剂黏度增大时，可以减少溶质分子间碰撞机会，使无辐射跃迁减少而荧光增强，甚至产生磷光。相反，溶剂黏度低时，分子间碰撞机会增加，使无辐射跃迁增加，而荧光减弱。故荧光强度随溶剂黏度的降低而减弱。

（二）温度的影响

在一般情况下，溶液中荧光物质的荧光效率和荧光强度随着温度的升高而降低。这主要是因为温度升高时，分子运动速度加快，分子间碰撞概率增加，使无辐射跃迁增加，从而降低了荧光效率。例如，荧光素钠的乙醇溶液，在 0℃以下，温度每降低 10℃，φ_f增加 3%，在−80℃时，φ_f为 1。

温度对荧光强度的影响也与溶剂的黏度有关，温度上升，溶剂黏度降低，因此荧光强度下降。

（三）pH 的影响

当荧光物质本身是弱酸或弱碱时，溶液 pH 的改变将对其荧光强度有较大影响，这主要是因为在不同酸度中分子和离子间的平衡改变，因此荧光强度也有差异。每一种荧光物质都有它最适宜的发射荧光的存在形式，也就是有它最适宜的 pH 范围。例如，苯胺在 pH=7～12 的溶液中主要以分子形式存在，由于—NH$_2$是提高荧光效率的取代基，故苯胺分子会发生蓝色荧光。但在 pH＜2 或 pH＞13 的溶液中均以离子形式存在，故不能发射荧光。

（四）荧光熄灭剂

荧光熄灭又称荧光猝灭，是指荧光物质分子与溶剂分子或其他溶质分子相互作用引起荧光强度降低的现象。引起荧光熄灭的物质称为荧光熄灭剂（quenching medium）。如卤素离子、重金属离子、氧分子及硝基化合物、重氮化合物、羰基和羧基化合物均为常见的荧光熄灭剂。荧光熄灭的原因很多，机理也很复杂，主要类型包括：①因荧光物质的分子和熄灭剂分子碰撞而损失能量；②荧光物质的分子与熄灭剂分子作用生成了本身不发光的配位化合物；③溶解氧的存在，使荧光物质氧化，或是由于氧分子的顺磁性，促进了体系间跨越，使激发单重态的荧光分子转变至三重态；④浓度较大（超过 1 g/L）时，还可发生自熄灭现象。

荧光物质中引入荧光熄灭剂会使荧光分析产生误差，但是，如果一个荧光物质在加入某种熄灭剂后，荧光强度的减弱和荧光熄灭剂的浓度呈线性关系，则可以利用这一性质测定荧光熄灭剂的含量，这种方法称为荧光熄灭法（fluorescence quenching method）。如利用氧分子对硼酸根-二苯乙醇酮配合物的荧光熄灭效应，可进行微量氧的测定。

（五）散射光

当一束平行单色光照射在液体样品上时，大部分光线透过溶液，小部分由于光子和物质分子相碰撞，使光子的运动方向发生改变而向不同角度散射，这种光称为散射光（scattering light）。

光子和物质分子发生弹性碰撞时，不发生能量的交换，仅仅是光子运动方向发生改变，这种散射光称为瑞利光（Rayleigh scattering light），其波长与入射光波长相同。

光子和物质分子发生非弹性碰撞时，在光子运动方向发生改变的同时，光子与物质分子发生能量的交换，光子把部分能量转移给物质分子或从物质分子获得部分能量，而发射出比入射光稍长或稍短的光，这种散射光称为拉曼光（Raman scattering light）。

散射光对荧光测定有干扰，尤其是波长比入射光波长更长的拉曼光，因其波长与荧光波长接近，对荧光测定的干扰更大，必须采取措施消除。

第二节　荧光分光光度计

用于测量荧光强度的仪器有滤光片荧光计、滤光片-单色器荧光计和荧光分光光度计三类。滤光片荧光计的激发滤光片让激发光通过；发射滤光片常用截止滤光片，截去所有的激发光和散射光，只允许试样的荧光通过，这种荧光计不能测定光谱，但可用于定量分析。滤光片-单色器荧光计是将发射滤光片用光栅代替，这种仪器不能测定激发光谱，但可测定荧光光谱。荧光分光光度计是两个滤光片都用光栅取代，它既可测量某一波长处的荧光强度，还可绘制激发光谱和荧光光谱。

（一）荧光分光光度计的主要部件

荧光光度计的种类很多，但均包括如下几个主要部分：激发光源、激发单色器（置于样品池前）和发射单色器（置于样品池后）、样品池、检测器。基本部件和紫外-可见分光光度计大致相同。其结构如图 11-5 所示。激发光通过入射狭缝，经激发单色器分光后照射到被测物质上，发射的荧光再经发射单色器分光后用光电倍增管检测，并经信号放大系统放大后记录。

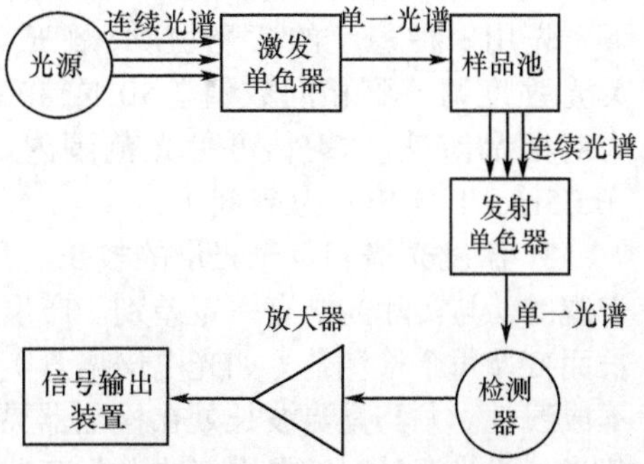

图 11-5　荧光分光光度计结构示意图

1. 光源（激发光源）　在紫外-可见光区范围提

供荧光激发用的光源很多，主要有高压汞灯、氙灯和激光器等。荧光计所用的激发光源一般要比荧光分光光度计所用的光源强度大，所以常用高压汞灯，高压汞灯能产生强烈的线光谱，发射 365nm、398nm、405nm、436nm、546nm、579nm、690nm 及 734nm 谱线，大多用作带有滤光片的荧光计的光源。荧光分光光度计一般采用氙灯作光源，氙灯所发射的谱线强度大，而且在 250～700nm 波长范围内的连续光谱，并且在 300～400nm 波段内的谱线强度几乎相等。

2. 单色器 荧光光度计具有两个单色器：①激发单色器：置于光源和样品室之间的第一单色器，筛选出特定的激发光谱；②发射单色器：置于样品室和检测器之间第二单色器，筛选出特定的发射光谱。发射单色器通常与激发光源呈 90°角的位置。在滤光片荧光计中，通常使用滤光片作单色器。在荧光分光光度计中，激发单色器可以是滤光片，也可以是光栅，而发射单色器均为光栅。

3. 样品池 测定荧光用的样品池需用低荧光的材料制成，常为四面透光且散射光较少的方形池。普通玻璃会吸收 323nm 以下的紫外线，不适用于在紫外区进行激发的荧光分析，所以常用石英制成样品池。测量稀溶液时，光源与检测器成直角测量，以消除透射光的背景干扰。但为了一些特殊的测量需要，如浓溶液、固体样品等时，应用管形样品池，光源与检测器成锐角（30°或 40°）测量。

4. 检测器 可将光信号放大并转换为电信号。一般用光电管或光电倍增管作检测器。用紫外-可见光作激发光源时产生的荧光多为可见荧光，强度较弱，因此，要求检测器的灵敏度高，通常采用光电倍增管作检测器。目前也有些仪器采用光电二极管阵列检测器，它具有检测效率高、寿命长、线性响应好、扫描速度快等优点。

5. 信号输出装置 荧光计的读出装置有数字电压表、记录仪等。现在大多仪器都有专用微型计算机控制，它们都带有计算机控制的读数装置，如荧光屏显示终端、XY 绘图仪及打印装置等。

（二）仪器的校正

1. 波长校正 若仪器的光学系统或检测器有所变动，或在较长时间使用之后，或在重要部件更换之后，有必要用汞灯的标准谱线对单色器波长刻度重新校正，这一点在要求较高的测定工作中尤为重要。

2. 灵敏度校正 荧光分光光度计的灵敏度可用被检测出的最低信号来表示，或用某一对照品的稀溶液在一定激发波长光的照射下，能发射出最低信噪比时的荧光强度的最低浓度表示。荧光分光光度计的灵敏度与以下三个方面有关：①仪器的光源强度、稳定度、单色器性能、光电倍增管的特性；②选用的波长及狭缝宽度；③空白溶液的拉曼光、所选择的激发光及杂质荧光等。

由于影响荧光分光光度计灵敏度的因素很多，同一型号的仪器，甚至同一台仪器在不同时间操作，所得的结果也不尽相同。因而在每次测定时，在选定波长及狭缝宽度的条件下，先用一种稳定的荧光物质，配成浓度一致的对照品溶液对仪器进行校正，即每次将其荧光强度调节到相同数值（50 或 100）。如果被测物质所产生的荧光很稳定，自身就可作为对照品溶液。紫外-可见光范围内最常用的标准溶液是 1μg/ml 的硫酸奎宁对照品溶液（0.05mol/L H_2SO_4 为溶剂）。

3. 激发光谱和荧光光谱的校正 用荧光分光光度计所测得的激发光谱或荧光光谱往往是表观的，与实际光谱有一定差别。产生这种现象的原因较多，最主要的原因是光源的强度随波长而变及每个检测器（如光电倍增管）对不同波长光的接受程度不同，及检测器的感应与波长不成线性。尤其是当波长处在检测器灵敏度曲线的陡坡时，误差最为显著。因此，在用单光束荧光分光光度计时，先用仪器上附有的校正装置将每一波长的光源强度调整到一致，然后以表观光谱上每一波长的强度除以检测器对每一波长的感应强度进行校正，以消除误差。目前生产的荧光分光光度计大多采用双光束光路，故可用参比光束抵消光学误差。

第三节　分子荧光分析法的应用

一、荧光强度与物质浓度的关系

由于荧光物质是在吸收光能而被激发之后才发射荧光的，因此溶液的荧光强度与该溶液中荧光物质吸收光能的程度（即吸光度）及荧光效率有关。当一束强度为 I_0 的紫外-可见光照射一浓度为 c，液层厚度为 l 的液槽时，荧光物质吸收光（吸收光强度为 I_a）后被激发，发出荧光，其荧光强度为 F。但由于激发光的一部分被透过（透射光强度为 I_t），因此，在激发光的方向观察荧光是不适宜的。一般是在与激发光源垂直的方向观测，如图 11-6 所示。

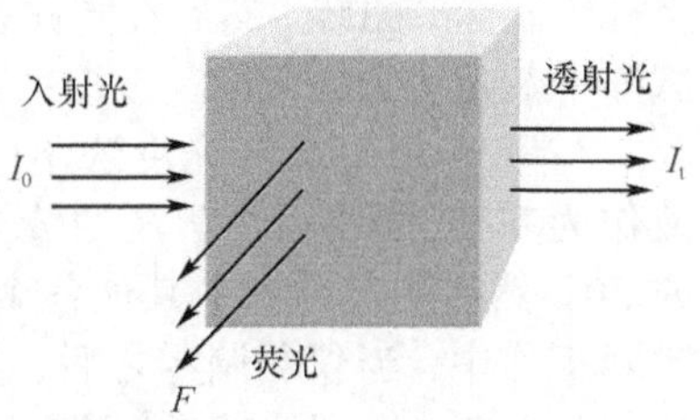

图 11-6　溶液的荧光测定

荧光强度正比于被荧光物质吸收的光强度，即 $F \propto I_a$，

$$I_a = I_0 - I_t \qquad (11\text{-}4)$$

因为

$$T = \frac{I_t}{I_0} = 10^{-Ecl}，或\ I_t = 10^{-Ecl} I_0，$$

所以

$$I_a = I_0（1 - 10^{-Ecl}） \qquad (11\text{-}5)$$

根据荧光效率的定义：

$$F = \varphi_f I_a = \varphi_f I_0（1 - 10^{-Ecl}）= \varphi_f I_0（1 - e^{-2.3Ecl}） \qquad (11\text{-}6)$$

而 $e^{-2.3Ecl}$ 的展开式为

$$e^{-2.3Ecl} = 1 + \frac{(-2.3Ecl)^1}{1!} + \frac{(-2.3Ecl)^2}{2!} + \frac{(-2.3Ecl)^3}{3!} + \cdots$$

故

$$F = \varphi_f I_0 \left\{ 1 - \left[1 + \frac{(-2.3Ecl)^1}{1!} + \frac{(-2.3Ecl)^2}{2!} + \frac{(-2.3Ecl)^3}{3!} + \cdots\right] \right\} \qquad (11\text{-}7)$$

若溶液很稀，当 $Ecl \leqslant 0.05$ 时，式（11-7）括号中高次项可以忽略，即：$e^{-2.3Ecl} = 1 - 2.3Ecl$，所以上式可简化为

$$F = 2.3\varphi_f I_0 Ecl \qquad (11\text{-}8)$$

可见，当溶液很稀时，荧光强度与物质的荧光效率、激发光强度、物质的吸光系数及溶液的浓度呈线性关系。对于给定的荧光物质，当激发光波长和强度固定时，荧光强度与溶液浓度成正比，即：

$$F = Kc \qquad (11\text{-}9)$$

K 为比例常数，式（11-9）为荧光定量分析的依据。

荧光分析测定的是在很弱背景上的荧光强度，且其测定的灵敏度取决于检测器的灵敏度，即只要改进光电倍增管和放大系统，使极微弱的荧光也能被检测到，就可以测定很稀的溶液，因此，荧光分析法的灵敏度很高。而紫外-可见分光光度法测定的是透过光强和入射光强的比值，即 I_t/I_0，当浓度很低时，检测器难以检测两个信号（I_0 和 I_t）之间的微小差别；而且即使将光强信号放大，由于透过光强和入射光强都被放大，比值仍然不变，对提高检测灵敏度不起作用，故紫外-可见分光光度法的灵敏度不如荧光分析法高。

二、荧光定量分析方法

定量分析时，通常依据激发光谱和荧光光谱，选择最大激发波长 λ_{ex} 和最大荧光波长 λ_{em} 为测定波长。

（一）标准曲线法

与紫外-可见分光光度法相似，将已知量的标准物质和被测样品用相同方法处理，先配成一系列不同浓度的标准溶液，测定荧光强度，以荧光强度 F 为纵坐标，标准溶液的浓度 c 为横坐标绘制标准曲线。然后在同样条件下测定试样溶液的荧光强度，由标准曲线或回归方程求出试样中荧光物质的含量。

与紫外-可见分光光度法不同的是，在绘制标准曲线时，常采用标准系列中某一标准溶液作为基准，先将空白溶液的荧光强度读数调至 0，再将该标准溶液的荧光强度读数调至 100 或 50，然后测定系列中其他各个标准溶液的荧光强度 F，再绘制标准曲线，即 F-c 曲线。在实际工作中，当仪器调零之后，先测定空白溶液的荧光强度，然后测定标准溶液的荧光强度 F，得 $F-F_0$，得到的就是标准溶液本身的荧光强度，再绘制标准曲线。为了使在不同时间所绘制的校正曲线能一致，在每次绘制校正曲线时均采用同一标准溶液对仪器进行校正。如果该标准溶液在紫外光照射下不稳定，可改用另一稳定的标准溶液作为基准，只要其荧光峰和试样溶液的荧光峰相近即可。例如，在测定维生素 B_1 时，采用硫酸奎宁的 0.05mol/L H_2SO_4 溶液作为基准。

（二）直接比较法

如果荧光物质的标准曲线通过原点，可在其线性范围内，用直接比较法进行测定。取已知量的对照品，配制一标准溶液 c_s，使其浓度在线性范围之内，测定荧光强度 F_s，然后在同样条件下测定试样溶液的荧光强度 F_x 和空白溶液的荧光强度 F_0，按比例关系计算出试样中荧光物质的浓度 c_x。即根据式（11-9）得

$$\frac{F_x}{F_s}=\frac{Kc_x}{Kc_s}$$

因是同一荧光物质，K 为同一常数，故：

$$c_x=\frac{F_x}{F_s}c_s \tag{11-10}$$

如果空白溶液的荧光强度调不到零，则必须从 F_s 及 F_x 值中扣除空白溶液的荧光强度 F_0，然后进行计算，方法如下：

$$F_s-F_0=Kc_s$$
$$F_x-F_0=Kc_x$$
$$c_x=\frac{F_x-F_0}{F_s-F_0}c_s \tag{11-11}$$

（三）联立方程式法

此法用于多组分混合物的荧光分析。荧光分析法也可像紫外-可见分光光度法一样，不经分离就可测得混合物中被测组分含量。

如果混合物中各组分荧光峰相距较远，而且相互之间无显著干扰，则可分别在不同波长处测定各个组分的荧光强度，从而直接求出各个组分的浓度。如果各个组分的荧光光谱相互重叠，可利用荧光强度的加和性质，在适宜的荧光波长处，测定混合物的荧光强度，再根据各组分在该荧光波长处的荧光强度，列出联立方程式，分别求出它们各自的含量。

案例分析

1. 食品中苯并芘的分析　苯并芘在环境中存在广泛，来源主要有：①工业生产和生活中煤炭、石油和天然气等不完全燃烧产生的废气，包括汽车尾气、橡胶生产及吸烟产生的烟气等，通过污染水、大气和土壤，进入蔬菜、水果、粮食、水产品和肉类等食物中；②食物在熏制、烘烤和煎炸过程中，脂肪、胆固醇、蛋白质和碳水化合物等在高温下发生热裂解反应，再经环化和聚合反应形成包括苯并芘在内的多环芳烃类物质。苯并芘对人体健康威胁巨大，它是强致癌类物质的代表，还具有致畸性和致突变性，能通过母体经胎盘影响子代，引起胚胎畸形或死亡及幼仔免疫功能下降等。特别是苯并芘的毒性具有长期和隐匿的特性，会在人体内蓄积，潜伏期长，一般为20～25年。有些科学家甚至担心苯并芘会阻断人类的进化。由于苯并芘来源广泛，危害性大，因此检测食品中的苯并芘尤为重要。

解析：苯并芘是多环芳烃类化合物，吸收紫外光后能发出荧光。GB/T 5750.8—2006规定用纸层析-荧光分光光度法测定生活饮用水及其水源中苯并芘，先将样品用有机溶液或皂化提取，再液-液分配或色谱净化，然后在乙酰化滤纸上分离苯并芘，由于其在紫外灯照射下呈现紫色荧光，将分离后有苯并芘的滤纸剪下，用溶剂浸泡，最后用荧光分光光度计测荧光强度与标准比较定量。该法的最低检测质量为0.07ng，若取500ml水样测定，该法最低检测质量浓度为1.4ng/L。

2. 维生素 B_2 的含量测定　维生素 B_2 又称核黄素，是维持机体正常结构与功能的必需营养物质，具有多种生理功能，参与碳水化合物、脂肪及蛋白质代谢，促进生长发育；强化肝功能、调节肾上腺素的分泌；保护皮肤毛囊黏膜及皮脂腺的功能。维生素 B_2 作为营养补充剂或者是功能调节因子被广泛用于保健食品和药品当中。因此，选择一种快速准确的检测维生素 B_2 的方法对于维生素 B_2 缺乏引起的各类病的诊断有着极其重要的意义。

解析：维生素 B_2 溶液在430～440nm蓝光的照射下，发出绿色荧光，最大荧光波长在535nm附近。维生素 B_2 在 pH=6～7 的溶液中荧光强度最大，而且其荧光强度与维生素 B_2 溶液浓度呈线性关系，因此，可以用荧光分析法测维生素 B_2 的含量。

本章小结

本章内容包括荧光及其产生，产生荧光必须具备的条件：分子必须具有较强的紫外-可见吸收；吸收了与其本身特征频率相同的能量之后，必须具有一定的荧光量子产率。激发光谱和发射光谱及其特征；荧光与分子结构的关系，影响荧光强度的因素；荧光强度与物质浓度的关系（$F = Kc$），它是荧光定量分析方法（标准曲线法、标准对照法）的依据；荧光分光光度计是由激发光源、样品池、激发单色器和发射单色器以及检测器五部分组成。

习　题

1. 为什么荧光分析法的灵敏度比紫外-可见分光光度法高？
2. 何种分子结构的物质有较高的荧光效率？
3. 下列各组化合物中，哪个荧光效率高？为什么？

（1）

A. 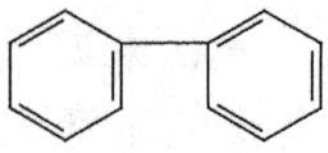　B. 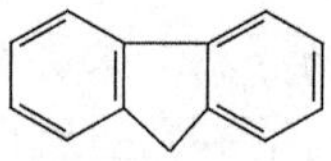

（2）

A. 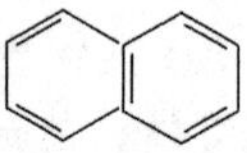　B. 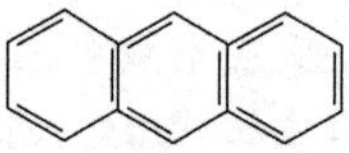

（3）

A. 　B. 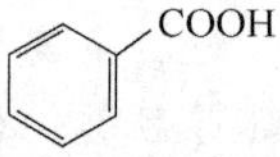

4. 烟酰胺腺嘌呤二核苷酸（NAD）的还原形式是一种荧光很强的重要辅酶。其激发波长为 285nm，荧光波长为 310nm。用 NAD 标准溶液得到如下测定数据：

NAD 的浓度（μmol/L）	0.100	0.200	0.300	0.400	0.500	0.600	0.700	0.800
荧光强度（F）	14.5	25.0	36.0	46.8	58.4	69.7	81.5	93.4

在相同条件下，测得样品的荧光强度为 50.6，请用作图法或回归直线方程法求试样溶液中 NAD 的浓度。

（0.427μmol/L）

（杨铁虹）

第十二章 红外吸收光谱法

学习目标

（1）掌握红外吸收光谱产生的条件及基本原理。
（2）掌握影响吸收峰的位置、峰数、峰强的主要因素。
（3）掌握主要有机化合物的红外吸收光谱特征。
（4）掌握红外吸收光谱法的定性方法及简单有机化合物的红外吸收光谱解析。
（5）了解红外吸收光谱仪的构造、原理与红外制样技术。

红外吸收光谱法（infrared absorption spectroscopy，IR）是以连续波长的红外光作为辐射源照射样品，用仪器记录因其分子振动能级之间跃迁所形成吸收光谱的一种分析方法，又称红外分光光度法，可用于样品的定性、定量及结构分析。

红外吸收光谱介于可见光区与微波光区之间，其波长范围为 0.76～1000μm（13158～10cm^{-1}），可分为近红外区、中红外区和远红外区。近红外区的波长范围是 0.76～2.5μm（13158～4000cm^{-1}），中红外区的波长范围是 2.5～50μm（4000～200cm^{-1}），远红外区的波长范围是 50～1000μm（200～10cm^{-1}）。相应地被称为近红外吸收光谱（NIR）、中红外吸收光谱（MIR）和远红外吸收光谱（FIR），其中中红外吸收光谱是红外光区应用最为广泛的光谱方法，也是本章讨论的主要内容。

红外吸收光谱具有特征性强、信息量大、适用对象广泛、样品用量少、分析速度快、操作简便等优点，故红外吸收光谱至今在有机化合物结构解析中仍有广泛应用。近年来，红外吸收光谱的定量分析应用也有不少报道，主要是近红外区、远红外区的研究，如近红外区用于含有C、H、O 等原子相连基团化合物的定量、远红外区用于无机化合物的定量等。

第一节 基本原理

样品分子受到红外线照射后，引起分子振动能级之间跃迁，同时不可避免地会引起分子转动能级之间的跃迁，故红外吸收光谱又被称为振-转光谱。当样品受到频率连续变化的红外光照射时，分子吸收某些频率的辐射，并由其振动或转动运动引起偶极矩的净变化，产生分子振动和转动能级由基态到激发态的跃迁，使相应吸收区域的透射光强度减弱。记录红外光的百分透光率比（纵坐标）与波数或波长（横坐标）关系的曲线，即采用 T-$\bar{\nu}$（波数，单位 cm^{-1}）或 T-λ（波长，单位 μm）曲线描述，就得到红外吸收光谱。

分子发生振动能级跃迁需要吸收一定的能量，这种能量对应于光波的红外区域，只有满足下列条件时跃迁才会发生：

$$E_{光子}=h\nu_{光}=\Delta E_v= h\nu_{振}= hc\bar{\nu} \tag{12-1}$$

即当分子吸收的红外光子的能量（$E_{光子}$）与分子的振动能级的能量差（ΔE_v）相等时，才会发生分子的振动能级跃迁，从而产生红外吸收光谱。式（12-1）中，$\bar{\nu}$ 为波数，意为每 1cm 长度中波的数目，即波长的倒数 $\bar{\nu}=1/\lambda$，现红外吸收光谱多用波数表示横坐标。

一、振动能级和振动光谱

为便于理解红外吸收光谱的基本原理，现以双原子分子（A-B）为例讨论如下。

（一）谐振子与势能曲线

原子与原子之间通过化学键连接组成分子。分子是有柔性的，因而可以发生振动。双原子分子的振动可视为两个小球组成的谐振子振动，即把 A-B 型分子间的化学键看成是质量可以忽略不计的弹簧，把两个原子看成各自在其平衡位置附近作伸缩振动的小球，如图 12-1 所示。

根据 Hooke（胡克）定律，这种谐振子恢复力（F）的大小与小球离开平衡位置的位移成正比，方向则与位移的方向相反。故：

$$F=-K(d_A+d_B) \tag{12-2}$$

式中，K 为化学键力常数（N/cm），也称弹性系数。化学键的力常数 K 表示键的刚性，代表键发生振动的难易程度，K 与键的键级（band order）和键长直接相关。部分化学键的力常数见表 12-1。

事实上双原子分子并非严格遵循谐振子规律，分子的化学键虽然具有一定弹性，但并不严格服从 Hooke 定律，只有当分子中原子间振动的振幅非常小时，其振动才可以近似地看成谐振子振动。因此双原子分子的势能曲线不是抛物线，如图 12-2 所示的实线部分（化学键）。由图可知，振动能（势能）是原子间距离的函数，振动时振幅加大，则振动能也相应增加。因此振动量子数越大，振幅也随之加宽，故势能曲线的能级间隔则越来越小，振幅超过一定值，化学键断裂，分子解离，能级消失，势能曲线趋近于一条水平线，这时的 E_{max} 等于解离能。但在常态下，处于较低振动能级的分子与谐振子振动模型极为相似。只有当 $V\geqslant3$ 时，分子振动势能曲线才显著偏离谐振子势能曲线。由于通常的红外吸收光谱主要讨论从基态跃迁到第一激发态（$V_0\rightarrow V_1$），以及从基态直接跃迁到第二激发态（$V_0\rightarrow V_2$）引起的吸收，因此，可以用谐振子的运动规律近似地讨论化学键的振动。

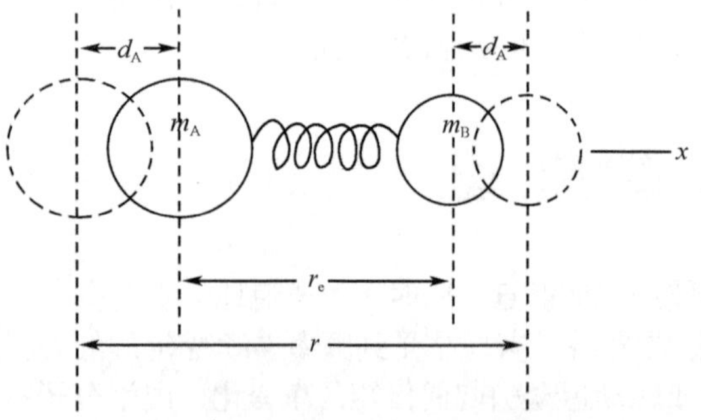

图 12-1　成键双原子间的振动模型

r_e为原子间平衡距离；r为瞬时原子间距离

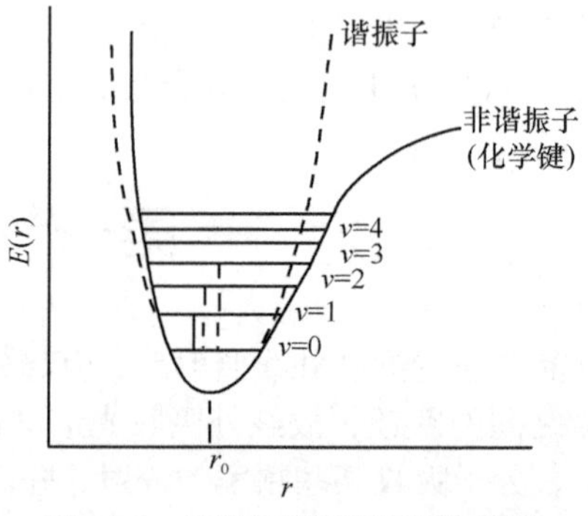

图 12-2　双原子分子的势能曲线

表 12-1　部分化学键的伸缩力常数（N/cm）

键	分子	K	键	分子	K
H—F	HF	9.7	H—C	$CH_2=CH_2$	5.1
H—Cl	HCl	4.8	H—C	$CH\equiv CH$	5.9
H—Br	HBr	4.1	C—Cl	CH_3Cl	3.4
H—I	HI	3.2	C—C		4.5～5.6

续表

键	分子	K	键	分子	K
H—O	H_2O	7.8	C═C		9.5～9.9
H—O	游离	7.12	C≡C		15～17
H—S	H_2S	4.3	C—O		5.0～5.8
H—N	NH_3	6.5	C═O		12～13
H—C	CH_3X	4.7～5.0	C≡N		16～18

（二）振动能与振动频率

根据量子力学，振动能为

$$E_{振}=(V+1/2)h\nu \tag{12-3}$$

式中，ν 为分子振动频率；h 为普朗克常量；V 为振动量子数（0，1，2，3，…）。

当辐射能的能量等于分子的两个振动能级能量之差时，分子便吸收该红外辐射能的能量，使振动能级发生跃迁，由基态跃迁至激发态。

把由化学键连接的两个原子近似看成谐振子，由 Hooke 定律可以推导出双原子分子或基团的伸缩振动波数 $\bar{\nu}$（cm^{-1}）、化学键力常数 K（N/cm）与两原子的相对原子质量（m_A、m_B）之间的关系为

$$\bar{\nu}=\frac{1}{\lambda}=\frac{\nu}{c}=\frac{1}{2\pi c}\sqrt{\frac{K}{\mu}} \tag{12-4}$$

$$\mu=\frac{m_A m_B}{m_A+m_B} \tag{12-5}$$

式中，K 为化学键的力常数，c 为光速（3×10^8m/s）；ν 为振动频率；$\bar{\nu}$ 为波数，μ 为原子的折合质量。

用原子 A、B 的折合原子量 μ' 代替 μ，因为 $\mu=\mu'/(6.023\times10^{23})$，则式（12-4）可简化为

$$\bar{\nu}=1302\sqrt{\frac{K}{\mu'}} \tag{12-6}$$

该式表明双原子分子的振动频率（波数）随着化学键力常数的增大而增加，同时也随着原子折合质量的增加而降低。

根据式（12-6）可计算出某些基团基本振动频率。

例 12-1　计算 C≡C 键的伸缩振动频率。

解：从表 12-1 中查得 C≡C 的 $K=15\sim17$，令其为 16N/cm，$\mu'=\dfrac{12\times12}{12+12}=6$，代入式（12-6）中得

$$\bar{\nu}=1302\sqrt{\frac{16}{6}}\approx2126(cm^{-1})$$

以上计算结果与红外检测 C≡C 伸缩振动频率在 2400～2100cm^{-1} 基本一致。

二、振动形式与振动自由度

分子中的化学键都能发生振动，各键的振动频率与化学键的性质及原子的质量有关。每一种振动能级的跃迁，都可能会在红外吸收光谱上产生相应的吸收峰。讨论振动形式可以了解吸收峰的起源，即吸收峰是由什么振动形式的能级跃迁所引起。讨论振动形式的数目（振动自由度），有助于了解基频峰的可能数目。

（一）振动形式

双原子分子只有一种振动形式：伸缩振动；而多原子分子有两类振动形式：伸缩振动和弯曲振动。

1. 伸缩振动（stretching vibration） 原子间键长沿键轴方向伸缩，键长发生变化而键角不变的振动称为伸缩振动，以 ν 表示。又可分为对称伸缩（ν_s）和不对称伸缩（ν_{as}）两种。

2. 弯曲振动（bending vibration） 原子间键角为垂直化学键方向的振动，只改变键角而不影响键长的振动称为弯曲振动或变形振动，以 δ 表示。可分为面内弯曲振动（β）和面外弯曲振动（γ）等形式。而面内弯曲振动又分为剪式振动（δ_s）和面内摇摆振动（ρ）；面外弯曲振动又分为面外摇摆振动（ω）和扭曲振动（τ）。

上述各种振动形式以亚甲基（—CH_2）为例，如图 12-3 所示。

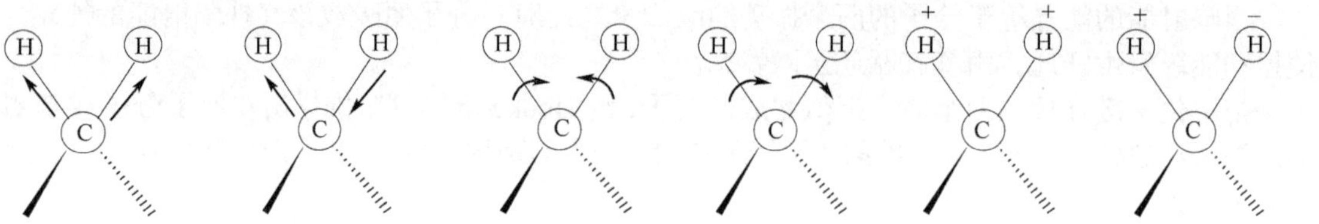

图 12-3 亚甲基的振动类型

"→"表示纸面上的振动；"+、−"表示垂直于纸面的振动

（二）振动自由度

研究多原子分子时，常把其复杂振动分解为许多简单的基本振动（伸缩振动和弯曲振动），基本振动的数目称为振动自由度（vibrational degree of freedom），即分子的独立振动数目。因为标定一个原子在空间的位置，需要有 x、y、z 三个坐标，故一个原子有 3 个自由度。在含有 N 个原子的分子中，每一个原子都有 3 个自由度，所以分子自由度的总数应是 $3N$ 个自由度。分子作为一个整体，其运动形式又可分为平动、振动和转动三类，故：

分子自由度数（$3N$）= 平动自由度 + 振动自由度 + 转动自由度

其中，分子平动能的改变，不产生光谱，转动能级跃迁产生远红外吸收光谱，故而在讨论中红外吸收光谱时，这两种运动形式需要扣除，则：

$$\text{振动自由度} = \text{分子自由度}(3N) - (\text{平动自由度} + \text{转动自由度})$$

$$\text{非线性分子振动自由度} = 3N - (3+3) = 3N-6$$

$$\text{线性分子振动自由度} = 3N - (3+2) = 3N-5$$

这是因为每个分子有三个平动自由度；非线性分子有 3 个转动自由度；而线性分子只有 2 个转动自由度，是因其沿 z 轴转动时空间位置不发生变化，故不产生自由度。

例如，线形分子 CO_2 分子有 4（$3N-5$）个振动自由度；非线形分子 H_2O 有 3（$3N-6$）个振动自由度；苯分子有 30（$3N-6$）个振动自由度。通常分子振动自由度数目越大，则在红外吸收光谱中出现的吸收峰数也就越多。

三、基频峰与泛频峰

化合物的红外吸收光谱有很多吸收峰，根据其频率与基本振动频率的关系，可分为基频峰与泛频峰。

（一）基频峰

分子的振动能级是量子化的，振动能级差的大小与分子的结构密切相关。如图 12-2 所示，当分子吸收一定频率的红外辐射能的能量后，振动能级由基态（V_0）跃迁至第一激发态（V_1）时，产生的吸收峰称为基频峰（fundamental band）。基频峰频率为分子中某种基团的基本振动频率。基频峰的强度一般较大，是红外吸收光谱上最重要的一类吸收峰。

（二）泛频峰

当分子吸收某一频率的红外光后，振动能级从基态（V_0）跃迁至第二激发态（V_2）、第三激发态（V_3）等所产生的吸收峰，分别称为二倍频峰、三倍频峰等，统称为倍频峰（overtone band）。实际上，倍频峰的振动频率总是比基频峰频率的整数倍略低一点。倍频峰的强度比基频峰弱得多，三倍频及以上的峰因强度极弱而难以观测到。

除此以外，红外吸收光谱中还有合频峰或差频峰，它们分别对应两个或多个基频峰之和或差。合频峰、差频峰又称为组频峰，其强度也很弱，一般在图谱上不易辨认。倍频峰、合频峰和差频峰统称为泛频峰，泛频峰都是弱峰，且多数出现在近红外区，它们的存在使红外吸收光谱变得复杂，但增强了光谱的特征性。

四、特征区、指纹区与相关峰

（一）特征区

有机化合物分子中一些主要官能团的特征吸收多发生在红外区域 4000～1250cm^{-1}（2.5～8.0μm）。该区域吸收峰比较容易辨认，故通常把该区域称为特征谱带区或基团频率区。该区相应的吸收峰称为特征吸收峰或特征峰。

（二）指纹区

红外吸收光谱上 1250～400cm^{-1}（8.0～25μm）的低频区，通常称为指纹区。在此区域中各种官能团的特征频率不具有鲜明的特征性。出现的峰主要是 CX（X═ C、N、O）单键的伸缩振动及各种弯曲振动。由于这些单键的键强差别不大，原子质量又相似，所以峰带特别密集，不容易辨认，但是特征性强，就像人的指纹，故称指纹区。分子结构上的微小变化都会引起指纹区光谱的明显变化，因此在确定有机化合物结构时用途也很大。

（三）相关峰

由一个基团所产生的一组相互依存又相互佐证的特征峰称为相关峰。以区别于非依存的其他特征峰。在中红外光谱区，大多数基团都有一组相关吸收峰，如羧基（—COOH）的红外吸收峰：ν_{O-H} 在 3400～2400cm^{-1} 区间有很宽的吸收峰，$\nu_{C=O}$ 在 1710cm^{-1} 附近有强、宽的吸收峰，ν_{C-O} 在 1260cm^{-1} 附近有中等强度的吸收峰，δ_{O-H}（面外弯曲）在 930cm^{-1} 附近有弱宽峰。这一组特征峰是因羧基的存在而存在的，故为相关峰。用一组相关峰确定一个官能团是否存在，是光谱解析的一个重要依据。

五、吸收峰的峰数

理论上，每个振动自由度（基本振动数）在红外吸收光谱区均产生一个吸收峰带。但实际上，吸收峰数往往少于基本振动数目。这是因为：①当振动过程中分子不发生瞬间偶极矩变化时，不产生红外吸收（称为红外非活性振动）；②振动频率完全相同的基频峰在同一位置处仅出现一个吸收峰（称为简并）；③强宽峰通常要覆盖与它频率相近的弱而窄的吸收峰；④吸收峰有时落在中红外区域以外；⑤吸收强度太弱，以致无法测定。

例 12-2 CO_2分子的基本振动形式及 IR 光谱。

CO_2为线性分子，其振动自由度为= 3×3–5 = 4，具体振动形式及其红外吸收光谱如图 12-4 所示。

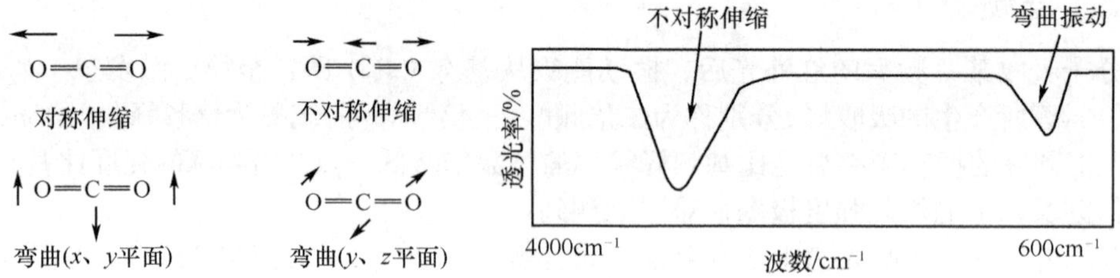

图 12-4 CO_2分子的振动形式及红外吸收光谱图

CO_2分子理论上有四种基本振动形式，但实际上只在 667cm^{-1} 和 2349cm^{-1} 处出现两个基频吸收峰，如图 12-4 所示。这是因为其中对称伸缩振动不引起偶极矩的改变，是红外非活性振动，因此无吸收峰；而面内弯曲振动（$\beta_{C=O}$ 667cm^{-1}）和面外弯曲振动（$\gamma_{C=O}$ 667cm^{-1}）又因频率完全相同，峰带发生简并。

六、吸收峰的强度

红外吸收峰的强度通常是指各峰的相对强度，主要取决于振动时分子偶极矩变化的大小。只有偶极矩发生变化的振动形式，才能吸收与其振动具有相同频率的红外线能量，产生相应的吸收峰。而且瞬间偶极矩越大，吸收峰越强。而偶极矩与分子结构的对称性有关，振动的对称性越高，振动中分子偶极矩变化越小，吸收峰强度也就越弱。因而一般说来，极性较强的基团（如 C ═ O、C—X 等）振动，吸收强度较大；极性弱的基团（如 C ═ C、C—C、N ═N 等）振动，吸收较弱。

红外吸收峰的绝对强度常用摩尔吸光系数“ε”表示，通常，$\varepsilon>100$ 时，表示很强峰，用“vs”表示；$\varepsilon = 20\sim100$ 时，为强峰，用“s”表示；$\varepsilon = 10\sim20$ 时，为中强峰，用“m”表示；$\varepsilon = 1\sim10$ 时，为弱峰，用“w”表示；$\varepsilon<1$ 时，为极弱峰，用“vw”表示。红外吸收光谱用于定性分析时所指的峰强一般是指相对强度。

第二节 影响谱带位置的因素

分子内各基团的振动不是孤立的，会受分子的内部结构和外部因素影响。所以，相同基团的特征吸收并不总在一个固定的频率上，而是在一定频率范围内波动。影响峰位变化的因素主要有以下几个方面。

一、内部因素

（一）电子效应（electronic effect）

1. 诱导效应（inductive effect，I 效应） 由于取代基具有不同的电负性，通过静电诱导效应，引起分子中电子分布的变化，改变了化学键的力常数，使键或基团的特征频率发生位移，这种现象称为诱导效应。例如，当电负性较强的元素与羰基相邻时，由于诱导效应，氧上的电子转移，导致 C═O 键的力常数变大，因而 $\bar{\nu}$ 就越大，故 $\nu_{C=O}$ 吸收峰将向高波数方向移动。元素的电负性越强，诱导效应越强，吸收峰向高波数方向移动的程度越显著，如：

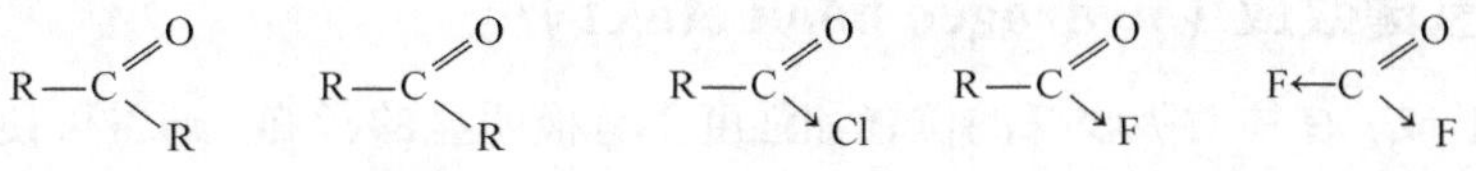

$\nu_{C=O}$　1715cm^{-1}　1730cm^{-1}　1800cm^{-1}　1920cm^{-1}　1928cm^{-1}

2. 共轭效应（conjugative effect，C 效应） 由于分子中形成 π-π 共轭或 p-π 共轭而引起的某些键的振动频率和强度改变的现象称为共轭效应。共轭效应的结果使共轭体系中的电子云密度平均化，使 C ═ O 的双键性降低，双键略有伸长，力常数 *K* 减小，故吸收峰向低波数方向移动。对 π-π 共轭体系而言，共轭效应比较简单，两个 C ═ C 的共轭或 C ═ C 与 C ═ O 的共轭，其结果都是双键的振动频率向低波数方向移动。但在 p-π 共轭体系中，诱导效应与共轭效应常同时存在，吸收峰移动方向取决于哪一种效应占主导地位，使 π 键伸缩振动频率可能减小或增大。例如，下列化合物的 $\nu_{C=O}$ 变化：

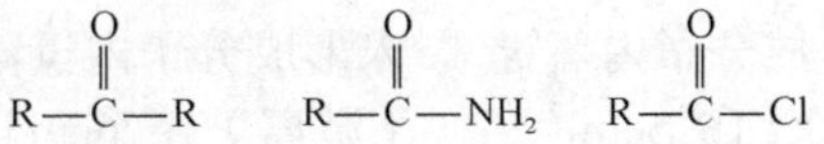

1710~1725cm^{-1}　1650~1690cm^{-1}　约1800cm^{-1}

因此对酰胺来说，共轭效应的影响超过了诱导效应，使羰基的双键性减弱，吸收频率降低，而对于酰氯来说，诱导效应的影响超过了共轭效应，故使 $\nu_{C=O}$ 吸收频率升高。

（二）空间效应（steric effect）

1. 空间位阻效应 由于分子中各基团间在空间的位阻作用，共轭作用对空间位阻最为敏感，空间位阻使共轭体系的共平面性受到影响或破坏，吸收峰将向高波数方向移动。

化合物

$\nu_{C=C}$/cm^{-1}

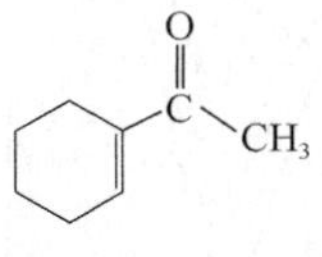

(A)

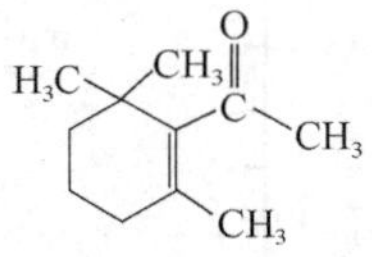

(B)

$\nu_{C=O}$　1633cm^{-1}　1693cm^{-1}

上述化合物（B）的空间障碍比较大，使环上双键与 C ═ O 的共轭受到限制，故（B）中 C ═ O 的双键性强于化合物（A），吸收峰出现在高波数区。

2. 环张力效应（键角张力作用） 当形成环状分子时，必须改变原来正常的键角而产生键的弯曲，于是就存在抵抗弯曲的张力，随着环的缩小，键的弯曲程度随之增大，环的张力也逐渐增加，这使得环内双键被减弱，$\nu_{C=O}$ 频率降低；而使得环外双键、环上羰基被加强，$\nu_{C=C}$ 和 $\nu_{C=O}$ 的频率升高。例如，

化合物	环己烯	环戊烯	环丁烯	环丙烯
$\nu_{C=C}/cm^{-1}$	1646	1611	1566	1541
化合物	环己酮	环戊酮	环丁酮	
$\nu_{C=O}/cm^{-1}$	1716	1745	1775	

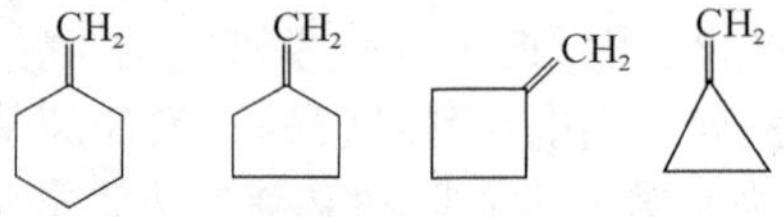

化合物				
$\nu_{C=C}/cm^{-1}$	1650	1657	1678	1781

（三）氢键效应（hydrogen bond effect）

氢键的形成，往往对吸收峰的位置和强度都有极明显的影响。通常可使伸缩频率向低波数方向移动，吸收峰变宽变强。

1. 分子内氢键 分子内氢键的形成可使伸缩振动吸收峰大幅度地向低波数方向移动。分子内氢键不受浓度影响，吸收峰的位置与浓度无关，有助于结构分析。例如，羟基和羰基形成分子内氢键，$\nu_{C=O}$及ν_{OH}都向低波数区移动。

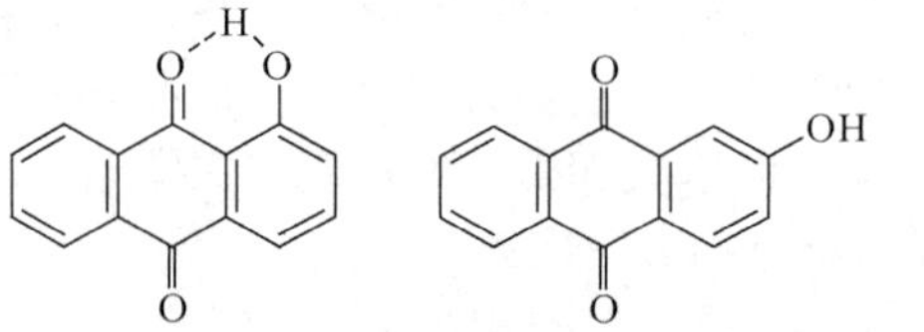

	形成分子内氢键	未形成分子内氢键
$\nu_{C=O}$	1622cm^{-1}（缔合）、1675cm^{-1}（游离）	1676cm^{-1}（游离）、1673cm^{-1}（游离）
ν_{OH}	2843cm^{-1}（缔合）	3615～3605cm^{-1}（游离）

2. 分子间氢键 分子间氢键与浓度有关，吸收峰的位置随浓度的变化而改变。例如，醇与酚的羟基，在极稀的溶液中呈游离状态，在 3650～3600cm^{-1}出现吸收峰；随着浓度增加，分子间形成氢键，故ν_{OH}向低波数方向移动至 3515cm^{-1}（二聚体）及 3350cm^{-1}（多聚体）。不同浓度乙醇的四氯化碳溶液的红外吸收光谱如图 12-5 所示。

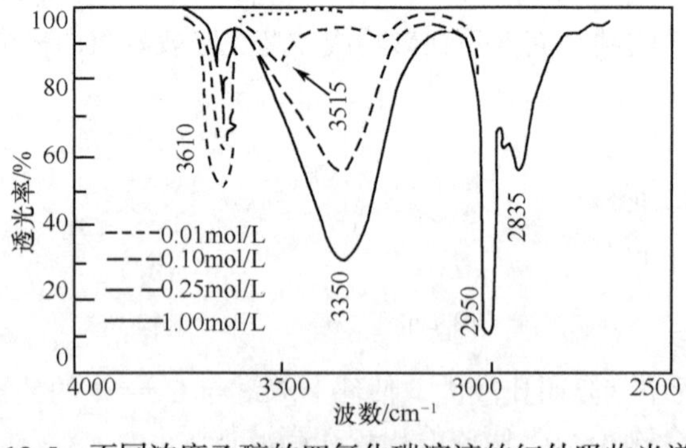

图 12-5 不同浓度乙醇的四氯化碳溶液的红外吸收光谱图

（四）振动偶合效应和 Fermi（费米）共振效应

当两个振动频率相同或相近的基团在分子中靠得很近时，振动频率发生变化，一个向高频移动，另一个向低频移动，其相应的特征吸收峰常发生裂分，形成两个峰，这种现象称为振动偶合。例如，丙二烯的两个双键的振动偶合，产生了 1960cm^{-1}和 1070cm^{-1}处的裂分吸收峰。

当一振动的倍频（或组频）与另一振动的基频吸收峰接近时，由于发生强烈的相互作用，使原来很弱的泛频峰强化（或出现裂分双峰），这种特殊的振动偶合称为 Fermi 共振。例如，醛基的 ν_{C-H} 基频与 δ_{C-H} 倍频接近，产生 Fermi 共振，在 2840cm^{-1}、2720cm^{-1} 左右产生两个中等强度的吸收峰，这是鉴定醛的特征吸收峰。

二、外部因素

通常在对同一种物质的分子进行分析测试时，物理状态不同、溶剂极性不同、溶液浓度和温度改变、红外吸收光谱仪类型的差异等外部条件都可能使溶质的红外吸收光谱发生变化。因此在解析红外吸收光谱时，必须考虑这些外部因素对吸收峰位的影响。

第三节　红外吸收光谱与分子结构的关系

绝大多数有机化合物的基频峰出现在 4000～400cm^{-1} 波数区域。在研究了大量相关化合物红外吸收光谱的基础上，总结出了各种特征基团的特征吸收频率，真实地反映了红外吸收光谱与分子结构的关系，故常用于有机化合物的结构分析。

一、红外吸收光谱的九个重要区段

有机化合物的红外吸收光谱是分子结构的客观反映，红外光谱图中的吸收峰分别对应着分子中的基团或化学键的各种振动形式。为便于解析红外吸收光谱，可将整个中红外区域进一步细分为九个重要区段，见表 12-2。根据表 12-2，可以推测有机化合物的红外吸收光谱特征；反之，也可以根据有机化合物的红外吸收光谱特征，初步推测化合物可能存在的官能团，为进一步推断化合物的结构提供信息。

表 12-2　红外吸收光谱的九个重要区段

区段	波数/cm^{-1}	波长/μm	键的振动类型
1	3750～3000	2.7～3.3	ν_{OH}，ν_{NH}
2	3300～3000	3.0～3.3	ν_{CH}（≡C—H，═C—H，Ar—H）
3	3000～2700	3.3～3.7	ν_{CH}（—CH_3，—CH_2及—CH，—CHO）
4	2400～2100	4.2～4.9	$\nu_{C\equiv N}$，$\nu_{C\equiv C}$
5	1900～1650	5.3～6.1	$\nu_{C=O}$（醛、酮、羧酸、酰胺、酯、酸酐、酰氯等）
6	1680～1500	6.0～6.7	$\nu_{C=C}$（脂肪族和芳香族），$\nu_{C=N}$
7	1475～1300	6.8～7.7	δ_{CH}
8	1300～1000	7.7～10.0	ν_{C-O}（酚、醇、醚、酯、羧酸）
9	1000～650	10.0～15.4	$\gamma_{=CH}$（烯氢、芳氢）

二、有机化合物的典型光谱

通过典型光谱了解各类有机化合物的红外吸收光谱特征。对比典型光谱，识别某些基团的特征峰，识别红外吸收光谱与分子结构的关系。

（一）烷烃类

烷烃类红外吸收光谱中，有价值的特征峰是 ν_{C-H} 3000～2850cm^{-1}（s）和 δ_{C-H} 1470～1375cm^{-1}。饱和化合物的碳氢的伸缩振动均在 3000cm^{-1} 以下区域，不饱和化合物的碳氢伸缩振动均在 3000cm^{-1} 以上区域，由此可以区分饱和及不饱和化合物。

1. ν_{C-H}

$CH_3\nu_{as}(2960\pm15)cm^{-1}(s)$；$\nu_s(2870\pm15)cm^{-1}(s)$

$CH_2\nu_{as}(2926\pm10)cm^{-1}(s)$；$\nu_s(2852\pm10)cm^{-1}(s)$

$CH\nu(2890\pm10)cm^{-1}(w)$；一般被 CH_3 和 CH_2 的 ν_{CH} 所掩盖，不易检出。

2. δ_{C-H}

CH_3 $\delta_{as}(1450\pm20)cm^{-1}(m)$；$\delta_s(1375\pm10)cm^{-1}(s)$

CH_2 $\delta_{as}(1465\pm10)cm^{-1}(m)$

（1）当两个或三个—CH_3 在同一碳原子上时，由于同碳位的两个同相位和反相位的面内弯曲振动偶合使 $\delta_s(1375\pm10)cm^{-1}$ 吸收带裂分为双峰。异丙基{—CH（CH_3）$_2$}的 δ_s 吸收峰大约位于 1385cm^{-1} 和 1370cm^{-1} 处，其强度几乎相等，或分叉为主带和肩带（图 12-6）。叔丁基{—C（CH_3）$_3$}振动偶合使对称弯曲振动裂分为位于 1395cm^{-1} 和 1365cm^{-1} 处两个吸收峰，低频吸收带的强度比高频吸收带强一倍。

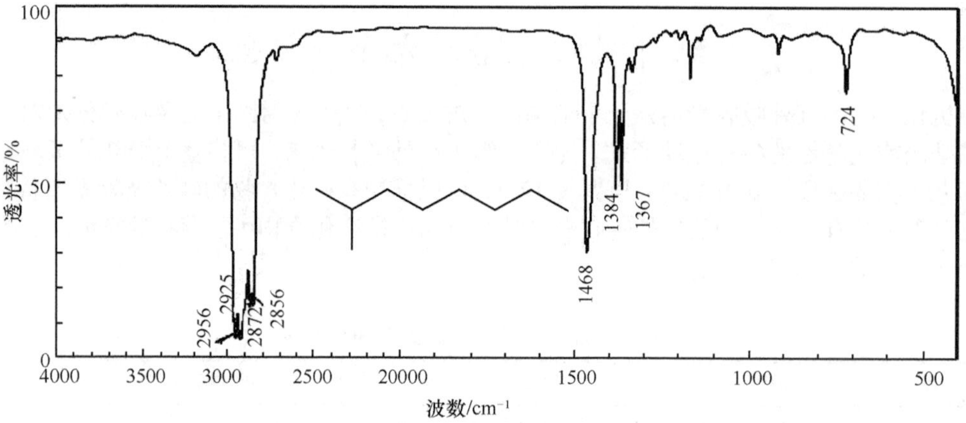

图 12-6　2-甲基辛烷的红外吸收光谱图

（2）CH_2 的面内摇摆振动频率（ρ_{CH}）随邻 CH_2 数目而变化。在—$(CH_2)_n$—中 $n\geq4$ 时，ρ_{CH} 峰出现在 $(722\pm10)cm^{-1}(m)$ 处。随着相连—CH_2 个数的减少，峰位有规律地向高波数方向移动。据此可判断分子中—CH_2 链的长短。

（3）环烷烃中，CH_2 的伸缩振动频率，随着环张力的增加，sp^2 杂化程度增加，ν_{C-H} 向高波数方向移动，如环丙烷中的 $\nu_{as(CH)}$ 出现在 3050cm^{-1}，强度减弱。

（二）烯烃类

烯烃类化合物，红外吸收光谱特征是 $\nu_{=CH}$ 3095～3000cm^{-1}（m），$\gamma_{=CH}$1010～667cm^{-1}（s），$\nu_{C=C}$1695～1540cm^{-1}（w）。

1. $\nu_{=CH}$　凡是未全部取代的双键在 3000 cm^{-1} 以上区域应有键的伸缩振动吸收峰。结合碳碳双键特征峰可确定其是否为烯烃类化合物。

2. $\nu_{C=C}$　烯烃的 $\nu_{C=C}$ 大多在 1650cm^{-1} 附近，一般强度较弱。$\nu_{C=C}$ 的强度和取代基团的情况有关，乙烯或具有对称中心的反式烯烃和四取代烯烃的 $\nu_{C=C}$ 峰消失；共轭双键或 C═C 与

C═O、C≡N、芳环等共轭时，$\nu_{C=C}$频率降低 10～30cm^{-1}。例如，乙烯苯中乙烯基的$\nu_{C=C}$为 1630cm^{-1}。

3. $\gamma_{=CH}$　烯烃的$\gamma_{=CH}$受其他基团的影响较小，峰较强，具有高度特征性，可用于烯烃的定性分析，确定烯烃类化合物的取代类型，如图 12-7 所示。如乙烯基的$\gamma_{=CH}$于（990±5）cm^{-1}和（910±5）cm^{-1}出现双峰；反式单烯取代的$\gamma_{=CH}$出现在（965±10）cm^{-1}，顺式单烯双取代的$\gamma_{=CH}$出现在（690±10）cm^{-1}，差别显著。

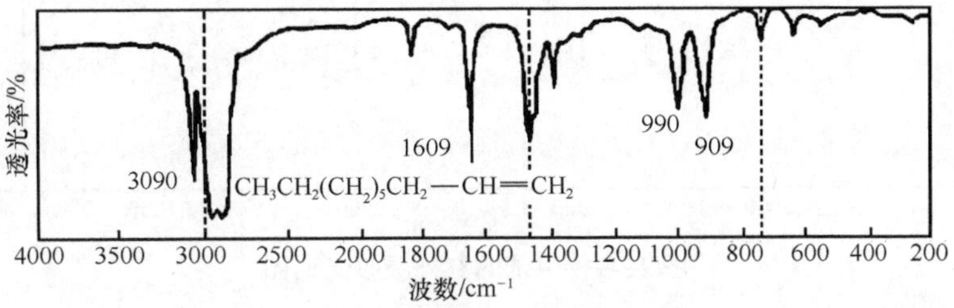

图 12-7　1-癸烯的红外吸收光谱图

（三）炔烃类

炔烃类主要有三种类型的振动：$\nu_{\equiv CH}$～3300cm^{-1}（s，尖锐），$\nu_{C\equiv C}$2270～2100cm^{-1}（尖锐），$\gamma_{\equiv CH}$645～615cm^{-1}（强，宽吸收）。如图 12-8 所示。

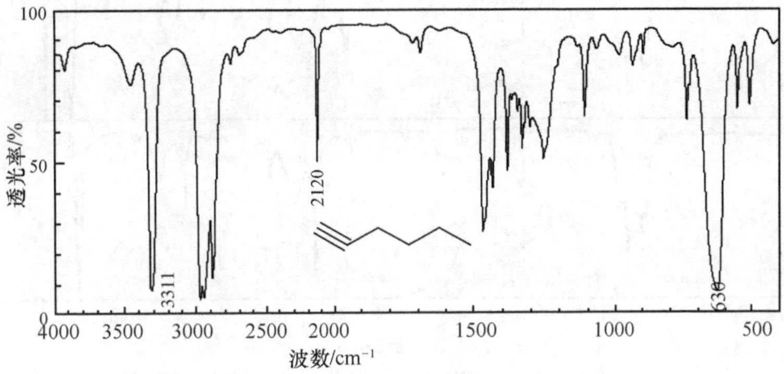

图 12-8　1-己炔的红外吸收光谱图

（四）芳烃类

1. $\nu_{=CH}$　属于芳氢伸缩振动的特征峰，大多出现在 3070～3030cm^{-1}，峰形尖锐，常和苯环骨架振动（$\nu_{C=C}$）的合频峰在一起，形成整个吸收带。

2. $\nu_{C=C}$　属于苯环骨架振动的特征峰，一般在 1650～1430cm^{-1}区域出现两个到四个强度不等而尖锐的峰。

3. $\beta_{=C-H}$　属于芳氢面内弯曲振动的特征峰，一般在 1250～1000cm^{-1}区域出现强度较弱的吸收峰。

4. $\gamma_{=C-H}$　属于芳氢面外弯曲振动的特征峰，常在 910～665cm^{-1}处出现吸收峰，用于芳环的取代位置和数目的鉴定。单取代的$\gamma_{=CH}$出现在 690cm^{-1}和 750cm^{-1}；邻二取代的$\gamma_{=CH}$出现在 750cm^{-1}；间二取代的$\gamma_{=CH}$有三个峰出现在 690cm^{-1}、780cm^{-1}、880cm^{-1}；对二取代的$\gamma_{=CH}$是单峰，出现在 860～800cm^{-1}。如图 12-9 和图 12-10 所示。

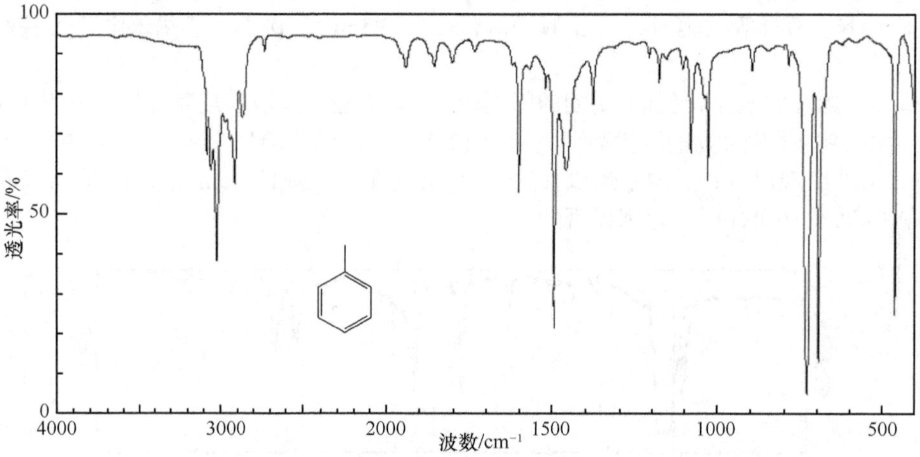

图 12-9　甲苯的红外吸收光谱图

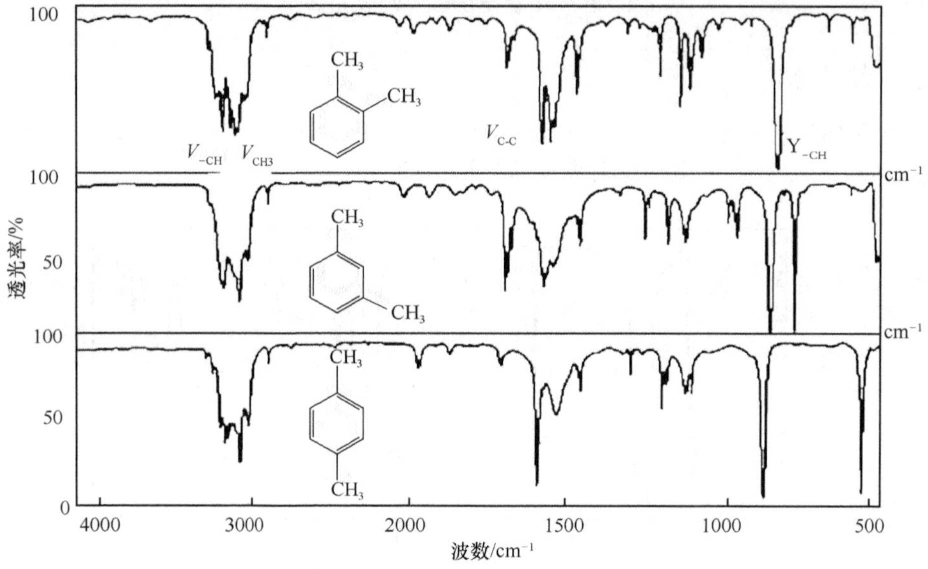

图 12-10　邻、间及对位二甲苯的红外吸收光谱图

5. 取代苯的泛频峰　取代苯的泛频峰出现在 2000～1667cm^{-1} 范围内，是苯环取代位置的高度特征峰，来源于 $\gamma_{=CH}$ 910～665cm^{-1} 的倍频峰和合频峰，峰强较弱，常与 $\gamma_{=CH}$ 峰联用来鉴别芳环的取代基的数目与位置。

（五）醇、酚及羧酸类

醇、酚及羧酸这三类化合物均含有羟基。对比正辛醇、丙酸、苯酚的红外吸收光谱图（图 12-11），发现它们具有某些相同的特征峰，如 ν_{O-H} 和 ν_{C-O}。此外，羧酸有 $\nu_{C=O}$，酚具有苯环特征吸收峰。

1. ν_{O-H}　在气态或非极性稀溶液中，游离的醇或酚 ν_{O-H} 峰位于 3650～3590cm^{-1} 范围内，强度不定但峰形尖锐。羧酸的羟基与醇类不同，具有与氢很强的结合力，在通常测定条件下，都要形成氢键缔合，在 3300～2500cm^{-1} 范围内形成独特的宽峰。在液态或极性溶液中，该类化合物均产生氢键缔合，形成二聚体或多聚体，导致 ν_{O-H} 峰向低频方向移动。通常二聚体的 ν_{O-H} 峰比游离羟基频率低 120cm^{-1}，多聚体的 ν_{O-H} 约低 30cm^{-1}。

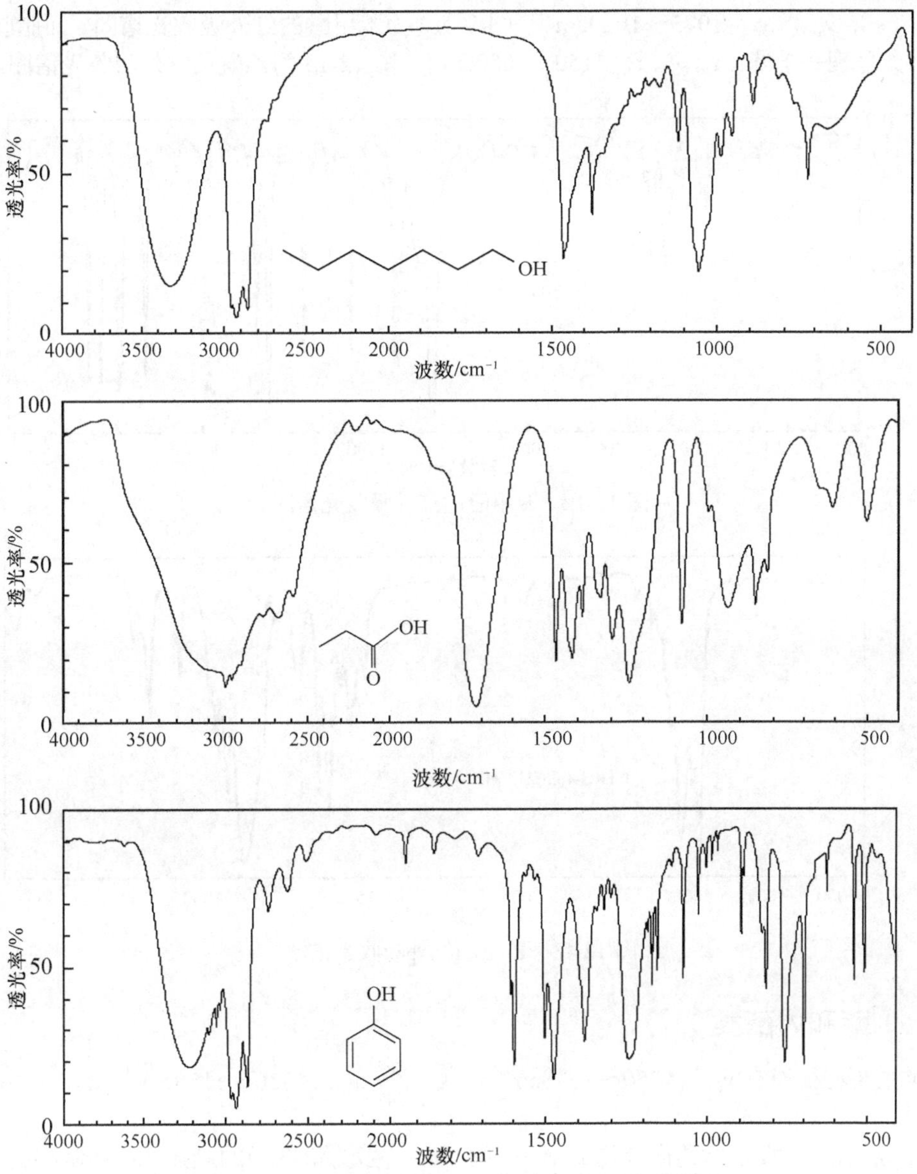

图 12-11　正辛醇、丙酸、苯酚的红外吸收光谱图

2. ν_{C-O} 及 δ_{O-H}　ν_{C-O} 峰较强，是羟基化合物的第二特征峰。醇的 ν_{C-O} 为 1250～1000cm^{-1}；酚的 ν_{C-O} 为 1335～1165cm^{-1}；羧酸 ν_{C-O} 出现在 1266～1205cm^{-1}。δ_{O-H} 较弱，且峰位与 ν_{C-O} 接近，因此，常把此区段出现的双峰视为 ν_{C-O} 及 δ_{O-H} 偶合所致，不细分它们的归属。

3. $\nu_{C=O}$　$\nu_{C=O}$ 是此三类化合物中羧酸独有的重要特征吸收峰，为 1740～1650cm^{-1} 的高强度吸收峰，干扰较少。可据此区别羧酸与醇和酚。

（六）醚类

醚类化合物最主要的吸收峰主要是 ν_{C-O} 峰，位于 1300～1000cm^{-1} 区域。由于醇、酚和酯类化合物在这个区间也存在 ν_{C-O}，因此只有在否定了羟基和羰基存在的前提下，才能肯定 1300～1000cm^{-1} 的 ν_{C-O} 是来自醚类化合物。

苯基醚和乙烯基醚在 1300～1000cm^{-1} 区间两端各呈现一个强峰，它们分别是 $\nu_{s(C-O-C)}$1275～

1200cm^{-1}（s），$\nu_{as(C-O-C)}$ 1075～1020cm^{-1}，图 12-12 为苯甲醚的红外吸收光谱图。而脂肪醚在该区间的右方呈现一个峰：$\nu_{as(C-O-C)}$ 1150～1050cm^{-1}，图 12-13 为乙醚的红外吸收光谱图。

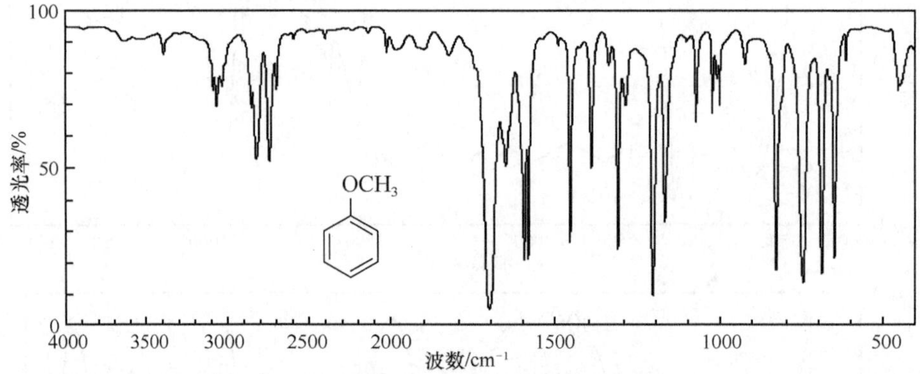

图 12-12　苯甲醚的红外吸收光谱图

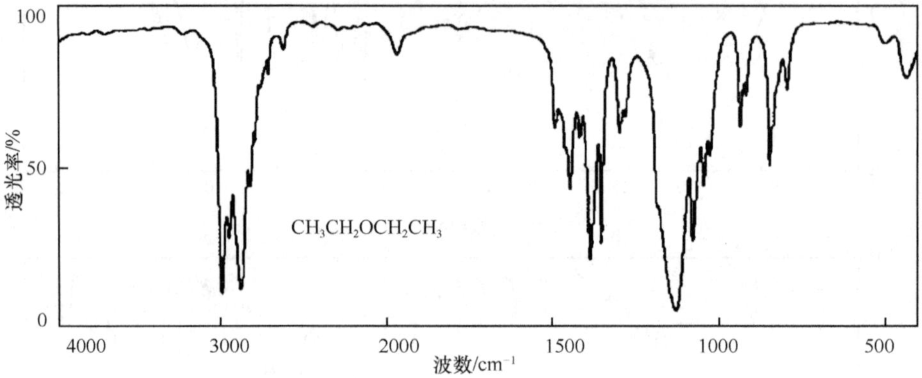

图 12-13　乙醚的红外吸收光谱图

（七）酯和内酯类

酯类主要特征峰有 $\nu_{C=O}$ 1750～1735cm^{-1}（s），$\nu_{as(C-O-C)}$ 1330～1150cm^{-1}，$\nu_{s(C-O-C)}$ 1240～1030cm^{-1}。

1. $\nu_{C=O}$　$\nu_{C=O}$ 峰是酯类化合物的第一特征峰，一般为谱图中的最强峰。通常酯的 $\nu_{C=O}$ 峰（1740cm^{-1}）比酮的吸收峰（1720cm^{-1}）强度高，因为酯分子中的氧原子吸电子诱导效应（I）大于供电子共轭效应（C），从而使振动频率向高频方向移动。

内酯的 $\nu_{C=O}$ 峰位置与环的张力大小密切相关。六元环无张力，与正常开链酯相同，$\nu_{C=O}$ 在 1740cm^{-1}。环变小，张力增加，键力常数增大，$\nu_{C=O}$ 吸收峰向高频方向移动。例如，丙内酯的 $\nu_{C=O}$ 峰值比开链酯或六元环酯峰增加 85cm^{-1}。

2. ν_{C-O-C}　酯的 $\nu_{as(C-O-C)}$ 峰强度大，峰较宽，是鉴别酯的第二特征峰，如图 12-14 所示。$\nu_{as(C-O-C)}$ 1330～1150cm^{-1}。$\nu_{s(C-O-C)}$ 1240～1030cm^{-1}，内酯的 $\nu_{s(C-O-C)}$ 强度一般都较大。

（八）醛和酮类

醛、酮类化合物均含羰基。羰基峰强度大，且很少与其他峰重叠，几乎独占 1700cm^{-1} 左右的区间，易识别。$\nu_{C=O}$ 峰受羰基相连的基团影响，峰位变化较大。饱和脂肪醛为 1755～1695cm^{-1}，α、β-不饱和醛为 1705～1680cm^{-1}，芳醛为 1725～1665cm^{-1}。饱和链状酮为 1725～1705cm^{-1}，α、β-不饱和酮为 1685～1665cm^{-1}，而芳酮为 1700～1680cm^{-1}。

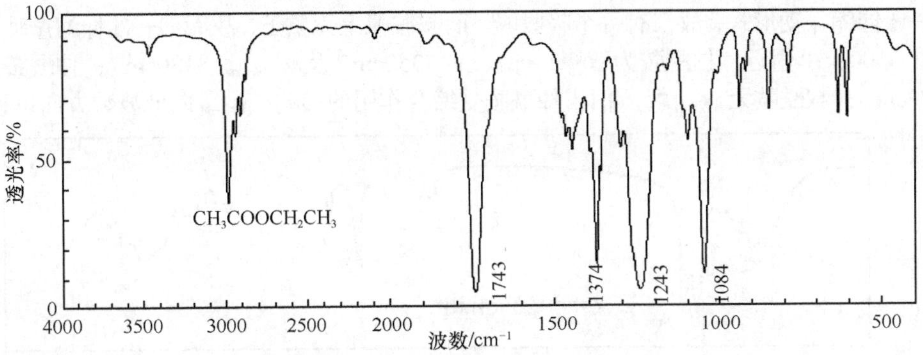

图 12-14　乙酸乙酯的红外吸收光谱图

醛类化合物的红外吸收光谱除 $\nu_{C=O}$ 峰外，ν_{CH} 峰在 2900～2700cm^{-1} 区域发生 Fermi 共振，分裂为双峰，一般这两个峰在～2820cm^{-1} 和 2740～2720cm^{-1} 出现，后者较尖，强度中等。与其他 C—H 伸缩振动互不干扰，很易识别，是鉴别醛基最有用的吸收峰，以此区别于酮类化合物。如图 12-15 和图 12-16 所示。

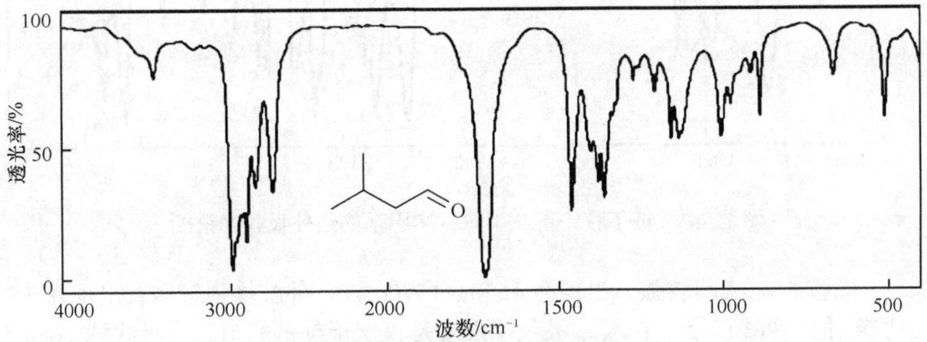

图 12-15　异戊醛的红外吸收光谱图

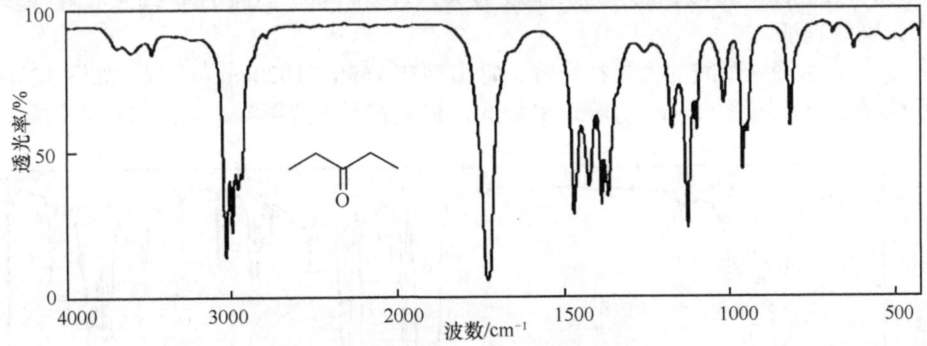

图 12-16　3-戊酮的红外吸收光谱图

（九）胺及酰胺类

胺及酰胺类化合物的共同特征峰：ν_{N-H} 3500～3100cm^{-1}（s），δ_{N-H} 1650～1550cm^{-1}（m 或 s），ν_{C-N} 1430～1020cm^{-1}。

1. ν_{N-H}　胺的 ν_{N-H} 吸收峰多出现在 3500～3300cm^{-1} 区域。伯、仲和叔胺因氮原子上氢原子的数目不同，ν_{N-H} 吸收峰的数目也不同，若不考虑分子间氢键的影响，伯胺（R—NH_2）有对称和不对称两种 N—H 伸缩振动形式，在此区域 ν_{N-H} 有两个尖而中强的峰，如图 12-17 所示。仲胺只有一种 N—H 伸缩振动形式，故仅有一个吸收峰。而叔胺氮上无质子，故无 N—H 伸缩振动吸收峰。同理，在 3500cm^{-1} 附近，伯酰胺为双峰，$\nu_{as(N-H)}$ 3350cm^{-1} 及 $\nu_{s(N-H)}$ 3180cm^{-1}；仲酰胺为单峰，ν_{N-H} 3270cm^{-1}；叔酰胺无 ν_{N-H} 峰。伯、仲酰胺受缔合作用的影响，ν_{N-H} 向低波数方向位移。

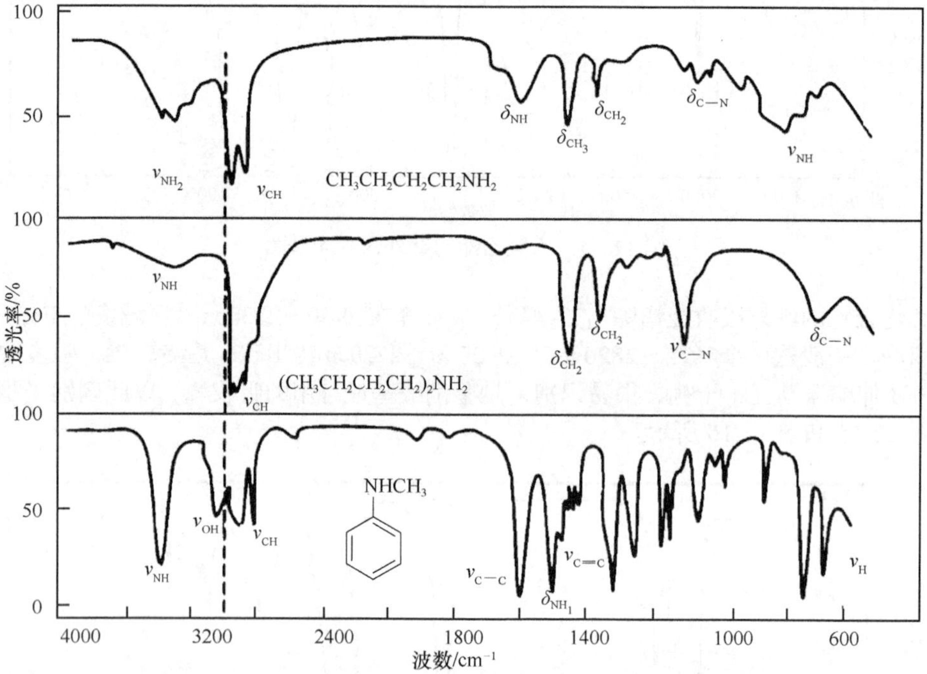

图 12-17　正丁胺、正二丁胺、*N*-甲基的红外吸收光谱图

2. δ_{N-H}　伯胺的 δ_{N-H} 峰较强，出现在 1650～1570cm^{-1}；仲胺峰强较弱，出现在 1500cm^{-1}；而叔胺无此峰。伯、仲酰胺分子中 δ_{N-H} 吸收峰强度是仅次于羰基的第二强吸收峰，特征性较强。

3. ν_{C-N}　脂肪胺的 ν_{C-N} 峰在 1235～1065cm^{-1} 区域，峰较弱，不易辨别。芳香胺的 ν_{C-N} 吸收峰在 1360～1250cm^{-1} 区域，其强度比脂肪胺大，较易辨认。酰胺的 ν_{C-N} 吸收峰很多，一般只做基团识别的辅证。

4. $\nu_{C=O}$　$\nu_{C=O}$ 峰是酰胺的主要特征峰，常出现在 1690～1620cm^{-1} 区域，如图 12-18 所示。伯、仲酰胺受缔合作用影响，$\nu_{C=O}$ 峰频率较低，叔酰胺不受此影响，据此可对它们加以区别。

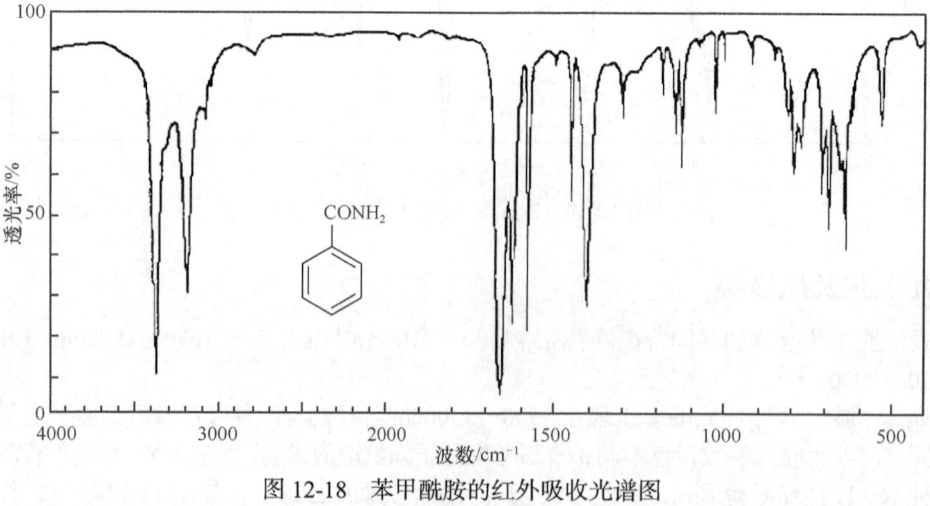

图 12-18　苯甲酰胺的红外吸收光谱图

（十）硝基化合物

硝基化合物的特征峰是硝基的不对称伸缩振动和对称伸缩振动。前者产生的吸收峰强度大且宽，后者的峰较弱。脂肪族硝基化合物 $\nu_{as(NO_2)}$ 多在 1565～1540cm^{-1} 及 $\nu_{s(NO_2)}$ 1385～1340cm^{-1}，容易辨认。芳香族硝基化合物的 $\nu_{as(NO_2)}$ 和 $\nu_{s(NO_2)}$ 均为强峰，分别出现在 1550～1510cm^{-1} 和 1365～1335cm^{-1} 区域。由于硝基的存在，使苯环的 $\nu_{=CH}$ 及 $\nu_{C=C}$ 明显减弱。如图 12-19 所示。

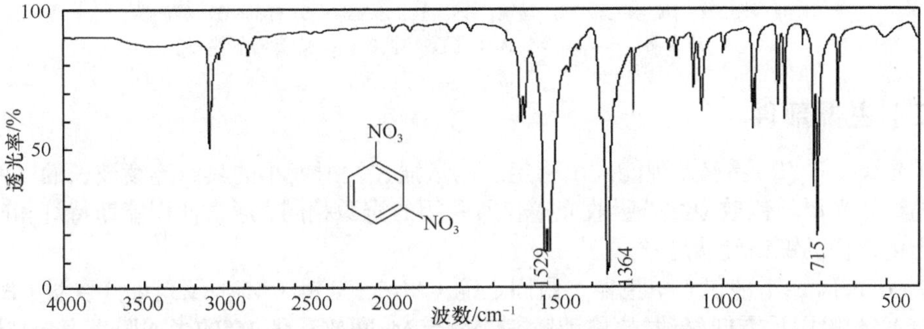

图 12-19 1，3-二硝基苯的红外吸收光谱图

第四节 红外分光光度计及制样

红外分光光度计的发展大体经历了三个阶段，其主要区别表现在单色器。第一代仪器为棱镜红外吸收光谱仪，色散元件为岩盐棱镜，易吸潮损坏，且分辨率低，已被淘汰。第二代仪器光栅型红外吸收光谱仪，其分辨率超过棱镜仪器，而且价格便宜，对环境要求不高，但扫描速度慢，灵敏度较低。第三代仪器为傅里叶变换红外吸收光谱仪（Fourier transform infrared spectrophotometer，FTIR），具有分辨率高，扫描速度极快（一次全程扫描时间在 1s 以内），体积小，重量轻，是目前应用最为广泛的红外吸收光谱仪。

红外分光光度计可分为色散型及干涉型两大类，前者习惯称为红外分光光度计，后者称为傅里叶变换红外吸收光谱仪。目前，在国内干涉型已在很大程度上取代了色散型红外吸收光谱仪，因此本节主要介绍傅里叶变换红外吸收光谱仪。

一、傅里叶变换红外吸收光谱仪简介

（一）工作原理

傅里叶变换红外吸收光谱仪简称 FTIR，其工作原理与色散型红外吸收光谱仪的工作原理有很大不同，最主要表现在单色器的差别上。FTIR 常用单色器为 Michelson（迈克尔逊）干涉仪。FTIR 由光源、Michelson 干涉仪、检测器和计算机组成，工作原理示意图如图 12-20 所示。

由图 12-20 可知，傅里叶变换红外吸收光谱仪的核心部分为干涉仪和计算机系统，光源发出的红外辐射，通过 Michelson 干涉仪，转变为干涉光，再让干涉光照射样品，得到具有样品信息的干涉光到达检测器，得到含样品信息的干涉图。再经计算机系统解出干涉图函数的傅里叶余弦变换，就得到了样品的红外吸收光谱图。

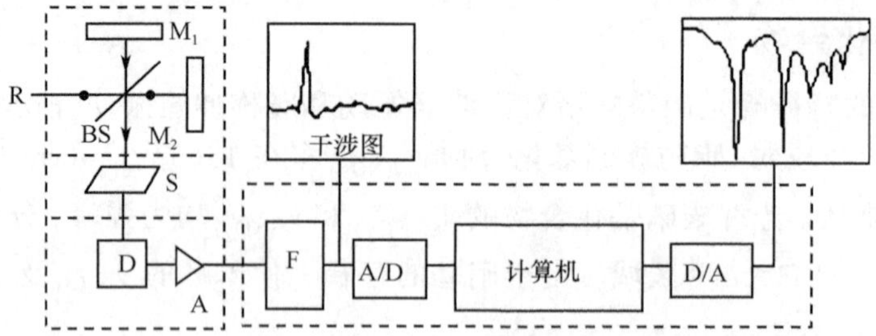

图 12-20 傅里叶变换红外吸收光谱仪工作原理示意图

R. 红外光源；M_1. 定镜；M_2. 动镜；BS. 光束分裂器；S. 样品；D. 检测器；A. 放大器；F. 滤光器；A/D. 模数转换器；D/A. 数模转换器

（二）主要部件

（1）光源 FTIR 要求光源能发出稳定、能量强、发射度小的具有连续波长的红外光，其所使用的红外光源与色散型红外吸收光谱仪所采用的光源相同，通常使用能斯特灯和硅碳棒或涂有稀土化合物的镍铬旋状灯丝。

（2）Michelson 干涉仪（单色器）由固定镜（M_1）、动镜（M_2）及光束分裂器（BS）组成（图 12-21）。M_2沿图示方向移动，故称动镜。在M_1与M_2间放置呈 45°的半透膜光束分裂器（BS），可使 50%的入射光透过，其余 50%的入射光反射。由光源 S 发出的光进入干涉仪后，被 BS 分裂为透过光Ⅰ与反射光Ⅱ，Ⅰ与Ⅱ两束光分别被M_2与M_1反射而形成相干光。因M_2的位置可变，因此，可改变两光束的光程差，当M_2以匀速向 BS 移动时，可连续改变Ⅰ与Ⅱ两光束的光程差即可得到干涉图。

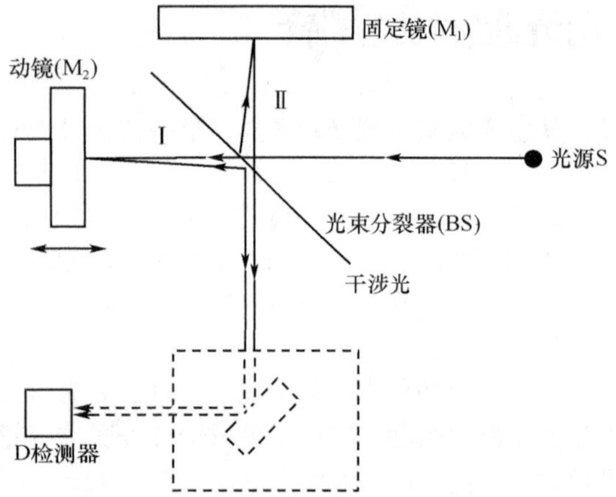

图 12-21 Michelson 干涉仪工作原理示意图

（3）检测器由于 FTIR 具有极快的扫描速度，全程扫描在 1s 以内，一般检测器的响应时间不能满足要求。目前多采用热电型硫酸三苷肽单晶（TGS）或光电导型如汞镉碲（MCT）检测器，这些检测器的响应时间约为 1μs。

（4）计算机系统主要是傅里叶余弦变换计算，将带有样品光谱信息的干涉图，转换成以波数为横坐标的普通红外吸收光谱图。

（三）FTIR 的优点

（1）扫描速度快，一般在 1s 内便可对全谱进行快速扫描，比色散型仪器提高数百倍，从而使色谱-红外吸收光谱联用成为现实。目前已有 GC-FTIR、HPLC-FTIR 等联用仪器投入使用。

（2）分辨率高，色散型仪器（如光栅型红外分光光度计）的分辨率 $1000cm^{-1}$ 处为 $0.2cm^{-1}$，而 FTIR 的分辨率取决于干涉图形，波数准确度一般可达 $0.1\sim0.005cm^{-1}$，从而大大提高了仪器的性能。

（3）灵敏度高，由于干涉型仪器的输出能量大，可分析 $10^{-9}\sim10^{-12}g$ 超微量样品。

（4）精密度高，波数精密度可准确测量到 $0.01cm^{-1}$。

（5）测定光谱范围宽，测定光谱范围可达 $10\sim10^4cm^{-1}$。

二、样品的制备

气、液及固态样品均可测定其红外吸收光谱，但以固态样品最为方便。

对样品的主要要求：①样品应不含水分，若含水（结晶水、游离水），则对羟基峰有干扰，样品更不能是水溶液；②样品的纯度需＞98%，以便与纯化合物红外吸收光谱图对比。

（一）固体样品

通常固体样品的制备有压片法、石蜡糊法及薄膜法三种，其中压片法应用最广。

（1）压片法：光谱纯 KBr 在中红外区无特征吸收，故为压片法中最常用的固体分散介质。取粒度约 200 目的光谱纯 KBr 粉末约 200mg 与将样品 1～2mg，置于玛瑙乳钵中均匀研细，装入压片模具制备 KBr 样片。样品和 KBr 都应经干燥处理，而且整个操作应在红外灯下进行，以防止压片过程吸潮。

（2）石蜡糊法（软膏法）：将干燥处理后的试样研细，滴加液状石蜡或全氟代烃混合，研成糊状，再将其夹在两个氧化物盐片之间压制成一薄片，即可进行测定。

（3）薄膜法：对于熔点较低且熔融后不分解的物质可采用薄膜法。将少许样品放在一盐片上，加热熔融后，压制成膜。而对于高分子化合物，可先将试样溶于易挥发的溶剂中，再将其滴在盐片上，待溶剂挥发后样品遗留于盐片上成膜，即可进行测定。

（二）液体样品

液体样品的制备有液体池法、夹片法。黏度大的样品还可用涂片法。

（1）液体池法：对于液体样品或可溶于适当溶剂的固体样品可采用液体池法。将液体样品装入具有岩盐窗片的液体池中，即可进行测定。沸点较低，挥发性较大的试样，可注入封闭液体池中，液层厚度通常为 0.01～1mm。常用溶剂有 CCl_4、CS_2、环已烷等。

（2）夹片法或涂片法：对于挥发性不大的液体样品可采用夹片法。先压制两个空白 KBr 薄片，然后将液体样品滴在其中一个 KBr 片上，再盖上另一个 KBr 片后夹紧放入光路中即可进行测定。而对于黏度大的液体样品可采用涂片法，将液体样品涂在一个 KBr 片上进行测定，不必夹片。KBr 空白片在气候干燥时可用合适的溶剂洗净干燥后保存再使用一两次。

（三）气体样品

对于气体样品或沸点较低的液体样品可采用气体池测定，将气体样品纯化后直接充入已预先抽真空的气体池中进行测量。

第五节　应用与示例

红外吸收光谱主要用于定性分析、定量分析和结构分析。其中，定量分析应用较少，且多用近红外吸收光谱进行定量分析，故此处不做陈述。

一、定性分析

（一）已知物的鉴定

（1）与标准物质对照，在相同条件下分别测定其图谱，若二者图谱完全相同则为同一化合物（光学异构体或同系物除外）。

（2）与标准图谱核对，图谱完全相同为同一化合物（光学异构体或同系物除外）。所用仪器、测绘条件（如检品的物理状态、浓度及使用的溶剂）等必须完全相同。

（二）未知物的结构测定

在了解样品的来源、纯度（＞98%）、灰分及物理化学常数的前提下，利用红外吸收光谱进行化合物的结构解析。根据典型基团的红外特征吸收，识别未知化合物谱图上特征吸收峰的起源，鉴别基团，并结合其他性质推断其结构。对于复杂的化合物，需进行综合光谱解析（包括元素分析、UV、IR、NMR 及 MS 等），单靠红外吸收光谱一般不易解决问题。

二、谱 图 解 析

（一）谱图解析一般步骤

每个化合物都有其特定的红外吸收光谱，其谱图能提供化合物分子中的基团、化合物类别、结构异构等信息，是有机化合物分子结构鉴定的有力工具。但红外吸收光谱解析前应知道以下信息。

（1）样品的来源和性质。了解样品的来源和背景，测定熔点和沸点，进行元素分析和相对分子质量推测化合物的分子式，计算化合物的不饱和度 U，提供一定的化合物结构信息。

在光谱解析中，常利用分子式计算化合物的不饱和度，从而估计分子结构中是否含有双键、叁键及芳环等不饱和基团，并可验证光谱解析结果的合理性。

不饱和度（U）是表示有机分子结构中碳原子的饱和程度，指分子结构距离达到饱和时所缺少的一价元素的“对”数，即每缺两个一价元素原子时，不饱和度为一个单位（U=1）。

若分子中只含有一、二、三、四价元素（C、H、O、N 等），不饱和度（U）按经验公式计算：

$$U=\frac{2+2n_4+n_3-n_1}{2} \tag{12-7}$$

式中，n_4、n_3、n_1 分别为分子中所含的四价、三价和一价元素原子的数目，二价原子如 S、O 等不参加计算。此式不适于含五价、六价元素的分子，如含—NO_2 的化合物。

例 12-3 计算对乙氧基苯乙酰胺（$C_{10}H_{13}O_2N$）的不饱和度。

解：U= 10−（13−1）/2+1 = 10−6+1 = 5，苯环相当于正己烷缺四对氢（三个双键，一个六元环），苯环为 4 个不饱和度，一个羰基为 1 个不饱和度，因此对乙氧基苯乙酰胺的不饱和度 U=5。

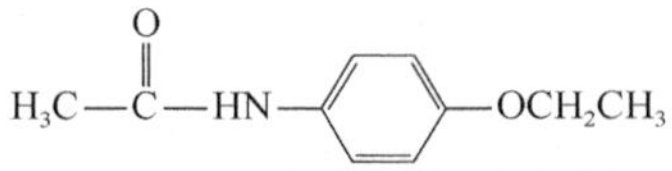

经过验证，不饱和度 U 的规律如下：U=0，表示分子是饱和的，为链状饱和脂肪族化合物；U= 1，表示分子结构中有一个双键或一个脂肪环；U= 2，分子结构中有一个叁键或两个双键或环；若 U≥ 4，则可能含苯环。

（2）确定某种基团的存在：首先根据特征区（4000～1333cm^{-1}）的吸收峰所处的位置、强度、形状初步判断化合物可能含有的基团，如以 3000cm^{-1} 为界可以判断是否含有—OH、—NH_2，是饱和化合物还是不饱和化合物；在 2400～2100cm^{-1} 可以判断是否含有叁键，在 1900～1650cm^{-1} 可以判断是否含有羰基，在 1680～1450cm^{-1} 可以判断是否含有苯环、双键。一般谱图特征区中与基团对应的特征峰不出现，则可以判断化合物中该基团不存在，但要注意有些振动形式可能表现为红外非活性振动（如对称的炔烃碳碳三键），也不产生吸收峰。

（3）确定取代基团的情况及连接方式：因邻近基团或原子的性质及基团的连接方式对基团的特征吸收频率有一定影响，会使吸收峰发生位移，因此可以进一步根据吸收峰的位移考虑邻近基团或原子的性质，确定连接方式，同时根据指纹区（1333～667cm^{-1}）的吸收情况，进一步确定化合物如烯烃和芳香化合物的取代特征，从而推断化合物的化学结构。

（4）与标准图谱对照：因红外吸收光谱是非常复杂的，一般化合物的结构很难仅凭红外吸收光谱来确定其化学结构。因此经常要与已知标准样品的标准谱图对照，但要特别注意与指纹区的吸收核对，只有在特征区与指纹区的吸收均完全一致的情况下才可判断化合物结构与标准谱图代表的化合物为同一化合物。对于复杂结构的样品，还要结合紫外光谱、核磁光谱、质谱、X 射线衍射谱等手段进行综合光谱解析，最终得到有机化合物准确的结构。

（二）红外吸收光谱的解析程序

遵循“先特征区，后指纹区，先最强峰，后次强峰；先粗查（查红外吸收光谱的九个区段），后细找（主要基团的红外特征吸收频率）；先否定，后肯定；一抓一组相关峰”的程序进行图谱解析。在解析过程中，采用“先否定，后肯定”的方法，以此缩小未知物结构的范围，因为一个吸收峰的不存在对否定官能团的存在，比吸收峰的存在而肯定官能团的存在更具说服力。“抓住”一组相关峰，互为佐证以提高图谱解析的可信度，避免孤立解析造成错误的结论。最后再与已知化合物红外吸收光谱或标准红外谱图对比，最终确定未知化合物的结构。

（三）红外吸收光谱的解析示例

例 12-4　某化合物的分子式为 $C_{10}H_{12}O$，测得其红外吸收光谱如图 12-22 所示，试推导其化学结构。

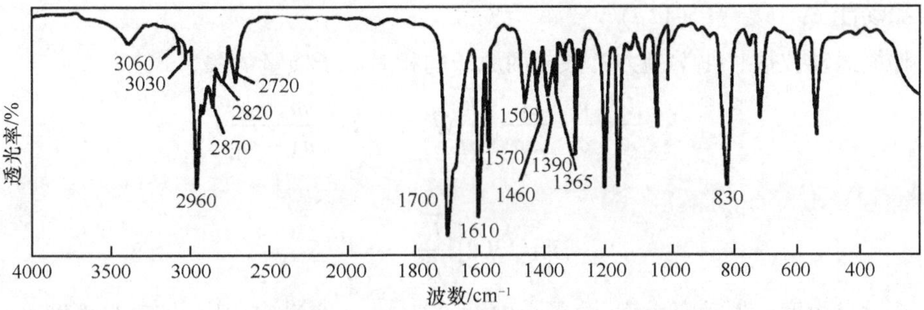

图 12-22　$C_{10}H_{12}O$ 的红外吸收光谱图

解：根据分子式计算不饱和度，

U= 10－12/2＋1 =5，不饱和度为 5，分子中可能有 1 个双键加 1 个苯环。

分子在 3700～3200cm^{-1} 区域无吸收峰，表明无羟基存在；1700cm^{-1} 有吸收，应含有羰基，且在 2820cm^{-1} 和 2720cm^{-1} 产生醛基的特征双峰，表明分子中有醛基的存在。

3060cm^{-1} 表明有不饱和碳氢伸缩振动，1610cm^{-1}、1570cm^{-1} 和 1500cm^{-1} 处的吸收表明有苯环的存在，而 830cm^{-1} 处的吸收则表明苯环为对二取代结构。

1460cm^{-1} 为碳氢的弯曲振动，1390cm^{-1} 和 1365cm^{-1} 的双峰，且裂距在 30cm^{-1} 以内，表明结构中有偕二甲基即异丙基的存在。由上所述，化合物结构为对异丙基苯甲醛：

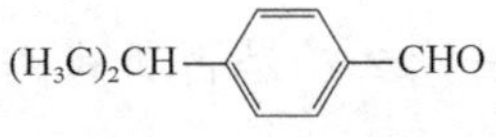

验证：不饱和度正确。峰归属：3060cm^{-1}Ar—H 碳氢伸缩振动峰，1610cm^{-1}、1570cm^{-1} 和 1500cm^{-1} 苯环骨架振动，1700cm^{-1}、2820cm^{-1} 和 2720cm^{-1}，醛基吸收峰；甲基面内不对称和对称变形振动峰：1465cm^{-1}、1390cm^{-1} 和 1365cm^{-1}；对二取代芳香氢的面外弯曲振动吸收峰 830cm^{-1}，与 Sadtler 纯化合物标准红外吸收光谱一致。

本 章 小 结

1. 基本概念

（1）红外吸收光谱法（infrared absorption spectroscopy）：是以连续波长的红外光作为辐射源照射样品，用仪器记录因其分子振动能级之间跃迁所形成吸收光谱的一种分析方法。

（2）伸缩振动（stretching vibration）：原子间键长沿键轴方向伸缩，键长发生变化而键角不变的振动称为伸缩振动，以 ν 表示。

（3）弯曲振动（bending vibration）：原子间键角为垂直化学键方向的振动，只改变键角而不影响键长的振动称为弯曲振动或变形振动，以 δ 表示。

（4）振动自由度（vibrational degree of freedom）：研究多原子分子时，常把其复杂振动分解为许多简单的基本振动（伸缩振动和弯曲振动），即基本振动的数目或分子的独立振动数目。

（5）基频峰（fundamental band）：当分子吸收一定频率的红外辐射能的能量后，振动能级由基态（V_0）跃迁至第一激发态（V_1）时，产生的吸收峰。

（6）倍频峰（overtone band）：当分子吸收某一频率的红外光后，振动能级从基态（V_0）跃迁至第二激发态（V_2）、第三激发态（V_3）等所产生的吸收峰，分别称为二倍频峰、三倍频峰等，统称为倍频峰。

2. 基本公式

（1）Hooke 定律：$F=-K(d_A+d_B)$

（2）振动能 E：$E_{振}=(V+1/2)h\nu$

（3）伸缩振动波数、化学键力常数与两原子的相对原子质量的关系式：

$$\bar{\nu}=\frac{1}{\lambda}=\frac{\nu}{c}=\frac{1}{2\pi c}\sqrt{\frac{K}{\mu}}\text{(其中，}\mu=\frac{m_A m_B}{m_A+m_B}\text{)}$$

或

$$\bar{\nu}=1302\sqrt{\frac{K}{\mu'}}$$

（4）振动自由度：振动自由度=分子自由度（$3N$）−（平动自由度+转动自由度）

（5）不饱和度 U：$U=\dfrac{2+2n_4+n_3-n_1}{2}$

3. 要点与难点

（1）红外吸收光谱产生的条件及基本原理。

（2）分子的振动形式。

（3）主要基团的特征吸收峰与相关峰。

（4）傅里叶变换红外吸收光谱仪的工作原理。

（5）红外吸收光谱法的应用。

习　　题

1. 红外吸收光谱产生的条件是什么？是否所有的分子振动都会产生红外吸收光谱？为什么？

2. 影响红外吸收频率发生位移的因素有哪些？

3. 试解释化合物（A）的 $\nu_{C=O}$ 频率小于（B）的原因。

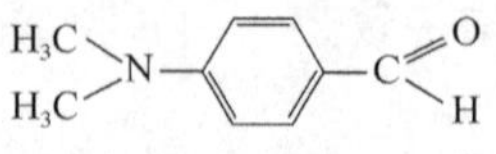

(A) $\nu_{C=O}$ 1660cm^{-1}

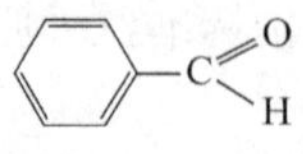

(B) $\nu_{C=O}$ 1690cm^{-1}

4. 用红外吸收光谱法区别下列各组化合物。

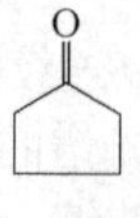

(1) (A)

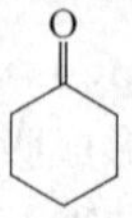

(B)

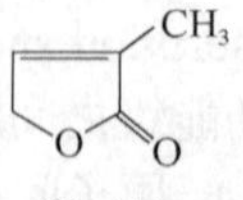

(2) (A)

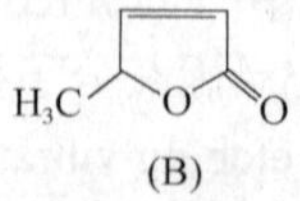

(B)

5. 某化合物的化学式 C_7H_9N，测得其红外吸收光谱如图 12-23 所示，推导其结构。

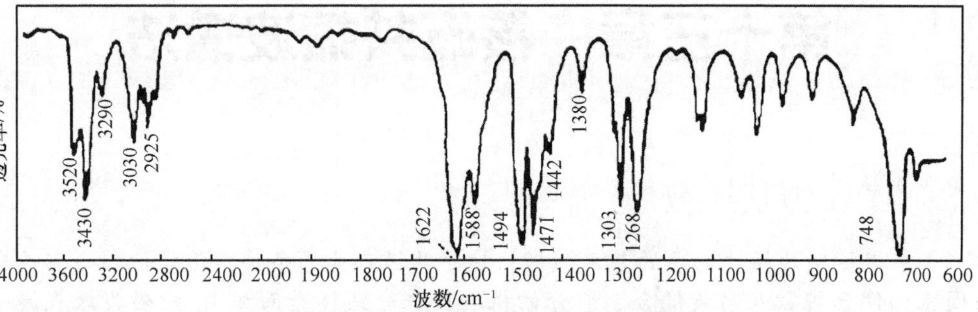

图 12-23 C_7H_9N 的红外吸收光谱图

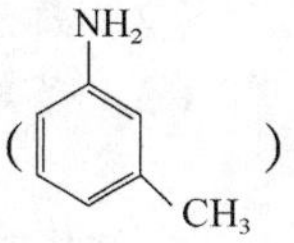

6. 由元素分析某化合物的分子式为 $C_4H_6O_2$，红外吸收光谱如图 12-24 所示，试推断其分子结构式。

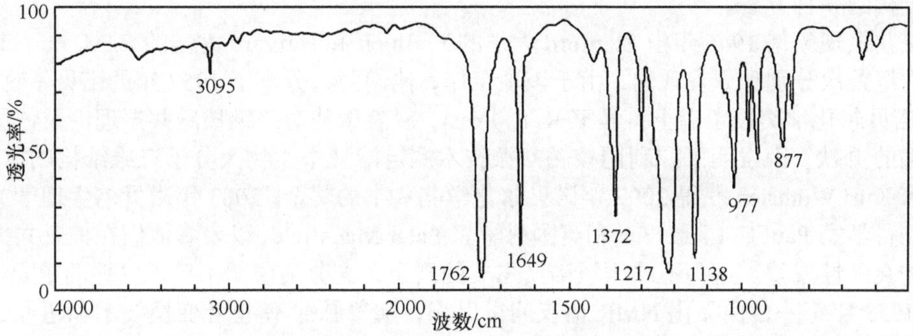

图 12-24 $C_6H_{10}O$ 的红外吸收光谱图

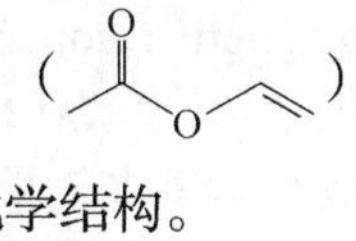

7. 某化合物分子式为 $C_{12}H_{10}$，红外吸收光谱如图 12-25 所示，试确定其化学结构。

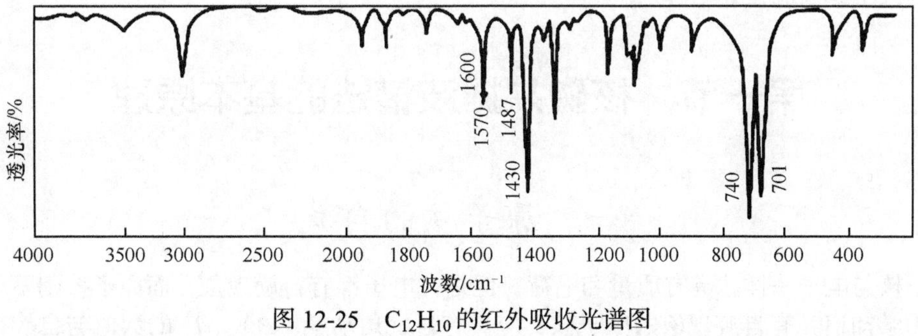

图 12-25 $C_{12}H_{10}$ 的红外吸收光谱图

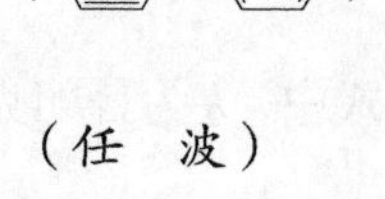

（任 波）

第十三章　核磁共振波谱法

学习目标

（1）掌握核磁共振波谱法的基本原理；核磁共振产生的条件；化学位移与影响化学位移的因素；偶合常数及自旋偶合、裂分的机理；积分线（峰面积）；核磁共振氢谱一级图谱与有机化合物分子结构之间的关系。

（2）熟悉 ^{1}H-NMR 谱的解析和样品制备；某些常见基团的质子化学位移。

（3）了解碳谱、二级图谱和二维图谱等概念；核磁共振波谱的应用。

核磁共振波谱法（简称核磁共振，nuclear magnetic resonance spectroscopy，NMR）是利用自旋原子核在外磁场作用下的核自旋能级跃迁所产生的吸收电磁波谱来进行有机化合物结构与组成分析的一种方法。

核磁共振现象是 1946 年由 Stanford 大学的 F. Bloch 和 Harvard 大学的 E. M. Purcell 领导的两个研究组首次分别独立发现的，由于该项工作，他们两人分享了 1952 年的诺贝尔物理学奖。1991 年诺贝尔化学奖授予瑞士科学家 R. R. Ernst，以表彰他对二维核磁共振理论及傅里叶变换核磁共振的贡献。因发明了“利用核磁共振技术测定溶液中生物大分子三维结构的方法”，瑞士科学家 Kurt Wüthrich 获得 2002 年诺贝尔化学奖一半的奖金。2003 年诺贝尔生理学或医学奖授予美国科学家 Paul C. Lauterbur 和英国科学家 Peter Mansfield，以表彰他们在核磁共振成像技术方面的突破性成就。这些不同领域诺贝尔奖的授予，充分地说明了核磁共振的重要性。

自 1953 年第一台商品化 NMR 谱仪问世以来，随着脉冲-傅里叶变换技术和超导磁体的发展与普及，谱仪频率已从 30 MHz 发展到 1000 MHz；仪器工作方式从连续波谱仪发展到脉冲-傅里叶变换谱仪；所得谱图已从一维谱到二维谱、三维谱甚至更高维谱；除氢核磁共振谱（proton magnetic resonance spectroscopy，PMR；简称氢谱，^{1}H-NMR）外，又相继发展了碳十三核磁共振谱（^{13}C-NMR）、^{15}N、^{19}F 和 ^{31}P 等核磁共振谱。NMR 现已广泛应用于物理、化学、生物和医药学等多个学科，在有机化合物结构鉴定中发挥着不可替代的作用，核磁共振的成像诊断技术已成为医学诊断的重要工具。

第一节　核磁共振波谱法的基本原理

一、原子核的自旋

原子核与电子一样，具有质量和电荷；但是，电子都有自旋现象，而原子核则不尽相同。由量子力学知道，有自旋现象的原子核，应具有自旋角动量（P），P 的数值与自旋量子数 I 的关系如下：

$$P=\frac{h}{2\pi}\sqrt{I(I+1)} \tag{13-1}$$

式中，h 为普朗克常量；I 的取值与原子的质量数（A）和原子序数（Z）有关，如表 13-1 所示。

很明显，当 $I=0$ 时，$P=0$，即原子核没有自旋现象。只有当 $I>0$ 时，原子核才有自旋角动量和自旋现象。

表 13-1　自旋量子数与原子的质量数及原子序数的关系

质量数 A	原子序数 Z	自旋量子数 I	自旋核电荷分布	NMR 信号	原子核
偶数	偶数	0	—	无	$^{12}_{6}C$，$^{16}_{8}O$，$^{32}_{16}S$，
奇数	奇或偶数	$\frac{1}{2}$	呈球形	有	$^{1}_{1}H$，$^{13}_{6}C$，$^{19}_{9}F$，$^{15}_{7}N$，$^{31}_{15}P$
奇数	奇或偶数	$\frac{3}{2},\frac{5}{2},\cdots$	扁平椭圆形	有	$^{17}_{8}O$，$^{32}_{16}S$
偶数	奇　数	1，2，3	伸长椭圆形	有	$^{1}_{1}H$，$^{14}_{7}N$

由于原子核是带正电荷的粒子，故在自旋时产生磁矩 μ，其方向可用右手定则确定。磁矩 μ 和角动量 P 都是矢量，方向相互平行，且磁矩随角动量的增加成正比地增加：

$$\mu=\gamma P \tag{13-2}$$

式中，μ 为磁旋比，是原子核的特性参数，不同的核具有不同的磁旋比。例如，^{1}H 核的 μ 值为 $2.675\times10^{8}\ T^{-1}\cdot s^{-1}$，$^{13}C$ 核的 μ 值为 $6.728\times10^{7}\ T^{-1}\cdot s^{-1}$。

二、自旋核在磁场中的行为

无外磁场时，原子核的自旋运动是随机的，因而自旋产生的核磁矩在空间的取向是任意的。若将自旋的原子核放入磁感应强度为 B_0 的外磁场中，由于核磁矩与外磁场相互作用，核磁矩由原来的随机无序排列状态趋向有序的排列。

根据量子力学原理，自旋量子数为 I 的核在外磁场中可有（$2I+1$）个取向，每种取向各对应有一定的能量，可用磁量子数 m 描述，m 的取值如下：

$$m=I,\ I-1,\ I-2,\ \cdots,\ -I$$

例如，^{1}H 核的 $I=\frac{1}{2}$，其在外加磁场中只有 $m=+\frac{1}{2}$ 及 $m=-\frac{1}{2}$ 两个值，其自旋产生的核磁矩 μ 相对于外磁场有两种取向。对于低能态（$m=+\frac{1}{2}$），核磁矩方向与外磁场同向；对于高能态（$m=-\frac{1}{2}$），核磁矩与外磁场方向相反。

显然，由于外磁场的作用，使 ^{1}H 核自旋能级分裂为两个能级。其能量差 ΔE 很小，与核本身的磁旋比 μ 和外磁场强度 B_0 有关：

$$\Delta E=E_{-1/2}-E_{+1/2}=\frac{\gamma hB_0}{2\pi} \tag{13-3}$$

三、核磁共振现象

如果以一定频率的电磁波照射处于外磁场 B_0 中的自旋核，当电磁波的射频频率 ν 恰好满足下列关系时：

$$h\nu=\Delta E \quad 或 \quad \nu=\frac{\gamma B_0}{2\pi} \tag{13-4}$$

则处于低能态的核将吸收此射频能量而跃迁至高能态，这种现象称为核磁共振。

由量子力学的选律可知，只有 $\Delta m=\pm1$ 的跃迁才是允许的，即跃迁只能发生在两个相邻能级间。对于自旋量子数 $I=\frac{1}{2}$ 的核只有两个能级，跃迁简单，它们的核磁共振现象就较为简单，是目前研究的主要对象。属于这一类的主要原子核有 ${}_{1}^{1}H$ 、${}_{6}^{13}C$ 、${}_{7}^{15}N$ 、${}_{9}^{19}F$ 、${}_{15}^{31}P$ 。其中研究最多、应用最广的是 ^{1}H 和 ^{13}C 核磁共振谱。

由式（13-4）可知，核磁共振所吸收的电磁波的频率 $\nu_{共振}$ 的大小取决于外磁场的磁感应强度 B_0 的大小。例如，若将 ^{1}H 核放在磁场强度为 1.4092T 的磁场中，发生核磁共振时的照射频率必须为

$$\nu_{共振}=\frac{2.675\times10^{8}\times1.4092}{2\times3.14}\approx 60\times10^{6}(\text{Hz})=60(\text{MHz})$$

而若将 ^{1}H 核放入场强为 4.6980T 的磁场中，则共振频率应为 200MHz。可见，核磁共振所吸收的电磁波是无线电波。

由式（13-4）还可知，在同一固定磁场强度 B_0 中，由于不同的原子核的磁旋比 γ 值不同，所以就可能在不同的频率范围内分别得到不同原子核的核磁共振谱；同理，若固定照射频率，改变磁场强度，对不同的核来说，磁旋比 γ 值大的核，共振所需磁场强度将小于磁旋比 γ 值小的核。

四、弛 豫 过 程

^{1}H 在外磁场作用下，其能级裂分为 2（$m=+\frac{1}{2}$，$m=-\frac{1}{2}$），若二者数目相等则不能观测到核磁共振现象。但根据 Boltzman 分配，若外加磁场为 1.4092T、温度为 300K 时，处于低能态 $N_{-1/2}$ 与高能态 $N_{1/2}$ 核数的比例为

$$\frac{N_{-1/2}}{N_{1/2}}=e^{\Delta E/kT}=1.0000099 \qquad (13\text{-}5)$$

式中，ΔE 是两种能态的能级差；k 是玻尔兹曼常数；T 是绝对温度。即每一百万个氢核中低能氢核数比高能氢核数多约 10 个。在符合式（13-4）的电磁波作用下，外磁场中的核吸收能量，由低能态跃迁到高能态，产生共振信号，$N_{-1/2}$ 减少，$N_{1/2}$ 增加。因二者相差不多，当 $N_{-1/2}=N_{1/2}$ 时，试样达到“饱和”，不能再进一步观察到共振信号。

由此看出，为能连续观察到核磁共振信号，被激发到高能态的核必须通过适当的途径将其获得的能量释放到周围环境中去，使核从高能态降回到原来的低能态，这个过程即称为弛豫过程。

弛豫过程有两类。其一为自旋-晶格弛豫，又称纵向弛豫。为高能态的核将自身能量传递给周围环境（晶格或溶剂）的过程，反映了自旋体系与环境之间的能量交换，弛豫过程所需时间用 T_1 表示。第二种弛豫过程为自旋-自旋弛豫，又称横向弛豫。它是指邻近的两个同类的磁性核处在不同的能态时，处于高能态的核将能量传递给低能态的核后弛豫到低能级，这时系统的总能量显然未发生改变，弛豫过程所需时间用 T_2 表示。在脉冲傅里叶变换 NMR 中，可以测定每种磁核的 T_1 和 T_2，它们是解析物质化学结构的一个重要参数。

第二节　核磁共振波谱的信息

应用 NMR 谱进行定性、定量及结构解析，主要依据的信息是化学位移、偶合常数和峰面积等参数。大多数有机物都含有氢原子，下面，我们以 ^{1}H 为例，说明这几个参数的意义。

一、化学位移

1. 化学位移的产生 从核磁共振条件$\nu=\frac{\gamma B_0}{2\pi}$可知，在$B_0$一定的磁场中，若分子中的所有^{1}H（或其他核）都是一样的性质，即γ、B_0都相等，则共振频率$\nu_{共振}$一致，这时将只出现一个吸收峰，这对化合物的结构鉴定毫无意义。事实上，这些讨论仅仅是对“裸露”的原子核，即理想化的状态而言。而原子核不仅有核外电子云，其周围也存在其他原子，这些周围因素即所谓化学环境对核磁共振有重要影响。

处于外磁场B_0中的^{1}H核，其核外电子运动（电流）会产生正比于外磁场强度大小的感应磁场B′，其方向与外加磁场相反，抵消了一部分外磁场对原子核的作用，这种现象称屏蔽作用。$B'=\sigma B_0$，σ为屏蔽常数，它与原子核外的电子云密度及所处的化学环境有关。电子云密度越大，屏蔽程度越大，σ值也越大。

由于屏蔽作用的影响，原子核实际感受到的磁感应强度$B_{有效}$降低；换句话说，处于不同化合物中的^{1}H或同一化合物中不同位置的^{1}H，在相同的外磁场强度B_0作用下，其实际感受到的磁感应强度$B_{有效}$并不相同，其共振吸收频率也会稍有不同，或者说产生了化学位移。通过测量或比较原子核的化学位移去了解分子结构，就使得NMR方法的存在有了重大意义。

化学位移：由屏蔽作用引起的共振时磁场的强度的移动现象，称为化学位移。

综上所述，由于屏蔽作用引起化学位移，在外磁场B_0作用下的自旋原子核，其共振频率应为

$$\nu=\frac{\gamma B_{有效}}{2\pi}=\frac{\gamma(B_0-B')}{2\pi}=\frac{\gamma(B_0-\sigma B_0)}{2\pi}=\frac{\gamma B_0(1-\sigma)}{2\pi} \qquad (13\text{-}6)$$

因此，对于处在不同化学环境中的质子，因其屏蔽常数σ不同，若固定外磁场强度，用扫频方式观测核磁共振，则σ大的质子出现在低频区，σ小的质子出现在高频区；而若固定照射频率，用扫场方式观测核磁共振，则σ大的质子出现在高磁场处，而σ小的质子出现在低磁场处。据此我们可以进行氢核化学环境的推测，此化学环境则直接反映了分子的结构状态。

2. 化学位移的表示方法及其测定 由于屏蔽常数很小，不同化学环境的氢核的共振频率相差很小，很难精确测定其绝对值；并且屏蔽作用引起的化学位移值的大小与外磁场强度成正比，在磁场强度不同的仪器中测量的数据也不同。因此，化学位移采用相对数值表示法。即选用一个标准物质，以该物质的共振吸收峰的位置为原点，其他吸收峰的位置根据吸收峰与原点的距离来确定。

最常用的标准物质是四甲基硅烷[$(CH_3)_4Si$，TMS]。TMS分子高度对称，四个甲基中的12个H核所处的化学环境完全相同，只有一个尖锐的共振吸收峰；由于硅的电负性比碳小，TMS中的氢核外电子云密度比一般有机物的大，屏蔽效应很高，绝大多数有机物的质子吸收不会与之发生重合；TMS化学惰性，不与试样之间发生化学反应或分子缔合；TMS沸点很低，只有27℃，且溶于有机物，易被挥发除去。此外，也可根据情况选择其他标准物。含水介质：三甲基丙烷磺酸钠。高温环境：六甲基二硅醚。

若固定磁场强度，以扫频的方式测定NMR谱时，化学位移δ规定为

$$\delta=\frac{\upsilon_{样品}-\upsilon_{TMS}}{\upsilon_{仪器}}\times10^6=\frac{\Delta\upsilon(\text{Hz})}{\upsilon_{仪器}(\text{MHz})}\times10^6 \qquad (13\text{-}7)$$

通常用试样和标样共振频率之差与所用仪器频率的比值δ来表示化学位移。由于此数值很小，故通常乘以10^6，这样，δ就为一相对值。

不难看出，用δ表示化学位移，就可以使不同磁场强度的核磁共振仪测得的数据统一起来。例如，若用1.4092T的仪器测定1，1，2-三氯乙烷时，其次甲基与甲基质子的吸收峰与TMS

吸收峰分别相隔 346.2Hz 和 237.0Hz；若用 2.3490T 的仪器测定时，其分别相隔则变为 557.0Hz 和 395.0Hz。由此可知，核磁共振谱仪的磁感应强度越高，则处于不同化学环境中的自旋核共振频率差别越大，即分辨率越高；但若只以频率的相对变化表示化学位移，则同一核在不同磁场强度的谱仪上测得的数值不同。而若用 δ 表示，则用 1.4092T（相应的频率为 60MHz）和 2.3490T（相应的频率为 100MHz）的仪器测定时，1，1，2-三氯乙烷中的次甲基与甲基质子的化学位移均为 5.77 和 3.95。

显然，若固定照射频率，以扫场的方式测定 NMR 谱时，则式（13-7）可改为

$$\sigma = \frac{B_{\text{TMS}} - B_{\text{样品}}}{B_{\text{仪器}}} \times 10^6 = \frac{\Delta B}{B_{\text{仪器}}} \times 10^6 \qquad (13\text{-}8)$$

NMR 谱的横坐标用 δ 表示时，TMS 的 δ 值定为 0（为图右端）。向左，δ 值增大，多数有机物的 δ 值在 0～10。若共振峰出现在 TMS 之右，则 δ 值为负值，表明此质子周围的电子云密度很大，其所受到的屏蔽效应大于 TMS 中的质子。表 13-2 列出了一些特征 ^{1}H 的化学位移值。

表 13-2　不同化学环境中部分 ^{1}H 的化学位移值

质子类型	化学位移	质子类型	化学位移
RCH_3	0.9	RCH_2Br	3.5～4
R_2CH_2	1.3	RCH_2I	3.2～4
R_3CH	1.5	ROH	0.5～5.5
环丙烷	0.2	ArOH	4.5～7.7
$=CH_2$	4.5～5.9	C═C—OH	10.5～16，15～19（分子内缔合）
$R_2C=CHR$	5.3	RCH_2OH	3.4～4
$C=C—CH_3$	1.7	$R—OCH_3$	3.5～4
—C≡CH	1.7～3.5	RCHO	9～10
Ar—C—H	2.2～3	CHR_2COOH	10～12
ArH	6～8.5	H—C—COOR	2～2.2
RCH_2F	4～4.5	$RCOO—CH_3$	3.7～4
RCH_2Cl	3～4	RNH_2	0.5～5（不尖锐，常呈馒头状）

3. 影响化学位移的因素　化学位移取决于核外电子云密度，因此，凡是能引起核外电子云密度改变的因素都能影响 δ 值。常见的影响因素有：

1）局部屏蔽效应：在氢核附近有电负性大的原子或基团（吸电子基）时，它们通过诱导作用使氢核的外围电子云密度降低，屏蔽效应降低，化学位移向低场移动，δ 值增大（谱图的左方）；反之，给电子基团增加了氢核周围的电子云密度，屏蔽效应增大，化学位移移向高场，δ 值降低（谱图的右方）。一般来说，在没有其他影响因素存在时，随相邻基团的电负性的增加，屏蔽作用减小，而化学位移（δ）则随之增加。例如，在 CH_3X 中，当 X 分别为 F（4.0）、OH（3.5）、Cl（3.1）、Br（2.8）、I（2.5）、H（2.1）时，δ 值则分别为 4.26、3.40、3.05、2.68、2.16、0.23。^{1}H-NMR 中之所以能够根据共振峰的化学位移大体推断氢核的类型就是这个道理。

2）磁各向异性效应：当考察多重键化合物的核磁共振谱时，人们发现用诱导效应并不能解释它们的质子所出现的峰位。例如，炔基的氢有一定的酸性，可见其外围电子云密度较低。根据局部屏蔽效应，将预示其质子峰应出现在烯基氢质子峰的低场方向。但实际情况恰好相反，烯基的化学位移为 δ 4.5～7.5，炔基则为 δ 1.8～3.0。

上述现象，可用这些化合物的磁各向异性效应加以解释。对于含双键、三键及芳香族的化合物体系中，在外磁场作用下，其环电流有一定的取向，因此产生的感应磁场对邻区的外磁场起着增强或减弱的作用，这种屏蔽作用的方向性，称为磁各向异性效应。

在外磁场作用时，乙烯双键上的π电子环流产生一个感应磁场以对抗外加磁场，如图 13-1 所示，感应磁场在双键及双键平面的上下方与外磁场方向相反，该区域称为屏蔽区，用（+）表示，处于屏蔽区的质子峰移向高场，δ 值变小。由于磁力线的闭合性，在双键周围侧面，感应磁场的方向与外磁场方向一致，该区称为去屏蔽区，用（–）表示，处于去屏蔽区质子峰移向低场，δ 值较大。乙烯分子中的氢处于去屏蔽区，因此其吸收峰移向低场，δ 值增加到 5.25。

而乙炔分子是线形的，它的π电子云产生的感应磁场在氢原子位置与外加磁场方向相反，如图 13-2 所示。很明显，在这种情况下，炔氢质子峰出现在较高的磁场位置处，δ 值减小至 1.80。

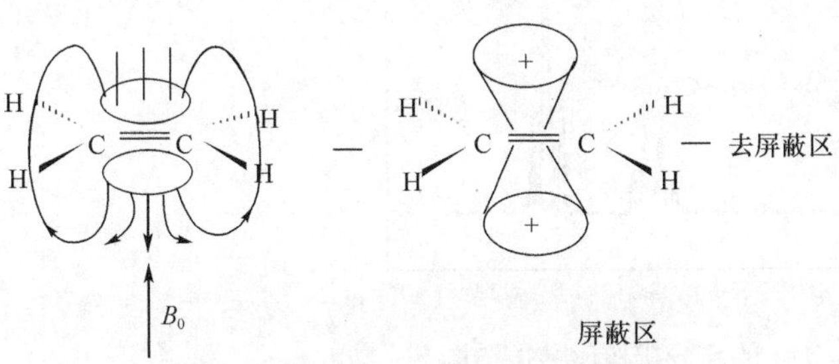

图 13-1　双键中氢原子核的磁各向异性

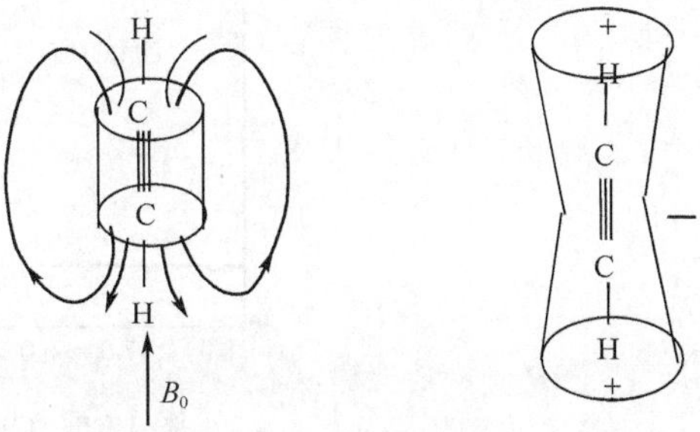

图 13-2　乙炔分子中氢原子核的磁各向异性

如图 13-3 所示，用同样的道理，可以解释苯环质子和醛基质子的化学位移出现在较低磁场方向的现象。

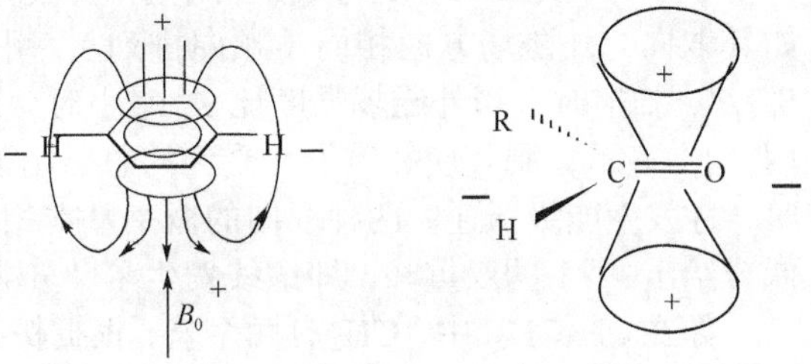

图 13-3　苯环与醛基中氢原子核的磁各向异性

3）氢键效应的影响：氢键的生成使质子周围的电子云密度降低，产生强的去屏蔽作用，对—OH、—NH—、—NH_2 等活泼氢的化学位移的影响很大，吸收峰移向低场，δ 值增大。如图 13-4 所示，分子内氢键化学位移甚至大于 10。

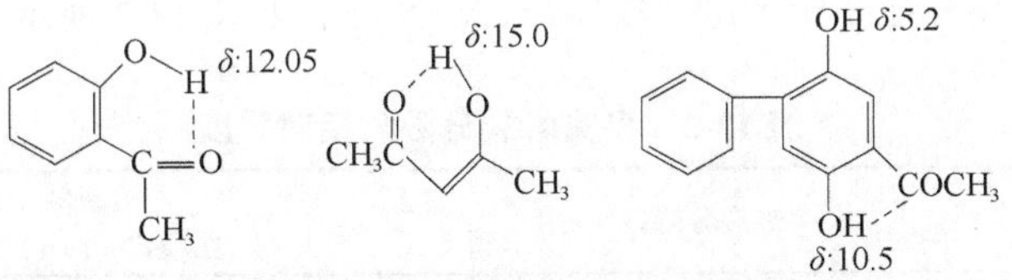

图 13-4　氢键作用下的化学位移

4）溶剂效应：在测定 ^{1}H-NMR 谱时，最理想的溶剂是 CCl_4 和 CS_2，因为二者都不含有氢，不产生干扰信号。但由于溶解度的原因，常需要氯仿、丙酮和水作为溶剂。为了避免溶剂中氢的共振信号的干扰，一般采用氘代试剂，但仍要注意溶剂中残留的 ^{1}H 信号的干扰。由于各种溶剂对质子的影响不同，使化学位移值发生变化。因此，在报道 NMR 数据或与文献值进行比较时必须注意所用的溶剂。

二、偶合常数

自旋偶合与自旋分裂现象：CH_3CH_2I 中有两种不同类型的质子，因此有两个不同化学位移值的吸收峰，它们的面积之比为 3∶2；然而，在高分辨 NMR 中，如图 13-5 所示，—CH_3 和—CH_2—上的 H 不是单峰，而是三重峰和四重峰，—CH_3 的三重峰面积之比为 1∶2∶1，—CH_2—的四重峰面积之比为 1∶3∶3∶1，这表明它们按一定规律发生了分裂。这种现象是由—CH_3 和—CH_2—上的氢核间互相干扰引起的，这种自旋核与自旋核之间相互作用称为自旋-自旋偶合，简称自旋偶合。由于自旋偶合所引起的谱线增多的现象称为自旋分裂。偶合是分裂的原因，分裂是偶合的结果。自选偶合产生的多重线间的距离，称为自旋偶合常数，用 J 表示，单位是 Hz。J 是核间相互偶合强度的量度，是分子中氢原子相互关系的反映，因此 J 值不随着外加磁场的变化而变化。J 是核磁共振谱中最重要的参数之一，它能够提供为寻找分子结构所需要的确切信息：核间关系、构型、构象及取代位置等。

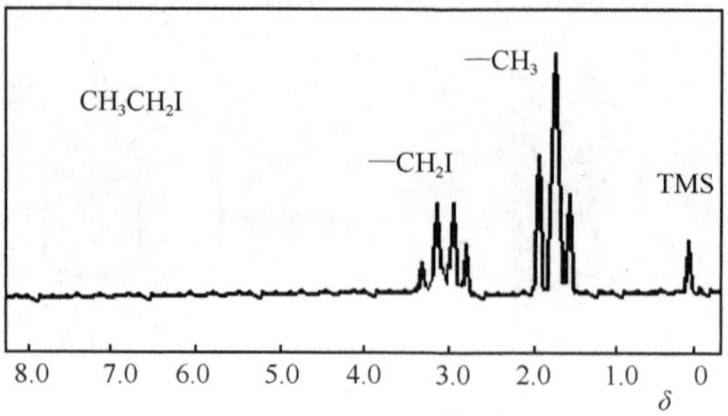

图 13-5 CH_3CH_2I 的高分辨核磁共振谱图

自旋偶合产生原因可用量子理论结合经典理论加以解释。在外磁场作用下，质子自旋产生一个小小的磁矩 B'，可通过成键价电子的传递，对邻近的质子产生影响。质子自旋有两种取向，如其取向与外磁场方向相同（顺向排列），用“↑”表示，则其邻质子所受到的总磁场强度为 B_0+B'，扫描时，当外磁场强度比 B_0 略小时，即发生能级跃迁；如其取向与外磁场方向相反，用“↓”表示，则其使邻质子所受到的总磁场强度为 B_0-B'，扫描时，当外磁场强度比 B_0 略大时，才发生能级跃迁。两种取向的概率基本相同，因此，当发生核磁共振时，与一个邻近质子偶合给出 1∶1 的双重峰，即谱线发生了“分裂”。邻近质子数目越多，则分裂峰的数目越多。

如在 CH_3CH_2I 中，CH_2 有两个氢，根据概率关系，自旋组合有三种方式（↑↑；↑↓、↓↑；↓↓），使邻近的 CH_3 分裂成三重峰，强度为 1∶2∶1。而 CH_3 有三个氢，自旋组合有四种方式（↑↑↑；↑↑↓、↑↓↑、↓↑↑；↑↓↓、↓↑↓、↓↓↑；↓↓↓），使邻近的 CH_2 分裂成四重峰，强度为 1∶3∶3∶1。类推可知，裂分数及裂分强度比满足二项展开式的系数，如表 13-3 所示。

表 13-3 多重峰裂分数与相对强度

相邻 C 上的 H 数（n）	被裂分峰数（n+1）	各峰相对强度比 二项式（a+b）^{n} 展开式的系数比
0	1	1
1	2	1∶1
2	3	1∶2∶1
3	4	1∶3∶3∶1
4	5	1∶4∶6∶4∶1

同一分子中化学位移相同的质子为化学等价核，化学等价质子具有相同的化学环境。由表 13-3 可知，当某基团上的 H 有 n 个相邻的化学等价核时，它将显示 n+1 个峰，称为 n+1 规则。此规则只适应于 I=1/2 的核。

J 值的大小与两个 H 核之间的键数有关，键数越少，J 值越大，键数越多，J 值越小。一般间隔大于 3 个单键时，偶合作用可以忽略不计。偶合常数一般分为三类，即同碳偶合 H—C—H，用 ^2J 表示；邻碳偶合 H—C—C—H，用 ^3J 表示；远程偶合，主要存在于芳环体系中。

综上所述，偶合常数提供了相邻氢原子关系的信息，这对于分子结构的研究是非常有用的。在 ^{1}H-NMR 谱中，J 一般为 1～20Hz。常见基团的偶合常数见表 13-4 中。

表 13-4　偶合常数表

结构	J/Hz	结　构	J/Hz
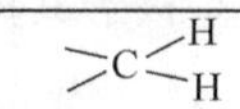	>20	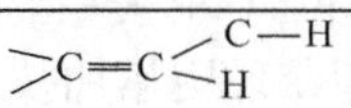	4～10
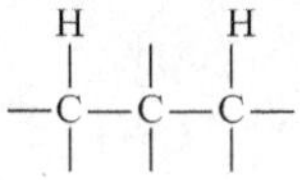	0～7	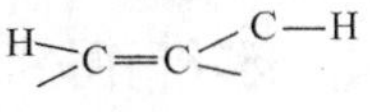	0.5～3.0
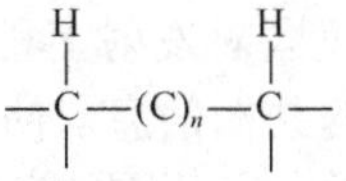 n>1	0	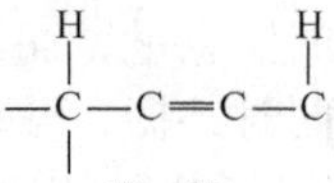	0～1.6
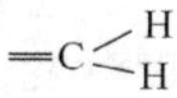	1～3.5	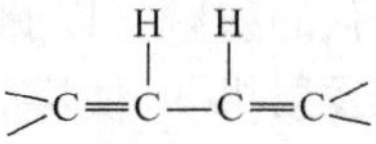	10～13
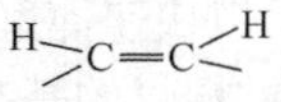（顺式）	6～14	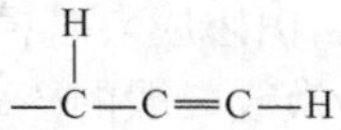	5～6
（反式）	11～18	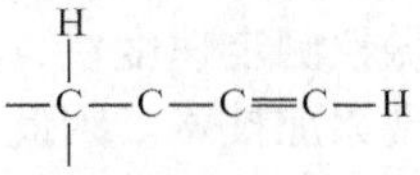	2～3
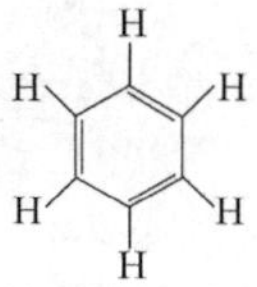 邻位	7～10	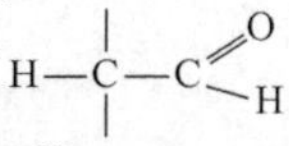	1～3
间位	2～3	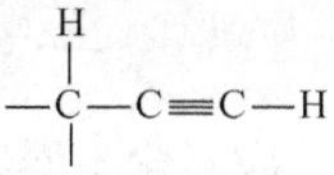	2～4
对位	0.5～1	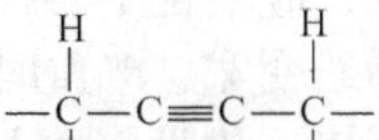	2～3

三、峰　面　积

在 ^{1}H-NMR 谱中，不同环境下的质子具有不同的化学位移值（化学不等价质子），相同环境下的质子具有相同的化学位移值（化学等价质子）。化学等价质子的数目越多，其吸收峰的面积越大，各峰的面积比等于各峰所代表的 H 数比。由各吸收峰的氢原子数目之比，再根据氢原子总数计算各个吸收峰的氢原子数目。

第三节　核磁共振波谱仪

用于获得 NMR 谱图的仪器通常称为核磁共振波谱仪。NMR 谱仪基本由磁场系统、射频发射系统、探头、信号接收系统、信号处理与控制系统五部分组成。磁铁是核磁共振谱仪最基本的组成部件，核磁共振仪使用的磁铁有三种：永久磁铁、电磁铁和超导磁铁。由永久磁铁和电磁铁获得的磁场一般不能超过 2.5T，而超导磁体可使磁场高达 10T 以上，并且磁场稳定、均匀。按扫描方式不同，目前使用的核磁共振仪有连续波和脉冲傅里叶变换两种形式。

一、连续波核磁共振谱仪

连续波是指射频的频率或外磁场的强度是连续变化的，实验时进行连续扫描，一直到被观测的核依次被激发发生核磁共振。即一种连续波是保持频率恒定，线性地改变磁场，称为扫场；另一种是保持磁场恒定而线性地改变频率，称为扫频。许多仪器同时具有这两种扫描方式，但扫场方式应用较多。

连续波 NMR 谱仪采用的是单频发射和接受方式，在很短的时间间隔内，只能记录谱图中很窄的一部分信号，即单位时间内获得的信息很少。在这种情况下，对那些核磁共振信号很弱的核，如 ^{13}C、^{15}N 等，即使采用累加技术，也得不到良好的效果。

二、脉冲傅里叶变换核磁共振谱仪

为了提高单位时间内的信息量，加快分析速度，可以采用多道发射机同时发射多种频率，使处于不同化学环境的核同时共振，再采用多道接受装置同时得到所有的共振信息。傅里叶变换 NMR 谱仪就是用一个强的射频，以脉冲方式（一个脉冲中同时包含了一定范围的各种频率的电磁辐射）作为“多道发射机”，使样品中所有化学环境不同的同类核同时激发，发生共振，得到核的多条谱线混合的自由感应衰减信号的叠加信息，即时间域函数，然后以快速傅里叶变换作为“多道接受机”变换转换成一般的核磁共振信号。这就是脉冲傅里叶核磁共振仪的基本原理。

傅里叶变换核磁共振仪测定速度快，除可进行核的动态过程、瞬变过程、反应动力学等方面的研究外，还易于实现累加技术。因此，从共振信号强的 ^{1}H、^{19}F 到共振信号弱的 ^{13}C、^{15}N 核，均能测定。

三、样品的制备

样品的纯度要求较高，应不含不溶物、灰尘、顺磁性物质等杂质，因为杂质的存在将导致局部磁场的不均匀而使谱线变宽，严重时可使谱图丧失应有的细节。溶剂应不含质子，沸点与黏度低，且不与样品起反应（化学惰性），常用溶剂为氘代试剂，有 $CDCl_3$、CD_3OD、（CD_3）CO、（CD_3）SO、C_6D_6 和 D_2O 等。值得注意的是，在氘代溶剂中常常因残留 ^{1}H，在 NMR 谱图上出现相应的共振峰。根据仪器和实验的要求，可选择不同外径（Φ=5mm、8mm、10mm）的样品管，微量操作还可使用微量管。样品溶液的浓度一般为 5%～10%，内标物加入量 1%～2%，对傅里叶核磁共振仪，^{1}H 谱一般只需 1mg 左右，甚至可少至几微克的样品；^{13}C 谱需要几到几十毫克样品。

第四节 核磁共振碳谱和二维谱简介

一、核磁共振碳谱

^{13}C-NMR 谱可直接提供分子的碳骨架信息，因此对有机化合物的结构鉴定具有十分重要的意义。自然界中存在着两种碳的同位素，其中丰度大的同位素 ^{12}C（98.9%）的自旋量子数 I=0，没有核磁共振现象；而 ^{13}C 有磁性，自旋量子数 I=1/2，有核磁共振现象。但 ^{13}C 的磁旋比只有 ^{1}H 的 1/4，再加上 ^{13}C 天然丰度只有 1.1%，因此 ^{13}C 谱的灵敏度比 ^{1}H 谱低很多，仅约为氢谱的 1/6000，所以碳谱测定比较困难。直到 20 世纪 70 年代，核磁共振中采用了脉冲傅里叶变换

（PFT）技术以后，提高了灵敏度，^{13}C-NMR 才获得较大的发展。

^{13}C-NMR 的化学位移范围约为 300，比 ^{1}H-NMR 大 20 倍，所以分辨率较高。由高场到低场各基团化学位移的顺序大体上按饱和烃、含杂原子饱和烃、双键不饱和烃、芳香烃、羧酸和酮的顺序排列，这与氢谱的顺序大体一致。

^{12}C 没有磁性，因此 ^{12}C-^{12}C 之间没有偶合作用；^{13}C 的丰度极小，故 ^{13}C-^{13}C 偶合可忽略。因此，^{13}C-NMR 中最重要的是 ^{13}C-^{1}H 偶合，其偶合常数一般很大，为 150～250Hz。这种偶合使得谱图上的每个信号发生分裂，不仅降低了灵敏度，而且容易出现信号重叠，难以分辨，因此常采用质子宽带去耦、偏共振去耦、选择性去耦等技术以简化谱图。

与 ^{1}H-NMR 一样，^{13}C-NMR 谱可通过吸收峰的化学位移值、强弱、峰的分裂数目及偶合常数来确定化合物的结构。但由于采用了去偶技术，使峰面积受到一定的影响，因此峰面积不能准确地确定碳的数目，这点与氢谱不同。

二、二　维　谱

以上讨论的核磁共振氢谱和碳谱都是“一维”核磁共振谱，一维谱的信号是一个频率的函数，共振峰分布在一条频率轴上。二维核磁共振谱的出现和发展，是近代核磁共振波谱学的最重要的里程碑。二维 NMR（即 2D-NMR）采用了多脉冲技术，信号是两个独立频率变量的函数，共振峰分布在由两个频率轴组成的平面上。在二维谱平面上，二维谱的一个轴表示化学位移，而另一个轴则可以表示同核或异核的化学位移，也可以是标量偶合常数等。引入第二维后，减少了谱线的拥挤和重叠，提供了核之间相互关系的新信息。现在，二维核磁共振技术已被广泛应用于复杂生物大分子的研究，尤其对于那些分子质量不太大的物质（M 小于 10kD），高分辨核磁技术给出的结构，可与 X 射线衍射相媲美。

二维谱的应用实例很多。例如，在聚氯乙烯（polyvinyl chloride，PVC）的一维氢谱中，不能很好地分辨不同空间序列结构中的亚甲基质子，次甲基-亚甲基偶合形式很复杂。但用二维 NMR 实验可以解决这些问题。利用二维核磁技术研究 PVC 的基础在于已经建立了一维核磁共振的碳谱和氢谱并且对谱峰有了一定的结构归属。二维核磁共振相关谱可以进一步提高碳谱和氢谱的分辨率，完整地给出 PVC 的空间序列结构。

随着计算机的运算能力的大幅度提高与核磁共振仪分辨率的增加，以及同位素标记与示踪技术的发展，目前二、三、四维（即多维）NMR 技术有了飞速的发展，在生物大分子结构、构象分析及生物合成机理研究方面越来越受到人们的重视。

第五节　核磁共振波谱的应用

一、一级谱和二级谱

NMR 谱中的一级谱是较简单的 NMR 谱，各组峰的分裂满足 n+1 规律的 NMR 谱称为一级谱图。一级谱图满足两个条件：其一为相互偶合的两组质子的 δ 值之差 $\Delta\upsilon$ 至少是偶合常数 J 的六倍以上，$\Delta\upsilon/J\geqslant 6$；其二为一组质子中的各质子必须是化学等价和磁等价的。在一级氢谱中，偶合常数不随外磁场强度的改变而改变，$J_{ab}=J_{ba}$。从一级谱图上，可以得到如下信息：①吸收峰的组数，说明分子中化学环境不同的质子有几组；②各组峰的中心位置值即为该组质子的化学位移 δ，说明分子中的基团情况；③峰的分裂符合 n+1 规律，峰强度比与二项展开式的各项系数比一致，各分裂峰之间的裂距值即为偶合常数 J。峰的个数及偶合常数，说明基团间的连接关系；④吸收峰所包括的面积（一般用阶梯式积分曲线高度表示），说明各基团的质子比。

若不能同时满足上述一级谱的两个条件，则产生二级谱。此时谱线裂分数比 $n+1$ 多，峰组内各峰之间的相对强度关系复杂，且一般情况下 δ 与 J 都不能直接从谱图上读出。对于二级图谱，通常可以采用加大仪器的磁场强度，双照射（去偶）法、氘同位素交换、加入位移试剂等实验手段进行简化。由于二级图谱的解析比较复杂，在此不作介绍。

二、^{1}H-NMR 谱的解析

（1）检查内标物的峰位是否准确，基线是否平坦，溶剂中残存的 ^{1}H 信号是否出现在预定的位置来判断所得图谱是否正确。

（2）区别出杂质峰、溶剂峰等。杂质含量相对样品比例很小，因此杂质峰的峰面积很小，且杂质峰与样品峰之间没有简单整数比的关系。氘代试剂不可能达到 100%的同位素纯度（大部分试剂的氘代率为 99%～99.8%），因此谱图中往往呈现相应的溶剂峰，如 $CDCl_3$ 中的溶剂峰的 δ 值约为 7.27。在测试样品时，样品管在 ^{1}H-NMR 仪中快速旋转，有时会出现旋转边峰，即以强谱线为中心呈现出的一对对称的弱峰。

（3）由分子式求出不饱和度。

（4）根据谱图中吸收峰的组数，求出不同化学环境的氢质子的种类；由各组峰的积分面积之比计算出各组峰的质子之比与相应的质子数。

（5）根据各组峰的 δ 值推测它们的归属。醛基氢 δ ～10、酚羟基氢 δ 9.5～15、羧基氢 δ 11～12、烯醇基氢 δ 14～16。

（6）根据峰的裂分和偶合情况，由 $n+1$ 规律和偶合常数 J 推测基团之间的相互关系。单峰：邻近无氢核或与 N、O、S、苯环、双键、三键等原子或基团相连。多重峰：用 $n+1$ 规律判断邻近氢原子的个数。

（7）采用重水交换法识别活泼氢。常见活泼氢（OH、NH、SH、COOH）在溶剂中质子交换速度较快，受氢键等因素影响较大，δ 值与温度、溶剂、浓度等有很大关系，很不固定，变化范围较大，可采用重水交换法识别活泼氢。

（8）综合以上分析，根据化合物的分子式、不饱和度、可能的基团及相互偶合情况，推出若干结构单元，最后组合为几种可能的结构式。参考 IR、UV、MS 和其他数据推断结构，得出结论，验证结构。

三、NMR 谱的应用

核磁共振具有快速、准确，无损被测对象等诸多优点，从最初的物理学研究领域很快渗透到包括化学化工、生物学、医学药学、地质学等在内的各种学科之中。NMR 在有机化合物结构鉴定与定量分析领域已经成为一种成熟的手段。在药学中，该技术已大量应用于新药研发、药品质量控制等方面。核磁共振成像是 20 世纪 80 年代发展起来的先进医疗诊断方法，是继 CT 后医学影像学的又一重大进步。

1. 药物研发领域 NMR 技术在生物学方面的发展推动了其在药物研发领域中的应用，如作为药物靶标的生物大分子的结构和动力学研究、药物设计与筛选等方面。生物大分子经常被当作治疗疾病的靶标，因此获取它们的结构与动力学信息非常必要。NMR 方法可以在更接近于生物大分子的生理环境下，对其进行结构分析；近十年发展起来的固态 NMR 作为一种新兴方法能够解析溶解度很差的蛋白的结构，如纤维状蛋白和膜蛋白等。相对其他方法而言，NMR 能够提供原子水平分辨率、时间尺度从皮秒到秒的生物大分子动力学信息。采用 NMR 方法研究生物大分子和小分子配体的相互作用，特别是在体内或者细胞内的环境下研究其相互作用，能对药物的设计和筛选提供很大的帮助，很适合药物的高通量筛选。

2. 药物质量控制领域　由于核磁共振技术在有机化合物分子结构解析方面的优势，因此其在药物质量控制领域中也得到了极大的应用。核磁共振技术在药物质量控制中的应用包括组分定性鉴定、含量分析、杂质鉴定等项目，现已被用于多种药物的质量控制标准。其中，美国药典 19 版（1975 年）、英国药典 1975 年版、日本药局方第十二版（1991 年），已经开始运用核磁共振技术进行药物的鉴定。我国也于 2010 年版药典二部中加入了核磁共振技术，以适应新的质控要求。

虽然 NMR 方法在各国药典中都作为原理技术介绍的形式进行收录，但是目前各国药典仍然没有广泛采用该方法，NMR 在药物分析中的应用还没有普及。考虑到 NMR 检测时间少、不破坏样品、检测内容多样及某些不可替代性等优点，随着各国药典对 NMR 方法收录的增多及各药厂与生产商的使用，NMR 方法在药物分析中的应用必将更加常规化。

3. 核磁成像　磁共振成像（MRI）的基本原理是将人体置于特殊的磁场中，用无线电射频脉冲激发人体内氢原子核，引起氢原子核共振，并吸收能量。在停止射频脉冲后，氢原子核按特定频率发射出电信号，并将吸收的能量释放出来，被体外的接受器收录，经电子计算机处理获得图像，这就称为核磁共振成像。

人体各种组织含有大量的水和碳氢化合物，所以氢核的核磁共振灵活度高、信号强，这是人们首选氢核作为人体成像元素的原因。MRI 信号强度与样品中氢核密度有关，人体中各种组织间含水比例不同，则 MRI 信号强度有差异，利用这种差异作为特征量，把各种组织分开。人体不同组织之间、正常组织与该组织中的病变组织之间氢核密度、弛豫时间 T_1、T_2 三个参数的差异，是 MRI 用于临床诊断最主要的物理基础。

MRI 提供的信息量大于医学影像学中的其他许多成像术，它可以直接作出横断面、矢状面、冠状面和各种斜面的体层图像；可以对人体脊髓、脑、肝、肺等各个器官直接成像，并有较理想的清晰度；可以观测出血流量，显示心脏活动。MRI 不需注射造影剂，无电离辐射，对机体没有不良影响。当然 MRI 也存在不足之处，它的空间分辨率不及 CT，带有心脏起搏器的患者或有某些金属异物的部位不能作 MRI 的检查，另外价格比较昂贵。

案例分析

（1）柴胡是疏肝理气的中药，我国药典规定柴胡的植物来源为伞形科植物柴胡，或狭叶柴胡的干燥根，习称“北柴胡”和“南柴胡”。但由于地区用药习惯和品种混淆，在实际应用和商品流通中多种柴胡属植物的根均作为柴胡入药。锥叶柴胡由于习惯用名与正品北柴胡混淆，常作北柴胡使用。

文献运用基于 ^{1}H-NMR 技术的代谢组学方法研究了锥叶柴胡与北柴胡的化学成分，结果表明锥叶柴胡与北柴胡中柴胡皂苷元和前柴胡皂苷含量有明显差异。分析锥叶柴胡和北柴胡 ^{1}H-NMR 谱图，显示二者差异明显，δ 值在 0.84、0.88、1.24、1.28、1.32、1.36、2.12、4.40、4.32、4.56 处的特征信号可以用于准确鉴别锥叶柴胡和北柴胡，可为柴胡的临床鉴别使用提供依据（图 13-6）。

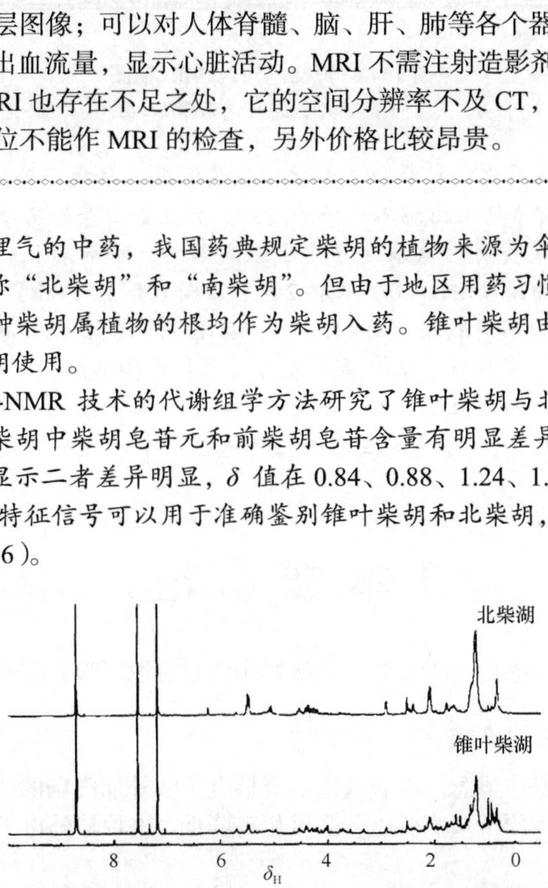

图 13-6　北柴胡与锥叶柴胡的 ^{1}H-NMR 谱图

（2）燕窝是一种高级保健品，其售价十分昂贵，不法商人常以猪皮、琼脂、树胶、白木耳等价格低廉的原材料制造假燕窝。一般情况下，普通人很难通过观察进行真假燕窝的辨别。

通过测定 ^{1}H-NMR 的方法，以燕窝水解产物唾液酸中微量特有组分的特征峰为鉴定标准，可得到能显著区分真假燕窝的指纹图谱；结合使用模式识别主成分分析法（PCA）处理核磁共振数据，可确定真燕窝的主成分正交范围，可以简单、快速、准确地区分真假燕窝（图 13-7）。

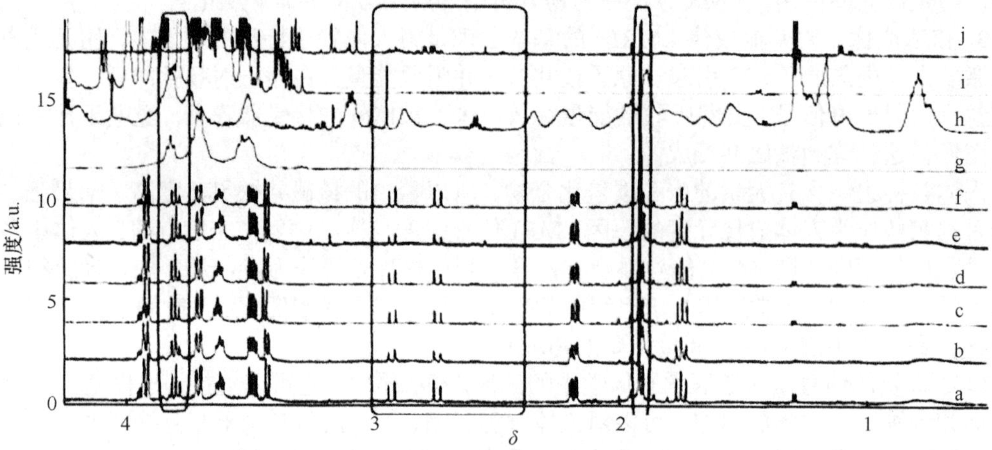

图 13-7　燕窝的 ^{1}H-NMR 谱图

a～f 真燕窝样品；g～j 假燕窝样品

（3）蜂王浆具有抗氧化、防衰老、抗癌、抗菌消炎、抗疲劳和降脂等功能，是一种多功能天然保健品。目前市场上出现不少掺加淀粉、大豆蛋白等的劣质蜂王浆。

大豆蛋白与蜂王浆蛋白的氨基酸序列和组成不同，酶解后肽的氨基酸组成和序列也是不同的。先加胰蛋白酶（pH=8.0）水解 2 h 后，调 pH=2.5，加胃蛋白酶水解 2 h，蜂王浆与大豆蛋白分别得到不同肽段，再利用 ^{13}C-NMR 法测定肽段的碳谱，以化学位移、谱峰高低和相对强度为鉴定指标，比较蜂王浆与大豆蛋白酶解肽段的指纹图谱，δ 120～140 蜂王浆的碳信号密集，而大豆的较稀，δ 80～100 区间蜂王浆几乎未见碳信号，而大豆蛋白有明显的峰值，这可以作为二者区别的主要依据。本法是一种很好的鉴别蜂王浆掺伪的方法。

本章小结

（1）核磁共振产生的条件：①有处于外磁场中的自旋原子核；②照射此原子核的电磁波能量必须等于核磁能级差，即 $h\nu = \Delta E$，$\nu = \dfrac{\gamma B_0}{2\pi}$

（2）核磁共振中的基本概念。屏蔽效应：绕核电子在外加磁场的诱导下，产生与外加磁场方向相反的感应磁场，使原子核实受磁场强度稍有降低，这种核外电子及其他因素对抗外加磁场的现象称为屏蔽效应。

去屏蔽效应：当次级磁场的磁力线与外磁场一致时，使得处于此空间的质子实受外磁场强度增加，这种效应为去屏蔽效应。

自旋偶合：核自旋产生的核磁矩间的相互干扰，又称为自旋-自旋偶合。

自旋分裂：由自旋偶合引起共振峰分裂的现象，又称为自旋-自旋分裂。

n+1 规则：在 ^{1}H-NMR 的一级谱图中，如果某氢核相邻的 C 原子上有 n 个状态相同（化学等价）的 H 核，则此核的吸收峰将被裂分为 n+1 个，称为 n+1 规则。

化学位移：由于屏蔽效应的存在，不同化学环境的氢核的共振频率不同，这种现象称为化学位移。化学位移采用相对数值表示法。

偶合常数：当自旋体系存在自旋-自旋偶合时，核磁共振谱线发生分裂。由分裂所产生的裂距反映了相互偶合作用的强弱，称为偶合常数。

（3）^{1}H-NMR 谱可以得到的结构信息：①化学位移：判断分子中存在基团的类型；②偶合分裂：判断邻近核的相互干扰，推断出各基团是如何连接起来的；③积分线（峰面积）：计算每种基团中氢的相对数目。

习　　题

1. 为什么不用共振频率的绝对值表示化学位移？为什么核的共振频率与仪器的磁场强度有关，而偶合常数与磁场强度无关？

2. 某化合物的分子式为 $C_5H_7NO_2$，红外光谱中 2230cm^{-1}、1720cm^{-1} 有特征吸收峰，^{1}H-NMR 谱如图 13-8 所示，δ 1.3（三重峰），δ 3.45（单峰），δ 4.25（四重峰），a、b、c 的积分高度分别为 15 格、10 格、10 格，试确定其结构式。

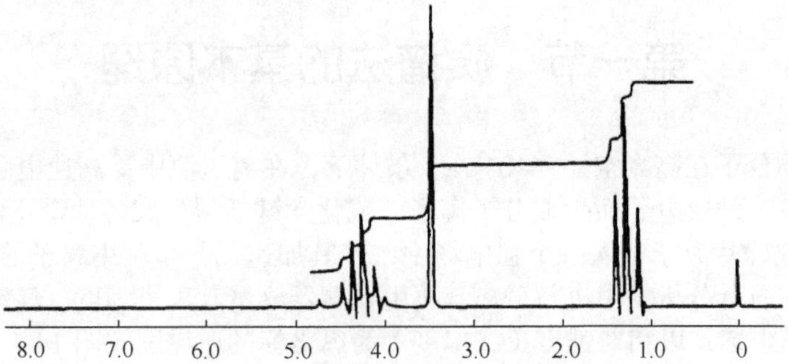

图 13-8　$C_5H_7NO_2$ 的 ^{1}H-NMR 图谱

（$N\equiv C—CH_2—\overset{\overset{\displaystyle O}{\|}}{C}—OCH_2CH_3$）

（赵　燕）

第十四章　质谱分析法

学习目标

（1）掌握质谱分析法的基本原理和质谱仪的主要部件；重点掌握离子源和质量分析器的种类及其工作原理。

（2）熟悉质谱法定性分析和定量分析的方法。

（3）了解质谱裂解规律。

质谱（mass spectrometry，MS）分析法是将化合物分子电离成具有不同质量的离子，并按照样品离子的质荷比（即离子质量与所带电荷之比，以 m/z 表示）和强度来进行定性和定量分析的一种分析方法。质谱法因其具有极高的检测灵敏度（可达 fmol 级）和良好的选择性，已成为药物分析、生物分析、食品分析、环境分析等领域中非常重要的分析利器。本章主要从质谱法的基本原理、质谱仪的组成及主要部件，以及质谱法的应用等几个方面进行介绍。

第一节　质谱法的基本原理

质谱是化合物分子在高真空（$<10^{-3}$Pa）条件下，在离子源中受高速电子流的“轰击”或强电场的作用，失去外层电子而生成分子离子，或化学键断裂生成各种带正电荷的碎片离子。然后将分子离子或碎片离子引入一个强电场中，使其加速飞行。利用离子的质荷比（m/z）不同及速度差异，在质量分析器中进行分离，再由检测器测量其离子强度。经软件分析获得一张以质荷比 m/z 为横坐标，以相对强度（或丰度）为纵坐标的质谱图（图 14-1）。

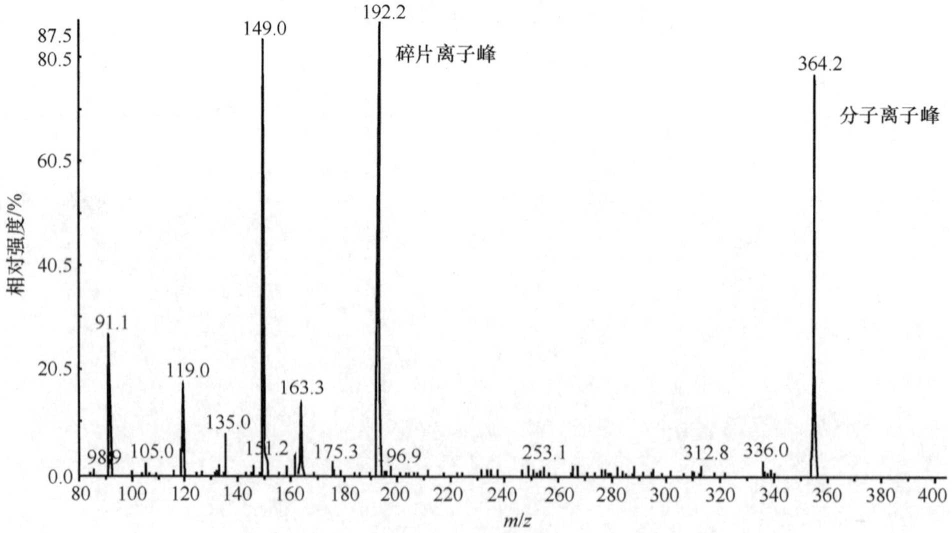

图 14-1　质谱图

如图 14-2 所示，当分子离子被引入 6～8kV 的高压电场时，带电离子获得动能，见式（14-1）。

$$zU = \frac{1}{2}mv^2 \tag{14-1}$$

式中，z 为离子电荷数；U 为加速电压；m 为离子质量；v 为离子的运行速度。

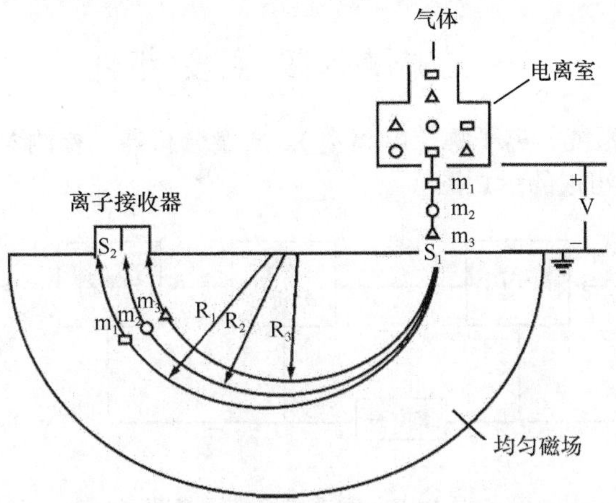

图 14-2　不同质荷比的离子在磁场中分离

加速后的离子进入质量分析器（也称磁分析器），在外磁场作用下运动方向发生偏转，由直线运动改做圆周运动。在磁场中，离子做圆周运动的向心力等于磁场力，见式（14-2）。

$$\frac{mv^2}{R} = Bzv \tag{14-2}$$

式中，R 为粒子运动的轨道半径；B 为磁场强度。由式（14-1）和式（14-2）可得质谱方程式（14-3）。

$$\frac{m}{z} = \frac{R^2 B}{2U} \text{或} R = \frac{1}{B}\sqrt{2U\frac{m}{z}} \tag{14-3}$$

由式（14-3）可见，当加速电压和磁场不变时，不同质荷比 m/z 的离子运动半径不同，从而实现分离。质谱仪中一般保持 U 和 R 不变，通过连续改变磁场强度 B 的方法获得不同质荷比离子的质谱图，即磁场扫描法。

具体过程是：首先将样品气化为气态分子或原子，引入至电离源将其电离，成为带电离子，再经过加速后进入质量分析器（磁场），将离子按质荷比大小顺序排列起来，测量其强度，得到质谱图，横坐标为质荷比，纵坐标为每种带电离子的相对丰度。通过质荷比可以确定离子的质量，从而进行样品的定性分析和结构分析，通过离子的峰高可以进行定量分析。

离子质量 m 采用原子质量单位（atomic mass unit，符号 u）度量。

记录质谱的仪器称为质谱仪。质谱仪种类非常多，工作原理和应用范围也有很大的不同。从应用角度来看，质谱仪可以分为下面几类：有机质谱仪、无机质谱仪、同位素质谱仪、气体分析质谱仪、生物质谱仪等。根据质量分析器的工作原理，质谱仪可分为动态仪器和静态仪器两大类。在静态仪器中，质量分析器采用稳定磁场，按空间位置将不同质荷比（m/z）的离子分开，如单聚焦和双聚焦质谱仪；在动态仪器中，质量分析器采用变化的电磁场，按时空来区分不同质荷比的离子，如四极杆质谱仪、飞行时间质谱仪、离子阱质谱仪、傅里叶变换质谱仪等。

分子离子峰和碎片离子峰的概念参见本章第三节。

第二节 质 谱 仪

一、质谱仪及主要部件

质谱仪通常由进样系统、离子源（电离室）、质量分析器、检测器、记录系统、真空系统组成。图 14-3 为质谱仪组成的示意图。

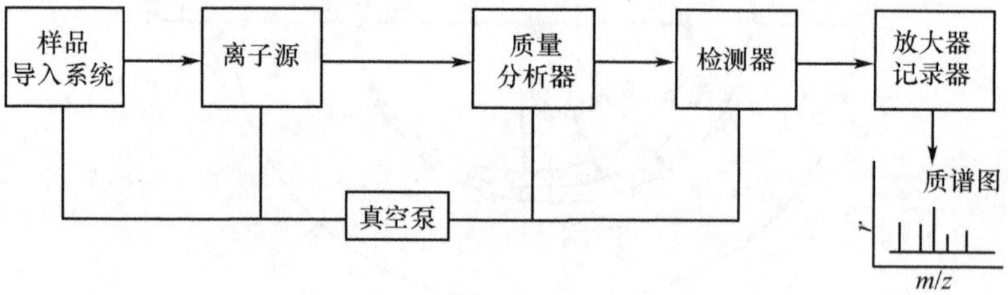

图 14-3　质谱仪组成示意图

（一）进样系统

进样系统是将样品引入离子源中，既要保证重复性好，又不能造成离子源真空度的降低。目前用于有机化合物分析的进样装置主要有直接进样器、气相色谱仪和液相色谱仪。

1. 直接进样器　如图 14-4 所示，在直接进样器尖端装上少量样品（1～10ng），直接插入离子源，升温，气化，离子化，得到质谱图。对于纯物质分析简便、易行、灵敏度高。

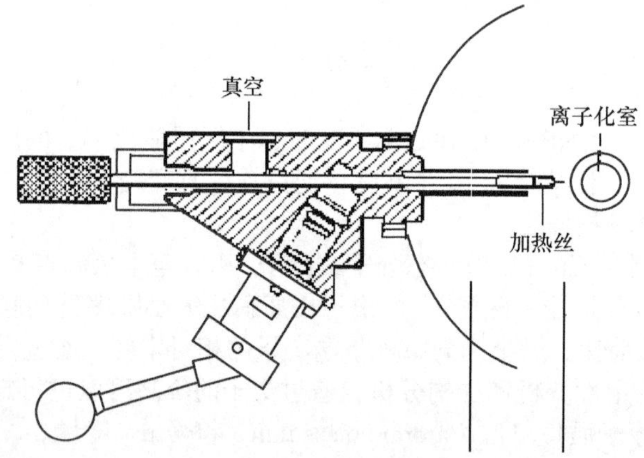

图 14-4　直接进样器

2. 色谱进样　把气相色谱仪（GC）、液相色谱仪（LC）当作进样装置和质谱仪（MS）连接起来，可将色谱的强分离能力和质谱的高鉴别能力相结合，是目前分析有机混合物最有效的方法之一。气相色谱毛细管柱由于载气流量很小，与质谱的联用很简单，把色谱柱的出口直接插入质谱仪的离子源中即可（详见第十九章第三节）。

（二）离子源（ion source）

离子源的作用是提供能量，将气态样品分子电离成离子，并使这些离子在离子光学系统的作用下，会聚成有一定几何形状和一定能量的离子束，进入质量分析器被分离。

离子源是质谱仪的心脏，其结构和性能与质谱仪的灵敏度和分辨率有密切的关系。样品分子组成和结构不同，电离的难易程度不同。采用不同的电离方式，质谱图差别会很大。因此，在使用质谱分析法时，应根据样品分子的热稳定性和电离的难易程度来选择合适的离子源。

目前质谱仪常用的离子源有：电子轰击电离源（electron impact ionization source，EI）、化学电离源（chemical ionization source，CI）、电喷雾电离源（electrospray ionization，ESI）、大气压化学电离源（atmospheric-pressure chemical ionization，APCI）、激光解吸电离源（laser desorption source，LD）、快原子轰击电离源（fast atom bombardment source，FAB）、场致电离源（field ionization source，FI）和场解吸电离源（field desorption source，FD）等。在上述电离源中，以电子轰击电离源、化学电离源和电喷雾电离源应用最广。

1. 电子轰击源（EI）　EI 源因电离能较高（通常为 70eV），是一种硬电离方式，也是应用最为广泛的离子源。主要用于挥发性小分子（MW＜400）样品的电离。图 14-5 是 EI 源的结构示意图。EI 源主要由电离室、灯丝、离子聚焦透镜和一对磁极组成。

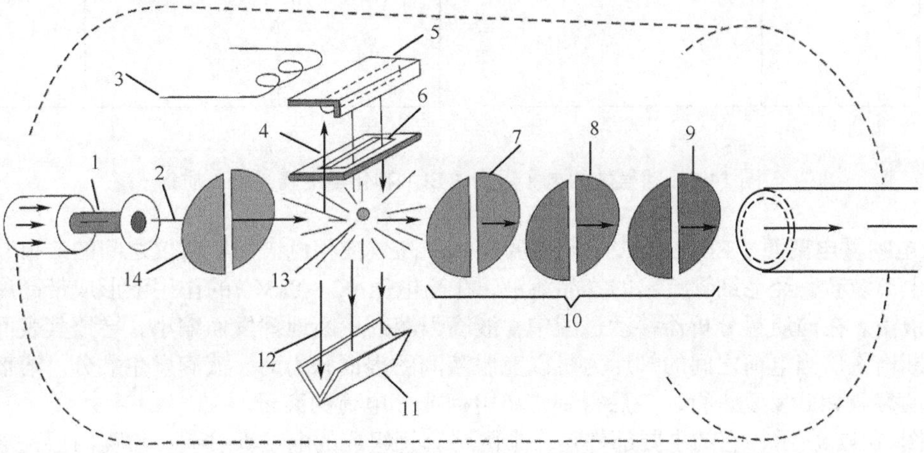

图 14-5　电子轰击电离源的结构示意图

1. 分子漏入孔；2. 气体束；3. 加热器；4. 灯丝；5. 屏蔽；6. 电子狭缝；7. 第一加速狭缝；8. 聚集狭缝；9. 第二加速狭缝；10. 离子加速区；11. 阳极；12. 电子束；13. 离子化区；14. 反射极

高能电子束与气态样品分子相互作用，使分子（M）中电离电位较低的价电子或非键电子（如 O、N 的孤对电子）电离，丢失一个电子生成带正电荷的分子离子（$M \xrightarrow{\text{高能电子轰击}} M^{+\cdot} + e$）。因大多数有机分子的电离电位为 7～15eV，故过剩的能量会使部分分子、离子进一步裂解（某些化学键断裂），生成不同质荷比的带正电荷的碎片离子和中性自由基，在电场作用下正离子被加速，经过狭缝进一步准直聚焦形成离子束，进入质量分析器并按质荷比（m/z）大小进行分离并记录信息，这些碎片离子的信息可用于化合物的结构鉴定，因而 EI 被称为“硬电离”技术。

EI 源优点：应用范围较广，样品能气化即可分析，电离效率较高，稳定性好，图谱重现性好，有丰富的碎片离子信息，是化合物的“指纹图谱”，有标准质谱图数据库可以检索。

EI 源缺点：不适合分析难挥发或热敏性物质，且图谱中分子离子峰的强度较弱或没有，无法得到相对分子质量信息。

2. 化学电离源（CI）　CI 源利用离子与分子的化学反应使样品分子电离。与 EI 源相比，CI 源是比较温和的电离方式。

高能电子束与小分子反应气（如甲烷、丙烷、异丁烷等，用 R 表示）作用，使其电离生成初级离子，这些初级离子再与样品分子反应，得到 MH^+ 或 $(M-H)^+$ 准分子离子（quasi-molecular ion）。反应通式如下：

$$R^{\dot{+}} + R \longrightarrow RH^{+} + (R-H)^{*} \text{ 或 } (R-H)^{+} + RH^{*}$$

$$RH^{+} + M \longrightarrow R + (MH)^{+}$$

$$(R-H)^{+} + M \longrightarrow R + (M-H)^{+}$$

CI 源图谱较为简单，产生的准分子离子峰的相对强度较大，便于推断化合物的相对分子质量。但 CI 源产生的碎片离子少，强度较低，不利于推断分子结构，并且 CI 源与实验条件有关，没有标准图谱。

EI 源可与 CI 源互相补充，有利于化合物的结构分析。现代质谱仪一般同时配有 EI 源和 CI 源，便于切换使用。

图 14-6 为脯氨酸的电子轰击（EI）和化学电离（CI）质谱对比情况。

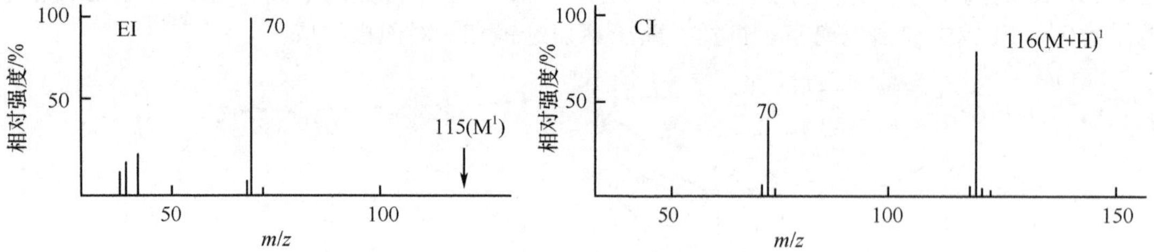

图 14-6　脯氨酸的电子轰击（EI）和化学电离（CI）质谱

3. 电喷雾电离源（ESI）　ESI 源主要应用于高效液相色谱和质谱仪之间的接口装置，同时又是电离装置。经毛细管流出的样品溶液，在高电压（3～8kV）的作用下形成带高度电荷的雾状小液滴。在向质量分析器移动过程中，液滴因溶剂不断地挥发而缩小，导致其表面电荷的密度不断增大。当电荷之间的排斥力足以克服液滴的表面张力时，液滴发生裂分。溶剂的挥发和液滴的裂分如此反复进行，最后得到带单电荷或多电荷的离子。

如图 14-7 所示，它的主要部件是一个两层套管组成的电喷雾喷嘴。喷嘴内层是液相色谱流出物，外层是雾化气，雾化气常采用大流量的氮气，其作用是使喷出的液体分散成微滴。另外，在喷嘴的斜前方还有一个辅助气喷嘴，辅助气的作用是使微滴的溶剂快速蒸发。在微滴蒸发过程中表面电荷密度逐渐增大，当增大到某个临界值时，离子就可以从表面蒸发出来。离子产生后，借助于喷嘴与锥孔之间的电压，穿过取样孔进入质量分析器。

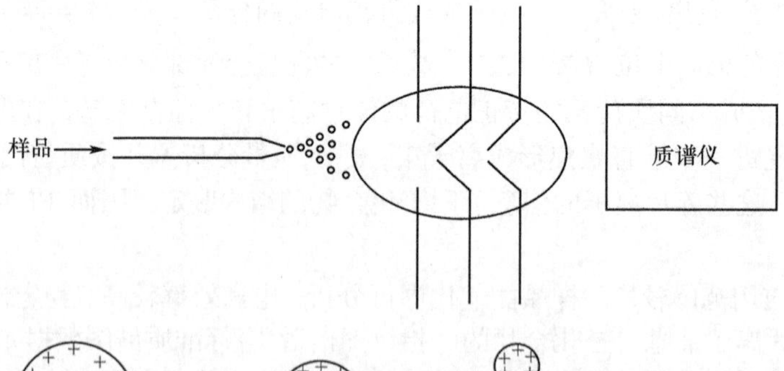

图 14-7　电喷雾电离源原理图

加到喷嘴上的电压可以是正的，也可以是负的。通过调节极性，可以得到正离子或负离子的质谱图。电喷雾电离源是一种软电离方式，即便是相对分子质量大、稳定性差的化合物，也不会在电离过程中发生分解，它适合于分析极性强的大分子有机化合物，如蛋白质、肽、糖等。电喷雾电离源的最大特点是容易形成多电荷离子。这样，一个相对分子质量为 10000 的分子若带有 10 个电荷，其质荷比只有 1000，即可用 ESI 源的质谱仪分析。

4. 大气压化学电离源（APCI） APCI 源的结构与电喷雾源大致相同，不同之处在于 APCI 喷嘴的下游放置一个针状放电电极，通过放电电极的高压放电，使空气中某些中性分子电离，产生 H_3O^+、N_2^+、O_2^+ 和 O^+等离子，溶剂分子也会被电离，这些离子与分析物分子进行离子-分子反应，使分析物分子离子化，这些反应过程包括由质子转移和电荷交换产生正离子，质子脱离和电子捕获产生负离子等。图 14-8 是大气压化学电离源的示意图。

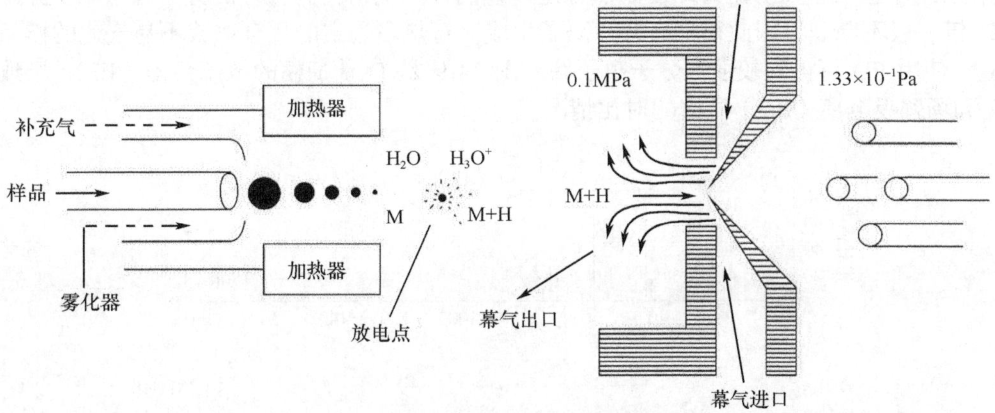

图 14-8　大气压化学电离源示意图

APCI 源主要用来分析中等极性的化合物。有些分析物由于结构和极性方面的原因，用 ESI 源不能产生足够强的离子，可以采用 APCI 方式增加离子产率，可以认为 APCI 是 ESI 的补充。APCI 主要产生的是单电荷离子，所以分析的化合物分子质量一般小于 1000Da。用这种电离源得到的质谱很少有碎片离子，主要是准分子离子，该电离源主要用于液相色谱-质谱联用仪。

5. 激光解吸电离源（LD） 激光解吸源是利用一定波长的脉冲式激光照射样品，使样品电离的一种电离方式。被分析的样品置于涂有基质的样品靶上，激光照射到样品靶上，基质分子吸收并传递激光能量，与样品分子一起蒸发到气相并使样品分子电离。激光电离源需要有合适的基质才能得到较好的离子产率。因此，这种电离源通常称为基质辅助激光解吸电离源（matrix assisted laser desorption ionization，MALDI）。MALDI 特别适合于飞行时间质谱仪（time of flight，TOF），组成 MALDI-TOF，它比较适合于分析生物大分子，如肽、蛋白质、核酸等，得到的质谱主要是分子离子、准分子离子，碎片离子和多电荷离子较少。MALDI 常用的基质有 2，5-二羟基苯甲酸、芥子酸、烟酸、*α*-氰基-4-羟基肉桂酸等。

6. 快原子轰击源（FAB） 快原子轰击电离技术是让稀有气体，如氙或氩电离，通过电场加速，获得高动能，成为快原子。然后用高能量的快速运动的原子束轰击样品分子（用液体基质负载样品并涂敷在靶上，常用的基质有甘油、间硝基苄醇、二乙醇胺等），通过能量的转移，使靶上的样品分子电离，成为二次离子。采用快原子轰击技术的优点是：①分子离子和准分子离子峰强；②碎片离子峰也很丰富；③灵敏度高，适用于对热不稳定的、极性强的分子，如肽、蛋白质、多糖、金属有机物等样品的分析。它的缺点是样品涂在金属板上的溶剂也被电离，使质谱图复杂化。

在 FAB 的质谱图中，样品分子通常以质子化的$[M+H]^+$出现，同时还有可能出现加合的离子峰，如$[M+G+H]^+$（G 为基质分子）、$[2M+H]^+$、$[2M+H-H_2O]^+$、$[M+G+H-H_2O]^+$等。若基质中加入某些盐类，还会出现[M+金属离子+H]$^+$的峰。

7. 场致离（FI）和场解吸（FD）源 场致电离源是在相距很近的阳极和阴极之间，施加7000～10000V的稳定直流电压，在阳极的尖端附近产生10^7～10^8 V/cm的强电场，依靠这个强电场把尖端附近样品分子中的电子拉出来，使之形成正离子，然后通过一系列透镜聚集成束，加速进入质量分析器中。

对于液体或固体样品，可将其溶解在适当的溶剂中，并滴加在特制的FD发射丝上，发射丝由直径约10μm的钨丝及在丝上用真空活化的方法制成的微针碳刷组成。发射丝通电加热使其上的试样分子解吸下来并在发射丝附近的高压静电场（电场梯度为10^7～10^8 V/cm）的作用下被电离形成分子离子，其电离原理与场致电离相同。解吸所需能量远低于气化所需能量，故有机化合物不会发生热分解，即使是热稳定性差的样品仍可得到很好的分子离子峰。分子中的C—C键一般不断裂，因此很少有碎片离子生成。对热不稳定的化合物或不易气化的样品（如糖类），使用FD可得到较强的分子离子峰。图14-9是D-葡萄糖的电子轰击（EI）、场致电离（FI）和场解吸电离（FD）质谱的对比情况。

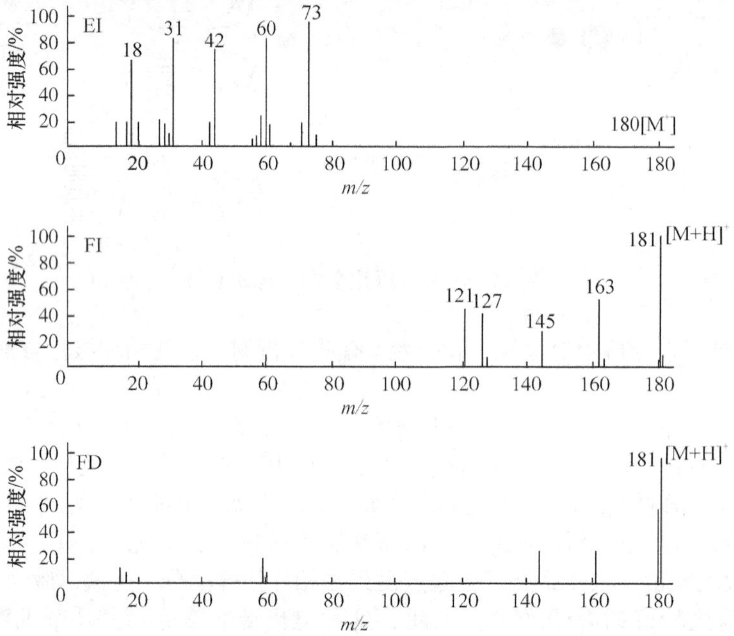

图14-9 D-葡萄糖的EI、FI和FD质谱

（三）质量分析器

质量分析器是质谱仪的重要组成部分，位于离子源和检测器之间。其作用就是把不同质荷比（*m/z*）的离子按照大小不同依次分开。质量分析器的类型很多，大约有20多种。主要有磁质量分析器、四级质量分析器、离子阱质量分析器、飞行时间质量分析器和离子回旋共振质量分析器等。

1. 磁质量分析器（magnetic mass analyzer） 磁质量分析器分为单聚焦质量分析器（single focusing mass analyzer）和双聚焦质量分析器（double focusing mass analyzer）。

1）单聚焦质量分析器：图14-10为单聚焦质谱仪示意图。单聚焦质量分析器使用扇形磁场，离子在磁场中的运动半径取决于磁场强度，质荷比和加速电压。若加速电压和磁场强度不变，则离子运动的半径取决于质荷比。实际工作中，一般会采用固定加速电压而连续改变磁场强度的方法，使不同质荷比的离子发生分离并依次通过狭缝到达检测器（原理参见第一节）。

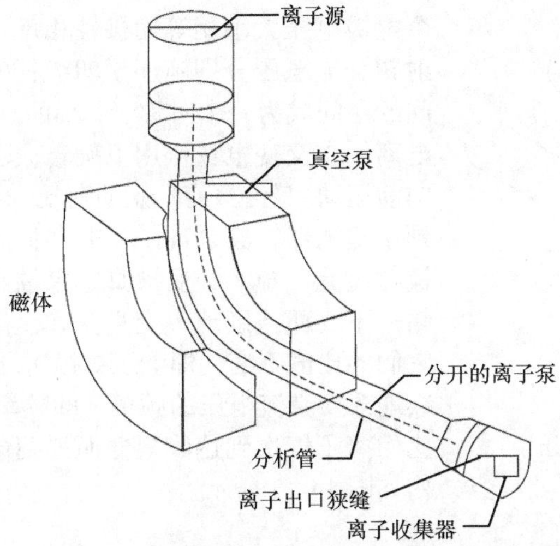

图 14-10　单聚焦质量分析器结构示意图

单聚焦质量分析器是最早用于质谱仪的质量分析器，磁场对离子只有质量聚焦的作用，即无论离子进入磁场方向如何，只要具有相同的 *m/z*，经质量色散后具有相同的运动半径。但离子源产生的离子在进入加速电场之前，其初始能量各不相同。而单聚焦质量分析器没有能量聚焦的功能，即便是相同 *m/z* 的离子，若初始能量不同，通过单聚焦质量分析器之后也不能完全聚焦在一起。为了解决离子能量分散的问题，提高分辨率，可采用双聚焦分析器。所谓双聚焦，是指同时实现方向聚焦和能量聚焦。

单聚焦分析器的缺点是分辨率较低，设计良好的单聚焦分析器的分辨率可达 5000。它只适合于离子能量分散较小的离子源，如电子轰击源、化学电离源。

2）双聚焦质量分析器：双聚焦质量分析器是在磁场前加一个静电分析（图 14-11）。即在离子源和扇形磁场间加一个扇形静电场分析器。在一定电压条件下，加速的离子束进入静电场，只有动能（或速度）相同的离子才具有同样的运动曲率半径，才能顺利通过狭缝 B 进入磁分析器。换句话说，静电分析器先将具有相同动能（或速度）的离子聚焦，进入磁分析器后，再将离子按照质荷比（*m/z*）不同进一步分离。

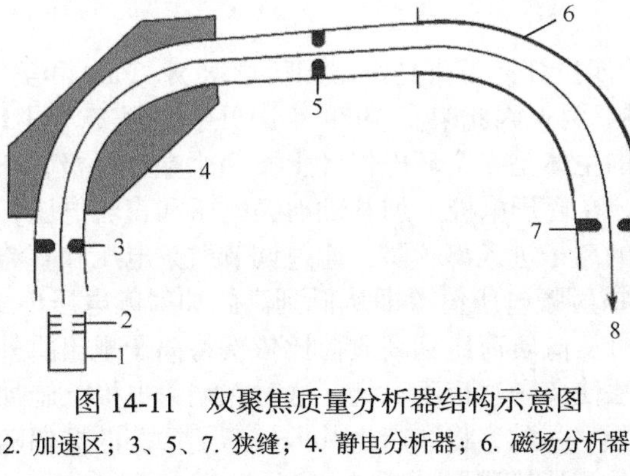

图 14-11　双聚焦质量分析器结构示意图

1. 离子源；2. 加速区；3、5、7. 狭缝；4. 静电分析器；6. 磁场分析器；8. 至检测器

单聚焦质谱计只有一个磁场；双聚焦质谱计除了磁场外，还有一个静电场。双聚焦分析器的分辨率可达 150000，缺点是扫描速度慢，操作、维护困难，仪器价格较高。

2. 四极杆质量分析器（quadrupole mass analyzer）　四极杆质量分析器又称四极滤质器，由两组对称、四根平行棒状电极组成，如图 14-12 所示。相对的两个电极电压相同，相邻的两

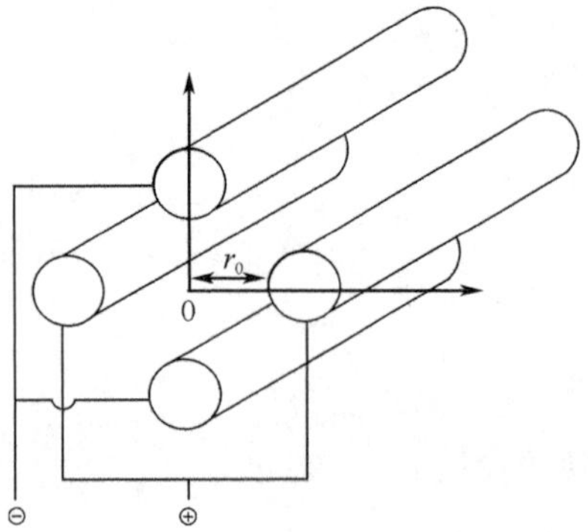

图 14-12 四极滤质器的电极

个电极电压大小相等而极性相反。数百伏特的直流电压和射频交流电压分别施加于四级杆的两端，使得四个电极之间的空间成为一个对称于 z 轴的高速旋转的交变电磁场。带电离子在交变电场作用下旋转振荡，而在直流电场作用下向前运动。最终只有选定质荷比 m/z 的离子可以通过四级杆到达检测器，其余离子（非共振离子）将碰撞在四级杆上被“过滤”掉，最后被真空泵抽走。如果保持交流电压的频率不变而连续地改变直流和交流电压的大小（但要保持它们的比值不变，即电压扫描），或保持电压比值不变而连续地改变交流电压的频率（即频率扫描），就可使不同质荷比的离子依次到达收集器而得到质谱图。四极质谱仪的结构如图 14-13 所示。

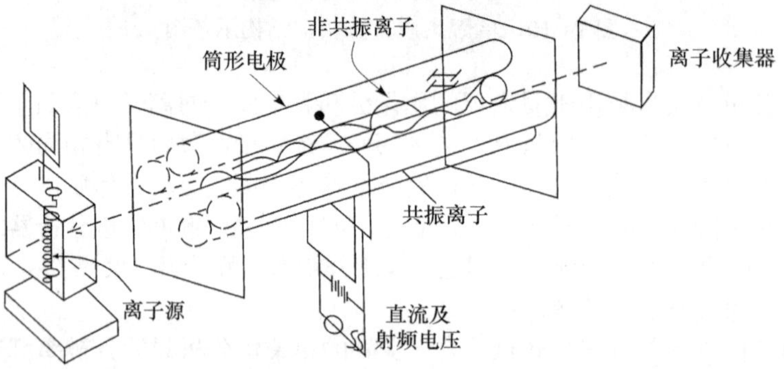

图 14-13 四极杆质量分析器结构示意图

四极滤质器的优点是：分辨率较高，分析速度极快，满质量范围扫描一般只需几毫秒，最适合与气相色谱和高效液相色谱仪联用，体积小，三个四极杆质量分析器可串联组成三重四极杆实现多级质谱分析。缺点是准确度和精密度低于磁偏转型质量分析器。

3. 离子阱质量分析器（ion trap mass analyzer） 离子阱质量分析器是 20 世纪 50 年代在四极杆质量分析器基础上发展起来的无磁质量分析器。可分为三维四极杆离子阱和线性离子阱。

1）三维离子阱：三维四极杆离子阱是由德国科学家 W. Paul 和美国科学家 H. G. Dehmelt 等共同研制，又称 Paul 阱。两人因此荣获 1989 年诺贝尔物理奖。图 14-14 为三维离子阱分析器的结构示意图。离子阱的主体是一个环电极和上下两个端盖电极，环电极和上下两端盖电极都是绕 z 轴旋转的双曲面。在环形电极上加基础射频电压和直流电压，在端盖电极上施加交流补充电压。由离子源产生的离子进入离子阱，通过调节射频电压和直流电压，离子可以稳定地储存在离子阱中。通过扫描射频电压值（即从低到高施加射频电压值），可以使阱中离子的轨道依次变得不稳定，因此可从低质荷比到高质荷比依次将离子甩出阱外检测。对于高质荷比的离子，用扫描射频电压无法使离子轨道不稳定，这时在端盖电极上施加高幅的交流电压，如果交流电压频率与离子振荡频率一致，将会产生共振，离子振荡的振幅随时间线性增加，当振幅足够大时，离子将甩出阱外到达检测器。

离子阱中离子的数目可通过自动增益控制技术进行有效控制。阱中离子数目太多，会引起空间电荷效应，导致电场的扭曲和整体性能的下降。离子阱中一般充入 0.1Pa 的氦气，它有两个作用，一是碰撞“冷却”降低初始进入离子的动能，有效地捕获注入的离子；二是作为碰撞气体，产生多级 MS。

离子阱的特点是结构小巧，质量轻，灵敏度高，而且还有多级质谱功能，它可以用于 GC-MS，也可以用于 LC-MS。

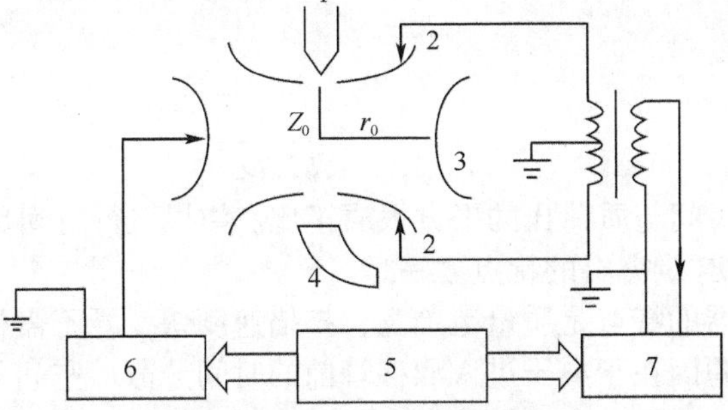

图 14-14　离子阱结构示意图

1. 灯丝；2. 端帽；3. 环形电极；4. 电子倍增管；5. 计算机；6. 放大器和射频发生器（基本射频电压）；7. 放大器和射频发生器（附加射频电压）

2）线性离子阱（linear ion trap，LIT）：为了克服三维离子阱结构上的缺陷，20 世纪 90 年代二维线性离子阱问世，如图 14-15 所示。线性离子阱具有两个互相垂直的对称面，射频电压只加在 *x-y* 二维上，径向的二维电场将捕集的离子压缩在一条直线上，在第三维（*z* 轴向）施加直流电压阻止离子逃逸。在电极杆上设置狭缝，选择性离子通过狭缝射出离子阱。二维离子阱去掉了端盖电极，提高了离子阱捕集离子的效率，使得分析灵敏度增加；同时增加了仪器体积，使容纳离子的能力提高，避免了空间电荷效应，改善了质量解析能力。

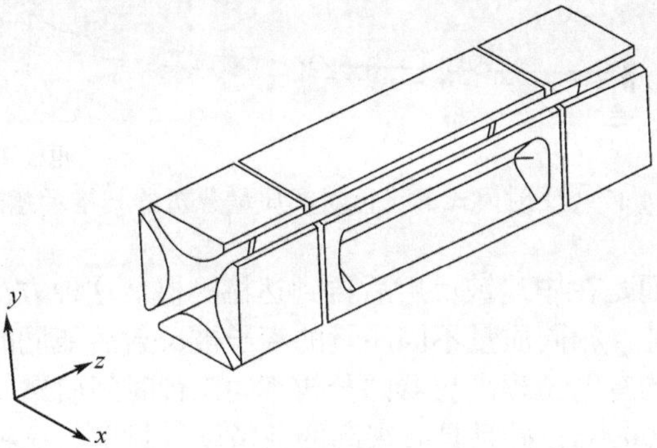

图 14-15　线性离子阱结构示意图

4. 飞行时间质量分析器（time of flight analyzer，TOF）　离子源形成的离子在加速电压作用下获得相同的动能，进入一个 1～2m 长的真空漂移管中飞行直至到达检测器。由于离子的质量不同，其飞行速度就不同，最终到达检测器的时间也不同，故不同质荷比的离子实现分离。图 14-16 为飞行时间质量分析器的结构示意图。

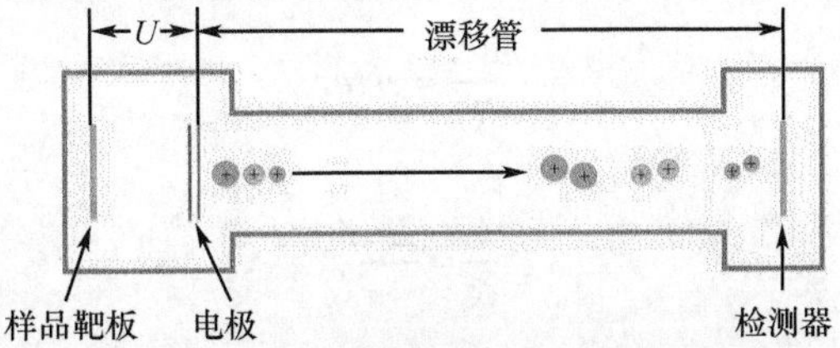

图 14-16　飞行时间质量分析器结构示意图

设离子的运行速度为 v，加速电压为 U，真空漂移管的长度为 L，飞行时间为 t，由于带有 z 个电荷的带电离子获得的初始动能等于相同电场中的电势能，则有

$$\frac{1}{2}mv^2 = zeU \tag{14-4}$$

离子的飞行时间为

$$t = \frac{L}{v} = L\sqrt{\frac{m}{2zeU}} \tag{14-5}$$

可见，离子的飞行时间与质荷比的平方根成正比。如果飞行时间足够长，理论上离子的质量测定无上限，这是 TOF 最突出的特点之一。

飞行时间质量分析器的特点是质量范围宽，扫描速度快，既不需要电场，也不需要磁场。但是分辨率较低。主要原因在于离子进入漂移管前的时间分散、空间分散和能量分散。这样，即使是质量相同的离子，由于产生时间的先后不同，产生空间位置不同和初始动能的不同，达到检测器的时间就不相同，因而降低了分辨率。目前，利用激光脉冲电离方式，采用离子延迟引出技术和离子反射技术，可以在很大程度上克服上述三个原因造成的分辨率下降。如图 14-17 所示，质量相同动能不同的离子进入质量分析器后，动能大的离子飞行速度快，但飞行的距离远，而能量小的离子飞行速度慢，但飞行的距离短，经过反射后，二者同时到达检测器，这样就消除了由于能量分散造成的分辨率降低。

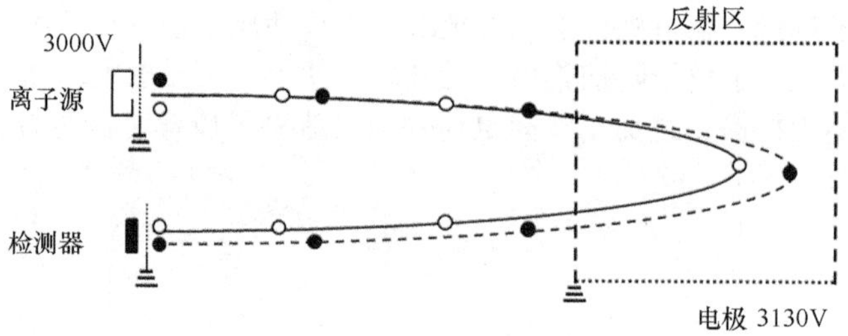

图 14-17　反射模式的飞行时间质量分析器结构示意图

离子不是直线飞行，而是在中途被反射后再到达检测器。这种方法有两点好处：系统具有某种形式的“双聚焦”功能，相同质量不同能量的离子被反射后能同时到达检测器；离子的飞行路程增加了一倍。两者均有助于提高仪器的分辨率。飞行时间质谱仪的分辨率可达 20000 以上，最高可检质量超过 300000u，并且具有很高的灵敏度。目前，这种分析器已广泛应用于气相色谱-质谱联用仪（GC-MS）、液相色谱-质谱联用仪（LC-MS）和基质辅助激光解吸飞行时间质谱仪（MALDI-TOF-MS）中。

5. 傅里叶变换离子回旋共振质量分析器（Fourier transform ion cyclotron resonance，FTICR） 傅里叶变换离子回旋共振分析器是在原来回旋共振分析器的基础上发展起来的。假定质荷比为 m/z 的离子进入磁感应强度为 B 的磁场中，由于受磁场力的作用，离子做圆周运动（半径 R），如果没有能量的损失和增加，圆周运动的离心力和磁场力相平衡，即

$$\frac{mv^2}{R} = Bzev$$

整理得

$$\frac{v}{R} = \frac{Bez}{m}$$

或

$$\omega_e = \frac{Bez}{m} \tag{14-6}$$

式中，ω_e为离子运动的回旋频率（单位为弧度/秒）。由式（14-6）可以看出，离子的回旋频率与离子的质荷比成反比。当磁场强度固定后，只需精确测得离子的共振频率，就能准确地得到离子的质量。测定离子共振频率的办法是外加一个射频辐射，如果外加射频频率等于离子共振频率，离子就会吸收外加辐射能量而改变圆周运动的轨道，离子收集器放在适当的位置就能收到共振离子。改变辐射频率，就可以接收到不同的离子。

但普通的回旋共振分析器扫描速度很慢，灵敏度低，分辨率也很差。傅里叶变换离子回旋共振分析器采用的是线性调频脉冲来激发离子，即在很短的时间内进行快速频率扫描，使很宽范围的质荷比的离子几乎同时受到激发，因而扫描速度和灵敏度比普通回旋共振分析器高得多。图 14-18 是这种分析器的结构示意图。

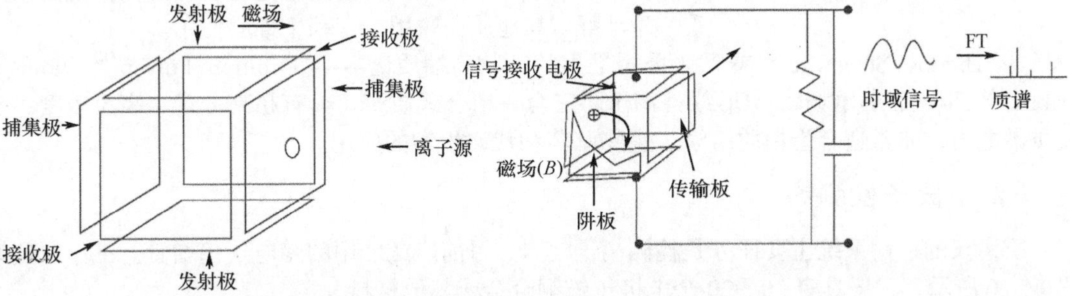

图 14-18　傅里叶变换离子回旋共振分析器结构示意图

FTICR 分析室是一个立方体结构，由 3 对相互垂直的平行板电极组成，置于高真空和由超导磁体产生的强磁场中。第一对电极为捕集极，它与磁场方向垂直，电极上加有适当正电压，其目的是延长离子在室内的滞留时间；第二对电极为发射极，用于发射射频脉冲；第三对电极为接收极，用来接收离子产生的信号。

样品离子引入分析室后，在强磁场作用下做圆周运动，即为离子回旋捕获。若施加一个与某一离子回旋频率对应的射频，则由于共振效应，这个离子的回旋半径逐渐增大到靠近信号接收电极。回旋共振激发后，接收极被感应而产生频率与该离子运动频率一致的感应信号，并在负载上形成镜像电流。检测这个镜像电流即可计算出离子的质荷比 *m/z*。如果施加频率扫描，所有离子都会被与之相对应的频率激发，同时进行回旋共振运动。接收极上感应出多个镜像电流，并且振幅随着时间的延长逐渐衰减，记录后得到所有离子自由感应衰减信息的时域谱，经过傅里叶变换得到频率域谱。经过进一步换算，各种频率对应各种离子的质荷比，而感应射频信号的强度与对应离子的数目成正比，因此形成了以质荷比为横坐标的质谱图。

利用傅里叶变换离子回旋共振原理制成的质谱仪称为傅里叶变换离子回旋共振质谱仪，简称傅里叶变换质谱仪（FT-MS）。FT-MS 无需分离不同质荷比的离子，而是在同一时间内同时测量所有离子的质荷比和丰度，最大限度地利用全部离子信息。FT-MS 有很多明显的优点：①分辨率极高，商品仪器的分辨可超过 1×10^6；②分析灵敏度高，可在 10^{-18}mol 量级；③具有多级质谱功能；④可以与任何离子源相连，拓展了仪器功能；⑤质量测定范围宽，单电荷质量范围达 20～10000Da。

当然，FT-MS 对真空度要求极高，其操作压力必须保持在 10^{-7}Pa 左右，需要使用复杂的真空技术。同时需要很高的超导磁场，维护成本很高。因此，由于 FT-MS 体积庞大，价格昂贵，限制了它的普及使用。

6. 轨道离子阱质量分析器　轨道离子阱 Orbitrap 是由俄罗斯科学家 A. Makarov 于 1999 年设计的一款离子质量分析器。其工作原理与 FTICR 类似，通过离子的旋转振荡产生镜像电流，电流信号经过微分放大器放大后由傅里叶变换器转换成频率谱，进而再转换为质谱。

图 14-19 Orbitrap 结构示意图

Orbitrap 结构与 FTICR 完全不同，结构如图 14-19 所示。形状如同纺锤体，由纺锤中心内电极和外层电极组成。给中心内电极施加直流高压后，内部产生纺锤形静电场。高速运动的离子束由外壳上的小孔垂直注入纺锤体后，在中心电场引力作用下，沿质量分析器径向做圆周运动，同时在垂直方向的离心力和水平方向的静电场推力作用下沿轴方向做简谐振荡。离子的转动频率与其质荷比相关，据此可进行离子质量分析。

轨道离子阱具有较高的分辨率和质量测量精度。它的分辨率可达 240000，质量测量精度可达 1ppm。轨道离子阱属于静电场离子阱，不需要使用磁场和高频电场，因而仪器使用成本低，并且可与其他质谱联用，有利于推广使用。

如 Thermo Scientific™ 赛默飞公司推出的一款高端质谱—— Orbitrap Fusion™ Lumos™ Tribrid™ 四极杆-静电场轨道阱-线性离子阱三合一组合式质谱。具有超高分辨、高灵敏度、多级质谱能力，非常适合蛋白质组学、生物制药和代谢组学的应用。

（四）离子检测器

质谱仪的检测系统主要任务是检测离子信号，目前广泛使用的是电子倍增管。工作原理如图 14-20 所示，一般具有 10～20 个电极（铍铜合金或其他材料）。

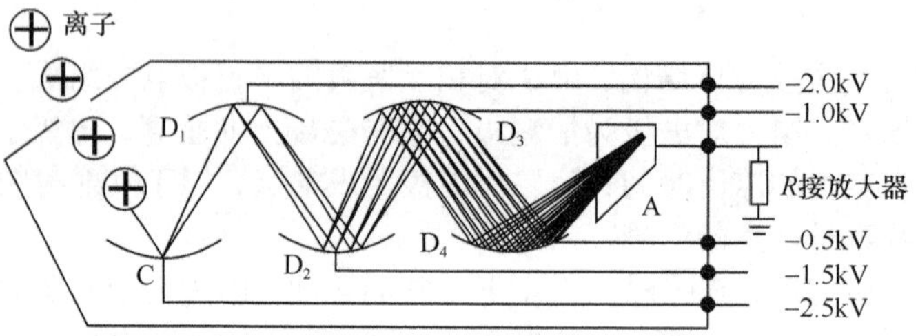

图 14-20 电子倍增管示意图

从质量分析器射出的具有一定能量的离子，打在第一极上并产生数量较多的二次电子，这些电子打在第三极上又产生数量更多的二次电子，在每一极上都重复这一过程。这样经过多极后电子不断倍增，最后被检测。假如一个 16 级电子倍增器，每个电极的效率相同，每次碰撞产生 3 个二次电子，则 $3^{16} \approx 4\times10^{7}$，具有 10^{7} 增益。

电子倍增器响应快，灵敏度高。随着使用时间的延长，电极会老化，增益会降低，具有一定的寿命。信号增益与倍增器电压有关，提高倍增器电压可以提高灵敏度，但同时会降低倍增器的寿命，因此，应该在保证仪器灵敏度的情况下，采用尽量低的倍增器电压。由倍增器出来的电信号被送入计算机储存，这些信号经计算机处理后可以得到色谱图、质谱图及其他各种信息。此外，质谱仪常用的检测器还有闪烁检测器、法拉第杯和照相底板等。

（五）质谱工作站

现代质谱仪一般都配有高性能的计算机，安装有应用功能强大的操作软件，可以设置仪器的工作参数，采集和处理数据，打印出报告。

（六）真空系统

质谱仪的离子源、质量分析器和检测器必须处于高真空状态，一般应在 10^{-5}～10^{-6}Pa。理由如下：①真空度差，存在过多的氧气，可能会烧毁离子源中的灯丝；②高本底气压会产生过多的噪声信号，使得质谱图变得复杂；③电离空气压过高，会发生离子-分子反应，改变碎片谱图形；④电离气或离子源内的高气压，可能引起高达数千伏的离子加速电压放电。

目前，质谱仪都采用机械泵预抽真空压力降到（10^{-1}～10^{-2}Pa）后，再用高效率的扩散泵或分子涡轮泵连续地抽气以达到并保持高真空状态（压力降到10^{-5}～10^{-6}Pa）。

二、质谱仪的主要性能指标

（一）分辨率（resolution power，R）

分辨率是指仪器对离子质量的鉴别能力。分辨率的定义为：对两个强度相等的已经分开的相邻峰，其分辨率R用下式计算：

$$R=\frac{m_1}{m_2-m_1}=\frac{m_1}{\Delta m} \qquad (14\text{-}7)$$

式中，m_1、m_2为质量数，且$m_1<m_2$。通常认为：相邻两峰的重叠小于峰高的10%，就认为“已经分开”，如图14-21所示。从式（14-7）可以看出：两峰质量差Δm越小，分析测试的质量m_2越大，需要仪器的分辨率R越大。在实际工作中，找到“两个强度相等的相邻峰”并非易事，因此“强度相等”可取近似值。

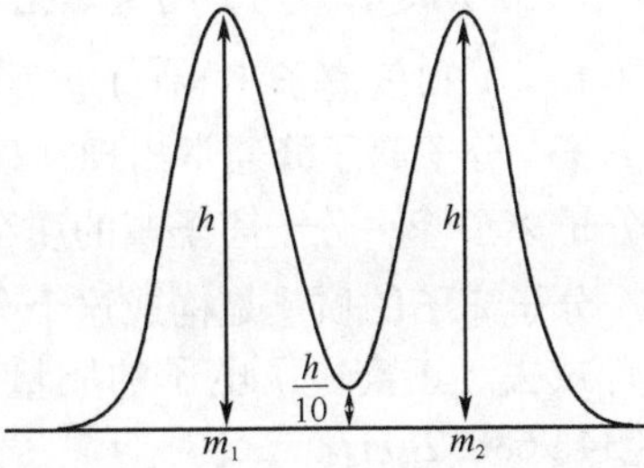

图14-21　质谱仪10%峰高分辨率

质谱仪按分辨率大小可分为低、中、高三个级别，低分辨质谱仪只能给出离子质量的整数位，中分辨质谱仪可以给到小数点后四位，高分辨质谱仪可以精确到小数点后第五位，R值可达10^5，能对有机物的精细结构给出准确信息。

（二）灵敏度（sensitivity）

质谱仪的灵敏度有以下三种表示方法。绝对灵敏度是指仪器可以检测到的最小样品量；相对灵敏度是指仪器可以同时检测的大组分和小组分含量之比；分析灵敏度是指输入仪器的样品量与仪器产生的信号强度之比。

（三）质量范围（mass range）

指质谱仪所能测量的离子质荷比范围。如果离子只带一个电荷，可测的质荷比范围实际上就是可测的分子质量或原子质量的范围；对于多电荷离子，实际检测的离子质量范围为离子所带电荷数的相应倍数。通常采用原子质量单位进行度量。目前四极杆质谱仪的质量范围一般为10～1000amu，磁质谱仪一般为1～10000amu，飞行时间质谱仪无上限。

（四）质量准确度（mass accuracy）

质量准确度又称质量精度，即离子质量实测值M与理论值M_0的相对误差。如式（14-8）所示：

$$质量精度=\frac{|M-M_0|}{m}\times 10^6 \qquad (14\text{-}8)$$

式中，m为离子质量的整数。

第三节 质谱中的主要离子及其裂解类型

一、质谱中的主要离子

离子源中进行的电离是很复杂的过程。在电子轰击下，样品分子可能从 4 种不同途径形成离子：①样品分子被打掉一个电子形成分子离子；②分子离子进一步发生化学键断裂形成碎片离子；③分子离子发生结构重排形成重排离子；④通过分子离子反应生成加合离子。

此外，由于很多元素具有同位素，同位素电离会生成同位素离子。这样，一个样品分子可以产生很多带有结构信息的离子，对这些离子进行质量分析和检测，对于样品分子的结构推断有重要的作用。

1. 分子离子 分子离子是指分子失去或加上一个电子而形成的带单电荷的离子，包括正离子（$M^{+\cdot}$）和负离子（$M^{-\cdot}$）。形成分子离子的中性分子一般带偶数电荷，故分子离子是奇电子离子。分子离子峰通常出现在质谱图的最右侧，是质荷比最高的质谱峰。图 14-22 中 m/z 100 是分子离子峰。分子离子峰的质荷比是确定相对分子质量和分子式的重要依据。

分子离子的质量是构成这个分子的所有元素的最大丰度同位素质量之和再加上（负离子）或者减去（正离子）电子的质量。例如，六氯苯 C_6Cl_6，其分子离子的质量（u）为 $6\times12+6\times34.968852-m_e$。

用软电离方法，如 FAB、CI、MALDI 及 ESI（单电荷）条件下，与相对分子质量相对应的峰，称准分子离子（quasi-molecular ion）峰，也称质子化分子（protonnation mo1ecule），用 $(M+H)^+$表示。

2. 碎片离子 分子在离子源中获得足够的能量，会使分子离子进一步发生化学键的断裂，而产生碎片离子（fragment ion）。碎片离子可以是正离子或负离子，也可以是奇电子离子或偶电子离子。在多级质谱实验中，由前体离子（precursor ion）或母离子（parent ion）产生的碎片离子称为产物离子（product ion）或子离子（daughter ion）。

质谱图中大部分质谱峰为碎片离子峰，与化学结构密切相关，故可作为化合物结构式推断的重要依据。

3. 同位素离子 大多数元素都是由具有一定丰度的同位素组成。元素的重同位素通常比轻同位素多 1 或 2 个原子质量单位。因此，在质谱图中，在分子离子峰的右边 1～2 个质量单位处，常出现含重同位素的分子离子峰，称为同位素离子峰，用 M+1、M+2 等表示。

4. 亚稳离子 质量为 m_1 的离子从离子源进入质量分析器，由于碰撞等原因，在飞行过程中发生裂解丢失中性碎片而变为低质量的离子，此时的离子能量较小，且很不稳定，称为亚稳离子（metastable ion），形成的质谱峰为亚稳峰（metastable peak，m^*）。亚稳峰的特点是：峰强度弱，一般不超过基峰的 1%；峰形较宽，呈扩散的高斯型或平顶型，2～5 个质量单位；质荷比不为整数。亚稳峰的主要用途包括阐明裂解途径、确定分子离子峰、鉴定异构体、研究重排过程等。

假设母离子 m_1^+裂解产生亚稳离子 m^*与子离子 m_2^+。亚稳离子的表观质量 m^*与母离子质量 m_1^+及子离子的质量 m_2^+有如下关系：

$$m^*=\frac{(m_2^+)^2}{m_1^+} \tag{14-9}$$

二、阳离子的裂解类型

每一类化合物和官能团有其特征的质谱碎裂行为，因此根据碎片离子的质量、丰度和元素组成就能够推测出它们母体分子的结构。对一些单官能团和比较简单的化合物，我们确实可以做到这一点。但对多官能团和比较复杂的有机物，问题的解决就很困难。目前，对于一些比较复杂的分子还难以单凭质谱数据来确定它们的结构。

研究碎片离子，就要研究离子碎裂机理，这可以从以下几个方面来考虑：一是碎裂发生在何处，是怎样进行的；二是碎裂产物是什么；三是影响碎裂及碎片离子丰度的因素有哪些。

质谱裂解规律可分为单纯裂解、重排开裂。

在表示质谱的断裂方式时，习惯上采用下述的符号和术语：单电子转移用鱼钩"⌒"表示，双电子转移用箭头"⌒"表示；具有未配对电子的离子为奇数电子离子（odd-electron ion，OE），这样的离子同时又是自由基，有较高反应活性，记作"$\ddagger$"，无未配对电子的离子则为偶数电子离子（even-electron，EE），以"$+$"表示。

判断碎片离子含有偶数还是奇数个电子有下列规则：由 C、H、O、N 组成的离子，其 N 为偶数时，如果离子的质量数（*m*）为偶数，必含奇数个电子；如果离子的质量数（*m*）为奇数，必含偶数个电子；反之，当 N 为奇数时，若离子的质量数（*m*）为偶数，必含偶数个电子；如果离子的质量数（*m*）为奇数，则必含奇数个电子。有机化合物失去电子的难易程度为：n 电子＞ π 电子＞ σ 电子，断裂后正电荷一般在杂原子上，或在 π 键上，故正电荷的符号一般标在杂原子或 π 键上；当电荷位置不清楚时，可用"$[\,]^{+}$"或"$[\,]^{+\cdot}$"表示，当碎片离子结构复杂时，可用"$\urcorner^{+\cdot}$"或"$\urcorner^{+}$"表示。

（一）单纯开裂

仅一个化学键发生断裂称单纯开裂（cleavage only）。化学键（σ 键）断裂时，电子分配通常有均裂、异裂及半异裂三种方式。

（1）均裂（homolytic cleavage）：如果成键电子被两碎片各保留一个，称为均裂。

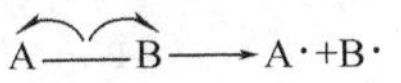

例如，脂肪酮可发生 σ 键均裂：若 $R_1 > R_2$，则：

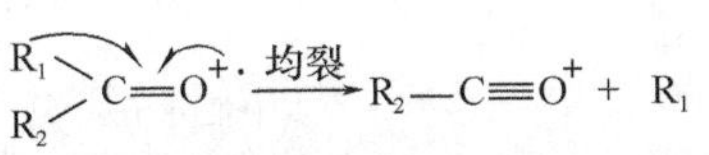

（2）异裂（heterolytic cleavage）：化学键开裂后，两个成键电子都归属于某一个碎片，称为异裂。

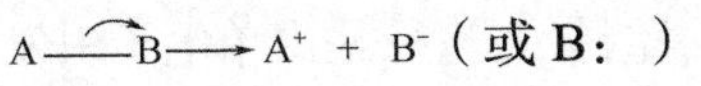

例如，脂肪酮可发生 σ 键均裂：若 $R_1 > R_2$，则：

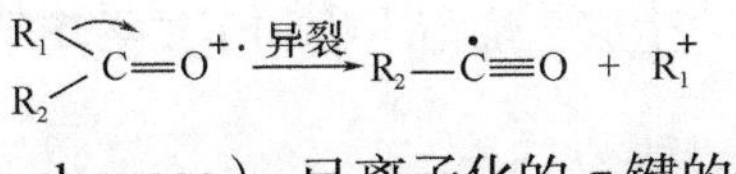

（3）半异裂（hemi-hterolytic cleavage）：已离子化的 σ 键的开裂过程。

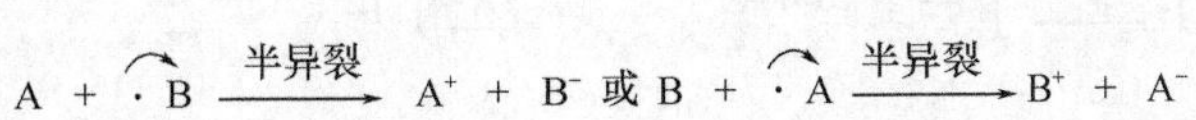

例如，烷烃游离基可发生半异裂：

$$R_1-CH_2-CH_2-R_2^{\urcorner +\cdot} \xrightarrow{\text{半异裂}} R_2 + R_1-CH_2-CH_2^{\urcorner +}$$

由于化学键的断裂位置不同，烷烃的质谱图上出现化学式为 C_nH_{2n+1}（即 *m/z* 29、43、57、…）的系列峰，一般以 *m/z* 43、57 最大。且支链烷烃的断裂易发生在被取代的碳原子上。

（二）重排开裂

质谱中某些离子通过断裂两个或两个以上化学键重新排列形成，这种裂解称为重排开裂（rearrangement cleavage）。质谱图上相应的峰称为重排离子峰。重排离子峰是分子离子在裂解成碎片时，某些原子或基团重新排列或转移而形成的离子，称为重排离子。重排类型很多，最重要的是麦氏重排（McLafferty 重排）和逆第尔斯-阿尔德重排（Retro-Diels-Alder 重排）。

（1）McLafferty 重排。可发生麦氏重排的化合物有酮、醛、酸、酯、酰胺、羰基衍生物、烯、炔、烷基苯等，是一些含有 C═O、C═N、C═S、C═C 及苯环的化合物，且与该基团相连的键上具有 γ-H 原子时，通过六元过渡态，γ-H 转移到杂原子或双键碳原子上，同时发生 β 键的断裂，形成一个中性分子（烯烃）和一个质量数为偶数、电子数为奇数的离子（$OE^{+\cdot}$）。这种重排通式如下：

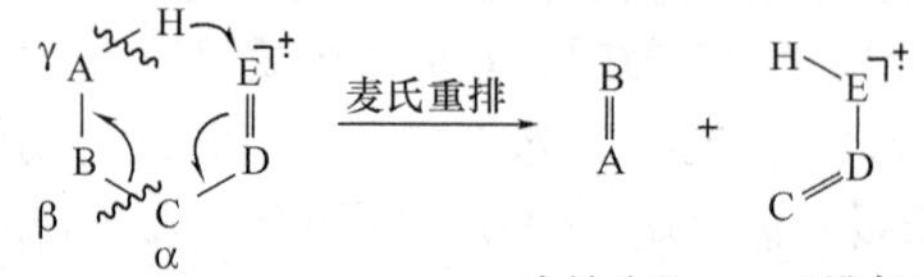

中性分子　　重排离子

例如，2-己酮的质谱中出现很强的 *m/z* 58 峰就是麦氏重排所形成的。

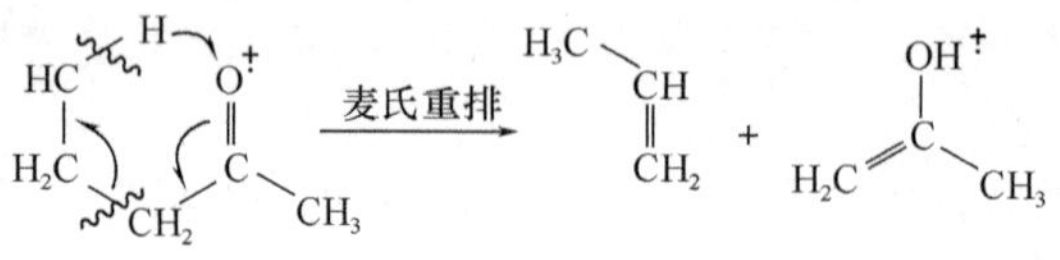

m/z 100　　*m/z* 58

例如，烯烃的麦氏重排。

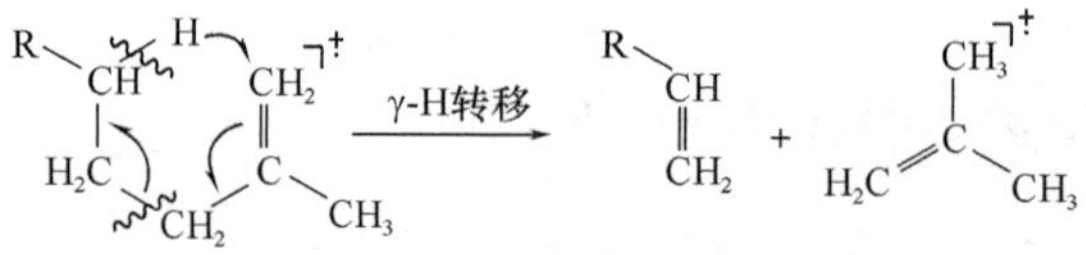

中性分子　　*m/z* 56

（2）Retro-Diels-Alder 重排。不饱和环的开裂遵循逆第尔斯-阿尔德反应，简称 RDA。1，3-丁二烯与乙烯化合物裂解产生一个六元环烯的化合物反应，称为 Diels-Alder 反应。在质谱图中，环己烯裂解成一离子化的共轭双烯化合物（或衍生物）和乙烯分子（或其衍生物），故称为 Retro-Diels-Alder 重排（RDA 重排）。途径是由单电子引发，经过两次 α 断裂，即逆第尔斯-阿尔德反应，形成一个中性分子和离子化双烯衍生物。逆第尔斯-阿尔德反应已很好地用于解释具有环己烯结构的各种化合物的裂解过程。正电荷优先保留在较低的电离电位的碎片上。例如，1,8-萜二烯通过 RDA 重排，生成乙烯衍生物和丁二烯离子。

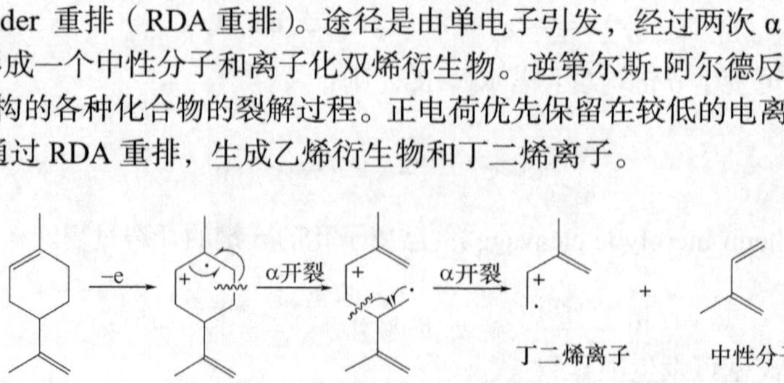

丁二烯离子　　中性分子

第四节　质谱分析法的应用

一、定 性 应 用

纯化合物的质谱图是定性鉴定的重要资料，这和已获得的色谱图和光谱图的作用是一样的。此外，对于不太复杂的混合物（特别是气体混合物），质谱法具有直接定性鉴定的能力。

1. 分子离子峰的识别　通常，质谱图上最右侧出现的质谱峰为分子离子峰。同位素峰虽然比分子离子峰的质荷比大，但由于同位素峰与分子离子峰的峰强度有一定的比例关系，因而比较好辨认。

一般来说，形成的分子离子越稳定，其分子离子峰的强度就越大。例如，芳香环类化合物能形成稳定的分子离子，因此显示出强的分子离子峰。而氨基、羟基、巯基等化合物，由于N、O、S原子上存在未共享电子，易于形成稳定性更大的碎片离子，因此，使分子离子峰的强度减弱。

增长分子中的碳链或增多侧链都有利于分子离子的裂解，使分子离子峰变弱。对于胺类、硝酸酯类、亚硝酸酯、脂肪醇、腈类等，它们的分子离子峰都很弱，甚至不能鉴别。

在质谱图中，由于很多有机化合物的分子离子极易裂解，使得分子离子峰的强度变得很弱，甚至消失，这给分子离子峰的鉴别带来了困难。要确定分子离子峰，可以从以下几个方面来考虑：

（1）在质谱图中，质量数最高的峰并不一定都是分子离子峰，而有可能是分子的同位素峰。

（2）分子离子一般不可能裂解出两个以上H原子或小于一个甲基（M=15）的质量单位，故质谱中分子离子峰的左边，不可能出现比分子离子峰质量小3～14个质量单位的峰。如果有峰出现，表明样品中可能有杂质存在或者是把碎片离子峰错判为分子离子峰。

（3）分子离子峰的质量数服从氮律。只含C、H、O的化合物，分子离子的质量数是偶数；由C、H、O、N组成的化合物，分子离子的质量数为奇数，若含偶数个氮，分子离子的质量数为偶数。这一规律称为氮律。

（4）分子离子容易失去或获得1个H原子，形成M−1或M+1的准分子离子，在分子离子峰的两边出现小峰。此外，分子离子还很容易失去中性分子、自由基或其他离子。

总之，在质谱解析时，分子离子峰的判断很重要。确定分子离子峰要注意，分子离子峰必须是奇电子离子，当然也必须符合氮律；它必须是谱图中除同位素以外的最高质量的离子；它必须能够通过丢失合理的中性碎片，产生图谱中高质量区的重要离子。

如果具备了上述三个条件，它可能是分子离子峰，但也可能不是；但如果三条中任何一条不符合，它一定不是分子离子峰。这三条是必要条件，但不是充分条件。

下面通过一些例子，熟悉对分子离子峰的判断：

例 14-1　如图 14-22 所示。

解：根据氮律，不含N，或含偶数N；最高质量数100u；100−85=15，属合理中性碎片丢失。因此，$M^{+\cdot}$可能为100。

例 14-2　如图 14-23 所示。

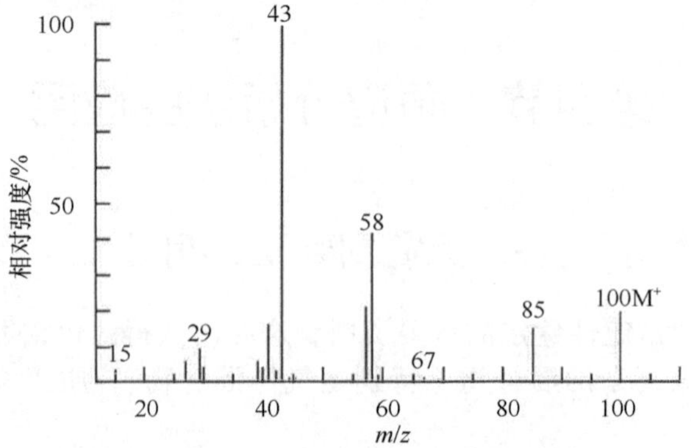

图 14-22　某化合物 A 的质谱图

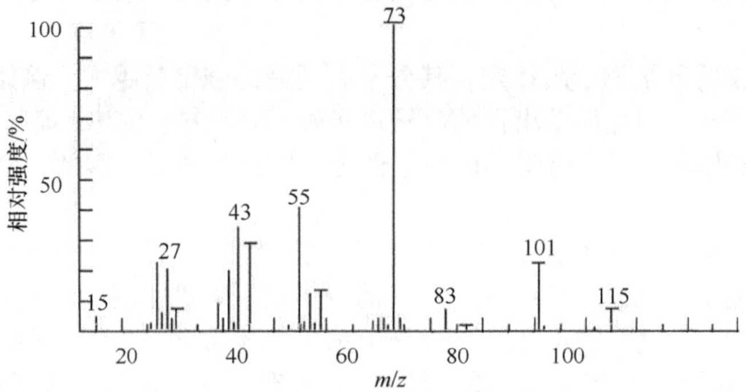

图 14-23　某化合物 B 的质谱图

解：最大质量数 *m/z* 115，但 115−101=14（不合理）。因此，$M^{+\cdot}$ 不可能是 *m/z* 115，分子离子峰未出现。

2. 相对分子质量的测定　对于大多数挥发性化合物来说，质谱仪是测定相对分子质量最好的仪器。此时需鉴定分子离子峰，由此而求得的相对质量准确度非常高，这是用其他方法无法比拟的。但是，在一张质谱图上准确识别出分子离子峰，需要有一定的经验，需要对各种化合物断裂机理有一定的认识。

如果经判断没有分子离子峰或分子离子峰不能确定，可采取其他方法以得到分子离子峰，常用的方法有：

（1）降低电离能量。通常 EI 源所用电离电压为 70V，电子的能量为 70eV，在这样高能量电子的轰击下，有些化合物就很难得到分子离子。这时可采用 12eV 左右的低电子能量，虽然总离子流强度会大大降低，但有可能得到一定强度的分子离子峰。

（2）制备衍生物。有些化合物不易挥发或热稳定性差，这时可以进行衍生化处理。例如，有机酸可以制备成相应的酯，酯类容易气化，而且容易得到分子离子峰，可以由此再推断有机酸的分子质量。

（3）采取软电离方式。软电离方式很多，所用的离子源有化学电离源、快原子轰击源、场解吸源及电喷雾源等，要根据样品特点选用不同的离子源。软电离方式得到的往往是准分子离子，然后由准分子离子推断出真正的分子质量。

3. 分子式的测定　很显然，只要能准确地鉴别出待测化合物的分子离子峰，则该分子的部分或整个化学式就可由其质谱图来确定。

（1）由高分辨仪器求分子式。利用高分辨质谱可测得化合物的精确分子质量，将其输入配套的分子结构式推断的软件中，即可得到该分子的元素组成，通过氮律等规则推断分子式。如下列化合物：四氮杂茚 $C_5H_4N_4$（120.044u），苯甲脒 $C_7H_8N_2$（120.069u），乙基甲苯 C_9H_{12}（120.094u），如果仪器准确测得分子离子峰的相对质量为 120.069u，那么化学式应为 $C_7H_8N_2$。

（2）根据同位素峰求化学式。表 14-1 是有机物分子中各元素的天然丰度。这些元素形成化合物后，其同位素就以一定的丰度出现在化合物中，因此，化合物的质谱中就会有不同同位素形成的离子峰。通常把由重同位素形成的离子峰称为同位素峰。所以，在质谱里，分子离子（或碎片离子）不是单一的，往往都是成簇的，称为同位素峰簇（isotopic cluster）。

表 14-1 有机化合物常见元素同位素及其相对丰度

元素	同位素（A）	原子量	天然丰度/%	同位素（A+1）	原子量	天然丰度/%	同位素（A+2）	原子量	天然丰度/%
氢	^{1}H	1.007825	99.986	^{2}H	2.014102	0.015			
碳	^{12}C	12.000000	98.892	^{13}C	13.003355	1.108			
氮	^{14}N	14.003074	99.635	^{15}N	15.000108	0.365			
氧	^{16}O	15.994915	99.759	^{17}O	16.999132	0.037	^{18}O	17.999159	0.20
氟	^{19}F	18.998404	100						
硅	^{28}Si	27.976928	92.2	^{29}Si	28.97649	4.70	^{30}Si	29.97376	3.10
磷	^{31}P	30.97376	100						
硫	^{32}S	31.972073	95.018	^{33}S	32.971463	0.75	^{34}S	33.967663	4.22
氯	^{35}Cl	34.968853	75.557				^{37}Cl	36.965903	24.46
溴	^{79}Br	78.91839	50.52				^{81}Br	80.91624	49.48
碘	^{127}I	126.904475	100						

同位素峰簇的相对强度（即相对丰度）是可以计算的，它们的相对强度之比符合二项式（$a+b$）^{m} 展开式各项之比：

$$(a+b)^m = a^m + ma^{m-1}b + \frac{m(m-1)}{2!}a^{m-2}b^2 + \cdots + \frac{m(m-1)\cdots(m-k+1)}{k!}a^{m-k}b^k + \cdots + b^m \qquad (14\text{-}10)$$

式中，a 为轻同位素的相对丰度；b 为重同位素的相对丰度；m 为元素原子个数。

从表 14-1 中可以看出，组成有机物分子中的 C、H、O 和 N 这些元素，由于它们的重同位素丰度很小，所以其相应的同位素峰强度很弱。而 Cl、Br、S 的重同位素天然丰度比较大，其相应的同位素峰强度也较大。所以根据 M、M+1 和 M+2 峰的强度比易于判断化合物分子中是否含有这些元素。

4. 分子结构的确定 对于常用的大多数离子源来说，即使电离简单的分子，也可能产生大量具有不同质量的碎片离子，从而形成一张复杂的质谱图。化合物分子电离生成的离子质量与强度，与该化合物分子的化学结构有着密切的关系，也就是说，化合物的质谱带有很强的结构信息。虽然解释质谱图中每一个峰是很困难的，但是至少能识别出某些特征碎片峰，以辨认出化合物中可能存在的官能团。这需要对化合物的断裂机理有一定的认识，对断裂规律有一定的了解。

5. 谱图解析的一般方法 从上面的叙述可以知道，通过对化合物质谱的解释，可以得到化合物的重要结构信息。质谱解析的一般方法如下：

（1）由质谱的高质量端确定分子离子峰，求出相对分子质量，初步判断化合物类型及是否含有 Cl、Br、S 等元素。

（2）根据分子离子峰的高分辨数据，给出化合物的分子式。

（3）计算化合物的不饱和度（Ω），即确定化合物中环和双键的数目。分子式为 $C_xH_yN_zO_n$

的分子中，其不饱和度可用下式计算：

$$\Omega = 1 + x + \frac{z - y}{2} \tag{14-11}$$

例如，苯 C_6H_6 的不饱和度 $\Omega = 4$。计算不饱和度将大大缩小可能的结构范围，有助于判断化合物的结构。

（4）研究高质量端离子峰。质谱高质量端离子峰是由分子离子失去碎片形成的。从分子离子失去的碎片，可以确定化合物中含有哪些取代基。常见的离子失去碎片的情况有：

M -15（CH_3）	M–16（O，NH_2）
M -15（CH_3）	M–16（O，NH_2）
M -17（OH，NH_3）	M–18（H_2O）
M -19（F）	M–26（C_2H_2）
M -27（HCN，C_2H_3）	M–28（CO，C_2H_4）
M -29（CHO，C_2H_5）	M–30（NO）
M -31（CH_2OH，OCH_3）	M–32（S，CH_3OH）
M -35（Cl）	M–42（CH_2CO，CH_2N_2）
M -43（CH_3CO，C_3H_7）	M–44（CO_2，CS_2）
M -45（OC_2H_5，COOH）	M–46（NO_2，C_2H_5OH）
M -79（Br）	M–127（I）

（5）研究低质量端离子峰，寻找不同化合物断裂后生成的特征离子和特征离子系列。例如，正构烷烃的特征离子系列为 *m/z* 15、29、43、57、71 等，烷基苯的特征离子系列为 *m/z* 91、77、65、39 等。根据特征离子系列可以推测化合物类型。

（6）通过上述各方面的研究，提出化合物的结构单元。再根据化合物的相对分子质量、分子式、样品来源、物理化学性质等，提出一种或几种最可能的结构。必要时，可根据红外和核磁数据得出最后的结果。

（7）验证所得结果。验证的方法有：将所得结构式按质谱断裂规律分解，看所得离子和所给未知物谱图是否一致；查该化合物的标准质谱图，看是否与未知谱图相同；寻找标样，做标样的质谱图，与未知物谱图进行比较等。

二、质谱法的定量应用

质谱定量分析是基于检测器记录的质谱峰高与组分的含量呈正比关系。

1. 外标法 用已知量的标准样品 A（M_{std}）注入质谱，得到标准样品的信号强度（I_{std}），同体积的待测样品 A（M_x）注入质谱，得到待测样品的信号强度（I_x），通过式（14-12）可得 M_x：

$$M_x = I_x \times \frac{M_{std}}{I_{std}} \tag{14-12}$$

为了提高测定的准确度，标准样品的信号强度与待测样品的信号强度应尽量接近，以减少非线性响应的影响。因此，通常情况下，外标法会通过测量一系列已知量的标准样品，绘制一条工作曲线，再用拟合的方法确定待测样品的含量。

2. 内标法 外标法存在以下一些问题：① 标准样品和待测样品是分别独立测定的，因此存在样品损失等偶然误差；② 标准样品和待测样品的基质（即除待分析物之外的其他成分）不同，可能会导致测量误差。若将已知量的标准样品 B（内标物）直接加入待测样品 A，同时完成标准样品和待测样品的测定，即可消除偶然误差和基质不同造成的误差，这就是内标法。内标法也需要制作工作曲线确定待测样品的含量。

内标物的选择有以下注意事项：① 内标物应与待分析物的物理化学性质接近；② 内标物纯度较高，且是样品中不存在的成分。

案例分析

HPLC-MS 测定川楝子中的川楝子素

川楝子（Chuanlianzi TOOSENDAN FRUCTUS）为楝科植物川楝（*Melia toosendan Sieb.et Zucc*）的干燥成熟果实。冬季果实成熟时采收，除去杂质，干燥。

【含量测定】照高效液相色谱-质谱法（《中国药典》2015 版通则 0521 和通则 0431）测定。

色谱、质谱条件与系统适用性试验以十八烷基硅烷键合硅胶为填充剂；以乙腈–0.01％甲酸溶液（31∶69）为流动相；采用单级四极杆质谱检测器，电喷雾离子化（ESI）负离子模式下选择质荷比（m/z）573 离子进行检测。理论板数按川楝素峰计算应不低于 8000。

对照品溶液的制备取川楝素对照品适量，精密称定，加甲醇制成每 1ml 含 2μg 的溶液，即得。

供试品溶液的制备取本品中粉约 0.25g，精密称定，置具塞锥形瓶中，精密加入甲醇 50ml，称定重量，加热回流 lh，放冷，再称定重量，用甲醇补足减失的重量，摇匀，滤过，取续滤液，即得。

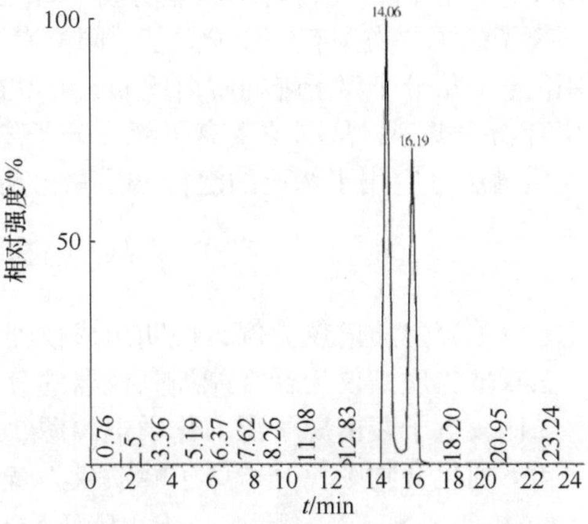

图 14-24　川楝素对照品 TIC 图谱

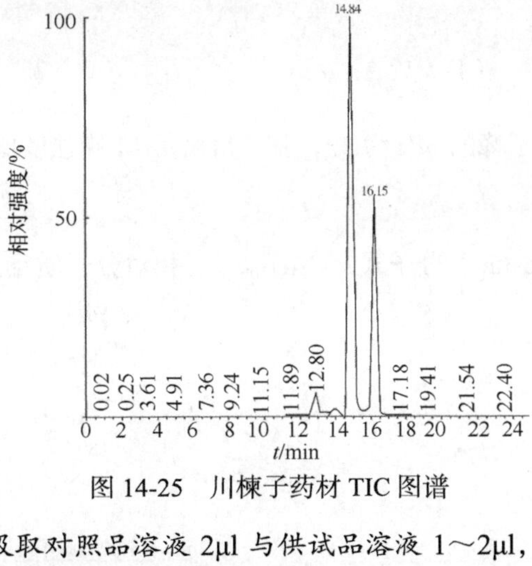

图 14-25　川楝子药材 TIC 图谱

测定法：分别精密吸取对照品溶液 2μl 与供试品溶液 1～2μl，注入液相色谱-质谱联用仪，测定，以川楝素两个峰面积之和计算，即得。

本品按干燥品计算，含川楝素（$C_{30}H_{38}O_{11}$）应为 0.060％～0.20％。

川楝素和川楝子药材 TIC 图谱，见图 14-24 和图 14-25。

本章小结

质谱法是把样品分子或原子变成离子，再按质荷比排列起来，测定其强度，从而实现定性、定量分析的方法。

本章主要讲述了质谱仪的结构、工作原理、离子的类型及质谱的应用。

质谱仪是由进样系统、离子源、质量分析器、检测器、质谱工作站及真空系统所组成。进样系统是将样品引入离子源。离子源的作用是将被分析的样品电离成带电的离子，其结构、性能与质谱仪的灵敏度和分辨率有密切的关系。对不同的样品，应根据其分子的热稳定性和电离的难易程度来选择合适的离子源。常用的离子源有：电子轰击电离源（EI）、化学电离源（CI）、电喷雾电离源（ESI）、大气压化学电离源（APCI）、激光解吸电离源（LD）、快原子轰击电离源（FAB）、场致电离源（FI）和场解吸电离源（FD）等。质量分析器的作用是将质荷比 m/z 不同的离子进行分离。常见的质量分析器有：单聚焦分析器、双聚焦分析器、四极滤质器、离子阱质量分析器、飞行时间质量分析器和离子回旋共振质量分析器等。

离子的主要类型有：分子离子、同位素离子、碎片离子等，这些离子峰可提供化合物分子的有用信息：从分子离子峰的质荷比 m/z 可得到该化合物的相对分子质量，其相对强度可以推测被测化合物的类型；从同位素离子峰和分子离子峰的强度比可以得到某些化合物的分子式。

质谱法可应用于物质的定性和定量分析。

习　题

1.以单聚焦质谱仪为例，说明组成仪器各个主要部分的作用及原理。

2.双聚焦质谱仪为什么能提高仪器的分辨率?

3.比较电子轰击离子源、化学电离源、场致电离源及场解吸电离源的特点。

4.下列化合物中，分子离子峰质量为奇数的是

（A）$C_8H_6N_4$　　（B）$C_6H_5NO_2$　　（C）$C_9H_{10}O_2$

[（B）$C_6H_5NO_2$]

5. 在质谱图中若某烃化合物的（M+1）和 M 峰的强度比为 24∶100，则该烃中存在的碳原子的个数为

（A）8　　（B）12　　（C）22

[（C）22]

6. 某化合物的分子离子峰的 m/z 为 32，其（M+1）/M 峰强度比例为 0.85，试指出该化合物是 CH_4O 还是 N_2H_4?

[（N_2H_4）]

7. 哈巴俄苷（Harpagoside）分子式：$C_{24}H_{30}O_{11}$，相对分子质量：494.49，结构式如下：

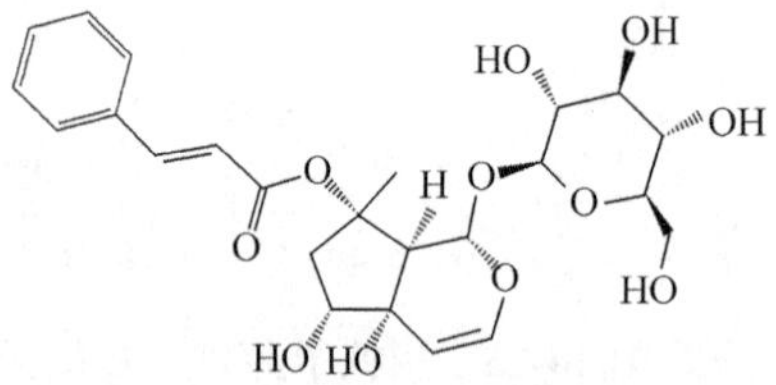

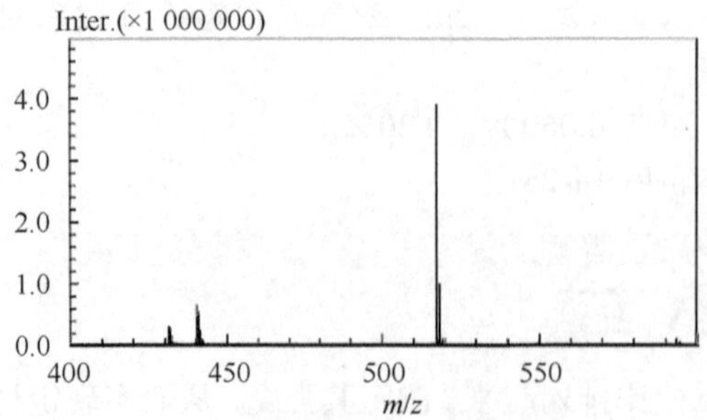

一级质谱图(m/z517.1693)

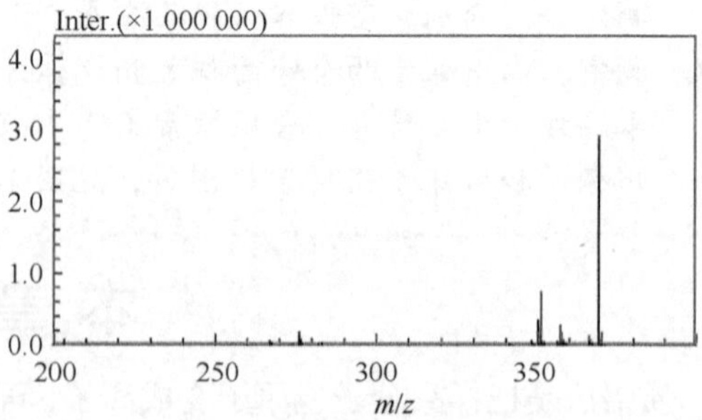

二级质谱图(m/z369.1164)

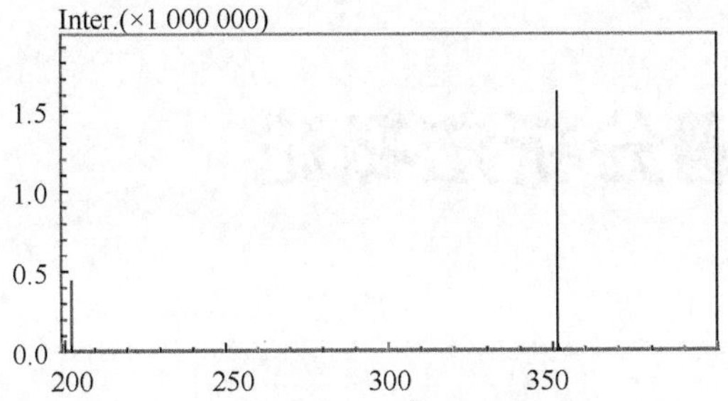

三级质谱图(m/z351.1076)

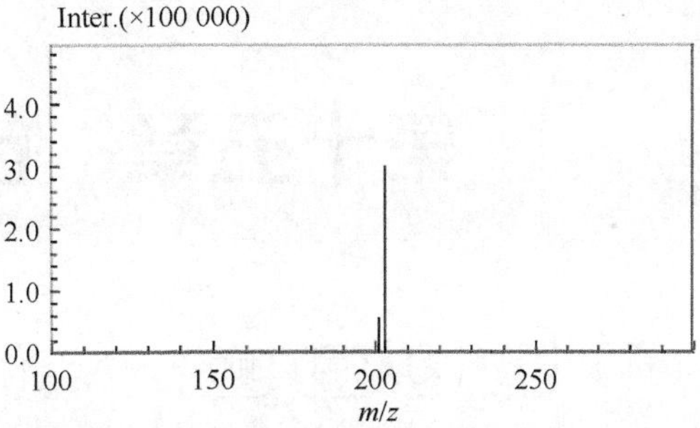

四级质谱图(m/z203.0541)

通过 LCMS-IT-TOF 测定其四级质谱图如下，已知分子离子峰的 m/z，试分析其裂解过程。（因试剂环境等原因，存在 Na 的干扰，因此分子离子峰的质量数多 23。）

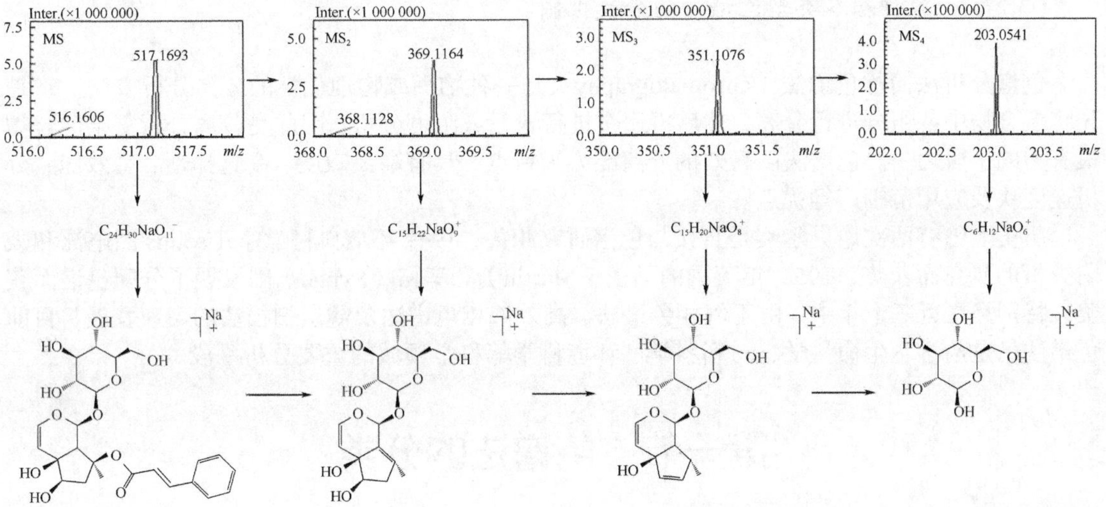

（侯晓芳）

第十五章　色谱分析法概论

学习目标

（1）掌握色谱法的基本术语；分配系数与保留行为的关系；塔板理论和速率理论的基本原理。

（2）熟悉色谱法过程和不同分类方法。

（3）了解各种基本类型色谱法的分离机制。

色谱分析法简称色谱法（chromatography）是一种物理或物理化学的分离分析方法。它是先将混合物中各组分进行分离，然后再逐个进行含量或浓度分析，因此是分离分析复杂混合物最有力的手段之一。色谱法以高效的分离能力为特点，具有高灵敏度、高选择性、高效能、分析速度快及应用范围广等优点。

历史上曾有两次诺贝尔奖是直接与色谱研究相关，1949 年瑞典科学家 Tiselins 因电泳和吸附分析的研究而获奖，1952 年英国的马丁（Martin）和辛格（Synge）因发展了分配色谱而获奖。特别是在近三十年中，由于气相色谱法、高效液相色谱法及薄层扫描法的飞速发展，目前色谱法已是药学、生命科学、材料科学、环境科学等科学领域的重要分析手段。

第一节　色谱法的分类

色谱法从不同的角度，有不同的分类方法，通常可按两相的分子聚集状态、操作形式及分离机制等进行分类。

一、按流动相与固定相的分子聚集状态分类

在色谱法中流动相可以是气体、液体和超临界流体。按流动相的不同，相应地称为气相色谱法（gas chromatography；GC）、液相色谱法（liquid chromatography；LC）和超临界流体色谱法（supercritical fluid chromatography；SFC）等。固定相可以是固体或液体，再按固定相的不同，相应气相色谱法称为气-固色谱法（GSC）与气-液色谱法（GLC）；液相色谱法又可分为液-固色谱法（LSC）与液-液色谱法（LLC）。

二、按操作形式（固定相的形态）分类

可分为柱色谱法（column chromatography）、平面色谱法（plane chromatography）、毛细管电泳法（capillary electrophoresis，CE）等类别。

柱色谱法将固定相装于色谱柱内，色谱过程在色谱柱内进行。按色谱柱的粗细，可分为填充柱（packed column）色谱法、微填充（microbore packed column）及开口柱（open tubular column）色谱法和毛细管柱（capillary column）色谱法等类别。气相色谱法、高效液相色谱法（high performance liquid chromatography，HPLC）及超临界流体色谱法等均属于柱色谱法范围。

平面色谱法是色谱过程在固定相构成的平面层内进行的色谱法。纸色谱法（paper

chromatography）、薄层色谱法（thin layer chromatography，TLC）等均属于液相色谱法。

毛细管电泳法是色谱过程在毛细管内进行的色谱法。

三、按色谱过程的分离机制分类

可分为吸附色谱法、分配色谱法、离子交换色谱法、空间排阻色谱法等类型。其四种方法是色谱法的基本类型，本章第三节将重点介绍。

将色谱法简单分类总结如表 15-1 所示。

表 15-1　色谱法分类

流动相	液体				气体	
固定相	固体			液体	固体	液体
	液-固色谱			液-液色谱	气-固色谱	气-液色谱
分离机制	吸附色谱	离子交换色谱	空间排阻色谱	分配色谱	吸附色谱	分配色谱
色谱柱	平面色谱				填充柱	
	柱色谱				毛细管柱	

第二节　色谱过程

一、色谱过程

实现色谱操作的基本条件是具备相对运动的两相，即固定不动的固定相（stationary phase）和携带试样向前移动的流动相（mobile phase）。混合物试样中的组分，随流动相经过固定相时，与固定相发生相互作用。由于结构和性质的不同，各组分与固定相作用的类型、强度也不同，结果在固定相上停留时间的长短也就不同，或被流动相携带的速度不等，即产生差速迁移，因而被分离。

色谱过程是组分的分子在流动相和固定相间多次“分配”的过程。图 15-1 表示 A、B 两组分在色谱柱中的分离过程。

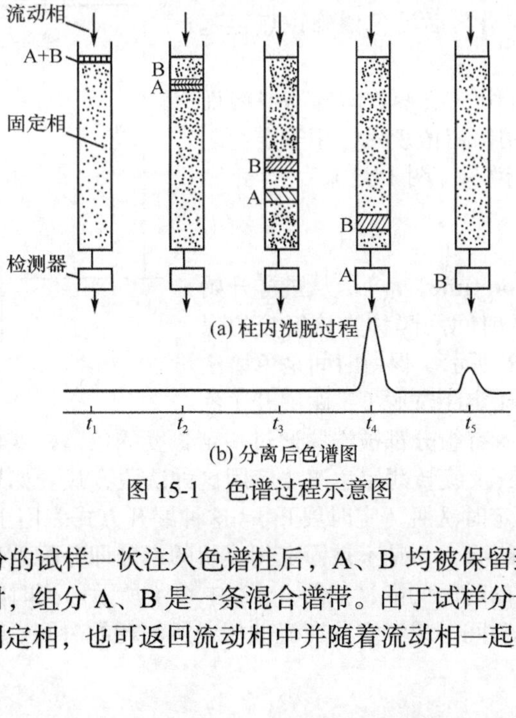

图 15-1　色谱过程示意图

把含有 A、B 两组分的试样一次注入色谱柱后，A、B 均被保留到固定相上，然后用适当的流动相洗脱。刚进柱时，组分 A、B 是一条混合谱带。由于试样分子与两相分子间的相互作用，两种组分既可进入固定相，也可返回流动相中并随着流动相一起向前移动，这个过程称为分配。若两种组分的结构和理化性质存在差异，则它们与固定相作用力的大小也存在差异，经过反复多次，即使两种组分微小的差异均可积累起来，其结果就使与固定相作用力较弱的 A 先从色谱柱中流出，作用力较强的 B 后从色谱柱中流出，从而使两组分分离。

二、色谱流出曲线和有关概念

（一）色谱流出曲线和色谱峰

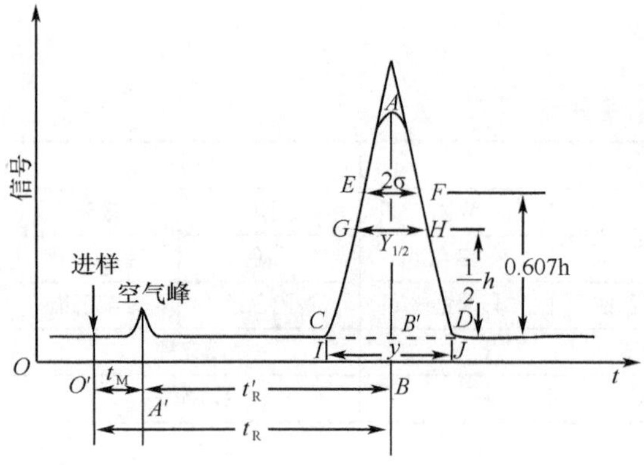

图 15-2　色谱流出曲线

1. 色谱流出曲线　试样各组分经色谱柱分离后分别进入检测器，检测器将各组分浓度（或质量）随时间的变化转换为电压（或电流）信号。由检测器输出的电信号强度随时间变化得到的曲线，称为流出曲线（图 15-2），又称为色谱图。

2. 基线（baseline）　在实验操作条件下，没有组分流出，仅有流动相通过检测器时所形成的流出曲线。该流出曲线应是一条稳定的，平行于时间轴的直线，如图 15-2 中 *OO′*所示。基线反映出仪器（主要是检测器）的噪声随时间的变化情况。

3. 色谱峰(peak)　色谱峰是各组分流经检测器所产生的信号，即流出曲线上的突起部分。正常色谱峰应为对称正态分布曲线，曲线有最高点，以此点的横坐标为中心，曲线对称地向两侧快速、单调地下降。不正常色谱峰有两种：拖尾峰（tailing peak）和前延峰（leading peak）。拖尾峰前沿陡峭，后沿平缓；前延峰前沿平缓，后延陡峭。色谱峰的对称与否可用对称因子（symmetry factor，*f*），或称拖尾因子（tailing factor）来衡量。对称因子在 0.95～1.05 的色谱峰为对称峰；小于 0.95 者为前延峰；大于 1.05 者为拖尾峰。用式（15-1）计算对称因子：

$$f_s = \frac{W_{0.05h}}{2A} = \frac{(A+B)}{2A} \tag{15-1}$$

式中，$W_{0.05h}$ 为 0.05 倍色谱峰高处的色谱峰宽；*A*、*B* 分别为在该处的色谱峰前沿与后沿色谱峰顶点至基线之间的距离（图 15-3）。

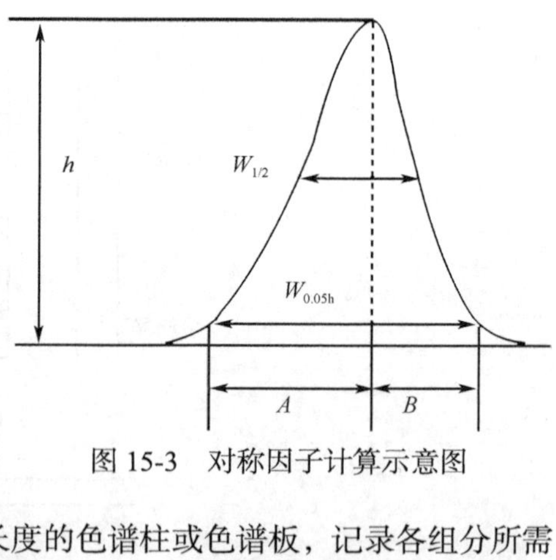

图 15-3　对称因子计算示意图

一个组分的色谱峰可用三项参数即峰高或峰面积（用于定量）、峰位（用保留值表示，用于定性）及峰宽（用于衡量柱效）说明（图 15-2）。

（二）保留值

1. 保留时间（retention time，t_R）　从进样开始到某组分的色谱峰顶点的时间间隔称为该组分的保留时间，如图 15-2 中 *A′B′* 所示。保留时间是色谱法的基本定性参数，主要用于定距洗脱（定距展开）色谱。所谓定距洗脱，是使所有组分都被洗脱通过一定长度的色谱柱或色谱板，记录各组分所需要的时间，如 GC、HPLC 及旋转薄层色谱法应用这种洗脱方式。如果记录组分在同一展开时间内的迁移距离，则称为定时洗脱（定时展开），这种展开方式多用于薄层色谱法。

2. 死时间（dead time，t_0）　是不被固定相保留的组分即分配系数为零的组分，从进样开始到出现色谱峰极大值时的时间间隔，如图 15-2 中 *O′A′* 所示。死时间实际上就是流动相流经色谱柱到检测器所需要的时间，或者组分在流动相中所消耗的时间。因此，也称为流动相保留时间。对于同一试样所有组分死时间都是相同的。

3. 调整保留时间（adjusted retention time，t'_R） 某组分由于被吸附（或被溶解）于固定相中，比不被吸附（或不被溶解）的组分在色谱柱中多保留的时间，如图 15-2 中 $A'B'$ 所示，即为组分被固定相滞留的总时间，反映了组分与固定相之间的作用。调整保留时间与保留时间和死时间有如下关系：

$$t'_R = t_R - t_0 \tag{15-2}$$

在实验条件（温度、固定相等）一定时，调整保留时间仅取决于组分的性质，因此调整保留时间是定性的基本参数。

4. 保留体积（retention volume，V_R） 保留体积是从进样开始到某组分在柱后出现浓度极大时，所需通过色谱柱的流动相体积，单位为 ml。保留体积与保留时间和流动相流速（F_c, ml/min）有如下关系：

$$V_R = t_R F_c \tag{15-3}$$

流动相流速大，保留时间短，但两者的乘积不变，因此 V_R 与流动相流速无关。

5. 死体积（dead volume，V_0） 死体积是分配系数为零即不被固定相保留的组分通过色谱柱所消耗的流动相的体积。在实际测量时，它包括了色谱柱中固定相颗粒间间隙、进样器至色谱柱间导管的容积、柱出口导管及检测器内腔容积的总和。如果柱外死体积很小时，可忽略不计。此时死体积即为柱中固定相颗粒间间隙的容积，即柱内流动相的体积。而死时间则为流动相充满柱内固定相颗粒间间隙所需的时间。死体积与死时间和流动相流速有如下关系：

$$V_0 = t_0 F_c \tag{15-4}$$

6. 调整保留体积（adjusted retention volume，V'_R） 调整保留体积是由保留体积减去死体积后的体积。

$$V'_R = V_R - V_0 = t'_R F_c \tag{15-5}$$

V'_R 与流动相流速无关，是常用的色谱定性参数之一。

7. 相对保留值（relative retention，r） 相对保留值是两组分的调整保留值之比，有时也用 α 表示，也是色谱系统的分离选择性指标。组分 2 与组分 1 的相对保留值用下式表示：

$$r_{2,1} = \frac{t'_{R_2}}{t'_{R_1}} = \frac{V'_{R_2}}{V'_{R_2}} \tag{15-6}$$

8. 保留指数（retention index，I） 保留指数是气相色谱法中定性的参数。在气相色谱法中，把组分的保留行为换算成相当于正构烷烃的保留行为，也就是以正构烷烃系列作为相对保留值的标准，用两个保留时间紧邻被测组分的正构烷烃来标定该组分的保留行为，这个相对值称为保留指数，又称 Kovats 指数，定义式如下：

$$I_x = 100\left[z + n\frac{\lg t'_{R(x)} - \lg t'_{R(z)}}{\lg t'_{R(z+n)} - \lg t'_{R(z)}}\right] \tag{15-7}$$

式中，I_x 为待测组分的保留指数；z 与 $z+n$ 为正构烷烃的碳原子数。n 可为 1、2、…，通常为 1，且人为规定正己烷、正庚烷及正辛烷等的保留指数分别为 600、700 及 800，其余类推。多数同系物每增加一个 CH_2，保留指数约增加 100。

（三）色谱峰高和峰面积

1. 峰高（peak height，h） 色谱峰顶点至基线的距离，是组分在柱后出现浓度极大值时的检测信号。

2. 峰面积（peak area，A） 色谱曲线与基线间包围的面积。

（四）色谱峰区域宽度

色谱峰区域宽度即色谱峰的宽度，是色谱峰的重要参数之一，用于衡量柱效，区域宽度越小柱效越高。区域宽度有以下三种表示方法。

1. 标准差（standard deviation，σ） 标准差是正态色谱流出曲线上两拐点间距离之半。σ的大小表示组分被洗脱出色谱柱的分散程度。σ越大，组分越分散；反之越集中。在$t_R+\sigma$与$t_R-\sigma$间的面积为峰面积的 68.3%，即在此时间范围内流出分量为该组分总量的 68.3%。对于正常峰，σ为 0.607 倍峰高处的峰宽之半。由于 0.607 h 不好测量，故区域宽度还常用半峰宽和峰宽描述（图 15-2）。

2. 半峰宽（peak width at half height，$W_{1/2}$） 半峰宽是峰高一半处的峰宽。半峰宽与标准差的关系为

$$W_{1/2}=2.355\sigma \tag{15-8}$$

3. 峰宽（peak width，W） 峰宽又称为色谱峰的带宽，是通过色谱峰两侧拐点作切线在基线上所截得的距离。峰宽和标准差或半峰宽的关系为

$$W=4\sigma \text{ 或 } W=1.699W_{1/2} \tag{15-9}$$

（五）分离度

分离度（resolution，R）又称分辨率或分辨度，它是色谱图中相邻两峰分离程度的量度。其定义为相邻两组分色谱峰保留时间之差与两色谱峰峰宽均值之比（图 15-4）。

$$R=\frac{t_{R_2}-t_{R_1}}{(W_1+W_2)/2}=\frac{2(t_{R_2}-t_{R_1})}{W_1+W_2} \tag{15-10}$$

式中，t_{R_1}、t_{R_2}分别为组分 1、2 的保留时间；W_1、W_2分别为组分 1、2 色谱峰的峰宽。

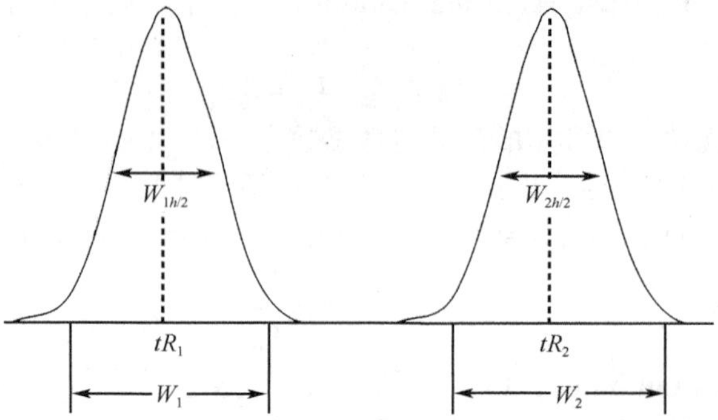

图 15-4 分离度计算示意图

在计算分离度时，组分的保留时间和峰宽要采用相同的计量单位。从式（15-10）可知，两峰保留时间相差越大，峰越窄，分离度越大。$R<1.0$，两峰有部分重叠，$R=1.0$，两组分能分开，满足分析要求，$R\geqslant1.5$ 两个组分能完全分开（图 15-5）。在做定量分析时，为了能获得较好的精密度与准确度，应使 $R\geqslant1.5$。

三、分配系数和色谱分离

如前所述，在色谱分离中，试样组分在固定相和流动相之间进行反复多次的分配，无论分离机制属于哪一种，分配过程都存在。分配过程常用分配系数和容量因子来描述。

（一）分配系数和容量因子

1. 分配系数（distribution coefficient，K） 分配系数是在一定温度和压力下，达到分配平衡时，组分在固定相与流动相中的浓度之比，其表达式为

$$K=\frac{c_s}{c_m} \tag{15-11}$$

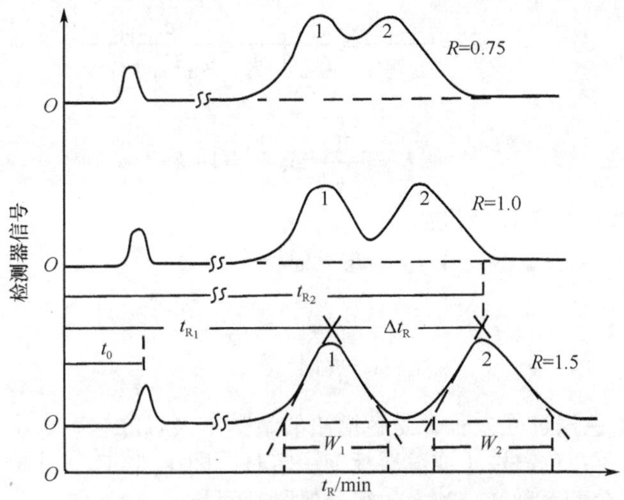

图 15-5　不同分离度时色谱峰分离程度示意图

式中，K 为分配系数；c_s 为组分在固定相中的浓度；c_m 为组分在流动相中的浓度。分配系数仅与组分、固定相和流动相的性质及温度有关。在一定条件（固定相、流动相、温度）下，分配系数是组分的特征常数。

2. 容量因子（capacity factor，k）　容量因子是在一定温度和压力下，达到分配平衡时，组分在固定相和流动相中的质量之比，其表达式为

$$k = \frac{m_s}{m_m} \tag{15-12}$$

式中，k 为容量因子，又称为质量分配系数、分配比或保留因子；m_s 为组分在固定相中的质量；m_m 为组分在流动相中的质量。容量因子不仅与温度和压力有关，而且还与固定相和流动相的体积有关：

$$k = \frac{m_s}{m_m} = \frac{c_s V_s}{c_m V_m} \tag{15-13}$$

式中，V_m 为色谱柱中流动相的体积，近似等于死体积 V_0；V_s 为色谱柱中固定相的体积，在各种不同类型的色谱法中有不同的含义。

3. 分配系数和容量因子的关系　由式（15-11）和式（15-13）得：

$$k = K\frac{V_s}{V_m} \tag{15-14}$$

（二）分配系数和容量因子与保留时间的关系

设流动相在色谱柱中的线速度为 u，被分离组分在色谱柱内的线速度为 v，将两者之比称为保留比，以 R' 表示：

$$R' = \frac{v}{u}$$

在定距展开时，如柱色谱中，$v = \frac{L}{t_R}$，$u = \frac{L}{t_0}$，因此：

$$R' = \frac{t_0}{t_R} \tag{15-15}$$

死时间 t_0 近似于组分在流动相中的时间 t_m，t_R 为组分在流动相中的时间和在固定相中的时间之和。而组分分子只有出现在流动相中时才能随流动相前移。对于某组分总体分子而言，保留比与组分分子在流动相中的分数有关。即有如下关系：

$$R' = \frac{t_m}{t_m + t_s} = \frac{N_m}{N_m + N_s} = \frac{c_m V_m}{c_m V_m + c_s V_s}$$

所以：

$$R' = \frac{1}{1+k} \text{或} \frac{1}{R'} = 1 + k \tag{15-16}$$

由式（15-15）和式（15-16）得：

$$t_R = t_0(1+k) \tag{15-17}$$

或

$$t_R = t_0\left(1 + K\frac{V_S}{V_m}\right) \tag{15-18}$$

式（15-18）称为色谱过程方程，是色谱法的最基本公式之一，表示保留时间与分配系数的关系。由此式可见，在色谱柱（或薄层板）一定时，即 V_s 与 V_m 一定时，如果流速、温度也一定，则 t_R 仅取决于分配系数 K，K 大的组分保留时间长。

由式（15-17）得：

$$k = \frac{t_R - t_0}{t_0} = \frac{t'_R}{t_0} \tag{15-19}$$

由上式可知，容量因子表示组分在色谱柱中多停留的时间与死时间的比值，k 大则保留时间长。

（三）色谱分离的前提

设组分 A 与 B 的混合物通过色谱柱，若两者能被分离，则它们的迁移速度必须不同，即保留时间不等。根据式（15-18）有：

$$\begin{cases} t_{R_A} = t_0(1 + K_A\dfrac{V_s}{V_m}) \\ t_{R_B} = t_0(1 + K_B\dfrac{V_s}{V_m}) \end{cases}$$

两式相减得：$\Delta t_R = t_{R_A} - t_{R_B} = t_0(K_A - K_B)\dfrac{V_s}{V_m}$

由上式可见，若使 $\Delta t_R \neq 0$，必须使 $K_A \neq K_B$，即分配系数不等是色谱分离的前提。用容量因子表示则为容量因子不等是色谱分离的前提。即只有 $k_A \neq k_B$，才有：

$$\Delta t_R = t_0(k_A - k_B) \neq 0$$

第三节　基本类型色谱方法及其分离机制

根据分离过程的机制不同，有以下四种基本类型色谱方法：吸附色谱法（adsorption chromatography）、分配色谱法（partition chromatography）、离子交换色谱法（ion exchange chromatography，IEC）和空间排阻色谱法（steric exclusion chromatography，SEC）。

一、吸附色谱法

（一）分离原理

以固体吸附剂为固定相的色谱法称为吸附色谱法，包括气-固吸附色谱法和液-固吸附色谱法。吸附色谱法的分离原理是利用被分离组分对固定相表面吸附中心吸附能力的差别而实现分离。

吸附色谱过程是试样中组分的分子（X）与流动相（Y）不断争夺吸附剂表面吸附中心的过程，即竞争吸附过程。当组分分子（X）占据固定相吸附中心时，即为被吸附；当流动相分子（Y）从固定相吸附中心置换出被吸附的组分分子（X）时，即为解吸附（或解吸）。由于吸附剂对各组分分子的吸附能力的不同，就会使各组分分子在吸附-解吸的平衡中形成不同的吸附系数 K_a，从而导致各组分的保留时间不同而被分离。由于吸附只发生在吸附剂表面，故当达到平衡时，其吸附系数 K_a 可用下式表示：

$$K_a = \frac{[X_a]}{[X_m]} = \frac{X_a/S_a}{X_m/V_m} \tag{15-20}$$

式中，X_a 为某组分在吸附剂中被吸附的分子；S_a 为吸附剂的表面积，X_m、V_m 为某组分在流动相中溶解的分子和体积。由上式可知，吸附系数与吸附剂的活性、组分的性质和流动相的性质有关。

（二）固定相和流动相

吸附色谱法的固定相多为吸附剂。吸附色谱法常用的吸附剂有硅胶、氧化铝和聚酰胺等。吸附剂是一些多孔性微粒物质，表面具有许多吸附活性中心。吸附活性中心的多少及其吸附能力的强弱直接影响吸附剂的性能。在选择此类固定相时，主要应考虑其粒度、比表面积、平均孔径和活度（详见第十六章至第十八章）。

气固吸附色谱的流动相为气体。液固吸附色谱的流动相为有机溶剂，其洗脱能力主要由其极性决定，强极性流动相占据吸附中心的能力强，其洗脱能力强，使组分的 K_a 值小，保留时间短。在液固吸附色谱中，常常采用二元以上的混合溶剂为流动相。混合溶剂的强度随其组成连续变化，便于选择溶剂强度适宜的流动相，也可提高分离的选择性。

（三）洗脱顺序

吸附色谱的洗脱过程是流动相分子与组分分子竞争吸附剂表面活性中心的过程。极性强的流动相分子与吸附中心的相互作用能力强，容易将试样分子从吸附中心置换出来，因此洗脱能力强。极性弱的流动相竞争活性中心的能力弱，洗脱能力就弱。因此，应根据样品的性质、结构和吸附剂的活性选择适当极性的流动相，从而使吸附能力稍有差异的各组分得到分离。

综上所述，在液固吸附色谱中，在选择色谱分离条件时组分的保留和分离选择性取决于：①组分分子与流动相分子对吸附剂表面活性中心的竞争；②组分分子的基团与吸附剂表面活性中心的氢键、偶极和诱导作用；③组分在流动相中的溶解性。

二、分配色谱法

（一）分离原理

分配色谱法是利用被分离组分在固定相或流动相中的溶解度差别而实现分离。其固定相为液体，包括气-液分配色谱法和液-液分配色谱法。气-液分配色谱法的流动相是气体，常为氢气或氮气。液-液分配色谱法的流动相是与固定相不相溶的液体，其中流动相的极性大于固定相的极性，称为反相（reversed phase，RP）分配色谱法。反之，则称为正相（normal phase，NP）分配色谱法。其基本原理与液液萃取相同，所不同的是这种分配平衡是在相对移动的两相间进行，而且可重复多次，从而有很高的分离效率。

当溶于流动相与固定相的溶质分子处于动态平衡，平衡时浓度之比（或活度之比）称为狭义分配系数：

$$K = \frac{c_s}{c_m} = \frac{X_s/V_s}{X_m/V_m} \tag{15-21}$$

式中，X_s、V_s 分别为试样中某组分在固定相中溶解的分子和体积；X_m、V_m 分别为试样中某组分在流动相中溶解的分子和体积。溶质分子在固定相中溶解度越大，或在流动相中溶解度越小，即 c_s 越大，c_m 越小，则 K 越大。在液液分配色谱中，K 主要与流动相的性质有关；在液固分配色谱中，K 与固定相极性和柱温有关。

（二）洗脱顺序

分配色谱中被分离组分的洗脱顺序是由组分在固定相或流动相中溶解度的相对大小而决定的。气-液分配色谱法的洗脱顺序与固定相的极性和组分的沸点与极性有关（详见第十六章）。正相液液分配色谱的洗脱顺序为极性弱的组分先被洗脱，极性强的组分后被洗脱。反相分配色谱的洗脱顺序与此相反，极性强的组分先出柱，极性弱的组分后出柱（讨论详见第十七章）。

三、离子交换色谱法

（一）分离原理

离子交换色谱法的分离原理是利用被分离组分离子与固定相的可交换基团交换能力的差别而实现分离。按固定相可交换离子的电荷不同可分为阳离子交换色谱法和阴离子交换色谱法。

以阳离子交换色谱为例说明分离机制。离子交换树脂表面的负离子（如—SO_3^-）为不可交换离子；其正离子为可交换离子（如 H^+）。当流动相携带组分的正离子如 Na^+ 出现时，与 H^+ 发生交换反应。

离子交换过程可用通式表示：$RB + A \rightleftharpoons RA + B$

交换反应达到平衡时，以浓度表示的平衡常数为

$$K_{A/B} = \frac{[RA][B]}{[RB][A]} = \frac{K_A}{K_B} \tag{15-22}$$

式中，[RA]、[RB]分别为树脂中 A、B 离子的浓度；[A]、[B]分别为流动相中 A、B 离子浓度；K_A、K_B 分别表示 A、B 离子在固定相和流动相中两相的分配系数。选择性分配系数 $K_{A/B}$ 是衡量离子树脂亲和能力相对大小的度量，$K_{A/B}$ 越大，说明 A 的交换能力越大，越易保留。

（二）固定相和流动相

离子交换色谱法的固定相是离子交换剂，常用的有离子交换树脂和硅胶化学键合离子交换剂。经典离子交换色谱的固定相为离子交换树脂，它是一类具有网状立体结构的高分子多元酸、碱的聚合物，其特点是易膨胀、传质慢、柱效低、不耐压。高效液相色谱法中的固定相是键合在薄壳型和全多孔微粒硅胶上的离子交换剂，其机械强度高，耐高压，不溶胀，传质快，柱效高。

离子交换色谱法的流动相是具有一定 pH 和离子强度的缓冲溶液，有时还加入少量有机溶剂以提高选择性，如乙醇、四氢呋喃、乙腈等。

（三）影响保留行为的因素

离子交换色谱的保留行为和选择性受被分离离子、离子交换剂、流动相的性质等影响。

（1）被分离的物质：如为无机阴离子或有机酸，选用阴离子交换树脂；如为无机阳离子或有机碱，则选用阳离子交换树脂。

（2）选择性系数 $K_{A/B}$：选择性系数小的离子，选用强酸性或强碱性离子交换树脂。选择性系数大的离子，选用弱酸性或弱碱性离子交换树脂。

（3）流动相的酸碱性：强酸和强碱离子交换树脂可在酸性、中性或碱性流动相中使用。交换能力强的离子组成的流动相有较强的洗脱能力，增加流动相的离子强度，能增加洗脱能力，

使组分的保留值降低。

弱碱性离子交换树脂宜在酸性流动相中使用。弱酸性离子交换树脂宜在碱性流动相中使用。调节 pH 对弱电解质的离解受到抑制其保留时间变短。弱离子交换树脂的交换容量在某一 pH 有极大值。

四、空间排阻色谱法

（一）分离原理

空间排阻色谱法是根据被分离组分分子的线团尺寸而分离的。其固定相是多孔性凝胶，故又称为凝胶色谱法（gel chromatography）。该色谱法可分为两类，流动相亲油的称为凝胶渗透色谱法（gel permeation chromatography，GPC），流动相亲水的称为凝胶过滤色谱法（gel filtration chromatography，GFC）。

凝胶色谱法的分离机制只取决于凝胶的孔径大小与被分离组分的线团尺寸之间的关系，其分离类似于分子筛的作用。当被分离组分的分子尺寸与凝胶孔径等同大小时，溶质分子处于扩散平衡状态：$X_m \rightleftharpoons X_s$，其中，$X_m$ 与 X_s 分别代表在孔外流动相中与凝胶空穴中同等大小的溶质分子。平衡时，两者浓度之比称为渗透系数（permeation coefficient，K_p）：

$$K_p = \frac{[X_s]}{[X_m]} \qquad (15\text{-}23)$$

渗透系数的大小只由溶质分子的线团尺寸和凝胶空隙的大小所决定。在凝胶孔径一定时，分子线团尺寸大到不能进入凝胶的任何空隙时，$[X_s]=0$，则 $K_p=0$；小到能进入所有孔隙时，$[X_s]=[X_m]$，$K_p=1$；如果分子尺寸在上述两种分子之间时，能进入部分孔隙，$0< K_p<1$。在高分子溶液中，相同成分的分子的线团尺寸与其相对分子质量成比例。因此，在一定分子线团尺寸范围内，K_p 与相对分子质量相关，即组分按相对分子质量的大小分离。

（二）固定相和流动相

分子排阻色谱法的固定相为多孔凝胶，其为含大量液体（一般是水）的柔软而富于弹性的物质，经过交联而具有立体结构的多聚体。据含水量的多少可分为软质、半软质和硬质凝胶。常用凝胶有葡聚糖凝胶和聚丙烯酰胺凝胶。凝胶的主要性能参数包括平均孔径、排斥极限和相对分子质量范围。选择凝胶时应使试样的相对分子质量介于 $0< K_p<1$ 范围内。

分子排阻色谱法的流动相必须是既能够溶解试样的溶剂，又能润湿凝胶的溶剂，且溶剂的黏度要低，否则会限制分子扩散而影响分离效果。一般水溶性试样选择水溶液为流动相，非水溶性试样选择有机溶剂为流动相，如四氢呋喃、三氯甲烷、甲苯和二甲基甲酰胺等。

（三）保留体积与渗透系数的关系

凝胶色谱的保留值常用保留体积表示。当组分的相对分子质量在凝胶的相对分子质量范围内时，其保留体积与渗透系数有如下关系：

$$V_R = V_m\left(1 + K_p\frac{V_s}{V_m}\right) \qquad (15\text{-}24)$$

式中，V_s 为凝胶孔穴的总体积；V_m 为色谱柱内凝胶的粒间体积，V_m 近似于死体积 V_0，因此：

$$V_R = V_0 + K_P V_S \qquad (15\text{-}25)$$

上式表明，渗透系数小，或分子线团（相对分子质量）大的组分，保留体积小，即先被洗脱出柱。

第四节 色谱法基本理论

色谱分析法关键在于对样品中待测组分的分离，组分的分离是否满足分析要求，可用分离度来衡量。根据分离度的定义式（15-10）可知，要使两组分有足够的分离度，首先它们的保留时间应有足够的差值，而保留时间与分配系数有关，即与色谱热力学过程有关。另外还要使色谱峰宽足够小，而峰的展宽与色谱的动力学过程有关。因此，色谱理论的研究包括热力学和动力学两方面。热力学理论是从相平衡观点来研究分配过程，以塔板理论为代表。动力学理论从动力学观点来研究各种动力学因素对峰展宽的影响，以速率理论为代表。

一、塔板理论

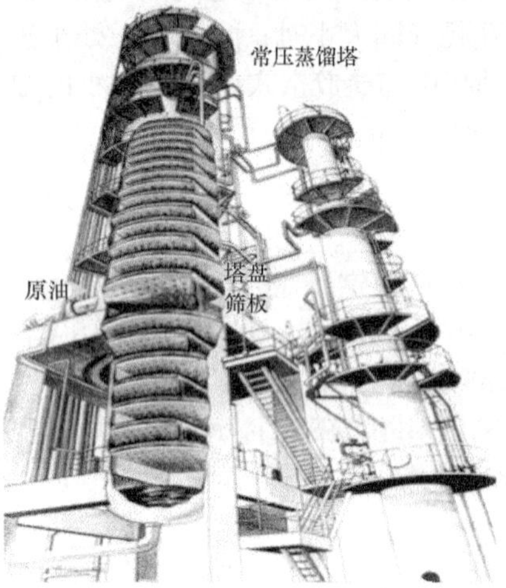

图 15-6 分馏塔示意图

色谱分离的塔板理论始于马丁和辛格提出的塔板模型。塔板理论是将色谱柱比作一个分馏塔（图 15-6），把一个连续的色谱柱设想成由许多小段组成。被分离组分在随流动相进入色谱柱后，就在两相间按照各组分分配系数的大小进行分配。并有如下假设：①在色谱柱内一小段长度 H 内，组分可以在两相中瞬间达到分配平衡。H 称为理论塔板高度（height equivalent to a theoretical plate，plate height）；②分配系数在各塔板内是常数；③流动相进入色谱柱不是连续的，而是间歇式的，每次只进入一个塔板体积；④试样在色谱柱内的纵向扩散可以忽略。

（一）质量分配和转移

塔板理论的假设实际上是把混合组分在两相间的连续转移过程，分解为间歇的在单个塔板中的分配平衡过程。

假设两组分 A（$k_A=1$）、B（$k_B=0.5$）在色谱柱中进行分离，首先以单一组分 B（$k_B=0.5$）来说明分配转移过程。设色谱柱的塔板数为 5（n=5），以 r 表示塔板编号，即 r=0、1、2、3、4（即 $n-1$）。将单位质量的 B 加到第 0 号塔板上，组分在固定相和流动相两相间进行分配。由于 $k_B=0.5$，即 B 在 0 号塔板内两相中的质量之比 $m_s/m_m=0.333/0.667$。当一个塔板体积的新鲜流动相进入第 0 号塔板时，就将原 0 号塔板内的 m_m（0.667）带入第 1 号塔板，而原 0 号塔板内的 m_s（0.333）仍留在第 0 号塔板内，组分在第 0 号塔板内和第 1 号塔板内重新分配。进入 N 次流动相，则经过 N 次分配平衡和转移后，在各塔板内组分的质量分布符合二项式 $(m_s+m_m)^N$ 的展开式。如 $k_B=0.5$，若 N=3，即转移 3 次后，则展开式为

$$(0.333+0.667)^3=0.037+0.222+0.444+0.296$$

所计算出的四项数分别是第 0、1、2 及 3 号塔板中的溶质分数。转移 N 次后第 r 号塔板中的质量 ${}^N m_r$ 可由下述通式求出：

$$ {}^N m_r=\frac{N!}{r!(N-r)!}m_s^{N-r}m_m^r \tag{15-26}$$

例如，N=3，r=3 时，即转移 3 次后，在第 3 号塔板内的溶质分数为：

$$ {}^3 m_3=\frac{3!}{3!(3-3)!}\times 0.333^{3-3}\times 0.667^3=0.296$$

按上述方法进行处理，可计算出经过 N 次转移后各个塔板中溶质的分布情况。对于由五个塔板组成的色谱柱，在五个塔板体积的流动相进入后，组分就开始流出色谱柱，进入检测器产生信号。

而且，当N=6和7时，柱出口产生B的浓度最大点，即组分的保留体积为6～7个塔板体积。

同样，可以计算出A（$k_A=1$）的质量分布情况。N=8和9时，A在柱出口处达到浓度最大点，即其保留体积为8～9个塔板体积。由此可见，如果加到第0号塔板上的是单位质量A和B的混合物，考察两者的分离情况。仅经过五个塔板后，两组分便开始分离，k小的组分B先出现浓度极大值（即先洗脱出柱）。

上述仅仅分析了五个塔板的分离情况。事实上，一根色谱柱的塔板数为10^3～10^6以上，因此组分有微小的分配系数差别，即能获得良好的分离效果。

（二）流出曲线方程

按照二项式分布式计算的结果，以组分A在柱出口处的质量分数对N作图，得如图15-7所示的流出曲线，该曲线呈不对称的峰形，符合二项式分布曲线。

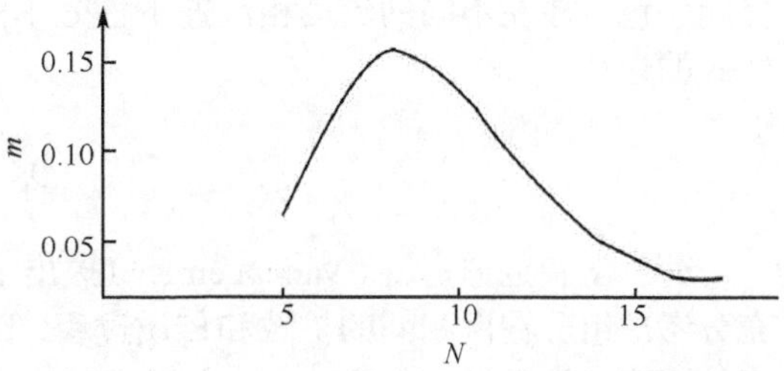

图15-7 K=1的组分从n=5柱中的流出曲线图

当塔板数很大时，流出曲线趋于正态分布曲线，因此可用正态分布方程式来讨论组分流出色谱柱的浓度变化，又称为色谱流出曲线方程：

$$c=\frac{c_0}{\sigma\sqrt{2\pi}}e^{-\frac{(t-t_R)^2}{2\sigma^2}} \tag{15-27}$$

式中，σ为标准差；t_R为保留时间，c为任意时间t时组分在柱出口处的浓度；c_0为某组分的总量。从式（15-27）可见，$t=t_R$时，e的指数为零，c有极大值，用c_{max}（c_{max}即流出曲线的峰高，也可用h表示）表示。

$$c_{max}=\frac{c_0}{\sigma\sqrt{2\pi}} \tag{15-28}$$

将式（15-28）代入式（15-27）得：

$$c=c_{max}e^{-\frac{(t-t_R)^2}{2\sigma^2}} \tag{15-29}$$

式（15-29）为流出曲线方程式的常用形式。由此式可知，不论$t>t_R$或$t<t_R$时，浓度c恒小于c_{max}。c随时间t向峰两侧对称下降，下降速率取决于σ，σ越小，峰越锐。

（三）理论塔板数和塔板高度

1. 理论塔板高度 *H* 为使组分在柱内两相间达到一次分配平衡所需要的柱长。

2. 理论塔板数 *n* 组分流过色谱柱时，在两相间进行平衡的总次数。

当色谱柱长为L时，则H与n之间的关系为

$$H=\frac{L}{n}\text{或}n=\frac{L}{H} \tag{15-30}$$

根据流出曲线方程，可以导出理论塔板数与标准差（峰宽或半峰宽）和保留时间的关系。

$$n=\left(\frac{t_R}{\sigma}\right)^2 \tag{15-31}$$

或者

$$n=16\left(\frac{t_R}{W}\right)^2$$

或

$$n=5.54\left(\frac{t_R}{W_{1/2}}\right)^2 \tag{15-32}$$

（四）塔板理论的特点与局限

（1）塔板理论可解释流出曲线的形状和位置。

（2）由塔板理论可知，当色谱柱长度一定时，塔板数 n 越大（塔板高度 H 越小），被测组分在柱内被分配的次数越多，柱效则越高，所得色谱峰越窄。

（3）塔板理论中的柱效不能表示被分离组分的实际分离效果。当两组分的分配系数 K 相同时，无论该色谱柱的塔板数多大，都无法分离。

（4）塔板理论没有考虑各种动力学因素对色谱柱内传质过程的影响。因此塔板理论无法解释同一色谱柱在不同的流动相流速下柱效不同的实验结果，也无法指出影响柱效的因素及提高柱效的途径。

二、速 率 理 论

荷兰学者范迪姆特（Van Deemter）提出了色谱过程动力学理论——速率理论（rate theory），充分考虑组分在两相间的扩散和传质过程，以动力学理论研究了使色谱峰展宽从而影响塔板高度的因素，提出了 Van Deemter 方程式：

$$H=A+B/u+Cu \tag{15-33}$$

式中，H 为塔板高度（cm）；A、B、C 为常数，分别代表涡流扩散系数、纵向扩散系数和传质阻抗系数，其单位分别为 cm、cm^2/s 及 s。u 为载气的线速度（cm/s），$u \approx L/t_0$，其中 L 为柱长（cm），t_0 为死时间（s）。

（一）影响柱效的动力学因素

1. 涡流扩散（eddy diffusion） 涡流扩散也称为多径扩散。如图 15-8 所示，在填充色谱柱中，由于填料粒径大小不等，填充不均匀，使同一个组分的分子经过多个不同长度的途径流出色谱柱，一些分子沿较短的路径运行，较快通过色谱柱；另一些分子沿较长的路径运行，发生滞后，结果使色谱峰展宽。涡流扩散的程度可由式（15-34）表示：

$$A=2\lambda d_p \tag{15-34}$$

式中，λ 为填充不规则因子，简称填充因子，其大小与填充物颗粒大小及其分布和填充均匀性有关；d_p 为填充物颗粒的平均直径。

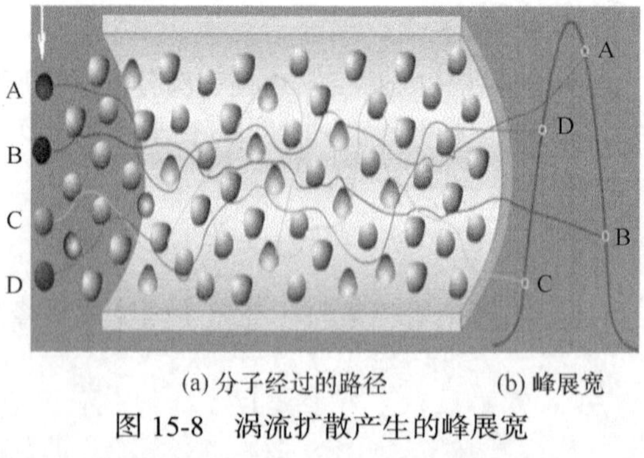

(a) 分子经过的路径　　(b) 峰展宽

图 15-8　涡流扩散产生的峰展宽

2. 纵向扩散（longitudinal diffusion） 纵向扩散也称为分子扩散。组分在进入色谱柱时，其浓度分布呈“塞子”状，由于浓度梯度的存在，组分将向“塞子”前、后扩散，造成区带展宽（图 15-9）。纵向扩散的过程可用下式表示：

$$B=2\gamma D_m \tag{15-35}$$

式中，常数 B 称为纵向扩散系数或分子扩散系数；γ 为弯曲因子，也称为扩散障碍因子，与填充物有关，反映固定相颗粒使柱内扩散路径弯曲对分子扩散的阻碍；D_m 为组分在流动相中扩散系数，与流动相和组分的性质有关。D_m 在 GC 中也用 D_g 表示。

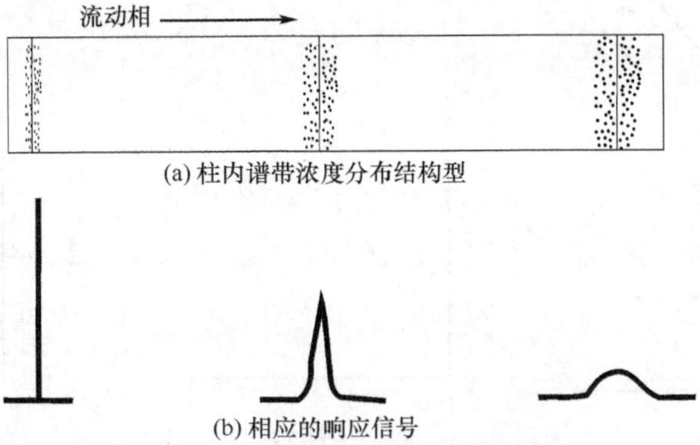

图 15-9　纵向分子扩散使峰展宽

3. 传质阻抗（mass transfer resistance）　组分被流动相带入色谱柱后，在两相界面进入固定相，并扩散至固定相深部，从而达到动态分配“平衡”。当纯的或含有低于“平衡”浓度的流动相到来时，固定相中该组分的分子将回到两相界面逸出，而被流动相带走（转移）。这种溶解、扩散、转移的过程称为传质过程。影响此过程进行的阻力称为传质阻抗，用传质阻抗系数 C 描述，传质阻抗系数 C 由固定相传质阻抗系数 C_s 和流动相传质阻抗系数 C_m 组成。图 15-10 为固定相传质对谱带展宽的影响，色谱柱在达平衡后的瞬间，由于固定相传质阻力的影响，使有些分子随流动相较快向前移动，而另一些分子则滞后，从而引起峰的展宽。

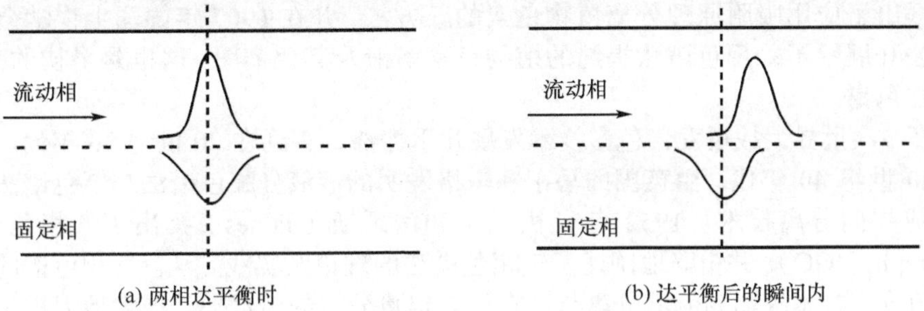

图 15-10　固定相传质对谱带展宽的影响

（二）流动相线速度对柱效的影响

根据范氏方程和上述讨论可知，流动相线速度对涡流扩散无影响，对纵向扩散项和传质阻抗有影响。以塔板高度 H 对流动相线速度 u 作图得范氏方程曲线，或称 H-u 曲线，如图 15-11（a）所示。由于流动相线速度对纵向扩散和传质阻抗有不同作用，其综合作用的结果如图 15-11（a）所示，即在较低线速度时，纵向扩散项起主要作用，线速度升高，塔板高度下降，柱效升高；在较高线速度时，传质阻抗起主要作用，线速度升高，塔板高度增高，柱效降低。因此，对应某一流速，塔板高度有一极小值（H_{min}），这一流速称为最佳流速（u_{opt}）。

从图 15-11（b）、（c）中看出，液相色谱的曲线与气相色谱的曲线明显不同。对于气相色谱曲线，当 $u<u_{opt}$ 时，H 值主要由纵向扩散项所控制，H 随 u 增大而急剧下降，达到一个最低点。当流速再增加时，即 $u>u_{opt}$ 时，传质阻抗项起主要作用，H 随 u 增大而加大。同时从液相色谱曲线可见，纵向扩散项对 H 的贡献很小，塔板高度 H 基本上随着 u 的增大而增大。而且当线速度太大时，其 H 值的升高不如气相色谱快，也即加大 u 不至于使柱效损失太大，有利于

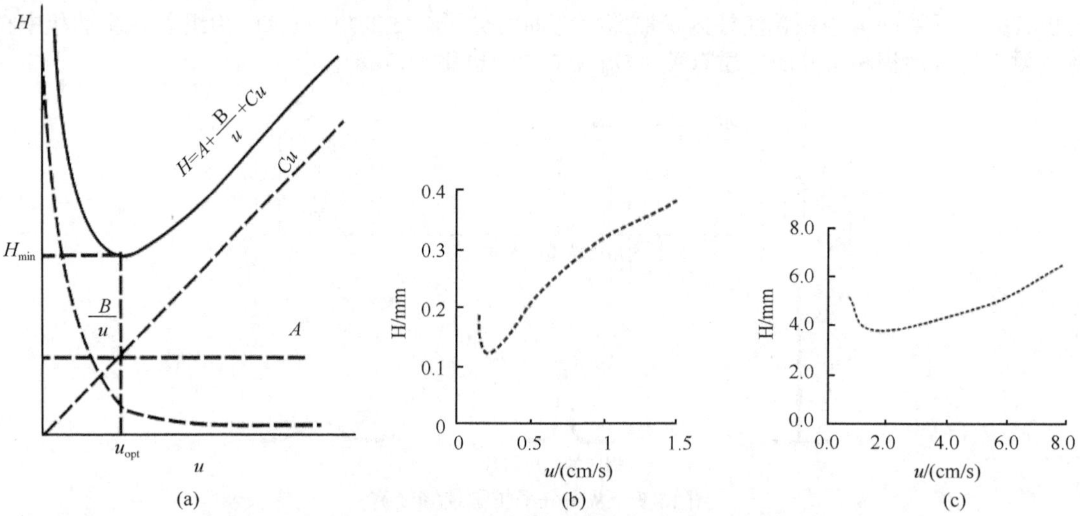

图 15-11

（a）影响柱效的动力学因素；（b）LC 的 *H-u* 曲线；（c）GC 的 *H-u* 曲线

实现快速分离。液相色谱的最佳流速很小，通常比气相色谱小 1 个数量级。如液相色谱使用最佳流速分离样品，则分析时间太长，因此实际使用的流速比最佳流速高。

第五节　色谱法的发展

1903 年，俄国植物学家茨维特（Tswett）在华沙自然科学学会生物学分会会议上发表的文章中提出了应用吸附原理分离植物色素的新方法，并在 1907 年德国生物学会议上第一次向人们公开展示了采用色谱法提纯的植物色素溶液及其色谱图，这也是最初的液相色谱，又称经典柱色谱。

由于第一次世界大战爆发，色谱技术发展几乎停滞，直到在 20 世纪 30 年代产生了薄层色谱法。20 世纪 40 年代，由英国的马丁和辛格发明的液液分配色谱法与纸色谱法兴起，使色谱法形成一门分离技术。1952 年，由马丁和詹姆斯（James）提出了气相色谱法（gas chromatography，GC），并精辟地阐述了气相色谱法的理论及实践方法。气相色谱的出现使色谱从最初的分离技术提高到能够分离与“在线”定量分析的新水平，极大地促进了色谱技术和理论的发展。1956 年，格林提出了开口色谱柱理论，次年诞生了毛细管气相色谱法。20 世纪 60 年代，推出了气相色谱-质谱联用技术（GC-MS），使气相色谱进入鼎盛时期。在同时期，高效液相色谱法（high performance liquid chromatography，HPLC）崛起，它克服了气相色谱法不能直接用于分析难挥发、热不稳定的化合物及高分子化合物的弱点，极大地扩展了色谱法的应用范围，把色谱法推进到一个新的水平。此后，高效液相色谱法成为最为常用的分离和检测手段。20 世纪 80 年代是色谱技术飞速发展的时期，先后出现液相色谱的各种联用技术，还发展了超临界流体色谱法，它兼有气相色谱与高效液相色谱法的某些优点。80 年代末由 Jorgenson 等建立起来的毛细管电泳（capillary electrophoresis，CE），由于其柱效高、应用广、快速、经济等特点，俨然成为生命科学最重要的分析方法之一。兼有毛细管电泳和高效液相色谱法优点的毛细管电色谱法（capillary electro-chromatography，CEC）在近十几年来也正受到广泛的重视。

本章小结

1. 基本概念

（1）色谱法（chromatography）：一种物理或物理化学的分离分析方法。

（2）色谱峰（peak）：各组分流经检测器所产生的信号，即流出曲线上的突起部分。

（3）保留时间（retention time，t_R）：从进样开始到某组分的色谱峰顶点的时间间隔称为该组分的保留时间。

（4）死时间（dead time，t_0）：是不被固定相保留的组分即分配系数为零的组分，从进样开始到出现色谱峰极大值时的时间间隔。

（5）调整保留时间（adjusted retention time，t'_R）：某组分由于被吸附（或被溶解）于固定相中，比不被吸附（或不被溶解）的组分在色谱柱中多保留的时间。

（6）峰面积（peak area，A）：色谱曲线与基线间包围的面积。

（7）分离度（resolution，R）：又称分辨率或分辨度，它是色谱图中相邻两峰分离程度的量度。

（8）分配系数（distribution coefficient；K）：是在一定温度和压力下，达到分配平衡时，组分在固定相（s）与流动相（m）中的浓度（c）之比。

（9）吸附色谱法（adsorption chromatography）：以固体吸附剂为固定相的色谱法称为吸附色谱法。

（10）分配色谱法（partition chromatography）：是利用被分离组分在固定相或流动相中的溶解度差别而实现分离的色谱法。

（11）离子交换色谱法（ion exchange chromatography，IEC）：是利用被分离组分离子与固定相的可交换基团交换能力的差别而实现分离的色谱法。

（12）空间排阻色谱法（steric exclusion chromatography，SEC）：是根据被分离组分分子的线团尺寸而分离的色谱法。

（13）涡流扩散（eddy diffusion）：也称为多径扩散。在填充色谱柱中，由于填料粒径大小不等，填充不均匀，使同一个组分的分子经过多个不同长度的途径流出色谱柱，结果使色谱峰展宽的行为（$A = 2\lambda d_p$）。

（14）纵向扩散（longitudinal diffusion）：也称为分子扩散。组分在进入色谱柱时，其浓度分布呈“塞子”状，由于浓度梯度的存在，组分将向“塞子”前、后扩散，造成区带展宽的行为（$B = 2\gamma D_m$）。

（15）传质阻抗（mass transfer resistance）：由于传质阻抗的存在，组分不能在两相间瞬间达到平衡，从而引起峰展宽的行为（$C=C_s+C_m$）。

2. 基本公式

（1）分离度：$R = \dfrac{t_{R_2} - t_{R_1}}{(W_1 + W_2)/2} = \dfrac{2(t_{R_2} - t_{R_1})}{W_1 + W_2}$

（2）分配系数K：$K = \dfrac{c_s}{c_m}$

（3）保留时间与分配系数关系式：$t_R = t_0\left(1 + K\dfrac{V_s}{V_m}\right)$

（4）理论塔板数n：$H = \dfrac{L}{n}$ 或 $n = \dfrac{L}{H}$

或者$n=16\left(\frac{t_R}{W}\right)^2$　或　$n=5.54\left(\frac{t_R}{W_{1/2}}\right)^2$

（5）Van Deemter 方程式：$H=A+B/u+Cu$

3. 要点与难点

（1）色谱过程中各组分分离的前提条件是：各组分在流动相与固定相之间的分配系数必须不等，由于分配系数的不同使各组分产生差速迁移而达到分离。$\Delta t_R = t_0(k_A - k_B) \neq 0$

（2）塔板理论（plate theory）可解释流出曲线的形状和位置，但无法解释同一色谱柱在不同的流动相流速下柱效不同的实验结果，也无法指出影响柱效的因素及提高柱效的途径。

（3）速率理论（rate theory），充分考虑组分在两相间的扩散和传质过程，以动力学理论研究了使色谱峰展宽从而影响塔板高度的因素，提出了 Van Deemter 方程式。

习　题

1. 一个组分的色谱峰可用哪些参数描述？这些参数各有何意义？

2. 各类基本类型色谱的分离原理有何不同？

3. 塔板理论有哪些优缺点？

4. 下列哪些参数可使塔板高度减小？

①流动相速度；②固定相颗粒；③组分在固定相中的扩散系数；④柱长；⑤柱温。

5. 什么是分离度？要提高分离度应从哪些方面考虑？

6. 什么是最佳流速，实际操作过程中是否一定要选择最佳流速，为什么？

7. 在一液液色谱柱上，组分 A 和 B 的 K 分别为 10 和 15，柱的固定相体积为 0.5ml，流动相体积为 1.5ml，流速为 0.5ml/min。求 A、B 的保留时间和保留体积。

（13min，18min，6.5ml，9.0ml）

8. 在一根 3m 长的色谱柱上分离一个试样的结果如下：死时间为 1min，组分 1 的保留时间为 14min，组分 2 的保留时间为 17min，峰宽为 1min。（1）用组分 2 计算色谱柱的理论塔板数 n 及塔板高度 H；（2）求调整保留时间 t'_{R_1} 及 t'_{R_2}；（3）求容量因子 k_1 及 k_2；（4）求相对保留值 $r_{2,1}$ 和分离度 R。

[（1）4.6×10^3，0.65mm；（2）13min，16min；（3）13，16；（4）1.2，3]

9. 在一根甲基硅橡胶（OV-1）色谱柱上，柱温 120℃。测得一些纯物质的保留时间：甲烷 4.9s、某正构饱和烷烃 50.6s、正己烷 84.9s、正庚烷 145.0s、正辛烷 250.3s、正壬烷 436.9s、苯 128.8s、3-正己酮 230.5s、正丁酸乙酯 248.9s 及正己醇 413.2s。（1）求出后 4 个化合物的保留指数。未知正构饱和烷烃是何物质？（2）解释上述五个六碳化合物的保留指数为何不同；（3）说明应如何正确选择正构烷烃物质对，以减小计算误差。

[（1）676，785，799，890，正戊烷；（2）极性不同；（3）选与被测物质保留时间接近的物质对]

10. 某 YWG-$C_{18}H_{37}$ 4.6mm×25cm 柱，以甲醇－水（80∶20）为流动相，测得苯和萘的 t_R 和 $W_{1/2}$ 分别为 4.65min 和 7.39min，0.158min 和 0.228 min。求柱效和分离度。

（$n_{苯}$=4798，$n_{萘}$=5820，R=8.36）

（廖丽云）

第十六章　气相色谱法

学习目标

（1）掌握气相色谱法的特点，气液色谱固定液的选择。
（2）熟悉气相色谱的系统组成，定性定量分析方法。
（3）了解气相色谱法常用检测器，毛细管气相色谱系统。

气相色谱法（gas chromatography，GC）是以气体为流动相的柱色谱法。它是 20 世纪 50 年代发展起来的一种重要的分析方法。英国人马丁（A. J. P. Martin）和辛格（R. L. M. Synge）在研究分配色谱理论的过程中，证实了气体作为色谱流动的可能性，并预言了 GC 的诞生。这两位科学家获得了当年的诺贝尔化学奖。1970 年以来，电子技术，特别是计算机技术的发展，使得 GC 色谱技术进展迅速，1979 年弹性石英毛细管柱的出现更使 GC 上了一个新台阶。今天，气相色谱法广泛运用于石油化工、医药卫生、生物化学、食品分析、环境监测等研究领域。在药物分析领域中，气相色谱主要用于杂质检查、原辅料的含量测定等领域，成为药物提取、分离、制备等方面必备的分析检测手段。近年来环境问题引起全社会的广泛关注，气相色谱法在该领域也发挥着重要的作用。

第一节　概　　述

一、气相色谱法的基本分类

气相色谱法根据固定相及分离原理等不同，可以大致进行以下分类。

1. 根据固定相分类　根据固定相不同可以分为气固色谱法和气液色谱法。气固色谱指流动相是气体，固定相是固体物质的色谱分离方法，如活性炭、硅胶等作固定相。气液色谱指流动相是气体，固定相是液体的色谱分离方法。例如，在惰性材料硅藻土涂上一层角鲨烷，可以分离、测定纯乙烯中的微量乙炔、丙烯、丙烷等杂质。实际工作中，气液色谱法比较常用。

2. 根据分离原理分类　根据分离原理可以分为吸附色谱法和分配色谱法。吸附色谱是利用固定相吸附中对物质分子吸附能力的差异实现对混合物的分离，它的色谱过程是流动相分子与物质分子竞争固定相吸附中心的过程。利用固定相与流动相之间对待分离组分溶解度的差异来实现分离。分配色谱过程本质上是组分分子在固定相和流动相之间不断达到溶解平衡的过程。分配色谱的固定相一般为液相的溶剂，依靠键合、吸附等手段分布于色谱柱或者载体表面。气固色谱法属于吸附色谱法，气液色谱法属于分配色谱法。

3. 根据色谱柱内径的粗细分类　根据色谱柱内径的粗细可以分为填充柱色谱法和毛细管柱色谱法。填充柱色谱法中的填充柱是装有固定相用以分离混合物的玻璃管或金属管。除玻璃材质外，其他种类的不易损坏填充柱。填充柱分离能力较差，柱效较低，但容量大，柱较短，因此分析时间较快。毛细管气相色谱法使用的是毛细管色谱柱，为气–液色谱，材质为石英玻璃，长度在几十米甚至上百米，分离效果更好，柱效更高，但因内径过小（0.2～0.5mm），柱容量也很小，分析时间通常较长。

二、气相色谱法的特点

1. 分离效能高 塔板理论是色谱学的基础理论。塔板理论将色谱柱看作一个分馏塔，待分离组分在分馏塔的塔板间移动，在每一个塔板内组分分子在固定相和流动相之间形成平衡，随着流动相的流动，组分分子不断从一个塔板移动到下一个塔板，并不断形成新的平衡。一个色谱柱的塔板数越多，则其分离效果越好。一般的填充柱有几千块理论塔板，毛细管柱理论塔板数高达 10^3～10^6，所以可分离沸点相近的组分和比较复杂的混合物。

2. 选择性高 气相色谱法可以分离化学结构极为相近的化合物，如二甲苯的三种异构体等，当其他方法分离比较困难时，气相色谱法可以进行分析。

3. 应用范围广 气相色谱法可以直接分析众多有机物，挥发性物质。据统计，能用气相色谱法直接分析的有机物，约占全部有机物的 20%。

4. 测试所需样品较少 气相色谱的灵敏度比较高，测试时所需的样品量很少，通常几微升就可以完成分析。分离和检测可同时进行，相对于紫外红外等分析方法，对样品纯度要求并不高。

5. 灵敏度高，分析速度快 气相色谱采用惰性气体作为流动相，对于被测组分影响很小，检测限量可达 10^{-3}g。气相色谱样品分析几分钟到几十分钟不等，随着计算机技术的发展，分析速度还在不断提高。

6. 局限性 气相色谱通常用于分析具有一定的蒸汽压力、挥发性较好的样品，难挥发样品的分离受到限制。在测定过程中，需要被测物的标准品作为对照，而标准品通常不易获得，这给分析工作带来一定的困难。

三、气相色谱仪的基本组成

气相色谱仪型号多种多样，国内外均有厂家生产，比较常见的是美国的安捷伦系列。各种型号虽然不同，但是基本结构相同，主要由载气系统、进样系统、分离系统、检测和记录系统、控制系统五个主要部分组成（图 16-1）。

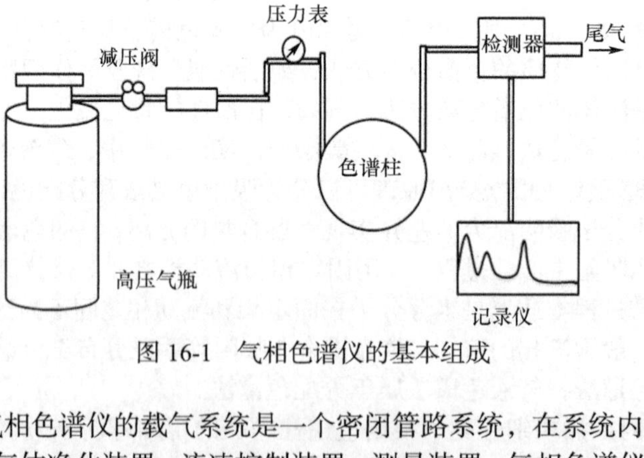

图 16-1 气相色谱仪的基本组成

1. 载气系统 气相色谱仪的载气系统是一个密闭管路系统，在系统内部，气体连续运行。主要包括高压气瓶，气体净化装置、流速控制装置、测量装置。气相色谱仪常用的载气有氮气、氢气、氦气等。检测器的类型不同，载气的选择也不同。热导池检测器一般选用氢气或氦气作为载气，灵敏度高。氢火焰离子检测器选用氮气作载气，灵敏度高。

2. 进样系统 进样系统由进样器、汽化室、温控系统组成。当样品通过进样器进入汽化室后，瞬间汽化，被载气带入分离系统。进样系统需要满足如下要求：样品能够快速挥发并进入柱子中，样品进样量少，分离效能高，重复性好。

3. 分离系统　分离系统包括色谱柱和柱室，样品在该部分进行分离。气相色谱柱有多种类型，可按色谱柱的材料、形状、柱内径的大小和长度、固定液的化学性能等进行分类。根据固定液的化学性能，色谱柱可分为非极性、极性与手性色谱分离柱等。在实际工作中，一般是根据被分离样品组分的性质，按"相似相溶原则"来选用固定相，性质相似时，溶质与固定液间的作用力大，在柱内保留时间长，反之就先出柱。

4. 检测和记录系统　气相色谱的检测系统包括检测器和温度控制装置。检测器可以将载气中待分离组分浓度信号转变成电信号，通过记录器记录成色谱图，进一步进行定性或者定量分析。温度控制装置用来保证检测系统处于指定检测温度条件下。记录系统包括记录器等数据记录装置。

5. 控制系统　控制整台仪器的运行，包括进样器、柱温箱、检测器的温度控制、进样控制、气体流速控制和各种信号控制等。

四、气相色谱法的一般流程

一般情况下，载气由高压气瓶提供，经过压力调节装置降压，再由净化器脱水净化后，由稳压阀调节载气的压力和流量，流量计和压力表用来显示载气柱前压力和流量。当流量、温度及基线稳定后，即可进样。样品通过微量注射器吸取，由进样器注入，液体样品在汽化池内会瞬间汽化成气体。载气携带样品进入色谱柱中，通过色谱柱分离效能，将组分分离。分离后的不同组分，依次进入检测器中，经过检测器放大，在记录仪器中显示。

第二节　气相色谱法基本理论

气相色谱法的基本理论，主要包括热力学理论和动力学理论。热力学理论是由相平衡观点来研究分离过程，以塔板理论为代表。动力学理论是从动力学观点来研究各种动力学因素对柱效的影响，以 Van Deemter 方程式为代表。在介绍相关理论前，先了解基本概念。

一、基 本 概 念

1. 色谱峰　色谱柱分离后的样品，经过检测器产生电信号，强度随时间变化而变化。将信号强度对时间作图，绘制出的曲线称为色谱流出曲线，或者色谱图。色谱峰一般为对称正态分布曲线，曲线两侧对称下降。如果曲线前沿陡峭，后延拖尾，形成的不对称色谱峰称为拖尾峰。如果前沿平缓，后延陡峭形成的不对称色谱峰称为前沿峰。对称因子用来衡量色谱峰是否正常。对称因子在 0.95～1.05，为对称峰。小于 0.95 为前延峰，大于 1.05 为拖尾峰。根据色谱流出曲线，可以判断样品中至少含有的组分数，根据峰值在曲线上的位置，可以进行定性鉴别，根据峰面积或者峰高，可以进行定量分析。根据色谱峰的保留值，可以对色谱柱的分离效能进行评价。

2. 基线　当仅有载气通过检测系统时，产生的响应信号应该是一条平行于横轴的直线。这条线被称为基线。基线反映了仪器的噪声随着时间变化的情况。

3. 峰高　色谱峰的峰顶与基线的垂直距离称为峰高。

4. 峰宽　通过色谱峰两侧拐点作切线，在基线上的截距称为峰宽。

5. 半峰宽　峰高一半时的宽度。

6. 峰面积　色谱峰与基线所围成的面积总和。

7. 保留值　样品中各组分在色谱柱中滞留时间的数值，是定性分析的重要参数，一般用时间或者体积来表示。被测组分从进样到某个组分的色谱峰定点的时间间隔称为保留时间（t_R）。

8. 死时间（t_m） 分配系数为零的组分的保留时间被称为死时间，通常用空气或者甲烷来测定死时间，当不被固定相吸附的气体，从进样开始到柱后出现浓度最大值所需的时间，即是死时间。

9. 调整保留时间 调整保留时间又称表观保留时间或校正保留时间，是保留时间与死时间的差值。某组分由于溶解于固定相，比不溶解的组分在柱中多保留的时间称为调整保留时间。调整保留时间是定性的基本参数。

10. 保留体积（V_R） 载气携带样品进入色谱柱，从进样开始到某个组分在柱后出现浓度极大点时，所需通过色谱柱的载气体积称为该组分的保留体积。对于正常峰的组分，即组分被载气带出色谱柱一半量时，所消耗的载气体积为保留体积。

$$V_R = T_R F_c$$

式中，F_c为载气流速，载气流速大，保留时间短，两者的乘积不变，所以保留时间与载气的流速无关。

11. 死体积（V_m） 死体积是由进样器至检测器的流路中，未被固定相占有的空间。它是进样器至色谱柱间导管的容积、色谱柱中固定相颗粒间间隙、柱出口导管及检测器内腔容积的总和。

$$V_m = t_m F_c$$

式中，F_c为载气的流速，死体积大，色谱峰扩张，柱效降低。

12. 调整保留体积（V_R'） 保留体积扣除死体积后的体积。

$$V_R' = V_R - V_m$$

调整保留体积与流速无关，它也是色谱定性的基本参数之一。

13. 分配系数 在一定的温度和压力下，样品中组分在固定相与流动相两相间的分配达到平衡时的浓度比。

14. 容量因子 容量因子是指在一定温度和压力下，样品在气液两相间达到平衡时，组分在固定相和流动相中的质量比。在色谱分析中，由于容量因子易于测定，一般用容量因子替代分配系数。

15. 分配系数比 分配系数比又称分离因子，是指混合物中相邻两组分的分配系数、容量因子或调整保留时间之比。混合物中两个组分要分开，它们的保留时间必须不等。因此，容量因子或分配系数不等是混合物样品能够进行分离的先决条件。

二、基本理论

1. 塔板理论 塔板理论是1941年马丁和辛革最早提出的。将色谱柱比作蒸馏塔，把一根连续的色谱柱设想成由许多小段组成。在每一小段内，一部分空间为固定相占据，另一部分空间充满流动相。组分随流动相进入色谱柱后，就在两相间进行分配。并假定在每一小段内组分可以很快地在两相中达到分配平衡，这样一个小段称为一个理论塔板（theoretical plate），一个理论塔板的长度称为理论塔板高度（theoretical plate height）H。经过多次分配平衡，分配系数小的组分，先离开蒸馏塔，分配系数大的组分后离开蒸馏塔。由于色谱柱内的塔板数相当多，因此即使组分分配系数只有微小差异，仍然可以获得好的分离效果。组分被载气带入色谱柱后，在两相中分配，由于流动相移动较快，组分不能在柱内各点瞬间达到分配平衡。

1）塔板理论假设

（1）在柱内的一小段高度内，组分可以很快地在两相中达到分配平衡。

（2）载气通过色谱柱不是连续的前进，而是间歇式的，每次进气为一个塔板体积。

（3）样品都加在0号塔板上，而且样品沿着色谱柱方向的扩散可以忽略。

（4）分配系数在各塔板上是常数。

塔板理论的假设，实际上把组分在相间的连续转移过程，分解为间歇的在单个塔片中的分配平衡过程。也就是用分离过程的分解动作来说明色谱过程。

2）理论塔板数和板高

理论塔板数和板高是衡量柱效的指标，由塔板理论可以导出塔板数和峰宽的关系。

$$n=(t_R/\sigma)=5.54(t_R/W_{1/2})^2$$

$$H=\frac{L}{n}$$

式中，L 为色谱柱长；H 为理论塔板高度。由上式可以说明，σ 或者 $W_{1/2}$ 越小，色谱柱的塔板高度越小，柱效越高。

例如，在 2m 的 5%阿皮松柱，柱温 100℃，记录纸速为 2.0cm/min 的实验条件下，测得苯的保留时间为 1.5min，半峰宽为 0.20cm。求理论塔板数和理论塔板高度。

$$n=5.54(t_R/W_{1/2})^2=5.54(1.50/0.10)^2=1.2\times10^3$$

$$H=2000/1.2\times10^2=1.7\ (\text{mm})$$

塔板理论成功地解释了色谱流出曲线的形状、浓度极大点的位置及柱效的评价，但它的某些假设与实际色谱仪过程不符，只能定性地给出塔板数和塔板高度的概念，不能解释柱效与载气流速的关系，不能说明影响柱效的因素。

2. 速率理论　荷兰学者范第姆特（Van Deemter）等吸收了塔板理论中的一些概念，并进一步把色谱分配过程与分子扩散和气液两相中的传质过程联系起来，建立了色谱过程的动力学理论，即速率理论。速率理论认为，单个组分分子在色谱柱内固定相和流动相间要发生千万次转移，加上分子扩散和运动途径等因素，它在柱内的运动是高度不规则的，在柱中随流动相前进的速率是不均一的。与偶然误差造成的无限多次测定的结果呈正态分布相类似，无限多个随机运动的组分粒子流经色谱柱所用的时间也是正态分布的。t_R 是其平均值，即组分分子的平均行为。

速率理论提出了范第姆特方程式。它是在塔板理论的基础上，引入影响板高的动力学因素而导出的。它表明了塔板高度（H）与载气线速（u）及影响 H 的三项因素之间的关系，其简化式为

$$H=A+B/u+Cu$$

式中，A、B、C 为常数：A 项称为涡流扩散项，B/u 项称为分子扩散项，Cu 项称为传质项；u 为载气线速率，即一定时间里载气在色谱柱中的流动距离，单位为 cm/s。由式中关系可见，当 u 一定时，只有当 A、B、C 较小时，H 才能有较小值，才能获得较高的柱效能；反之，色谱峰扩张，柱效能较低，所以 A、B、C 为影响峰扩张的三项因素。

本节中速率理论主要是针对气相色谱法来讨论的，速率理论对于液相色谱法、高效液相色谱法也均适用，但因流动相是液体，与气相色谱法并不完全相同。

第三节　色谱柱与载气

色谱柱由固定相与柱管组成。色谱柱可按照柱管的粗细、固定相的填充方法及分离原理分类。

按照柱子的粗细可分为填充柱及毛细管柱两类。

填充色谱柱一般采用内径在 4～6mm 的不锈钢管支撑螺旋线管柱，充填液态固定相（气液色谱）或者吸附剂（气固色谱），构成填充色谱柱。常用的柱长为 2～4m。

毛细管色谱柱的柱管为毛细管，常用内径 0.1～0.5mm 的玻璃或弹性石英毛细管，按照填

充方式不同分为空心毛细管和填充毛细管。

按照分离原理不同，可分为分配柱及吸附柱等，它们的区别主要是固定相不同。

分配柱一般是将固定液涂在载体上，构成液态固定相，利用组分的分配系数的差别进行分离，新型固定相是将固定液的官能团用化学键结合在载体表面，称为化学键合相。优点是不易流失，并具有分配及吸附两种性能。

吸附柱是将吸附剂装入色谱柱而构成的，利用组分的吸附系数的差别而进行分离。除吸附剂外，固态固定相还包括分子筛与高分子多孔小球等。

一、固 定 液

固定液一般都是一些高沸点的液体，在操作温度下为液态，在室温时为固态或者液态。

（一）固定液的要求

在操作温度下，呈液体状态。此时固定液流失慢、柱寿命长，检测器本底低。固定液对于样品中各组分有足够的溶解能力，分配系数较大。选择性能高，对两个沸点或者性质接近的组分的分配系数比不等于 1，固定液与样品组分不产生化学反应。

（二）固定液的分类

固定液有四百多种，化学分类与极性分类是常用的分类方法。

1. 化学分类法

（1）烃类：包括烷烃与芳烃，常用角鲨烷、阿皮松。角鲨烷是标准非极性固定液。

（2）硅氧烷类：是目前应用最广的通用型固定液。优点是温度黏度系数小，蒸汽压低，流失少，并且对于大多数有机物都有很好的溶解能力等，包括从弱极性到极性固定液很多类别。硅氧烷类固定液按照化学结构可以分为甲基硅氧烷、苯基硅氧烷、氟烷基硅氧烷和氰基硅氧烷。

（3）醇类：是一类氢键型固定液，可分为非聚合醇与聚合醇两类。非聚合醇为长链脂肪醇及多元醇等。聚合醇如聚乙二醇（缩写为 PEG），它的平均相对分子质量范围为 300～20000。相对分子质量增大，醚键增多，羟基比例减小，固定液的极性减小，形成氢键能力降低，对于能形成氢键的组分，其保留体积与 PEG 相对分子质量的倒数呈线性关系。PEG-20M 是常用的固定液之一。

（4）酯类：分为非聚合酯和聚酯类。

2. 极性分类法 按照固定液相对极性和特征常数来分类。1959 年，Rohrschneider 提出相对极性分类法，采用相对极性（P）描述固定液的分离特征。规定极性最强的固定液β，β'-氧二丙腈的相对极性 P 为 100；极性最小的角鲨烷的相对极性 P 为 0。将固定液与它们比较，测出相对极性。测定方法为：用一个“物质对”（常用苯与环已烷或丁二烯与正丁烷）为样品，分别在对照柱β，β'-氧二丙腈及角鲨烷柱上测定它们的相对保留值 q_1 和 q_2，然后在待测柱上测同一物质对的相对保留值 q_x，代入下式计算待测固定液的相对极性（P_x）。

$$P_x = 100\left(1 - \frac{q_1 - q_x}{q_1 - q_2}\right)$$

$$q = \lg\frac{t'_{\text{R苯}}}{t'_{\text{R环已烷}}} \text{或} q = \lg\frac{t'_{\text{R丁二烯}}}{t'_{\text{R正丁烷}}}$$

固定液以每 20 个相对极性单位，分为一级。在 P=0～100，分为五级，0～20 相对极性等级标为+1，21～40 为+2，41～60 为+3，61～80 为+4，81～100 为+5。

表 16-1 列出了常用固定液的相对极性级别。

表 16-1 常用固定液的相对极性级别

	固定液相对极性	最高使用温度	参考用途
角鲨烷	0	150	标准非极性固定液
甲基硅油	+1	350	分析非极性化合物
邻苯二甲酸二壬酯	+2	150	分析中等极性化合物
聚苯基甲基硅氧烷	+2	350	分析中等极性化合物
氰基硅橡胶	+3	250	分析中等极性化合物
聚乙二醇	+4	250	分析氢键型化合物
丁二酸二乙二醇聚酯	+4	220	分析极性化合物

（三）固定液的选择

一般根据相似性原则选择固定液，按被分离组分的极性或者官能团与固定液相似的原则来选择，这是因为相似相溶，组分在固定液中的溶解度大，则分配系数大，保留时间长，分开的可能性大。由于分离的效果还取决于柱温、载气流速等诸多因素，所以相似性原则只是需要考虑的一个方面。

（1）非极性组分：一般选用非极性固定液，如 OV-101、SE-30 等，此时组分与固定液分子间的作用力是色散力，组分在两相间的分配系数主要由它们的蒸汽压决定，各组分将按沸点顺序流出色谱柱，沸点低的组分先出峰。若试样中有极性组分，相同沸点的极性组分先流出色谱柱。

（2）中等极性组分：选用中等极性固定液，如 OV-17，分子间作用力为诱导力和色散力。

出峰顺序与沸点和极性有关，若组分之间极性差异小而沸点有较大差异则按沸点顺序。若沸点接近，极性有较大差异，则极性小的组分先出峰。

（3）极性组分：选用极性固定液，如 OV-225，分子间作用力主要是静电力，组分按照极性顺序流出色谱柱，极性小的组分先出。

（4）能形成氢键的组分：可选择氢键型固定液，如 PEG-20M，它们之间的作用力主要是氢键力，各组分按照与固定液分子形成氢键的能力大小先后出峰，能力弱的组分先流出色谱峰。利用极性相似原则选择固定液时，还要注意混合物中组分性质差别的主要矛盾，若沸点差别是主要矛盾，则选非极性固定液。若极性差别是主要矛盾，则选极性固定液。对于一些难分离的组分，也可以选择两种或两种以上的固定液，采用混涂、混装及串联等方式进行分离。

混涂是将两种固定液按一定比例先混溶，后涂在载体上。混装是将分别涂有一种固定液的载体，按照一定的比例混匀装入柱管中。串联是将装有不同固定相的色谱柱串联。

二、载　体

一般载体是化学惰性的多孔性微粒。特殊载体如玻璃微珠，是比表面积大的化学惰性物质，但并非多孔。一般载体要求，包括比表面积大，孔分布均匀；表面没有吸附性能；不与被分离物质起化学反应；热稳定性好，有一定的机械强度。

载体的分类，可分为两大类，硅藻土型载体与非硅藻土型载体。非硅藻土型载体种类不一，用于特殊用途，如玻璃微珠等。硅藻土载体是将天然硅藻土压成砖形，在 900℃煅烧，然后粉碎、过筛而成。根据处理方法不同可分为红色载体和白色载体。

红色载体是天然硅藻土所含的铁形成氧化铁，而使载体呈淡红色。这种载体常与非极性固定液配伍。白色载体是在煅烧前在原料中加入少量助溶剂，如碳酸钠，煅烧后氧化铁形成了无色的铁硅酸钠络合物，而使硅藻土呈白色。

载体的钝化，除去或者减弱载体表面的吸附性能，使表面结构钝化。钝化的方法有酸洗、碱洗、硅烷化法。

三、气-液色谱填充柱的制备

1. 固定液的涂渍 将所需的载体过筛，使粒度差不超过 20 目。称取一定量备用。准确称取与载体重量一定比例的固定液，溶于适量的挥发性溶剂中，待完全溶解后，将载体一次加入。仔细、迅速搅匀，并不时搅拌，放在通风处，待溶剂完全挥发后，则涂渍完毕。乙醚、氯仿等为常用溶剂。固定液与载体的配比，主要由三部分因素决定，样品的沸点、载体的比表面积及固定液的最高使用温度。固定液与载体的比例一般为 3%～20%。

2. 固定相的老化 涂渍完毕的固定相，不能马上使用，必须加热老化。一是为了彻底除去残余的溶剂及挥发性杂质；二是促进固定液均匀、牢固地分布在载体表面。在固定相加热后的降温过程中，载体孔穴内产生负压，可将固定液深入深孔。老化方法可采用两步老化法。先在烘箱老化，然后动态老化。将固定相装入色谱柱联在一起，用较低载气流速，在略高于实验使用温度，低于固定液的最高使用温度的条件下，处理几小时至十几小时，至基线平直为止。

3. 色谱柱的填充 新的不锈钢空柱管，可用 5% NaOH、水、醇、乙醚依次洗涤。洗毕放入烘箱烘干。应量取空柱管的容量，以确定固定相的用量及在装柱时检查是否装满。

4. 填充法 螺旋柱可用抽气减压法填充。用玻璃棉将空柱的一端塞牢，经缓冲瓶与抽气机连接，柱的另一端装上漏斗，倒入装有固定液的载体，边抽边敲柱，至装满为止。玻璃螺旋柱可以边抽气边观察。

四、气-固色谱填充柱

气-固色谱填充柱是由固体固定相及管柱所组成。固体固定相可分为吸附剂、分子筛、高分子多孔微球及化学键合相等。吸附剂常用石墨化炭黑、硅胶及氧化铝等。分子筛是一种特殊的吸附剂，具有吸附及分子筛两种作用。分子筛常用 4A、5A、13X、4、5 及 13 表示孔径。A 及 X 表示类型。

高分子多孔微球是一种人工合成的新型固定相，还可以作为载体涂渍固定液，由苯乙烯和二乙烯苯或者乙基乙烯苯与二乙烯苯交联共聚而成，聚合物为非极性。

五、载　气

气相色谱中用的流动相称为载气，主要有氢气和氮气。

（1）氮气：氮气安全、价廉，所以最常用。但其热导系数与大多数有机化合物接近，故使用热导检测器时灵敏度低。

（2）氢气：相对分子质量小，热导系数大、黏度小，使用热导检测器时常用它作载气。氢气易燃易爆，操作时应特别注意安全。

（3）氦气：它的相对分子质量小，热导系数大、黏度小，使用时线速度大，比氢气安全，常用于气质联用分析。

第四节　检　测　器

检测器是气相色谱仪的重要组成部分，它的作用是将柱后载气中各组分浓度或者质量的变化转变成可衡量的电信号。气相色谱检测器种类较多，原理和结构各异，其中最常用的是热导检测器、氢焰离子化检测器、电子捕获检测器和热离子检测器等。

一、检测器的性能指标

气相色谱对于检测器的性能要求主要有以下方面：灵敏度高，稳定性好，噪声低，线性范围宽，死体积小。

1. 基线噪声和基线漂移　在没有样品通过检测器时，由检测器本身及操作条件的波动引起的基线起伏称为基线噪声。基线随着时间朝某一方向的偏离称为基线漂移。通常噪声用噪声带的宽度来衡量，单位用 mV 或 mA 表示。

2. 灵敏度　灵敏度又称响应值，是指单位物质的含量通过检测器所产生的信号变化率，是用来评价检测器质量或者不同型号检测器的重要指标。

3. 检测限　检测限又称敏感度，其定义为某组分的峰高为噪声的二倍时，单位时间内引入检测器中该组分的质量或单位体积载气中所含该组分的量。检测限越小，检测器越敏感。

二、常用检测器

1. 热导池检测器（thermal conductivity detector，TCD）　热导池检测器是利用被测组分与载气的热导率不同来检测组分浓度变化，其结构简单，灵敏度适宜，稳定性好，样品不易被破坏，几乎所有物质都有响应，是应用最广的检测器之一。热导池检测器主要由池体和热丝两部分构成。当电流通过钨丝时，钨丝被加热到一定温度，电阻值增加。在未进样时，热导池的两个池孔都为载气。因载气的导热作用，钨丝温度下降，电阻值减小。当样品组分进入时，纯载气只流经参比池，载气携带样品组分流经测量池。被测组分与载气所形成的混合气体的热导率与纯载气的热导率不同，两个热导池中钨丝的散热速度也不同，两个池孔中两根钨丝的电阻值发生变化。载气中被测组分浓度越大，电阻值改变越明显，检测器所产生的响应信号越大，则电位差计记录的响应电位值越大，在记录纸上可记录相应的色谱峰。

2. 氢火焰离子化检测器（flame ionization detector，FID）　利用有机物在氢火焰的作用下，化学电离形成离子流，测定离子流强度而进行检测。对于大多数含碳有机化合物都有很高的检测灵敏度，比热导池检测器的灵敏度高很多。局限性是只测定含碳有机物，且测定时样品被破坏。它的主要部分是离子室。流出色谱柱的被测组分与载气在气体入口处与氢气混合后，经过毛细管喷入离子室，氢气在空气助燃下，产生高温，被测有机物组分电离成正、负离子。因为在氢火焰附近设有正负极，形成直流电场，所以产生的正、负离子在电场作用下，定向运动形成电流，电流大小与被测组分的含量之间存在定量关系。

3. 电子捕获检测器（electron capture detector，ECD）　利用电负性物质捕获电子的能力，通过测定电子流进行检测的仪器。它是一种高选择性、高灵敏度的浓度型检测器。现已广泛用于农药残留、金属有机物的分析。

4. 火焰光度检测器（flame photometric detector，FPD）　对含硫、含磷化合物具有高选择性和高灵敏度的检测器，又称硫磷检测器。火焰光度检测器与氢离子化检测器联用，可以同时测定含硫、磷的化合物和含碳有机物。

第五节　毛细管气相色谱法

根据色谱动力学理论，可以把气液色谱填充柱看成是一束涂了固定液的毛细管，由于这一束毛细管是弯曲的、多径的，因此有涡流扩散和柱效较低的情况，如果填充柱的传质阻抗大也会使柱效降低。1957 年，戈雷（Golay）把固定液直接涂在毛细管壁上后发明了空心毛细管柱（capillary column），同时称为 Golay 柱或者开管柱（open tubular column）。戈雷在 1958 年提出涂壁毛细管色谱速率理论，对毛细管色谱的发展做出了贡献。1979 年弹性熔融石英毛细管问世，使毛细管色谱进入了新的发展阶段。

一、毛细管气相色谱法的特点和分类

（一）毛细管气相色谱法的特点

1. 分离效能高 毛细管色谱所用的色谱柱长至上百米，比填充柱长很多，总柱效大幅提升，每米塔板数一般在 2000～5000。

2. 柱渗透性好 毛细管一般为开管柱，可在较高的载气流速下分析，阻力小，分析速度较快。

3. 柱容量小 毛细管柱只有几毫升，柱体积小，而且固定液的液膜薄，涂渍的固定液只有几十毫克，因为柱容量小，允许的最大进样量也少，一般需采用分流进样。

4. 易实现气相色谱-质谱联用 毛细管较易于维持质谱仪离子源的高真空度，其载气流速小。

5. 应用范围广 毛细管色谱具有高效、快速等特点，所以应用遍及诸多的学科和领域。在医药领域，常用于药代动力学研究、体液的分析、药品中有机溶剂残留量及兴奋剂检测等。

（二）毛细管柱的分类

根据毛细管的材质可以分为玻璃毛细管、金属毛细管和弹性熔融石英毛细管柱（fused silica tubular column，FSOT 柱），现在主要应用的是弹性熔融石英毛细管柱。根据制备方式可分为填充型毛细管和开管型毛细管，其中常用的是开管型毛细管。

开管型毛细管按照内壁的状态又可分为：

（1）涂壁毛细管（wall coated open tubular column，WCOT）：大部分毛细管是这种类型，把固定液涂在毛细管内壁上。

（2）多孔层毛细管柱（porous-layer tubular column，PLOT）：此种毛细管柱容量较大，柱效高，在毛细管内壁上有一层多孔固体，可涂渍或不涂固定液，如熔融二氧化硅或者分子筛等。

（3）载体涂层毛细管柱（support coated open tubular column，SCOT）：先在毛细管内壁上黏附一层载体，如硅藻土载体，再涂以固定液。制柱时可“先涂后拉”或“先拉后涂”。

（4）交联或键合毛细管柱：将固定液通过交联反应使固定液分子间交联或成网状结构，或通过化学键合于毛细管壁或载体上，可提高柱效，提高使用温度可减少柱流失。

按照毛细管内径分：

（1）常规毛细管柱：其内径为 0.1～0.35mm，目前常用的是 0.10mm、0.25mm、0.32mm 内径的毛细管。

（2）小内径毛细管（microbore column）：该类主要用于快速分析，其内径小于 100μm，一般为 50μm 的弹性石英毛细管柱。

（3）大内径毛细管柱（megabore column）：大内径、厚液膜毛细管可以代替填充柱用于常规分析，这类毛细管的内径一般为 0.53mm。其固定液液膜可以在 1～5μm。

二、毛细管气相色谱速率理论和实验条件的选择

（一）毛细管色谱速率理论方程

Golay 在 1958 年提出了毛细管柱的速率理论方程，Golay 方程式是在 Van Deemter 方程式

的基础上改进而来的：

$$H=\frac{B}{u}+C_{g}u+C_{l}u$$

式中各项的物理意义及影响因素与填充速率方程式相同。涡流扩散项 $A=0$，因为毛细管柱是空心的；纵向扩散项中的弯曲因子 r 为 1，$B=2D_{g}$；传质阻抗项中 C_{l} 与填充柱的速率方程相同；气相传质阻抗在填充柱中忽略不计，而在毛细管中不能忽略，Golay 方程详细式表示如下：

$$H=\frac{2D_{g}}{u}+\frac{r^{2}(1+6k+11k^{2})}{24D_{g}(1+k)}u+\frac{2kd_{f}^{2}}{3(1+k)^{2}D_{l}}u$$

式中，r 为毛细管柱半径，其他各项代表含义与前面一样。从 Golay 方程中可以看出，随着载气线速度的增加，纵向扩散项很快下降，但是传质阻抗项增加。对于高效薄膜液膜毛细管柱，影响柱效的主要是气相传质阻抗项，液相传质阻抗较小，常采用高扩散系数和低黏度的氦气或氢气作载气来降低气相传质阻抗项，增加 D_{g}。

（二）毛细管色谱操作条件的选择

1. 毛细管柱内径　H 与柱内径平方成正比，所以目前多采用细内径，短毛细管柱快速分析，内径越细柱效越高。但内径变细在实际应用时要受仪器、操作条件限制，目前以内径 0.1～0.35mm 为主。

2. 载气　常用的载气有氮气、氢气、氦气。在最小值和平坦程度方面，氢气和氦气作载气时柱效与氮气相似，且有利于缩短分析时间。在毛细管气相色谱中多用氮气和氦气作载气，是考虑到操作的安全性。

3. 液膜厚度　液膜厚度增加使柱效下降。液膜厚度需按分析要求确定，例如，分析高挥发性、保留值小的物质时，要求液膜厚度大于 1μm；分离挥发性低、热稳定性差的物质时需要用薄液膜柱，这样可以降低柱温和减少柱流失；对快速分析，液膜厚度可低至 0.05μm。

以上的因素需要综合考虑，在快速分析时往往用小内径和薄液膜柱。若为了增大柱容量，则采用大口径和厚液膜柱的方法。

（三）毛细管柱的制备

拉制、柱表面处理、固定液的涂渍等是毛细管的制备主要步骤。目前使用最多的是弹性熔融石英毛细管，其吸附活性低，在拉制过程中为了使其有一定的柔性，使用方便，就在管外面涂上聚酰亚胺保护层。固定液液膜不随柱温和其他操作条件变化而破坏，涂渍要均匀。拉制的毛细管内壁可用化学反应法和沉积细颗粒法使内壁粗糙化，因其内壁是光滑的，固定液不易涂渍均匀。沉积细颗粒法是用有机胶做黏合剂，将 5～10μm 的细颗粒沉积在毛细管内壁上，然后加热除去黏合剂。在涂渍固定液前还需对管壁表面钝化，可用硅烷化、carbowax20M 处理等方法。

涂渍方法制备的毛细管柱，液膜易破裂形成液滴而使柱性能恶化，且往往会产生柱流失。

使固定液分子之间及固定液与柱内表面进行共价键合制备的交联柱可改善这种情况。交联毛细管的稳定性好，适用于毛细管色谱与质谱、红外联用。交联毛细管柱具有耐溶剂洗涤、液膜稳定、形成的固定相膜不易脱落、固定液的挥发性很低、热稳定性好、柱流失小、使用寿命长的优点。

（四）进样系统

对毛细管柱来说，柱容量小，色谱峰宽度小，流速可能低至 1ml/min 或更低，柱外效应对分离效率和定量结构的准确度影响很大。对填充柱来说，流速一般在 30～50ml/min，此时柱外死体积对峰展宽的影响可以忽略不计。目前常用的有分流或者无分流进样器、柱上进样器和程序升温进样器。

1. 分流进样 分流进样（split injection）是使用最早、最广泛的进样方式。分流进样器结构简单、操作方便，而且只要改变操作条件、衬管类型就可成为无分流进样器。分流进样的作用：一是控制样品进入色谱柱的量，保证毛细管不会超载；二是保证起始谱带较窄。进入进样器的载气分两路，一路作为隔垫吹扫气；另一路通过衬管一部分进入毛细管柱，另一部分分流放空。

分流比（split ratio）：进柱的试样组分的物质的量与放空的试样组分物质的量之比。分流比按照具体要求设定，自动化程度高的仪器，分流比可直接设定，由仪器控制；普通仪器的分流比通过阀门调节，用皂膜流速计测定流速后计算获得。普通毛细管柱分流比通常为 1∶20～1∶500；对稀释样品、气体样品盒大口径毛细管柱，分流比为 1∶2～1∶15。

分流进样的优缺点。优点：①操作简单；②当样品中有难挥发组分时，会留在蒸发室，不污染色谱柱，但应该注意要经常更换衬管；③柱外效应越小，柱效越高。缺点：①载气消耗比较大，通过设置电磁开关时间程序可以减少载气消耗；②热稳定性差的试样容易发生热分解反应；③对沸程宽的试样易产生非线性分流，使试样失真。

2. 无分流进样 指试样注入进样器后全部迁移进入毛细管进行分析，适用于痕量分析。无分流进样可在分流进样器上实现，进样时关闭放空阀，这个时候载气把试样组分带进色谱柱，在 30～80s 后，打开放空阀，把残余的试样组分放空，同时色谱炉开始程序升温进行分析。

（五）顶空气相色谱分析

顶空气相色谱法（headspace-gas chromatography，HS-GC）指取样品固体或液体上方的气相部分分析，也称为液上气相色谱分析，是顶空分析技术与气相色谱法的联用方法。

顶空气相色谱分析法的过程包括加热平衡、取样、进样和气相色谱分析。顶空气相色谱法可分为静态顶空气相色谱法和动态顶空气相色谱法，是根据取样和进样方式不同进行的分类。下面介绍静态顶空气相色谱法。

1. 基本原理 含挥发性组分的样品溶液置于密闭的样品瓶中，很稳一段时间后，挥发性组分在气液两相间达到平衡。V_0 为供试品溶液中被测组分体积；c_0 为浓度；V_g 为气相体积；V_s 为液相体积；c_g 为气相样品浓度，则：

$$c_0V_0 = c_0V_s = c_sV_s + c_gV_g = Kc_gV_s + c_gV_g$$

$$c_0 = Kc_g + \frac{c_gV_g}{V_s} = Kc_g + \beta c_g = (K+\beta)c_g$$

式中，K 为分配系数；$\beta = \frac{V_g}{V_s}$，为相比。在密闭系统中，温度一定时，K 和 β 均为常数，所以供试液中被测组分浓度与其上方气相中浓度成正比。

2. 顶空进样系统 顶空进样系统主要包括样品瓶、恒温和取样装置。样品瓶的体积一般为 10ml 或 20ml。取样进样装置由取样针、定量环、转移管等组成。

3. 注意事项

（1）样品瓶中的供试液不能太多，以免污染取样针。

（2）用于药物中有机溶剂残留检测时，水溶性的用水溶解成供试品，水不溶的用二甲亚砜或其他适宜溶剂溶解。

（3）为了保证两相有足够的时间达到平衡，一般供试液顶空平衡时间为 30～45min。

（4）在对照品和供试品溶液的基质差异可能影响定量的准确性时可以用标准加入法消除其影响。

第六节 定性定量分析

一、定性分析方法

气相色谱分析的优点是多组分混合物进行分离分析；缺点是难以对未知物质的成分定性，需要根据已知的纯物质或有关的色谱定性数据，才能进行定性鉴别，同时还可通过气相色谱与质谱、红外色谱联用技术进行定性分析。

1. 对照品对照法 此法是最常用于实际工作的定性方法。根据同一种物质在相同色谱条件下保留时间相同的原理进行定性，在条件相同的情况下，分别测得已知样品和未知样品各组分的保留值，然后将已知样品与未知样品的色谱图进行比较，若在已知样品的保留值位置上未知样品出现色谱峰，则可能含有已知样品相同组分，反之则不存在。

在面对较难准确测定保留值时，如复杂的检测样品，色谱峰间距过近，或者操作稳定性差的情况下，可以采用在测定的试样中加入对照品进行混合后再进样，如加入对照的试样测定组分的峰较不加对照品的峰高增加，则测定原试样中可能存在该成分。而在面对两种或两种以上物质在同一色谱柱上出现相同保留值无法定性时，可采用性质差别较大的双柱进行定性，若两柱色谱峰高均增加，则可能是同一物质。

2. 利用相对保留值定性 此法适用于没有对照品或组成较简单且已知范围的混合物的定性实验。因组分相对保留值的大小只与组分的性质、固定液的性质和柱温有关（即取决于分配系数之比），而与其他因素无关，所以可利用色谱手册或文献的实验条件和所用标准物质进行实验，再与色谱手册或文献相对保留值对比定性。步骤如下：

取规定标准物加入被测样→混匀后进样→求出相对保留值→与手册（或文献）数据对比定性

3. 利用保留指数定性 保留指数（retention index）又称科瓦茨指数（Kovàts index），是气相色谱定性指标的一种参数。将正构烷烃的保留指数定为它的碳数的 100 倍。待测物质的保留指数是与待测物质具有相同调整保留值的假想正构烷烃碳数的 100 倍。通常以色谱图上位于待测物质两侧的相邻正构烷烃的保留值为基准，用对数内插法求得。在同一柱上，物质的保留指数与柱温呈线性关系。因其重复性和准确性都较好（相对误差≤1%），可以通过查询手册上各化合物的保留指数，并在相同固定液和柱温的情况下进行试验，再将数据对比定性。

4. 基团分类测定法 将通过色谱柱的测定组分通入基团分类试剂中，根据其发生反应的颜色变化或者沉淀判断测定组分所含基团或所属化合物类别，再参考保留值粗略定性。

5. 两谱联用定性 利用气相色谱对待测物进行分离，再以质谱、光谱、红外、核磁共振等方法定性。

二、定量分析方法

（一）系统适应性试验

《中国药典》规定色谱法用于药物分析时，需按各品种项下要求对色谱系统进行适应性实验，用规定的对照品溶液或系统适应性实验溶液进行试验，色谱系统应符合规定要求。必要时，可对色谱分离条件进行适当调整。

通常用的四个指标：理论塔板数、分离度、相对标准偏差（也称重复性）和拖尾因子。分离度和重复性最为重要且更具实用意义。

1. 柱色谱塔板理论（*n*）

$$n = 5.54\left(\frac{t_R}{W_{1/2}}\right)^2$$

式中，t_R为供试品主成分峰或内标物质峰的保留时间（可以取分钟或长度计，保证单位一致）；$W_{1/2}$为半峰宽。计算出的色谱柱理论塔板数 *n* 用于评价色谱柱的分离效能。

2. 分离度（*R*） 用于评价相邻色谱峰的分离程度或内标物峰与主峰的分离程度。在用于定量分析时为保证准确，除另有规定外，被测物峰与相邻其他峰之间的分离度应大于 1.5。

3. 相对标准偏差（RSD） 内标法：将各种项下对照液至少连续进样 5 次，若没有另外规定，则其峰面积测量值的相对标准偏差应不大于 2.0%。外标法：可配成相当于 80%、100%、120%的对照液，并加入规定量内标溶液，配成的三种不同浓度溶液分别进样，不少于两次，计算平均校正因子，其 RSD 也应不大于 2.0%。是连续进样色谱系统响应值重复性的评价参数。

4. 拖尾因子（*T*） 拖尾因子是色谱峰对称性的评价参数，在采用峰高法定量时，应检查被测组分峰的该项数据。

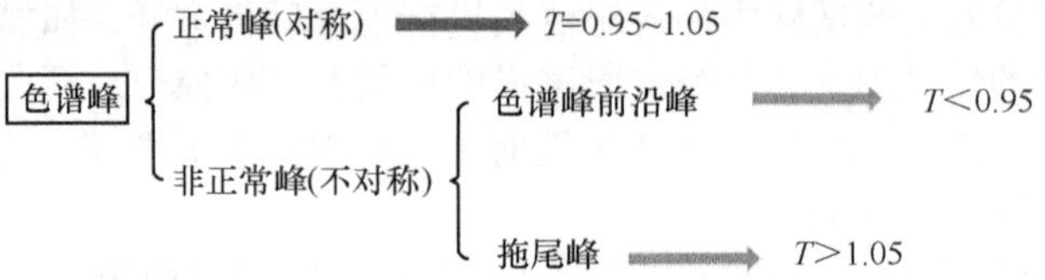

除另有规定外，*T* 应在 0.95～1.05。

（二）定量方法

定量分析是以层析峰峰高和峰面积与样品组分的含量呈正比关系为理论。常用的色谱定量分析方法有：归一化法、内标法、外标法等。

归一化法：在试样组分均能流出色谱柱且在色谱图上出峰时可以采用此法计算各组分含量。其原理是利用样品中经过校正的被测组分峰面积（或峰高）占经过校正的样品的所有峰面积之和的比例来表示各组分在样品中的含量。以组分 *i* 为例，计算公式如下：

$$\omega_i = \frac{A_i f_i}{A_1 f_1 + A_2 f_2 + A_3 f_3 + \cdots + A_n f_n}$$

此法优点在于简便、准确，进样量的多少与测定结果无关，操作条件的变化对结果影响也较小，但如果试样中的组分不能在一个分析周期内都流出色谱柱，且不能全部出峰，则不能采用这种方法。对于微量杂质的含量测定也不能使用此法。

内标法：若试样进样量小，组分不能全部流出色谱柱或无法全部出峰，或只需测定试样中某个或某几个组分时可采用此法。其原理是以一定量的纯物质作为内标物，加入称量好的试样中进行混匀然后进样分析，我们可以通过试样与内标物的质量和在色谱图上的峰面积比值来求某组分的质量分数。以测定试样 *i* 的质量分数，在质量为 *m* 的试样中加入内标物质量为 m_s，则公式为：

$$m_i = A_i f_i m_s = A_s f_s$$

$$m_i = \frac{A_i f_i}{A_s f_s} m_s \omega_i = \frac{A_i f_i m_s}{A_s f_s m} \times 100\%$$

内标法优点是定量准确，进样量和操作条件的微小变化对其测定影响不大，但其试样的内标物需准确称取，操作复杂。

此法的重点是选择合适的内标物，内标物的要求：①应是试样中不存在的组分；②性质应与待测组分性质相近，以使内标物的色谱峰与待测组分色谱峰靠近并与之完全分离；③应与样品完全互溶且不发生反应；④必须是纯度符合要求的纯物质，若得不到纯品，且含量已知、杂质峰又不干扰的较纯物质也可使用，但计算式中 m_s 需校正。

外标法：也称标准曲线法，其方法是取被测组分的纯物质配成不同浓度的标准溶液，与试样在相同条件下定量进样，出峰后测量各标准溶液及试样中待测组分的峰面积（或峰高），绘制峰面积（或峰高）对含量（ω_i）的标准曲线，并在标准曲线上找出待测组分含量。

如果试样中待测组分的含量变化不大，可采用外标一点法。方法为：利用与被测组分含量相近的纯物质配制得标准溶液（含量为 ω_s）在相同色谱条件下，分别将相同量的被测组分标准液及试样注入，出峰后，分别测得相应的峰面积 A_s 和 A_i。利用被测组分和标准溶液的峰面积比（或峰高比）求出被测组分含量，即：

$$\frac{\omega_i}{\omega_s}=\frac{A_i}{A_s}$$

其优点是不需要校正因子，也不必加入内标物，常用于质量控制分析。

（三）定量校正因子

每次使用气相时，会因为季节、温度、仪器等外部因素影响结果的精确度，尤其是测定物质的纯度时，由于检测器的响应与被测组分的性质、量、检测器的灵敏度和特性相关，同一检测器对质量相同的不同物质的相应值存在差异，为了使其信号能真实地反映物质的浓度，需要校正峰面积，于是引入校正因子：

$$f_i'=\frac{m_i}{A_i}$$

式中，f_i' 为绝对校正因子，表示单位峰面积中 i 的量。由于绝对校正因子测定困难，我们使用相对校正因子 f_i 表示：

$$f_i=\frac{f_i'}{f_s'}$$

即被测物和标准物 s 的绝对校正因子之比。

习　题

1. 色谱峰有哪些参数可以描述？
2. 什么是内标法？有哪些特点？
3. 气相色谱检测器分为哪几类？简述其分离原理。
4. 精密称取冰片对照品 45.0mg，放入 10ml 容量瓶中，加乙醇溶解至刻度。精密称取除去糖衣的牛黄解毒片 1.048g，乙醚提取三次，提取液置于 10ml 容量瓶中加乙醚至刻度。取对照液及供试液 1μl，注入气相色谱仪中，对照品峰面积为 2065μv.s，供试品峰面积为 2546μv.s，求牛黄解毒片中冰片的质量分数。

（5.30%）

（李　乐）

第十七章　高效液相色谱法

学习目标

（1）掌握高效液相色谱的定量分析方法，固定相和流动相的种类、性质、特点和及使用注意事项，速率理论在定量分析中的应用。

（2）熟悉反相离子对色谱法和正相键合相色谱法及其分离条件的选择，高效液相色谱仪的部件，紫外检测器和荧光检测器的检测原理和适用范围。

（3）了解离子色谱法、手性色谱法与亲和色谱法的原理，溶剂的强度和选择性，混合溶剂强度参数的计算。

高效液相色谱（high performance liquid chromatography，HPLC）是色谱法的一个重要分支，该方法用高压输液系统将具有不同极性的单一溶剂或混合溶剂泵入装有固定相的色谱柱，在柱内各成分被分离后进入检测器进行检测从而实现对试样分析的方法。

HPLC 具有分离效率高、分析速度快、选择性好、检测灵敏度高和应用范围广的特点，广泛应用于药物的分析和测定，尤其在生物制品和中药等复杂体系的组分分离分析中发挥着极其重要的作用。

高效液相色谱法是在经典液相色谱法的基础上，于 20 世纪 60 年代后期引入了气相色谱理论而迅速发展起来的。它与经典液相色谱法的区别是填料颗粒小而均匀，小颗粒具有高柱效，但会引起高阻力，需用高压输送流动相，故又称高压液相色谱法（high pressure liquid chromatography，HPLC）。

与经典液相色谱相比，高效液相色谱法具有如下特点：①使用了颗粒极细、规则均匀的固定相，装填于耐压柱内；②流动相通过高压输液泵进入高柱压的色谱柱，扩散速度大大加快，从而在短的分析时间内获得高的柱效和高的分离能力；③采用了高性能的检测器，提高了检测灵敏度和准确度。

与气相色谱相比，高效液相色谱法具有如下特点：①不易受试样挥发性、稳定性限制，在已知化合物中，能用气相色谱分析的约占 20%，而能用液相色谱分析的约占 70%～80%；②在室温下即可分离，无需高柱温；③可选用不同性质的溶剂作为流动相，可显著提高试样分离的选择性。

第一节　液相色谱法的原理

一、高效液相色谱法的固定相

化学键合相（bonded phase）是目前高效液相色谱法中最常用的固定相，是利用化学反应通过共价键将有机分子键合在载体表面，形成均一、牢固的单分子薄层而构成的固定相。其分离机理为吸附和分配两种机理兼有。通常化学键合相的载体是硅胶，硅胶表面有硅醇基，它能与合适的有机化合物反应，获得各种不同性能的化学键合相。

化学键合相色谱（bonded phase chromatography，BPC）有以下几个特点：①与液-液分配色谱相比，使用过程中固定相不流失，耐溶剂冲洗；②与液-固吸附色谱相比，消除了载体上的表面活性作用点，清除了某些可能的催化活性；③表面改性灵活，容易获得重复性产品；④化学性能稳定，耐受 pH 范围一般为 2～8；⑤热稳定性好，一般在 70℃以下稳定；⑥载样量大，比硅胶约高一个数量级；⑦ 梯度洗脱平衡快。本章主要讨论常见化学键合相色谱法及由其衍变和发展的离子抑制色谱法和离子对色谱法。

（一）常用化学键合相的种类和性质

对多数键合相来说，以分配机理为主。最常用的是反相和正相键合相色谱法中的化学键合相。按照所键合基团的极性化学键合相可分为非极性和极性两类，常用的 BPC 填料的极性分布如图 17-1 所示。

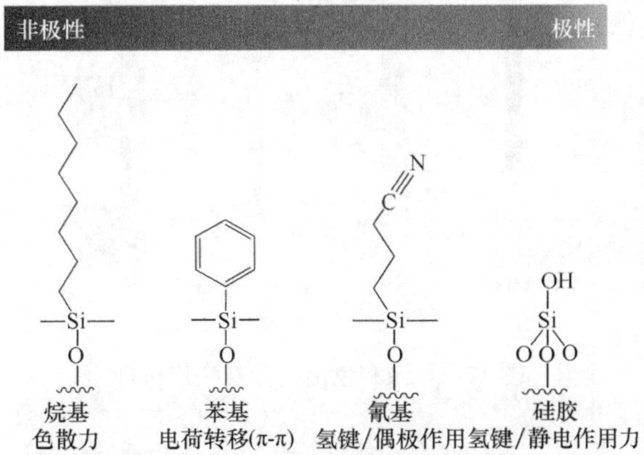

图 17-1　BPC 填料的极性分布

1. 非极性键合相　常用的非极性键合相主要有各种烷基（C_1～C_{18}）和苯基、苯甲基等，以十八烷基（octadecylsilane，DDS 或 C_{18}）应用最广。非极性键合相的烷基链长对样品容量、溶质的保留值和分离选择性都有影响。

一般来说，样品容量随烷基链长增加而增大，且长链烷基可使溶质的保留值增大，并常常可改善分离的选择性；但短链烷基键合相具有较高的覆盖度，分离极性化合物时可得到对称性较好的色谱峰。

2. 极性键合相　常用的极性键合相主要有氰基(—CN)、氨基(—NH_2)和二醇基(—DIOL)键合相。极性键合相常用作正相色谱，混合物在极性键合相上的分离主要是基于极性键合基团与溶质分子间的氢键作用，极性强的组分保留值较大。它们一般用作正相色谱的固定相。

例如，氰基键合相与双键化合物可能发生选择性保留作用，一些在硅胶上不能分离的极性较强的化合物也可在氰基键合相上分离。氨基键合相兼有氢键接受和给予两种性能。氨基键合相上的氨基可与糖分子中的羟基选择性作用，因此在糖的分离中广泛使用。

（二）其他种类的固定相

1. 键合型离子交换剂　以硅胶为载体的键合型离子交换剂是在全多孔（或薄壳型）硅胶的表面，用化学方法键合上各种离子交换基团。常用的阳离子型键合相是强酸性磺酸型（—SO_3H）；常用阴离子型键合相是季铵盐型（—NR_3Cl）。

2. 手性固定相　用于 HPLC 的手性固定相很多，根据键合的手性选择物的结构特征和手性分离机制分为：第一类是通过氢键、π-π 或偶极吸引等相互作用与对映异构体形成配合物进行拆分的手性固定相，*N*-硝基苯甲酰基氨基酸手性固定相属于该类；第二类是通过吸引和包合作用进行拆分的手性固定相，纤维素衍生物手性固定相大多属于该类；第三类是具有手性空穴的手性固定相，对映异构体进入手性空穴后形成包合配合物被拆分，这类手性固定相主要为环糊精；第四类是通过对映异构金属配合物进行拆分的手性固定相；第五类是通过疏水和极性相互作用进行手性拆分的蛋白质手性固定相。

3. 亲和色谱固定相 亲和色谱法（affinity chromatography），利用酶与基质（或抑制剂）、抗原与抗体，激素与受体、外源凝集素与多糖类及核酸的碱基对等之间专一的相互作用，使相互作用物质之一方与不溶性载体形成共价结合化合物，用来作为层析用固定相，将另一方从复杂的混合物中选择可逆地截获，达到纯化的目的。亲和色谱的分离作用机理如图 17-2 所示。

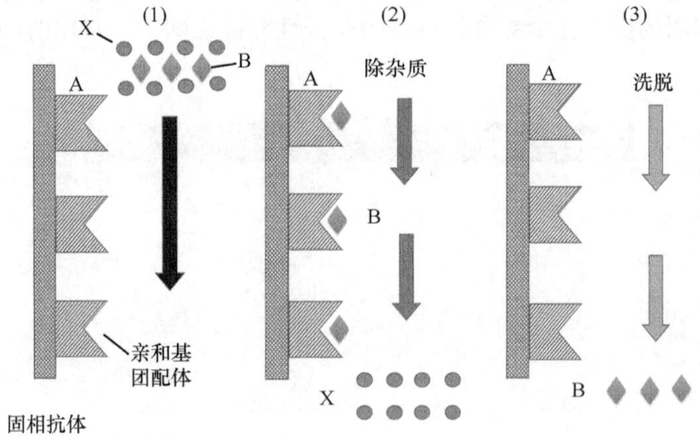

图 17-2 亲和色谱的分离作用机理

二、高效液相色谱法的流动相

HPLC 对流动相的基本要求：①化学稳定性好，不与固定相发生化学反应；②纯度高，色谱柱的寿命与大量流动相通过有关，流动相使用之前，需用微孔滤膜滤过，除去固体颗粒，还要进行脱气；③必须与检测器匹配，当使用示差折光检测器时，应选择折光系数与样品差别较大的溶剂作流动相，以提高灵敏度；④黏度要低，高黏度溶剂会影响溶质的扩散、传质，降低柱效，还会使柱压降增加，使分离时间延长；⑤对样品的溶解度要适宜，如果溶解度欠佳，样品会在柱头沉淀，不但影响了纯化分离，而且会减少色谱柱寿命；⑥样品易于回收，应选用挥发性溶剂。

（一）溶剂的特性参数

分离方程如式（17-1）所示：

$$R=\frac{\sqrt{n}}{4}\frac{\alpha-1}{\alpha}\frac{k}{1+k} \tag{17-1}$$

根据分离方程式式（17-1）可知，n 由固定相及色谱柱固定相决定，α主要受溶剂种类的影响，k 受溶剂配比的影响。因此了解溶剂的相关特性参数并选择合适的流动相是分离好坏的关键，HPLC 常用的溶剂及其参数如表 17-1 所示。

表 17-1 HPLC 常用的溶剂及其参数

溶剂	UV 波长极限/nm	折射率	沸点/℃	黏度（25℃）/（mPa·s）	溶剂极性参数 P'	溶剂强度参数 ε^0	质子受体 X_e	质子给予体 X_d	强偶极或电子受体 X_n
异辛烷	197	1.389	99	0.47	0.1	0.01			
正己烷	190	1.372	69	0.3	0.1	0.01			
环己烷	200	1.426	81	1	0.2	0.04			
二硫化碳	380	1.628	46	0.37	0.3	0.15			
四氯化碳	265	1.465	77	0.97	1.6	0.18			

续表

溶剂	UV 波长极限/nm	折射率	沸点/℃	黏度（25℃）/（mPa·s）	溶剂极性参数 P'	溶剂强度参数 ε^0	质子受体 X_e	质子给予体 X_d	强偶极或电子受体 X_n
甲苯	285	1.497	111	0.59	2.4	0.29	0.25	0.28	0.47
二甲苯	290	−1.5	−140	0.62～0.81	2.5	0.26	0.27	0.28	0.45
苯	278	1.501	81	0.65	2.7	0.32	0.23	0.32	0.45
氯苯	290	1.525	162	0.8	2.7	0.3	0.23	0.33	0.44
二氯甲烷	233	1.421	40	0.41	3.1	0.42	0.29	0.18	0.63
异丙醇	210	1.377	82	2.3	3.9	0.82	0.55	0.19	0.27
四氢呋喃	212	1.405	66	0.46	4	0.82	0.38	0.2	0.42
正丙醇	210	1.386	97	2.3	4	0.82	0.56	0.2	0.24
氯仿	245	1.443	61	0.53	4.1	0.4	0.25	0.41	0.33
乙醇	210	1.359	78	1.08	4.3	0.88	0.52	0.19	0.29
乙酸乙酯	256	1.37	77	0.43	4.4	0.58	0.34	0.23	0.43
甲乙酮	330	1.379	80	0.4	4.7	0.51	0.35	0.22	0.43
二氧六环	215	1.42	101	1.2	4.8	0.56	0.36	0.24	0.4
丙酮	330	1.356	56	0.3	5.1	0.56	0.35	0.23	0.42
甲醇	205	1.326	65	0.54	5.1	0.95	0.48	0.22	0.31
吡啶	305	1.51	115	0.94	5.3	0.71	0.41	0.22	0.36
乙腈	190	1.341	82	0.34	5.8	0.65	0.31	0.27	0.42
乙酸		1.37	118	1.1	6	大	0.39	0.31	0.3
苯胺		1.586	184	4.4	6.3	0.62	0.32	0.32	0.36
水	＜190	1.333	100	0.89	10.2	很大	0.37	0.37	0.25

（二）溶剂的强度和极性

式（17-1）中可知溶质的容量因子 k 主要通过改变溶剂的性质和组成来控制。描述溶剂与样品作用力的主要指标用溶剂强度来表示。溶剂与样品作用力强，则洗脱能力强，组分 k 值小；反之，组分 k 值大，保留时间长。目前还没有统一标准来描述不同类型液相色谱体系中的溶剂强度，而是采用相对极性和溶解度参数等作为溶剂强度指标。溶剂强度与极性可用溶解度参数、溶剂强度参数和极性参数来表示。

1. 溶解度参数　溶解度参数（solubility parameter，δ）是衡量液体材料相溶性的物理常数，HPLC 常用的溶剂的 δ 值如表 17-1 所示。δ 是液体中各个相互作用力的总和，包括色散力、偶极矩力和氢键力。对正相色谱来说，δ 越大，洗脱强度越大，容量因子 k 越小；对反相色谱而言，情况正好相反，δ 越大，洗脱强度越小，容量因子 k 越大。

2. 极性参数　极性参数（polarity parameter，P'）是衡量溶剂极性的物理常数，HPLC 常用的溶剂的 P' 值如表 17-1 所示。在正相色谱中，P' 越大，则容量因子越小；在反相色谱中，P' 越大，则容量因子 k 越大。例如，在反相色谱中以乙腈和水流动相，若希望 k 变小，则要增加乙腈的比例。

3. 溶剂强度参数　溶剂强度参数（solvent strength parameter）是表示溶剂对化合物洗脱能力的物理常数，HPLC 常用的溶剂的 ε^0 值如表 17-1 所示。在液固色谱中，常用溶剂强度参数 ε^0 来表示，其定义是溶剂分子在单位吸附剂表面积上的吸附自由能，表征溶剂分子对吸附剂的亲和程度。如果 ε^0 数值大，表明溶剂分子对吸附剂的亲和力大，越容易从吸附剂上将被吸附的物质洗脱下来，则容量因子 k 就小。在不同的吸附剂上 ε^0 不同。

（三）混合溶剂

用于正相键合相色谱法的多元混合溶剂的强度，用极性参数 $P'_{混}$ 来表示，其值为各组成溶剂极性参数的加权和：

$$P'_{混}=\sum_{i=1}^{n}P'_i\varphi_i \quad (17\text{-}2)$$

式中，P'_i 和 φ_i 为纯溶剂 i 的极性参数及该溶剂在混合溶剂中的体积分数。

（四）溶剂的选择性和溶剂的分类

如果有两个或几个色谱峰重叠，可通过调节溶剂的选择性来解决。调节溶剂的选择性，要考察溶剂的类别。对溶剂的选择性分类是按照 Rohrschneider 的数据将其分为 8 类，同类型的溶剂分在同一组。表 17-2 列出了不同类型的代表性溶剂。把每一个溶剂的三种作用力数据交汇标识在三角形的某一位置上。这三种作用力为静电力（X_e）给质子力（X_d）和受质子力（X_n）。图 17-3 为溶剂选择性三角坐标图。对于同一类溶剂组成的混合流动相，由于两者的结构相似，则与样品分子的相互作用和选择性影响就不大。若要改变流动相的选择性就应当选择不同类型的溶剂组成混合流动相。

表 17-2 部分溶剂的选择性分组

组别	溶剂
Ⅰ	脂肪醚、三烷基胺、四甲基胍、六甲基磷酰胺
Ⅱ	脂肪醇
Ⅲ	吡啶衍生物、四氢呋喃酰胺（甲酰胺除外）、乙二醇醚
Ⅳ	乙二醇、苄醇、乙酸、甲酰胺
Ⅴ	二氯甲烷、二氯乙烷
Ⅵ（a）	三甲苯基磷酸酯、脂肪族酮和酯、聚醚、二氧六环
Ⅵ（b）	砜、腈、碳酸亚丙酯
Ⅶ	芳烃、卤代芳烃、硝基化合物、芳醚
Ⅷ	卤代醇、间苯甲酚、水、三氯甲烷

由图 17-3 可见，Ⅰ组溶剂 X_e 值较大，属于质子接受体溶剂；Ⅴ组溶剂 X_n 最大，属偶极中性化合物；Ⅷ组溶剂的 X_d 值较大。处于同一组中的各溶剂的作用力类型相同，在色谱分离中具有相似的选择性，而处于不同组别的溶剂，其选择性差别较大。采用不同组别的溶剂为流动相，能够改变色谱分离的选择性。

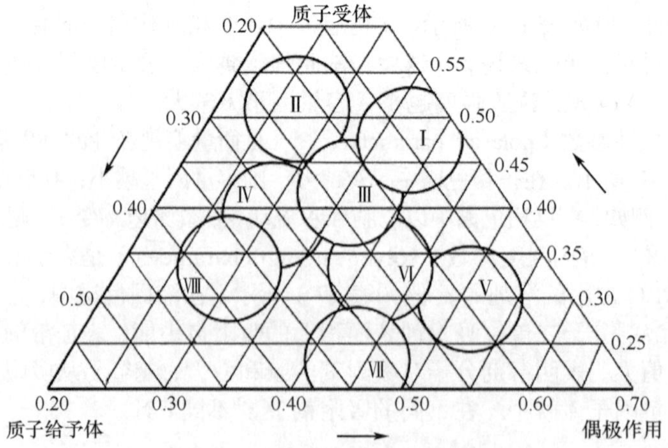

图 17-3 溶剂选择性三角形

三、高效液相色谱法的速率理论

（一）液相色谱速率方程

1956 年，荷兰学者 Van Deemter 等吸收了塔板理论的概念，并把影响塔板高度的动力学因素结合起来，提出了色谱过程的动力学理论——速率理论。它把色谱过程看作一个动态非平衡过程，研究过程中的动力学因素对峰展宽（即柱效）的影响。

后来 Giddings 和 Snyder 等在 Van Deemter 方程（$H=A+B/u+Cu$，后称气相色谱速率方程）的基础上，根据液体与气体的性质差异，提出了液相色谱速率方程（即 Giddings 方程），如式（17-3）所示：

$$H = \underbrace{2\lambda d_p}_{A}+\underbrace{\frac{2\gamma D_m}{u}}_{B}+\underbrace{\frac{C_m d_p^2 u}{D_m}+\frac{C_{sm} d_p^2 u}{D_m}+\frac{C_s d_p^2 u}{D_s}}_{C} \qquad (17\text{-}3)$$

（二）影响柱效的因素

1. 涡流扩散（eddy diffusion）　涡流扩散是由于色谱柱内填充剂的几何结构不同，分子在色谱柱中的流速不同而引起的峰展宽。涡流扩散项 $A=2\lambda d_p$，d_p 为填料直径，λ 为填充不规则因子，填充越不均匀，λ 越大。HPLC 常用填料粒度一般为 3～10μm，最好 3～5μm，粒度分布 RSD ≤ 5%。但粒度太小难于填充均匀（λ 大），且会使柱压过高。大而均匀（球形或近球形）的颗粒容易填充规则均匀，λ 越小。总的说来，应采用细而均匀的载体，这样有助于提高柱效。毛细管无填料，$A=0$。

2. 分子扩散（molecular diffusion）　分子扩散又称纵向扩散，是由于进样后溶质分子在柱内存在浓度梯度，导致轴向扩散而引起的峰展宽。分子扩散项 $B/u=2\gamma D_m/u$。u 为流动相线速度，分子在柱内的滞留时间越长（u 小），展宽越严重。在低流速时，它对峰形的影响较大。D_m 为分子在流动相中的扩散系数，由于液相的 D_m 很小，通常仅为气相的 10^{-4}～10^{-5}，因此，在 HPLC 中，只要流速不太低的话，这一项可以忽略不计。γ 是考虑到填料的存在使溶质分子不能自由地轴向扩散，而引入的柱参数，用以对 D_m 进行校正。γ 一般在 0.6～0.7，毛细管柱的 $\gamma=1$。

3. 传质阻抗（mass transfer resistance）　传质阻抗是由于溶质分子在流动相、静态流动相和固定相中的传质过程而导致的峰展宽。溶质分子在流动相和固定相中的扩散、分配、转移的过程并不是瞬间达到平衡，实际传质速度是有限的，这一时间上的滞后使色谱柱总是在非平衡状态下工作，从而产生峰展宽。液相色谱的传质阻抗项 Cu 又分为三项。

（1）流动相传质阻抗 $H_m=C_m d_p^2 u/D_m$，C_m 为常数。这是由于在一个流路中，流路中心和边缘的流速不等所致。靠近填充颗粒的流动相流速较慢，而中心较快，处于中心的分子还未来得及与固定相达到分配平衡就随流动相前移，因而产生峰展宽。

（2）静态流动相传质阻抗 $H_{sm}=C_{sm} d_p^2 u/D_m$，$C_{sm}$ 为常数。这是由于溶质分子进入处于固定相孔穴内的静止流动相中，晚回到流路中而引起的峰展宽。H_{sm} 对峰展宽的影响在整个传质过程中起着主要作用。固定相的颗粒越小，微孔孔径越大，传质阻力就越小，传质速率越高。所以改进固定相结构，减小静态流动相传质阻力，是提高液相色谱柱效的关键。

H_m 和 H_{sm} 都与固定相的粒径平方 d_p^2 成正比，与扩散系数 D_m 成反比。因此应采用低粒度固定相和低黏度流动相。高柱温可以增大 D_m，但用有机溶剂作流动相时，易产生气泡，因此一般采用室温。

（3）固定相传质阻抗 $H_s=C_s d_f^2 u/D_s$（液液分配色谱），C_s 为常数，d_f 为固定液的液膜厚度，D_s 为分子在固定液中的扩散系数。在分配色谱中 H_s 与 d_f 的平方成正比，在吸附色谱中 H_s 与吸附和解吸速度成反比。因此只有在厚涂层固定液、深孔离子交换树脂或解吸速度慢的吸附色谱中，H_s才有明显影响。采用单分子层的化学键合固定相时，H_s可以忽略。

从速率方程式可以看出，要获得高效能的色谱分析，一般可采用以下措施：①进样时间要短；②填料粒度要小；③改善传质过程，过高的吸附作用力可导致严重的峰展宽和拖尾，甚至不可逆吸附；④适当的流速，以 H 对 u 作图，则有一最佳线速度 u_{opt}，在此线速度时，H 最小。一般在液相色谱中，u_{opt} 很小（0.03～0.1mm/s），在这样的线速度下分析样品需要很长时间，一般来说都选在 1mm/s 的条件下操作；⑤较小的检测器死体积。各因素对塔板高度 H 的影响如图 17-4 所示。

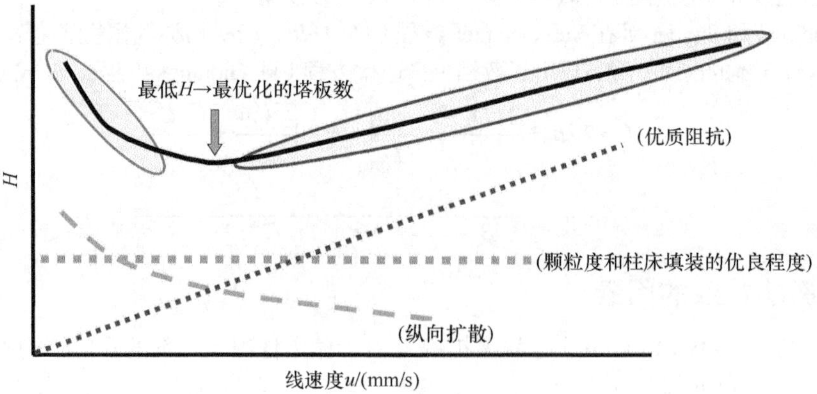

图 17-4　各因素对塔板高度 H 的影响

第二节　高效液相色谱法的主要类型

与经典液相色谱法相似：①按固定相的聚集状态分为液-液色谱法（LLC）和液-固色谱法（LSC）；②按分离机制分为分配色谱法、吸附色谱法、离子交换色谱法、空间排阻色谱法、手性色谱法、亲和色潜法、胶束色谱法和生物色谱法等。

一、液-液分配色谱法（liquid-liquid partition chromatography，LLPC）

在高效液相色谱法中应用最广的是化学键合相色谱（chemically bonded phase chromatography，CBPC），化学键合相色谱是利用化学反应通过共价键将有机分子键合在载体（硅胶）表面，形成均一、牢固的单分子薄层而构成的固定相。其分离机理为吸附和分配两种机理兼有。对多数键合相来说，以液-液分配机理为主。液-液分配色谱法分为正相液-液分配色谱法（normal phase liquid chromatography）和反相液-液分配色谱法（reverse phase liquid chromatography）两种。

液-液分配色谱的分离原理基本与液-液萃取相同，都是根据物质在两种互不相溶的液体中溶解度的不同，具有不同的分配系数。所不同的是液-液色谱分配是在柱中进行的，使这种分配平衡可反复多次进行，造成各组分的差速迁移，提高了分离效率，从而能分离各种复杂组分，达到平衡时，服从于式（17-4）：

$$K=\frac{C_s}{C_m}=k\frac{V_m}{V_s}=k\beta \tag{17-4}$$

式中，C_s是溶质在固定相中的浓度；C_m是溶质在流动相中的浓度；V_s是固定相的体积；V_m是流动相的体积。分离的顺序取决于 K，K 大的组分保留值大。

液-液分配色谱法的缺点：尽管流动相与固定相的极性要求完全不同，但固定液在流动相中仍有微量溶解；流动相通过色谱柱时的机械冲击力，会造成固定液流失。20 世纪 70 年代末发展的化学键合固定相，可克服上述缺点。现在应用很广泛（70%～80%）。

二、液-固吸附色谱法（liquid-solid adsorption chromatography，LSC）

液-固吸附色谱法的流动相为液体，固定相为吸附剂（如硅胶、氧化铝等），是根据物质吸附作用的不同来进行分离的。其作用机制是：当试样进入色谱柱时，溶质分子（X）和溶剂分子（S）对吸附剂表面活性中心发生竞争吸附（未进样时，所有的吸附剂活性中心吸附的是 S），如式（17-5）所示：

$$X_m + nS_a \rightleftharpoons X_a + nS_m \qquad (17\text{-}5)$$

式中，X_m 是流动相中的溶质分子；S_a 是固定相中的溶剂分子；X_a 是固定相中的溶质分子；S_m 是流动相中的溶剂分子。

当吸附竞争反应达平衡时，平衡常数 K 如式（17-6）所示：

$$K=[X_a][S_m]/[X_m][S_a] \qquad (17\text{-}6)$$

从式（17-6）可以发现，固定相的吸附能力越大，则 K 值越大，保留时间越长。

三、离子交换色谱法（ion-exchange chromatography，IEC）

离子交换色谱法是以离子交换剂作为固定相。IEC 是基于离子交换树脂上可电离的离子与流动相中具有相同电荷的溶质离子进行可逆交换，依据这些离子以交换剂具有不同的亲和力而将它们分离。

以阴离子交换剂为例，其交换过程如式（17-7）所示：

$$X^-\text{（溶剂中）}+\text{（树脂-R4N}^+\text{Cl}^-\text{）} \rightleftharpoons \text{（树脂-R4N}^+ X^-\text{）}+Cl^-\text{（溶剂中）} \qquad (17\text{-}7)$$

当交换达平衡时，平衡常数 K_X 如式（17-8）所示：

$$K_X=[\text{-R4N}^+ X^-][Cl^-]/[\text{-R4N}^+Cl^-][X^-] \qquad (17\text{-}8)$$

分配系数计算如式（17-9）所示：

$$D_X=[\text{-R4N}^+ X^-]/[X^-]= K_X\,[\text{-R4N}^+Cl^-]/[Cl^-] \qquad (17\text{-}9)$$

从式（17-9）可知，分配系数 D_X 值越大，表明溶质离子与离子交换剂的作用越强，溶质在柱中的保留时间就越大。凡是在溶剂中能够电离的物质通常都可以用离子交换色谱法来进行分离。

四、离子对色谱法（ion pair chromatography， IPC）

离子对色谱法是将一种（或多种）与溶质分子电荷相反的离子（称为对离子或反离子）加到流动相或固定相中，使其与溶质离子结合形成疏水型离子对化合物，从而控制溶质离子的保留行为。其原理可用式（17-10）表示：

$$X^+_{\text{水相}} + Y^-_{\text{水相}} \rightleftharpoons X^+Y^-_{\text{有机相}} \qquad (17\text{-}10)$$

式中，$X^+_{\text{水相}}$是流动相中待分离的有机离子（也可是阳离子）；$Y^-_{\text{水相}}$是流动相中带相反电荷的离子对（如氢氧化四丁基铵、氢氧化十六烷基三甲铵等）；$X^+Y^-_{\text{有机相}}$是形成的离子对化合物。

当达到平衡时，平衡常数如式（17-11）所示：

$$K_{XY} = [X^+Y^-]_{\text{有机相}}/[X^+]_{\text{水相}}[Y^-]_{\text{水相}} \qquad (17\text{-}11)$$

根据定义，分配系数如式（17-12）所示：

$$D_X= [X^+Y^-]_{\text{有机相}}/[X^+]_{\text{水相}}= K_{XY}\,[Y^-]_{\text{水相}} \qquad (17\text{-}12)$$

分配系数 D_X 值越大，表明溶质离子对与固定相的作用越强，溶质在柱中的保留时间就越大。除对离子性质外，对离子浓度是控制保留值的主要因素。

离子对色谱法（特别是反相）解决了以往难以分离的混合物的分离问题，诸如酸、碱和离子、非离子混合物，特别是一些生化试样如核酸、核苷、生物碱及药物等分离。

五、离子色谱法（ion chromatography）

以离子交换树脂为固定相，电解质溶液为流动相。以电导检测器为通用检测器，为消除流动相中强电解质背景离子对电导检测器的干扰，设置了抑制柱。试样组分在分离柱和抑制柱上的反应原理与离子交换色谱法相同。离子色谱法是溶液中阴离子分析的最佳方法，也可用于阳离子分析。

以阴离子交换树脂（R-OH）作固定相，分离阴离子（如 Br^-）为例。当待测阴离子 Br^-随流动相（NaOH）进入色谱柱时，发生如下交换反应（洗脱反应为交换反应的逆过程）:

抑制柱上发生的反应如式（17-13）和式（17-14）所示：

$$R\text{-}H^+ + Na^+OH^- = R\text{-}Na^+ + H_2O \qquad (17\text{-}13)$$

$$R\text{-}H^+ + Na^+Br^- = R\text{-}Na^+ + H^+Br^- \qquad (17\text{-}14)$$

可见，通过抑制柱将洗脱液转变成了电导值很小的水，消除了本底电导的影响；试样阴离子 Br^-则被转化成了相应的酸，可用电导法灵敏地检测。

六、空间排阻色谱法（steric exclusion chromatography）

空间排阻色谱法以凝胶为固定相。它类似于分子筛的作用，但凝胶的孔径比分子筛要大得多，一般为数纳米到数百纳米。溶质在两相之间不是靠其相互作用力的不同来进行分离，而是按分子大小进行分离。分离只与凝胶的孔径分布和溶质的流体动力学体积或分子大小有关。试样进入色谱柱后，随流动相在凝胶外部间隙及孔穴旁流过。在试样中一些太大的分子不能进入胶孔而受到排阻，因此就直接通过柱子，首先在色谱图上出现，一些很小的分子可以进入所有胶孔并渗透到颗粒中，这些组分在柱上的保留值最大，在色谱图上最后出现。

七、手性色谱法（chiral chromatography）

手性色谱法是利用手性固定相（chiral stationary phase，CSP）或手性流动相添加剂（chiral mobile phase additive，CMPA）分离分析手性化合物的对映异构体的色谱法。此外，还有间接法分析手性化合物的对映体，即将试样与适当的干性试剂（单一对映体）反应，使其一对对映异构体转变为非对映异构体，然后用常规 HPLC 方法分离分析。

实现手性拆分的基本原理是对映异构体与手性选择剂（固定相或流动相添加剂）形成瞬间非对映立体异构“配合物”，由于对映异构体形成的“配合物”的稳定性不同，因而得到分离。手性固定相的种类繁多，它们与对映体的作用力也各有不同。如 π-氢键型固定相与手性化合物之间一般认为有三种作用力，即 π-π 相互作用、氢键作用和偶极间相互作用。化合物与固定相之间的作用部位至少有一个受对映体立体构型的影响。

八、亲和色谱法（affinity chromatography，AC）

亲和色谱法是利用生物大分子和固定相表面存在某种特异性亲和力，进行选择性分离的一种方法。它通常是在载体（无机或有机填料）的表面先键合一种具有一般反应性能的所谓间隔臂（如环氧、联氨等）；随后连接上配基（如酶、抗原或激素等）。这种固载化的配基只能和具有亲和力特性吸附的生物大分子相互作用而被保留，没有这种作用的分子不被保留。许多生物大分子化合物具有这种亲和特性，如酶与底物、抗原与抗体等。当含有亲和物的复杂混合试样随流动相经过固定相时，亲和物与配基先结合，而与其他组分分离。此时，其他组分先流出色谱柱；然后通过改变流动相的 pH 和组成，以降低亲和物与配基的结合力，将保留在柱上的大分子以纯品形态洗脱下来。

第三节　高效液相色谱仪

高效液相色谱仪主要包括高压输液系统、进样系统、色谱柱系统、检测系统和数据记录处理系统五个部分，高效液相色谱仪主要部件如图 17-5 所示。其工作过程如下：首先是高压泵将储液器中的流动相溶剂经过进样器带入色谱柱，然后从控制器的出口流出。当注入欲分离的样品时，流入进样器的流动相再将样品同时带入色谱柱进行分离，然后依先后顺序进入检测器，记录仪将检测器送出的信号记录下来，由此得到液相色谱图。下面简要介绍高效液相色谱仪的主要部件。

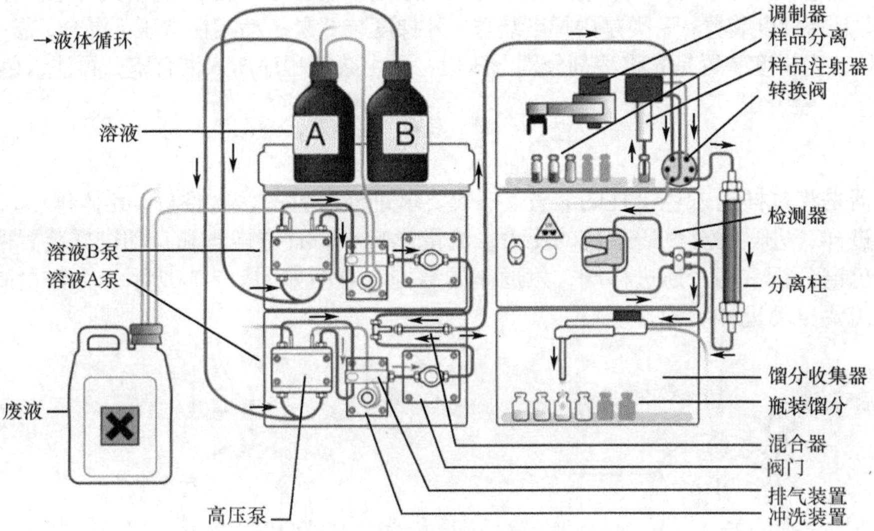

图 17-5　高效液相色谱仪主要部件示意图

一、高压输液系统

高效液相色谱的流动相是通过高压输液泵来输送的，它是高效液相色谱仪的重要部件，一般由储液罐、高压输液泵、过滤器、压力脉动阻力器等组成。其中，高压输液泵是核心部件，输液泵的工作原理如图 17-6 所示。对于一个好的高压输液泵，应具备如下性能：①流量精度高且稳定；②流量范围宽；③能在高压下连续工作；④液缸容积小；⑤密封性能好，耐腐蚀。

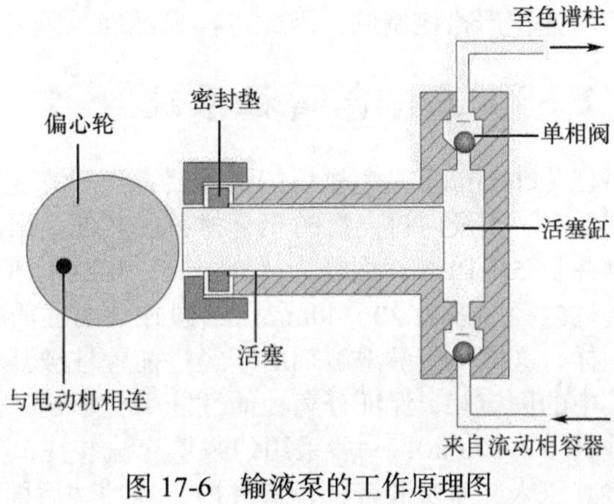

图 17-6　输液泵的工作原理图

输液泵的种类很多，按输液性质可分为恒压泵和恒流泵。目前多用恒流泵中的柱塞往复泵，其结构如图 17-6 所示。通常由电动机带动凸轮转动，驱动柱塞在液缸内往复运动。当柱塞被推入液缸时，出口单向阀打开，入口单向阀关闭，流动相从液缸输出，流向色谱柱；当柱塞自液缸内抽出时，流动相自入口单向阀吸入液缸。如此往复运动，将流动相源源不断地输送到色谱柱。

为了延长泵的使用寿命和维持其输液的稳定性，操作时须注意下列事项：①防止任何固体微粒进入泵体；②流动相不应含有腐蚀性物质；③泵工作时要留心防止溶剂瓶内的流动相被用完；④不要超过规定的最高压力，否则会使高压密封环变形，产生漏液；⑤流动相应该先脱气。

梯度洗脱装置

梯度淋洗装置可以将两种或两种以上的不同极性溶剂，按一定程序连续改变组成，以达到提高分离效果、缩短分离时间的目的。它的作用与气相色谱中的程序升温装置类似。梯度淋洗装置分为两类：一类是外梯度装置；一类是内梯度装置。外梯度装置是流动相在常压下混合，靠一台高压泵压至色谱柱，内梯度装置是先将溶剂分别增压后，再由泵按程序压入混合室，再注入色谱柱。

二、进 样 系 统

进样器是将试样送入色谱柱的装置。一般要求进样装置的密封性好，死体积小，重复性好，保证中心进样，进样时对色谱系统的压力、流量影响小。有进样阀和自动进样装置两种，一般高效液相色谱分析常用六通进样阀，六通阀的结构示意图如图 17-7 所示。大数量试样的常规分析往往需要自动进样装置。

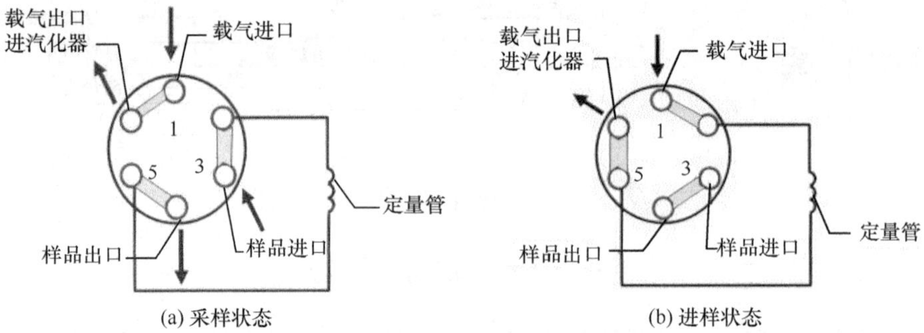

图 17-7　六通阀的结构示意图

用六通进样阀进样时。先使阀处于装样（load）位置，用微量注射器将试样注入储样管（sampling loop）。进样时，转动阀芯至进样（inject）位置，储样管内的试样由流动相带入色谱柱。进样体积是由储样管的容积严格控制的，因此进样量准确，重复性好。

三、色谱柱系统

色谱柱的构造　色谱柱（column）是色谱仪的最重要部件，它包括柱管与固定相两部分。柱管材料有玻璃、不锈钢、铝、铜及内衬光滑的聚合材料的其他金属。玻璃耐管压有限，故金属管用得较多。一般色谱柱长 5～10cm，内径为 4～5mm；凝胶色谱柱内径 3～12 mm，制备柱内径较大，实验室制备柱内径一般为 20～40mm。一般在分离柱前备有一个前置柱，前置柱内填充物和分离柱完全一样，这样可使淋洗溶剂由于经过前置柱被其中的固定相饱和，使它在流过分离柱时不再洗脱其中的固定相，保证分离柱的性能不受影响。柱子装填得好坏对柱效影响很大。对于细粒度的填料（＜20μm），一般采用匀浆填充法装柱，先将填料调成匀浆，然后在高压泵作用下，快速将其压入装有洗脱液的色谱柱内，经冲洗后即可备用。

四、检测系统

检测器（detector）是高效液相色谱仪的关键部件之一。它的作用是把色谱洗脱液中组分的量（或浓度）转变成电信号。按其适用范围检测器可分为通用型和专属型两大类。专属型检测器只能检测某些组分的某一性质，紫外检测器、荧光检测器属于这一类、它们只对有紫外吸收或荧光发射的组分有响应；通用型检测器检测的是一般物质均具有的性质，示差折光和蒸发光散射检测器属于这一类。高效液相色谱的检测器要求灵敏度（sensitivity）高、噪声（noise）低（即对温度、流量等外界环境变化不敏感）、线性范围（linear range）宽、重复性（repeatability）好和适用范围广。以下介绍四种检测器。

（一）紫外-可见吸收检测器（ultraviolet detector，UVD）

紫外-可见吸收检测器是高效液相色谱中应用最广泛的检测器。紫外检测器基于朗伯-比尔定律，根据被测组分对紫外光或可见光具有吸收强度与组分浓度成正比的关系进行检测。UVD 是高效液相色谱仪分析中应用最广泛的检测器，对占物质总数约 80%的有紫外吸收的物质均有影响。

1. 可变波长检测器　可变波长紫外检测器能够按需要选择组分的最大吸收波长为检测波长，从而提高灵敏度。这类检测器的光路系统和紫外分光光度计相似。

2. 光电二极管阵列检测器（diode array detector，DAD）　该仪器是 20 世纪 80 年代出现的一种光学多通道检测器。在晶体硅上紧密排列一系列光电二极管，每一个二极管相当于一个单色器的出口狭缝，二极管越多，分辨率越高，一般是一个二极管对应接受光谱上一个纳米谱带宽的单色光。此外，还有的商家称之为多通道快速紫外-可见光检测器、三维检测器等。光电二极管阵列检测器得到的三维色谱-光谱图，三个维度分别是：保留时间、吸收波长和吸收度。

（二）荧光检测器（fluorescence detector，FD）

荧光检测器是一种高灵敏度、有选择性的检测器，可检测能产生荧光的化合物，荧光检测器的工作原理如图 17-8 所示。它适合于稠环芳烃、甾族化合物、酶、氨基酸、维生素、色素、蛋白质等荧光物质的测定，其灵敏度高，检出限可达 10^{-12}～10^{-13}g/ml。某些不发荧光的物质可通过化学衍生化生成荧光衍生物，再进行荧光检测。一般情况下荧光检测器的灵敏度比紫外检测器高约 2 个数量级，但其线性范围不如紫外检测器宽。近年来，采用激光作为荧光检测器的光源而产生的激光诱导荧光检测器极大地增强了荧光检测的信噪比，因而具有很高的灵敏度，在痕量和超痕量分析中得到了广泛的应用。

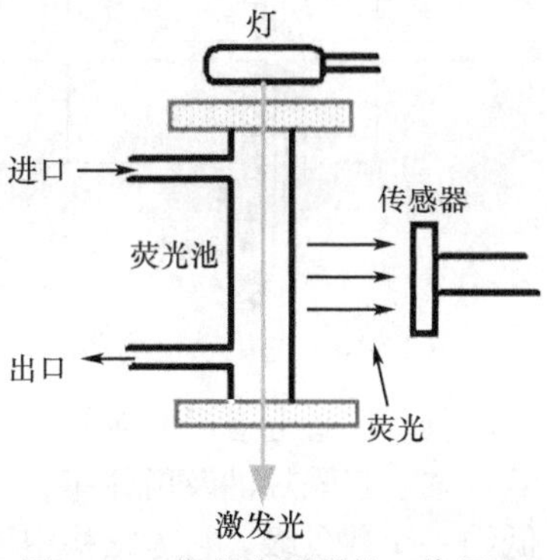

图 17-8　荧光检测器的工作原理

另外，尽管 FD 的灵敏度很高，但其线性范围却较窄，造成非线性的主要原因有：①仅在样品浓度较低时，或对激发光吸收较小时，荧光强度才与浓度成正比，当样品浓度较高产生非线性响应；②滤光效应，由于进入吸收池光路上的激发光随光程的增加不断地被吸收，造成实际强度减弱，荧光响应线性下降。

（三）示差折光检测器（differential refractive index detector，RID）

示差折光检测器是一种浓度型通用检测器，对所有溶质都有响应，高分子化合物、糖类、脂肪烷烃等，可用示差检测器检测。示差检测器是基于连续测定样品流路和参比流路之间折射率的变化来测定样品含量的。光从一种介质进入另一种介质时，由于两种物质的折射率不同就会产生折射。只要样品组分与流动相的折光指数不同，就可被检测，二者相差越大，灵敏度越高，在一定浓度范围内检测器的输出与溶质浓度成正比。主要缺点是对温度变化敏感，并且不能用于梯度淋洗（图 17-9）。

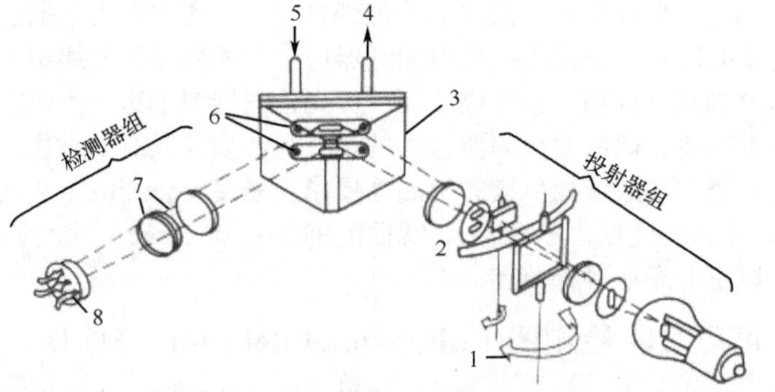

图 17-9　示差折光检测器原理图

1. 微调节；2. 粗调节；3. 池棱镜；4. 参考溶液；5. 样品；6. 检测池；7. 透镜；8. 检测器

（四）电化学检测器（electrochemical detector，ECD）

电化学检测器主要有安培、极谱、库仑、电位、电导等检测器，属于选择性检测器，可检测具有电活性的化合物，电化学检测器的原理如图 17-10 所示。目前它已在各种无机和有机阴阳离子、生物组织和体液的代谢物、食品添加剂、环境污染物、生化制品、农药及医药等测定中获得了广泛的应用。其中，电导检测器在离子色谱中应用最多。

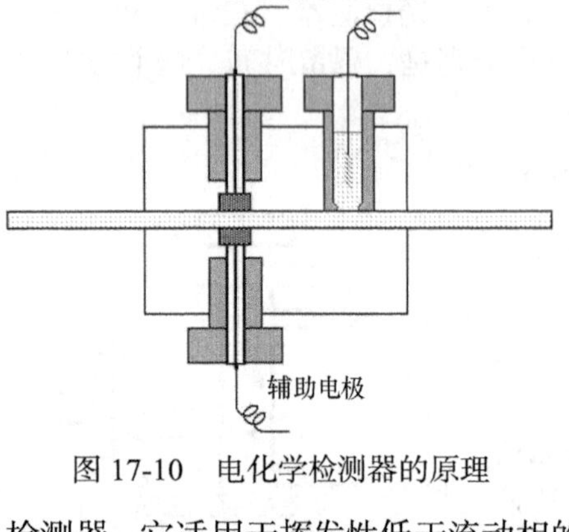

图 17-10　电化学检测器的原理

电化学检测器的优点是：①灵敏度高，最小检测量一般为 ng 级，有的可达 pg 级；②选择性好，可测定大量非电活性物质中极痕量的电活性物质；③线性范围宽，一般为 4～5 个数量级；④设备简单，成本较低；⑤易于自动操作。

（五）蒸发光散射检测器（evaporative light scattering detector，ELSD）

蒸发光散射检测器是 20 世纪 90 年代出现的通用型检测器。它适用于挥发性低于流动相的组分，主要用于检测糖类、高级脂肪酸、磷脂、维生素、氨基酸、三酰甘油及甾体等，它对各种物质有几乎相同的响应。但是，其灵敏度比紫外检测器低约一个数量级，它为结构中不具有紫外生色团的样品提供了一种备用的检测手段。其工作原理如图 17-11 所示。

该检测器的工作原理是由色谱柱分离的组分随流动相进入雾化器中，被高速的载气流（氮气或空气）喷成一种薄雾，进入蒸发器后蒸发成蒸气，然后被光阱捕集。蒸气态的溶剂通过光路后。光线反射到检测器后被记录成基线。云雾状溶质颗粒通过光路时，使光线散射后被光电倍增管收集，得到样品信号。使用该检测器时应注意，因该检测器测定的是挥发性低于溶剂的物质，不能在流动相中加入非挥发性的缓冲盐。

（六）质谱检测器（mass spectrometry detector，MSD）

质谱检测器的灵敏度高，专属性强，能提供分子结构信息，是非常理想的检测器，质谱检测器的工作原理如图 17-12 所示。它作为一种质量型检测器在近年有较大的发展，其中以分析生物大分子的生物质谱发展尤为迅速。如飞行时间质谱、离子阱质谱及离子回旋共振 Faurier

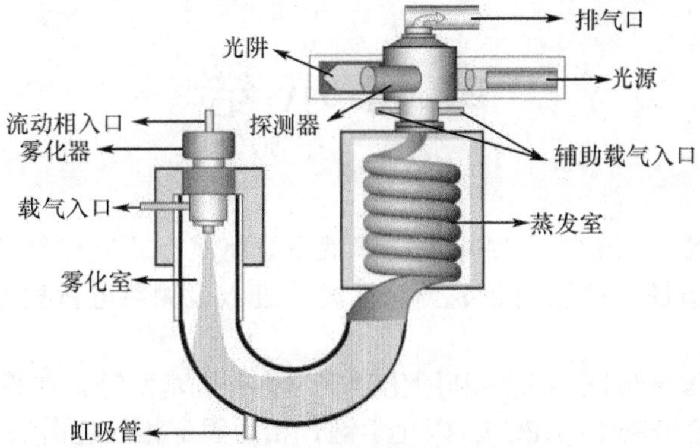

图 17-11 蒸发光散射检测器工作原理

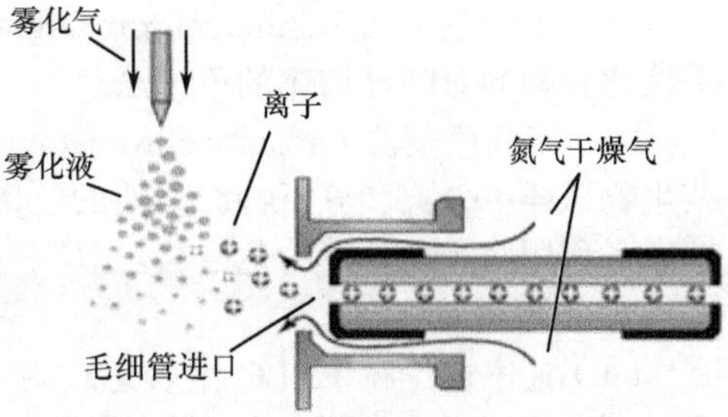

图 17-12 质谱检测器的工作原理

变换质谱等，它们是药物研究的重要工具。其中与HPLC联用最普遍的是电喷雾离子质谱。MSD的工作原理是：色谱流出物通过一个毛细管进入喷口，喷口毛细管的外层有一同轴套管，一种辅助电离液（酸性的鞘流液）经套管流出，在出口处与色谱流出物混合，并用干燥气体使之产生雾化液珠，通过热气帘气，使雾化液体充分蒸发，只留下带电粒子，在喷口与质谱之间的电场作用下，离子逆气流而上，通过毛细管进入真空系统、不带电的溶剂被气流吹掉。然后经过四极杆、离子阱和打拿极，通过电子倍增器测得物质的质荷比。

五、数据记录处理系统

计算机技术的另一应用是采集和分析色谱数据。它能对来自检测器的原始数据进行分析处理，给出所需要的信息。许多数据处理系统都能进行峰宽、峰高、峰面积、对称因子、保留因子、选择性因子和分离度等色谱参数的计算，这对色谱方法的建立十分重要。色谱工作站是数据采集、处理和分析的独立计算机软件，能适用于各种类型的色谱仪器。

案例分析

吸毒和药物滥用是目前广受全球关注的社会问题。近年来，受境外影响，吸毒、贩毒已再次殃及我国，而且各类毒品案件呈现快速上升趋势，境外贩毒和国内消费共存的现象已经形成。鉴于吸食毒品对家庭，特别是对社会的严重危害，准确、快速检测人体中毒品残留量的快速检测方法研究具有重要意义。

目前，体内毒品检测方法有液相色谱法、免疫测试法、气相色谱法及毛细管电泳法等。随着科学技术的进步，高效液相-串联二极管阵列检测器-串联质谱联用技术越来越多地用于人体多种毒品的检测。利用这种方法有以下几个优点：①通过色谱柱可以分离复杂样本（如血液、尿液）等，从而排除干扰得到准确的测试结果；②通过二极管阵列检测器可得到通过色谱柱分离出来物质的紫外-可见光谱图，从而为毒品的定性和定量提供依据；③通过质谱检测器可以得到被检测物质的分子离子峰，从而判断被检测物质的相对分子质量，除此之外质谱检测器可以得到被检测化合物碎片的相对分子质量，为被检测物质的定性和定量提供依据；④质谱检测器的灵敏度远高于紫外检测器，因此非常适合体内微量物质的检测。

本章小结

1. 基本概念

（1）高效液相色谱（HPLC）：是用高压输液系统将具有不同极性的单一溶剂或混合溶剂泵入装有固定相的色谱柱，在柱内各成分被分离后进入检测器进行检测从而实现对试样分析的方法。

（2）化学键合相（bonded phase）：利用化学反应将有机基团键合在载体表面形成的固定相。

（3）化学键合相色谱法（CBPC）：以化学键合相为固定相的色谱法。

（4）正（反）相色谱法[normal（reversed）phase chromatography]：流动相极性小（大）于固定相极性的液相色谱法。

（5）手性色谱法（chiral chromatography）：利用手性固定相或手性流动相添加剂分离分析手性化合物的对映异构体的色谱法。

（6）亲和色谱法（affinity chromatography）：利用或模拟生物分子之间的专一性作用，从复杂生物试样中分离和分析特殊物质的色谱方法，是基于组分与固定在载体上的配基之间的专一性亲和作用而实现分离的色谱法。

2. 基本理论

（1）速率理论在 HPLC 中表达式为：$H=A+B/u+Cu$ 用于指导实验条件的选择。A、B 和 C 均随固定相粒度变小而变小，因此保证 HPLC 高柱效的主要措施是使用小粒度的固定相。此外，要求粒度和柱填充均匀、使用低黏度流动相、适当的流速和柱温。

（2）反相键合相色谱法保留机制：可用“疏溶剂理论”说明，即溶质的保留是其分子受到溶剂的斥力，而与键合相的烃基发生疏水缔合的结果。反相键合相色谱法的 k 受下列因素影响：①溶质的极性越强，k 越小；②流动相的含水量越高，使组分的 k 越大；③流动相的 pH（离子抑制作用）和离子强度都影响 k；④键合相的烃基越长，使溶质的 k 增大。

（3）正相键合相色谱法：以氨基、氰基等极性键合相为固定相，以烷烃加少量极性调节剂为流动相，极性强的组分的，k 大。

（4）反相离子对色谱法：组分的离子与加入流动相中的离子对试剂的反离子生成中性离子对，增加在反相固定相上的保留。保留因子受离子对试剂的种类和浓度、流动相的 pH 等影响。

3. HPLC 仪器 高效液相色谱仪主要包括高压输液系统、进样系统、色谱柱系统、检测系统和数据记录处理系统五个部分。

4. 重点和难点 由于 HPLC 中的常用术语、色谱参数和色谱基本理论等都已在第十六章中作了详细的阐述，定性、定量分析方法又与 GC 相同，因此，本章只讨论高效液相色谱的各种具体方法，重点是反相键合相色谱法。

1）正相键合相色谱法：以极性键合相为固定相，如氰基（—CN）、氨基（$—NH_2$）或二羟基键合相等，以非极性或弱极性溶剂，如烷烃，加适量极性调整剂，如醇类作流动相。正相键合相色谱主要用于分离溶于有机溶剂的中等极性的分子型化合物。分离选择性取决于键合相的种类、流动相的强度和试样的性质。主要是理解其一般规律：极性强的组分的保留因子 k 大，后洗脱出柱。流动相的极性增强，洗脱能力增加，使组分 k 减小，t_R 减小。

溶质与键合极性基团间的作用力，如氢键、诱导或静电作用等，是决定色谱保留和分离选择性的首要因素。流动相的选择性是通过其与试样分子间的相互作用来实现的，分子间作用力不同，则分离的选择性不同。同系物，如甲醇与丙醇，作用力类型相同，其色谱分离的选择性相似，如果换成高偶极矩溶剂二氯甲烷，则选择性将发生变化。

2）反相键合相色谱法：在现代色谱学中，反相键合相色谱法一般称为反相色谱法。这是本章要掌握的重点。反相色谱法通常以非极性键合相为固定相，以极性溶剂及其混合物为流动相，固定相的极性比流动相的极性弱；能分离极性范围很宽的试样。键合相的烷基链长和含碳量是影响溶质的保留因子（及柱效）、选择性和载样量的重要因素。

保留行为的主要影响因素：①溶质的极性越弱，其疏水（疏溶剂）性越强，k 越大，t_R 也越大；②增加流动相中水的含量，则溶剂强度降低，使溶质的 k 增大；③流动相的 pH 变化会改变溶质的离解程度，溶质的离解程度越高，k 值越小。因此，常加入少量弱酸、弱碱或缓冲溶液，调节流动相的 pH，抑制有机弱酸、弱碱的离解，增加它与固定相的疏水缔合作用，以达到分离的目的，这种色谱方法又称为离子抑制色谱法；④固定相键合烷基的碳链延长，硅胶表面键合烷基的浓度越大，溶质的 k 越大。

3）反相离子对色谱法：把离子对试剂加入含水流动相中，与组分离子生成中性离子对，从而增加溶质与非极性固定相的作用，使分配系数增加，改善分离效果。用于分离可离子化或离子型的有机酸、碱、盐等。影响容量因子的因素有离子对试剂的种类和浓度、流动相的 pH 和流动相中有机溶剂的种类和比例等。

4）键合相的特点：键合相有如下优点：①使用过程中不流失；②化学稳定性好；③适于梯度洗脱；④载样量大。

使用一般化学键合相时流动相中水相的 pH 应维持在 2～8，以免引起硅胶溶解，但目前已有许多键合相能够承受更宽的 pH 范围。

习　题

1. 简述高效液相色谱法和气相色谱法的主要异同点。
2. 何谓化学键合相？常用的化学键合相有哪几种类型？分别用于哪些液相色谱法中？
3. 什么是正相色谱？什么是反相色谱？各适用于分离哪些化合物？
4. 简述反相键合相色谱法的分离机制。
5. 离子色谱法、反相离子对色谱法与离子抑制色谱法的原理及应用范围有什么区别？
6. 亲和色谱的分离机制是什么？有何特点？
7. 速率理论方程式在 HPLC 中与在 GC 中有何异同？如何指导 HPLC 实验条件的选择？
8. 试讨论影响 HPLC 分离度的各种因素，如何提高分离度？
9. 试讨论反相 HPLC 的分离条件的选择。
10. 在正、反相 HPLC 中流动相的强度是否相同？
11. 什么是梯度洗脱？它与 GC 的程序升温有何异同？
12. 蒸发光散射检测器的原理及特点是什么？
13. 试比较正相 HPLC 与反相 HPLC。
14. 蒸发光检测器与示差折光检测器有何区别与联系？

（韩　博）

第十八章　平面色谱法

学习目标

（1）掌握薄层色谱和纸色谱的基本原理，常用固定相和流动相，比移值和相对比移值；吸附色谱中固定相和流动相的选择。

（2）熟悉平面色谱法的分类，薄层色谱操作步骤、显色方法，影响薄层色谱分离的因素，定性定量分析方法。

（3）了解各类型平面色谱方法的操作，薄层色谱在药学领域中的应用。

平面色谱法（plane chromatography）是在平面上进行色谱分离的方法，也称为“开管柱色谱法”；主要分类有薄层色谱法（thin layer chromatography，TLC）、纸色谱法（paper chromatography，PC）。平面色谱法有操作简单、结果稳定、价格低廉、分析时间较短、所有组分在色谱系统中都能被观察到等优点，从而有较为广泛的应用。可以用于原料药和成药中的杂质检测、原料药的基本定性鉴别，也可作为药物制备的潜在有效纯化手段。但使用当中也要注意，平面色谱系统中有理论塔板数较为有限、不适于挥发性的化合物检测等局限。

第一节　平面色谱法的基本原理和基本概念

一、基本分类及原理

1. 薄层色谱法　将固定相置于玻璃等载板上涂布成均匀的薄层，将被分离物质点在薄层的一端，置展开室中，展开剂（流动相）借毛细作用从薄层点样的一端展开到另一端，在此过程中不同物质可以得到分离，分离的原理随所用的固定相不同而异，基本上与柱色谱相同，可分为吸附薄层法、分配薄层法、离子交换薄层法及凝胶薄层法等。

2. 纸色谱法　纸色谱法的载体是滤纸，制造滤纸的原料为纤维素，纤维素为惰性物质，其分子中有很多羟基，有较强的亲水性，能吸收约 22%的水分，其中约有 6%的水分与纤维素上的羟基以氢键结合形成液-液分配色谱中的固定相，待分离的物质点在滤纸条的一端后，将其悬挂在密闭的展开室内，待展开剂蒸汽饱和后将点样一端浸入展开剂中，当展开剂借毛细作用流向另一端时，被分离物质因其理化性质的不同，在固定相及流动相中分配系数不同而得到分离。虽然滤纸纤维对某些化合物有时也存在吸附作用及弱离子交换的作用，但在纸色谱法中起主要分离作用的仍然是被分离物质在两相中的分配，因此纸色谱法属于液-液分配色谱法。众所周知，当固定相的极性大于流动相的极性时，属正相分配色谱法；反之，则为反相分配色谱法。一般来讲，纸色谱为正相分配色谱法，只有在用低极性的液体如烃类（液状石蜡、十一烷、硅油等）处理滤纸后作为固定相，再以极性大的溶剂为流动相时，才为反相分配纸色谱法。

二、基 本 概 念

1. 保留值　保留值是组分在色谱体系中的保留行为，反映组分与固定相作用力的大小，是色谱分离过程中的热力学特性参数，有以下几种表示方式：

1）比移值：比移值（R_f）是溶质移动距离与流动相移动距离之比，是平面色谱的基本定性参数，如图 18-1（A 为参比物，B 为被测物）所示。当 R_f 值为 0 时，表示组分留在原点未被展开，当 R_f 值为 1 时，表示组分随展开剂至溶剂前沿，即组分不在固定相中保留，所以 R_f 值在 0～1，均为小数。实际工作中，R_f 值一般要求在 0.2～0.8，最佳范围为 0.3～0.5。

$$R_f = \frac{\text{原点中心至斑点中心的距离}}{\text{原点中心至溶剂前沿的距离}} = \frac{b}{c}$$

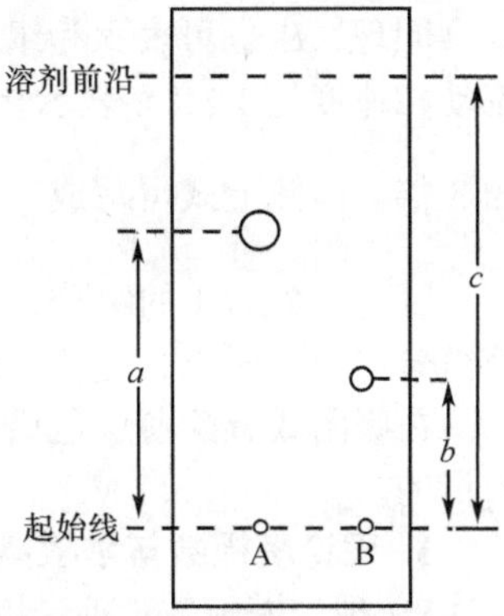

图 18-1　比移值示意图

2）相对比移值：相对比移值（R_s）是由于影响被分离物质在薄层上移动距离的因素较多，R_f 值的重现性较差而提出的，如果将被分离物质与一参比物点在同一块薄层上，用相同的色谱条件进行分离，相对比移值就是被分离物质与参比物的 R_f 值之比，或是被分离物质和参比物在薄层上移动距离之比。由于参比物的 R_f 值或移动距离可大于或小于被分离物质的 R_f 值或移动距离，因此相对比移值可大于或小于 1，但其重复性及可比性均优于 R_f 值。相对比移值以下式表示：

$$R_f = \frac{\text{原点中心至被测物斑点中心的距离}}{\text{原点中心至参比物斑点中心的距离}} = \frac{R_{f,B}}{R_{f,A}} = \frac{b}{a}$$

3）保留常数值：保留常数值（R_M）与化合物的 R_f 值之间或与被分离化合物结构之间存在下述关系：$R_M = \lg\left(\frac{1}{R_f} - 1\right)$，可以推测同系物的 R_M 值或鉴定同系物。

2. 分配系数与容量因子

1）分配系数：分配系数（K）为液-液色谱中，在两相达到平衡后，某组分在固定相中的浓度（C_L）与在流动相中的浓度（C_m）之比，在等温等压下可以用下式表示：$K = \frac{C_L}{C_m}$

分配系数与温度、溶质和溶剂的性质有关，各物质具有不同的分配系数。

2）容量因子：容量因子（k'）是衡量薄层板或色谱柱对待测组分的保留能力的重要参数。即在两相达到平衡后，某组分在固定相中的质量与在流动相中的质量之比，用下式表示：

$$k' = \frac{C_L}{C_m}\frac{V_L}{V_m} = K\frac{V_L}{V_m}$$

式中，V_L 为固定相的体积（分配色谱）、表面积（吸附色谱）、交换容量（离子色谱）或孔体积（凝胶色谱）；V_m 为薄层板上或色谱柱中的流动相体积。k' 大时，表示组分被固定相保留的程度大，在薄层上移动慢，反之则移动快。以下推导可说明 k' 与 R_f 值之间的关系。

令 R 为在单位时间内为一个分子在流动相中出现的概率（即在流动相中停留的时间分数），若 R=1/3，则表示这个分子有 1/3 的时间在流动相，而有 2/3 的时间在固定相。对于待测组分的大量分子而言，则表示有 1/3 的分子在流动相，有 2/3（即 1–R）的分子在固定相。组分在固定相和流动相中的量可分别用 $C_L V_L$ 和 $C_M V_M$ 表示，因此，

$$\frac{1-R}{R} = \frac{C_L V_L}{C_m V_m} = K\frac{V_L}{V_m}$$

整理上式，得

$$R = \frac{1}{1+k'}$$

同理，R 也可表示为组分分子在薄层板或色谱柱上的速度。若 R=1/3，则表示它的速度为流动相速度的 1/3（R 表示相对速度，常以 R_f 表示），即该组分移动至前沿的时间为流动相分子的 3 倍。因此上式可写成：$R_f=\dfrac{1}{1+k'}$ 或 $k'=\dfrac{1-R_f}{R_f}$

因此，R_f 为 1 的组分，k'为 0，表示该组分不被固定相保留；R_f 为 0 的组分，k'为∞，表示该组分停留在原点，完全被固定相吸附。

在吸附或分配薄层色谱中，改变流动相的极性可改变容量因子，从而达到改变被分离组分的目的。

3. 理论塔板数与塔板高度

1）理论塔板数：理论塔板数（n）是反映组分在固定相和流动相中动力学特性的色谱技术参数，是代表色谱柱分离效能的指标。在平面色谱法中的理论塔板数主要取决于色谱系统的物理特性，如吸附剂的粒度、均匀度、活度及展开剂的流速和展开方式等，对 n 均有影响，板效（n）用下式表示：

$$n=16\left(\frac{D}{W}\right)^2$$

式中，D 为原点到组分斑点中心的距离（cm）；W 为组分斑点宽度，（cm），因此在斑点移动距离相等的情况下，斑点越集中，即 W 宽度越小，理论塔板数就越大，板效就越高。

2）理论塔板高度：柱效的另一种表示方式为理论塔板高度（H），是由理论塔板数（n）及原点到展开剂前沿的距离（L）算出的单位理论板的长度，以下式表示：

$$H=\frac{L}{n}$$

H 与 n 成反比，n 值越大，H 值越小，板效越高。

4. 分离度及分离数

1）分离度：分离度（R）是两个相邻斑点宽度之比，即：

$$R=\frac{d}{\left(\dfrac{W_1+W_2}{2}\right)}$$

式中，d 为相邻两斑点中心的距离差；W_1、W_2 分别为相邻两斑点的宽度，如图 18-2 所示。相邻两斑点之间的距离越大，斑点越集中，分离度就越大，分离效能越好。与柱色谱一样，当 R≥1.5 时，相邻两斑点可达到基线分离。

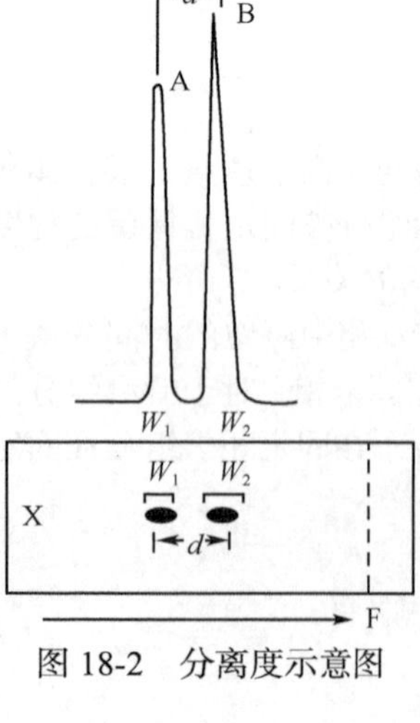

图 18-2　分离度示意图

2）分离数：分离数（SN）是指 R_f 值 0～1 之间能完全分离的斑点数，SN 可由下式表示：

$$\mathrm{SN}=\frac{a}{W_{1/2_0}+W_{1/2_1}}-1$$

式中，a 为 R_f=1 及 R_f=0 两种组分的斑点中心的距离，a 也近似为原点至展开剂前沿的距离；$W_{1/2_0}$ 为 R_f=0 的组分的 1/2 斑点宽度，$W_{1/2_1}$ 为 R_f=1 组分的 1/2 斑点宽度，由此可见斑点越集中，在相同展距中能分离的斑点数就越多，说明板效越高，SN 越大，薄层板的容量越大，SN 是衡量平面色谱分离能力的主要技术参数之一。

第二节　平面色谱法的应用

一、薄层色谱法

薄层色谱法（thin layer chromatography，TLC）主要是用于存在微量杂质的化合物的鉴别和检测的一种较为成熟精密的技术；它是最早的色谱技术，也是一项基本的微量杂质质量控制技术，主要是因为它的灵活性，薄层色谱法几乎能检测出任何化合物，甚至一些无机化合物；而且，薄层色谱法的全部色谱图都能被直观观察到，与高效液相色谱法相比，它对色谱洗脱系统中样品组分是否洗脱失败没有任何疑问。近年来这项技术在不断发展，包括高压薄层色谱的使用和与其他光谱分析的联用。

（一）分类与原理

1. 吸附薄层色谱法　吸附薄层色谱法是以吸附剂为固定相的薄层色谱法。在吸附薄层色谱中，将含有 A、B 两组分的混合溶液点在薄层板的一端，在密闭的容器中，用适当的展开剂展开。在展开过程中，A、B 两组分首先被吸附剂吸附，然后被展开剂溶解而解吸，并随展开剂向前移动，遇到新的吸附剂，A、B 两组分又被吸附、随后又被展开剂解吸。由于 A、B 两组分在吸附剂和展开剂中的吸附系数不同，在薄层板上进行无数次的吸附、解吸、再吸附、再解吸，吸附系数大的在板上移动速度慢，R_f值小；吸附系数小的在板上的移动速度快，R_f值大，在薄层板上产生差速迁移而得到分离。在吸附色谱中，极性大的组分 R_f 值小，极性小的组分 R_f值大。

2. 分配薄层色谱法　分配薄层色谱法是以液体为固定相的薄层色谱法。利用试样中各组分在固定相与流动相之间的分配系数不同，在薄层板上进行无数次的分配，分配系数大的组分在板上移动速度慢，R_f值小；分配系数小的组分在板上的移动速度快，R_f值大，在薄层板上产生差速迁移而得到分离。根据固定相和流动相极性的相对强弱，分配薄层色谱法可分为正相薄层色谱法和反相薄层色谱法。

（1）正相薄层色谱法是流动相的极性小于固定相极性的薄层色谱法。正相薄层色谱法常用的固定相是含水硅胶，展开剂是极性较弱的有机溶剂。组分极性越大，分配系数越大，随展开剂移动的速度越慢，R_f值越小。

（2）反相薄层色谱法是流动相的极性大于固定相极性的薄层色谱法。反相薄层色谱法常用的固定相是烷基化学键合相，展开剂是水-有机溶剂的混合溶剂。反相薄层色谱中组分极性越小，分配系数越大，随展开剂移动的速度越慢，R_f值越小。

（二）固定相

在液相色谱法中被分离物质的分离都是在装有固定相的柱管中进行的，与此相仿，薄层色谱法必须将被分离物质点在将固定相于玻璃片、铝箔或塑料片上均匀涂布的薄层上进行分离；除颗粒较细、粒度范围较窄外，柱色谱所用的吸附剂及载体薄层色谱都能用，但要使一组混合物得到很好的分离，必须要根据被分离化合物的性质来选择合适的固定相。分离亲脂性化合物常选择氧化铝、硅胶、乙酰化纤维素及聚酰胺；分离亲水性化合物常选择纤维素、离子交换纤维素、硅藻土及聚酰胺等；但也有例外，如脂溶性叶绿素在氧化铝及纤维素上都能分离。

硅胶，是吸附薄层色谱中最常用的固定相。硅胶是多孔性无定形粉末，其表面带有硅醇基，呈弱酸性，通过硅醇基吸附中心与极性基团形成氢键而表现其吸附性能，由于不同组分的极性基团与硅醇基形成氢键的能力不同，在硅胶作为吸附剂的薄板上被分离。硅胶吸附水分形成水合硅醇基而失去吸附能力，但将硅胶在 105～110℃加热时，可失去水而提高活度，增加吸附能力，这一过程称为“活化”。硅胶的活度与含水量有一定关系，含水量越多，活性级数越高，吸附能力越弱，同一组分在此硅胶上的 R_f值越大；含水量越少，活性级数越低，吸附能力越强，同一组分在此硅胶上的 R_f值越小。

硅胶的分离效率的高低与其粒度、孔径及表面积等几何结构有关。硅胶粒度越小，越均匀，分布越窄，其分离效率也就越高。经典薄层色谱用硅胶的粒度为 10～40μm。比表面积大，意味着试样与固定相之间有更强的相互作用，即有较大的吸附力或较强的保留值。商品硅胶比表面积一般为 400～600m²/g，孔体积约为 0.4ml/g，平均孔径约为 100nm。

硅胶表面的 pH 约为 5，一般适合酸性和中性物质的分离，如有机酸、酚类、醛类等。碱性物质与硅胶发生酸碱反应，展开时严重被吸附导致斑点拖尾、甚至停留在原点不随流动相展开。

薄层色谱常用硅胶有硅胶 H、硅胶 G、硅胶 GF_{254}等。硅胶 H 为不含黏合剂的硅胶，铺成硬板时需另加黏合剂。硅胶 G 是硅胶和煅石膏混合而成的。硅胶 GF_{254}含煅石膏，另含有一种无机荧光剂，即锰激活的硅酸锌（Zn_2SiO_4：Mn），在 254nm 紫外光下呈强烈黄绿色荧光背景。此外，还有硅胶 HF_{254}、硅胶 $HF_{254+366}$等。薄层色谱法中常用的固定相，见表 18-1。

表 18-1 薄层色谱法中常用的固定相

固定相	性状描述	主要应用
硅胶 G	硅胶颗粒平均为 15μm，其中大约包含 13%的硫酸钙黏合剂	药典检测中广泛使用，包含不同类型的黏合剂，常用于商业薄层板
硅胶 GF254	在硅胶 G 的基础上加荧光黏合剂	紫外灯照射下的组分鉴别
纤维素	纤维素粉的颗粒直径小于 30μm	四环素的鉴别
硅藻土 G	包含硫酸钙的硅藻土	常用作固定相载体

氧化铝，是由氢氧化铝在 400～500℃灼烧而成。氧化铝可分为中性（pH=7.5），碱性（pH=9.0）和酸性（pH=4.0）三种。一般碱性氧化铝用来分离中性或碱性化合物，如多环碳氢化合物、生物碱类、胺类、脂溶性维生素及醛酮类；中性氧化铝适用于酸性或对碱不稳定的化合物的分离；酸性氧化铝适用于酸性化合物的分离。氧化铝的活性与含水量有关。含水量越高，活性越弱。

聚酰胺，是由酰胺聚合而成的高分子化合物，薄层色谱中常用的是聚己内酰胺。聚酰胺分子内有许多酰胺基，酰胺基中的羰基与酚类、黄酮类化合物中的羟基或羧基形成氢键；酰胺基中的氨基与醌类、硝基类化合物中的醌基或硝基形成氢键，同时由于被分离化合物的结构不同，或同一类结构中的羟基等基团数目不同，位置不同等使聚酰胺与这类化合物形成氢键能力的不同，所以对这些化合物的吸附能力不同而得到分离。

硅藻土，是高度多孔、比表面积大的固体，本身具有极弱的吸附力，常作为分配色谱用的载体；或以一定比例加入硅胶等吸附剂中可以降低硅胶的吸附力，从而有利于某些化合物的分离。

（三）展开剂的选择

薄层色谱法的流动相又称为展开剂，展开剂的选择是薄层分离结果优劣的重要条件之一。在吸附薄层色谱法中，选择展开剂的一般原则和吸附色谱柱法中选择流动相的原则相似，主要是根据被分离物质的极性、吸附剂的活度和展开剂的极性三者的相对关系进行选择，通过组分分子与展开剂分子争夺吸附剂表面中心而达到分离。

薄层色谱法中常用的溶剂按极性由强到弱的顺序是：水＞酸＞吡啶＞甲醇＞乙醇＞正丙醇＞丙酮＞乙酸乙酯＞乙醚＞氯仿＞二氯甲烷＞甲苯＞苯＞三氯乙烷＞四氯化碳＞环已烷＞石油醚。

在薄层色谱中，通常根据被分离组分的极性选择展开剂，首先用单一溶剂展开，由分离效果进一步考虑改变展开剂的极性或选择混合展开剂。例如，某物质用氯仿展开时，R_f值太小，甚至停留在原点，可选择另一种极性更强的展开剂或加入一定比例的极性溶剂，如乙醇、丙酮等。如果 R_f 值较大，斑点在前沿附近，应选择另一种极性更弱的展开剂或加入一定比例极性小的溶剂，如环已烷、石油醚等。为了寻找合适的展开剂，往往需要多次实验，有时需要两种以上溶剂的混合展开剂，甚至需要加入一些酸或碱。

在实际工作中，经常借助个人经验或查阅文献来找到较合适的展开剂，除此之外本节将介绍几种简单、快速的初步探寻展开剂的方法。

三角形法按照展开剂、固定相及被分离物质三者之间的相互影响，设计了三因素的组合，如图 18-3 所示。如将三角形的一个顶点指向某一点，其他两个因素将随之自动地增加或减少，以帮助选择展开剂的极性或固定相的活度。例如，用吸附薄层色谱分离极性化合物时，要选用活度级别大，即吸附活度小的薄层板及极性大的强洗脱剂展开，否则化合物不易被展开，R_f 值太小；而非极性化合物在吸附薄层色谱分离时要采用活度级别小，即吸附活度大的薄层板及非极性溶剂的弱洗脱剂展开。中等极性的化合物的分离则应采用中间条件展开，以得到的大多数斑点的 R_f 在 0.2～0.8 为宜。常用洗脱剂极性，见表 18-2。

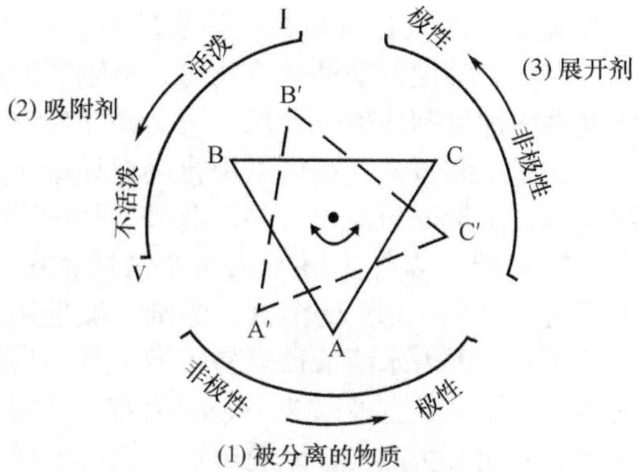

图 18-3　展开剂选择示意图

表 18-2　常用洗脱剂极性

溶剂	极性指数	溶剂	极性指数
甲苯	2.4	丙酮	5.1
乙醚	2.8	甲醇	5.1
二氯甲烷	3.1	乙醇	5.2
丁醇	3.9	乙腈	5.8
氯仿	4.1	乙酸	6.2
乙酸乙酯	4.4	水	9.0

对于正相分配色谱，溶剂的极性及溶剂强度与吸附色谱相同，两者是平行的，溶剂的极性大，洗脱能力强，溶剂极性小，洗脱能力弱；对于反相分配色谱，溶剂的极性与其洗脱能力相反，极性大的溶剂，洗脱能力弱。因此在选择时必须注意，虽然这种方法比较粗略，但至少可以作为初步选择展开剂时的一种依据。

点滴试验法非常简单，也很实用。将要被分离物质的溶液间隔地点在薄层板上，待溶剂挥干后，用吸满不同展开剂的毛细管点到不同样品点的中心，借毛细作用，展开溶剂从圆心向外扩展，这样就出现了不同的圆心色谱，经过比较就可以找到最合适的展开剂及吸附剂。

（四）操作方法

薄层色谱法一般操作程序可分为制板、点样、展开和斑点定位。

1. 薄层板的制备　薄层板可分为加黏合剂的硬板和不加黏合剂的软板两种。软板制备简便，但表面松散，很易吹散、脱落，现已不常用。下面介绍硬板的制备方法。

薄层板的选择：薄层板应选择表面光滑、平整、洁净，厚度一致的玻璃板、塑料板或铝箔。薄层板大小可根据实验需要选择，如载玻片、20cm×20cm 玻片等。

薄层板的涂布：将固定相、黏合剂和水按一定比例混合，研磨至均匀且无气泡，即得到固定相匀浆。将固定相匀浆涂铺在准备好的薄层板上，使整板涂布均匀，一般厚度以 250μm 为宜。薄层厚度及均匀性直接影响试样分离效果和 R_f 值的重复性。

薄层板的活化：涂铺的薄层板自然晾干后，在 105～110℃活化 0.5～1h，取出，冷却至室温，存放在干燥器中。用聚酰胺吸附剂铺成的薄层板则需要保存在有一定湿度的空气中。

常用的黏合剂有羧甲基纤维素钠（CMC-Na）和煅石膏（$CaSO_4 \cdot 1/2H_2O$）。用 CMC-Na 为黏合剂制成的薄层板称为硅胶-CMC 板。这种板机械强度好，但在使用强腐蚀性显色试剂时，要掌握好显色温度和时间，以免 CMC-Na 因炭化而影响检测。用煅石膏为黏合剂制成的薄层板称为硅胶-G 板。这种板机械强度较差，易脱落。

在分离酸性或碱性化合物时，可制备酸性或碱性薄层来改善分离效果。如在硅胶中加入碱或碱性缓冲液制成碱性薄层，可分离生物碱等碱性化合物。

除手工制板外，还可以用自动机械铺板器制板。用铺板器制板速度快，薄层厚度均匀，重现性好，定量分析结果可靠。此外，还有商品薄层板可供选择。

2. 点样 点样（spotting）是薄层色谱分离的重要步骤。选择适当的溶剂，将试样配置成浓度为 0.01%～0.1%的溶液。溶剂一般选用乙醇、甲醇、丙酮、氯仿等易挥发性有机溶剂，避免使用水，因为水溶液斑点易扩散，且不易挥发除去。点样工具一般采用点样毛细管或微量注射器。点样原点直径以 2～4mm 为宜，采用分量多次点样，每次点样需自然干燥或用电吹风干燥后，才能二次点样，以免斑点扩散。点样量一般以几微升为宜，若进行薄层定量或薄层制备时，可多至几百微升。点样形状可以是点状，也可以呈带状。自动点样仪可进行程序控制点样。在进行定量分析时，原点直径的一致，点样间距的精确，是保证定量精确度的关键。

3. 展开 展开（development）过程使用的器皿一般为长方形密闭玻璃缸，称为层析缸或色谱缸。将薄层板直立于盛有展开剂的色谱缸中，展开剂浸没薄板下端的高度不超过 0.5cm，原点不得浸入展开剂中。展开剂借助毛细管作用向上展开，待展开剂前沿达一定距离（如 10～20cm）时，将薄层板取出，标记溶剂前沿。

在展开之前，薄层板置于盛有展开剂的色谱缸饱中 15～30min，此时薄板不与展开剂直接接触。待色谱缸内展开剂蒸汽、薄层、缸内大气达到动态平衡时，体系达到饱和，再将薄层板浸入展开剂中。预饱和可以避免边缘效应。边缘效应是同一组分在同一板上处于边缘点的 R_f 值比处于中心的 R_f 值大的现象。产生边缘效应的原因是由于展开剂的蒸发速度从薄层中央到两边缘逐渐增加，即处于边缘的溶剂挥发速度较快。在相同条件下，致使同一组分在边缘的迁移距离大于在中心的迁移距离。

薄层展开常用上行法，另外还有下行法（展开剂从上向下展开）、径向展开（展开剂由原点径向展开）、多次展开（同一展开剂，重复多次展开）、双向展开（展开一次后，转 90°用另一展开剂展开）。选用自动多次展开仪，可进行程序多次展开。

4. 斑点的确定 为了对薄层分离的组分进行定性、定量分析，必须对从层析缸中取出的薄层板上的斑点进行定位。斑点位置确定的方法有：

（1）在日光下观察，画出有色物质的斑点位置。

（2）在紫外灯（254nm 或 365nm）下观察有无暗斑或荧光斑点，并记录其颜色、位置及强弱。能发荧光的物质或少数有紫外吸收的物质可用此法检出。

（3）在 254nm 紫外灯下，掺入了少量荧光物质的薄层板呈黄绿色荧光，被测组分在荧光薄层板上淬灭荧光而产生暗斑进行检出。

利用显色剂显色斑点。薄层色谱常用的通用型显色剂有碘、硫酸溶液和荧光黄溶液等。①碘蒸气对许多有机化合物都可显色，如生物碱、氨基酸衍生物、肽类、脂类、皂苷类等。该显色反应是可逆的，在空气中随着碘的升华挥发，组分斑点可回复到原来状态；②10%硫酸乙醇溶液可以使大多数有机化合物产生有色斑点，如红色、棕色、紫色等，甚至于出现荧光；③0.05%荧光黄甲醇溶液使芳香族与杂环化合物的通用显色剂。

根据待分析样品性质的不同，实验室还常用一些其他类型的显色剂，如磷钼酸溶液、高锰酸钾溶液等。

二、纸 色 谱 法

（一）基本原理

纸色谱法（paper chromatography，PC）是以纸为载体的平面色谱法。纸色谱过程可以看成是溶质在固定相和流动相之间连续萃取的过程，依据溶质在两相间分配系数的不同而达到分离的目的。所以纸色谱法的分离原理属于分配色谱的范畴。纸色谱常用比移值 R_f 来表示各组分在色谱中的位置。

纸色谱法中化合物在两相中的分配系数与化合物的分子结构及流动相种类和极性有关，纸色谱属于正相分配色谱。当流动相一定时，化合物的极性越大或亲水性越强，分配系数越大，R_f 值越小；化合物极性越小或亲脂性越强，分配系数越小，R_f 值越大。当化合物一定时，流动相极性越大，化合物分配系数越小，R_f 值越大；流动相极性越小，分配系数越大，R_f 值越小。R_f 值与分配系数或保留因子的关系符合第一节推导出的两者的关系式。化合物的极性应根据整个分子及组成分子的各个基团的极性来考虑。同类化合物中含极性基团多的化合物通常极性较强。

（二）色谱滤纸的选择与处理

1. 色谱滤纸的选择 严格地讲，纸色谱中所用的纸仅仅是用来支持固定相的，然而纸的性质对分离的质量有很大影响，高质量的纸可以得到更好的分离结果，制备色谱用纸的原料，必须是高纯度的纤维素（98%～99% *α*-纤维素、0.3%～1.0% *β*-纤维素、0.4%～0.8%戊聚糖）。

色谱用滤纸必须纸质均匀，厚度适当，纤维素的密度适中，要具有一定的机械强度，还要有一定的纯度，所含 Ca^{2+}、Mg^{2+}、Cu^{2+}、Fe^{2+} 等金属离子不可太多，灰分要求低于 0.01%。

另外，要保持纸面洁净，避免尘埃或吸附异味，不得用手触摸以免纸面被皮肤排出的盐类、脂肪、氨基酸或其他物质污染而干扰分离；不得有明显折痕，以免减弱毛细作用，影响分离。

色谱用滤纸的纤维方向性也会影响分离效果，因此要保持每次展开时滤纸纤维方向一致。

滤纸本身的 pH 及含水量对分离效果也有很大影响。用做色谱的滤纸有一定的参数，如质量、厚度、移动距离等。移动距离通常是以给出 30min 移动的毫米数表示；也可将 15mm 宽的纸条浸入 20℃蒸馏水中 10min 后上升的高度来衡量。中速滤纸最常用，这是因其具有中等分辨率；快速滤纸由于结构疏松，纸内微孔多，纤维素相对较少，因此每单位体积与纸结合的水相对较少，但可保持较多的展开剂，因此物质在纸上移动快，分辨率低，常用于简单化合物的分离；慢速滤纸分辨率虽高，但展速过慢，较少用。

2. 色谱滤纸的处理 滤纸纤维有较强的吸湿性，通常含 20%～25%的水分，其中有 6%～7%的水是以氢键缔合的形式与纤维素上的羟基结合在一起的，在一般条件下较难脱去。所以纸色谱法实际上是以吸着在纤维素上的水作固定相，而纸纤维则是起到一个惰性载体的作用。有时为了适应某些特殊要求，可对滤纸进行特殊处理。如分离具有酸碱性的物质时，为了维持纸相对稳定的酸碱性，可将滤纸在一定 pH 缓冲溶液中浸渍处理后使用。如分离弱极性物质时，为了增加其在固定相中的溶解度，获得理想的 R_f 值，并使其组分分离，可将滤纸在一定浓度的甲酰胺、二甲基甲酰胺、丙二醇溶液中浸渍，以降低固定相的极性。

（三）操作方法

1. 仪器

（1）展开缸一般为圆形或长方形的玻璃缸，缸上具有磨口玻璃盖，应能密闭。用于下行法时，盖上有孔，可插入分液漏斗，用以加入展开剂。在近顶端有一个用支架架起的玻璃槽作为展开剂的容器，槽内有一玻璃棒，用以压住色谱滤纸；槽的两侧各支一玻璃棒，用以支持色谱滤纸使其自然下垂，避免展开剂沿滤纸与溶剂槽之间发生虹吸现象。用于上行法时，在盖上的孔中加塞，塞中插入玻璃悬钩以便将点样后的色谱滤纸挂在钩上，并除去溶剂槽和支架。

（2）点样器常用带支架的微量注射器或定量毛细管，应能使点样位置正确、集中。

（3）滤纸用于下行法时，取色谱滤纸按纤维长丝方向切成适当大小的纸条，在离纸条上端适当的距离（使色谱纸上端能足够浸入溶剂槽内的展开剂中，并使点样基线能在溶剂槽侧的玻璃支持棒下数厘米处）用铅笔划一点样基线，必要时，可在色谱滤纸下端切成锯齿形便于展开剂滴下。用于上行法时，色谱滤纸长约 25cm，宽度则按需要而定，必要时可将色谱滤纸卷成筒形；点样基线距底边约 2.5cm。

2. 操作方法

1）下行法：将供试品溶解于适当的溶剂中制成一定浓度的溶液。用微量吸管或微量注射器吸取溶液，点于点样基线上，溶液宜分次点加，每次点加后，待其自然干燥、低温烘干或经温热气流吹干，样点直径为 2～4mm，点间距离为 1.5～2.0cm，样点通常应为圆形。

将点样后的色谱滤纸上端放在溶剂槽内并用玻璃盖压住，使色谱纸通过槽侧玻璃支持棒自然下垂，点样基线在支持棒下数厘米处。展开前，展开室内用各品种项下规定的溶剂的蒸气使之饱和，一般可在展开室底部放一装有规定溶剂的平皿或将浸有规定溶剂的滤纸条附着在展开室内壁上，放置一定时间，待溶剂挥发使室内充满饱和蒸气。然后添加展开剂使其浸没溶剂槽内的滤纸，展开剂即经毛细管作用沿滤纸进行展开，展开至规定的距离后，取出滤纸，标明展开剂前沿位置，待展开剂挥散后按规定方法检出色谱斑点。

2）上行法：点样方法同下行法。展开室内加入展开剂适量，放至待展开剂蒸气饱和后，再下降悬钩，使色谱滤纸浸入展开剂约 0.5cm，展开剂即经毛细管作用沿色谱滤纸上升。除另有规定外，一般展开至约 15cm 后，取出晾干，按规定方法检视。

展开可以向一个方向进行，即单向展开；也可进行双向展开，即先向一个方向展开，取出，待展开剂完全挥发后，将滤纸转动 90°，再用原展开剂或另一种展开剂进行展开；也可多次展开、连续展开或径向展开等。

三、典型案例解析

（一）定性鉴别

薄层色谱常被用于纯物质的初步定性鉴别。表 18-3 列举了一些药典中用薄层色谱做定性检测的情况。

表 18-3　药典中薄层色谱的定性鉴别

被测物	固定相	流动相	显色剂	检测指标
硫酸新霉素 b	硅胶+卡波姆黏合剂	10%w/v（质量体积分数）磷酸二氢钾	萘二酚/硫酸	样品的 R_f 和颜色都与标准纯物质做比较，链霉素中分析物的分辨率的检查
甲基强的松	硅胶 GF_{254}	乙醚/甲苯/饱和 1-环丁烷水溶液（80∶10∶5）	254nm 紫外光 20%乙醇硫酸 120℃加热	样品的 R_f 和颜色都与标准品做比较，氧化产品的 R_f 做额外检测
抑肽酶	硅胶	醋酸缓冲液	茚三酮喷剂	分析物斑点的 R_f 和颜色同标准品做比较
左旋咪唑	硅胶+荧光指示剂	甲苯/乙酸/13.5M 氨（60∶40∶1）	254nm 紫外光	R_f 和所得斑点的大小与标准品的可以匹配
五肽促胃酸激酶	硅胶 G	分析物在三种不同流动相中检测	4-二甲基-氨基苯甲腈乙醛的甲醇溶液，盐酸	分析物的 R_f 值由三种不同流动相来决定，斑点颜色与标准品相匹配

（二）杂质限度检测

在许多专著中，薄层色谱也常用于杂质的限度检测。它是基于浓缩的分析物和杂质的稀释液之间的对照。例如，乙酸氢化可的松中氢化可的松的限度检测的步骤如下：先将 5μl 1%w/v 的乙酸氢化可的松溶液点在薄层板的起始线上；再将 5μl 0.01%w/v 的氢化可的松点在另一个点上；然后将薄层板放在展开剂中展开。当在紫外灯下观察时，则会看到杂质被检出的现象。在这个例子中，乙酸氢化可的松是样品的主要成分，在乙酸氢化可的松这个大斑点的下面可以看见少量氢化可的松杂质的斑点，与氢化可的松标准品位置一样的斑点是非常模糊的。样品中氢化可的松杂质的斑点要比 5μl 0.01%w/v 氢化可的松标准品斑点更亮（更大），因此，此样品杂质限度检测不合适。常见原料药杂质限度检测，见表 18-4。因为 0.01%×100=1%，所以该测试是 1%的限度检测。

表 18-4　常见原料药的杂质限度检测

检测物	杂质	规定限度/%
克霉唑	三甲基-氯硅烷醇	0.2
克霉唑	咪唑	0.2
赛克利嗪	*N*-甲基哌嗪	0.5
右泛醇	3-氨丙醇	0.5
决雌醇	雌酮	1.0
甲磺酸氯普唑仑	*N*-甲基哌嗪	0.25
甲灭醇	2，3-二甲基苯胺	0.01
盐酸美西律	2，6-二甲基苯酚	0.2
苯氧甲基青霉素	苯乙酸	0.5

（三）案例解析

1. 黄曲霉素 B_1 的限量检查　黄曲霉毒素是一类强致癌化学物质，经常在于潮湿的环境中不当储存的药材中发现，经口摄入后，会导致肝损伤及肝癌。目前发现的黄曲霉素有 14 种，其中毒性最强的是黄曲霉素 B_1（图 18-4）。

因此，对药材中的黄曲霉素 B_1 的检查十分重要。可以采取平面色谱的办法对其进行限量检查。其方法是：

（1）配置样品点样液：称取一定量的待测样品粉末，采用一定量溶剂提取后制备成能够将药材中含有的黄曲霉素 B_1 溶解的点样液。此时，若我们确定的原药材中黄曲霉素 B_1 限量为 x，就可以得到此点样液中黄曲霉素 B_1 的限量浓度 C_0。

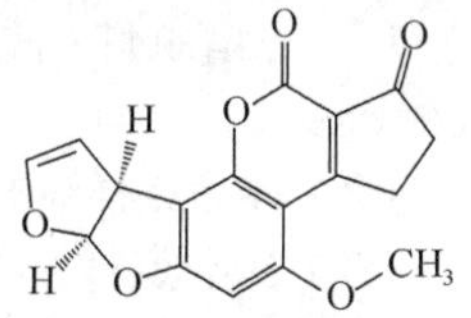

图 18-4　黄曲霉素的 B_1 的化学结构

（2）配置标准点样液：分别准确配置两种浓度的黄曲霉素标准点样液，其中较低浓度的按 C_0 配置，另外配置一种较高浓度的黄曲霉素标准点样液，其浓度约为 C_0 的 5～10 倍。

（3）点样：使用硅胶薄层板，在薄层板下端 1cm 的基线上用微量注射器点样。要控制点样液的量及点距边缘和点间距，并控制好点的直径。滴加样式如下：

第一点：浓度为 C_0 的黄曲霉素 B_1 标准点样液；

第二点：样品点样液；

第三点：样品点样液+浓度为 C_0 的黄曲霉素 B_1 标准使用液；

第四点：样品点样液+浓度较大的黄曲霉素 B_1 标准使用液。

（4）层析与分析：用无水乙醚预展，画出展开前沿。挥干后用丙酮-氯仿（8：92）作为展开剂展开，展开前沿不得超过无水乙醚预展时的前沿。在紫外灯 365nm 波长处观察。在观察时，第一点和第四点在相同位置会出现光强不一样的蓝紫色荧光，由于第一点的浓度很淡，为了确定其 R_f 值，故需要浓度较大的第四点作为黄曲霉素 B_1 的定位点。第二点若在相应的 R_f 值荧光强度低于第一点，则直接说明样品中黄曲霉素 B_1 的含量在 x 以下；若在相应的 R_f 值荧光强度大于第一点，既有可能是来自于黄曲霉素 B_1，也可能来自样品中未经有效分离、与黄曲霉素 B_1 恰好处在同一位置的物质或拖尾。为了排除这种情况，我们使其与叠加了样品的第三点进行荧光强度比对，若样品中有同 R_f 值的其他荧光物质，则第二点中的荧光在叠加了这个物质后仍与第三点具有可比性。

（5）确证：确证的原理是利用黄曲霉素 B_1 与三氟乙酸发生反应产生黄曲霉素 B_1 的衍生物，展开后此衍生物的 R_f 值与此前黄曲霉素 B_1 不同，从而与上述同 R_f 值的其他荧光物质分开。另取一块薄层板点上述第一点和第二点后，直接在以上两点各加一小滴三氟乙酸盖于其上，吹风加热反应并展开后，若样液产生与黄曲霉素 B_1 标准品相同的衍生物，则说明样品中含有的是黄曲霉素 B_1。

2. 胀果甘草的鉴别 甘草查尔酮 A（图 18-5）为甘草特有品种胀果甘草中所含的特有成分，因此，其可以作为胀果甘草鉴别的特征性物质。具体的鉴别方法如下：

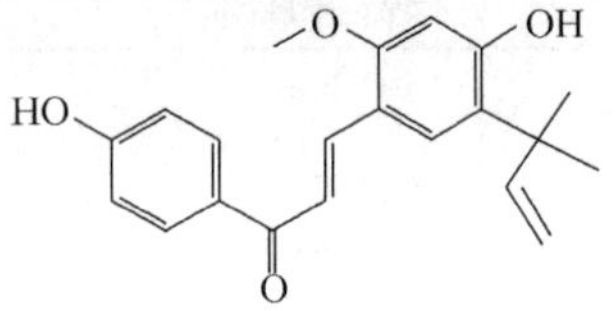

图 18-5 甘草查尔酮 A 的化学结构

（1）样品点样液的制备：称取一定量甘草粉末，加入一定体积的乙酸乙酯，摇晃提取 2min 后取上清液作为样品点样液。

（2）标准点样液的制备：依照胀果甘草中甘草查尔酮 A 的一般含量，配置一定浓度的甘草查尔酮 A 标准品溶液作为标准点样液。

（3）薄层试验：在硅胶薄层板依次点样品点样液及标准点样液，在展开剂为甲苯-乙酸乙酯-乙酸（25∶25∶1）进行展开。展开后在紫外灯 365nm 波长处观察，甘草查尔酮 A 会显示特有的较强黄绿色荧光斑点。若样品中有此特殊斑点即可初步鉴别样品为胀果甘草。

（4）验证：将上述紫外观察后的薄层板用 10%的稀硫酸均匀喷雾，吹干后在 105℃下加热 5min，甘草查尔酮 A 与硫酸反应后会在薄层板上显现出深红色的斑点，从而作为验证。

3. 盐酸氯丙嗪中的有关物质检查 盐酸氯丙嗪在生产过程中容易产生有关吩噻嗪的其他取代物。为了保证原料药的纯度，《中国药典》规定使用薄层色谱法检查其中的"有关物质"，以浓度对比法控制"有关物质"的含量不得超过盐酸氯丙嗪的 1%。

（1）色谱条件：使用硅胶 GF_{254} 薄板，环已烷-丙酮-二乙胺（8∶1∶1）为展开剂，UV 254nm 检测斑点。

（2）样品点样液的制备：取盐酸氯丙嗪样品，加甲醇制成 10mg/ml 的溶液作为样品点样液。

（3）标准点样液的制备：精密量取盐酸氯丙嗪对照品溶液适量，加甲醇稀释成 0.1mg/ml 的盐酸氯丙嗪溶液作为标准点样液。

（4）薄层检测：吸取上述两种点样液各 10μl，分别点于同一硅胶 GF_{254} 薄板上，将薄板浸入盛有展开剂的层析缸中展开，展开后在紫外灯 254nm 波长处观察，样品若显杂质斑点，则与对照品所显主斑点进行比较，不得更深。通过薄层试验，如样品显杂质斑点颜色符合规定，则说明盐酸氯丙嗪的纯度检查符合质量要求。

本 章 小 结

1. 基本概念

（1）平面色谱法（plane chromatography）：在平面上进行色谱分离的方法，也称为"开管柱色谱法"；主要有薄层色谱法（thin layer chromatography，TLC）、纸色谱法（paper chromatography，PC）。

（2）比移值（R_f）：溶质移动距离与流动相移动距离之比，是平面色谱的基本定性参数。R_f值在0～1，均为小数；实际工作中，一般要求在0.2～0.8，最佳范围为0.3～0.5。

2. 基本公式

（1）比移值：$R_f = \dfrac{\text{原点中心至斑点中心的距离}}{\text{原点中心至溶剂前沿的距离}} = \dfrac{b}{c}$

（2）分离度：$R = \dfrac{t_{R_2} - t_{R_2}}{(W_1 + W_2)/2} = \dfrac{2(t_{R_2} - t_{R_1})}{W_1 + W_2}$

（3）分配系数：$K = \dfrac{c_s}{c_m}$

（4）理论塔板数：$n = \dfrac{L}{H}$ 或者 $n = 16\left(\dfrac{t_R}{W}\right)^2$

3. 要点与难点

（1）定性参数、分离参数。

（2）薄层色谱的主要类型，吸附剂和展开剂的选择。

（3）薄层色谱的操作步骤及注意事项。

习　题

1. 什么是R_f值？影响R_f值的主要因素有哪些？

2. TLC分离某混合物样品，以硅胶为固定相，以石油醚-乙酸乙酯（1∶1）为展开剂，试样中某些组分斑点的R_f值太小，将展开剂改为石油醚-乙酸乙酯（3∶1），试样中的各组分斑点的R_f值会增大还是减小？为什么？

（王　黎）

第十九章　其他分析方法

学 习 目 标

（1）掌握原子吸收分光光度法、生物传感器技术、色谱联用技术、酶联免疫吸附测定法及 Western-Blot 法的基本原理和基本概念；重点掌握原子吸收分光光度法、色谱联用技术的主要部件。

（2）熟悉原子吸收分光光度法及色谱联用技术定量分析的方法。

（3）了解原子吸收分光光度法、生物传感器技术、色谱联用技术、酶联免疫吸附测定法及 Western-Blot 法的分类。

本书前面章节分别介绍了分析化学主要的分析方法。本章介绍与药物、生命及环境分析相关的其他分析方法，如原子吸收分光光度法、生物传感器技术、色谱联用技术、酶联免疫吸附测定法及 Western-Blot 法等。主要介绍各种分析方法的原理、基本概念、有关部件及应用。

第一节　原子吸收分光光度法

原子吸收分光光度法（atomic absorption spectroscopy，AAS），又称原子吸收光谱法，简称原子吸收法。它是基于样品中待测元素在高温下经原子化器转化成基态原子蒸气，在电磁辐射作用下基态原子中的电子吸收特定共振辐射从基态跃迁到激发态，利用被吸收电磁辐射的强弱测定金属元素含量的方法。现代原子吸收分光光度法分别由 Walsh 和 Aikemade 在 1955 年提出，20 世纪 60 年代初期商用原子吸收分光光度仪问世。

一、基 本 原 理

1. 共振吸收线的产生　原子中每一种围绕核运动的电子决定其原子的一种能级状态，所以原子具有多种能量状态。在一般情况下，原子外层电子处于最低能级的基态，当辐射光照射到基态原子蒸气上时，外层电子受外界能量激发从基态跃迁到不同能级的激发态，产生原子吸收谱线。原子外层电子由基态跃迁到第一激发态而产生的原子吸收线称为共振吸收线（resonance absorption line）或共振线（resonance line）。不同元素原子的外层电子的排布不同，原子从基态跃迁到第一激发态时吸收的能量不同，元素的共振线特征性不同，所以共振线又称元素的特征谱线（specificity　line）。原子从基态跃迁到第一激发态的过程最容易发生，又称元素的灵敏线（sensitive line）。在原子吸收分光光度法中，常常选择共振线作为测定元素的谱线，故又称分析线（analysis line）。

2. 原子吸收线的形状　当一定强度的辐射照射样品的基态原子蒸气时，如果辐射的能量等于原子由基态跃迁到激发态所需的能量，就会引起该原子对辐射的吸收，形成原子吸收线。原子吸收线并非一条严格的几何线，而是具有一定宽度（频率范围）的谱线轮廓。用透射光强度（I_v）对频率 v 作图，就会得到谱线强度随频率变化分布的原子吸收谱线轮廓（图 19-1）。吸收线的频率 v_0 取决于原子的能级分布特征；吸收线的半宽度 Δv 是极大吸收系数 K_0 一半处吸收线

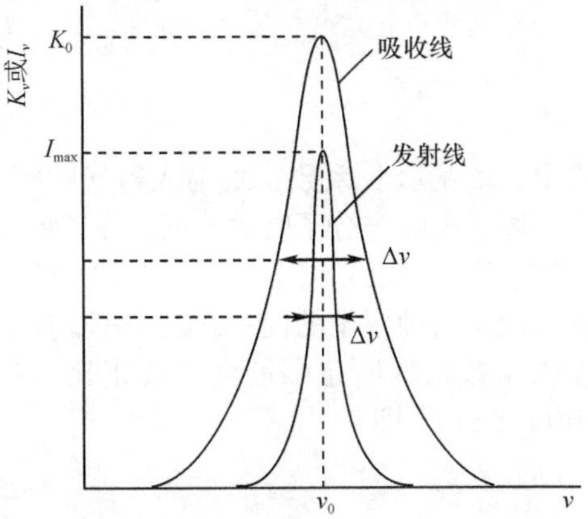

图 19-1　原子吸收线轮廓、发射线轮廓及其比较

轮廓上两点之间的频率差；吸收线的强度是由两能级之间的跃迁概率所决定。所以，原子吸收线的性质可由吸收线的频率、半峰宽度和吸收强度来描述。

影响谱线轮廓的因素比较复杂，影响的程度也各不相同，所以发射线轮廓和吸收线轮廓往往存在差异。在通常的测定条件下，影响谱线变宽的因素主要有自然变宽、热变宽和压力变宽等。

1）自然变宽：自然变宽（self-absorption broadening，$\Delta\nu_N$）是指没有外界条件影响时吸收线固有的宽度。根据量子力学的测不准原理可知，能量的不确定性 ΔE 与寿命不确定性 $\Delta\tau$ 的乘积是一个常数。只有寿命趋于无穷大的粒子，能级的不确定量 ΔE 或频率 $\Delta\nu$ 才趋于零，吸收或发射频率才是唯一确定的值。可见吸收线的自然宽度取决于能级跃迁激发态原子的平均寿命，平均寿命越短，吸收线自然宽度 $\Delta\nu_N$ 越宽。通常自然变宽 $\Delta\nu_N$ 在 10^{-5}nm 数量级。

2）热变宽：热变宽（Doppler broadening，$\Delta\nu_D$）又称多普勒变宽，是指被测原子无规则的热运动产生的频率位移而造成的谱线变宽。当运动的原子发出的光“背向”检测器运动时，检测器检测到的频率较静止状态原子发出的频率低，称为波长“红移”；当运动的原子发出的光“向着”检测器运动时，检测器检测到的频率较静止状态原子发出的频率高，称为波长“紫移”。一般情况下，原子的相对原子质量越小，温度越高，多普勒变宽越宽。通常多普勒变宽 $\Delta\nu_D$ 在 10^{-3}nm 数量级。

3）压力变宽：压力变宽（pressure broadening，$\Delta\nu_P$）是指运动的原子相互碰撞引起能量变化而表现出的谱线变宽。压力变宽的程度与气态原子的压力有关，压力越大，原子相互碰撞的概率越大，压力变宽越严重。通常压力变宽 $\Delta\nu_P$ 在 10^{-3}nm 数量级。根据相互碰撞原子的性质，压力变宽又可分为赫鲁兹马克变宽和劳伦茨变宽。

（1）赫鲁兹马克变宽（Holtsmark broadening，$\Delta\nu_R$）又称共振变宽，是指同种原子碰撞引起的发射或吸收，使量子频率改变而导致的谱线变宽。被测原子蒸气浓度越大，赫鲁兹马克变宽越严重。随着谱线变宽，吸收值降低，结果导致标准曲线弯曲，定量分析的灵敏度和准确度降低。在原子吸收分光光度法测定中，当金属原子蒸气浓度较小时，Holtsmark 变宽可以忽略不计。

（2）洛伦兹变宽（Lorentz broadening，$\Delta\nu_L$）是指被测原子与蒸气中其他原子、分子、离子或电子等相互碰撞而引起的谱线变宽。其他粒子的浓度越大、气体的压力越大，洛伦兹变宽越严重；其他气体粒子的性质不同，洛伦兹变宽不同。随着洛伦兹变宽，原子吸收轮廓两翼发生不对称变化，中心频率位移，吸收值降低，导致定量分析灵敏度降低。

原子吸收谱线轮廓的总半峰宽度 $\Delta\nu_T$ 为

$$\Delta\nu_T=[\Delta\nu_D+(\Delta\nu_L+\Delta\nu_R+\Delta\nu_N)^2]^{1/2} \tag{19-1}$$

由此可见，原子吸收谱线宽度取决于多普勒变宽、洛伦兹变宽和自然变宽。其中，自然变宽较小；当其他原子浓度很小时，洛伦兹变宽可以忽略。所以，一般情况下吸收谱线宽度仅取决于多普勒变宽。

3. 原子吸收值与原子浓度的关系

1）积分吸收：从光源辐射出强度为 I_0 的特征谱线，经过长度为 l 的原子蒸气后，光强度减弱为 I。根据 Lambert 定律，它们之间的关系：

$$I = I_0 \exp(-K_\nu l)$$

$$A = -\lg \frac{I}{I_0} = 0.434 K_\nu l \quad (19\text{-}2)$$

式中，K_ν为吸收系数，K_ν与入射光频率、原子化条件及基态原子浓度等因素有关。

原子吸收与分子吸收不同，分子吸收光谱上任意一点的吸收对应于同种分子的不同能级跃迁的频率，所以光谱上任意一点的吸收强度与分子浓度成正比。原子吸收轮廓上任意一点的吸收对应于同种原子的同一跃迁频率，所以单位体积原子蒸气中吸收辐射的基态原子数（N_0）与吸收系数轮廓所包围的面积成正比，这一面积在原子吸收分析中称为积分吸收（integrated absorption），即：

$$\int K_\nu \mathrm{d}\nu = \frac{\pi e^2}{mc} N_0 f \quad (19\text{-}3)$$

式中，e为电子的电荷；m为电子的质量；c为光速；f为振子强度。由此可见，只要测定了积分吸收值，就可以确定蒸气中的原子浓度。但由于原子吸收线很窄，即使考虑到各种变宽因素，谱线宽度最大也只有约 0.002nm，要在如此小的轮廓区域进行准确积分，需要使用分辨率极高的色散元件，但目前的技术是难以实现的。

2）峰值吸收：1955 年，澳大利亚物理学家沃尔什（A. Walsh）指出，使用一个比吸收线窄得多的锐线光源作为原子吸收分光光度法的光源，峰值吸收系数 K_0 与待测元素基态原子浓度成正比，故可用峰值吸收（peak absorption）代替积分吸收进行原子吸收分光光度法的含量测定。而峰值吸收值的测定，不必使用高分辨率的单色器就能做到。用 K_0代替式（19-2）中的 K_ν，整理得

$$A=KN_0l \quad (19\text{-}4)$$

式中，A 为原子蒸气的吸光度；K 为比例常数；N_0为原子蒸气中的基态原子数；l 为原子蒸气的厚度。在原子吸收分光光度法中，通过原子化器使试样蒸发产生原子蒸气的温度小于 3000K，在此温度下激发态的原子数是很少的，因此，蒸气中基态原子数目可近似地看成原子总数。在一定浓度范围内，当原子化器厚度（l）一定时，吸光度与待测元素的浓度关系可以表示为

$$A = K'c \quad (19\text{-}5)$$

式中，c 为待测元素的浓度；K'为与实验条件有关的常数。式（19-5）成立的前提，也就是用峰值吸收代替积分吸收进行定量分析，需满足以下两个条件：①光源必须是锐线光源，其发射谱线宽度小于待测元素吸收谱线的宽度；②锐线光源的发射线与原子的吸收线中心频率完全重叠。

二、仪　器

（一）原子吸收分光光度计的主要部件

主要由光源、原子化器、单色器及检测器及数据处理系统四个部分组成（图 19-2）。

1）光源：辐射源是一只空心阴极灯（hollow cathode lamp，HCL），该灯管发出其阴极材料及充填气体（氖或氩）所特有的狭窄光谱线。由一个中空阴极（由一种元素或其他化合物制成）和一个环形阳极组成，外有玻璃管密封，其中充填氩气或氖气，管内压力减至 7.5mbar（1mbar=100Pa）。选用的充填气体可降低光谱干扰。对于在紫外线中有共振波长的元素材料，需用石英作为窗口材料，而对于其他元素则可用硅硼玻璃。

电极上加上 150～750V 的电压（阳极正和阴极负之间），阴极发射出电子，该电子在电场作用下被加速飞向阳极，在途中与惰性气体原子碰撞，并使之电离。电离出的正离子获

得能量再轰击阴极表面，将待测元素原子从晶格中溅射出来，溅射出的原子与其他粒子碰撞获得能量而被激发，在它们返回基态时，发射出被测元素的特征谱线。在此过程中，由于灯电流很小，阴极温度和气体放电温度较低，多普勒变宽可以控制得很小。同时灯内惰性气体压力很低，压力变宽可以忽略。可见，在通常的实验条件下，空心阴极灯是一种优良而实用的锐线光源。但是被测元素只能用所测元素的空心阴极灯作为光源，测一种元素就要更换一个灯。

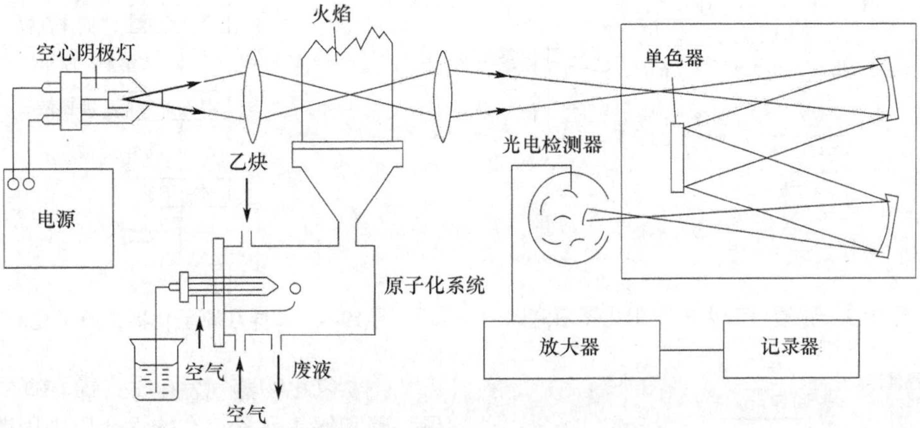

图 19-2　原子吸收分光光度计结构示意图

2）原子化器：原子化器（atomizer）的作用是提供一定的能量，使样品干燥，蒸发并转化为基态原子蒸气。火焰和石墨炉原子化器是目前原子吸收分光光度法广泛选用的两种原子化器。

（1）火焰原子化法。利用化学火焰产生的热能使待测元素原子化。实现火焰原子化的原子化器有全消耗型和预混合型两种。全消耗型原子化器是将试液直接喷入燃烧器火焰将样品原子化。预混合型火焰原子化器由雾化器、雾化室和燃烧器三部分组成（图 19-3）。样品溶液经毛细管导入雾化器，雾化器将试液雾化，并使微细的雾滴与燃气均匀混合，然后喷入燃烧器火焰中将样品原子化。改变燃气和助燃气种类及比例可以控制火焰性质和温度，以满足不同试样原子化的要求，最常用的火焰是空气-乙炔火焰。当入射光通过基态原子时部分能量被吸收，并由传感器转变为电信号，用记录仪进行记录。预混合型火焰原子化器的特点是：火焰稳定性好，精密度较高，吸收光程长，易操作。但原子化效率低，当试液浓度较高时，易产生“记忆”效应。预混合型器中原子化的历程如图 19-4 所示。

（2）非火焰原子化法。在非火焰原子化法中常用的原子化器是石墨炉原子化器。石墨炉原子化器是利用电能加热盛有一定体积试样的石墨管，在高温下实现石墨管内试样的蒸发和原子化。图 19-5 为石墨炉原子化器示意图。在测定过程中，炉内通入氩气或其他保护气体，以防止炉内的原子被氧化，在供电的铜电极周围用水冷却。非火焰原子化需要经过干燥、灰化、原子化及净化四个阶段完成。干燥阶段：在 100℃左右蒸干样品中的溶剂。灰化阶段：去掉比待分析元素容易挥发的样品基体，以减少背景吸收。原子化阶段：温度应达到待测元素转变成气态原子所需温度，该阶段的升温速率要快，加热时间应尽可能短（10s 以内），以延长石墨炉的寿命。净化阶段：在 3～5s 内，用高于原子化温度 100～200℃除去残留物，清除记忆效应。原子蒸气迅速从入射光束通道中扩散出去，形成一个瞬间吸收信号，用记录仪记录。石墨炉原子化法的特点是有利于难熔氧化物的分解，样品用量小，原子化效率高，绝对灵敏度高，化学干扰小，但是由于取样量少，测定的重现性较差，有较强的背景和基体效应，设备较复杂，成本高。

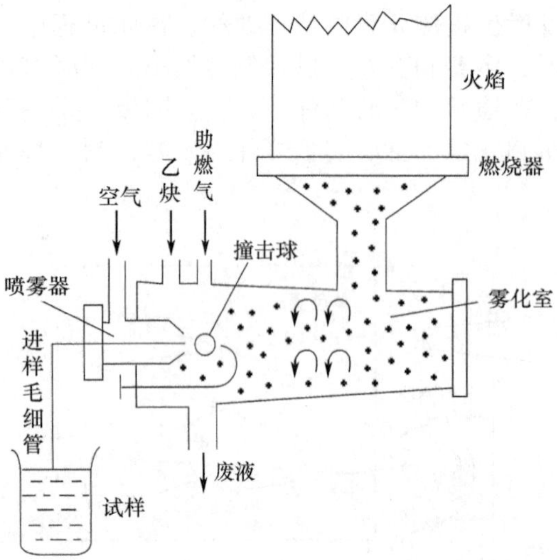

图 19-3　预混合型火焰原子化器示意图

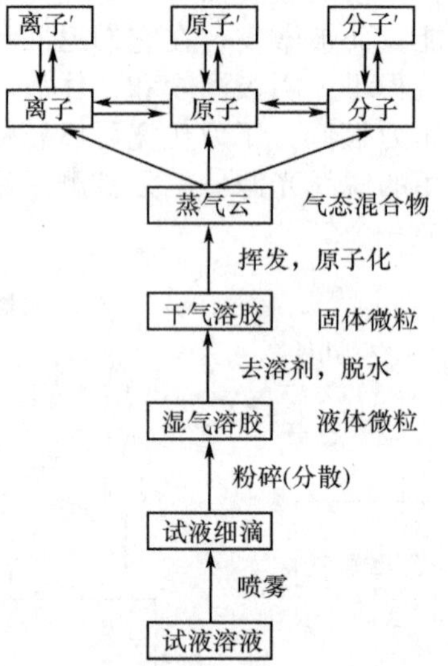

图 19-4　试样在原子化器中原子化的历程

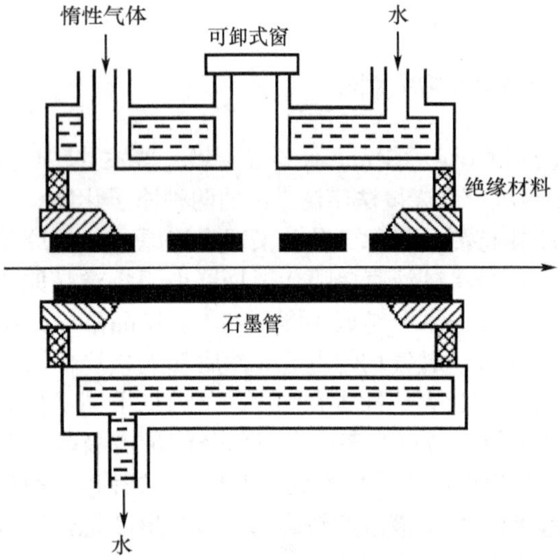

图 19-5　石墨炉原子化器示意图

（3）氢化物蒸气发生法。锑、砷、铋、铅、硒、碲和锡等元素，在酸性介质中用硼氢化钠处理后，都可形成挥发性氢化物（如 AsH_3、SnH_4、BiH_3）。汞在酸性介质中与氯化亚锡发生还原作用时就可产生元素态的汞蒸气。经载气送入在燃烧器上方装有石英吸收池，调节燃烧器使光束通过石英吸收池。氢化物蒸气发生法可将被测元素从大量溶剂中分离出来，其检测限要比火焰法低 1～3 个数量级，选择性好，干扰少。

3）单色器：原子吸收分光光度计中单色器的作用是将所需的共振吸收线分离出来，使之进入检测器进行检测。通常选用衍射光栅作为单色器，其结构与紫外分光光度计中单色器相同。为了避免来自原子化器的其他不需要的发射线进入检测器，增加光电倍增管的负担，缩短使用寿命，原子吸收分光光度计中单色器通常配置在原子化器和检测器之间的光路上。

4）检测系统：原子吸收分光光度计检测器系统主要由检测器、放大器、对数变换器和显示器组成。原子吸收分光光度计对检测器系统要求：输出信号灵敏度高、噪声低、漂移小及稳定性好。检测系统的作用是将单色器透过的共振吸收线，经过光电倍增管转变成电信号，进行放大，再将原子吸收前后光强度的变化进行对数转换，对数转换后的值（A）与试样中待测元素的浓度呈线性关系，确定待测元素的含量。

（二）原子吸收分光光度计的类型

1. 单光束原子吸收分光光度计　单光束原子吸收分光光度计结构简单，价格便宜，便于维护，光能量损失少，灵敏度高。为了获得稳定的光束，空心阴极灯需要充分预热 20～30min，在测定过程中要随时校正基线，以减免由于基线漂移而引起测定误差。

2. 双光束原子吸收分光光度计　双光束原子吸收分光光度计结构复杂，价格较贵。由光源发射的共振线被切光器分成两束，一束光 S 作为测定光通过原子化器，另一束光 R 作为参比光不通过原子化器，两束光交替进入单色器，随后被检测器分别检测，给出两光束的信号差值。双光束原子吸收分光光度计可以消除或避免由于基线漂移和实验条件变化而引起的测量结果误差。双光束原子吸收分光光度计示意图如图 19-6 所示。

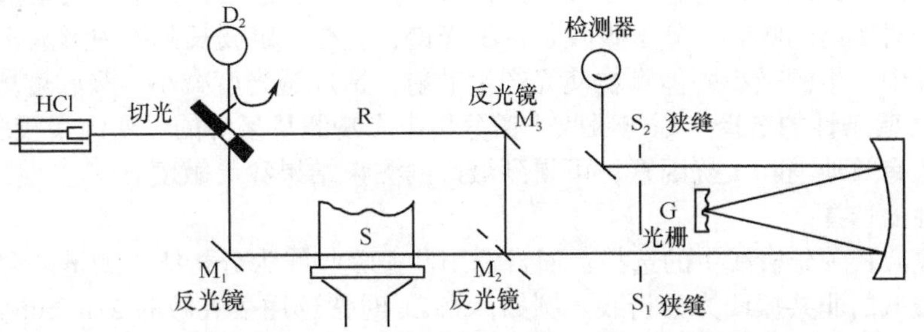

图 19-6　双光束原子吸收分光光度计示意图

（三）原子吸收分光光度法实验技术

1. 原子吸收光谱仪干扰效应及其消除方法　干扰效应按其性质和产生的原因，可以分为四类：化学干扰、电离干扰、物理干扰和光谱干扰。

1）化学干扰：化学干扰与被测元素本身的性质和在火焰中引起的化学反应有关。产生化学干扰的主要原因是待测元素不能全部从化合物中解离出来，从而使参与锐线吸收的基态原子数目减少，从而影响测定结果的准确性。由于产生化学干扰的因素多种多样，消除干扰的方法要视具体情况而定，常用以下方法：

（1）改变火焰温度：对于生成难熔、难解离化合物的干扰，可以通过改变火焰的种类、提高火焰的温度来消除。例如，在空气-乙炔火焰的 PO_4^{3-} 对该测定有干扰，当改用一氧化二氮-乙炔火焰后，提高火焰温度，可消除此类干扰。

（2）加入释放剂：向试样中加入一种试剂，使干扰元素与之生成更稳定、更难解离的化合物，从而实现待测元素与干扰元素的分离。例如，测 Mg^{2+} 时，铝盐会与镁生成 $MgAl_2O_4$ 难熔晶体，使镁难于原子化而干扰测定。若在试液中加入释放剂 $SrCl_2$，可与铝结合成稳定的 $SrAl_2O_4$ 而将镁释放出来。磷酸根会与钙生成难解离化合物而干扰钙的测定，若加入释放剂 $LaCl_3$，则由于生成更难解离的 $LaPO_4$ 而将钙释放出来。

（3）加入保护络合剂：保护络合剂可与待测元素生成稳定的络合物，而使待测元素不再与干扰元素生成难解离的化合物而消除干扰。例如，PO_4^{3-} 干扰钙的测定，当加入络合剂 EDTA 后，钙与 EDTA 生成稳定的螯合物，从而消除 PO_4^{3-} 的干扰。

（4）加入缓冲剂：加入缓冲剂即向试样中加入过量的干扰成分，使干扰趋于稳定状态，此含干扰成分的试剂称为缓冲剂。例如，用一氧化二氮-乙炔火焰测定钛时，铝有干扰，可在试样中加入铝盐使铝的浓度达到 200μg/ml 时，铝对钛的干扰就不再随溶液中铝含量的变化而改变，从而可以准确测定钛。但这种方法不很理想，它会大大降低测定灵敏度。

2）电离干扰：电离干扰是指待测元素在火焰中吸收能量后，除进行原子化外，还使部分原子电离，从而降低火焰中基态原子的浓度，使待测元素的吸光度降低，造成结果偏低。火焰温度越高，电离干扰越显著。当分析电离电位较低的元素（如 Be、Sr、Ba、Al）时，为抑制电离干扰，除采用降低火焰温度的方法外，还可以向试液中加入消电离剂，如 1% CsCl（或 KCl、RbCl）溶液，因 CsCl 在火焰中极易电离产生高的电子云密度，可以抑制待测元素的电离而去除干扰。

3）物理干扰：物理干扰是指试样在转移、蒸发和原子化的过程中，由于物理的特性（如黏度、表面张力、密度等）的变化引起吸收强度降低的效应。采用可调式雾化器通过改变进样量的大小、采用标准加入法（配制与被测样品相似组成的标准样品）或稀释来消除物理干扰。

4）光谱干扰：光谱干扰包括谱线重叠、光谱通带内存在吸收线、原子化池内的直流发射、分子吸收、光散射等。当采用锐线光源和交流调制技术时，前三种因素一般可以不予考虑，主要考虑分子吸收和光散射，它们是形成光谱背景干扰的主要因素：分子吸收是指在原子化过程中生成的分子对辐射的吸收，分子吸收是带状光谱，会在一定波长范围内形成干扰。光散射是在原子化过程中产生的微小固体颗粒使光产生散射，造成透光度减小，吸收度增加。

2. 最佳实验条件的选择 原子吸收光谱分析中影响测量条件的可变因素较多，选择最适的工作条件，能有效地消除干扰因素，可得到最好的测量结果和灵敏度。

测量条件的选择

（1）吸收波长（分析线）的选择：通常选用共振吸收线为分析线，测量高含量元素时，可选用灵敏度较低的非共振线为分析线。例如，测 Zn 时常选用最灵敏的 213.9nm 波长，但当 Zn 的含量高时，为保证工作曲线的线性范围，可改用次灵敏线 307.5nm 波长进行测量。As、Se 等共振吸收线位于 200nm 以下的远紫外区，火焰组分对其吸收明显，故用火焰原子吸收法测定这些元素时，不宜选用共振吸收线为分析线。测 Hg 时由于共振线 184.9nm 会被空气强烈吸收，只能改用次灵敏线 253.7nm 测定。

（2）狭缝宽度的选择：狭缝宽度影响光谱通带宽度与检测器接受的能量。调节不同的狭缝宽度，吸光度随狭缝宽度而变化，当有其他谱线或非吸收光进入光谱通带时，吸光度将立即减少。不引起吸光度减少的最大狭缝宽度，即为应选取的狭缝宽度。对于谱线简单的元素，如碱金属、碱土金属可采用较宽的狭缝以减少灯电流和光电倍增管高压来提高信噪比，增加稳定性。对谱线复杂的元素如铁、钴、镍等，需选择较小的狭缝，防止非吸收线进入检测器，来提高灵敏度，改善标准曲线的线性关系。

（3）空心阴极灯工作条件的选择。

预热时间：通常对于单光束仪器，灯预热时间应在 30min 以上，才能达到辐射的锐线光稳定。对双光束仪器，由于参比光束和测量光束的强度同时变化，其比值恒定，能使基线很快稳定。空心阴极灯使用前，若在施加 1/3 工作电流的情况下预热 0.5～1.0h，并定期活化，可增加使用寿命。

工作电流：灯工作电流的大小直接影响灯放电的稳定性和锐线光的输出强度。灯电流小，使能辐射的锐线光谱线窄、使测量灵敏度高，但灯电流太小时使透过光太弱，需提高光电倍增管灵敏度的增益，此时会增加噪声、降低信噪比；若灯电流过大，会使辐射的光谱产生热变宽和碰撞变宽，灯内自吸收增大，使辐射锐线光的强度下降，背景增大，使灵敏度下降，还会加快灯内惰性气体的消耗，缩短灯的使用寿命。空心阴极灯上都标有最大使用电流（额定电流为 5～10mA），对大多数元素，日常分析的工作电流应保持额定电流的 40%～60%较为合适，可保证稳定、合适的锐线光强输出。通常对于高熔点的镍、钴、钛、锆等的空心阴极灯使用电流可大些，对于低熔点易溅射的铋、钾、钠、铷、锗、镓等空心阴极灯，使用电流以小为宜。

（4）原子化条件的选择：在火焰原子化法中，火焰的优化选择是保证待测元素原子化效率的关键。不同的火焰类型其温度、氧化还原性、燃烧速度等基本特性不同。常用的火焰类型有：空气-氢气、空气-乙炔和一氧化二氮-乙炔火焰。因此，应根据待测元素的电离电位、氧化还原性质及原子化难易程度等性质选择火焰类型。对于分析线小于 200nm 的元素（Se、As 等）宜使用氢火焰，因为乙炔火焰在此波长处有明显的吸收。对于易电离的元素（碱金属和碱土金属）宜采用温度较低的火焰，以防止此类元素电离而干扰测定。对于易形成难解离氧化物的元素（B、Be、Al、Zr、稀土等）应采用高温富燃火焰。火焰的氧化还原特性明显影响原子化效率和基态原子在火焰中的空间分布。因此，在实际工作中，必须调节燃气和助燃气的比例及燃烧器的高度，使光源发出的光通过火焰中基态原子浓度最大的区域，从而获得最高的测定灵敏度。

在石墨炉原子化法中，干燥温度和时间、灰化温度和时间与原子化温度和时间的优化选择是保证待测元素原子化的关键。干燥是指在稍低于溶剂沸点的温度下，除去溶剂的过程。此过程应尽量选择较低的温度，以防试样飞溅。热解、灰化的目的是破坏和蒸发除去试样基体，以减小对测定的干扰。此过程在保证被测元素没有明显损失的前提下，应尽可能选择较高的温度。原子化的目的是使试样的气态分子转变成气态的原子。此过程应选择待测元素原子吸收信号最大时所对应的最低温度。各阶段最佳温度和最佳加热时间均须通过实验进行选择。

（四）原子吸收分析方法

1. 杂质限度检查　原子吸收分光光度法可用于药品中金属元素有关物质杂质的检查和限量检查。检查的方法是取试样适量按规定制备成试样溶液；另取等量的试样，加入一定量的待测元素标准溶液，制备成对照溶液。在相同的实验条件下，测定对照溶液吸光度值 $A_{对照}$ 和试样溶液的吸光度值 $A_{试样}$。当 $A_{试样}<A_{对照}-A_{试样}$ 时，杂质含量满足品种规定要求；当 $A_{试样}>A_{对照}-A_{试样}$ 时，杂质含量不满足品种规定要求。

2. 定量分析方法　应用原子吸收光谱分析进行定量测定时主要使用工作曲线法、标准加入法和内标法。

1）工作曲线法：原子吸收光谱分析的工作曲线法和分光光度法相似。根据样品的实际情况配制一组浓度适宜的标准溶液，在选定的操作条件下，将标准溶液由低浓度到高浓度依次喷入火焰中，分别测出各个溶液的吸光度，以待测元素的浓度 c 为横坐标，以吸光度 A 为纵坐标，绘制 A-c 标准工作曲线（图 19-7）。然后在相同的实验条件下，喷入待测试液，测其吸光度，再从标准工作曲线上查出该吸光度所对应的浓度，即为试液中待测元素的浓度，通过计算可求出试样中待测元素的含量。

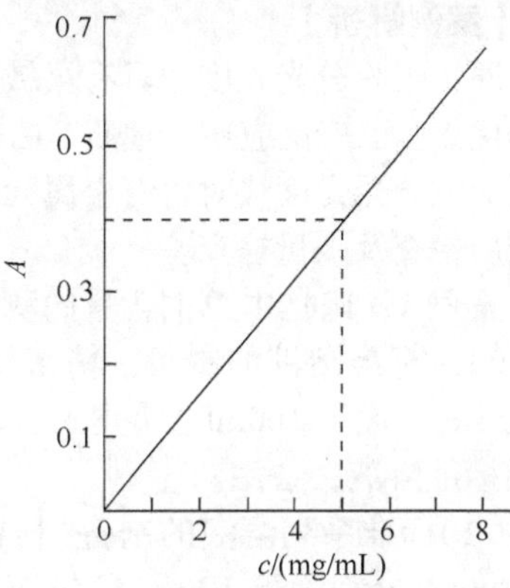

图 19-7　标准曲线法

若标准溶液与试样溶液基本成分（基体）差别较大，则在测定中引入误差。因而标准溶液与试样溶液所加的试剂应一致。在测定过程中要使用去离子水或空白溶液，以校正基线（零点）的漂移。

在实际分析中，当待测元素浓度较高时，常看到工作曲线向浓度坐标弯曲，这是由于待测元素含量较高时，吸收线产生热变宽和压力变宽，使锐线光源辐射的共振线的中心波长与共振吸收线的中心波长错位，使吸光度减小而造成的。此外化学干扰和物理干扰的存在也会导致工作曲线弯曲。

工作曲线法适用于样品组成简单或共存元素无干扰的情况，可用于同类大批量样品的分析。为保证测定的准确度，应尽量使标准溶液的组成与待测试液的基体组成相一致，以减少因基体组成的差异而产生的测定误差。

2）标准加入法：此法是一种用于消除基体干扰的测定方法，适用于少量样品的分析。其具体操作方法是：取 4～5 份相同体积的待测元素试液，从第二份起再分别加入同一浓度不同体积的待测元素的标准溶液，用溶剂稀释至相同体积，于相同实验条件下依次测量各个试液的吸光度，绘制出标准加入法曲线。将此曲线向左外延至与横坐标交点 c_x 即为待测元素的浓度。将试液的标准加入法曲线斜率和待测元素标准工作曲线斜率比较，可说明基体效应是否存在。如图 19-8 所示，其中图（a）中两条曲线斜率相同，表示试液不存在基体干扰；图（b）中“2”的斜率小于“1”，表明存在基体抑制效应，使灵敏度下降；图（c）中“2”的斜率大于“1”的表明存在基体增敏效应，使灵敏度增加。本法的不足之处是不能消除背景干扰，因此只有扣除背景之后，才能得到待测元素的真实含量，否则将使测定结果偏高。

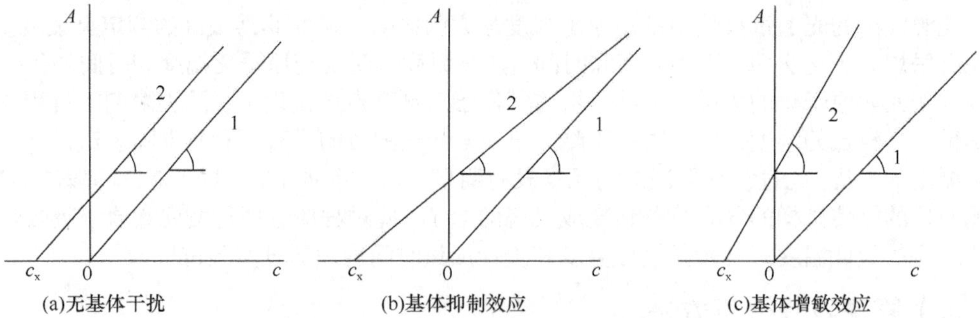

图 19-8　标准加入法工作曲线

1. 待测元素工作标准曲线；2. 标准加入法工作标准曲线

3. 内标法　在标准溶液和试样溶液中分别加入一定量的试样溶液中不存在的元素作为内标元素，在相同条件下，测定分析元素和内标元素吸光度比值，以吸光度比值对被测元素的浓度绘制工作曲线或进行线性回归。从标准曲线查得或回归方程计算试样中被测组分的浓度。内标法消除了在原子化过程中由于实验条件变化而引起的误差，提高了方法的精密度。使用内标法进行测定时应注意：①内标元素应与待测元素在原子化过程中有相似物理、化学性质；②该方法只能在双通道原子吸收分光光度计上使用。

【案例解析】

原子吸收分光光度法具有灵敏度高、取样量少、干扰少、操作简便、快速、化学预处理较简单等优点。已广泛应用于地质、冶金、化工、环保、药物等领域的金属元素测定。我国药典采用原子吸收分光光度法对含有金属元素钾、钠、钙、锌、铅和汞等药物的含量进行测定和药物中金属杂质检查及限量检查。

案例 1：肉桂中总铜含量的测定

（1）标准溶液的制备：精密量取国家标准物质研究中心提供的铜（1000μg/ml）元素标准溶液 1ml，置于 100ml 容量瓶中，用 2% HNO_3 溶液稀释至刻度，摇匀，配制成浓度为 10μg/ml 的铜标准溶液，备用。

（2）标准系列溶液的制备：精密量取铜标准溶液 0.1ml、1.00ml、5.00ml、10.00ml、20.00ml、30.00ml，分别置于 100ml 容量瓶中，用 2% HNO_3 溶液稀释至刻度，摇匀，备用。

（3）试样溶液的制备：精密称取样品约 0.5 g 于聚四氟乙烯消解罐中，加入 4ml HNO_3 过夜，然后再加入 1ml H_2O_2，盖上内盖，再旋转不锈钢外套盖，放入烘箱，温度达到 100℃时，保持 1h，再升温到 120℃保持 1h，最后升温到 140℃保持 5h，自然冷却，取出内罐把消解液转移到 50ml 容量瓶中，用少量去离子水清洗内胆后合并溶液转移入容量瓶，并稀释至刻度，摇匀，备用。

（4）原子吸收分光光度法测定在波长为 324.8nm 处将去离子水喷入火焰，调读数为零，再将系列标准溶液中浓度最大的溶液喷入火焰，调节仪器近满程的读数，然后将标准溶液从低到高依次喷入火焰读数，每喷完 1 次溶液后，均用去离子水喷入火焰充分清洗灯头并调零。吸光度取 3 次读数的平均值，与相应浓度作标准曲线。在相同的条件下，喷入试样溶液，取 3 次吸光度读数的平均值，从标准曲线上查得相应的浓度，计算铜元素的含量。

结果如表 19-1、图 19-9、表 19-2 所示。

表 19-1　铜元素标准溶液的吸光度

浓度/（μg/ml）	0.01	0.10	0.50	1.00	2.00	3.00
吸光度	0.0059	0.0250	0.0613	0.1270	0.2574	0.3865

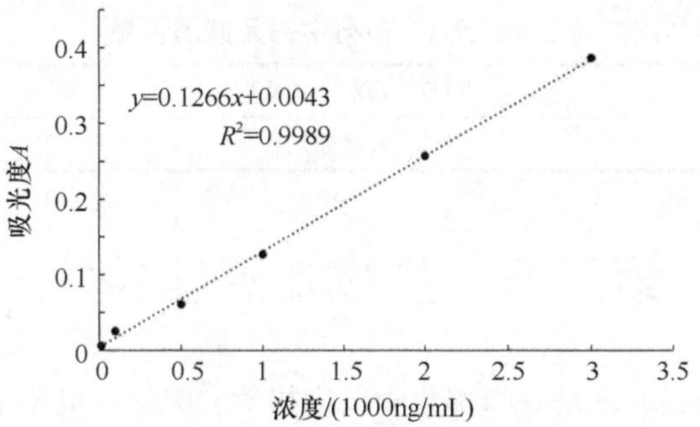

图 19-9　铜元素的标准曲线

表 19-2　肉桂中铜元素的含量

吸光度	试样浓度/（μg/ml）	铜元素含量/（mg/kg）
0.0378	0.2646	26.4600

案例 2：白芍中总镉含量的测定

（1）标准溶液的制备：精密量取国家标准物质研究中心提供的镉（1000μg/ml）元素标准溶液 10μl，置于 100ml 容量瓶中，用 2% HNO_3 溶液稀释至刻度，摇匀，配制成浓度为 100ng/ml 的镉标准溶液，备用。

（2）标准系列溶液的制备：精密量取镉标准溶液 1.00ml、2.00ml、4.00ml、6.00ml、8.00ml，分别置于 100ml 容量瓶中，用 2% HNO_3 溶液稀释至刻度，摇匀，备用。

（3）试样溶液的制备：精密称取样品约 0.5 g 于聚四氟乙烯消解罐中，加入 4ml HNO_3 过夜，然后再加入 1ml H_2O_2，盖上内盖，再旋转不锈钢外套盖，放入烘箱，温度达到 100℃时，保持 1h，再升温到 120℃保持 1h，最后升温到 140℃保持 5h，自然冷却，取出内罐把消解液转移到 50ml 容量瓶中，用少量水清洗内胆后合并滤入容量瓶并稀释至刻度，摇匀，备用。

（4）原子吸收分光光度法测定在波长为 228.8nm 处用石墨炉法进行测定，将标准溶液从低到高以 10μL 的进样量依次手动进样，每个样品进样 3 次，吸光度取 3 次读数的平均值，与相应浓度作标准曲线。在相同的条件下，进试样溶液，取 3 次吸光度读数的平均值，从标准曲线上查得相应的浓度，计算镉元素的含量。

结果如表 19-3、图 19-10、表 19-4 所示。

表 19-3　镉元素标准溶液的吸光度

浓度/（ng/ml）	1.00	2.00	4.00	6.00	8.00
吸光度	0.0579	0.0703	0.1516	0.2109	0.2726

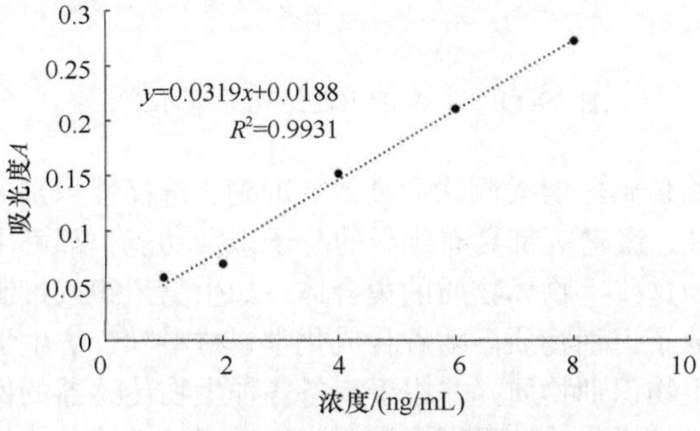

图 19-10　镉元素的标准曲线

表 19-4　白芍中镉元素的含量

吸光度	试样浓度/（ng/ml）	镉元素含量/（mg/kg）
0.1109	2.8871	0.2887

第二节　生物传感器技术

生物传感器（biosensor），是一门集化学、生物学、医学、电子学和光学等多领域相互交叉发展形成的一门新型学科。它是将生物敏感材料如酶、抗原/抗体、核酸、微生物、组织、细胞等生物活性物质作为分子识别物质固定在适当的理化换能器（如电极、光敏管、场效应管、压电晶体等），将被测物质的浓度转换为电检测信号的小型化分析器件。生物传感器是由化学传感器衍生而来，具有高选择性、高灵敏度、快速分析、低成本、便于现场分析等优点，可以在生物复杂样品环境中，实现目标离子、小分子、核酸、蛋白质及细胞等被测组分的快速、灵敏、准确分析检测。21 世纪以来，伴随着生命科学、信息科学、材料科学等学科的迅速发展，生物传感器越来越受到人们的重视和青睐，被广泛应用于医疗卫生、药物分析、食品检验和环境监测等各个领域。

一、基本原理

生物传感器通过分子识别物质作为生物敏感元件，换能器作为信号转换器将被感知物质的物理或化学变化转换成可测量的电信号。因此，一个典型的生物传感器是由分子识别物质和换能器组合构成，如图 19-11 所示。

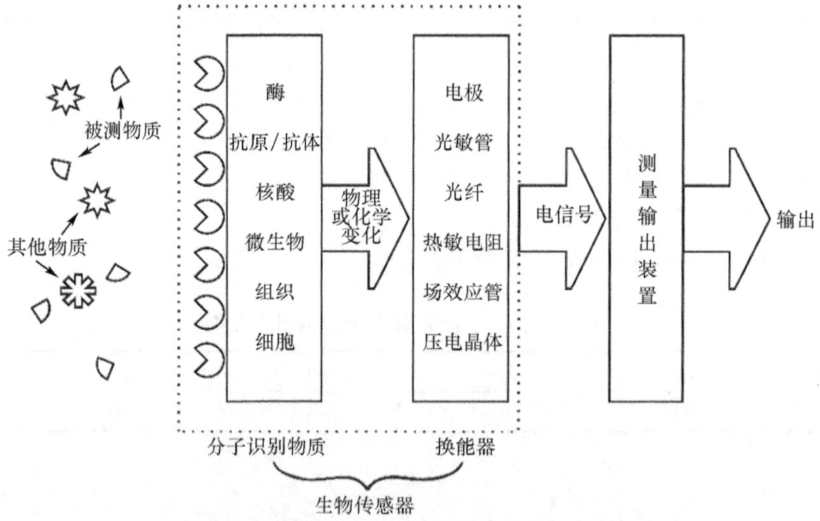

图 19-11　生物传感器结构原理示意图

分子识别物质是生物传感器对被测物质高效、准确、选择性识别的基础。现已发现生物体内的许多物质如酶、抗体、激素等都具有优异的分子识别功能，都可用于制备传感性能特异的生物传感器。此外，作为这些生物体物质的集合体，如生物组织或细胞，甚至生物体本身，如某些微生物，也可作为分子识别物质。随着合成化学、材料学、仿生学和基因工程等学科的发展，通过人工方法合成生物识别物质，并用于制备各种生物传感器的优势开始凸显。人工合成的生物识别物质受外界环境干扰小，可根据需要进行适当的功能化修饰，同时保持对被测物的选择性识别特性。

生物识别物质对被测物选择性识别后产生的物理、化学或生物的变化，需要适当的理化换能器将这些响应信号转换成可测量的电信号，实现被测物的定性、定量分析。常见的换能器有电极、光敏管、光纤、热敏电阻、场效应管和压电感应装置等。换能器的选择主要根据目标分析物与生物敏感元件作用后产生的信号种类进行选择。选择合适的换能器制备生物传感器有利于降低检测限，提高检测灵敏度，减少不相关信号干扰。随着科学技术的不断发展，可供选择的换能器越来越多。

针对不同的目标分析物，选择合适的分子识别物质与换能器制备生物传感器，利于提高生物传感器的选择性和检测灵敏度、降低检测限，扩大生物传感器的应用范围，同时可以简化检测程序，降低检测成本。

二、分类与命名

生物传感器根据不同的分类方法主要有下面三种分类命名方式。

（1）根据生物传感器中分子识别物质即敏感元件的不同可分为：酶生物传感器（enzyme biosensor）、免疫生物传感器（immunol biosensor）、基因生物传感器（gene biosensor）、微生物传感器（microbial biosensor）、组织生物传感器（tissue biosensor）和细胞生物传感器（cell biosensor）等。

（2）根据生物传感器的换能器即信号转换器的不同可分为：电化学生物传感器（electrochemical biosensor）、光学生物传感器（optical biosensor）、半导体生物传感器（semiconduct biosensor）、热学生物传感器（calorimetric biosensor）、压电晶体生物传感器（piezoelectric biosensor）等。

（3）以被测目标与分子识别元件的相互作用方式的不同可分为：生物亲和型生物传感器（affinity biosensor）、代谢型或催化型生物传感器等。

三、酶生物传感器

生物传感器的研究始于 20 世纪 60 年代。1962 年，Clark 和 Lyons 首次提出结合酶与电极来测定酶底物的葡萄糖酶电极概念。1967 年，Updike 和 Hicks 研制出世界上第一支葡萄糖氧化酶电极，用于定量检测血清中的葡萄糖含量。此后，酶生物传感器引起了各领域科学家的高度重视和广泛研究，得到了迅速发展。酶生物传感器是将固定化的酶膜作为生物敏感元件，通过基体电极作为信号转换器，当酶膜上发生酶促反应时，产生的电活性物质由基体电极对其响应，基体电极的作用是使化学信号转变为电信号，从而实现对目标物定量测定。与传统分析方法相比，酶生物传感器是由固定化的生物敏感膜和与之密切结合的换能器组成，它把固化酶和电化学传感器结合在一起，因而具有独特的优点：①它既有不溶性酶体系的优点，又具有电化学电极的高灵敏度；②由于酶的专属反应性，使其具有高的选择性，能够直接在复杂试样中对目标物进行测定。因此，酶生物传感器在生物传感器领域中占有非常重要的地位。

酶生物传感器根据酶与电极间电子传递机理的不同大致可将其发展分为三个阶段：第一代酶生物传感器是以溶解氧为电子媒介体的电催化阶段，以葡萄糖氧化酶（GOD）催化葡萄糖为例：

酶层：葡萄糖 $+ O_2 \xrightarrow{GOD}$ 葡萄糖酸 $+ H_2O_2$

电极：$H_2O_2 \longrightarrow O_2 + 2H^+ + 2e^-$

如上述酶层发生的酶促反应所示，反应结果，O_2 浓度减小，H_2O_2 浓度增大。通过电极反应检测 H_2O_2 浓度的变化或氧的消耗来测量底物。该方法存在的缺点是：溶解氧的变化可能引起电极响应的波动；由于氧的溶解度有限，当溶解氧缺乏时，电极响应电流明显下降，从而影响传感器的检出限；电极的响应性能受溶液的 pH 及温度影响较大。

在第一代酶生物传感器研究的基础上，现在普遍采用的是第二代酶生物传感器即介体型酶生物传感器，它是以人工修饰的电化学活性物质为电子媒介体的电化学催化。以葡萄糖氧化酶催化葡萄糖为例：

酶层：葡萄糖 + GOD(Ox) $\longrightarrow$ 葡萄糖酸 + GOD(Red)

修饰层：GOD(Red) + M(Ox) $\longrightarrow$ GOD(Ox) + M(Red)

电极：M(Red) $\longrightarrow$ M(Ox) + ne^-

式中，GOD(Ox)和 GOD(Red)为葡萄糖氧化酶的氧化态和还原态，M(Ox)和 M(Red)为电子媒介体的氧化态和还原态。上述电子媒介体循环过程产生的电流与葡萄糖的浓度相关。

第二代酶生物传感器增加了化学修饰层。引入这类能够传输电子的介体进行电化学检测可以大大减小对氧气压强的依赖性，并且可以促进电子传递过程，使电极反应可以在较低电位下进行，从而避免体系中共存电活性物质引起的副反应干扰。为更好地发挥作用，电子介体与还原态的酶应该迅速反应（减小溶解氧的竞争）、具有较好的电化学活性、水溶性差且无毒、化学稳定性好。目前商品化的血糖检测仪通常以铁氰化物或二茂铁为电子介体，由于介体的电位浸出和毒性，大多数体内检测装置仍采用无介体检测。

第三代酶生物传感器是以酶与电极之间直接电子传递即酶在电极上的直接电催化来实现的。它利用酶与电极的直接电子转移，无需加入其他试剂，操作步骤简单，是真正意义上的无试剂生物传感器。以葡萄糖氧化酶催化葡萄糖为例：

酶层：葡萄糖 + GOD(Ox) $\longrightarrow$ 葡萄糖酸 + GOD(Red)

电极：GOD(Red) $\longrightarrow$ GOD(Ox) + ne^-

实现酶的直接电化学一直是生物电化学科学家们努力探索的研究方向，这对于研制非媒介体的酶生物传感器是很有意义的。由于酶通常具有较大的相对分子质量，其电活性中心深埋在分子的内部，且在电极表面吸附后易发生构型的变化，所以酶与电极间难以直接进行电子转移。目前，仅有过氧化物酶、氧化酶、氢化酶和脱氢酶、超氧化物歧化酶等少数几种相对分子质量相对较小的酶，能够在电极上直接进行有效的电子转移。酶作为一类典型的生物大分子和特殊催化剂，在生命过程中扮演着极其重要的角色。因此，寻找高效的方法和手段实现更多酶的直接电化学，以满足生物医药、环境监测和工业快速分析的需要，必将成为这个领域的发展趋势。

四、生物传感器的发展趋势

生物传感器正朝着多学科、多领域综合交叉方向发展。微电子技术、系统工程等技术在生物传感器领域中的应用实现了生物传感器自动化、人性化操作；生物学、仿生学、物理学、化学在生物传感器领域中的应用为生物传感器研究提供了先进的理论支撑；材料科学特别是纳米材料科学在生物传感器领域中的应用为生物传感器灵敏度提高、微型化生产提供了可能。高通量核酸测序仪就是在多学科、多领域综合交叉应用的基础上研制出的先进生物传感器。

生物传感器正朝着微型化、集成化和自动化方向发展。随着芯片技术、纳米技术和微加工技术的发展，生物传感器设计更微小，拇指大小的生物传感器可以同时实现成千上万个不同样品的高通量、自动化分析检测。微流控生物芯片、基因芯片、蛋白生物芯片就是其中的杰出代表。

生物传感器正朝着专业化、经济化、简约化方向发展。随着检测需求的增加，检测领域的拓宽，生物传感器应用更专业、更简约，可实现对某一领域、特定目标物的灵敏、快速、低成本检测。例如，便携式葡萄糖检测仪可随时携带，操作简单，使用方便，可为糖尿病患者进行实时血糖浓度监测；便宜的农药试纸可快速检测蔬菜中的农药残留，可为农户检测蔬菜安全提供便利；高效的 HIV 病毒检测试纸可特异性检测血液中 HIV 病毒感染，可为病毒感染者控制病情提供帮助。

生物传感器是一门多学科、多领域相互融合的新学科、新领域，是一项传统技术与现代科技融会贯通、具有广泛发展前途和应用价值的高新技术，是现代科技的前沿技术，是科学技术研究的热点之一。在未来知识经济发展中，生物传感器技术必将成为介于生物技术和信息技术之间新的增长点。

第三节　色谱联用技术

色谱联用技术是将色谱与定性、结构分析仪器通过适当接口相结合，借助计算机技术进行联用分析的技术，色谱之间的联用也属于色谱联用技术。将两种方法有机结合而实现在线联用，获得了两种方法单独使用时不具有的更快、更有效的功能。

1957 年，霍姆斯和莫瑞尔首次成功地将气相色谱与质谱结合起来，实现了气质联用技术。在此后的半个多世纪里，联用技术的发展日新月异。目前常见的已经实现商品化的色谱联用仪器有：

气相色谱–质谱联用技术（gas chromatography/mass spectrometry，GC/MS）。开发最早，目前已经成为常规分析技术。由于气相色谱的流出物是气体，只需要简单接口即可使质谱的真空系统与之匹配，故是目前最成熟的色谱质谱联用技术。

气相色谱-傅里叶变换红外光谱联用技术（gas chromatography/Fourier transform infrared spectrometry，GC/FTIR）。早期的色散型红外光谱仪扫描速度慢，不能适应气相色谱的分析速度，直到傅里叶转换技术和汞镉碲光导检测器（MCT）出现后，配合高速扫描和计算技术，在线气红联用才真正实现。

气相色谱-原子光谱联用技术（gas chromatography/atomic spectrometry，GC/AS）。即将分离后的气态组分在保温状态下直接导入原子光谱进行激发和测定。主要用于无机元素的类型、价态等分析。

全二维气相色谱联用技术（gas chromatography×gas chromatography，GC×GC）。即把分离机理不同而又互相独立的两支色谱柱以串联方式结合，将前一根色谱柱的部分流出组分在后一根色谱柱上再进行分离。两根色谱柱间的接口具有捕集和传送被测组分的作用。最大的特点是分离效能强大，一定条件下可以实现全成分分析。

全二维气相色谱-飞行时间质谱联用技术（gas chromatography/time-of-flight MS，GC/TOF）。由于全二维气相色谱的出峰时间很快，只有飞行时间质谱的数据采集速率能够与之匹配，才能体现全二维气相色谱快速高效分离的优势。

液相色谱-质谱联用技术（liquid chromatography/mass spectrometry，LC/MS）。是目前代谢产物和复杂体系分析中最常用的手段。液相色谱的流出物是液体，直接导入质谱会破坏其真空环境。直到电喷雾电离接口（ESI）和大气压电离接口（API）出现之后，液质联用技术才实现商品化。由于 80%以上的有机化合物沸点较高或热不稳定，故液质联用技术的应用范围很广，特别是在生物大分子的分析方面。

液相色谱-傅里叶变换红外光谱联用技术（liquid chromatography/Fourier transform infrared spectrometry，LC/FTIR）。早期的色散型红外光谱仪扫描速度慢，只能采用暂时停泵的方法，使红外光谱样品池内的已分离组分得到充分扫描。这样会引起峰展宽，较低柱效。傅里叶转换技术和汞镉碲光导检测器（MCT）出现后，液红联用才实现商品化。但是反相液相色谱的流动相中含水，如何除水以防干扰红外光谱的测定是最大的技术瓶颈。

液相色谱-核磁共振波谱联用技术（liquid chromatography/nuclear magnetic resonance spectrometry，LC/NMR），核磁共振是目前最强大的结构鉴定技术，利用液相色谱良好的分离能力可以为核磁共振提供纯物质的样品。由于傅里叶转换技术的出现，使核磁共振波谱仪的扫描速度大大提高，可以适应液相色谱的分离速度，不再需要暂时停泵等待扫描完成。脉冲序列技术也很好地解决了液体流动相对核磁共振波谱测定的干扰问题。

液相色谱联用技术（liquid chromatography/liquid chromatography，LC/LC），主要依托两种不同分离原理的色谱柱和柱切换技术，使前一级色谱柱进行样品的初步分离或组分捕集，经过两柱间的柱切换阀后在后一级色谱柱上实现进一步分离。可以使用反复切换再循环及一对多型串联来提高分析的自动化程度。

色谱联用技术中最为成熟、应用最为广泛是色谱与质谱联用技术，本节将着重介绍气相色谱-质谱联用和液相色谱-质谱联用技术。

一、气相色谱-质谱联用技术

气相色谱-质谱联用技术，简称气质联用，即将气相色谱仪与质谱仪通过接口组件进行连接，以气相色谱作为样品分离、制备的手段，将质谱作为气相色谱的在线检测手段进行定性、定量分析，辅以相应的数据采集与控制系统构建而成的一种色谱-质谱联用技术。气质联用中气相色谱的分离和质谱的检测都只是整体功能的一个部分，这两种分析技术的优势互补，实现了一种集分离、定性、定量分析于一体，高效快速灵敏的新型分析方法。

（一）气相色谱-质谱联用仪器

气相色谱-质谱联用系统中，气相色谱仪相当于一个分离和进样装置，质谱仪则相当于检测器。由于前者的出口处于常压并含有大量的载气，而后者必须在高真空条件下工作。所以，将两者相互匹配地连接起来的“接口”技术是气相色谱-质谱联用的关键技术。气相色谱-质谱联用是分析和确证组织中微量或痕量药物的有力工具，在很大程度上弥补了普通气相色谱法的不足和缺陷。

气相色谱-质谱联用仪主要由色谱系统、接口、质谱系统和色谱工作站组成。典型的气相色谱-质谱联用仪如图 19-12 所示，其中色谱系统和质谱系统的功能与单独的气相色谱仪和质谱仪相同，在此主要对接口和色谱工作站做简单介绍。

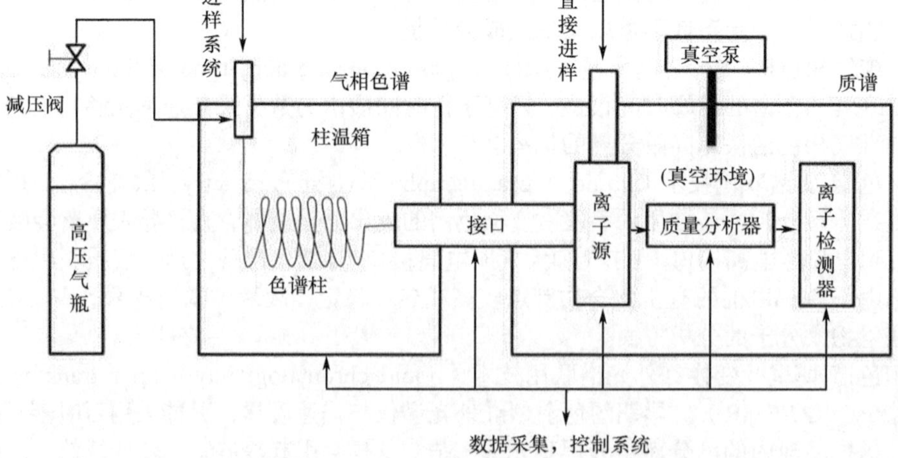

图 19-12　气质联用仪的结构示意图

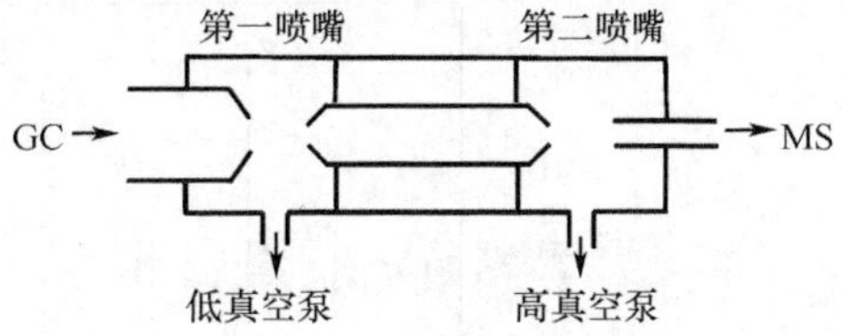

图 19-13　喷射式接口示意图

1. 喷射式接口　接口是在气相色谱仪和质谱仪的连接处设计的一个过渡装置。接口的形式很多，喷射式接口是其中常用的一种（图 19-13）。其基本工作原理是：基于在膨胀的超音喷射气流中，不同分子质量的气体有不同的扩散速率。当色谱流出物经第一级喷嘴喷出后，载气的相对分子质量小，扩散速度大，容易被真空抽走，被测组分的相对分子质量大，扩散速度小，不易被真空抽走，继续前行。再经第二级喷嘴喷射后，被浓缩的组分气体进入质谱仪分析。为了便于在接口除去大量载气，一般气相色谱-质谱联用仪所用的载气应是小分子的惰性气体，如氦气。

2. 色谱工作站　气相色谱-质谱联用仪是在计算机控制下进行的，并配有强大功能的色谱工作站，自动进行数据采集、处理和储存等常规操作。可以给出被分离样品组分的总离子流色谱图和其中各组分的质谱图。同时，工作站的化合物库和识别系统根据测定的质谱数据，对未知化合物进行比较鉴别，并给出可能的结构信息。

1）总离子流色谱图：被分离组分经离子源电离后的所有离子产生的离子流信号，经放大后与组分的流出时间所作的色谱图，与普通的气相色谱图类似，称为总离子流（total ion current，TIC）色谱图。由图 19-14 可见，在气相色谱-质谱联用仪的离子源出口狭缝设有总离子流检测器，当某一组分出现时，总离子流检测器发出触发信号，同时启动质谱仪开始扫描而获得该组分的质谱图。

2）差项质谱图：对总离子流色谱图中的某一色谱峰，用其峰顶的质谱图数据减去峰谷的数据，然后在显示器上显示出这一色谱峰的差项质谱图。利用这种方式可以部分地消除其他因素造成的杂峰。

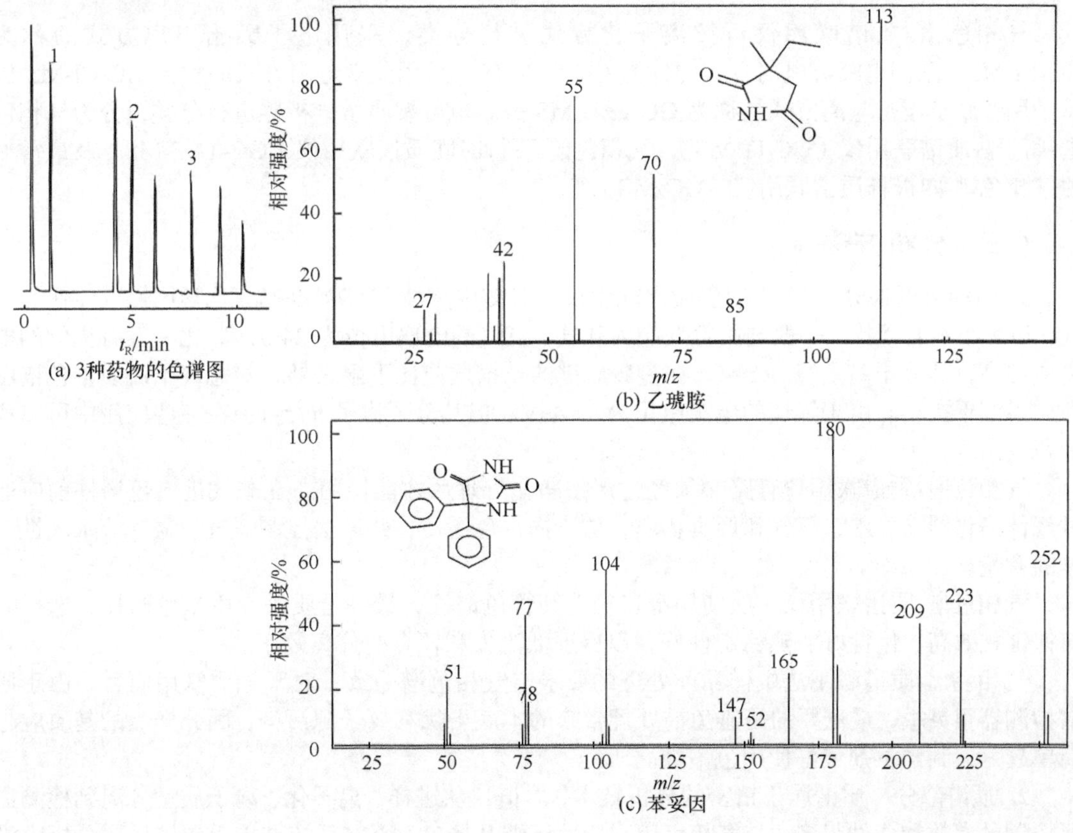

(a) 3种药物的色谱图

(b) 乙琥胺

(c) 苯妥因

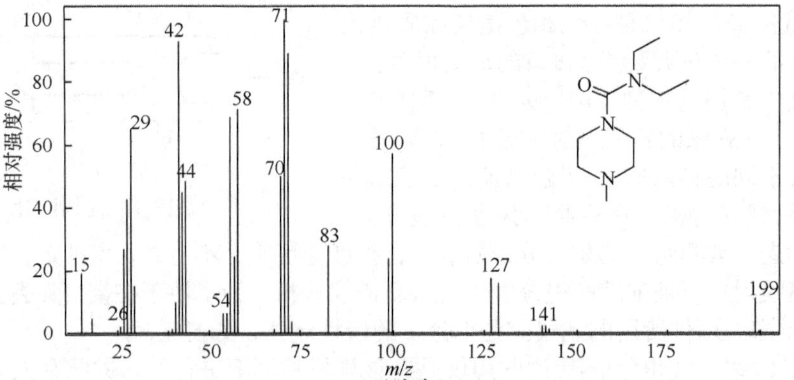

(d)乙胺嗪

图 19-14　3 种抗惊厥药物的总离子流色谱图

3）质量色谱图：当组分离子流进入质量分析器时，只允许选定的一个或几个特征质荷比的离子进入检测器，可以给出特征离子的质量色谱图。利用选择离子检测（select ion monitoring，SIM）方式可以消除大量未选定离子的影响，提高了分析方法的选择性和灵敏度，一般最小检测量低于 ng 数量级。

4）谱库检索：气相色谱-质谱联用仪均附有较为强大的化合物质谱图库和质谱图搜索系统，它能将实验所得的质谱图与图库的质谱图进行比对，并按匹配率次序列出若干可能化合物的结构和名称，也能给出可能化合物的标准质谱图，大大地方便和提高了对未知组分的定性鉴别。

（二）气相色谱-质谱联用仪的分类

气相色谱-质谱联用仪可按离子化方式进行分类，采用电子轰击电离方式的称为 GC-EI-MS，采用电喷雾电离方式的称为 GC-ESI-MS，采用化学电离方式的称为 GC-CI-MS 以及采用快原子轰击电离方式的称为 GC-FAB-MS 等。也可按质量分析器进行分类，分为气相色谱-离子阱质谱联用仪（GC-IT-MS），气相色谱-飞行时间质谱联用仪（GC-TOF-MS）及最常见的气相色谱-四极杆质谱联用仪（GC-MS）等。

（三）分析方法

1. 气相色谱部分　气相色谱-质谱联用仪一般使用高纯（>99.999%）化学惰性气体作为载气，以减小本底干扰。一般选用氦气作为载气，氦气的电离电位为 24.6eV，比一般有机物的电离电位高，其分子离子峰 *m/z*=4，在多数质谱的扫描质荷比下限之外，对总离子流质量色谱图和质谱图干扰小。由于氢气的电离电位为 15.4eV，但其分子离子 *m/z*=1，在一些应用中可以代替氦气。

气相色谱-质谱联用仪管路必须经过严格净化处理后才能使用。在载气进入色谱柱前应通过气体净化器除去水、氧气和烃类物质，防止损害色谱柱，并设法控制氮气、氩气等永久性气体的含量。

气相色谱-质谱联用仪一般使用窄口径毛细管色谱柱，最好是质谱专用型色谱柱，选择时应保证柱效高、惰性好、热稳定性好，以保证低流失和较高的分离效率。

气相色谱-质谱联用法中样品前处理的要求与气相色谱一致，对于气质联用而言，由于质谱检测器很灵敏，最重要的是避免前处理带来的本底干扰和离子源污染，因此样品的基质应越简单越好，制样溶剂最好使用色谱纯。

2. 质谱部分　质谱属于精密的分析技术，质谱仪从进样、离子化、离子质量分离到检测需要控制的参数和条件很多，与气相色谱联用后还涉及接口、真空系统维护等单纯质谱分析中没有的问题。下面以四极杆质谱为例对联用时的质谱技术要领做简单介绍。

1）仪器的调谐：仪器的调谐就是通过调节离子源、质量分析器、离子检测器的参数对仪器进行校准，达到所需要的分辨率、灵敏度、准确度和正确的离子丰度比，提高质谱库检索的准确性，或了解仪器状态能否达到规定的指标。对不同质荷比范围的仪器，按操作规程的要求，采用相应标准物质，通过比对标准化合物特征离子的相对强度、实测质量的误差，计算实测质量与扫描电压的校正曲线，检查操作参数是否偏离正常值，检查本底峰强度，检查峰形来进行调谐。调谐中可供调整的参数有：离子源的发射电流、电子能量；质量分析器的工作电压；离子聚焦透镜电压等。调谐操作时，软件的运行窗口可以显示特定离子质量的峰形及各参数的变化情况，调谐结束后可以直接给出调谐报告。

2）质谱真空系统的维护：真空系统是质谱正常工作的基础，正确的开关机操作步骤和日常维护是维持良好真空的必要条件。应该尽量将样品进行成批分析，减少开关机的次数并尽量防止突然断电的情况发生，一般一周或数周关机一次。气质联用仪的启停通常有日常关机和彻底关机两种状态，日常关机状态下质谱不卸真空，载气维持小流量的输入；维护操作一般在彻底关机状态下彻底卸掉真空后进行。注意：只有在质谱的离子检测器降至室温后才能卸真空，防止突然降温损坏离子检测器；完全卸掉真空之前切不可关掉质谱及直接进样装置的真空泵，以防止泵油倒吸。另外，还应定期检查扩散泵的油面高度、更换泵油。分子涡轮泵要定期检查冷却系统。

3）质谱图本底干扰的来源及对策：质谱真空系统的洁净是获得高质量质谱图的保证。真空系统的残余气体是本底干扰的主要来源，并且这种残余气体的产生是不可避免的。其主要来源是色谱柱的固定相流失、进样口硅橡胶隔垫残渣，它们主要是硅氧烷聚合物的残渣。这些流失物会源源不断地进入离子源，造成色谱图和质谱图的基线噪声增大，硅氧烷聚合物的碎片一般相对分子质量较大，并且质谱图特征明显。其质荷比范围分布较宽（m/z=73～503），大部分分布在常规分析所检测的质量扫描范围内，会对灵敏度和准确度产生干扰，可能造成图谱失真。

其他污染物的来源还包括气相色谱载气不纯、进样针污染、样品污染、溶剂污染、离子源清洗剂污染、泵油蒸发等。

一般进样和不进样流失的本底图谱是一样的，仅是强度不同，在图谱中可以扣除得到良好的谱图。但正确的维护和操作才是降低此类干扰的根本保证，如及时清洗易污染的部件，使用耐高温的交联键合相色谱柱、耐高温的密封隔垫，及时更换失效的密封隔垫；进样分析前对气相色谱系统进行充分的老化；分析完成后不急于降温关机，对系统进行适当的烘烤和抽真空；定期更换泵油。

4）质谱的扫描方式：从气相色谱流出的组分不断进入质谱，质谱对组分离子的质荷比分布和相对丰度进行快速反复扫描并采集数据。不同的扫描方式所监测的离子不同，获得的色谱图的意义也不同，最常见的两种扫描方式是全离子扫描（TIM）和选择性离子扫描（SIM）。全离子扫描是将每张质谱图中所有的离子强度相加，所获得的质量色谱图为总离子流色谱图（TIC），反映总离子流强度随扫描时间的变化情况。选择性离子扫描某一个或几个质荷比的离子的强度，再将其叠加得到选择性离子流色谱图（SIC），反映特定离子的强度随扫描时间变化的情况。将每次全离子扫描得到的质谱图中某一个质荷比的离子的强度叠加得到的离子流强度作纵坐标，以时间为横坐标，即得到的被监测离子流强度随扫描时间变化的曲线，这就是质量色谱图。质量色谱图可以反映色谱流出的特定组分的浓度随时间变化的情况。SIM 的灵敏度要比 TIM 高 2～3 个数量级，峰形及重现性也较好，可以利用化合物特征离子质量色谱图上的保留差异检测共流出色谱峰的纯度。如果各组分特征离子质量色谱图的保留时间有差异，则表明 TIC 中的同一个色谱峰可能存在不止一个化合物。但 SIM 不能进行未知物的鉴定，因为需要事先知道化合物的离子质量。

5）质谱图谱库检索：利用质谱解析，比照质谱库中的质谱图即可快速分析化合物的结构等信息。美国国家标准与技术局（NIST）的谱库检索系统和 Wiley 数据库是现今应用最广泛的质谱库系统，各厂商的质谱库多参照该系统编撰，NIST 谱库检索系统集成了相对分子质量、同位素丰度计算、元素组成、图谱解析、自动鉴别质谱数据、分离气相色谱共流出色谱峰等功能。注意这些参考图谱不可避免地会有疏漏，一个化合物也可能存在多张图谱，而且应注意实测谱图的来源、所用仪器类型及操作条件的差异。

6）设置采集延时：气相色谱-质谱联用的应用范围很广，通常的用途有：复杂混合物的成分分析，杂质成分的鉴定和定量分析，目标化合物残留的定量分析。气相色谱的操作参数可以直接移植到气质联用仪上，质谱条件则除了电离电压、扫描速度、质量范围、信号放大电流等外，还应注意溶剂峰扣除时间的设定。由于质谱为了自我保护通常在信号过饱时会中断信号采集，而气质联用仪的进样量相对于样品溶剂量来说很小，溶剂沸点又很低，在气相色谱中将首先流出色谱柱。因此如不设定采集延时，使质谱在溶剂出峰后再进行检测（通常 2～5min 后），则溶剂峰很容易使质谱检测器饱和而采集不到待测组分的色谱峰。

在实际分析操作中应注意以下问题：应收集保存与样品相关的所有信息，包括样品性质与前期制样操作过程；尽可能收集各种标准品备用，应对可能出现的问题；根据分析需要选择合适的色谱柱和操作条件；根据样品性质选择合适的离子化方式；选择适当的数据记录、处理方法。

3. 定量分析 气质联用技术在定量方面具有一定优势，即可以色谱峰分离不完全的情况下采用选择性离子扫描，利用其各自特征离子保留时间的差异，根据化合物特征离子的峰面积或峰高与相应待测组分含量的比例关系，对其中的化合物分别进行定量。而且选择性离子流色谱图相对不易受干扰，定量结果更可靠。在用质谱进行定量前，应首先根据其保留时间和质谱图确认目标化合物的特征离子，以免产生假阳性。

定量的操作方法是：先选定目标色谱峰，选取该峰附近两侧的基线噪声作为本底干扰予以扣除，然后对峰面积进行积分或计算峰高，然后换算成待测组分的浓度。由于质谱灵敏度较好，常用的换算方法是 TIC 峰面积归一化法，对于成分复杂的待测物应考虑使用校正曲线法以排除未完全分离的峰中非目标组分的干扰。

同位素标记内标法是将稳定性同位素（如 ^{2}H、^{13}C、^{15}N）标记到待测组分和内标物中的内标校正曲线法，具有很高的灵敏度和专属性。这是气质联用技术独有的技术，除质谱以外其他色谱检测器均不能使用，多见于临床药代动力学的研究。

4. 定性分析 气质联用技术可以在有标准品的情况下根据色谱保留时间定性，与普通气相色谱的定性方法相同，即在色谱图中首先选定目标化合物的色谱峰，然后调出质谱图库进行比对，确定待测组分可能的结构即其他相关信息。对于在 TIC 中尚未完全分离的色谱峰，可以换用 SIC 提高分辨率。注意：所选离子必须能够确证为待测组分主要的特征离子。若无标准品则可以利用质谱测定化合物特征离子并与标准质谱图库比对来进行结构解析，与一般的质谱定性方法相同。

如果能够获得较纯的样品，可以不经过气相色谱分离而直接进行质谱分析，即采用直接进样模式（direct injection，DI）进样。将样品盛入专用样品管后放入质谱的直接进样杆，设定升温程序，使样品组分按沸点由低到高依次气化，直接进入质谱进行分析。直接进样分析也可以选择全离子扫描（TIM）或选择离子扫描（SIM），所得到的图谱也称色谱图，解析方法与一般气质联用分析所获得的色谱图相同。

在气质联用中良好的分离是定性的基础，得到正确的质谱图是质谱定性准确的前提。质谱图不可靠则质谱图库检索匹配率低，增加质谱图解析的难度。对于未知化合物的结构鉴定气质联用只能提供关于化合物结构特征的部分信息。质谱库的检索结果一般是提供几个可能的化合物结构、名称、相对分子质量、分子式等信息，并依照匹配程度的大小列出以供参考。待测物质结构的最终确证必须结合其他手段，如核磁共振、全合成等。

二、液相色谱-质谱联用法

液相色谱-质谱联用技术的研究始于 20 世纪 70 年代，与气相色谱-质谱联用技术相比，液相色谱-质谱联用的研究同样是解决真空匹配的问题。由于液相色谱是以液体形式从柱后流出，因此接口技术在液质联机技术发展中尤为重要，因此经历了更长的实践和研究过程，直到 90 年代才出现商品接口及成套仪器。

液相色谱-质谱联用方法的出现使热不稳定和强极性化合物在不加衍生物的情况下可以直接分析。而且质谱分析在于生物大分子研究中的应用，使得用于分析生物大分子液相色谱质谱接口技术成为主要的发展方向。LC-MS 的各种“软”离子化接口的开发正是适应了这种需求。

（一）液相色谱-质谱联用仪器

液相色谱-质谱联用仪主要由色谱系统、接口、质谱系统和色谱工作站组成。典型的液相色谱-质谱联用仪，其中色谱系统和质谱系统的功能与单独的液相色谱仪和质谱仪相同，目前液相色谱-质谱常用的接口主要有电喷雾电离（ESI）接口和大气压化学电离（APCI）接口，具体内容详见第十四章。

液相色谱-质谱具体分析方法如下所述。

1）流动相：液相色谱-质谱联用分析中流动相的组成可以在 100%的水到 100%的有机溶剂范围内变化。但在离子化过程中，由于水需较大的汽化热，大量水的存在使得脱溶剂困难，从而会大幅度地降低离子化效率，实际操作中优先考虑使用较高比例的有机溶剂。确定流动相的组成及溶解样品所用的溶剂时要注意以下几个方面的问题：

（1）离子在溶液中的预形成：当被分析物分子是酸或碱时，可根据所采用的测定模式 ESI（+）或 ESI（–），在样品溶液和流动相中加入一定比例的有机酸或碱，使离子在溶液中预形成。

（2）流动相的选择：乙腈、甲醇、水及乙酸、甲酸及其铵盐缓冲液是最为常用的流动相。流动相组成应优先考虑以下因素：①具有显著的质子自递作用，有利于离子在流动相中的预形成；②具有适中的介电常数，避免喷口放电；③具有强挥发性，易脱去，不易形成溶剂加成物。

因为乙腈有较强的电子交换作用，因此在 APCI 分析中应优先考虑使用。

（3）难挥发盐组成的缓冲液：难挥发盐的缓冲液，如磷酸盐的缓冲液不宜在 ESI 和 APCI 操作中使用。在蛋白质和肽类的液相分离中经常使用的三氟乙酸对离子化有严重的抑制，一般在柱后使用异丙醇方法抵消其影响。

（4）分子的加成作用：某些离子对被分析分子的加成作用，如（M–H）$^+$、（M+Na）$^+$、（M+NH_4）$^+$等。作为（M+H）$^+$出现的准分子离子峰是一个质子加成产物，对绝大多数化合物的离子形成都是必要的；（M+Na）$^+$峰的出现对某些特定的化合物是很难避免的；（M+NH_4）$^+$则在大多数情况下由人为加入而产生。

在 ESI 质谱分析中流量的选择对色谱分离效果和离子化效率常常是相互矛盾。一般来说，流动相流速越大，离子化效率越低；因此流量的选择应兼顾色谱分离效果和 ESI 离子化效率。在实际操作中一般采用 2mm 内径的液相柱，用 0.2～0.5ml/min 的流速进行分离测定。

2）接口的选择：ESI 接口和 APCI 接口有着各自的优势和弱点，使得 ESI 和 APCI 成为了两个相互补充的分析手段。ESI 适合于中等极性到强极性的化合物分子，尤其是那些在溶液中能预先形成离子的化合物及可以获得多个质子的大分子（如蛋白质）。只要被分析组分极性相对强，ESI 对小分子的分析常常可以得到满意的结果。APCI 不适合带有多个电荷的大分子，它的优势在于非极性或中等极性的小分子的分析。

3）正、负离子模式的选择：ESI 接口和 APCI 接口都有正负离子测定模式可供选择。选择的一般性原则为：

（1）正离子模式适合于碱性样品，可用乙酸（pH=3～4）或甲酸（pH=2～3）对样品加以酸化。

（2）负离子模式适合于酸性样品，可用氨水或三乙胺对样品进行碱化。

样品中含有仲氨或叔氨基时可首先考虑使用正离子模式，如果样品中含有较多的强负电性基团，酸碱性并不明确的化合物则要进行预试方可决定，也可优先选用 APCI（+）进行测定。

4）温度的选择：ESI 和 APCI 操作温度的选择和优化主要指接口的干燥气体温度。一般情况下选择干燥气体温度高于被测物的沸点 20℃左右。对热不稳定性化合物，要选用更低些的温度以避免显著的分解选用干燥气体温度时要考虑流动相的组成，有机溶剂比例高的可采用适当低些的温度。

5）系统背景的消除：与气相色谱-质谱联用相比，液相色谱-质谱联用的系统噪声要大得多，是由于大量的溶剂及其所含杂质直接导入离子化室造成的化学噪声及在高电场中的复杂行为所产生的电噪声。噪声常常会淹没信号，在总离子流（TIC）图上无法看到峰的出现。消除系统噪声要从以下几个方面入手：

（1）有机溶剂和水应使用色谱纯溶剂，水应为去离子水并保存在塑料容器中以减少钠离子的混入。

（2）样品的纯化生物样品中含有大量的生物学基质，因此 LC-MS 分析中大量的工作仍是样品的前处理。

（3）系统清洗样品对输液管路、喷口、毛细管入口及入口金属环等部件的污染是很严重的，尤其是蛋白质。控制进样量和经常清洗这些部件是必要的。

（二）应用

LC-MS 技术已经在药物、化工、临床医学、分子生物学等许多领域中获得了广泛的应用。

1）小分子化合物药物及其代谢物的分析：药物在体内经过一个复杂的生物转化过程，包括吸收、分布、代谢转化及母体药物及其代谢物由体内的消除。对药物的代谢物而言，经过氧化、还原、水解、异构化反应的一相代谢物在结构上改变较小。经过葡萄糖醛酸化、乙酰化、糖基化、硫酸化的二相代谢物的结构和极性都会有较大的改变，其热稳定性也较差。LC-MS 在药物代谢研究方面具有独特的优势，近年来被广泛使用。

2）大分子化合物

（1）测定肽类、蛋白质大分子的分子量：肽类和蛋白质中均含有数量不等的质子化的位置，在酸性条件下，由于这些位置的质子化，使得肽类和蛋白可产生多个带有不同数量电荷的离子。HPLC-ESI-MS 分析中这些离子沿着质量轴表现为不同丰度的分布，这个分布在正常情况下应接近正态分布。

（2）蛋白质的一级结构测定：LC-MS 由于 ESI 接口和串级质谱的使用，已经在蛋白质的一级测定中成为一个有广泛用途的实用技术。对相对分子质量的准确测定和对质谱开裂产物的解析可以获得大量的一级结构的信息。

（3）分子生物学：LC-MS 在分子生物学分析方面是一个全新的领域，但近年来已有大量的、不同角度的文献，可通过这些文献做进一步的了解。

3）定量分析：同其他定量分析方法一样，LC-MS 定量中的主要问题是化学基质和生物学基质的干扰。

化学基质和生物学基质的干扰可以体现为两个方面：①未知基质对被分析组分离子化效率的影响；②在低分辨率仪器上相同质量数共存离子的干扰。前者是主要的，后者则较少出现。由于化学基质和内源性的生物学基质对于被测定化合物来说可能是数十倍甚至更高的量，其干扰的程度严重，在低浓度组分的分析中是导致定量误差的主要因素。化学基质和生物学基质对定量分析影响只能通过采用选择性更好的前处理方法和更好的柱上分离来缩小。

第四节　酶联免疫吸附测定法

一、概　　述

1971 年，Engvall 和 Perlmann 发表了酶联免疫吸附剂测定（enzyme linked immunosorbent assay，ELISA）用于 IgG 定量测定的文章，使得 1966 年开始用于抗原定位的酶标抗体技术发展成液体标本中微量物质的测定方法。

二、原　　理

ELISA 的基础是抗原或抗体的固相化及抗原或抗体的酶标记。结合在固相载体表面的抗原或抗体仍保持其免疫活性，酶标记的抗原或抗体既保留其免疫学活性，又保留酶的活性。在测定时，受检标本（测定其中的抗体或抗原）与固相载体表面的抗原或抗体起反应。用洗涤的方法使固相载体上形成的抗原抗体复合物与液体中的其他物质分开。再加入酶标记的抗原或抗体，也通过反应而结合在固相载体上。此时固相上的酶量与标本中受检物质的量成正比。加入酶反应的底物后，底物被酶催化成为有色产物，产物的量与标本中受检物质的量直接相关，故可根据呈色的深浅进行定性或定量分析。酶的催化效率很高，间接地放大了免疫反应的结果，使测定方法达到很高的敏感度。

三、分　　类

ELISA 可用于测定抗原，也可用于测定抗体。在这种测定方法中有三个必要的试剂：①固相的抗菌素原或抗体，即“免疫吸附剂”（immunosorbent）；②酶标记的抗原或抗体，称为“结合物”（conjugate）；③酶反应的底物。根据试剂的来源和标本的情况及检测的具体条件，可设计出各种不同类型的检测方法。用于临床检验的 ELISA 主要有以下几种类型。

1. 双抗体夹心法测抗原　双抗体夹心法是检测抗原最常用的方法，操作步骤如下：

（1）将特异性抗体与固相载体结合，形成固相抗体。洗涤除去未结合的抗体及杂质。

（2）加受检标本，保温反应。标本中的抗原与固相抗体结合，形成固相抗原抗体复合物。洗涤除去其他未结合物质。

（3）加酶标抗体，保温反应。使固相免疫复合物上的抗原与酶标抗体结合。彻底洗涤未结合的酶标抗体。此时固相载体上带有的酶量与标本中受检抗原的量相关。

（4）加底物。使固相上的酶催化底物成为有色产物。通过比色，测知标本中抗原的量。在临床检验中，此法适用于检验各种蛋白质等大分子抗原，例如 HBsAg、HBeAg、AFP、hCG 等。只要获得针对受检抗原的特异性抗体，就可用于包被固相载体和制备酶结合物而建立此法。如抗体的来源为抗血清，包被和酶标记的抗体最好分别取自不同种属的动物。如应用单克隆抗体，一般选择两个针对抗原上不同决定簇的单抗，分别用于包被固相载体和制备酶结合物。这种双位点夹心法具有很高的特异性，而且可以将受检标本和酶标抗体一起保温反应，做一步检测。

双抗体夹心法适用于测定二价或二价以上的大分子抗原，但不适用于测定半抗原及小分子单价抗原，因其不能形成两位点夹心。

2. 双抗原夹心法测抗体　反应模式与双抗体夹心法类似。用特异性抗原进行包被和制备酶结合物，以检测相应的抗体。与间接法测抗体的不同之处为以酶标抗原代替酶标抗体。此法中受检标本不需稀释，可直接用于测定，因此其敏感度相对高于间接法。乙肝标志物中抗 HBs

的检测常采用本法。本法关键在于酶标抗原的制备，应根据抗原结构的不同，寻找合适的标记方法。

3. 间接法测抗体 间接法是检测抗体常用的方法。其原理为利用酶标记的抗抗体（抗人免疫球蛋白抗体）以检测与固相抗原结合的受检抗体，故称为间接法（图 2-3）。操作步骤如下：

（1）将特异性抗原与固相载体结合，形成固相抗原。洗涤除去未结合的抗原及杂质。

（2）加稀释的受检血清，保温反应。血清中的特异抗体与固相抗原结合，形成固相抗原抗体复合物。经洗涤后，固相载体上只留下特异性抗体，血清中的其他成分在洗涤过程中被洗去。

（3）加酶标抗体。可用酶标抗人 Ig 以检测总抗体，但一般多用酶标抗人 IgG 检测 IgG 抗体。固相免疫复合物中的抗体与酶标抗体结合，从而间接地标记上酶。洗涤后，固相载体上的酶量与标本中受检抗体的量呈正相关。

（4）加底物显色：本法主要用于对病原体抗体的检测而进行传染病的诊断。间接法的优点是只要变换包被抗原就可利用同一酶标抗抗体建立检测相应抗体的方法。

间接法成功的关键在于抗原的纯度。虽然有时用粗提抗原包被也能取得实际有效的结果，但应尽可能予以纯化，以提高试验的特异性。特别应注意除去能与一般健康人血清发生反应的杂质，例如，以 E. Coli 为工程酶的重组抗原，如其中含有 E. Coli 成分，很可能与受过 E. Coli 感染者血甭中的抗 E. Coli 抗体发生反应。抗原中也不能含有与酶标抗人 Ig 反应的物质，例如，来自人血浆或人体组织的抗原，如不将其中的 Ig 去除，试验中也发生假阳性反应。另外，如抗原中含有无关蛋白，也会因竞争吸附而影响包被效果。

间接法中另一种干扰因素为正常血清中所含的高浓度的非特异性。患者血清中受检的特异性 IgG 只占总 IgG 中的一小部分。IgG 的吸附性很强，非特异 IgG 可直接吸附到固相载体上，有时也可吸附到包被抗原的表面。因此在间接法中，抗原包被后一般用无关蛋白质（如牛血清蛋白）再包被一次，以封闭（blocking）固相上的空余间隙。另外，在检测过程中标本须先行稀释（1∶40～1∶200），以避免过高的阴性本底影响结果的判断。

4. 竞争法测抗体 当抗原材料中的干扰物质不易除去，或不易得到足够的纯化抗原时，可用此法检测特异性抗体。其原理为标本中的抗体和一定量的酶标抗体竞争与固相抗原结合。标本中抗体量越多，结合在固相上的酶标抗体越少，因此阳性反应呈色浅于阴性反应。如抗原为高纯度的，可直接包被固相。如抗原中有干扰物质，直接包被不易成功，可采用捕获包被法，即先包被与固相抗原相应的抗体，然后加入抗原，形成固相抗原。洗涤除去抗原中的杂质，然后再加标本和酶标抗体进行竞争结合反应。竞争法测抗体有多种模式，可将标本和酶标抗体与固相抗原竞争结合，抗 HBcELISA 一般采用此法。另一种模式为将标本与抗原一起加入固相抗体中进行竞争结合，洗涤后再加入酶标抗体，与结合在固相上的抗原反应。抗 HBe 的检测一般采用此法。

5. 竞争法测抗原 小分子抗原或半抗原因缺乏可作夹心法的两个以上的位点，因此不能用双抗体夹心法进行测定，可以采用竞争法模式。其原理是标本中的抗原和一定量的酶标抗原竞争与固相抗体结合。标本中抗原量含量越多，结合在固相上的酶标抗原越少，最后的显色也越浅。小分子激素、药物等 ELISA 测定多用此法。

第五节 Western-Blot 法

一、概 述

免疫印迹（immunoblotting）又称蛋白质印迹（western blotting），是根据抗原抗体的特异性结合检测复杂样品中的某种蛋白的方法。该法是在凝胶电泳和固相免疫测定技术基础上发展起来的一种新的免疫生化技术。由于免疫印迹具有 SDS-PAGE 的高分辨力和固相免疫测定的高特异性和敏感性，现已成为蛋白分析的一种常规技术。免疫印迹常用于鉴定某种蛋白，并能对蛋白进行定性和半定量分析。结合化学发光检测，可以同时比较多个样品同种蛋白的表达量差异。

蛋白质印迹的发明者一般认为是美国斯坦福大学的乔治·斯塔克（George Stark）。在尼尔·伯奈特（Neal Burnette）于 1981 年所著的《分析生物化学》中首次被称为 Western Blot。

免疫印迹法分三个阶段进行。第一阶段为 SDS-聚丙烯酰胺凝胶电泳（SDS-PAGE）：抗原等蛋白样品经 SDS 处理后带负电荷，在聚丙烯酰胺凝胶中从阴极向阳极泳动，相对分子质量越小，泳动速度就越快。此阶段分离效果肉眼不可见（只有在染色后才显出电泳区带）；第二阶段为电转移：将在凝胶中已经分离的条带转移至硝酸纤维素膜上，选用低电压（100V）和大电流（1～2A），通电 45min 转移即可完成。此阶段分离的蛋白质条带肉眼仍不可见；第三阶段为酶免疫定位：将印有蛋白质条带的硝酸纤维素膜依次与特异性抗体和酶标抗体作用后，加入能形成不溶性显色物的酶反应底物，使区带染色。常用的 HRP 底物为 3，3′-二氨基联苯胺（呈棕色）和 4-氯-1-萘酚（呈蓝紫色）。阳性反应的条带清晰可辨，并可根据 SDS-PAGE 时加入的标准相对分子质量蛋白，确定各组分的相对分子质量。本法综合了 SDS-PAGE 的高分辨力以及抗原抗体的高特异性和敏感性，是一种有效的分析手段，不仅广泛应用于分析抗原组分及其免疫活性，并可用于疾病的诊断。在艾滋病病毒感染中此法作为确诊试验。抗原经电泳转移在硝酸纤维素膜上后，将膜切成小条，配合酶标抗体及显色底物制成的试剂盒，可方便地在实验室中供检测用。根据出现显色线条的位置可判断有无针对病毒的特异性抗体。

二、原　理

与 Southern 或 Northern 杂交方法类似，但 Western Blot 采用的是聚丙烯酰胺凝胶电泳，被检测物是蛋白质，“探针”是抗体，“显色”用酶标记的抗体。经过 PAGE 分离的蛋白质样品，转移到固相载体（如硝酸纤维素薄膜）上，固相载体以非共价键形式吸附蛋白质，且能保持电泳分离的多肽类型及其生物学活性不变。以固相载体上的蛋白质或多肽作为抗原，与对应的抗体起免疫反应，再与酶标记的第二抗体反应，经过底物显色以检测电泳分离的特异性目的蛋白成分。该技术已广泛应用于蛋白水平表达的检测。

三、SDS-聚丙烯酰胺凝胶电泳（SDS-PAGE）

基本原理是聚丙烯酰胺凝胶是由丙烯酰胺单体 Acr.聚合成长链并通过双功能化合物甲叉双丙烯酰胺 Bis.交联而成的三维网状结构凝胶。聚丙烯酰胺凝胶的机械性、弹性、透明度、黏着度取决于凝胶中丙烯酰胺的总浓度，总浓度越大，平均孔径越小，机械强度越高。T 是 Acr.与 Bis.的总百分浓度，C 是 Acr.：Bis.的质量百分数；T 恒定，C 为 4%时，有效孔径最小，C 大于或小于 4%时，有效孔径均变大；C 恒定，T 增加，有效孔径降低。聚合过程由 TEMED（四甲基乙二胺）和过硫酸铵激发。

阴离子去垢剂 SDS 能破坏蛋白质中的氢键和疏水键，按一定比例和蛋白质分子结合成复合物，使蛋白质带负电荷的量远远超过其本身原有的电荷量，掩盖了各种蛋白质分子间的天然电荷差异；加入巯基乙醇使电泳的迁移率不再受原有分子形状的影响。蛋白质的迁移率将主要取决于其相对分子质量的大小。

基本步骤如下：

1. 收集蛋白样品　可以使用适当的裂解液，裂解贴壁细胞、悬浮细胞或组织样品。对于某些特定的亚细胞组分蛋白，如细胞核蛋白、细胞质蛋白、线粒体蛋白等，用 SDS 上样缓冲液，裂解能力强，能提取细胞总蛋白，可用来检测多种蛋白，包括磷酸化蛋白。另外，常用的还有非离子去垢剂缓冲液裂解法、低渗缓冲液裂解法。

2. 蛋白质浓度测定　收集完蛋白样品后，为确保每个蛋白样品的上样量一致，需要测定每个蛋白样品的蛋白浓度。根据所使用的裂解液的不同，需要采用适当的蛋白浓度测定方法。因为不同的蛋白浓度测定方法对于一些去垢剂和还原剂等的兼容性差别很大。更方便的方法是选用成套的裂解液和定量试剂盒测定蛋白质。如果浓度过高，可按比例稀释，读出蛋白浓度后，再折算回原样品浓度。

3. 电泳 配制SDS-PAGE凝胶，在收集的蛋白样品中加入适量浓缩的SDS-PAGE蛋白上样缓冲液，如2X或5X的SDS-PAGE蛋白上样缓冲液。使用5X的SDS-PAGE蛋白上样缓冲液可以减小上样体积，在相同体积的上样孔内可以上样更多的蛋白样品。

注意：Acr.和Bis.单体对神经系统和皮肤有毒性作用，TEMED对黏膜和上呼吸道组织及皮肤有很大的破坏作用。

4. 电泳结果检查 考马斯亮蓝使用简便快速，可以分辨1μg左右的条带，是最经济通用的蛋白PAGE胶电泳染色方法。银染操作复杂一些但分辨率高很多，可以分辨2～5ng蛋白。可是由于考马斯亮蓝染色或者银染经过固定不可逆结合，会干扰后面的Western Blot实验，很多人会选择省略掉这一步——同样的样品进行两次电泳，一块染色一块转膜，一般也可以说明问题。

四、电转移

通常有两种方法：毛细管印迹法和电泳印迹法。毛细管法转移效率较低，现在多用电泳印迹法，这种方法是用空的塑料盒有机玻璃板将凝胶和硝酸纤维素膜夹成“三明治”状，而后浸入两个平行电极中间的缓冲液中进行电泳，选择适当的电泳方向就可以使蛋白质离开凝胶结合在硝酸纤维素膜上。

转移膜的选择：Western Blot印迹常用的转移膜主要是硝酸纤维素膜（nitrocellulose blotting membranes）和偏二氟乙烯（PVDF膜，polyvinylidene-fluoride），NC膜此外也有用尼龙膜、DEAE纤维素膜做蛋白印迹。膜的选择要根据：①膜与目的蛋白分子的结合能力（也就是单位面积的膜能结合蛋白的载量），以及膜的孔径（也就是拦截蛋白的大小）；②不影响后续的显色检测（也就是适合用于所选的显色方法）；③如果后续实验有其他要求，如要做蛋白测序或者质谱分析，还要根据不同目的来挑选不同的转移膜。

几种膜的特点：

1. 硝酸纤维素（NC）膜 硝酸纤维素膜是蛋白印迹最广泛使用的转移介质，其优点是对蛋白结合能力强，适用于各种显色方法，包括同位素、化学发光、常规显色、染色和荧光显色；背景低，信噪比高；使用也很简便，不需要甲醛预处理，只需在无离子水面浸润排出膜内气泡，再在电泳缓冲液中平衡；而且容易封闭，也不需要特别严谨的清洗条件。转移到NC膜上的蛋白在合适的条件下可以稳定保存很长时间，但是纯的硝酸纤维素膜比较脆，容易卷，不适合用于需要多次重复清洗的用途。选择硝酸纤维素膜时要注意的是选择合适的孔径，通常20kD以上的大分子蛋白用0.45μm孔径的膜，小于20kD的建议选择0.2μm的孔径，如果小于7kD的最好选择0.1μm孔径的膜。另外，由于NC膜上结合的蛋白会因为一些去污剂而被代替，因此在封闭时最好使用较温和的Tween20，而且浓度不要超过0.3%（据说0.05%效果最好）。常见生产公司有Schleicher & Schull、Millipore、PALL Invitrogen、GE（Amersham）、Santa Cruz 等。

2. 尼龙膜 尼龙膜更多是用于核酸的转移，也有见于蛋白印迹。与NC相比，优点是结合力强，结实，柔软不易卷曲，机械强度大，便于操作。缺点是背景高，而且当转移缓冲液中存在有SDS时，蛋白质容易从尼龙膜上泄漏（通过甲醛固定可以缓解这一情况）。另外，不能直接染色。

但是有些公司，如pierce，有的产品保有尼龙膜高灵敏度的优点和摒弃背景影响大的缺点，采用了合适的信噪比比例来调整，从而达到了200μg/cm^2的蛋白结合能力，同时有比大多数尼龙膜甚至比一些NC膜都要小的低背景。

3. 聚偏二氟乙烯（PVDF）膜 聚偏二氟乙烯（PVDF）膜作为基质的转印膜由Millipore公

司在 1985 年首先推出。与硝酸纤维素膜相比，PVDF 膜在蛋白质截留能力、机械强度和化学相容性上都更优越的性能。市售硝酸纤维素膜的典型结合量是 80～100μg/cm^2，而 PVDF 膜结合量是 100～200μg/cm^2。在艾滋病毒（HIV）血清学检验中直接比较 PVDF 和硝酸纤维素膜，PVDF 膜具有更好的截留总 HIV 抗原能力并提高抗体检测糖基化被膜抗原的性能。而且 PVDF 膜最大的优点是具有更好的机械强度和化学耐受性。这使 PVDF 膜在各种染色应用和多重免疫检测中成为理想选择；而且单个凝胶的泳道复本可用于多种目的，如考马斯亮蓝染色后切出条带并进行 N 末端测序、蛋白消化、肽分离、内部测序和免疫检测。特别是需要做 N 端蛋白测序，能经得起多次清洗。所以 PVDF 也是要做蛋白测序的唯一选择。此外，一些强疏水蛋白用 PVDF 膜效果会更好一些。PVDF 膜适用的检测方法也不少，如化学发光、常规显色、同位素和标准染色，但不适合荧光。PVDF 膜特别注意的是需要 100%甲醇预处理（不超过 15s），再用缓冲液平衡。PVDF 膜同样分 0.45μm 和 0.2μm 的，后者孔径小，对小分子蛋白有较好的拦截吸附，背景可能会比前者稍高。常见的公司有 Millipore、Bio-Rad、Pierce、Pall Life Science、Invitrogen、Whatman 等。

五、酶免疫定位

1. 封闭 脱脂奶是最常用的经济配方。但是用这种封闭剂由于里面可能有痕量的生物素和碱性磷酸酶，可能造成背景污染而不适合生物素-亲和素的检测方法，脱脂奶也不适合碱性磷酸酶检测（AP）方法。如果采用碱性磷酸酶检测系统，封闭剂最好用 6%酪蛋白+1%聚乙烯吡咯烷酮+10mmol/L EDTA 磷酸缓冲盐加热 65℃ 1h，确保碱性磷酸酶失活（可以加 0.05%叠氮化钠）。由于叠氮钠（NaN_3）对辣根过氧化物酶（HRP）有灭活作用，若采用 HRP 检测系统则封闭液不要加叠氮化钠为好。如果选用 AP 作为显色方法，封闭时就要选择 Tris 缓冲体系。

2. 抗体的选择 一抗一般只要是说明书上注明 WB 就可以用于 Western Blot。单抗专一性高，但是经过 SDS-PAGE 变性胶电泳的蛋白质可能由于原来的识别位点构象发生改变而不被识别，因此多抗虽然不如单抗专一性高，但是更容易得到结果。一般一抗最好选择源于兔或者小鼠，因为检测试剂盒一般针对兔鼠的居多，因而选择范围更大，通用性也更强。通常需要选择荧光信号特别明亮的标记。选择二抗要注意对应一抗的来源种属。

3. 标记的选择 Western Blot 一般都选择酶促作为检测方法。酶促反应可以搭配不同的底物从而实现不同的显色方法，如化学发光（chemiluminescent）和底物显色（colorimetirc/chromogen）。前者灵敏度很高，灵敏度已经达到 pg 级别，甚至还有 femto 级别的，灵敏度超过了同位素；后者由于直接显色而操作简便且成本低。最常用的有辣根过氧化物酶 HRP（horseradish peroxidase，属于过氧化物酶 POD 类）和碱性磷酸酶 AP（alkaline phosphatase），此外还有葡萄糖氧化酶（glucose oxidase）、β-半乳糖苷酶（β-galactosidase）。

思考题

1. 原子吸收分光光度法中为何使用锐线光源？
2. 原子吸收分光光度仪包含哪些主要部件？
3. 原子吸收分光光度法中原子化的过程有哪几种？各有什么特点？
4. 原子吸收分析中常见的干扰有哪些？应如何消除？
5. 生物传感器通常由哪几个部分组成？
6. 气相色谱-质谱联用仪主要包含哪些重要组成部分？
7. 酶联免疫吸附测定法的基本原理是什么？
8. Western-Blot 法的基本原理是什么？

（王嗣岑）

附录一　常用原子量表

（^{12}C=12.00）

（摘录自 2001 年国际原子量表）

名称	英文名	符号	相对原子质量	名称	英文名	符号	相对原子质量
氢	Hydrogen	H	1.00794（7）	砷	Arsenic	As	74.92160（2）
氦	Helium	He	4.002602（2）	硒	Selenium	Se	78.96（3）
锂	Lithium	Li	6.941（2）	溴	Bromine	Br	79.904（1）
硼	Boron	B	10.811（7）	锶	Strontium	Sr	87.62（1）
碳	Carbon	C	12.0107（8）	锆	Zirconium	Zr	91.224（2）
氮	Nitrogen	N	14.0067（2）	钼	Molybdenum	Mo	95.94（2）
氧	Oxygen	O	15.9994（3）	锝	Technetium	Tc	[99]
氟	Fluorine	F	18.9984032（5）	钯	Palladium	Pd	106.42（1）
钠	Sodium（Natrium）	Na	22.989770（2）	银	Silver（Argentum）	Ag	107.862（2）
镁	Magnesium	Mg	24.3050（6）	镉	Cadmium	Cd	112.411（8）
铝	Aluminium	Al	26.981538（2）	铟	Indium	In	114.818（3）
硅	Silicon	Si	28.0855（3）	锡	Tin（Stannum）	Sn	118.710（7）
磷	Phosphorus	P	30.9737761（2）	锑	Antimony（Stibium）	Sb	121.760（1）
硫	Sulfur	S	32.065（5）	碘	Iodine	I	126.90447（3）
氯	Chlorine	Cl	35.453（2）	碲	Tellurium	Te	127.60（3）
氩	Argon	Ar	39.948（1）	氙	Xenon	Xe	131.293（6）
钾	Potassium（Kalium）	K	39.0983（1）	钡	Barium	Ba	137.327（7）
钙	Calcium	Ca	40.078（4）	镧	Lanthanum	La	138.9055（2）
钛	Titanium	Ti	47.867（1）	铈	Cerium	Ce	140.116（1）
钒	Vanadium	V	50.9415（1）	钬	Holmium	Ho	164.93032（2）
铬	Chromium	Cr	51.9961（6）	镱	Ytterbium	Yb	173.04（3）
锰	Manganese	Mn	54.938049（9）	钨	Tungsten（wolfram）	W	183.84（1）
铁	Iron（Ferrum）	Fe	55.845（2）	铂	Platinum	Pt	195.078（2）
钴	Cobalt	Co	58.933200（9）	金	Gold（Aurum）	Au	196.9665（2）
镍	Nickel	Ni	58.6934（2）	汞	Mercury（Hydrargyrum）	Hg	200.59（2）
铜	Copper（Cuprum）	Cu	63.546（3）	铅	Lead（Plumbum）	Pb	207.2（1）
锌	Zinc	Zn	65.409（4）	铋	Bismuth	Bi	208.98038（2）
镓	Gallium	Ga	69.723（1）	钍	Thorium	Th	232.0381（1）
锗	Germanium	Ge	72.64（1）	铀	Uranium	U	238.02891（3）

注：（1）相对原子质量末位数的准确度加注在其后括号内。

（2）中括号内的数字是半衰期最长的放射性同位素的质量数。

附录二　常用化合物相对分子质量表

（根据 1999 年公布的相对原子质量表计算）

分子式	相对分子质量	分子式	相对分子质量
$AgBr$	187.772	KOH	56.106
$AgCl$	143.321	K_2PtCl_6	486.00
AgI	234.772	$KSCN$	97.182
$AgNO_3$	169.873	$MgCO_3$	84.314
Al_2O_3	101.9612	$MgCl_2$	95.211
As_2O_3	197.8414	$MgSO_4·7H_2O$	246.476
$BaCl_2·2H_2O$	244.263	$Mg NH_4PO_4·6H_2O$	245.407
BaO	153.326	MgO	40.304
$Ba(OH)_2·8H_2O$	315.467	$Mg(OH)_2$	58.320
$BaSO_4$	233.391	$Mg_2P_2O_7$	222.553
$CaCO_3$	100.087	$Na_2B_4O_7·10H_2O$	381.372
CaO	56.0774	$NaBr$	102.894
$Ca(OH)_2$	74.093	$NaCl$	58.4890
CO_2	44.0100	Na_2CO_3	105.9890
CuO	79.545	$NaHCO_3$	84.0071
Cu_2O	143.091	$Na_2HPO_4·12H_2O$	358.143
$CuSO_4·5H_2O$	249.686	$NaNO_2$	69.00
FeO	71.85	Na_2O	61.9790
Fe_2O_3	159.69	$NaOH$	39.9971
$FeSO_4·7H_2O$	278.0176	$Na_2S_2O_3$	158.110
$FeSO_4·(NH_4)_2SO_4·6H_2O$	392.1429	$Na_2S_2O_3·5H_2O$	248.186
H_3BO_3	61.8330	NH_3	17.03
HCl	36.4606	NH_4Cl	53.49
$HClO_4$	100.4582	NH_4OH	35.05
HNO_3	63.0129	$(NH_4)_3PO_4·12MoO_3$	1876.35
H_2O	18.01531	$(NH_4)_2SO_4$	132.141
H_2O_2	34.0147	$PbCr O_4$	323.19
H_3PO_4	97.9953	PbO_2	239.20
H_2SO_4	98.0795	$PbSO_4$	303.26
I_2	253.809	P_2O_5	141.945
$KAl(SO_4)_2·12H_2O$	474.3904	SiO_2	60.085
KBr	119.002	SO_2	64.065
$KBrO_3$	167.0005	SO_3	80.064
KCl	74.551	ZnO	81.39
$KClO_4$	138.549	$HC_2H_3O_2$（乙酸）	60.05
K_2CO_3	138.206	$H_2C_2O_4·2H_2O$（草酸）	126.07
K_2CrO_4	194.194	$KHC_4H_4O_6$（酒石酸氢钾）	188.178
$K_2Cr_2O_7$	294.188	$KHC_8H_4O_4$（邻苯二甲酸氢钾）	204.224
KH_2PO_4	136.086	$K(SbO)C_4H_4O_6·1/2H_2O$（酒石酸锑钾）	333.928
$KHSO_4$	136.170		
KI	166.003	$Na_2C_2O_4$（草酸钠）	134.00
KIO_3	214.001	$NaC_7H_5O_2$（苯甲酸钠）	144.11
$KIO_3·HIO_3$	389.91	$Na_3C_6H_5O_7·2H_2O$（枸橼酸钠）	294.12
$KMnO_4$	158.034	$Na_2H_2C_{10}H_{12}O_8N_2·2H_2O$（EDTA 二钠二水合物）	372.240
KNO_2	85.10		

附录三　中华人民共和国法定计量单位

我国法定计量单位包括：①国际单位制(SI)的基本单位；②国际单位制的辅助单位；③国际单位制中具有专门名称的导出单位；④国家选定的非国际单位制单位；⑤由以上单位构成的组合形式的单位；⑥由词头和以上单位所构成的十进倍数和分数单位。

附表 3-1　国际单位制(SI)的基本单位

量的名称	单位名称	单位符号
长度	米	m
质量	千克[公斤]	kg
时间	秒	s
电流强度	安[培]	A
热力学温度	开[尔文]	K
发光强度	坎[德拉]	cd
物质的量	摩[尔]	mol

附表 3-2　国际单位制的辅助单位

量的名称	单位名称	单位符号
平面角	弧度	rad
立体角	球面度	sr

附表 3-3　国际单位制中具有专门名称的导出单位

量的名称	单位名称	单位符号	用其他国际制单位表示的关系式	用国际制基本单位表示的关系式
频率	赫[兹]	Hz		s^{-1}
力、重力	牛[顿]	N		$M \cdot kg \cdot s^{-2}$
压力、压强、应力	帕[斯卡]	Pa	N/m^2	$m^{-1} \cdot kg \cdot s^{-2}$
能、功、热量	焦[耳]	J	N·m	$m^2 \cdot kg \cdot s^{-2}$
功率、辐射通量	瓦[特]	W	J/s	$m^2 \cdot kg \cdot s^{-3}$
电量、电荷	库[仑]	C	—	S · A
电位、电压、电动势	伏[特]	V	W/A	$m^2 \cdot kg \cdot s^{-3} \cdot A^{-1}$
电容	法[拉]	F	C/V	$m^{-2} \cdot kg^{-1} \cdot s^4 \cdot A^2$
电阻	欧[姆]	Ω	V/A	$m^2 \cdot kg \cdot s^{-3} \cdot A^{-2}$
电导	西[门子]	S	A/V	$m^{-2} \cdot kg^{-1} \cdot s^3 \cdot A^2$
磁通量	韦[伯]	Wb	V·s	$m^2 \cdot kg \cdot s^{-2} \cdot A^{-1}$
磁通量密度、磁感应强度	特[斯拉]	T	Wb/m^2	$Kg \cdot s^{-2} \cdot A^{-1}$
电感	亨[利]	H	Wb/ A	$m^2 \cdot kg \cdot s^{-2} \cdot A^{-2}$
光通量	流[明]	lm	—	Cd · sr
[光]照度	勒[克斯]	lx	lm/m^2	$m^{-2} \cdot cd \cdot sr$
[放射性]活度	贝可[勒尔]	Bq	—	s^{-1}
吸收计量	戈[瑞]	Gy	J/kg	$m^2 \cdot s^{-2}$
剂量当量	西[沃特]	Sy	J/kg	$m^2 \cdot s^{-2}$

附表 3-4 国家选定的非国际单位制单位

量的名称	单位名称	单位符号	换算关系和说明
时间	分	min	1min=60s
	[小]时	h	1h=60min=3600s
	天	d	1d=24h=86400s
平面角	[角]秒	(″)	1″=(π/64 800) rad
	[角]分	(′)	1′=60″(π/10 800) rad
	度	(°)	1°=60′=(π/180) rad
旋转速度	转/分	r/min	1r/min=(1/60) s^{-1}
长度	海里	n mile	1n mile=1852m(只用于航程)
速度	节	kn	1kn=1n mile/h=(1852/3600) m/s(只用于航程)
质量	吨	t	1t=10^3 kg
	原子质量单位	u	1u≈1.6605655×10^{-27} kg
体积	升	L	1L=1dm^3=10^{-3} m^3
能量	电子伏	eV	1eV≈1.6021892×10^{-19}J
级差	分贝	dB	
线密度	特[克斯]	tex	1tex=1g/km

附表 3-5 用于构成十进倍数和分数单位的词头

因数	词头名称	词头符号	因数	词头名称	词头符号
10^{18}	艾[可萨](exa)	E	10^{-1}	分(deci)	d
10^{15}	拍[它](peta)	P	10^{-2}	厘(centi)	c
10^{12}	太[拉](tera)	T	10^{-3}	毫(milli)	m
10^9	吉[咖](giga)	G	10^{-6}	微(micro)	μ
10^6	兆(mega)	M	10^{-9}	纳[诺](nano)	n
10^3	千(kilo)	k	10^{-12}	皮[可](pico)	p
10^2	百(hecto)	h	10^{-15}	飞[母托](femto)	f
10^1	十(deca)	da	10^{-18}	阿[托](atto)	a

附录四　国际制(SI)单位与cgs单位换算及常用物理化学常数

附表 4-1　国际制(SI)单位与 cgs 单位换算表

物理量	cgs 单位		SI 单位		由 cgs 换算成 SI
	名称	符号	名称	符号	
长度	厘米	cm	米	m	10^{-2}m
	埃	Å			10^{-1}nm
	微米	μm			10^{-6}m=1μm
	纳米	mn			10^{-9}m=1nm
质量	克	g	千克	kg	10^{-3}kg
	吨	t			10^{3}kg=1Mg
	磅	1b			0.45359237kg
	原子质量单位	u			1.6605655×10^{-27}kg
时间	秒	s	秒	s	
电流	安培	A	安培	A	
面积	平方厘米	cm^2	平方米	m^2	$10^{-4}m^2$
体积	升	L			$10^{-3}m^3=1dm^3$
	立方厘米	cm^3	立方米	m^3	$10^{-6}m^3$
能量	尔格	erg	焦耳	J	10^{-7}J
功率	瓦特	W	瓦特	W	
密度		$g\cdot cm^{-3}$		$kg\cdot m^{-3}$	$10^3kg\cdot m^{-3}$
浓度	物质的量浓度	$mol\cdot L^{-1}$	摩尔每立方米	$mol\cdot m^{-3}$	$10^3mol\cdot m^{-3}$

附表 4-2　常用物理和化学常数

常数名称	换算关系
电子的电荷	$e=4.80298\times10^{-10}$esu
Plank 常量	$h=6.626176(36)\times10^{-34}J\cdot s$
光速(真空)	$c=2.99792458\times10^{8}m\cdot s^{-1}$
摩尔气体常量	$R=8.31441(26)J\cdot mol^{-1}\cdot K^{-1}$
Avogadro 常量	$N=6.022045(31)\times10^{23}mol^{-1}$
法拉第常量	$F=9.648456\times10^{4}C\cdot mol^{-1}$
电子静止质量	$m_e=9.10953(5)\times10^{-34}g$
Bohr 半径	$a_o=0.52917706(44)\times10^{-10}m$
元素的相对原子质量	$1u=1.6605655\times10^{-24}g$

注：常数值括号中的数字代表该数值的误差（最末 1～2 位），例如，$h=6.626176(36)\times10^{-34}J\cdot s$，即 $h=(6.626176\pm0.000036)\times10^{-34}J\cdot s$。其他类推

附录五 酸、碱在水中的电离常数

附表 5-1 无机酸、碱

化合物	温度/℃	分步	K_a(或 K_b)	pK_a(或 pK_b)
砷酸	18	1	5.62×10^{-3}	2.25
		2	1.70×10^{-7}	6.77
		3	2.95×10^{-12}	11.60
亚砷酸	25		6×10^{-10}	9.23
硼酸	20	1	7.3×10^{-10}	9.14
碳酸	25	1	4.30×10^{-7}	6.37
		2	5.61×10^{-11}	10.25
铬酸	25	1	1.8×10^{-1}	0.74
		2	3.20×10^{-7}	6.49
氢氟酸	25		3.53×10^{-4}	3.45
氢氰酸	25		4.93×10^{-10}	9.31
氢硫酸	18	1	5.1×10^{-8}	7.29
		2	1.2×10^{-15}	14.92
过氧化氢	25		2.4×10^{-12}	11.62
次溴酸	25		2.06×10^{-9}	8.69
次氯酸	18		2.95×10^{-8}	7.53
次碘酸	25		2.3×10^{-11}	10.64
碘酸	25		1.69×10^{-1}	0.77
亚硝酸	12.5		4.6×10^{-4}	3.37
高碘酸	25		2.3×10^{-2}	1.64
磷酸	25	1	7.52×10^{-3}	2.12
	25	2	6.23×10^{-8}	7.21
	18	3	2.2×10^{-13}	12.67
亚磷酸	18	1	1.0×10^{-2}	2.00
	18	2	2.6×10^{-7}	6.59
焦磷酸	18	1	1.4×10^{-1}	0.85
	18	2	3.2×10^{-2}	1.49
		3	1.7×10^{-6}	5.77
		4	6×10^{-9}	8.22
硒酸	25	2	1.2×10^{-2}	1.92
亚硒酸	25	1	3.5×10^{-3}	2.46
	25	2	5×10^{-8}	7.31
硅酸	30	1	2.2×10^{-10}	9.66
		2	2×10^{-12}	11.70
		3	1×10^{-12}	12.00
		4	1×10^{-12}	12.00
硫酸	25	2	1.20×10^{-2}	1.92
亚硫酸	18	1	1.54×10^{-2}	1.81
		2	1.02×10^{-7}	6.91
氨水	25		1.76×10^{-5}	4.75

续表

化合物	温度/℃	分步	K_a(或 K_b)	pK_a(或 pK_b)
羟胺	20		1.70×10^{-8}	7.97
氢氧化铅	25		9.6×10^{-4}	3.02
氢氧化银	25		1.1×10^{-4}	3.96
氢氧化锌	25		9.6×10^{-4}	3.02

附表 5-2　有机酸、碱

化合物	温度/℃	分步	K_a(或 K_b)	pK_a(或 pK_b)
甲酸	20		1.77×10^{-4}	3.75
乙酸	25		1.76×10^{-5}	4.75
枸橼酸(柠檬酸)	20	1	7.1×10^{-4}	3.14
	20	2	1.68×10^{-5}	4.77
乳酸				
草酸	25	1	6.5×10^{-2}	1.19
	25	2	6.1×10^{-5}	4.21
酒石酸	25	1	1.04×10^{-3}	2.98
	25	2	4.55×10^{-5}	4.34
琥珀酸	25	1	6.89×10^{-5}	4.16
	25	2	2.47×10^{-6}	5.61
甘油磷酸	25	1	3.4×10^{-2}	1.47
	25	2	6.4×10^{-7}	6.19
甘氨酸	25		1.67×10^{-10}	9.78
羟基乙酸	25		1.52×10^{-4}	3.82
顺丁烯二酸	25	1	1.42×10^{-2}	1.83
	25	2	8.57×10^{-7}	6.06
丙二酸	25	1	1.49×10^{-3}	2.83
	25	2	2.03×10^{-6}	5.69
一氯乙酸	25		1.4×10^{-3}	2.85
三氯乙酸	25		2×10^{-1}	0.7
苯甲酸	25		6.46×10^{-5}	4.19
对羟基苯甲酸	19	1	3.3×10^{-5}	4.48
	19	2	4.8×10^{-10}	9.32
邻苯二甲酸	25	1	1.3×10^{-3}	2.89
	25	2	3.9×10^{-6}	5.51
水杨酸	19	1	1.07×10^{-3}	2.97
	18	2	4×10^{-14}	13.40
氨基磺酸	25		6.5×10^{-4}	3.19
苦味酸	25		4.2×10^{-1}	0.38
正丁胺	18		5.89×10^{-4}	3.23
二乙基胺	40		3.08×10^{-4}	3.51

续表

化合物	温度/℃	分步	K_a(或 K_b)	pK_a(或 pK_b)
二甲基胺	25		5.4×10^{-4}	3.26
乙基胺	20		6.41×10^{-4}	3.19
乙二胺	25	1	8.5×10^{-5}	4.07
	25	2	7.1×10^{-8}	7.15
三乙基胺	18		1.02×10^{-3}	2.99
苯胺	25		4.26×10^{-10}	9.37
联苯胺	25	1	9.3×10^{-10}	9.03
	25	2	5.6×10^{-11}	10.25
α-萘胺	25		8.32×10^{-11}	10.08
β-萘胺	25		1.44×10^{-10}	9.84
对乙氧基苯胺	28		1.58×10^{-9}	8.80
六次甲基四胺	25		1.4×10^{-9}	8.85
氨基乙醇	25		2.77×10^{-5}	4.56
尿素	21		1.26×10^{-14}	13.9
吡啶	20		2.21×10^{-10}	9.65
马钱子碱	25		1.91×10^{-6}	5.72
可待因	25		1.62×10^{-6}	5.79
黄连碱	25		2.51×10^{-8}	7.60
吗啡	25		1.62×10^{-6}	5.79
菸碱	25	1	1.05×10^{-6}	5.98
	25	2	1.32×10^{-11}	10.88
毛果云香碱	30		7.41×10^{-8}	7.13
喹啉	20		7.94×10^{-10}	9.10
奎宁	25	1	3.31×10^{-6}	5.48
	25	2	1.35×10^{-10}	9.87
番木鳖碱	25		1.82×10^{-6}	5.74

附录六　难溶化合物的溶度积(K_{sp})

化合物	K_{sp}	化合物	K_{sp}	化合物	K_{sp}
Ag_3AsO_4	1.0×10^{-22}	$CoHg[(SCN)_4]$	1.5×10^{-6}	$MgNH_4PO_4$	2.5×10^{-13}
$AgBr$	5.0×10^{-13}	Ag_2CO_3	8.1×10^{-12}	$Ag_4[Fe(CN)_6]$	1.6×10^{-41}
$AgCl$	1.56×10^{-10}	$Ag_3[CO(NO_2)_6]$	8.5×10^{-21}	AgI	1.5×10^{-16}
$AgCN$	1.2×10^{-16}	Ag_2CrO_4	1.1×10^{-12}	Ag_3PO_4	1.4×10^{-16}
$Ag_2C_2O_4$	2.95×10^{-11}	$Ag_2Cr_2O_7$	2.0×10^{-7}	Ag_2S	6.3×10^{-50}
$AgSCN$	1.0×10^{-12}	$CoHPO_4$	2×10^{-7}	$Mg(OH)_2$	1.8×10^{-11}
Ag_2SO_4	1.4×10^{-5}	$Co(OH)_2$(新)	1.6×10^{-15}	$Mg_3(PO_4)_2$	$10^{-28}\sim10^{-27}$
$Al(OH)_3$	1.3×10^{-33}	$Co_3(PO_4)_2$	2×10^{-35}	$Mn(OH)_2$	1.9×10^{-13}
$AlPO_4$	6.3×10^{-19}	CoS	3×10^{-26}	MnS	1.4×10^{-15}
As_2S_3	4.0×10^{-29}	$Cr(OH)_3$	6.3×10^{-31}	$Ni(OH)_2$(新)	2.0×10^{-15}
Ba_3AsO_4	8.0×10^{-51}	$Cu_3(AsO_4)_2$	7.6×10^{-36}	NiS	1.4×10^{-24}
$BaCO_3$	8.1×10^{-9}	$CuCN$	3.2×10^{-20}	$Pb_3(AsO_4)_2$	4.0×10^{-36}
BaC_2O_4	1.6×10^{-7}	$Cu_2[Fe(CN)_6]$	1.3×10^{-16}	$PbCO_3$	7.4×10^{-14}
$BaCrO_4$	1.2×10^{-10}	$Cu_3(PO_4)_2$	1.3×10^{-37}	$PbCl_2$	1.6×10^{-5}
BaF_2	1.0×10^{-9}	$Cu_2P_2O_7$	8.3×10^{-16}	$PbCrO_4$	1.8×10^{-14}
$BaHPO_4$	3.2×10^{-7}	$CuSCN$	4.8×10^{-15}	PbF_2	2.7×10^{-8}
$Ba_3(PO_4)_2$	3.4×10^{-23}	CuS	6.3×10^{-36}	$Pb_2[Fe(CN)_6]$	3.5×10^{-15}
$Ba_2P_2O_7$	3.2×10^{-11}	$FeCO_3$	3.2×10^{-11}	$PbHPO_4$	1.3×10^{-10}
$BaSiF_6$	1×10^{-6}	$Fe_4[Fe(CN)_6]$	3.3×10^{-41}	PbI_2	7.1×10^{-9}
$BaSO_4$	1.1×10^{-10}	$Fe(OH)_2$	8.0×10^{-16}	$Pb(OH)_2$	1.2×10^{-15}
$Bi(OH)_3$	4×10^{-31}	$Fe(OH)_3$	1.1×10^{-36}	$Pb_3(PO_4)_2$	8.0×10^{-48}
Bi_2S_3	1×10^{-97}	$FePO_4$	1.3×10^{-22}	PbS	8.0×10^{-28}
$BiPO_4$	1.3×10^{-23}	FeS	3.7×10^{-19}	$PbSO_4$	1.6×10^{-8}
$CaCO_3$	8.7×10^{-9}	Hg_2Cl_2	1.3×10^{-18}	$Sb(OH)_3$	4×10^{-42}
CaC_2O_4	4×10^{-9}	$Hg_2(CN)_2$	5×10^{-40}	Sb_2S_3	2.9×10^{-59}
$CsCrO_4$	7.1×10^{-4}	Hg_2I_2	4.5×10^{-29}	SnS	1.0×10^{-25}
CaF_2	2.7×10^{-11}	Hg_2S	1×10^{-47}	$SrCO_3$	1.6×10^{-9}
$CaHPO_4$	1×10^{-7}	HgS(红)	4×10^{-53}	SrC_2O_4	5.6×10^{-8}
$Ca(OH)_2$	5.5×10^{-6}	(黑)	1.6×10^{-52}	$SrCrO_4$	2.2×10^{-5}
$Ca_3(PO_4)_2$	2.0×10^{-29}	$Hg_2(SCN)_2$	2.0×10^{-20}	SrF_2	2.5×10^{-9}
$CaSiF_6$	8.1×10^{-4}	$K[B(C_6H_5)_4]$	2.2×10^{-8}	$Sr_3(PO_4)_2$	4.0×10^{-28}
$CaSO_4$	9.1×10^{-6}	$K_2Na[Co(NO_2)_6]$	2.2×10^{-11}	$SrSO_4$	3.2×10^{-7}
$Cd_2[Fe(CN)_6]$	3.2×10^{-17}	$\cdot H_2O$		$Zn_2[Fe(CN)_6]$	4.0×10^{-16}
$Cd(OH)_2$(新)	2.5×10^{-14}	$K_2[PtCl_6]$	1.1×10^{-5}	$Zn[Hg(SCN)_4]$	2.2×10^{-7}
$Cd_3(PO_4)_2$	2.5×10^{-33}	$MgCO_3$	3.5×10^{-8}	$Zn(OH)_2$	1.2×10^{-17}
CdS	3.6×10^{-29}	MgC_2O_4	8.5×10^{-5}	$Zn_3(PO_4)_2$	9.0×10^{-33}
$Co_2[Fe(CN)_6]$	1.8×10^{-15}	MgF_2	6.5×10^{-9}	ZnS	1.2×10^{-23}

附录七　络合滴定有关常数

附表 7-1　金属络合物的稳定常数

金属离子	离子强度	n	$\lg\beta_n$
氨络合物			
Ag^+	0.1	1，2	3.40，7.40
Cd^{2+}	0.1	1，…，6	2.60.4.65，6.04，6.92，6.6，4.9
Co^{2+}	0.1	1，…，6	2.05，3.62，4.61，5.31，5.43，4.75
Cu^{2+}	2	1，…，4	4.13，7.61，10.48，12.59
Ni^{2+}	0.1	1，…，6	2.75，4.95，6.64，7.79，8.50，8.49
Zn^{2+}	0.1	1，…，4	2.27，4.61，7.01，9.06
氟络合物			
Al^{3+}	0.53	1，…，6	6.1，11.15，15.0，17.7，19.4，19.7
$Fe3^+$	0.5	1，2，3	5.2，9.2，11.9
Th^{4+}	0.5	1，2，3	7.7，13.5，18.0
TiO^{2+}	3	1，…，4	5.4，9.8，13.7，17.4
Sn^{4+}	*	6	25
Zr^{4+}	2	1，2，3	8.8，16.1，21.9
氯络合物			
Ag^+	0.2	1，…，4	2.0，4.7，5.0，5.9
Hg^{2+}	0.5	1，…，4	6.7，13.2，14.1，15.1
碘络合物			
Cd^{2+}	*	1，…，4	2.4，3.4，5.0，6.15
Hg^{2+}	0.5	1，…，4	12.9，23.8，27.6，29.8
氰络合物			
Ag^+	0～0.3	1，…，4	-，21.1，21.8，20.7
Cd^{2+}	3	1，…，4	5.5，10.6，15.3，18.9
Cu^+	0	1，…，4	-，24.0，28.6，30.3
Fe^{2+}	0	6	35.4
Fe^{3+}	0	6	43.6
Hg^{2+}	0.1	1，…，4	18.0，34.7，38.5，41.5
Ni^{2+}	0.1	4	31.3
Zn^{2+}	0.1	4	16.7
硫氰酸络合物			
Fe^{3+}	*	1，…，5	2.3，4.2，5.6，6.4，6.4
Hg^{2+}	1	1，…，4	-，16.1，19.0，20.9

续表

金属离子	离子强度	n	$\lg\beta_n$
硫代硫酸络合物			
Ag^{+}	0	1，2	8.82，13.5
Hg^{2+}	0	1，2	29.86，32.26
枸橼酸络合物			
Al^{3+}	0.5	1	20.0
Cu^{2+}	0.5	1	18
Fe^{3+}	0.5	1	25
Ni^{2+}	0.5	1	14.3
Pb^{2+}	0.5	1	12.3
Zn^{2+}	0.5	1	11.4
磺基水杨络合物			
Al^{3+}	0.1	1，2，3	12.9，22.9，29.0
Fe^{3+}	3	1，2，3	14.4，25.2，32.2
乙酰丙酮络合物			
Al^{3+}	0.1	1，2，3	8.1，15.7，21.2
Cu^{2+}	0.1	1，2	7.8，14.3，
Fe^{3+}	0.1	1，2，3	9.3，17.9，25.1
邻二氮菲络合物			
Ag^{+}	0.1	1，2	5.02，12.07
Cd^{2+}	0.1	1，2，3	6.4，11.6，15.8
Co^{2+}	0.1	1，2，3	7.0，13.7，20.1
Cu^{2+}	0.1	1，2，3	9.1，15.8，21.0
Fe^{2+}	0.1	1，2，3	5.9，11.1，21.3
Hg^{2+}	0.1	1，2，3	-，19.65，23.35
Ni^{2+}	0.1	1，2，3	8.8，17.1，24.8
Zn^{2+}	0.1	1，2，3	6.4，12.15，17.0
乙二胺络合物			
Ag^{+}	0.1	1，2	4.7，7.7
Cd^{2+}	0.1	1，2	5.47，10.02
Cu^{2+}	0.1	1，2	10.55，19.60
Co^{2+}	0.1	1，2，3	5.89，10.72，13.82
Hg^{2+}	0.1	2	23.42
Ni^{2+}	0.1	1，2，3	7.66，14.06，18.59
Zn^{2+}	0.1	1，2，3	5.71，10.37，12.08

注：*表示离子强度不定

附表 7-2　一些金属离子的 $\lg\alpha_{M(OH)}$ 值

金属离子	离子强度	pH													
		1	2	3	4	5	6	7	8	9	10	11	12	13	14
Al^{3+}	2					0.4	1.3	5.3	9.3	13.3	17.3	21.3	25.3	29.3	33.3
Bi^{3+}	3	0.1	0.5	1.4	2.4	3.4	4.4	5.4							
Ca^{2+}	0.1													0.3	1.0
Cd^{2+}	3									0.1	0.5	2.0	4.5	8.1	12.0
Co^{2+}	0.1								0.1	0.4	1.1	2.2	4.2	7.2	10.2
Cu^{2+}	0.1								0.2	0.8	1.7	2.7	3.7	4.7	5.7
Fe^{2+}	1									0.1	0.6	1.5	2.5	3.5	4.5

续表

金属离子	离子强度	pH													
		1	2	3	4	5	6	7	8	9	10	11	12	13	14
Fe^{3+}	3			0.4	1.8	3.7	5.7	7.7	9.7	11.7	13.7	15.7	17.7	19.7	21.7
Hg^{2+}	0.1			0.5	1.9	3.9	5.9	7.9	9.9	11.9	13.9	15.9	17.9	19.9	21.9
La^{3+}	3										0.3	1.0	1.9	2.9	3.9
Mg^{2+}	0.1											0.1	0.5	1.3	2.3
Mn^{2+}	0.1										0.1	0.5	1.4	2.4	3.4
Ni^{2+}	0.1									0.1	0.7	1.6			
Pb^{2+}	0.1							0.1	0.5	1.4	2.7	4.7	7.4	10.4	13.4
Th^{4+}	1				0.2	0.8	1.7	2.7	3.7	4.7	5.7	6.7	7.7	8.7	9.7
Zn^{2+}	0.1									0.2	2.4	5.4	8.5	11.8	15.5

附表 7-3　金属指示剂的 $\lg\alpha_{In(H)}$ 值及金属指示剂变色点的 pM 值(即 pM_t 值)

1. 铬黑 T

pH	6.0	7.0	8.0	9.0	10.0	11.0	12.0	13.0	稳定常数
$\lg\alpha_{In(H)}$	6.0	4.6	3.6	2.6	1.6	0.7	0.1		$\lg K^{H}_{HIn}11.6$；$\lg K^{H}_{H_2In}6.3$
pCa_t(至红)			1.8	2.8	3.8	4.7	5.3	5.4	$\lg K_{CaIn}5.4$
pMg_t(至红)	1.0	2.4	3.4	4.4	5.4	6.3			$\lg K_{MgIn}7.0$
pZn_t(至红)	6.9	8.3	9.3	10.5	12.2	13.9			$\lg K_{ZnIn}12.9$；$\lg K_{ZnIn}20.0$；

2. 紫脲酸铵

pH	6.0	7.0	8.0	9.0	10.0	11.0	12.0	稳定常数
$\lg\alpha_{In(H)}$	7.7	5.7	3.7	1.9	0.7	0.1		$\lg K^{H}_{HIn}10.5$
$\lg\alpha_{HIn(H)}$	3.2	2.2	1.2	0.4	0.2	0.6	1.5	$\lg K^{H}_{H_2In}9.2$
pCa_t(至红)		2.6	2.8	3.4	4.0	4.6	5.0	$\lg K_{CaIn}5.0$
pCu_t(至橙)	6.4	8.2	10.2	12.2	13.6	15.8	17.9	
pNi_t(至黄)	4.6	5.2	6.2	7.8	9.3	10.3	11.3	

3. 二甲酚橙

pH	1.0	2.0	3.0	4.0	4.5	5.0	5.5	6.0	6.5	7.0
pBi_t(至红)	4.0	5.4	6.8							
pCd_t(至红)					4.0	4.5	5.0	5.5	6.3	6.8
pHg_t(至红)						7.4	8.2	9.0		
pLa_t(至红)					4.0	4.5	5.0	5.6	6.7	
pPb_t(至红)			4.2	4.8	6.2	7.0	7.6	8.2		
pTh_t(至红)	3.6	4.9	6.3							
pZn_t(至红)					4.1	4.8	5.7	6.5	7.3	8.0
pZr_t(至红)	7.5									

注：以上二甲酚橙与各金属络合物的 pM_t 均系实验测得。

4. PAN

pH	4.0	5.0	6.0	7.0	8.0	9.0	10.0	11.0	稳定常数(20%二氧六环)
$\lg\alpha_{In(H)}$	8.2	7.2	6.2	5.2	4.2	3.2	2.2	1.2	$\lg K_{HIn}12.2$；$\lg K^{H}_{H_2In}1.9$
pCu_t(至红)	7.8	8.8	9.8	10.8	11.8	12.8	13.8	14.8	$\lg K_{CuI}16.0$

附录八　标准电极电位表(25℃)

附表 8-1　在酸性溶液中

电极反应				E^0/V
氧化形	电子数		还原形	
Li^+	$+e^-$	⇌	Li	–3.045
K^+	$+e^-$	⇌	K	–2.925
Ba^{2+}	$+2e^-$	⇌	Ba	–2.912
Sr^{2+}	$+2e^-$	⇌	Sr	–2.89
Ca^{2+}	$+2e^-$	⇌	Ca	–2.87
Na^+	$+e^-$	⇌	Na	–2.714
Ce^{3+}	$+3e^-$	⇌	Ce	–2.48
Mg^{2+}	$+2e^-$	⇌	Mg	–2.37
$\frac{1}{2}H_2$	$+e^-$	⇌	H^-	–2.23
AlF_6^{3-}	$+3e^-$	⇌	$Al+6F^-$	–2.07
Be^{2+}	$+2e^-$	⇌	Be	–1.85
Al^{3+}	$+3e^-$	⇌	Al	–1.66
Ti^{2+}	$+2e^-$	⇌	Ti	–1.63
SiF_6^{2-}	$+4e^-$	⇌	$Si+6F^-$	–1.24
Mn^{2+}	$+2e^-$	⇌	Mn	–1.182
V^{2+}	$+2e^-$	⇌	V	–1.18
Te	$+2e^-$	⇌	Te^{2-}	–1.14
Se	$+2e^-$	⇌	Se^{2-}	–0.92
Cr^{2+}	$+2e^-$	⇌	Cr	–0.91
$Bi+3H^+$	$+3e^-$	⇌	BiH_3	–0.8
Zn^{2+}	$+2e^-$	⇌	Zn	–0.763
Cr^{3+}	$+3e^-$	⇌	Cr	–0.74
Ag_2S	$+2e^-$	⇌	$2Ag+S^{2-}$	–0.69
$As+3H^+$	$+3e^-$	⇌	AsH_3	–0.608
$Sb+3H^+$	$+3e^-$	⇌	SbH_3	–0.51
$H_3PO_3+2H^+$	$+2e^-$	⇌	$H_3PO_2+H_2O$	–0.50
$2CO_2+2H^+$	$+2e^-$	⇌	$H_2C_2O_4$	–0.49
S	$+2e^-$	⇌	S^{2-}	–0.48
$H_3PO_3+3H^+$	$+3e^-$	⇌	$P+3H_2O$	–0.454
Fe^{2+}	$+2e^-$	⇌	Fe	–0.440
Cr^{3+}	$+e^-$	⇌	Cr^{2+}	–0.41
Cd^{2+}	$+2e^-$	⇌	Cd	–0.403
$PbSO_4$	$+2e^-$	⇌	$Pb+SO_4^{2-}$	–0.3553
Cd^{2+}	$+2e^-$	⇌	Cd(Hg)	–0.352
$[Ag(CN)_2]^-$	$+e^-$	⇌	$Ag+2CN^-$	–0.31

续表

电极反应				E^0/V
氧化形	电子数		还原形	
Co^{2+}	$+2e^-$	⇌	Co	−0.277
$H_3PO_4+2H^+$	$+2e^-$	⇌	$H_3PO_3+H_2O$	−0.276
$HCNO+H^+$	$+e^-$	⇌	$\frac{1}{2}C_2N_2$(气)$+H_2O$	−0.27
Pb(Hg)Cl_2	$+2e^-$	⇌	Pb(Hg)$+2Cl^-$	−0.262
Ni^{2+}	$+2e^-$	⇌	Ni	−0.257
V^{3+}	$+e^-$	⇌	V^{2+}	−0.255
$SnCl_4^{2-}$	$+2e^-$	⇌	$Sn+4Cl^-$(1mol/L HCl)	−0.19
AgI	$+e^-$	⇌	$Ag+I^-$	−0.152
CO_2(气)$+2H^+$	$+2e^-$	⇌	HCOOH	−0.14
Sn^{2+}	$+2e^-$	⇌	Sn	−0.136
$CH_3COOH+2H^+$	$+2e^-$	⇌	CH_3CHO+H_2O	−0.13
Pb^{2+}	$+2e^-$	⇌	Pb	−0.126
$P+3H^+$	$+3e^-$	⇌	PH_3(气)	−0.063
$2H_2SO_3+H^+$	$+2e^-$	⇌	$HS_2O_4^-+2H_2O$	−0.056
Ag_2S+2H^+	$+2e^-$	⇌	$2Ag+H_2S$	−0.0366
Fe^{3+}	$+3e^-$	⇌	Fe	−0.036
$2H^+$	$+2e^-$	⇌	H_2	0.0000
AgBr	$+e^-$	⇌	$Ag+Br^-$	0.0713
$S_4O_6^{2-}$	$+2e^-$	⇌	$2S_2O_3^{2-}$	0.08
$SnCl_6^{2-}$	$+2e^-$	⇌	$SnCl_4^{2-}+2Cl^-$(1mol/L HCl)	0.14
$S+2H^+$	$+2e^-$	⇌	H_2S(气)	0.141
$Sb_2O_3+6H^+$	$+6e^-$	⇌	$2Sb+3H_2O$	0.152
Sn^{4+}	$+2e^-$	⇌	Sn^{2+}	0.154
Cu^{2+}	$+e^-$	⇌	Cu^+	0.159
$SO_4^{2-}+4H^+$	$+2e^-$	⇌	SO_2(水溶液)$+2H_2O$	0.172
SbO^++2H^+	$+3e^-$	⇌	$Sb+H_2O$	0.212
AgCl	$+e^-$	⇌	$Ag+Cl^-$	0.2223
$HCHO+2H^+$	$+2e^-$	⇌	CH_3OH	0.24
$HAsO_2+3H^+$	$+3e^-$	⇌	$As+2H_2O$	0.248
Hg_2Cl_2(固)	$+2e^-$	⇌	$2Hg+2Cl^-$	0.2676
Cu^{2+}	$+2e^-$	⇌	Cu	0.337
$Fe(CN)_6^{3-}$	$+e^-$	⇌	$Fe(CN)_6^{4-}$	0.36
$\frac{1}{2}(CN)_2+H^+$	$+e^-$	⇌	HCN	0.37
$Ag(NH_3)_2^+$	$+e^-$	⇌	$Ag+2NH_3$	0.373
$\frac{1}{2}C_2N_2$(气)$+H^+$	$+e^-$	⇌	HCN	0.373
$2SO_2$(水溶液)$+2H^+$	$+4e^-$	⇌	$S_2O_3^{2-}+H_2O$	0.40
$H_2N_2O_2+6H^+$	$+4e^-$	⇌	$2NH_3OH^+$	0.44
Ag_2CrO_4	$+2e^-$	⇌	$2Ag+CrO_4^{2-}$	0.447

续表

电极反应				E^0/V
氧化形	电子数		还原形	
$H_2SO_3+4H^+$	$+4e^-$	⇌	$S+3H_2O$	0.45
$4SO_2$(水溶液)$+4H^+$	$+6e^-$	⇌	$S_4O_6^{2-}+2H_2O$	0.51
Cu^+	$+e^-$	⇌	Cu	0.52
I_2(固)	$+2e^-$	⇌	$2I^-$	0.5345
$H_3AsO_4+2H^+$	$+2e^-$	⇌	$HAsO_2+2H_2O$	0.559
Sb_2O_5(固)$+6H^+$	$+4e^-$	⇌	$2SbO^++3H_2O$	0.58
CH_3OH+2H^+	$+2e^-$	⇌	CH_4(气)$+H_2O$	0.58
$2NO+2H^+$	$+2e^-$	⇌	$H_2N_2O_2$	0.60
$2HgCl_2$	$+2e^-$	⇌	$Hg_2Cl_2+2Cl^-$	0.63
Ag_2SO_4	$+2e^-$	⇌	$2Ag+SO_4^{2-}$	0.653
$PtCl_6^{2-}$	$+2e^-$	⇌	$PtCl_4^{2-}+2Cl^-$	0.68
O_2+2H^+	$+2e^-$	⇌	H_2O_2	0.695
$Fe(CN)_6^{3-}$	$+e^-$	⇌	$Fe(CN)_6^{4-}$ (1mol/L H_2SO_4)	0.71
$H_2SeO_3+4H^+$	$+4e^-$	⇌	$Se+3H_2O$	0.740
$PtCl_4^{2-}$	$+2e^-$	⇌	$Pt+4Cl^-$	0.755
$(CNS)_2$	$+2e^-$	⇌	$2CNS^-$	0.77
Fe^{3+}	$+e^-$	⇌	Fe^{2+}	0.771
Hg_2^{2+}	$+2e^-$	⇌	2Hg	0.793
Ag^+	$+e^-$	⇌	Ag	0.7995
$NO_3^-+2H^+$	$+e^-$	⇌	NO_2+H_2O	0.80
OsO_4+8H^+	$+8e^-$	⇌	$Os+4H_2O$	0.85
Hg^{2+}	$+2e^-$	⇌	Hg	0.854
$2HNO_2+4H^+$	$+4e^-$	⇌	$H_2N_2O_2+2H_2O$	0.86
$Cu^{2+}+I^-$	$+e^-$	⇌	CuI	0.86
$2Hg^{2+}$	$+2e^-$	⇌	Hg_2^{2+}	0.920
$NO_3^-+3H^+$	$+2e^-$	⇌	HNO_2+H_2O	0.94
$NO_3^-+4H^+$	$+3e^-$	⇌	$NO+2H_2O$	0.96
HNO_2+H^+	$+e^-$	⇌	$NO+H_2O$	0.983
$HIO+H^+$	$+2e^-$	⇌	I^-+H_2O	0.99
NO_2+2H^+	$+2e^-$	⇌	$NO+H_2O$	1.03
ICl_2^-	$+e^-$	⇌	$\frac{1}{2}I_2+2Cl^-$	1.06
Br_2(液)	$+2e^-$	⇌	$2Br^-$	1.065
NO_2+H^+	$+e^-$	⇌	HNO_2	1.07
$IO_3^-+6H^+$	$+6e^-$	⇌	I^-+3H_2O	1.085
Br_2(水溶液)	$+2e^-$	⇌	$2Br^-$	1.087
$Cu^{2+}+2CN^-$	$+e^-$	⇌	$Cu(CN)_2^-$	1.12
$IO_3^-+5H^+$	$+4e^-$	⇌	$HIO+2H_2O$	1.14
$SeO_4^{2-}+4H^+$	$+2e^-$	⇌	$H_2SeO_3+H_2O$	1.15
$ClO_3^-+2H^+$	$+e^-$	⇌	ClO_2+H_2O	1.15
$ClO_4^-+2H^+$	$+2e^-$	⇌	$ClO_3^-+H_2O$	1.19

续表

电极反应				E^0/V
氧化形	电子数		还原形	
$IO_3^- + 6H^+$	$+5e^-$	$\rightleftharpoons$	$\frac{1}{2} I_2 + 3H_2O$	1.20
$ClO_3^- + 3H^+$	$+2e^-$	$\rightleftharpoons$	$HClO_2 + H_2O$	1.21
$O_2 + 4H^+$	$+4e^-$	$\rightleftharpoons$	$2H_2O$	1.229
$MnO_2 + 4H^+$	$+2e^-$	$\rightleftharpoons$	$Mn^{2+} + 2H_2O$	1.23
$2HNO_2 + 4H^+$	$+4e^-$	$\rightleftharpoons$	$N_2O + 3H_2O$	1.27
$HBrO + H^+$	$+2e^-$	$\rightleftharpoons$	$Br^- + H_2O$	1.33
$CrO_7^{2-} + 14H^+$	$+6e^-$	$\rightleftharpoons$	$2Cr^{3+} + 7H_2O$	1.33
Cl_2(气)	$+2e^-$	$\rightleftharpoons$	$2Cl^-$	1.3595
$ClO_4^- + 8H^+$	$+8e^-$	$\rightleftharpoons$	$Cl^- + 4H_2O$	1.389
$ClO_4^- + 8H^+$	$+7e^-$	$\rightleftharpoons$	$\frac{1}{2} Cl_2 + 4H_2O$	1.39
$2NH_3OH^+ + H^+$	$+2e^-$	$\rightleftharpoons$	$N_2H_5^+ + 2H_2O$	1.42
$HIO + H^+$	$+e^-$	$\rightleftharpoons$	$\frac{1}{2} I_2 + H_2O$	1.439
$BrO_3^- + 6H^+$	$+6e^-$	$\rightleftharpoons$	$Br^- + 3H_2O$	1.44
Ce^{4+}	$+e^-$	$\rightleftharpoons$	Ce^{3+} (0.5mol/L H_2SO_4)	1.44
$PbO_2 + 4H^+$	$+2e^-$	$\rightleftharpoons$	$Pb^{2+} + 2H_2O$	1.455
$ClO_3^- + 6H^+$	$+6e^-$	$\rightleftharpoons$	$Cl^- + 3H_2O$	1.47
$ClO_3^- + 6H^+$	$+5e^-$	$\rightleftharpoons$	$\frac{1}{2} Cl_2 + 3H_2O$	1.47
Mn^{3+}	$+e^-$	$\rightleftharpoons$	Mn^{2+} (7.5mol/L H_2SO_4)	1.488
$HClO + H^+$	$+2e^-$	$\rightleftharpoons$	$Cl^- + H_2O$	1.49
$MnO_4^- + 8H^+$	$+e^-$	$\rightleftharpoons$	$Mn^{2+} + 4H_2O$	1.51
$BrO_3^- + 6H^+$	$+5e^-$	$\rightleftharpoons$	$\frac{1}{2} Br_2 + 3H_2O$	1.52
$HClO_2 + 3H^+$	$+4e^-$	$\rightleftharpoons$	$Cl^- + 2H_2O$	1.56
$HBrO + H^+$	$+e^-$	$\rightleftharpoons$	$\frac{1}{2} Br_2 + H_2O$	1.574
$2NO + 2H^+$	$+2e^-$	$\rightleftharpoons$	$N_2O + H_2O$	1.59
$H_5IO_6 + H^+$	$+2e^-$	$\rightleftharpoons$	$IO_3^- + 3H_2O$	1.60
$HClO_2 + 3H^+$	$+3e^-$	$\rightleftharpoons$	$\frac{1}{2} Cl_2 + 2H_2O$	1.611
$HClO_2 + 2H^+$	$+2e^-$	$\rightleftharpoons$	$HClO + H_2O$	1.64
$MnO_4^- + 4H^+$	$+3e^-$	$\rightleftharpoons$	$MnO_2 + 2H_2O$	1.679
$PbO_2 + SO_4^{2-} + 4H^+$	$+2e^-$	$\rightleftharpoons$	$PbSO_4 + 2H_2O$	1.685
$N_2O + 2H^+$	$+2e^-$	$\rightleftharpoons$	$N_2 + H_2O$	1.77
$H_2O_2 + 2H^+$	$+2e^-$	$\rightleftharpoons$	$2H_2O$	1.77
Co^{3+}	$+e^-$	$\rightleftharpoons$	Co^{2+} (3mol/L HNO_3)	1.84
Ag^{2+}	$+e^-$	$\rightleftharpoons$	Ag^+ (4mol/L $HClO_4$)	1.927
$S_2O_8^{2-}$	$+2e^-$	$\rightleftharpoons$	$2SO_4^{2-}$	2.01
$O_3 + 2H^+$	$+2e^-$	$\rightleftharpoons$	$O_2 + H_2O$	2.07
F_2	$+2e^-$	$\rightleftharpoons$	$2F^-$	2.87
$F_2 + 2H^+$	$+2e^-$	$\rightleftharpoons$	$2HF$	3.06

附表 8-2　在碱性溶液中

电极反应				E^0/V
氧化形	电子数		还原形	
$Ca(OH)_2$	$+2e^-$	⇌	$Ca+2OH^-$	−3.02
$Ba(OH)_2 \cdot 8H_2O$	$+2e^-$	⇌	$Ba+2OH^-+8H_2O$	−2.99
$Sr(OH)_2 \cdot 8H_2O$	$+2e^-$	⇌	$Sr+2OH^-+8H_2O$	−2.88
$Mg(OH)_2$	$+2e^-$	⇌	$Mg+2OH^-$	−2.69
$H_2AlO_3^-+H_2O$	$+3e^-$	⇌	$Al+4OH^-$	−2.33
$HPO_2^{2-}+2H_2O$	$+2e^-$	⇌	$H_2PO_2^-+3OH^-$	−1.65
$Mn(OH)_2$	$+2e^-$	⇌	$Mn+2OH^-$	−1.55
$Cr(OH)_3$	$+3e^-$	⇌	$Cr+3OH^-$	−1.48
$ZnO_2^{2-}+2H_2O$	$+2e^-$	⇌	$Zn+4OH^-$	−1.216
$As+3H_2O$	$+3e^-$	⇌	AsH_3+3OH^-	−1.21
$HCOO^-+2H_2O$	$+2e^-$	⇌	$HCHO+3OH^-$	−1.14
$2SO_3^{2-}+2H_2O$	$+2e^-$	⇌	$S_2O_4^{2-}+4OH^-$	−1.12
$PO_4^{3-}+2H_2O$	$+2e^-$	⇌	$HPO_3^{2-}+3OH^-$	−1.05
$Zn(NH_3)_4^{2+}$	$+2e^-$	⇌	$Zn+4NH_3$	−1.04
CNO^-+H_2O	$+2e^-$	⇌	CN^-+2OH^-	−0.97
$CO_3^{2-}+2H_2O$	$+2e^-$	⇌	$HCOO^-+3OH^-$	−0.95
$Sn(OH)_6^{2-}$	$+2e^-$	⇌	$HSnO_2^-+3OH^-+H_2O$	−0.93
$SO_4^{2-}+H_2O$	$+2e^-$	⇌	$SO_3^{2-}+2OH^-$	−0.93
$HSnO_2^-+H_2O$	$+2e^-$	⇌	$Sn+3OH^-$	−0.91
$P+3H_2O$	$+3e^-$	⇌	PH_3(气)$+3OH^-$	−0.87
$2NO_3^-+2H_2O$	$+2e^-$	⇌	$N_2O_4+4OH^-$	−0.85
$2H_2O$	$+2e^-$	⇌	H_2+2OH^-	−0.8277
$N_2O_2^{2-}+6H_2O$	$+4e^-$	⇌	$2NH_2OH+6OH^-$	−0.73
$AsO_4^{3-}+2H_2O$	$+2e^-$	⇌	$AsO_2^-+4OH^-$	−0.71
Ag_2S	$+2e^-$	⇌	$2Ag+S^{2-}$	−0.69
$AsO_2^-+2H_2O$	$+3e^-$	⇌	$As+4OH^-$	−0.68
$SbO_2^-+2H_2O$	$+3e^-$	⇌	$Sb+4OH^-$（10mol/L KOH）	−0.675
$SO_3^{2-}+3H_2O$	$+4e^-$	⇌	$S+6OH^-$	−0.66
$HCHO+2H_2O$	$+2e^-$	⇌	$CH_3OH+2OH^-$	−0.59
SbO_3+H_2O	$+3e^-$	⇌	$SbO_2^-+2OH^-$（10mol/L NaOH）	−0.589
$2SO_3^{2-}+3H_2O$	$+4e^-$	⇌	$S_2O_3^{2-}+6OH^-$	−0.57
$Fe(OH)_3$	$+e^-$	⇌	$Fe(OH)_2+OH^-$	−0.56
$HPbO_2^-+H_2O$	$+2e^-$	⇌	$Pb+3OH^-$	−0.54
S	$+2e^-$	⇌	S^{2-}	−0.48
$NO_2^-+H_2O$	$+e^-$	⇌	$NO+2OH^-$	−0.46
$Bi_2O_3+3H_2O$	$+6e^-$	⇌	$2Bi+6OH^-$	−0.46
CH_3OH+H_2O	$+2e^-$	⇌	CH_4(气)$+2OH^-$	−0.25
$CrO_4^{2-}+2H_2O$	$+3e^-$	⇌	$CrO_2^-+4OH^-$（1mol/L NaOH）	−0.12
$CrO_4^{2-}+4H_2O$	$+3e^-$	⇌	$Cr(OH)_3+5OH^-$	−0.13

续表

电极反应				E^0/V
氧化形	电子数		还原形	
$2Cu(OH)_2$	$+2e^-$	$\rightleftharpoons$	$Cu_2O+2OH^-+H_2O$	−0.080
O_2+H_2O	$+2e^-$	$\rightleftharpoons$	$HO_2^-+OH^-$	−0.076
AgCN	$+e^-$	$\rightleftharpoons$	$Ag+CN^-$	−0.017
$NO_3^-+H_2O$	$+2e^-$	$\rightleftharpoons$	$NO_2^-+2OH^-$	0.01
$SeO_4^{2-}+H_2O$	$+2e^-$	$\rightleftharpoons$	$SeO_3^{2-}+2OH^-$	0.05
$HgO+H_2O$	$+2e^-$	$\rightleftharpoons$	$Hg+2OH^-$	0.098
$Co(NH_3)_6^{3+}$	$+e^-$	$\rightleftharpoons$	$Co(NH_3)_6^{2+}$	0.108
$IO_3^-+2H_2O$	$+4e^-$	$\rightleftharpoons$	IO^-+4OH^-	0.15
$2NO_2^-+3H_2O$	$+4e^-$	$\rightleftharpoons$	N_2O+6OH^-	0.15
$Co(OH)_3$	$+e^-$	$\rightleftharpoons$	$Co(OH)_2+OH^-$	0.17
PbO_2+H_2O	$+2e^-$	$\rightleftharpoons$	$PbO+2OH^-$	0.247
$IO_3^-+3H_2O$	$+6e^-$	$\rightleftharpoons$	I^-+6OH^-	0.26
$ClO_3^-+H_2O$	$+2e^-$	$\rightleftharpoons$	$ClO_2^-+2OH^-$	0.33
Ag_2O+H_2O	$+2e^-$	$\rightleftharpoons$	$2Ag+2OH^-$	0.342
$ClO_4^-+H_2O$	$+2e^-$	$\rightleftharpoons$	$ClO_3^-+2OH^-$	0.36
O_2+2H_2O	$+4e^-$	$\rightleftharpoons$	$4OH^-$(1mol/L NaOH)	0.41
IO^-+H_2O	$+2e^-$	$\rightleftharpoons$	I^-+2OH^-	0.49
MnO_4^-	$+e^-$	$\rightleftharpoons$	MnO_4^{2-}	0.564
$MnO_4^-+2H_2O$	$+3e^-$	$\rightleftharpoons$	MnO_2+4OH^-	0.588
$BrO_3^-+3H_2O$	$+6e^-$	$\rightleftharpoons$	Br^-+6OH^-	0.61
$ClO_3^-+3H_2O$	$+6e^-$	$\rightleftharpoons$	Cl^-+6OH^-	0.62
$ClO_2^-+H_2O$	$+2e^-$	$\rightleftharpoons$	ClO^-+2OH^-	0.66
$AsO_2^-+2H_2O$	$+3e^-$	$\rightleftharpoons$	$As+4OH^-$	0.68
$2NH_2OH$	$+2e^-$	$\rightleftharpoons$	$N_2H_4+2OH^-$	0.74
BrO^-+H_2O	$+2e^-$	$\rightleftharpoons$	Br^-+2OH^-	0.76
$ClO_2^-+2H_2O$	$+4e^-$	$\rightleftharpoons$	Cl^-+4OH^-	0.76
ClO^-+H_2O	$+2e^-$	$\rightleftharpoons$	Cl^-+2OH^-	0.81
H_2O_2	$+2e^-$	$\rightleftharpoons$	$2OH^-$	0.88
O_3+H_2O	$+2e^-$	$\rightleftharpoons$	O_2+2OH^-	1.24
$C_7H_8O_4O_2+2H^+$	$+2e^-$	$\rightleftharpoons$	$C_7H_8O_4(OH)_2$ (抗坏血酸)	−0.136
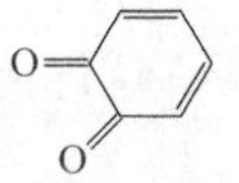 $+2H^+$	$+2e^-$	$\rightleftharpoons$	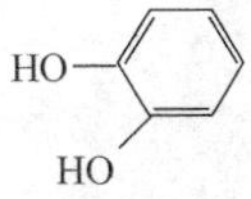 (邻苯二酚)	−0.792
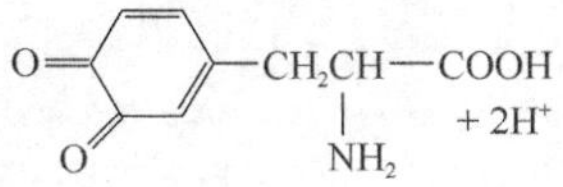 (多巴)	$+2e^-$	$\rightleftharpoons$	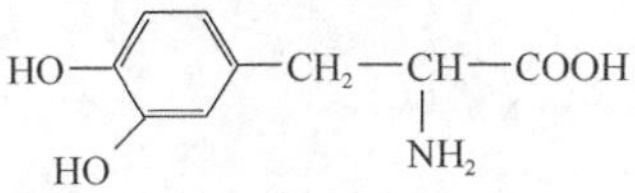	−0.800
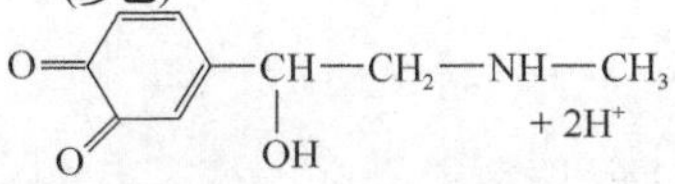 (肾上腺素)	$+2e^-$	$\rightleftharpoons$	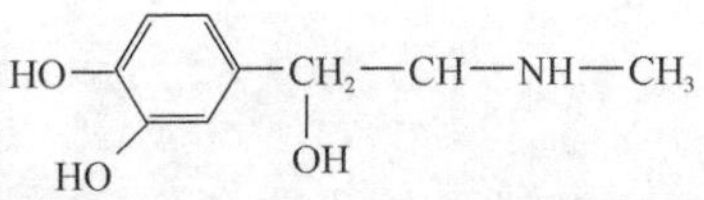	−0.809

附录九　标准缓冲溶液于 0～95℃的 pH

温度	(1)	(2)	(3)	(4)	(5)	(6)
	0.05mol/L 草酸三氢钾	25℃饱和 酒石酸氢钾	0.05mol/L 邻苯二甲酸氢钾	0.025mol/L KH_2PO_4+ 0.025mol/LNa_2HPO_4	0.01mol/L 硼砂	25℃饱和 氢氧化钙
0	1.666	…	4.003	6.984	9.464	13.423
5	1.668	…	3.999	6.951	9.395	13.207
10	1.670	…	3.998	6.923	9.332	13.003
15	1.672	…	3.999	6.900	9.276	12.810
20	1.675	…	4.002	6.881	9.225	12.627
25	1.679	3.557	4.008	6.865	9.180	12.454
30	1.683	3.552	4.015	6.853	9.139	12.289
35	1.688	3.549	4.024	6.844	9.102	12.133
38	1.691	3.548	4.030	6.840	9.081	12.043
40	1.694	3.547	4.035	6.838	9.068	11.984
45	1.700	3.547	4.047	6.834	9.038	11.841
50	1.707	3.549	4.060	6.833	9.011	11.705
55	1.715	3.554	4.075	6.834	8.985	11.574
60	1.723	3.560	4.091	6.836	8.962	11.449
70	1.743	3.580	4.126	6.845	8.921	…
80	1.766	3.609	4.164	6.859	8.885	…
90	1.792	3.650	4.205	6.877	8.850	…
95	1.806	3.674	4.227	6.886	8.833	…